合规管理系列丛书

企业合规管理体系实务指南（第3版）

Practical Guide to Corporate Compliance Management System (3rd)

郭青红／著

法律出版社
LAW PRESS·CHINA
北京

图书在版编目（CIP）数据

企业合规管理体系实务指南 / 郭青红著. -- 3 版.
北京：法律出版社，2025. -- ISBN 978 - 7 - 5244 - 0163 - 6
Ⅰ. D922.291.914
中国国家版本馆 CIP 数据核字第 20255DM272 号

企业合规管理体系实务指南（第三版）
QIYE HEGUI GUANLI TIXI SHIWU ZHINAN
（DI-SAN BAN）

郭青红 著

策划编辑 张 珺
责任编辑 张 珺
装帧设计 汪奇峰

出版发行 法律出版社
编辑统筹 法商出版分社
责任校对 李慧艳
责任印制 胡晓雅
经　　销 新华书店

开本 710 毫米×1000 毫米 1/16
印张 42.5 **字数** 673 千
版本 2025 年 5 月第 3 版
印次 2025 年 5 月第 1 次印刷
印刷 三河市兴达印务有限公司

地址：北京市丰台区莲花池西里 7 号（100073）
网址：www.lawpress.com.cn
投稿邮箱：info@lawpress.com.cn
举报盗版邮箱：jbwq@lawpress.com.cn

销售电话：010 - 83938349
客服电话：010 - 83938350
咨询电话：010 - 63939796

书号：ISBN 978 - 7 - 5244 - 0163 - 6　　**定价**：138.00 元

总　　序

郭青红

2018 年，中国企业合规元年。

2019 年，中国企业谋篇布局，扬帆起航。

本书基于有关企业合规管理的国际标准、指南以及我国国家标准、办法和指引。

本书基于对国务院国有资产监督管理委员会五家中央企业建立合规管理体系试点情况的梳理以及对某些跨国企业集团诚信合规管理实践的研究。

本书基于上海市汇业律师事务所企业合规业务委员会为我国多家中央企业、地方国企、欧美跨国企业集团以及它们的合资企业提供合规管理服务的实践案例和经验。

本书以企业合规管理总论开篇，对企业合规管理体系的十六大构成要素分别论述，以实务专题结尾。

本书十大亮点：

（1）提出企业合规管理学学科研究；

（2）提出诚信合规管理与全面合规管理两大发展脉络；

（3）提出企业合规管理体系十六大构成要素，并分别进行实务研究；

（4）对我国国有企业具有中国特色合规管理进行研究，涉及合规义务渊源、合规管理组织与违规管理等；

（5）对合规义务构成、种类及识别进行实务研究；

（6）对“三张清单”制定进行实务研究；

（7）对企业集团的合规管理进行实务研究；

（8）对《中央企业合规管理办法》与《合规管理体系　要求及使用指南》进行比较研究；

（9）对法务、合规、内控、风险管理协同运作进行实务研究；

（10）对有关企业合规管理的标准、办法和指南的适用提出指南。

有关企业合规管理的标准、办法和指南十余个（见表 1），已覆盖我国各类所有制企业以及境内外经营主体，并在本书中被不断引用。

本书奉献给我国已经、正在或者将要开展合规管理、建立合规管理体系的企业，包括中央企业、地方国有企业以及其他所有制性质的企业。

表 1　有关企业合规管理的标准、办法和指南

序号	发布时间	发布机构	文件名称	适用范围
1	2005 年 4 月 29 日	巴塞尔银行监管委员会	《合规与银行内部合规部门》	银行参考适用
2	2010 年 2 月 18 日	经合组织（OECD）	《内控、道德与合规，最佳实践指南》	经合组织成员的企业参考适用
3	2010 年 9 月	世界银行集团	《廉政合规指南概要》	使用世界银行集团贷款的组织（包括企业）和项目
4	2014 年 11 月	亚太经合组织	《高效率公司合规项目基本要素》	亚太经合组织成员开展合规管理项目的企业参考适用
5	2020 年 6 月 6 日修订	中国证券监督管理委员会	《证券公司和证券投资基金管理公司合规管理办法》	中国的证券公司和证券投资基金管理公司强制适用
6	2018 年 11 月 2 日	国务院国有资产监督管理委员会	《中央企业合规管理指引（试行）》	中国的中央企业强制适用，地方国有企业参照适用
7	2018 年 12 月 26 日	国家发展和改革委员会等七部门	《企业境外经营合规管理指引》	中国企业境外投资经营的企业、分支机构及项目参考适用
8	2022 年 8 月 23 日	国务院国有资产监督管理委员会	《中央企业合规管理办法》	中央企业
9	2021 年 4 月 13 日	国际标准化组织（ISO）	《合规管理体系　要求及使用指南》ISO 37301：2021	各类组织和企业
10	2022 年 10 月 12 日	国家市场监督管理总局、国家标准化管理委员会	《合规管理体系　要求及使用指南》GB/T 35770—2022	各类组织和企业
11	2024 年 1 月 1 日	国家市场监督管理总局、国家标准化管理委员会	《企业知识产权合规管理体系　要求》GB/T 29490—2023	各类企业

续表

序号	发布时间	发布机构	文件名称	适用范围
12	2024年4月26日	国务院反垄断反不正当竞争委员会	《经营者反垄断合规指南》	各类企业
13	2024年12月25日	国家金融监督管理总局	《金融机构合规管理办法》	金融机构［政策性银行、商业银行、金融资产管理公司、企业集团财务公司、金融租赁公司、汽车金融公司、消费金融公司、货币经纪公司、信托公司、理财公司、金融资产投资公司、保险公司（包括再保险公司）、保险资产管理公司、保险集团（控股）公司、相互保险组织等机构］

2024年12月28日

第三版序言

《企业合规管理体系实务指南》自2019年3月出版以来，深受各企业、机构及读者厚爱，在此深表谢意！

自2018年11月2日国务院国有资产监督管理委员会发布《中央企业合规管理指引（试行）》以来，各大央企集团总部制定合规管理基本制度、搭建合规管理体系，全面推动各层级子公司的合规管理体系建设；各省、市陆续出台本省、市属企业合规管理指引，积极推动地方国企开展建立合规管理体系试点工作。

2022年8月23日，国务院国有资产监督管理委员会发布《中央企业合规管理办法》，在《中央企业合规管理指引（试行）》的基础上更加突出刚性约束，增补党内法规制度作为中央企业合规义务渊源，增补中央企业党委（党组）作为合规管理的领导机构，明确首席合规官作为企业合规管理负责人，进一步明确了业务及职能部门、合规管理部门和监督部门合规管理“三道防线”职责。之后，各省、自治区、直辖市国有资产监督管理委员会陆续制定、发布了合规管理办法。

2022年10月12日，国家市场监督管理总局、国家标准化管理委员会将《合规管理体系　要求及使用指南》(ISO 37301：2021）等同转化为我国国家标准，发布《合规管理体系　要求及使用指南》(GB/T 35770—2022)，增补附录NA。合规管理体系认证正在我国各类企业逐步展开。

2023年3月2日，国务院国有资产监督管理委员会召开中央企业深化法治建设加强合规管理工作会议，部署中央企业以落实《中央企业合规管理办法》为主线，以完善运行机制为关键，不断健全合规风险识别清单、岗位合规职责清单、业务流程管控清单（合称“三张清单”），推动我国中央企业、地方国有企业从合规管理体系架构建设向合规管理融入业务迈出了坚实的一步。

2023年3月13日，国务院国有资产监督管理委员会办公厅发布《关于开展2023年中央企业合规管理体系有效性评价工作的通知》，部署对中央企业合规管理体系建设及其运行情况、合规管理重点领域和关键环节合规要求落实等情况开展评价，帮助企业查找问题和不足，深入剖析原因，督促及时整改，不断健全完善合规管理体系。我国中央企业合规管理体系建设已经进入实际运行和有效性评价阶段。

第十四届全国人民代表大会常务委员会第七次会议修订通过，2024 年 7 月 1 日起施行的《中华人民共和国公司法》要求国家出资公司（国家出资的国有独资公司、国有资本控股公司）依法建立健全内部监督管理和风险控制制度，加强内部合规管理，从而以法律的形式确立了国家出资公司加强内部合规管理的义务。

2024 年 7 月 18 日，党的二十届三中全会正式通过《中共中央关于进一步全面深化改革　推进中国式现代化的决定》（以下简称《决定》），要求“全面贯彻习近平新时代中国特色社会主义思想，深入学习贯彻习近平总书记关于全面深化改革的一系列新思想、新观点、新论断，完整准确全面贯彻新发展理念”“坚持全面依法治国，在法治轨道上深化改革、推进中国式现代化，做到改革和法治相统一，重大改革于法有据、及时把改革成果上升为法律制度”。《决定》要求完善中国特色现代企业制度，弘扬企业家精神，支持和引导各类企业提高资源要素利用效率和经营管理水平、履行社会责任，加快建设更多世界一流企业。《决定》还在完善产权制度、战略规划、公平竞争、财务税收、金融监管、生态环境、知识产权管理、市场信息披露、商业秘密保护、公司治理、重大产业基金运作、平台经济管理、数据安全治理、产业供应链安全、科技安全、研发创新、对外贸易、境外投资、民主管理、文化建设、社会责任、企业退出等方面为我国企业加强这些重点领域的合规管理提出了更高的要求。此外，《决定》对民营企业加强合规管理提出了要求：“支持引导民营企业完善治理结构和管理制度，加强企业合规建设和廉洁风险防控。加强事中事后监管，规范涉民营企业行政检查。”全面依法治企是全面依法治国的重要内容和组成部分，其要求企业依法决策、依法经营和规范管理。《决定》的发布，对强化我国法治央企、法治国企建设，加快建设更多世界一流企业，提出了更加长远的目标。

2025 年 3 月 7 日，工业和信息化部、中央宣传部等 15 部门联合发布了《关于促进中小企业提升合规意识加强合规管理的指导意见》（工信厅联企业〔2025〕14 号）明确规定：“促进中小企业加强合规管理，是坚持全面依法治国基本方略的内在要求，也是推动中小企业持续健康发展的重要基础。”该意见为贯彻落实党中央、国务院关于促进中小企业发展的决策部署，引导中小企业增强合规意识，提升合规管理水平，防范生产经营风险，促进高质量发展，对有关工作提出了多项意见。

汇业合规管理团队积极参与有关省、市属企业合规管理办法的起草和修改工作，积极协助30多家央企、地方国企建立企业合规管理体系，编制“三张清单”，开展合规管理、内部控制与风险管理有效性评价，协助1家央企按照《世界银行集团　廉政合规指南概要》建立合规管理体系、成功解除世界银行制裁。

我也在不断总结合规管理实践经验，对合规管理实践中的热点、难点问题进行探讨，将《企业合规管理体系实务指南》修订三版。此次修订和增补的重点内容包括：

1. 对合规义务、合规义务渊源以及合规的“度”进行深入研究（第一篇第二章）。

2. 对合规审查进行进一步实务研究（第二篇第五章）。

3. 新增合规管理体系的三个构成要素，并进行分析研究：

（1）违规问题整改与持续改进（第二篇第十二章）；

（2）合规激励（第二篇第十三章）；

（3）合规管理监督问责（第二篇第十六章）。

4. 对企业合规管理组织及其履职清单进行分析研究（第三篇第一章）。

5. 对推动合规管理体系有效运行进行研究（第三篇第五章）：

（1）实务探索合规管理体系有效落地运行的关键要素和环节；

（2）实务探索建立“三张清单”的流程及输出成果。

6. 对《中央企业合规管理办法》与《合规管理体系　要求及使用指南》进行比较研究（第三篇第七章）。

7. 对建立法律、合规、风险、内控协同运作机制进行进一步研究，并进行实务案例分享（第四篇）。

郭青红

重要合规理念一览

企业合规管理学是一门独立的管理学科。

合规即遵守全部合规义务，要牢守合规底线。

合规创造价值。

防范重大合规风险，不触碰合规红线。

诚信是合规的基石，合规是企业发展的基石。

合规是企业的核心竞争力之一。

全面合规，人人合规。

合规从领导做起。领导带头合规，做合规的典范。

管业务必须管合规。业务部门是合规义务的主体，在本领域开展全面合规管理，对本领域合规负责。

业务流程控制节点是企业管理的最基本业务单元，也是合规的最基本业务单元和决定性因素。

岗位是企业管理的最基本组织单元，也是合规的最基本组织单元和决定性因素。

目　录

第一篇　企业合规管理总论

第一章　企业合规管理学 / 3
第二章　企业合规与合规管理 / 10
第三章　企业合规管理原则 / 37
第四章　企业合规管理体系 / 46
第五章　企业合规管理的产生和发展 / 59
第六章　有关合规管理的合规义务渊源及其适用 / 67

第二篇　企业合规管理分论

第一章　合规方针 / 81
第二章　合规管理组织 / 86
第三章　合规风险管理 / 91
第四章　合规管理制度 / 118
第五章　合规审查 / 130
第六章　合规管理体系有效性评价 / 143
第七章　合规审计 / 155
第八章　合规管理考核与评价 / 165
第九章　合规宣传与培训 / 175
第十章　违规管理与问责 / 185
第十一章　合规管理计划与合规报告 / 199
第十二章　违规问题整改与持续改进 / 205
第十三章　合规激励 / 215
第十四章　合规管理信息系统 / 223

第十五章　合规文化 / 235
第十六章　合规管理监督问责 / 248

第三篇　企业合规管理实务

第一章　企业合规管理组织建设 / 257
　　第一节　企业合规管理组织构成 / 257
　　第二节　组织的合规管理职责 / 259
第二章　企业集团合规管理 / 288
第三章　合规尽职调查 / 302
第四章　企业境外投资经营合规管理 / 312
　　第一节　综述 / 312
　　第二节　属人法合规管理 / 315
　　第三节　属地法合规管理 / 320
第五章　企业合规管理有效落地与“三张清单” / 327
第六章　协同联动 / 347
第七章　《中央企业合规管理办法》与《合规管理体系要求及使用指南》比较研究 / 356
第八章　企业合规管理内在逻辑关系实务研究 / 376

第四篇　企业法务、合规、内控、风险管理协同运作机制

第一章　概　述 / 387
第二章　企业法务管理、合规管理、内部控制、全面风险管理 / 393
　　第一节　企业法务管理 / 393
　　第二节　企业合规管理 / 405
　　第三节　企业内部控制 / 412
　　第四节　企业风险管理 / 424

第三章　企业法务管理、合规管理、内部控制与风险管理之间的关系 / 438
第一节　企业法务管理与合规管理的关系 / 438
第二节　企业法务管理、合规管理与内部控制的关系 / 444
第三节　企业法务管理、合规管理与全面风险管理的关系 / 450
第四节　企业内部控制与全面风险管理的关系 / 455
第四章　建立法务、合规、内控、风险管理协同运作机制 / 462
第一节　协同运作机制 / 462
第二节　我国企业建立四大体系的基本情况 / 467
第三节　建立协同运作机制的基础条件——国有企业法治体系 / 470
第四节　建立协同运作机制的基础条件——四大体系之间的趋同性 / 477
第五节　协同运作机制顶层设计：LCR 整合框架 / 485
第六节　协同运作机制顶层设计：高度一体化管理平台分解 / 497
第七节　协同运作机制：从顶层设计到有效落地运行——实务案例分享 / 507

附录　有关合规管理的合规义务渊源

一　合规与银行内部合规部门 / 517
二　内控、道德与合规，最佳实践指南 / 526
三　世界银行集团　廉政合规指南概要 / 532
四　高效率公司合规项目基本要素 / 544
五　中共中央　国务院关于营造更好发展环境支持民营企业改革发展的意见 / 554
六　国家发展和改革委员会、外交部、商务部、中国人民银行、国务院国有资产管理委员会、国家外汇管理局、中华全国工商联合会关于印发《企业境外经营合规管理指引》的通知 / 561

七　财政部、证监会、审计署、银监会、保监会关于印发《企业内部控制基本规范》的通知 / 570
八　证券公司和证券投资基金管理公司合规管理办法 / 580
九　国家金融监督管理总局《金融机构合规管理办法》/ 590
十　国务院国有资产监督管理委员会关于印发《中央企业全面风险管理指引》的通知 / 601
十一　国务院国有资产监督管理委员会关于印发《关于全面推进法治央企建设的意见》的通知 / 620
十二　国务院国有资产管理委员会关于印发《中央企业合规管理指引（试行）》的通知 / 627
十三　国务院国有资产监督管理委员会关于印发《关于加强中央企业内部控制体系建设与监督工作的实施意见》的通知 / 634
十四　国务院国有资产监督管理委员会关于印发《关于进一步深化法治央企建设的意见》的通知 / 639
十五　中央企业合规管理办法 / 645
十六　工业和信息化部办公厅　中央宣传部办公厅　中央网信办秘书局　财政部办公厅　人力资源社会保障部办公厅　生态环境部办公厅　商务部办公厅　应急管理部办公厅　中国人民银行办公厅　市场监管总局办公厅　国家知识产权局办公室　国家外汇局综合司　全国总工会办公厅　全国工商联办公厅　中国贸促会办公室关于促进中小企业提升合规意识加强合规管理的指导意见 / 652

图表目录

图 2－3－1　合规风险管理流程 / 93
图 2－15－1　合规管理体系 / 244
图 3－7－1　合规管理体系要件 / 361
图 4－4－1　整合管理体系结构框架 / 466

表 1－2－1　我国企业适用的合规义务渊源 / 15
表 1－4－1　全面合规管理体系 / 48
表 1－4－2　合规管理指南 / 49
表 1－4－3　合规管理的客体对象 / 50
表 1－4－4　企业诚信合规体系 / 50
表 1－4－5　企业合规管理的十一大构成要素 / 53
表 1－6－1　本书引用的主要合规义务渊源 / 67
表 2－2－1　各合规管理组织的合规管理职责 / 88
表 2－2－2　管理层的合规管理职责 / 90
表 2－2－3　员工的合规职责 / 90
表 2－3－1　合规义务清单 / 96
表 2－3－2　《劳动合同法》第 4 条规定的合规义务梳理 / 97
表 2－3－3　合规风险识别框架 / 98
表 2－3－4　合规风险事件与违规案例清单 / 99
表 2－3－5　初步合规风险清单 / 99
表 2－3－6　合规风险可能性分析 / 100
表 2－3－7　合规风险影响程度分析 / 101
表 2－3－8　合规风险分析表 / 101
表 2－3－9　合规风险等级 / 102
表 2－3－10　合规风险评价表 / 102
表 2－3－11　合规风险应对具体举措 / 104

表 2－3－12　合规风险应对措施与计划表 / 104
表 2－3－13　常用的风险评估技术方法 / 107
表 2－3－14　合规风险调查问卷 / 108
表 2－3－15　RPN 合规风险评级参考标准 / 109
表 2－3－16　合规风险清单 / 110
表 2－3－17　内部合规义务渊源合规偏差表 / 110
表 2－4－1　分层分类的合规管理制度体系 / 122
表 2－4－2　合规管理运行方面的合规管理具体制度 / 124
表 2－4－3　合规管理保障方面的合规管理具体制度 / 125
表 2－5－1　《证券公司和证券投资基金管理公司合规管理办法》关于合规审查的规定 / 130
表 2－5－2　《金融机构合规管理办法》关于合规审查的规定 / 131
表 2－5－3　《中央企业合规管理指引（试行）》关于合规审查的规定 / 131
表 2－5－4　《中央企业合规管理办法》关于合规审查的规定 / 132
表 2－5－5　《企业境外经营合规管理指引》关于合规审查的规定 / 132
表 2－5－6　法律审核和合规审查的审查依据 / 138
表 2－5－7　法律审核的审查部门和审查内容 / 138
表 2－5－8　合规审查的审查部门和审查内容 / 139
表 2－5－9　法律审核和合规审查关于规章制度的审查内容 / 139
表 2－5－10　法律审核和合规审查关于经济合同的审查内容 / 140
表 2－5－11　法律审核和合规审查关于重大决策的审查内容 / 140
表 2－5－12　法律风险和合规风险 / 141
表 2－7－1　有关企业合规管理的标准、办法和指引 / 157
表 2－8－1　合规管理标准、办法和指引对被考核人和考核人的规定 / 173
表 2－11－1　企业合规管理标准、办法、指引关于合规管理计划的规定 / 199
表 3－1－1　董事会主要合规管理职责 / 261
表 3－1－2　合规委员会的合规管理职责 / 267
表 3－1－3　首席合规官的主要职责清单 / 272
表 3－1－4　业务及职能部门的合规管理职责清单 / 276
表 3－3－1　负责合规尽责调查的部门 / 311

表 3－4－1　我国中央企业、地方国有企业境外投资经营属人法合规管理框架 / 316
表 3－4－2　我国企业境外投资经营合规管理体系架构 / 322
表 3－5－1　《企业合规管理体系有效性评价指引》规定的指标体系 / 338
表 3－6－1　法务管理、合规管理、内部控制和全面风险管理的管理目标 / 349
表 3－7－1　合规管理体系架构 / 360
表 3－7－2　《合规管理体系　要求及使用指南》条款 / 362
表 3－7－3　合规管理体系架构 / 362
表 3－7－4　合规管理办法与体系标准比较 / 364
表 3－7－5　体系标准与合规管理办法比较 / 367
表 3－7－6　可参考的体系范围选择方式 / 374
表 4－1－1　企业合规管理体系构成 / 390
表 4－2－1　企业法务管理体系架构 / 397
表 4－2－2　组织体系的具体规定 / 398
表 4－2－3　我国有关企业法务管理的规范、适用对象和强制执行的效力 / 402
表 4－2－4　企业合规管理体系架构 / 407
表 4－2－5　我国有关企业合规管理的规范、适用对象和强制执行的效力 / 408
表 4－2－6　企业内部控制体系架构 / 417
表 4－2－7　企业内部控制体系架构比较 / 418
表 4－2－8　内部控制的组织体系 / 419
表 4－2－9　我国有关企业内部控制的规范、适用对象和强制执行的效力 / 421
表 4－2－10　全面风险管理体系架构 / 430
表 4－2－11　风险管理体系架构的比较 / 431
表 4－2－12　全面风险管理的组织体系 / 432
表 4－2－13　我国有关企业风险管理的规范、适用对象和强制执行的效力 / 435
表 4－3－1　企业法务管理体系架构与企业合规管理体系构架 / 439
表 4－3－2　法务管理和合规管理的相同点及不同点 / 442

表4-3-3　内部控制体系比较 / 444
表4-3-4　企业法务管理、合规管理、内部控制比较 / 449
表4-3-5　全面风险管理体系比较 / 450
表4-3-6　企业法务管理、合规管理、全面风险管理比较 / 454
表4-3-7　经调整后的我国企业内部控制体系架构、企业全面风险管理体系架构比较 / 457
表4-4-1　与国有企业法治体系建设相关的文件 / 472
表4-4-2　国有企业法治体系架构 / 474
表4-4-3　组织体系及具体规定 / 475
表4-4-4　四大体系框架结构对比 / 480
表4-4-5　四大体系管理目标趋同性对比 / 481
表4-4-6　四大体系在组织体系方面的差别 / 482
表4-4-7　制度体系的管理制度流程 / 482
表4-4-8　违规管理运行机制 / 483
表4-4-9　四大体系的保障机制内容差异 / 484
表4-4-10　四大体系管理目标差异 / 484
表4-4-11　四大体系管理制度差异 / 485
表4-4-12　四大体系运行机制差异 / 485
表4-4-13　四大体系现有框架 / 486
表4-4-14　协同运作LCR整合框架 / 487
表4-4-15　高度一体化管理平台框架 / 490
表4-4-16　中级模型框架 / 493
表4-4-17　项目进度计划 / 495
表4-4-18　四大体系管理目标 / 497
表4-4-19　管理目标的定义 / 498
表4-4-20　四大体系原来各自的组织体系 / 498
表4-4-21　四大体系专门管理部门整合 / 499
表4-4-22　整合后的组织体系 / 500
表4-4-23　四大体系各自的制度体系 / 500
表4-4-24　整合后的制度体系 / 501
表4-4-25　四大体系各自的风险管理 / 501
表4-4-26　整合后的风险管理框架 / 501

表 4－4－27　四大体系各自的事项审查 / 502
表 4－4－28　四大体系整合后各审查部门和审查事项 / 502
表 4－4－29　四大体系现有违规管理机制 / 503
表 4－4－30　四大体系整合后，违规管理的两种模式 / 503
表 4－4－31　四大体系的保障机制内容 / 503
表 4－4－32　四大体系整合后的保障机制 / 504
表 4－4－33　四大体系整合后高度一体化管理平台架构 / 505
表 4－4－34　四大体系整合后环节和流程综合分解表 / 506
表 4－4－35　常见的“三合一”矩阵表单 / 509
表 4－4－36　优化后的“三合一”协同运作矩阵表单 / 510
表 4－4－37　协同运作大风控体系 / 512

第一篇
企业合规管理总论

Part I
The Basics of Corporate Compliance

第一章 企业合规管理学

Chapter Ⅰ Management Science of Corporate Compliance

要点

1. 企业合规管理学是一门独立的管理学科。
2. 需要推动企业合规管理学的研究和发展。
3. 需要大力培养企业合规管理人才。

一、企业合规管理学，一门独立的管理学科

企业合规管理是指通过企业合规管理组织、合规管理运行、合规管理保障等，促使企业遵守和执行合规义务渊源，预防和管控合规风险，保障企业安全、稳健、持续经营。

企业合规管理是企业管理的一部分。企业合规管理具备企业管理科学的基本要素。企业合规管理学也成为企业管理学的一个独立分支，是以企业合规管理为研究对象的一门学科。

二、企业合规管理学的主要内容

（一）历史研究

企业合规源于1977年《美国反海外腐败法案》，至今已有近50年的历史，并于21世纪初在欧美国家的跨国企业集团迅速发展和成熟。

20世纪70年代末，三资企业的建立将欧美跨国企业集团的合规管理理念和实践引入中国。原中国银行业监督管理委员会（以下简称银监会）于2006年颁布《商业银行合规风险管理指引》，合规管理在我国金融企业率先开展起来。2016年，企业合规管理在中国移动等5家中央企业开始试点。2018年7月1日，中国国家质量监督检验检疫总局和中国国家标准化管理委员会发布的《合规管理体系　指南》（GB/T 35770—2017）生效。2018年11月2日，国务院国有资产监督管理委员会（以下简称国资委）颁布实

施《中央企业合规管理指引（试行）》。2018 年 12 月 26 日，国家发展和改革委员会（以下简称发改委）等七部门联合发布实施《企业境外经营合规管理指引》。

有关企业合规管理的标准和指引的密集出台和实施，使 2018 年成为名副其实的“中国企业合规元年”。

（二）体系研究

企业合规管理自成一个完整的管理体系。关于企业合规管理体系的构成要素，不同学者有着不同的观点和学说，有五构成要素说、九构成要素说、十一构成要素说、十八构成要素说等。

银监会《商业银行合规风险管理指引》第 8 条规定，合规风险管理体系应包括五大基本要素，即合规政策、合规管理部门的组织结构和资源、合规风险管理计划、合规风险识别和管理流程以及合规培训与教育制度。

《亚太经合组织高效率公司合规项目基本要素》(2014 年 11 月 11 日第 22 届亚太经合组织领导人非正式会议发布）提出了企业合规项目的 11 个基本要素，即开展风险评估；管理层的全力支持和参与；制定和遵守书面的公司行为准则；建立合规管理组织架构；提供反腐败培训、教育讲座和持续指导；开展基于风险和详尽记录的尽职调查；审计和内部会计控制；合规机制和报告要求；激励；惩处；定期审查和测试。

根据国际标准与我国国家标准《合规管理体系　要求及使用指南》《中央企业合规管理指引（试行)》《中央企业合规管理办法》《企业境外经营合规管理指引》的规定，综合不同学者的观点，结合开展建立企业合规管理体系项目的实践经验，笔者认为，企业合规管理体系包括四大组成部分，即合规管理组织、合规管理重点、合规管理运行机制与合规管理保障机制；包括 16 个构成要素，即合规方针、合规管理组织、合规风险管理、合规管理制度、合规审查、合规管理体系有效性评价、合规审计、合规考核与评价、合规宣传与培训、违规管理与问责、合规管理计划与合规报告、违规问题整改与持续改进、合规激励、合规管理信息系统、合规文化、合规管理监督问责。

企业合规管理体系是企业合规管理的基本框架和主要内容，构成企业合规管理学的核心研究内容。

（三）合规义务渊源研究

国际标准（ISO 37301∶2021）与我国国家标准《合规管理体系　要求及使用指南》（GB/T 35770－2022）第4.5条规定，企业在建立、开发、实施、评价、维护和改进合规管理体系时，应先识别企业合规义务。

企业合规义务渊源是合规义务的来源，包括合规要求与合规承诺。企业合规义务渊源包括企业外部合规义务渊源与企业内部合规义务渊源。合规要求主要来源于企业外部合规义务渊源，合规承诺主要来源于企业内部合规义务渊源。

《巴塞尔银行监管委员会合规与银行内部合规部门》将合规义务渊源的内容概括为法律、监管规定和规则、自律性组织的准则以及适用于银行自身业务活动的行为准则。

国际标准及我国国家标准《合规管理体系　要求及使用指南》所述合规义务渊源包括相关法律、监管要求、行业准则和组织标准，以及良好治理标准、普遍接受的最佳实践、道德规范和社区期望。

国务院国资委发布的《中央企业合规管理指引（试行）》《中央企业合规管理办法》将合规义务渊源定义为法律法规、监管规定、行业准则、国际条约和规则以及企业章程、规章制度等。

发改委等七部门联合发布的《企业境外经营合规管理指引》第3条将合规义务渊源定义为法律法规、国际条约、监管规定、行业准则、商业惯例、道德规范和企业依法制定的章程及规章制度等。

上述国际组织的规定以及我国有关部委规章对合规义务渊源的规定大致趋同，但对于道德规范、合同是否属于合规义务渊源的范畴却存在不同观点。哪些道德规范与合同约定能够成为合规义务渊源，企业股东决定、董事会决议等企业经营管理需要遵守的其他规范性文件等是否也应当属于合规义务渊源，都需要进一步研究。

（四）重点领域研究

企业合规管理虽然属于企业管理的一个分支，属于企业管理范畴，但其发展催生了一些新兴的课题，如合规管理组织、合规风险管理、专项合规管理制度与流程、合规审查、合规管理体系有效性评价、违规管理与问责、企业合规管理信息系统、企业合规文化等，都有待深入研究。

企业合规管理在重点业务领域、重点管理环节以及重要管理人员方面的特点和要求，也是需要进一步研究的课题。

（五）合规管理组织的合规管理职能研究

合规管理组织包括董事会、监事会、经理层（高级管理人员）、合规管理委员会、合规管理负责人与合规管理部门、业务及职能部门以及企业纪检监察、巡察、审计等监督部门。

监事会的合规管理职责及其切实履行，合规管理委员会的合规管理职责，合规管理部门的合规管理职责，业务及职能部门的合规管理职责，企业纪检监察、巡察、审计等监督部门的合规管理职责，均需要进一步研究。

（六）协同运作

企业合规管理作为新兴的企业管理职能，在管理职能方面与企业法务、内控、风险管理存在交叉和重叠。梳理、甄别它们之间的趋同性与差异性，建立企业法务、合规、内控、风险管理协同运作机制，整合管理资源，降低管理成本，提高管理效率，是企业合规管理学的重要课题。

国务院国资委发布的《中央企业合规管理指引（试行）》将协同联动确定为企业合规管理的基本原则之一，要求推动合规管理与法律风险防范、监察、审计、内控、风险管理等工作相统筹、相衔接，确保合规管理体系有效运行。《中央企业合规管理办法》第 26 条要求，中央企业应当结合实际建立健全合规管理与法务管理、内部控制、风险管理等协同运作机制，加强统筹协调，避免交叉重复，提高管理效能。

企业合规管理必须根植于企业业务，将合规管理融入企业经营管理和业务流程中，企业合规管理才具有生命力，才能实现其目标。企业合规管理如何与法务管理、内部控制、风险管理等协同运作，如何与纪检监察、巡视、审计等协同联动，如何将合规要求与合规承诺融入企业规章制度与业务流程中，如何促使业务及职能部门成为合规责任主体及合规风险的“第一道防线”等，都是企业合规管理学需要研究的课题。

（七）违规管理研究

在欧美跨国企业，违规管理（包括违规举报、违规调查、违规处置等）主要由合规管理部门负责。我国国有企业的违规管理与欧美跨国企业不同。

在我国国有企业，涉及违规管理的部门包括纪委、监察、合规、人力资源等部门。因此，就我国国有企业违规管理而言，下列问题亟须研究：

（1）涉及违规管理部门的职责分工及协同联动机制；

（2）国有企业直接聘用的外籍人员的违规管理；

（3）国有企业委派到非控股子公司的管理人员的违规管理；

（4）非国有企业（外国企业、民营企业等）委派到国有控股子公司的管理人员的违规管理；

（5）国有企业派驻海外子公司、分支机构人员（海外人员）的违规管理；

（6）国有企业海外子公司当地聘用员工的违规管理；

（7）对合规管理的监督问责等。

（八）分类研究

需要对企业合规管理从不同角度进行分类研究。

从研究范围上看，可以划分为全面合规管理体系研究与专项合规管理研究。

从研究的合规义务渊源上看，可以划分为企业外部合规义务渊源研究与企业内部合规义务渊源研究，并突出对具有域外管辖效力的法律法规（如出口管制）、监管规则、商业惯例、道德规范等外部合规义务渊源以及公司治理机构决定、合同协议等内部合规义务渊源的研究。

从部门法领域上看，可以从公司法、合同法、知识产权法、劳动人事法律、产品质量法与消费者权益保护法、反垄断法与反不正当竞争法、反腐败法、网络安全与信息保护法、国际贸易法等方面进行合规管理研究。

从企业业务领域上看，可以划分为营销、采购、研发、生产、物流、工程建设等不同业务领域的合规管理研究。

从企业职能管理领域上看，可以划分为财税、人力资源、法务、内控、风险管理、质量、环境、安全、信息系统等不同职能领域的合规管理研究。

从管理功能上看，可以划分为合规管理组织、合规管理运行与合规管理保障等方面的研究。

从企业经营所在地上看，可以划分为企业境内经营管理合规研究和境外经营管理合规研究等。

（九）比较研究

首先，可以从欧美国家、其他国家以及中国企业合规管理的历史发展、内容、流程、合规义务渊源等方面，对企业合规管理进行比较研究。其次，可以对欧美跨国公司的诚信合规管理与我国国有企业的全面合规管理进行比较研究。最后，可以对《中央企业合规管理办法》与国际标准及我国国家标准《合规管理体系　要求及使用指南》进行比较研究。

（十）合规管理价值研究

“合规创造价值”已作为重要的合规理念，明文写入我国银监会发布的《商业银行合规风险管理指引》、原中国保险监督管理委员会（以下简称保监会）发布的《保险公司合规管理办法》、中国证券监督管理委员会（以下简称证监会）发布的《证券公司和证券投资基金管理公司合规管理办法》以及国家金融监督管理总局发布的《金融机构合规管理办法》。企业合规的管理价值、经济价值和社会价值等都值得深入探讨和研究。

（十一）企业集团合规管理研究

企业集团往往拥有悠久的发展历史和复杂的公司结构，可能包括多家全资子公司、控股子公司和非控股的参股公司。它们可能拥有各自不同的产品、业务线条和商业模式，并可能在国内不同省市及国外经营。它们适用的外部合规义务渊源存在差异，内部合规义务渊源也可能互不相同。

企业集团的合规管理体系如何搭建，企业集团如何推动全面合规管理，集团总部如何对控股子公司的合规管理进行管控，如何推动非控股的参股公司开展合规管理，集团总部合规管理部门如何指导、推动、支持下属子公司的合规管理等，都是需要研究的课题。

三、推动企业合规管理学的研究和发展

我国学术界对企业法务、企业合规管理的研究严重不足。推动企业合规管理学的研究和发展，是我国大专院校、各管理学研究机构、各咨询机构以及各律师事务所等义不容辞的责任。

大专院校可以尝试开设企业合规管理学课程，甚至设立企业合规管理

专业。例如，华东师范大学几年前成立了企业合规研究中心，系专门针对企业合规理论与实务进行研究的机构。该中心通过整合法学、经济学、管理学、政治学等多学科资源，着力构建企业合规方面跨学科、跨领域、跨部门的理论研究高地、学术交流平台、政府决策智库和人才培养基地。2018 年 3 月，该中心汇编了《企业合规讲义》，作为法律专业的专业教材。

四、大力培养企业合规管理人才

国务院国资委发布的《中央企业合规管理指引（试行）》《中央企业合规管理办法》、发改委等七部门发布的《企业境外经营合规管理指引》、国际标准与我国国家标准《合规管理体系　要求及使用指南》等相继发布实施以后，合规管理将在我国中央企业、地方国有企业及其他所有制性质的企业迅速开展起来。

企业合规管理急需知法律、晓管理、精合规、懂业务的合规管理人才。企业合规管理人才在未来相当长的时期内将极度缺乏。大力培养企业合规管理人才，助力我国企业合规管理的推进和发展，是我国大专院校、各咨询培训机构、各律师事务所的共同责任。

第二章　企业合规与合规管理

Chapter Ⅱ　Corporate Compliance and Compliance Management

要点

1. 合规义务渊源包括外部合规义务渊源与内部合规义务渊源。

2. 道德规范属于外部合规义务渊源，党内法规制度是重要的合规义务渊源。

3. 具有中国特色的企业合规管理。

4. 合规创造价值论。

合规与合规管理是企业合规管理的最基本内容。企业开展合规管理，首先要澄清这两个概念。

一、合规

（一）“合规”字的源考

“合规”是英文“compliance”的中文翻译，意思是“符合”“遵守”。“企业合规”的英文为“corporate compliance”，其含义是指企业遵守和执行合规义务渊源。

“合规”中的“合”，是指“符合”、“遵守”和“执行”。“合规”中的“规”，既不是“规范”，更不仅限于企业“规章”。它是指“合规义务渊源”，其范围要比法律法规、规范或者企业规章广得多。

（二）合规的定义

按照国际标准与我国国家标准《合规管理体系　要求及使用指南》第3.26条规定，合规是指履行组织的全部合规义务。

二、合规义务渊源

（一）合规义务渊源的定义

关于组织所需遵守的“规”，有关合规管理的标准、办法和指引并无统一的规定或称谓。国家金融监督管理总局2024年12月25日发布的《金融机构合规管理办法》称为合规规范。

笔者认为，“合规”中的“规”即“合规义务渊源”，是指合规义务的来源，即规定组织合规义务的具体来源。

“合规义务渊源”并非法定术语，有关企业合规管理的标准、办法和指引也没有使用“合规义务渊源”这一用语。但这一用语更能准确反映“规”的内容，方便在理论和研究实务中使用，在我国合规管理体系建设实践中，逐渐被诸多中央企业和地方国有企业接受。笔者建议和鼓励使用这一用语，使之成为企业合规管理中的专门术语。

“合规义务渊源”这一用语的提出来自“法律渊源”。关于法律渊源的定义，主要存在两种意见：一种意见认为，法律渊源是指法律的来源，即国家机关、公民和社会组织为寻求行为的根据而获得具体法律的来源。另一种意见认为，法律渊源即法律的表现形式。但两种意见都认为，法律渊源包括宪法、法律、行政法规、部门规章、地方性法规、地方政府规章以及国际条约和国际规则。

（二）合规义务渊源的内容

关于合规义务渊源所包含的内容，有关合规管理的标准、办法和指引的规定趋同，但存在差别。

《巴塞尔银行监管委员会合规与银行内部合规部门》所述合规义务渊源包括法律、监管规定和规则、自律性组织的准则，以及适用于银行自身业务活动的行为准则。

我国证监会发布的《证券公司和证券投资基金管理公司合规管理办法》所述合规义务渊源包括法律、法规、规章及规范性文件、行业规范和自律规则、公司内部规章制度，以及行业普遍遵守的职业道德和行为准则。

我国国家金融监督管理总局发布的《金融机构合规管理办法》所述合规义务渊源包括法律、行政法规、部门规章和规范性文件，以及金融机构落实监管要求制定的内部规范。

国务院国资委发布的《中央企业合规管理办法》所述合规义务渊源包括法律法规、党内法规制度、监管规定、行业准则、国际条约和规则以及企业章程、规章制度等。

发改委等七部门发布的《企业境外经营合规管理指引》将合规义务渊源定义为法律法规、国际条约、监管规定、行业准则、商业惯例、道德规范和企业依法制定的章程及规章制度等。

国际标准及我国国家标准《合规管理体系　要求及使用指南》所述合规义务渊源包括相关法律、监管要求、行业准则和组织标准，以及良好治理标准、普遍接受的最佳实践、道德规范和社区期望。按照该标准第A. 4. 5 条规定，合规义务渊源包括强制性地必须遵守的要求以及自愿选择遵守的要求：

（1）组织强制遵守的要求包括：法律法规；许可、执照或其他形式的授权；监管机构发布的命令、条例或指南；法院判决或行政决定；条约、公约和协议。

（2）组织自愿选择遵守的要求包括：与社会团体或非政府组织签订的协议；与公共权力机构和客户签订的协议；组织的要求，如方针和程序；自愿的原则或规程；自愿性标志或环境承诺；与组织签署合同产生的义务；相关组织和产业的标准。

（3）我国国家标准《合规管理体系　要求及使用指南》附录 NA 提出了补充使用指南。按照该附录，在我国语境下，强制性遵守的要求还包括：检察决定、指导性案例、司法解释、强制性标准。

（三）几类特别的合规义务渊源

1. 关于党内法规制度

党内法规制度是我国国有企业党员干部和党员员工在国有企业经营管理中应当遵守的重要合规义务渊源，是我国国有企业应当遵守和执行的合规义务渊源的重要组成部分。

我国国有企业党员干部和党员员工应当遵守的党内法规制度包括《中国共产党章程》《关于新形势下党内政治生活的若干准则》《中国共产党纪律处分条例》《中国共产党廉洁自律准则》《中国共产党问责条例》，中共中央办公厅、国务院办公厅发布的《国有企业领导人廉洁从业若干规定》，中共中央办公厅、国务院办公厅发布的《党政机关国内公务接待管理规定》，中共中央政治局发布的《关于改进工作作风、密切联系群众的八项规定》，中共中央办公厅、国务院办公厅发布的《关于进一步推进国有企业贯彻落实“三重一大”决策制度的意见》，中共中央组织部和国务院国资委党委发布的《贯彻落实全国国有企业党的建设工作会议精神重点任务》及《关于扎实推动国有企业党建工作要求写入公司章程的通知》，中共中央办公厅发布的《中国共产党纪律检查机关监督执纪工作规则》等。

2. 关于国外的司法判例

在我国，司法案例叫指导性案例或参考案例，不叫判例，不具有法律渊源的效力。在企业合规风险管理中，这些案例对合规风险的识别、分析和评价有着重要的指导与参考价值。因此，我国案例虽然不构成合规义务渊源的组成部分，但在企业合规管理中是不可忽视的因素。而在一些国家（主要是英美法系国家），他们的司法判例具有法律法规的效力。因此，我国企业在国外经营时，须注意遵守和适用的当地合规义务渊源，可能包括国外的一些司法判例。

3. 关于道德规范

道德规范泛指判断善和恶、正义和非正义、正当和不正当、荣和辱、诚实和虚伪、权利和义务等道德准则。

2001 年 9 月 20 日，中共中央发布实施了《公民道德建设实施纲要》，强调社会主义道德建设要坚持以为人民服务为核心，以集体主义为原则，以爱祖国、爱人民、爱劳动、爱科学、爱社会主义为基本要求，以社会公德、职业道德、家庭美德、个人品德为着力点。职业道德作为公民道德的重要部分，包括爱岗敬业、诚实守信、办事公道、服务群众、奉献社会等。

我国《宪法》第 53 条明确要求：“中华人民共和国公民必须遵守宪法和法律，保守国家秘密，爱护公共财产，遵守劳动纪律，遵守公共秩序，尊重社会公德。”因此，道德规范应当是企业合规义务渊源不可分割的组成部分。

4. 关于自愿性对外承诺

按照国际标准及我国国家标准《合规管理体系　要求及使用指南》，自愿性标志或环境承诺列为合规承诺是企业内部合规义务渊源之一，包括自愿性承诺和自愿协议。

自愿性承诺是企业自主作出的对有关政府部门、公共组织或公众的承诺，包括企业的环保承诺（如节能承诺）、安全承诺、产品质量承诺等，对企业具有约束力，是企业应当遵守和执行的合规义务渊源之一。自愿协议（Voluntary Agreement）是自愿性承诺的主要形式，是目前国际上应用最多的一种非强制性节能措施。2000 年 3 月，中国节能协会将自愿协议这一模式引入中国。

5. 关于合同协议

按照国际标准及我国国家标准《合规管理体系　要求及使用指南》的规定，合同安排所产生的义务也是合规义务。

按照我国国家标准《合规管理体系　要求及使用指南》附录 NA 第 NA. 1. 5 条的规定，组织自愿选择遵守的要求包括"组织的合同安排产生的义务"。这是一种基于契约形成的"合规义务"，这种合规义务来自组织的合作伙伴通过合同条款提出的合规方面的要求。一旦选择与这样的合作伙伴进行交易，该组织就要遵守与这个合作伙伴订立的合同所产生的合规义务。合同安排所产生的义务有两种情形：第一种情形是合同条款中直接列明的各项义务；第二种情形是合同条款中纳入法律、法规、强制性标准等强制性要求的，这些要求则成为合规义务。

6. 关于企业集团内部合规义务渊源在企业集团子公司的适用

企业集团子公司包括全资子公司、控股子公司和非控股的参股公司。跨国公司、国有企业集团以及其他所有制性质的企业集团习惯于向各子公司下发各类政策、文件和规章制度，并要求各子公司直接适用和执行。不少子公司在经营管理中，甚至在对员工进行违纪处理时，直接适用企业集团的政策、文件和规章制度。

各子公司依法属于独立的企业法人，其政策、规章制度的制定和生效应当按照其章程的规定，经相关企业治理机构制定和批准后生效并实施。在我国国有企业中，重大的规章制度以及涉及员工切身利益的规章制度还需要企业职工代表大会批准通过。企业集团的各类政策、文件和规章制度要在各子公司贯彻执行，也需要按照子公司的章程履行批准生效程序，否则其在各子公司的合法有效性就存在问题。除子公司的章程有明文规定外，各子公司不能直接引用和执行企业集团的政策或规章制度来规范自己的经营管理。

7. 关于外国合规义务渊源

在两种情况下，我国企业需要遵守外国合规义务渊源。第一种情况是，我国企业签署国际业务合同，如进出口合同、技术贸易（转让、许可）合同、劳务外包合同、建设工程承包合同等。第二种情况是，我国企业在境外投资经营。在这两种情况下，除遵守法律法规外，我国企业须特别注意外国司法判例、商业惯例、合同约定的合规义务以及道德规范等的遵守。

（四）合规义务渊源的分类

1. 外部合规义务渊源与内部合规义务渊源

按照有关合规管理的标准、办法和指引进行梳理和总结，我国企业应当遵守的合规义务渊源包括强制性地必须遵守的要求（外部合规义务渊源）与自愿选择遵守的要求（内部合规义务渊源），具体见表1－2－1。

表1－2－1　我国企业适用的合规义务渊源

序号	外部合规义务渊源	内部合规义务渊源
1	国际条约和规则	企业与第三方之间签订的合同与协议
2	国内法律法规	企业章程和规章制度
3	党内法规制度 （适用于中央企业与国有企业）	企业自愿性标志或承诺
4	行政监管管理	全资、控股股东规章制度转化为内部规章制度
5	司法解释、指导性案例、检察决定	
6	强制性标准	
7	行业准则	
8	商业惯例	
9	道德规范	

2. 通用合规义务渊源与特别合规义务渊源

不同企业存在需要共同遵守的合规义务渊源，如宪法、民法典、刑法、公司法、个人信息保护法等。同一企业不同部门存在需要共同遵守的合规义务渊源，除宪法、民法典、刑法、公司法等外部合规义务渊源外，还包括章程、基本规章制度等内部合规义务渊源。这些需要共同遵守的合规义务渊源称为通用合规义务渊源。

企业因经营地域、所属行业、企业所有权性质等的不同，其所适用的具体合规义务渊源也存在差异。开展涉外业务以及在外国投资经营的企业需要遵守相关外国的合规义务渊源，在民族地区生产经营的企业需要遵守民族地区的特别法律法规和道德规范。不同行业企业（如传统制造、互联网、科技创新企业等）需要遵守适用于本行业的特别法律法规。中央企业和地方国有企业需要遵守国有资产管理方面的法律法规以及党内法规制度。同一企业不同部门（如财务、人力资源、环保安全等）需要遵守本部门领域的专业性法律法规。合规义务渊源的分类，从一个侧面彰显了企业合规管理的法律专业性及复杂性。

3. 强制性规范与任意性规范

强制性规范与任意性规范是根据法律法规的强制性和自由裁量权的范围对法律法规进行的分类。

强制性规范是指由国家法律制度规定的，当事人必须履行，如果违反将被追究法律责任的法律规定，在法律条款中通常用“应当”“不得”“必须”等来表示。强制性规范必须严格遵循，当事人不得改变或变通。强制性规范通常体现为义务性规范（又称命令性规范）和禁止性规范。我国刑法、行政法、诉讼法规定的主要是强制性规范。在合规管理领域，强制性规范是重要合规义务渊源，企业必须遵守。

任意性规范是指允许当事人在法律规定的范围内自行确定权利和义务的法律规定，在法律条款中通常用“可以”“有权”“……除外”等来表示。例如，我国《公司法》中多处使用“可以”“由公司章程规定”“依照公司章程的规定”“全体股东约定……的除外”等字眼。任意性规范通常不具有强制性，仅具有指导意义。国际法和我国《民法典》中的许多规定都属于任意性规范。

在合规领域，任意性规范对企业不具备当然的约束力。但企业一旦通过合同、宣传广告、承诺或者在公司章程、内部规章制度中作出选择和规定，即成为企业的合规义务渊源与合规义务。例如，我国新修订的《公司法》第 66 条第 1 款规定：“股东会的议事方式和表决程序，除本法有规定的外，由公司章程规定。”企业章程规定的股东会议事方式和表决程序即成为企业及其股东需要遵守的合规义务。

（五）合规义务渊源的适用

1. 合规义务渊源的适用

按照法律适用的一般原则，根本法优于普通法，上位法优于下位法，特别法优于一般法，新法优于旧法。我国企业在涉外业务中，当事人可以选择适用我国法律或者外国法律，但涉及我国法律强制规定的直接适用我国法律。

我国企业（尤其是中央企业与地方国有企业）在境外投资经营、境外建设工程承包和劳务外包，应遵守东道国的法律法规，同时遵守我国有关境外投资、境外建设工程承包和劳务外包的相关法律法规。当东道国法律法规与我国法律法规发生冲突时，涉及东道国法律法规强制规定的，在上述领域一般适用东道国法律法规。

在企业经营实务中（如员工社会保险等领域），地方政府可能会根据本地实际情况不时出台适用于辖区内的监管规定。这些监管规定只要不违反上位法律法规，企业应当遵守。

在实务中，企业内部规章制度、对外作出的合规承诺、合同约定的合规义务可能会比法律法规的规定更加严格，企业应当遵守内部规章制度、对外作出的合规承诺、合同约定的合规义务。但是，如果内部规章制度、对外作出的合规承诺、合同约定违反法律法规，企业则应当遵守法律法规的规定。

2. 合规义务渊源的选择和创设

在企业经营实务中，经常会遇到下列情况：没有合规义务渊源可以适用、可以适用的合规义务渊源很少、可以适用的合规义务散落在不同的合规义务渊源之中或者合规义务渊源的规定十分原则且缺乏具体操作细则。例如，商业伙伴合规管理、合同的合规管理是大多企业合规管理的重点领域，但是，关于商业伙伴合规管理、合同合规管理的合规义务渊源却很少。又如，市场交易（主要是市场营销和采购）是很多企业合规管理的重点领域，但是，关于市场营销和采购的合规义务散落在不同的合规义务渊源之中。遇到上述情况时，可以考虑采取以下措施：

（1）识别不同合规义务渊源中的相关部分。例如，我国《民法典》中有关合同的合规义务规定、《招标投标法》中关于招标投标的合规义务规定、《反不正当竞争法》中关于市场交易的禁止性规定等。（2）选择可以适用的相关文件、推荐性标准等。例如，关于市场交易，可以选择《企业内部控制应用指引》、《政府采购法》、团体标准《国有企业采购管理规范》、团体标准《国有企业采购操作规范》等。关于商业伙伴合规管理，可以选择参照国务院国资委发布的《中央企业合规管理系列指南　商业伙伴》。这些文件对于企业可能并不强制适用，但企业可以参考选择其中相关合规义务规定，将其转化为企业内部规章制度，通过创设合规义务渊源（企业内部规章制度），使之成为企业合规义务。

企业内部规章制度主要由以下部分组成：（1）外部合规义务渊源转内部合规义务渊源，即将法律法规的规定转化为内部规章制度并结合企业实际情况进行细化；（2）企业公司治理运行规则；（3）企业组织机构及其职责；（4）企业经营管理要求和业务流程；（5）企业文化建设规定。

将外部法律法规的要求及时转化为内部规章制度，是企业规章制度管理以及合规管理的重要内容。根据企业经营管理和业务实际需要制定符合本企业实际和特点的内部规章制度，是创设合规义务渊源的重要举措。

（六）合规义务渊源的管理

合规义务渊源的管理包括合规义务渊源的识别、收集、汇编和动态维护更新。

（1）识别和收集。企业必须遵守所有合规义务，前提是穷尽识别和收集合规义务渊源。企业须根据自身经营地域、所属行业、企业所有权性质等的不同，识别、收集本企业需要遵守的合规义务渊源。识别、收集合规义务渊源须全面、穷尽。如有遗漏、不知晓某一合规义务渊源，可能会导致对该合规义务渊源的不遵守，即不合规。

（2）汇编。对收集到的合规义务渊源按部门领域、效力层级进行分层、分类，汇编成册，形成分层、分类的合规义务渊源库。

（3）维护。企业经营地域、产品条线、组织机构等处于动态调整之中，企业所需遵守的合规义务渊源处于动态变化（立、改、废）之中，企业合规管理部门须组织持续监测合规义务渊源的变化，及时掌握合规义务渊源变化情况，定期并在重要合规义务渊源发生重大变化时立即维护更新合规义务渊源库，使合规义务渊源处于最新有效状态，为企业持续有效合规提供基础保障。企业各部门、各重点岗位须持续监测本部门、本岗位职责领域合规义务渊源的变化，及时掌握合规义务渊源变化情况，定期并在重要合规义务渊源发生重大变化时立即维护更新本部门、本岗位职责领域相关合规义务渊源，使合规义务渊源处于最新有效状态，为本部门、本岗位持续有效合规提供基础保障。企业应尽快建立合规管理信息系统，实现对合规义务渊源变化的自动监测和自动维护更新。

按照国际标准及我国国家标准《合规管理体系 要求及使用指南》第A. 4. 5条的规定，组织宜按部门、职能和不同类型的组织性活动来识别和收集合规义务渊源，以便确定谁受到这些合规义务渊源的影响。获取关于法律和其他合规义务渊源变更信息的过程包括：列入相关监管部门收件人名单；成为专业团体的会员；订阅相关信息服务；参加行业论坛和研讨会；监视监管部门网站；与监管部门会晤；与法律顾问洽商；监视合规义务来源（如监管声明和法院判决）。

三、合规义务

（一）合规义务的定义

合规义务（Compliance Obligations）是由合规义务渊源规定的、企业必须履行的义务，是指合规义务的主体依据合规义务渊源必须为一定行为或不为一定行为的责任。

合规义务是具体的，由主体、内容及违规责任（合规风险）构成。企业合规义务的主体是企业及其各岗位的员工，内容是企业必须为一定行为（作为）或者不为一定行为（不作为），违规责任（合规风险）是企业不履行合规义务给企业带来的法律责任、经济损失、声誉损失或其他负面影响。

按照国际标准及我国国家标准《合规管理体系 要求及使用指南》第3. 25条的规定，组织所需遵守的“规”包括强制性地必须遵守的要求以及自愿选择遵守的要求。该标准第A. 4. 5条详细罗列了强制性地必须遵守的要求以及自愿选择遵守的要求，只是列出了合规义务渊源的种类，而并非合规义务渊源规定的具体合规义务。

在实务中，很多企业混同了“合规义务”与“合规义务渊源”的概念，在识别合规义务时止步于识别和汇编所需遵守的法律法规和监管规定（合规义务渊源），这只是外部合规义务渊源和内部合规义务渊源的简单堆砌，对企业具体经营管理行为和员工的履职行为没有实际的、直接的指导和规范作用。

（二）合规义务的分类

1. 企业合规义务、部门合规义务与岗位合规义务

企业合规义务是企业所需遵守和履行的所有合规义务的集合。企业的

合规义务由企业法定代表人及其授权的治理机构、各部门及各岗位员工具体履行。

企业董事会行使定战略、作决策的权利，履行忠实勤勉、按照章程及董事会运行规则履行相应合规义务，确保企业战略决策合规。经理层根据章程及董事会授权，履行谋经营、抓落实、强管理的合规义务，确保企业经营管理行为依法合规。

企业将经营管理职责及合规义务分解到各部门，由各部门根据章程、部门职责等，负责履行本部门领域合规义务。

各部门将本部门职责与合规义务分解到本部门各个科室，再分解到各个岗位，由各岗位履行本岗位职责及合规义务。岗位是企业组织机构以及企业管理（包括合规管理）的最基本单元。明晰岗位（尤其是重点岗位）合规义务，夯实岗位合规职责，确保各岗位（尤其是重点岗位）有效履行合规义务，是将合规管理有效落地、融入业务基本的、有效的举措之一。

2. 通用合规义务与特殊合规义务

通用合规义务是企业全体员工或各部门必须履行的合规义务，如正确使用保护企业财产、保守商业秘密、避免利益冲突、廉洁自律、遵守劳动纪律和职业道德、不违法违规从业等。

企业不同部门及其各个岗位因其从事的业务及承担的职责不同，所需遵守的合规义务渊源也相应不同，如财务部门、人力资源部门、环保安全与职业健康（ESH）部门主要履行与本部门业务和管理相关的专业性法律法规及规章制度。企业同一部门不同岗位（如财务部的会计岗和出纳岗、人力资源部的招聘岗与薪资岗等）因其主管业务及岗位职责不同，所需遵守的合规义务也相应不同。特殊合规义务是通用合规义务之外，企业不同部门、不同岗位因其业务和职责不同所需履行的与本部门、本岗位业务和职责相关的合规义务。

区分通用合规义务与特殊合规义务的意义在于，企业各部门、各重点岗位除了需要遵守通用合规义务外，还存在诸多特殊合规义务，要求每个部门、每个岗位都应当识别、知晓和遵守本部门、本岗位的特殊合规义务。

3. 积极合规义务与消极（禁止性）合规义务

积极合规义务是指由合规义务渊源规定，必须为一定行为的义务。例如，企业必须依法纳税、依法进行信息披露等。

消极（禁止性）合规义务是指由合规义务渊源规定的，不得为一定行为的义务。例如，企业不得偷漏税、不得虚开增值税发票等。

区分积极合规义务与消极（禁止性）合规义务的意义在于，企业各部门、各岗位应识别这两类合规义务，建立合规义务的正面清单（积极合规义务清单）和负面清单［消极（禁止性）合规义务清单］，知晓本部门、本岗位必须做什么、不能做什么。

4. 红线合规义务与底线合规义务

红线合规义务是指一旦违反即可能给企业或者其主要负责人带来重大合规风险（如刑事责任、重大行政责任、重大经济损失或重大声誉损失等）的合规义务，如我国《刑法》《税法》《安全生产法》《环境保护法》等规定的合规义务。

底线合规义务是指企业治理机构、各部门及各岗位员工都须遵守的合规义务，是企业合规义务的统称，包括红线合规义务及其他一般合规义务。

区分红线合规义务与底线合规义务的意义在于，公司主要领导、合规委员会、合规管理负责人、合规管理部门以及业务及职能部门的负责人等应知晓企业红线合规义务，确保红线合规义务得到遵守，严防触碰合规红线，防控重大合规风险。对各部门及全体员工，要求全面遵守所有合规义务，牢守合规底线，对违规行为零容忍。

5. 概括性合规义务与具体合规义务

概括性合规义务是指对某一个领域或者某一类别的合规义务作综合性描述或指向的合规义务。例如，我国《民法典》第一编总则第一章基本规定包括多条概括性合规义务规定，如第 8 条规定："民事主体从事民事活动，不得违反法律，不得违背公序良俗。"又如，我国《劳动合同法》第 4 条第 1 款规定："用人单位应当依法建立和完善劳动规章制度，保障劳动者享有劳动权利、履行劳动义务。"《劳动法》第 17 条规定："订立和变更劳动合同，应当遵循平等自愿、协商一致的原则，不得违反法律、行政法规的规定。"

具体合规义务是指对合规义务的主体、内容（具体的作为或不作为要求）及违规责任（合规风险）作出明确规定的合规义务。例如，我国《民法典》第 546 条第 1 款规定："债权人转让债权，未通知债务人的，该转让对债务人不发生效力。"又如，我国《劳动合同法》第 91 条规定："用人单位招用与其他用人单位尚未解除或者终止劳动合同的劳动者，给其他用人单位造成损失的，应当承担连带赔偿责任。"

概括性合规义务的内容宏观、内涵扩展、外延开放，具有原则性、抽象性、归纳性等特点。但是，概括性合规义务没有对合规义务主体提出具体行为指引和要求，缺乏实际可操作性。因此，概括性合规义务宜用于对企业、各部门、各岗位的某领域、某类别合规义务的总体性、归纳性、原则性要求，无法用来建立具体合规义务清单，也不宜作为合规风险评估的基础。

反之，具体合规义务具有明确、具体、直接的特点，具有很强的实际可操作性，能让合规义务主体清晰地知晓应当做什么、不应当做什么。具体合规义务可用于对企业、各部门及各岗位员工具体合规义务识别与建立合规义务清单，用作合规风险识别的基础。

在合规管理实践中，企业识别合规义务，除了识别合规义务渊源、概括性合规义务外，核心内容和主要工作是识别各部门、各岗位的具体合规义务，建立具体合规义务清单，并在此基础上评估违反每项具体合规义务可能导致的合规风险、建立合规风险识别清单。

6. 员工岗位特别合规义务与员工岗位通用合规义务

员工岗位合规义务是指员工作为企业劳动者一员以及履行其岗位职责所需遵守的合规义务，包括员工岗位特别合规义务与员工岗位通用合规义务。

员工岗位特别合规义务是指与员工岗位职责相关、岗位履职行为（职务行为）所需遵守的合规义务。企业不同部门各岗位的岗位职责及相应的岗位特别合规义务不同，如人力资源部门招聘岗的招聘职责、财务部门税务专员岗的税务管理职责、环保安全部门安全岗的安全管理职责等。企业同一部门不同岗位（如财务部的会计岗、出纳岗和税务岗，人力资源部的招聘岗和薪资岗，环保安全部门的环保岗和安全岗等）的岗位职责及相应岗位特别合规义务也存在差别。岗位是企业组织机构的最基本组织单元，企业各岗位的履职行为汇集成为企业的经营管理行为。因此，岗位的履职行为及履行岗位特别合规义务（职务行为）是企业经营管理行为的组成部分，也是合规管理的主要对象（国务院国资委发布的《中央企业合规管理办法》第3条）。

员工岗位通用合规义务是员工作为企业劳动者一员需要共同遵守的一般合规义务，如前文所述，包括正确使用和保护企业财产、保守商业秘密、避免利益冲突、廉洁自律、遵守劳动纪律和职业道德、不违法违规从业等。

员工岗位履行通用合规义务是对员工作为企业劳动者一员的基本要求，也是员工岗位职责的组成部分及合规管理的对象。

在企业各部门，相同岗位的员工，其作为企业员工的通用合规义务以及与其岗位职责相关的特别岗位合规义务也是相同的。不同岗位的员工，其作为企业员工的通用合规义务相同，但岗位特别合规义务不同。员工在工作生涯中，可能在不同时期被同一企业安排到不同岗位，其岗位通用合规义务可能不会因此发生变化，其岗位特别合规义务却因岗位职责不同而相应发生变化。

7. 员工个人合规义务与员工岗位合规义务

员工个人合规义务是员工作为自然人和社会的一分子，与其他自然人一样需要普遍遵守的合规义务，如尊老爱幼、不侵犯他人人身权和财产权等。

员工首先是自然人，需要遵守作为自然人应当遵守的个人合规义务。员工被企业聘用到岗后才被赋予岗位职责。作为企业管理的最基本组织单元，员工需要履行作为企业员工的岗位合规义务。

区分员工个人合规义务与员工岗位合规义务的意义在于，将员工个人合规义务及相应的违规责任与岗位合规义务及相应的违规责任相隔离，避免混同，使企业避免为员工违反个人合规义务承担责任。实践中，员工超越岗位职责和授权代表企业的行为（无权代理和越权代理）、从事企业规章制度（内部合规义务渊源）明确规定的禁止性合规义务，往往被认定为员工的个人行为及违反个人合规义务的行为，而非其代表企业履行岗位职责或违反企业合规义务。在这种情况下，违规责任应由员工个人承担。

广为引用的案例是，2011 年至 2013 年，某跨国公司兰州分公司的员工给兰州多家医院工作人员好处费，非法获取个人信息，被判处侵犯公民个人信息罪。该案一审时，员工的多名辩护人提出，员工犯罪所涉行为系代表企业履行岗位职责的履职行为，企业已构成单位犯罪，应追究该跨国企业的刑事责任。但该跨国企业提供了企业政策、员工行为规范、培训记录等充分证据证明，企业明令禁止向医务人员支付任何资金或者其他利益，不允许员工以非法方式收集消费者个人信息，员工接受培训并签署了承诺函。兰州分公司员工在明知法律法规以及企业禁止性规定的情况下，为完成业绩明知故犯，并非履行其岗位职责及岗位合规义务的行为，也非企业的单位意志体现，故该案中企业不构成单位犯罪，法院不予支持。

（三）合规义务的管理

国际标准及我国国家标准《合规管理体系　要求及使用指南》第4.5条要求组织系统识别来源于组织活动、产品和服务的合规义务，并评估其对运行所产生的影响。组织应建立过程以识别新增及变更的合规义务，确保持续合规，以及评价已识别的变更的义务所产生的影响，并对合规义务管理实施必要的调整。

1. 识别

企业合规义务是企业合规的基础依据。要遵守合规义务，前提是识别和知晓合规义务。识别合规义务是企业合规管理的核心内容，也是企业开展合规风险管理的基本任务和前置程序。

企业各部门及各重点岗位应识别本部门、本岗位所需遵守的合规义务，建立部门合规义务清单与岗位合规义务清单。有些企业在合规管理实践中，每个重点岗位都通过识别合规义务建立了本岗位合规义务的正、负面清单，让每个重点岗位员工知晓并方便在日常工作中查询须履行的积极合规义务与消极（禁止性）合规义务，推动合规管理有效地明确到岗、落实到人。

2. 维护

企业所需遵守的合规义务渊源处于不断的立、改、废之中，合规义务也随之处于动态变化之中。企业合规管理部门应组织持续监测合规义务变化，定期并在重要合规义务发生变化时立即维护更新合规义务清单，使合规义务处于最新有效状态，确保持续合规。企业各部门、各重点岗位须持续监测本部门、本岗位职责领域合规义务的变化，定期并在重要合规义务发生重大变化时立即维护更新本部门、本岗位职责领域相关合规义务清单，使合规义务处于最新有效状态，确保持续合规。

四、企业合规管理

（一）概念

管理是指通过计划、组织、领导、控制及创新等手段，结合人力、物力、财力、信息、环境、时间等要素，以达到组织目标的过程。合规管理就是由企业合规管理组织，通过合规管理制度、合规管理运行、合规管理保障等，促使企业遵守和执行合规义务渊源，预防和管控合规风险，保障企业安全、稳健、持续经营。

国务院国资委发布的《中央企业合规管理办法》将企业合规管理定义为：企业以有效防控合规风险为目的，以提升依法合规经营管理水平为导向，以企业经营管理行为和员工履职行为为对象，开展的包括建立合规制度、完善运行机制、培育合规文化、强化监督问责等有组织、有计划地管理活动。

（二）合规管理组织

有关企业合规管理的标准、办法和指引均对企业各层级的合规管理组织作出了规定。

国务院国资委发布的《中央企业合规管理办法》将企业合规管理组织分为9个层级，即党委会、董事会、经理层、主要负责人、合规委员会、首席合规官、业务及职能部门、合规管理部门以及纪检监察机构和审计、巡视巡察、监督追责等部门。

按照国际标准及我国国家标准《合规管理体系　要求及使用指南》，合规管理组织包括治理机构、最高管理者、合规团队、管理者和人员。

有关合规管理组织的详细内容，请参见本书第二篇第二章。

（三）内容

企业合规管理的内容包括合规管理运行与合规管理保障。按照有关合规管理的标准、办法和指引，合规管理运行包括建立合规管理制度、合规风险管理、合规审查、合规管理体系有效性评价、违规管理与问责等。合规管理保障包括合规管理计划与合规报告、合规审计、合规考核与评价、合规宣传与培训、合规管理信息化系统以及企业合规文化等。

有关合规管理内容的详细介绍，请参见本书第一篇第四章。

（四）分类

企业合规管理分为全面合规管理、诚信合规管理和专项合规管理。

1. 全面合规管理

全面合规管理，是企业合规管理全面性原则的体现，要求企业建立健全的全面合规管理体系，做到合规管理覆盖企业各业务领域、各部门、各级子企业和全体员工，贯穿决策、执行、监督各个环节。《巴塞尔银行监管委员会合规与银行内部合规部门》以及我国有关合规管理的办法和指南都倡导企业建立全面合规管理体系，开展全面合规管理。

2. **诚信合规管理**

诚信合规管理，是指以反腐败、反欺诈、反串谋等诚信合规为主要内容的合规管理。《经合组织内控、道德与合规，最佳实践指南》、世界银行集团发布的《廉政合规指南概要》等，都是诚信合规管理的集大成者。我国发改委等七部门发布的《企业境外经营合规管理指引》在要求企业境外经营开展全面合规管理的同时突出诚信合规管理，要求企业针对特定主体或特定风险领域制定具体的合规管理办法，包括但不限于礼品及招待、赞助及捐赠、利益冲突管理、举报管理和内部调查、人力资源管理、税务管理、商业伙伴合规管理等内容。欧美大多数跨国企业集团通过颁布《商业行为准则》等倡导企业开展诚信合规管理。

国务院国资委于2016年开展建立企业合规管理体系试点的5家中央企业都制定了《诚信合规手册》或者《诚信合规准则》，开展诚信合规管理。但同时，它们都制定了合规管理办法，建立合规管理体系，开展全面合规管理。一方面执行了我国《中央企业合规管理办法》关于建立全面合规管理体系的要求，另一方面又与国际诚信合规管理接轨。

3. **专项合规管理**

专项合规管理是指企业针对重点业务领域（如市场交易、财税管理、人力资源、安全环保、知识产权、网络安全与信息保护等）、重点管理环节（如制度制定环节、经营决策环节等）、重点人员（如管理人员、重要风险岗位人员、海外人员等）、海外投资经营行为等开展专门的合规风险管理、合规管理体系有效性评价、合规审计等。有关全面合规管理、诚信合规管理、专项合规管理的具体内容，请参见本书第一篇第五章。

（五）特点

1. **法律专业性强**

合规即遵守合规义务，而合规义务主要是法律义务。不同行业的企业，除需遵守通用的法律规定外，还需遵守适用于本行业的特别法律法规。同一企业的各个部门（如财务部、人力资源部、安全环保部等），除需遵守通用的合规义务外，还需遵守与本部门业务相关的专业性法律法规。

合规管理的目的是防范合规风险。合规风险是指违反合规义务可能给公司造成的法律责任、经济损失和声誉损失的可能性。合规义务识别、合规风险评估与建立合规风险识别清单需要扎实的法律专业知识和丰富的实务经验（尤其是法律纠纷解决经验）。

2. **管理性强**

将合规要求融入业务是合规管理的基本要求。合规管理以内控为基础，业务流程和岗位是最基本的管理单元。以内部控制的业务流程为基础建立业务流程合规管控清单、以岗位职责为基础建立岗位合规职责清单，是将合规要求融入业务、推动合规管理有效落地运行的必然手段。

合规管理以风险为导向，合规风险存在于各个业务及职能领域，与企业管理各个环节及业务流程直接关联。

3. **长期性**

合规管理是长效工程，贯穿企业存在的始终（从设立到终止）。合规管理具有很强的专业性和管理性，合规管理输出成果从输出到实际运用显现管理效果和价值，需要一段时间及不断改进提升。

4. **常态化**

合规管理存在于企业各业务领域、各部门、各岗位的日常经营管理活动之中，强调事事、时时、处处合规。持续改进是合规管理的基本原则之一。企业内外部环境及外部合规义务渊源和内部合规义务渊源不断变化（立、改、废），合规管理须动态跟踪，持续改进。

5. **点面结合**

合规管理强调遵守所有的合规义务，将合规要求覆盖企业各部门、各领域、各分支机构及各级子公司，贯穿决策、实施、监督全流程，建立全员合规责任制。

合规管理资源（如时间、人力、物力、技术等）具有局限性，需要在推动全面合规管理的同时，集中资源优先突出对重点领域（行政强监管领域和高风险领域）的合规管理，防范重点领域合规风险。

从企业合规管理的特点来看，企业要做好合规管理，需要加大力度尽快培育和建设一支懂法律、晓管理、精合规的合规管理队伍。同理，这也是对外部合规管理服务机构的基本要求。

五、具有中国特色的企业合规管理

我国企业的合规管理始于2006年，晚于欧美企业。但通过十余年的发展，我国中央企业和地方国有企业的合规管理形成了自己鲜明的特色。

1. 建立全面合规管理体系

中国企业的合规管理起步较晚，但相对于欧美企业的诚信合规管理，中国企业从一开始就关注全面合规管理体系的建设。国务院国资委发布的《中央企业合规管理指引（试行）》《中央企业合规管理办法》、发改委等七部门发布的《企业境外经营合规管理指引》以及各省、自治区、直辖市国资委发布的合规管理办法、指引等，均强调和要求企业建立全面合规管理体系，也就是常说的“大合规”。有些中央企业（包括国务院国资委2016年开展合规管理试点的5家中央企业）还将全面合规管理与诚信合规管理有机结合起来，做到与国际合规管理实践无缝接轨。

2. 党内法规制度是重要的合规义务渊源

国务院国资委发布的《中央企业合规管理办法》第7条第2款规定，中央企业应当严格遵守党内法规制度，企业党建工作机构在党委（党组）领导下，按照有关规定履行相应职责，推动相关党内法规制度有效贯彻落实。各省、自治区、直辖市国资委发布的合规管理办法也都作出了相同规定。

3. 党组织在国有企业合规管理中发挥领导作用

国务院国资委发布的《中央企业合规管理办法》第7条第1款明确规定，中央企业党委（党组）发挥把方向、管大局、促落实的领导作用，推动合规要求在本企业得到严格遵循和落实，不断提升依法合规经营管理水平。

4. 纪检、巡察部门在合规管理中发挥重要监督作用

国务院国资委发布的《中央企业合规管理办法》第15条规定，中央企业纪检监察机构和审计、巡视巡察、监督追责等部门依据有关规定，在职权范围内对合规要求落实情况进行监督，对违规行为进行调查，按照规定开展责任追究。

5. “三道防线”权责清晰

按照国务院国资委发布的《中央企业合规管理办法》及各省、自治区、直辖市国资委发布的合规管理办法，权责清晰是合规管理的一项基本原则，要求企业按照“管业务必须管合规”要求，明确业务及职能部门、合规管理部门和监督部门职责，严格落实员工合规责任，对违规行为严肃问责。

按照国务院国资委办公厅于2022年1月15日发布的《关于开展中央

企业“合规管理强化年”工作的通知》，业务及职能部门应按照“管业务必须管合规”要求，切实落实主体责任，坚决守住“第一道防线”；合规管理部门加强统筹协调，不断筑牢“第二道防线”；强化纪检监察、审计等部门监督责任，切实发挥“第三道防线”震慑作用。

6. 合规管理成为我国精神文明建设的一部分

我国《宪法》第24条第1款规定，国家通过普及理想教育、道德教育、文化教育、纪律和法制教育，通过在城乡不同范围的群众中制定和执行各种守则、公约，加强社会主义精神文明的建设。

我国精神文明建设包括思想道德建设和科学文化建设。思想道德建设要求大力倡导文明礼貌、助人为乐、爱护公物、保护环境、遵纪守法的社会公德，大力倡导爱岗敬业、诚实守信、办事公道、服务群众、奉献社会的职业道德，大力倡导尊老爱幼、男女平等、夫妻和睦、勤俭持家、邻里团结的家庭美德。

企业合规管理增强企业诚信经营理念，培育企业全员诚信合规文化，带动员工在日常生活中诚信合规；树立行业和社区诚信合规典范，带动行业与社区合规。企业合规管理助力企业依法诚信合规经营，带动其他企业和组织诚信合规，营造合规、有序、健康和公平竞争的营商环境，是我国精神文明建设的重要组成部分。

六、合规创造价值论

合规创造价值是重要的合规理念，是企业合规文化的重要组成部分。合规创造管理价值、经济价值和社会价值，其基本内涵和作用已逐步得到认识，并推动企业合规管理发展。

（一）合规创造价值是重要的合规理念

合规创造价值的合规理念，已得到我国有关合规管理办法、指南和指引的确定。

（1）我国证监会于2017年颁布的《证券公司和证券投资基金管理公司合规管理办法》第4条规定，证券基金经营机构应当树立全员合规、合规从管理层做起、合规创造价值、合规是公司生存基础的理念，倡导和推进合规文化建设，培育全体工作人员合规意识，提升合规管理人员职业荣誉感和专业化、职业化水平。

（2）我国国家金融监督管理总局于2024年颁布的《金融机构合规管理办法》第10条规定，金融机构应当深化合规文化建设，确立合规从高层做起、全员主动合规、合规创造价值等理念，营造不敢违规、不能违规、不想违规的合规文化氛围，促进金融机构自身合规与外部监管有效互动。

（3）国务院国资委于2018年颁布的《中央企业合规管理指引（试行）》第27条规定，积极培育合规文化，通过制定发放合规手册、签订合规承诺书等方式，强化全员安全、质量、诚信和廉洁等意识，树立依法合规、守法诚信的价值观，筑牢合规经营的思想基础。

（4）发改委等七部门于2018年颁布的《企业境外经营合规管理指引》第4条规定，企业应以倡导合规经营价值观为导向，明确合规管理工作内容，健全合规管理架构，制定合规管理制度，完善合规运行机制，加强合规风险识别、评估与处置，开展合规评审与改进，培育合规文化，形成重视合规经营的企业氛围。

（5）国际标准及我国国家标准《合规管理体系　要求及使用指南》在引言中指出，合规管理能为组织提供下列优势：增加业务机会、促进可持续发展；保护并提升组织的声誉和信誉；考虑相关方的期望；证实组织切实有效管理其合规风险的承诺；提升第三方对组织取得持续成功的信心；最大限度地降低违规行为导致的风险及相应的成本和声誉损失。

（二）合规创造管理价值

1. 合规助力提升企业管理

合规管理帮助梳理和审查企业内部规章制度，对其存在的问题进行修改、补充，使之合法合规，并根据需要制定新的规章制度，明确各部门管理边界与协调合作机制，消除职责重叠、交叉和推诿，填补管理真空，形成管理合力。

多年来，我国企业（尤其是国有企业）按照我国有关全面风险管理、内控体系、内部审计体系、法律风险管理、纪检监察等方面法律法规的要求，建立了各自的组织、制度和管理体系。企业风险管理的协同性原则，推动合规管理与法律风险防范、监察、审计、内控、风险管理等工作相统筹、相衔接［国务院国资委发布的《中央企业合规管理指引（试行）》第4条第3项］，以此整合各相关部门的体系和资源，健全和完善企业管理，推动企业整体管理水平和管理能力的提高。

合规管理通过依法合规、诚实经营等合规理念和价值观的宣传，合规培训，检查监督，管理评估，考核评价，违规调查和问责等方式，化“要我合规”为“我要合规”，提高各部门与员工守法合规的自觉性。因此，合规管理能够帮助企业提升管理能力和管理效率，节约管理成本。

2. 合规助力企业实现内控目标，提高综合管理效能

企业内部控制的五大目标是保证企业经营管理合法合规、保证企业资产安全、保证企业财务报告及相关信息真实完整、提高企业经营效率和效果、最终促进企业实现发展战略。

保证企业合法合规经营，是企业内部控制的首要目标。合规管理通过细化合规义务识别、合规风险评估，推动企业补充完善风险矩阵、业务流程和内部控制措施，实现企业内控的首要目标，保障企业经营管理的合法合规性。

国务院国资委发布的《中央企业合规管理办法》及各省、自治区、直辖市国资委合规管理办法要求中央企业及地方国有企业结合实际建立健全合规管理与法务管理、内部控制、风险管理等协同运作机制，加强统筹协调，避免交叉重复，提高综合管理效能。

3. 合规管理助力企业提升形象

企业合规管理保障企业诚信合规经营，防范腐败、欺诈、串通等不当行为，强化环保、安全、质量、诚信和廉洁等合规理念，树立依法合规、诚信经营的价值观，不断提高员工的合规意识和行为自觉，推进企业合规文化建设，创造企业良好信誉和形象，促进企业稳健、安全、持续经营。

根据德国西门子中国官方网站（http://www.siemens.com.cn）信息，西门子在2006年至2008年接受德国政府和美国政府的双重反腐败调查。为此，西门子遭受重罚并付出了巨大代价。2007年至2008年，西门子吸取教训，在公司内部首次制定并推出合规计划，并在之后加强诚信合规体系建设，包括建立多层级合规管理组织、制定强制性规章制度、引入全面控制、加强合规培训、建设合规管理队伍（合规官）、将合规管理融入业务流程等。所有这些措施，使西门子成为合规管理的典范和楷模，为西门子挽回了损失并重塑良好企业形象。

4. 企业合规就是依法治企

企业合规管理就是依法治企，即依法治理、依法合规经营、依法规范管理，是建设法治企业的主要内容。

(三) 合规创造经济价值

1. 合规是企业参与国际市场竞争的基本条件与核心竞争力

诚信是合规产生与发展的源泉，诚信合规是企业发展的基石。欧美跨国企业集团以及我国大型中央企业集团都将诚信合规确定为企业的核心价值观。

诚信合规管理在欧美企业日益得到加强，并上升到国际商业行为准则的高度。合规管理已被纳入全球信用管理体系，成为企业参与国际市场竞争的基本条件与核心竞争力。我国有些企业疏于诚信合规管理常为欧美国家和跨国企业集团所诟病，以此为我国企业的国际竞争和经营设置障碍。我国企业要参与国际市场竞争，参与“一带一路”建设，建立健全的合规管理体系，开展适当、充分、有效的合规管理已十分紧迫与必要。

2. 合规给企业带来更多业务和商业机会

合规管理助力企业树立诚信合规形象，增强商业伙伴对企业诚信经营的认知度、安全感和认同感，势必给企业带来更多的业务和商业机会，并维护企业与商业伙伴之间合作与交易的稳定性和持续性。

3. 合规助力企业防范风险，降低风险损失

合规助力企业防范风险。正如国际标准及我国国家标准《合规管理体系　要求及使用指南》在引言中提出，合规管理能够协助组织有效管理合规风险，并最大限度地降低违规行为导致的风险及相应的成本和声誉损失。

合规助力企业避免、减少财产损失。有些企业集团曾因严重违法违规而受到严厉处罚，遭受数亿美元甚至十几亿美元的损失。合规已成为企业的生存基础，而做好合规管理，能帮助企业避免合规风险，减少财产损失。

4. 合规帮助企业提高风险处置效率，降低风险处置成本

合规风险管理通过合规风险评估，编制合规风险清单，开展合规风险日常监测和预警，建立合规风险的快速反应和应对机制，实施后续整改持续改进。合规能够帮助企业提高合规风险应对处置效率，控制合规风险并防止合规风险影响和损失的扩大。

5. 合规帮助企业获得外部合规激励，减免行政处罚

详见本书第二篇第十三章，在此不赘述。

6. 合规使企业与员工的个人违规行为相隔离，降低企业违规风险

企业建立有效的合规管理体系，从组织、制度、流程上有效预防企业违法违规。企业开展有效的合规宣传与培训，培养企业员工“人人合规”理念。如果发生员工违规，企业合规管理体系能够帮助甄别员工违规行为是企业行为还是个人行为，使企业与员工的个人违规行为相隔离，从而降低企业违规风险。

（四）合规创造社会价值

1. 合规助力环境保护与公共卫生安全。人们熟知的各类重大环境污染事件、各类食品安全事件等危害公共卫生、破坏环境资源保护的违法犯罪，危及国计民生、社会公共安全以及人们（尤其是下一代）的身心健康，造成重大社会危害和经济损失，具有严重的社会危害性。环保、安全和卫生是企业合规的重要领域，要求企业在这些领域诚信合规，严格遵纪守法，有助于防范危害社会的违法犯罪行为。

2. 合规助力精神文明建设。如前文所述，合规是我国精神文明建设的重要组成部分。合规有助于加强我国精神文明建设。

七、合规的“度”

按照《新华字典》，“度”是指计算长短的器具或单位，即尺度。“度”也指事物所达到的境界，即程度。关于合规的“度”，理论和实务领域鲜有研究。根据吴晶妹、宋哲泉在《中国金融》(2020 年第 14 期）发表的文章《合规度是金融信用的必要维度》，信用由三个维度构成，即诚信度、合规度和践约度。合规度是指社会主体在社会活动中遵守法律法规、行业规则、民间习惯的水平和能力。笔者认为，企业合规的“度”具有双层含义：一是指合规义务渊源要求企业合规的程度；二是企业遵守合规义务渊源的能力和水平。

（一）合规义务渊源要求企业合规的程度

按照国际标准及我国国家标准《合规管理体系　要求及使用指南》第 A. 4. 3 条规定，企业建立合规管理体系，首先应确定合规管理体系的范围，即确立其合规管理体系所适用的物理边界和组织边界。在这个过程中，组织选择在整个组织、组织内特定单元或特定职能内部实施合规管理体系时，具有自由度和灵活性。因此，组织可以选择在整个组织建立合规管理体系，也可以在选择的局部范围（组织内特定单元或特定职能内部）实施合规管理体系。按照该标准第3.26条规定，合规是指履行组织的全部合规义务。因此，从该标准的基本要求来看，如在整个组织实施合规管理体系，就要求整个组织遵守全部合规义务；如选择在局部范围（组织内特定单元或特定职能内部）实施合规管理体系，则应首先确保在该局部范围遵守组织的全部合规义务。

1. 全面充分合规度

国务院国资委发布的《中央企业合规管理办法》以及各省、自治区、直辖市国资委发布的合规管理办法，要求贯彻全面性原则，将合规要求覆盖各业务领域、各部门、各级子企业和分支机构、全体员工，贯穿决策、执行、监督全流程。

国家金融监督管理总局发布的《金融机构合规管理办法》、证监会发布的《证券公司和证券投资基金管理公司合规管理办法》均要求，我国金融机构、证券公司和证券投资基金管理公司（包括国有、民营和外商投资企业性质）应当建立全面、充分的合规管理体系，可称为“全面充分合规度”要求。

2. 重点领域充分合规度

除以上两类企业外，我国其他民营企业和外商投资企业可按照国际标准及我国国家标准《合规管理体系　要求及使用指南》第A.4.3条的规定等选择建立全面合规管理体系，或者选择在局部范围（组织内特定单元或特定职能内部）实施合规管理体系。其中，企业在局部范围（组织内特定单元或特定职能内部）实施合规管理体系，可称为“重点领域充分合规度”要求。

重点领域充分合规是基本的合规度要求，也是欧美大多数跨国企业的选择。欧美跨国企业在建立合规管理体系框架的基础上，更注重重点领域的合规管理及风险防范，同时通过强化内部控制，实现各部门在日常经营管理中遵守合规义务。

（二）合规的水平和能力

1. 合规的水平是指企业合规（遵守所有合规义务）所达到的程度。具体表现为：(1）企业是否穷尽识别合规义务渊源与合规义务；(2）企业是否基于合规义务识别进行合规风险评估，并采取应对措施有效防范合规风险；(3) 合规要求是否融入业务流程与岗位职责以及融入的程度。

2. 企业合规水平的高低，取决于企业合规的能力。具体表现为：(1) 企业治理机构对合规的支持；(2) 企业主要负责人和管理人员的合规意识、对合规的支持以及对专业合规管理知识的掌握；(3) 业务及职能部门作为“第一道防线”开展日常合规管理的能力；(4) 企业员工主动合规的意识以及对岗位专业合规知识的掌握。

(三) 合规度的相对性

建设全面合规管理体系、实现全面充分的合规度是一长效工程，不可能一蹴而就。企业建立合规管理体系，须分领域、分阶段、分步骤、分主次、分轻重，点面结合，稳步推进，持续改进。首先在重点领域实现充分合规度，再逐步扩展到各部门领域，向全面充分合规度目标抵近。全面充分的合规度是终极目标，重点充分合规度是阶段性目标，是实现全面合规充分度的必要过程和步骤。

正因如此，国务院国资委发布的《中央企业合规管理指引（试行)》第 12 条规定，中央企业应当根据外部环境变化，结合自身实际，在全面推进合规管理的基础上，突出重点领域、重点环节和重点人员，切实防范合规风险。

一家企业集团，由于集团总部及各级子公司的所有制性质及所处行业领域存在差别，在集团各成员之间，可能存在全面充分合规度要求与重点充分合规度要求并存的情况。同理，如果企业所有制性质发生变化，可能导致这两种合规度要求之间相互转换。

(四) 企业内外部环境对企业合规度的影响

1. 外部环境的影响

(1) 外部合规义务渊源不断立、改、废，导致企业所需遵守的合规义务以及面临的合规风险不断变化。

(2) 企业经营的地域、业务板块、产品条线等可能发生变化，而不同地区、不同行业所需遵守的外部合规义务渊源和内部合规义务渊源可能存在诸多区别。

(3) 监管部门、商业伙伴等对企业的合规要求与期望可能发生变化，并对企业合规度产生影响。

（4）行业、地区合规大环境对企业合规度产生很大影响。例如，建筑行业招投标领域的合规度多年来一直被诟病，直接影响单个建筑企业在招投标领域的合规度。全面合规度首先追求的是在某一行业或者某一个地区经济活动与社会活动的全部参与者全面合规，实现在合规度这一层面的公平竞争。

2. 内部环境的影响

（1）企业所需遵守的外部合规义务渊源和内部合规义务渊源及其涵盖的合规义务繁多且不断变化。全面、及时、精准、持续地识别合规义务与评估合规风险，在技术上存在难度和挑战。

（2）企业建立合规管理体系，需要人力、物力、财力、技术等诸多资源支持。合规管理资源不足，将影响甚至妨碍合规管理体系建设。

（3）业务及职能部门是合规风险的“第一道防线”，对本部门领域的合规与合规管理负首要责任。业务及职能部门、其员工合规意识与合规管理能力至关重要，但其培育是一个漫长过程。

（4）合规管理具有很强的专业性，需要懂法律、精合规、晓管理、熟业务。合规管理专业能力培养与合规管理专业人才的培育需要时日。

（五）合规适度

1. 依法合规是企业应有之义。依法合规是企业长期持续稳健发展的基本要求和重要保障，是大势所趋。

2. 合理选择合规管理体系范围。正如国际标准及我国国家标准《合规管理体系　要求及使用指南》第 A. 4. 3 条之规定，企业基于其所面临合规风险的性质和程度，合规管理体系的范围应当合理并与之相称。

3. 总体规划、分步实施、分清轻重缓急。合规管理是一项复杂的长效工程，不可能一蹴而就。企业建立合规管理体系，须总体规划、分步实施、稳步推进、持续改进。合规管理资源（如时间、人力、物力、技术等）具有局限性，须分清主次轻重，集中资源优先突出和强化重点领域的合规管理，防范重点领域合规风险。

4. 兼顾成本和效率。保增长、促发展、降本增效是企业的主要目标和任务。开展合规管理，要根据企业的实际情况，在保障合规的前提下，节约成本，保证效率。

第三章　企业合规管理原则

Chapter Ⅲ　Corporate Compliance Principles

要点

国有企业合规管理十原则：坚持党的领导原则、诚信原则、全面性原则、责任性原则、协同性原则、适用性原则、独立性原则、客观性原则、务实高效原则和持续性原则。

一、各原则说

关于合规管理原则有不同的观点，有三原则说、四原则说和六原则说等。

（一）三原则说

以发改委等七部门联合发布的《企业境外经营合规管理指引》(第5条）为代表，采用三原则说，主张企业合规管理原则包括三项原则，即独立性原则、适用性原则和全面性原则。

（二）四原则说

国务院国资委发布的《中央企业合规管理指引（试行)》《中央企业合规管理办法》采用四原则说。《中央企业合规管理指引（试行)》以及我国各省、自治区、直辖市国资委发布的合规管理指引规定的合规管理四原则包括全面性原则、责任性原则、协同性原则和客观独立性原则。《中央企业合规管理办法》以及我国各省、自治区、直辖市国资委发布的合规管理办法将合规管理四原则修正为党的领导原则、全面覆盖原则、权责清晰原则、务实高效原则。

也有学者将企业合规管理的四项原则表述为全面性原则、协同性原则、独立性原则和客观性原则，或表述为全面性原则、适用性原则、独立性原则和客观性原则。

（三）六原则说

王乐志在《企业合规管理操作指南》（中国法制出版社 2017 年版）中提出了合规管理六原则，即有效性原则、前瞻性原则、一致性原则、适应性原则、透明性原则和独立性原则。

国际标准及我国国家标准《合规管理体系　要求及使用指南》（第 A. 4. 4 条）也提出了合规管理六原则，即良好治理原则、匹配性原则、诚信原则、透明原则、问责制原则和可持续性原则。

二、笔者观点：十原则说

根据有关企业合规管理的标准、办法和指引以及实践案例，笔者提出企业合规管理十原则，以供探讨。这十项原则包括坚持党的领导原则、诚信原则、全面性原则、责任性原则、协同性原则、适用性原则、独立性原则、客观性原则、务实高效原则和持续性原则。

（一）坚持党的领导原则

对于我国中央企业与地方国有企业，坚持党的领导是合规管理的首要原则。要求充分发挥企业党委（党组）把方向、管大局、促落实的领导作用，落实全面依法治国战略部署有关要求，推动合规要求在本企业得到严格遵循和落实，把党的领导贯穿合规管理全过程，不断提升依法合规经营管理水平。

2023 年 12 月 29 日，我国第十四届全国人民代表大会常务委员会第七次会议对《中华人民共和国公司法》的第四次修正增补第 170 条，以法律形式确定，国家出资公司中中国共产党的组织，按照中国共产党章程的规定发挥领导作用，研究讨论公司重大经营管理事项，支持公司的组织机构依法行使职权。

（二）诚信原则

诚信原则是民法的基本原则，要求民事主体在民事活动中讲诚实、守信用，恪守诺言，诚实不欺，正当行使权利、履行义务。该原则是市场经济活动的一项基本道德准则，也是现代法治社会的一项基本法律规则，是整个民法领域的“帝王条款”。

在企业合规管理中，诚信是合规的基石。诚信贯穿企业合规管理体系的各构成要素，对企业合规管理发挥着统领作用。

国际标准及我国国家标准《合规管理体系　要求及使用指南》在引言中指出，诚信和有效合规是组织实现良好勤勉管理的关键要素。第 A.4.4 条要求合规管理体系以良好治理、匹配性、诚信、透明、问责制和可持续性等原则为基础。

我国企业参与市场经济活动，诚信是基础，不可或缺，更需高度重视。2016 年国务院国资委开展建立合规管理体系试点的 5 家中央企业中，在建立全面合规管理体系的同时，都将诚实信用、合规经营作为企业的核心价值观。

（三）全面性原则

全面性原则是公认的企业合规管理原则。国务院国资委发布的《中央企业合规管理指引（试行）》第 4 条第 1 项、《中央企业合规管理办法》第 5 条第 2 项将全面性原则确立为企业合规管理的首要原则，要求合规管理覆盖企业各业务领域、各部门、各级子企业和全体员工，贯穿决策、执行、监督各环节。我国发改委等七部门联合发布的《企业境外经营合规管理指引》第 5 条第 3 项要求，企业合规管理应覆盖所有境外业务领域、部门和员工，贯穿决策、执行、监督、反馈等各个环节，体现于决策机制、内部控制、业务流程等各个方面。企业合规管理的全面性原则，是建立企业全员合规理念、培育企业合规文化的基本要求和保障。

（四）责任性原则

责任性原则是国务院国资委发布的《中央企业合规管理指引（试行）》规定的一项基本合规管理原则。《中央企业合规管理办法》称为权责清晰原则。要求建立合规管理“三道防线”，明确业务及职能部门、合规管理部门和监督部门职责，严格落实员工合规责任，对违规行为严肃问责。

业务及职能部门是合规管理的“第一道防线”，按照“管业务必须管合规”要求，切实明确和落实合规管理主体责任，编制重点岗位合规职责清单，将合规要求落实到岗、明确到人。

合规管理部门是合规管理的“第二道防线”，加强统筹协调，指导业务及职能部门和子企业建立健全合规管理体系，对规章制度、经济合同、重大决策开展合规审查，组织开展合规管理体系有效评价与合规考核。

纪检监察、巡察、审计等部门是合规管理的“第三道防线”，行使对合规管理的监督责任，加大对合规管理重点领域的监督检查，督促违规问题整改，对违规行为严肃开展问责。

（五）协同性原则

企业合规管理作为企业管理的一项职能，与企业全面风险管理、企业内控、企业内部审计、企业法务以及中央企业、地方国有企业及其控股子公司的纪检监察部门，在管理职能方面存在交叉。尤其是中央企业、诸多地方国有企业以及部分其他所有制性质的企业在全面风险管理、企业运行管理、内控体系建设、财务管理、法务管理、质量管理、安全管理等方面，在组织、制度、流程、信息管理系统等各方面已经建立一个甚至多个相对完善的管理体系。企业合规管理如何避免人员、机构、制度、系统的重叠，如何与企业业已存在的各个管理体系协调融合，建立法务、合规、内控与风险管理协同运作机制，是企业合规管理学应当研究的重大课题。

国务院国资委发布的《中央企业合规管理指引（试行）》第 4 条第 3 项将协同性原则确立为企业合规管理的一项基本原则，要求推动合规管理与法律风险防范、监察、审计、内控、风险管理等工作相统筹、相衔接，确保合规管理体系有效运行。《中央企业合规管理办法》第 26 条明确要求，中央企业应当结合实际建立健全合规管理与法务管理、内部控制、风险管理等协同运作机制，加强统筹协调，避免交叉重复，提高管理效能。

发改委等七部门颁发的《企业境外经营合规管理指引》用第 12 条来规范合规管理协调。该条要求：（1）合规管理部门与业务部门分工协作，密切配合；（2）合规管理部门与其他监督部门分工协作，建立明确的合作和信息交流机制，加强协调配合，形成管理合力；（3）企业加强与外部监管机构沟通协调；（4）企业加强与第三方商业伙伴的沟通协调，做好对商业伙伴的合规管理。

（六）适用性原则

发改委等七部门发布的《企业境外经营合规管理指引》第 5 条第 2 项将适用性原则确立为企业合规管理的基本原则之一，要求企业合规管理从经营范围、组织结构和业务规模等实际出发，兼顾成本与效率，强化合规管理制度的可操作性，提高合规管理的有效性。同时，企业应随着内外部环境的变化持续调整和改进合规管理体系。

适用性原则不仅适用于我国企业境外合规经营，也应当适用于我国国内企业的合规经营。主要表现在以下5个方面：

1. 合规义务渊源的适用性。企业根据其经营所在国家和地区、经营范围、行业、产品等确定适用的外部合规义务渊源，跟踪适用的外部合规义务渊源的修改、补充以及新的适用的外部合规义务渊源。企业根据其经营范围、组织结构、业务规模的内部环境因素以及外部合规义务渊源制定企业合规义务渊源，并根据前述因素的变更等，调整、修改、补充企业内部合规义务渊源并确保其适用性。

2. 兼顾成本和效率。企业合规管理要根据企业的实际情况，在保障合规的前提下，节约成本，保证效率。

3. 可操作性。企业合规管理体系，尤其是合规管理制度应当具有可操作性，切忌好高骛远、空中楼阁、没有实际可操作性而成为“鸡肋”，从而影响企业合规的积极性和有效性。

4. 有效性。企业合规管理的目的是促使企业依法合规经营，稳定、安全、持续经营。企业合规管理必须围绕这一目标，实现合规管理的实际有效性。

5. 持续适用。企业应随着内外部环境的变化持续调整和改进合规管理体系，保证其持续适用性。

（七）独立性原则

独立性原则是有关合规管理的标准、办法和指引都确认的一项合规管理基本原则。

《巴塞尔银行监管委员会合规与银行内部合规部门》在引言第9条中提出，不论一家银行如何组织其合规部门，该合规部门都应该是独立的，并有足够的资源支持。其“原则5：独立性”中专门论述了合规部门的独立性原则，规定银行的合规部门应该是独立的。

独立性的概念包括四个相关要素：（1）合规部门应在银行内部享有正式地位以使其具有适当的定位、授权及独立性。（2）应由一名集团合规官或合规负责人全面负责协调银行的合规风险管理。（3）在合规部门职员特别是合规负责人的职位安排上，应避免他们的合规职责与其所承担的任何其他职责之间产生可能的利益冲突。合规部门应与审计部门分离，确保合规部门的各项工作受到独立的复查。（4）合规部门职员为履行职责，应能够获取必需的信息并能接触到相关人员。

根据有关企业合规管理的标准、办法和指引，企业合规管理的独立性原则体现在以下两个方面。

1. 合规负责人的独立性

（1）合规负责人是企业高级管理人员；

（2）企业应采取保证合规负责人独立性的各项措施；

（3）在合规负责人的职位安排上，应避免其合规职责与其所承担的任何其他职责之间产生可能的利益冲突；

（4）合规负责人不得分管业务线条，不得兼管财务、资金运用和内部审计部门等可能与合规管理存在职责冲突的部门（总经理兼任合规管理人的除外）；

（5）保证合规负责人独立与董事会、合规委员会沟通，有权根据履职需要参加或者列席董事会会议、经营决策会议等重要会议；

（6）保障合规负责人履行职责所需充分的知情权和独立的调查权；

（7）各部门、各层级管理人员应支持配合合规负责人的工作，不得以任何理由限制、阻挠其履行职责；

（8）合规管理部门及合规管理人员由合规负责人考核；

（9）任命合规负责人或合规负责人离任，应向监管部门报告。

2. 合规管理部门与合规管理人员的独立性

（1）合规管理部门在企业应当拥有独立的、正式的地位；

（2）企业应采取保证合规管理部门与合规管理人员独立性的各项措施；

（3）确保合规管理部门与合规管理人员具备独立采取措施的权限；

（4）合规管理部门与内部审计部门相互独立；

（5）合规管理部门与合规管理人员不得承担与合规管理相冲突的其他职责；

（6）向合规管理部门与合规管理人员提供履行合规管理职责所需充分适当的资源；

（7）保障合规管理部门与合规管理人员履行职责所需充分的知情权和独立的调查权；

(8) 各部门、各层级管理人员应支持、配合合规管理部门与合规管理人员的工作，不得以任何理由限制、阻挠其履行职责；

(9) 企业应采取措施切实保障合规管理部门与合规管理人员不因履行职责遭受不公正的对待；

(10) 合规管理部门及合规管理人员对合规部负责人负责，由合规负责人考核；

(11) 合规管理部门向合规委员会、经理层随时、直接汇报的权利。

但企业合规管理的独立性具有相对性，还需要同时遵守协同性原则。例如，合规审查、合规风险管理等还得遵守经济性原则，对于触碰合规红线的重大合规风险，必须坚持独立性原则。但非触碰合规红线的一般合规风险，考虑到合规风险应对的经济成本和必要性，可以由企业决策机构根据实际情况和企业风险管理策略决定是否承受该风险。

(八) 客观性原则

国务院国资委发布的《中央企业合规管理指引（试行)》确立了企业合规管理的客观性原则，主要体现在以下两个方面：(1) 严格依照法律法规等规定对企业和员工行为进行客观评价和处理；(2) 企业合规管理应当贯彻以合规义务渊源为依据，以客观事实为准绳的原则。

(九) 务实高效原则

务实高效原则是国务院国资委发布的《中央企业合规管理办法》新增加的一项合规管理原则。该办法第 5 条第 4 款规定："坚持务实高效。建立健全符合企业实际的合规管理体系，突出对重点领域、关键环节和重要人员的管理，充分利用大数据等信息化手段，切实提高管理效能。"该原则从务实和高效两个方面对合规管理提出了要求。

1. 务实原则

要求合规管理从企业实际出发，不能背离企业实际情况。例如，关于合规管理组织建设，《中央企业合规管理办法》第 11 条规定，合规委员会可以与法治建设领导机构等合署办公；第 14 条第 2 款规定，企业配备专职合规管理员，应当与经营规模、业务范围、风险水平相适应。又如，国务院国资委发布的《中央企业合规管理指引（试行)》第 12 条规定，中央企业应当根据外部环境变化，结合自身实际，在全面推进合规管理的基础上，突出重点领域、重点环节和重点人员，切实防范合规风险。

在合规管理实践中，务实原则要求企业在建立合规管理组织、制定合规管理制度、识别合规管理重点领域、运行合规管理运行机制的时候，一定要结合企业自身实际，与企业经营规模、业务范围、风险水平等相适应，切忌照搬照抄。

2. 高效原则

高效原则是企业管理的基本原则之一，要求企业一切管理活动都要追求高效率，即通过优化管理过程，实现单位时间或单位消耗所获得的效益最大化。针对合规管理高效原则，国务院国资委发布的《中央企业合规管理办法》提出了两个要求：一是充分利用大数据等信息化手段，提高管理效能。该办法用第六章（信息化建设）对合规管理信息化作出了详细规定，要求将合规制度、典型案例、合规培训、违规行为记录等纳入信息系统，运用信息化手段将合规要求和防控措施嵌入流程，并应当利用大数据等技术，加强对重点领域、关键节点的实时动态监测，实现合规风险即时预警、快速处置。二是建立协同运作机制，提高管理效能。该办法第 26 条要求，中央企业应当结合实际建立健全合规管理与法务管理、内部控制、风险管理等协同运作机制，加强统筹协调，避免交叉重复，提高管理效能。

（十）持续性原则

持续性原则是企业管理的一项基本原则，也是合规管理的基本原则之一。企业合规管理并非一蹴而就，而是一个持续的过程。它从企业实施合规管理伊始，为企业的持续、安全、稳定一直保驾护航，贯彻企业始终，直至企业消亡。

国际标准及我国国家标准《合规管理体系　要求及使用指南》、国务院国资委发布的《中央企业合规管理指引（试行）》《中央企业合规管理办法》以及发改委等七部门发布的《企业境外经营合规管理指引》都强调企业合规管理的持续性。具体表现在以下 3 个方面。

1. 持续合规

持续合规是企业合规管理的基本要求以及目标，要求企业持续关注和跟踪合规义务渊源的修改以及新的合规义务渊源的发布，确保企业持续符合当时有效且适用的合规义务渊源。

2. 持续改进

持续改进是企业合规管理的基本内容，是企业合规风险管理的基本特点，涵盖企业合规管理体系各构成要素的不断改进，贯彻企业始终。我国发改委等七部门联合发布的《企业境外经营合规管理指引》第28条整条规定持续改进，要求企业应根据合规审计和体系评价情况，进入合规风险再识别和合规制度再制定的持续改进阶段，保障合规管理体系全环节的稳健运行；积极配合监管机构的监督检查，并根据监管要求及时改进合规管理体系，提高合规管理水平。

国际标准及我国国家标准《合规管理体系　要求及使用指南》用第10条（改进）专条规定合规管理持续改进：组织应持续改进合规管理体系的适宜性、充分性和有效性。

3. 持久性

企业合规文化是企业文化的组成部分，具有持续性和持久性这两个企业文化的基本特点。

第四章　企业合规管理体系

Chapter Ⅳ　Corporate Compliance Management System

要点

关于合规管理体系的构成要素有着不同的学说，笔者主张合规管理体系十六要素说。

一、合规管理体系概念

按照国际标准及我国国家标准《合规管理体系　要求及使用指南》第3.4条的规定，管理体系是组织为确立方针和目标以及实现这些目标的过程所形成的相互关联或相互作用的一组要件，包括组织的结构、岗位和职责、策划和运行。

按照该标准第A.4.4条的规定，合规管理体系是一个框架，该框架是基本结构、方针、过程和程序的有机组合，其目的是实现预期的合规结果并发挥作用，以预防、发现和响应不合规。通常，合规管理体系框架具有结构性特征：在必要的基础上构建这个体系。该体系需要通过方针、过程和程序的实施来使其运行，且对其进行维护和持续改进。

合规管理体系是企业合规的组织与制度保障，也是企业合规管理学的核心研究内容。

二、全面合规管理体系与重点领域合规管理体系

从合规管理体系的范围来看，合规管理体系分为全面合规管理体系与重点领域合规管理体系。

按照国际标准及我国国家标准《合规管理体系　要求及使用指南》第A.4.3条的规定，确定合规管理体系的范围就是组织确立其合规管理体系所适用的物理边界和组织边界。在这个过程中，组织选择在整个组织、组

织内特定单元或特定职能内部实施合规管理体系时，具有自由度和灵活性。

（一）全面合规管理体系

组织选择在整个组织建立合规管理体系，称为全面合规管理体系。按照国际标准及我国国家标准《合规管理体系 要求及使用指南》第 A.4.3 条的规定，通常情况下，合规管理体系会在整个组织中实施，如果组织由多个组织组成，合规管理体系会在所有组织中实施，这样做的目的是避免在道德操守和合规方面的双重标准。

（二）重点领域合规管理体系

组织选择在组织内特定单元或特定职能内部实施合规管理体系，可称为重点领域合规管理体系。就企业而言，“特定单元”可以理解为特定业务板块、产品条线或者事业部。“特定职能”可以理解为特定管理职能，即部门。

（三）合规管理体系范围的选择

按照国务院国资委发布的《中央企业合规管理办法》以及各省、自治区、直辖市国资委合规管理办法，坚持全面覆盖是合规管理的基本原则之一，要求将合规要求嵌入经营管理各领域各环节，贯穿决策、执行、监督全过程，落实到各部门、各单位和全体员工，实现多方联动、上下贯通。我国中央企业、地方国有企业建立的合规管理体系即全面合规管理体系。

此外，国家金融监督管理总局发布的《金融机构合规管理办法》、证监会发布的《证券公司和证券投资基金管理公司合规管理办法》等，我国金融机构、证券公司和证券投资基金管理公司也应当建立全面合规管理体系。

我国民营企业和其他非国有性质的企业可以选择在整个企业建立全面合规管理体系，或者选择在某一业务板块和/或管理职能建立重点领域合规管理体系。例如，查询全国认证认可信息公共服务平台 http://cx.cnca.cn/CertECloud，美的集团股份有限公司的合规管理体系认证范围为美的集团智能家居、工业技术、楼宇科技在中国境内业务运营的反垄断与数据保护合规管理。智能家居、工业技术、楼宇科技为美的集团的特定单元（业务板块），反垄断、数据保护则是特定职能。

三、三类主要的合规管理体系

截至目前，我国企业建立的合规管理体系主要包括三类，即全面合规管理体系、ISO 37301 合规管理体系和世界银行诚信合规管理体系。

（一）全面合规管理体系

按照国务院国资委发布的《中央企业合规管理办法》以及各省、自治区、直辖市国资委发布的合规管理办法，全面合规管理体系由六大模块构成，见表 1 -4 -1。

表 1 -4 -1　全面合规管理体系

<table>
<tr><th>序号</th><th>合规管理组织</th><th colspan="4">具体构成内容</th></tr>
<tr><td rowspan="9">一</td><td rowspan="9">合规管理组织</td><td>1</td><td colspan="3">党委会</td></tr>
<tr><td>2</td><td colspan="3">董事会</td></tr>
<tr><td>3</td><td colspan="3">经理层</td></tr>
<tr><td>4</td><td colspan="3">主要负责人（法治建设第一责任人）</td></tr>
<tr><td>5</td><td colspan="3">合规委员会</td></tr>
<tr><td>6</td><td colspan="3">首席合规官</td></tr>
<tr><td>7</td><td rowspan="3">“三道防线”</td><td>“第一道防线”</td><td>业务及职能部门</td></tr>
<tr><td>8</td><td>“第二道防线”</td><td>合规管理部门</td></tr>
<tr><td>9</td><td>“第三道防线”</td><td>纪检监察机构和审计、巡视巡察、监督追责等部门</td></tr>
<tr><td rowspan="3">二</td><td rowspan="3">合规管理制度</td><td>1</td><td colspan="3">合规管理基本制度（《合规管理办法》）</td></tr>
<tr><td>2</td><td colspan="3">合规管理运行机制操作指引</td></tr>
<tr><td>3</td><td colspan="3">重点领域专项合规指南</td></tr>
<tr><td rowspan="7">三</td><td rowspan="7">合规管理运行机制</td><td>1</td><td colspan="3">合规风险管理（合规风险识别、评估、预警、应对）</td></tr>
<tr><td>2</td><td colspan="3">合规管理计划与报告</td></tr>
<tr><td>3</td><td colspan="3">合规审查</td></tr>
<tr><td>4</td><td colspan="3">违规问题整改</td></tr>
<tr><td>5</td><td colspan="3">违规举报</td></tr>
<tr><td>6</td><td colspan="3">违规追责</td></tr>
<tr><td>7</td><td colspan="3">法务、合规、内控、风险管理协同运作</td></tr>
</table>

续表

序号	合规管理组织	具体构成内容	
三	合规管理运行机制	8	合规管理体系有效性评价
		9	合规考核评价
四	合规文化	1	企业领导人带头依法依规
		2	建立常态化合规培训机制
		3	合规宣传教育
五	合规管理信息化	1	建立合规知识库（合规制度、典型案例、合规培训、违规行为记录等）
		2	业务流程信息化（嵌入合规要求）
		3	加强与其他信息系统互联互通
		4	利用大数据等技术进行动态监测、即时预警、快速处置
六	监督问责	1	对合规管理不到位的监督问责
		2	对合规管理中的违规行为（失职渎职）监督问责

（二）ISO 37301 合规管理体系

国际标准及我国国家标准《合规管理体系　要求及使用指南》从7个方面提出了合规管理指南，见表1－4－2。

表1－4－2　合规管理指南

序号	管理模块	具体内容
1	组织环境	了解组织内外部环境、了解利益相关方的需求和期望、确定合规管理体系的范围、合规管理体系、合规义务、合规风险评估
2	领导者	领导的合规承诺、合规文化、合规政策、合规管理组织及其合规管理职责
3	策划	应对风险和机会的行动、合规目标及实现合规目标的计划、有计划地调整合规管理体系
4	支持	合规管理资源、合规管理能力、员工雇用合规管理、合规意识、沟通、合规记录与合规档案
5	运行	运行计划与控制、实施控制、违规举报和调查
6	绩效评估	监测、评价、分析和评估，内部审核，管理评审
7	持续改进	违规整改

（三）世界银行诚信合规管理体系

世界银行要求被制裁企业进行合规整改，按照《世界银行集团　廉政合规指南概要》建立诚信合规管理体系，防范不当行为的发生。

不同于其他合规管理体系标准、办法和指引，《世界银行集团　廉政合规指南概要》明确将合规管理的客体对象限定为不当行为，具体见表1-4-3。

表1-4-3　合规管理的客体对象

序号	不当行为种类	具体内容
1	腐败	直接或间接地提供、给予、收受或索要任何有价财物以不正当地影响另一方的行为
2	欺诈	故意或不顾后果地误导或企图误导一方以获取经济或其他利益，或逃避义务的任何作为或不作为，包括歪曲事实、虚假陈述
3	串通	两方或多方为达到不正当目的而作出的某种安排，包括不正当地影响另一方的行为
4	胁迫	直接或间接地伤害或者破坏，或威胁将伤害或者破坏任何一方或其财产，以不正当地影响另一方的行为
5	妨碍	故意破坏、伪造、篡改或隐瞒调查所需证据材料，或向调查人员作出虚假陈述，以严重妨碍世界银行对被指控的腐败、欺诈、胁迫或串通行为进行调查，和/或威胁、骚扰或胁迫任何一方，以阻止其披露与调查相关的信息或参与调查，或实质性妨碍世界银行的审计合同权或信息获取权的行为

按照《世界银行集团　廉政合规指南概要》，企业诚信合规体系由十一大部分构成，具体见表1-4-4。

表1-4-4　企业诚信合规体系

序号	管理模块	具体内容
一	禁止不当行为	
二	责任	1. 领导作用：董事会或同等机构负责监督有效的诚信合规计划的制定和实施，董事会的审计委员会或其他具有类似责任的机构应当对诚信合规计划的实施情况进行定期的独立审查 2. 个人责任：遵守诚信合规计划是一项强制性规定，是各层级人员的责任 3. 合规职能：一名或多名企业高管有责任监督和管理诚信合规计划

续表

序号	管理模块	具体内容
三	诚信合规计划的启动、风险评估及审查	
四	内部政策	1. 员工聘用合规尽职调查 2. 限制与前公职人员的关系安排 3. 馈赠、接待、娱乐、旅行和开支 4. 政治捐献 5. 慈善捐款和赞助 6. 疏通费 7. 记录保存 8. 防止欺诈、共谋和胁迫行为
五	针对商业合作伙伴的政策	1. 对商业伙伴的合规尽职调查 2. 向商业合作伙伴告知诚信合规计划 3. 对等合规承诺 4. 全面制作相关记录和文件 5. 确保支付的报酬合理，对商业伙伴的履约过程进行监督 6. 杜绝合同履行过程中的不当行为
六	内部控制	财务制度，合同义务，决策程序
七	培训与交流	
八	激励机制	奖励措施，惩戒措施
九	报告制度	报告义务，指导建议，举报/举报热线，定期验证
十	不当行为的补救措施	调查程序，应对措施
十一	集体行动	通过与商业组织、行业组织、专业协会和民间社会组织进行交流，为提高商业合规标准、透明度和问责制作出积极贡献，从而鼓励和帮助其他公司制定内控、道德、诚信合规计划

四、合规管理体系的构成要素

（一）不同观点

关于企业合规管理体系的构成要素，不同学者有着不同的学术观点，主要有三要素说、六要素说和九要素说。

1. 三要素说

按照三要素说，一个有效的合规管理体系一般由 3 个相互依赖的要素组成：一是董事会和管理层的监督管理，包括制定和实施银行合规政策，明确合规管理部门的组织结构及其资源配置；二是合规管理计划，包括逐步完善合规风险管理流程、合规培训与教育制度等；三是合规管理审计。

三要素说实际内含了6个基本要素，即合规政策、合规管理组织、合规计划、合规风险管理、合规培训以及合规审计。

2. 六要素说

按照六要素说，合规管理体系由不同要素组合而成，是要素之间相互配合以实现合规义务的系统。ISO 19600：2014《合规管理体系　指南》对合规管理体系进行了描述，其描述与大多数企业在合规方面成熟的做法一致。

该观点认为，从企业的实践来看，完整的合规管理体系应当至少由以下6个要素组成：合规义务、合规目标、合规风险、合规团队、合规措施有效性和持续改进。

3. 九要素说

九要素说将企业合规管理体系划分为以下9个要素：治理与领导力，风险评估与尽职调查，标准、政策与程序，培训与沟通，员工报告，案件管理与调查，测试与监控，第三方合规以及持续改进。

（二）国际组织的标准和指南的规定

1.《亚太经合组织高效率公司合规项目基本要素》的规定

《亚太经合组织高效率公司合规项目基本要素》提出了企业合规项目的11大基本要素，即开展风险评估；管理层的全力支持和参与；制定和遵守书面的公司行为准则；建立合规管理组织架构；提供反腐败培训、教育讲座和持续指导；开展基于风险和详尽记录的尽职调查；审计和内部会计控制；合规机制和报告要求；激励；惩处；定期审查和测试。

2. 国际标准及我国国家标准《合规管理体系　要求及使用指南》的规定

如上文所述，按照该标准，合规管理体系由组织环境、领导者、策划、支持、运行、绩效评估和持续改进7个要素构成。

（三）我国有关合规管理的办法和指引的规定

1.《中央企业合规管理指引（试行）》的规定

国务院国资委发布的《中央企业合规管理指引（试行）》要求中央企业加快建立健全合规管理体系，并从合规管理职责（第二章）、合规管理重点（第三章）、合规管理运行（第四章）和合规管理保障（第五章）4个方面进行了详细规定。

该指引通过对合规管理职责、合规管理运行和合规管理保障的规定，对企业合规管理的十一大构成要素进行了规范（未包括合规方针、合规审计）。具体见表1-4-5。

表1-4-5 企业合规管理的十一大构成要素

序号	管理模块	构成要素
1	合规管理职责（第二章）	
2	合规管理运行	合规管理制度（第17条）
3		合规风险管理（第18条、第19条）
4		合规审查（第20条）
5		违规举报、调查与问责（第21条）
6		合规管理体系有效性评价（第22条）
7	合规管理保障	合规考核评价（第23条）
8		合规管理信息化（第24条）
9		合规宣传与培训（第26条）
10		合规文化（第27条）
11		合规计划（第7条、第10条）与合规报告（第28条）

2.《**中央企业合规管理办法**》**的规定**

如上文所述，按照国务院国资委于2022年8月23日发布的《中央企业合规管理办法》，合规管理体系由合规管理组织、合规管理制度、合规管理运行机制、合规文化、合规管理信息化和监督问责六大模块，以及合规风险管理，合规管理计划与报告，合规审查，违规问题整改，违规举报，违规追责，合规管理体系有效性评价，法务、合规、内控、风险管理协同运作，合规考核评价九个运行机制构成。

3.《**企业境外经营合规管理指引**》**的规定**

发改委等七部门发布的《企业境外经营合规管理指引》第三章对企业合规管理的十二大要素进行了规定，在国务院国资委发布的《中央企业合规管理指引（试行）》的十一大构成要素上增加了合规审计。具体包括合规管理机构，合规管理制度，合规培训，合规汇报，合规考核，合规审核，合规信息举报与调查，合规问责，合规风险识别、评估与处置，合规审计，合规管理体系评价以及合规文化。

（四）笔者观点：十六要素说

按照国际标准及我国国家标准《合规管理体系　要求及使用指南》第3.4条的规定，管理体系是组织为确立方针和目标以及实现这些目标的过程所形成的相互关联或相互作用的一组要件，包括组织的结构、岗位和职责、策划和运行。

综合不同学者的观点，基于有关企业合规管理的标准、办法和指引的规定，结合我国合规管理的最新发展和实践，笔者认为企业合规管理体系应包括16个构成要素，即合规方针、合规管理组织、合规管理制度、合规管理计划与合规报告、合规风险管理、合规审查、合规管理体系有效性评价、合规审计、合规考核与评价、合规宣传与培训、违规管理与问责、合规激励、违规问题整改与持续改进、合规管理信息系统、企业合规文化以及合规管理监督问责。

1. 合规方针

国际标准及我国国家标准《合规管理体系　要求及使用指南》第5.2条规定，治理机构和最高管理者应确立合规方针。

企业合规方针是企业合规管理的基本方针和指导思想，表明企业股东和董事会对企业合规的决心、支持和期望，是企业核心价值观的重要内容，是鼓励企业人人合规、建立企业合规文化的纲领，是企业的合规宣言。

2. 合规管理组织

合规管理组织是企业合规的组织保障。

国际标准及我国国家标准《合规管理体系　要求及使用指南》规定的合规管理组织包括5个层级，即治理机构、最高管理者、合规团队、管理者和员工。

国务院国资委发布的《中央企业合规管理办法》第二章规定了中央企业9个层级的合规管理组织，即党委（党组）、董事会、经理层、主要负责人、合规委员会、首席合规官、业务及职能部门、合规管理部门以及纪检监察机构和审计、巡视巡察、监督追责等监督部门。

3. 合规管理制度

合规管理制度是企业合规的制度保障，包括企业全员普遍遵守的合规管理基本制度、合规管理运行机制操作指引、重点领域专项合规指南等。

合规管理制度还包括业务及职能部门的业务管理制度与流程中的合规管理要求。企业应对业务及职能部门制度与流程进行合规审查，甄别其与合规管理要求之间的差距和不足，并根据合规管理要求进行修改和补充，使合规管理要求融入企业业务管理制度，将合规控制节点嵌入业务流程。

4. 合规管理计划与合规报告

合规管理计划包括年度合规计划与专项合规计划。合规管理部门组织起草合规管理年度计划，报经理层批准（国务院国资委发布的《中央企业合规管理办法》第9条、第13条）。

企业应建立、实施和维护合规报告的过程（国际标准及我国国家标准《合规管理体系　要求及使用指南》第9.1.4条）。中央企业合规管理部门组织起草合规管理工作报告，最终由企业董事会批准；业务及职能部门应及时报告合规风险（国务院国资委发布的《中央企业合规管理办法》第8条、第13条、第14条）。

5. 合规风险管理

合规风险是指因未遵守组织合规义务而发生不合规的可能性及其后果（国际标准及我国国家标准《合规管理体系　要求及使用指南》第3.24条），是企业违反合规义务可能导致的法律责任以及财产损失和声誉损失风险。

企业合规管理的核心是合规风险管理，包括合规风险识别、合规风险评估、合规风险应对、监测和预警、监督和检查、沟通与协调以及持续改进等。

6. 合规审查

合规审查是企业合规管理的重要组成部分，包括：（1）业务及职能部门日常合规审查；（2）业务及职能部门专业合规审查；（3）合规管理部门合规审查；（4）合规管理负责人合规审查等。

7. 合规管理体系有效性评价

合规管理体系有效性评价是对企业合规管理体系以及本企业合规管理的适当性、有效性和充分性进行自我审查、评价、监督和持续改进。

合规管理体系有效性评价与合规审计的内容趋同，但是其执行部门不同。合规审计是企业审计部门对企业合规管理的执行情况、合规管理体系的适当性和有效性等进行的独立审计。就合规管理组织而言，合规审计是来自外部的审查和监督，而合规管理体系有效性评价是合规管理组织内部自我监督与纠错机制。

8. **合规审计**

合规审计是企业内部审计部门及其委托的外部审计机构对企业合规管理体系运行的适当性和有效性进行的独立的内部审计，其目的在于保障企业依法合规、安全、稳健经营。合规审计属于企业内部审计范畴，从更小的范围来说，属于企业内部控制审计范畴。

合规审计作为企业合规的“第三道防线”，是确保企业合规管理适当、有效开展的保障。

9. **合规考核与评价**

合规考核与评价是指对企业各部门及其管理人员和员工的合规管理绩效、企业集团对子公司合规管理工作进行考核与评价，是企业合规管理体系的重要构成要素，也是合规管理保障的重要措施之一。

10. **合规宣传与培训**

合规宣传与培训的目标是确保人员有能力以符合本组织合规文化和对合规的承诺的方式履行其岗位职责（国际标准及我国国家标准《合规管理体系　要求及使用指南》第 A. 7. 2. 3 条)，加强全体员工对企业合规的基本认识，帮助员工理解和掌握自己的合规义务，提高员工的合规意识及遵纪守法的自觉性，是实现全员合规的基础。

11. **违规管理与问责**

建立鼓励违规举报的制度，提供违规举报的方式和途径，做到有报必查、违规必究，并建立举报保密和反打击报复机制，向举报人员提供可靠保护。根据违规举报和违规线索，开展违规调查。违规调查结束后，提出调查报告和违规问责建议，并对违规部门与员工进行违规问责。

12. **合规激励**

治理机构和最高管理者应指导和支持人员为合规管理体系的有效性作出贡献，鼓励创造和支持合规的行为，确保合规绩效与人员绩效考核挂钩(国际标准及我国国家标准《合规管理体系　要求及使用指南》第 5. 1. 1 条、第 5. 3. 1 条)。

国务院国资委办公厅于 2021 年 3 月 2 日发布《关于做好 2021 年中央企业违规经营投资责任追究工作的通知》，要求中央企业做好本企业经营投资尽职合规免责事项清单制定工作。

《上海市国资委监管企业合规管理办法》规定，企业应当对合规管理领域有突出贡献的员工给予奖励，并建立合规容错免责制度，制定尽职合规免责事项清单，把依法合规作为免责认定的重要依据。

《浙江省省属企业合规管理指引（试行）》规定，省属企业通过有效的合规管理，主动发现违法违规行为或合规风险隐患，积极妥善处理，落实责任追究，完善内部控制制度和业务流程并及时向省国资委报告的，省国资委可依据相关规定和程序，酌情从轻、减轻或免除对企业和相关人员的责任追究；情节轻微并及时纠正违法违规行为或避免合规风险，没有造成危害后果的，可不予追究责任。

13. 违规问题整改与持续改进

持续改进是合规管理乃至企业管理的一项基本原则。合规管理体系有效性的特点是它具有持续改进和发展的能力。组织应持续改进合规管理体系的适宜性、充分性和有效性（国际标准及我国国家标准《合规管理体系　要求及使用指南》第10.1条、第A.10.1条）。

对违规问题进行整改是实现合规管理持续改进的措施之一。企业发生不符合或不合规时，应对不符合或不合规作出反应，采取控制和纠正措施（国际标准及我国国家标准《合规管理体系　要求及使用指南》第10.2条）。中央企业应当建立违规问题整改机制，通过健全规章制度、优化业务流程等，堵塞管理漏洞，提升依法合规经营管理水平（国务院国资委发布的《中央企业合规管理办法》第23条）。

14. 合规管理信息系统

互联网、大数据、云计算、办公自动化和智能化的飞速发展，使管理信息系统（办公自动化系统，即OA系统）成为企业管理不可或缺的重要工具。与企业全面风险管理系统、企业运营管理信息系统、内控管理信息系统、财税管理信息系统、采购管理信息系统、销售管理信息系统、生产管理信息系统、人力资源管理信息系统、质量管理信息系统、环安卫管理信息系统、物流管理信息系统等一道，合规管理信息系统成为企业管理信息系统的重要组成部分。

国务院国资委发布的《中央企业合规管理办法》要求中央企业加强合规管理信息化建设，将合规制度、典型案例、合规培训、违规行为记录等纳入信息系统，运用信息化手段将合规要求和防控措施嵌入流程，并利用大数据等技术，加强对重点领域、关键节点的实时动态监测，实现合规风险即时预警、快速处置。

15. 企业合规文化

企业合规管理的最终目的是建立企业合规文化，确保企业安全、稳健、持续经营，达成企业经营目标。建立企业合规文化，要求合规从领导做起，建立企业合规的方针、组织、制度与流程，建立企业合规管理信息系统，开展合规宣传与培训，确保全体员工树立合规意识并且熟悉、支持和执行企业的合规方针、目标、制度和流程，履行企业社会责任。

16. 合规管理监督问责

国务院国资委发布的《中央企业合规管理办法》第六章以专章对中央企业合规管理监督问责进行规定。各省、自治区、直辖市合规管理办法又增补了类似条款。按照该办法：

（1）企业因合规管理不到位引发违规行为的，上级单位可以约谈相关企业并责成整改；造成损失或者不良影响的，根据相关规定开展责任追究。

（2）对于在履职过程中因故意或者重大过失应当发现而未发现违规问题，或者发现违规问题存在失职渎职行为，给企业造成损失或者不良影响的单位和人员，应当开展责任追究。

第五章 企业合规管理的产生和发展

Chapter V Emergence and Development of Corporate Compliance

要点

1. 欧美国家和地区企业合规管理发展脉络：诚信合规与内控体系。
2. 国际组织推动企业合规管理发展。
3. 我国企业合规管理产生与发展的四个阶段。
4. 诚信合规与全面合规。
5. 大合规与小合规。

一、欧美企业合规管理的发展

欧美企业合规管理的发展，可以从以下两个方面进行观察和分析。

（一）欧美国家和地区合规管理的发展

企业合规源于1977年《美国反海外腐败法案》(Foreign Corrupt Practice Act，FCPA)。《美国反海外腐败法案》的基本内容为：（1）禁止企业为了获得业务而向外国政府官员行贿；（2）企业应当建立有效的内控管理体系，正确记录，准确做账。

2002年美国颁布的《美国萨班斯—奥克斯利法案》，强化对上市公司的诚信合规要求。该法案共分11章，第1章至第6章主要涉及对会计职业及公司行为的监管，包括：（1）建立一个独立的公众公司会计监管委员会(Public Company Accounting Oversight Board，PCAOB)，对上市公司审计进行监管；（2）通过负责合伙人轮换制度以及咨询与审计服务不兼容等提高审计的独立性；（3）限定公司高管人员的行为，改善公司治理结构等，以增进公司的报告责任；（4）加强财务报告的披露；（5）通过增加拨款和雇员等来提高美国证监会的执法能力。第8章至第11章主要是提高对公司高层主管及白领犯罪的刑事责任。通过上述规定，明确了企业管理层的责任，加强了对企业的会计监管，完善了企业审计制度与舞弊防范，严格了法律责任。

继《美国反海外腐败法案》之后，其他欧美发达国家和地区相继制定和实施自己的反腐败法律，如 2010 年的《英国反贿赂法》(Bribery Act 2010)，2016 年的《法国反腐败法案》(Sapin Ⅱ)。

（二）欧美企业合规的做法

1977 年《美国反海外腐败法案》发布实施以后，美国企业及其在海外的子公司和员工遵行该法案开展合规管理，加强企业内部控制体系建设与实施。2002 年，美国颁布《萨班斯—奥克斯利法案》，美国企业进一步加强了企业内部控制。

根据德国西门子中国官方网站（http://www.siemens.com.cn）的信息可知，西门子在 2006 年至 2008 年受到德国政府和美国政府的双重反腐败调查。为此，西门子遭受重罚并付出了巨大代价。2007 年至 2008 年，西门子吸取教训，在公司内部首次制定并推出合规计划，并在之后加强诚信合规体系建设，包括建立多层级合规管理组织、制定强制性规章制度、引入全面控制、加强合规培训、建设合规管理队伍（合规官）、将合规管理融入业务流程等。所有这些，使西门子成为合规管理的典范和楷模，为西门子挽回了损失并重塑良好企业形象。

欧美跨国企业集团大多制定了企业行为准则，除了规定企业的愿景、使命、核心价值观、质量方针等外，主要内容就是规范企业的诚信合规要求，包括企业诚信合规的方针与目标，反垄断与公平竞争，诚信经营，禁止泄露交易信息，关联交易的原则，防止利益冲突，反腐败、反欺诈和反洗钱，保密与知识产权，环境、健康与安全，公平就业机会，禁止使用童工和强迫劳动，防止性骚扰，贸易管制，企业社会责任，等等。

二、国际组织推动企业合规管理发展

国际组织在诚信合规管理与全面合规管理两个方面，推动企业合规管理的发展。

（一）诚信合规管理

1997 年经合组织成员达成全球反腐败合作公约，即《OECD 反对国际商业活动中向海外政府官员行贿行为公约》，并在此基础上颁布了《内控、道德与合规，最佳实践指南》，对反腐败合规体系的构建提出了建议。

2003 年 10 月 31 日，第 58 届联大全体会议审议通过《联合国反腐败公约》，并于 2006 年 2 月 12 日对我国生效。作为联合国唯一一部具有法律约束力的国际性反腐败公约，目前已有 172 个缔约国。

2010 年 9 月，世界银行集团颁布《廉政合规指南概要》，对企业建立和实施诚信合规管理方案作出了规定。

2013 年，国际商会出版《国际商会道德与合规培训手册》。

2016 年 10 月，国际标准化组织颁布第一个国际化反腐败标准，即《反贿赂管理体系——要求及使用指南》(ISO 37001 : 2016)。

《经合组织内控、道德与合规，最佳实践指南》与《世界银行集团 廉政合规指南概要》是诚信合规管理的集大成者。以《世界银行集团 廉政合规指南概要》为例，企业诚信合规管理包括 11 个方面的内容：(1) 禁止不当行为；(2)（领导与员工）诚信合规责任；(3) 合规计划与合规风险评估；(4)（诚信合规）内部政策；(5) 商业伙伴政策；(6) 内部控制；(7) 培训与沟通；(8) 激励；(9) 报告；(10) 不当行为的补救；(11) 集体行动。

（二）全面合规管理

2005 年 4 月 29 日，巴塞尔银行监管委员会颁布《合规与银行内部合规部门》，将合规定义为遵守法律、监管规定和规则、自律性组织的准则以及适用于银行自身业务活动的行为准则。该文件成为指导各国银行和金融机构开展全面合规管理、建立合规管理体系最早的代表性文件。

2014 年 12 月 15 日，国际标准化组织发布了 ISO 19600 : 2014《合规管理体系 指南》。

2021 年 4 月 13 日，国际标准化组织发布《合规管理体系 要求及使用指南》(ISO 37301 : 2021)，修订并替代 ISO 19600 : 2014《合规管理体系 指南》。该标准是一个基于“高阶结构”的 A 类管理体系标准，并可供体系认证。

三、我国企业合规管理的产生与发展

我国企业合规管理的产生和发展分为 5 个阶段，即第一阶段（1980 年至 2005 年）、第二阶段（2006 年至 2014 年）、第三阶段（2015 年至 2017

年）、第四阶段（2018 年至 2021 年）、第五阶段（2022 年及以后）。

1. 第一阶段（1980 年至 2005 年）

20 世纪 80 年代初，随着我国改革开放政策的实施，三资企业（中外合资经营企业、中外合作经营企业与外商独资企业）陆续建立起来。欧美跨国企业集团在中国设立三资企业时，均要求在中外合资合同、中外合作合同中写入“合规管理条款”，敦促三资企业遵守欧美跨国企业的合规管理制度要求，或者要求三资企业参照欧美跨国企业的合规制度制定和实施三资企业自己的合规管理制度。这一实践和做法延续至今。

2. 第二阶段（2006 年至 2014 年）

巴塞尔银行监管委员会于 2005 年发布了《合规与银行内部合规部门》，我国金融行业紧追其后。2006 年 9 月 7 日，我国银监会发布实施《商业银行合规风险管理指引》。2007 年 10 月 25 日，我国保监会发布实施《保险公司合规管理指引》（于 2016 年修改为《保险公司合规管理办法》）。这两个文件都推动建立合规管理体系，开展全面合规管理。

在这一阶段，我国有关部委发布实施的、与合规管理相关的政策文件还包括：

（1）2006 年 6 月 6 日，国务院国资委发布的《中央企业全面风险管理指引》。

（2）2006 年 6 月 5 日，上交所发布的《上海证券交易所上市公司内部控制指引》；2006 年 9 月 28 日，深交所发布的《深圳证券交易所上市公司内部控制指引》。

（3）2008 年 6 月 28 日，财政部、证监会、审计署、银监会、保监会五部门发布的《企业内部控制基本规范》。

（4）2010 年 4 月 15 日，财政部、证监会、审计署、银监会、保监会五部门发布的《企业内部控制应用指引》《企业内部控制评价指引》《企业内部控制审计指引》。

（5）2012 年 5 月 7 日，国务院国资委、财政部发布的《关于加快构建中央企业内部控制体系有关事项的通知》。

（6）2011 年 12 月 30 日，国家标准化管理委员会发布的《企业法律风险管理指南》。

3. 第三阶段（2015 年至 2017 年）

这一阶段是中央企业建立合规管理体系试点阶段。

2014 年 12 月 18 日，国务院国资委发布《关于推动落实中央企业法制工作新五年规划有关事项的通知》，要求各中央企业“力争再通过五年努力（2015—2019 年），进一步深化企业法律风险防范机制、法律顾问制度和法律工作体系建设，进一步提升合规管理能力和依法治企能力”。

2015 年 12 月 8 日，国务院国资委发布《关于全面推进法治央企建设的意见》，要求各中央企业“到 2020 年，中央企业依法治理能力进一步增强，依法合规经营水平显著提升，依法规范管理能力不断强化，全员法治素质明显提高，企业法治文化更加浓厚，依法治企能力达到国际同行业先进水平，努力成为治理完善、经营合规、管理规范、守法诚信的法治央企”。

2016 年 4 月 18 日，国务院国资委发布《关于在部分中央企业开展合规管理体系建设试点工作的通知》，确定在中国石油、中国移动、东方电气集团、招商局集团、中国中铁 5 家央企开展合规管理体系建设试点。

在这一时期，我国有关部委发布实施的与合规管理相关的文件还包括：

（1）2016 年 8 月 2 日，国务院办公厅发布的《关于建立国有企业违规经营投资责任追究制度的意见》；

（2）证监会 2017 年 6 月 6 日发布、2020 年 3 月 20 日修正的《证券公司和证券投资基金管理公司合规管理办法》。

4. 第四阶段（2018 年至 2021 年）

这一阶段是我国企业合规管理发展阶段。2018 年成为我国企业合规管理元年。

2018 年 7 月 1 日，国家质量监督检验检疫总局、国家标准化管理委员会发布的《合规管理体系 指南》生效。

2018 年 11 月 2 日，国务院国资委发布实施《中央企业合规管理指引（试行）》。

2018 年 12 月 26 日，发改委等七部门发布实施《企业境外经营合规管理指引》。

之后，我国有关省、直辖市国资委陆续发布实施本省、本直辖市企业合规管理指引。

5. 第五阶段（2022 年及以后）

这一阶段是我国企业合规管理提升阶段。

2022 年 1 月 18 日，国务院国资委办公厅发布《关于开展中央企业“合规管理强化年”工作的通知》，要求进一步加大工作力度，推动中央企业加快建立健全合规管理体系，保障企业稳健发展。

2022 年 5 月 23 日，中国中小企业协会发布中国中小企业协会团体标准《中小企业合规管理体系有效性评价》(T/CASMES 19—2022)，以规范中小企业合规管理体系有效性评价活动，引导和促进其合规管理体系建设，提升合规管理能力，识别和防范合规风险，建设合规文化。

2022 年 8 月 23 日，国务院国资委发布《中央企业合规管理办法》，在《中央企业合规管理指引（试行)》的基础上更加突出刚性约束，增补党内法规制度作为中央企业合规义务渊源，增补中央企业党委（党组）作为合规管理的领导机构，明确首席合规官作为企业合规管理负责人，进一步明确了业务及职能部门、合规管理部门和监督部门合规管理“三道防线”职责。之后，各省、自治区、直辖市国资委陆续制定、发布了合规管理办法。

2022 年 10 月 12 日，国家市场监督管理总局、国家标准化管理委员会将《合规管理体系　要求及使用指南》(ISO 37301 : 2021) 等同转化为我国国家标准，发布《合规管理体系　要求及使用指南》(GB/T 35770—2022)，增补附录 NA。合规管理体系认证在我国各类企业逐步展开。

2022 年 10 月 12 日，中国企业评价协会发布团体标准《企业合规管理体系有效性评价指引》(T/CEEAS 003—2022)。

2023 年 3 月 2 日，国务院国资委召开中央企业深化法治建设加强合规管理工作会议，部署中央企业以落实《中央企业合规管理办法》为主线，以完善运行机制为关键，不断健全合规风险识别清单、岗位合规职责清单、业务流程管控清单（合称“三张清单”)，推动我国中央企业、地方国有企业从合规管理体系架构建设向合规管理融入业务迈出了坚实的一步。

2023 年 3 月 13 日，国务院国资委办公厅发布《关于开展 2023 年中央企业合规管理体系有效性评价工作的通知》，部署对中央企业合规管理体系建设及其运行情况、合规管理重点领域和关键环节合规要求落实等情况开展评价，帮助企业查找问题和不足，深入剖析原因，督促及时整改，不断健全完善合规管理体系。我国中央企业合规管理体系建设已经进入实际运行和有效性评价阶段。

2023 年 9 月 6 日，中国企业评价协会发布团体标准《企业合规管理职业经理人考评要素》(T/CEEAS 001—2023)，对企业合规管理职业经理人的考评提出指南。

2024 年 12 月 25 日，国家金融监督管理总局发布《金融机构合规管理办法》，自2025年3月1日起施行，《商业银行合规风险管理指引》（银监发〔2006〕76号）、《保险公司合规管理办法》（保监发〔2016〕116号）、《中国保监会关于进一步加强保险公司合规管理工作有关问题的通知》（保监发〔2016〕38号）同时废止。

2025年3月7日，工业和信息化部等15部门办公厅（秘书局、办公室、综合司）联合发布《关于促进中小企业提升合规意识加强合规管理的指导意见》（工信厅联企业〔2025〕14号）明确要求引导中小企业增强合规意识，提升合规管理水平，防范生产经营风险，促进高质量发展，就推动中小企业加强合规管理有关工作提出了多项意见。

四、诚信合规与全面合规

国外企业合规管理的发展史呈现出两条清晰的脉络：一是诚信合规，以反腐败、反欺诈、反共谋为主要内容，被众多欧美企业采纳并且实际运用。《经合组织内控、道德与合规，最佳实践指南》与《世界银行集团廉政合规指南概要》是诚信合规管理的集大成者。二是全面合规管理，以全面合规管理体系为主要内容，被众多金融机构采纳，如《巴塞尔银行监管委员会合规与银行内部合规部门》。

我国企业合规管理起步较晚，但从金融企业合规管理［2006年银监会发布的《商业银行合规风险管理指引》、2007年保监会发布的《保险公司合规管理指引》（于2016年修改为《保险公司合规管理办法》）、2017年证监会发布的《证券公司和证券投资基金管理公司合规管理办法》（2020年修正）］开始，到《中央企业合规管理指引（试行）》《企业境外经营合规管理指引》《中央企业合规管理办法》《金融机构合规管理办法》以及各省、自治区、直辖市国资委发布的合规管理指引与合规管理办法，采纳的都是企业全面合规管理。

发改委等七部门发布的《企业境外经营合规管理指引》在要求建立全面合规管理体系的同时，要求企业在境外经营中突出诚信合规管理。其第14条规定，企业应在合规行为准则的基础上，针对特定主题或特定风险领域制定具体的合规管理办法，包括但不限于礼品及招待、赞助及捐赠、利益冲突管理、举报管理和内部调查、人力资源管理、税务管理、商业伙伴合规管理等内容。企业还应针对特定行业或地区的合规要求，结合企业自身的特点和发展需要，制定相应的合规风险管理办法。例如，金融业及有关行业的反洗钱及反恐怖融资政策，银行、通信、医疗等行业的数据和隐私保护政策等。

国务院国资委于2016年开展企业合规管理试点的5家中央企业都制定了合规管理办法，建立合规管理体系，开展全面合规管理。同时，它们都制定了《诚信合规手册》或《诚信合规准则》，开展诚信合规管理，在合规管理中兼收并蓄，一方面执行了我国《中央企业合规管理指引（试行）》关于建立全面合规管理体系的要求，另一方面又与国际诚信合规管理接轨。

例如，中国石油天然气集团公司《诚信合规手册》包含的具体诚信合规准则为：（1）公司与员工：营造和谐劳动关系，避免利益冲突、反对利益输送，保持良好工作氛围；（2）质量和健康安全环保：不断改进和提升质量，关注员工安全和健康，落实安全生产责任，保护生态和环境，严格管理承包商、供应商，妥善处理质量和健康安全环保事件；（3）对外交易：坚持公平公正诚信原则，禁止商业贿赂，禁止垄断行为，禁止不正当竞争，遵守贸易管制，反洗钱；（4）政府与社区：加强与政府的沟通，支持社区公益事业，尊重地方风俗习惯；（5）财务、资产与信息：正确使用和保护公司资产，保证财务信息真实准确，保护知识产权，保护公司信息安全，依法对外披露信息。

由此可见，诚信合规管理与全面合规管理并不相互排斥，而应当是相互融合相互补充的，或者说，诚信合规管理是全面合规管理的重要组成部分，是专项合规管理的一种形式。

五、大合规与小合规

实务界有大合规与小合规之说。

大合规就是企业全面合规管理，具体体现为企业合规管理的全面性原则，要求建立合规管理体系，将合规管理覆盖企业各业务领域、各部门、各级子企业和全体员工，贯穿决策、执行、监督各个环节。

小合规有两种含义：一是本章所述诚信合规管理。以欧美国家和地区、欧美跨国企业及部分国际组织文件为代表，关注反腐败、反舞弊、反垄断、利益冲突、贸易管制等重点合规管理领域，同时强调内部控制体系建设。二是专指行业监管合规。烟草、酒类饮料、医药、医疗器械以及新兴的“互联网+”等行业领域，国有资产管理，上市公司等，都是政府强监管领域，行业监管合规是这些行业和领域企业合规管理的重点。

第六章 有关合规管理的合规义务渊源及其适用

Chapter Ⅵ Source of Corporate Compliance Obligations and Their Application

要点

1. 本书引用了有关企业合规管理的十三个主要的标准、办法和指南。

2. 企业需要根据自身所处行业、所有制性质、经营所在国家等，确定适用于本企业的标准、办法和指南。

3. 《中央企业合规管理办法》对我国中央企业具有强制执行的效力。

一、本书引用的主要合规义务渊源

本书引用的主要合规义务渊源见表1－6－1。

表1－6－1 本书引用的主要合规义务渊源

序号	发布时间	发布机构	文件名称
1	2005年4月29日	巴塞尔银行监管委员会	《合规与银行内部合规部门》
2	2010年2月18日	经合组织	《内控、道德与合规，最佳实践指南》
3	2010年9月	世界银行集团	《廉政合规指南概要》
4	2014年11月	亚太经合组织	《高效率公司合规项目基本要素》
5	2017年6月6日发布，2020年3月20日修正	证监会	《证券公司和证券投资基金管理公司合规管理办法》
6	2018年11月2日	国务院国资委	《中央企业合规管理指引（试行）》
7	2018年12月26日	发改委等七部门	《企业境外经营合规管理指引》

续表

序号	发布时间	发布机构	文件名称
8	2021 年 4 月 13 日	国际标准化组织	《合规管理体系　要求及使用指南》
9	2022 年 8 月 23 日	国务院国资委	《中央企业合规管理办法》
10	2022 年 10 月 12 日	国家市场监督管理总局、国家标准化管理委员会	《合规管理体系　要求及使用指南》
11	2024 年 12 月 25 日	国家金融监督管理总局	《金融机构合规管理办法》

二、有关合规义务渊源的适用

（一）上述有关合规管理的标准、办法和指引产生于不同时间，存在不断成熟和完善的过程

《巴塞尔银行监管委员会合规与银行内部合规部门》早在 2005 年 4 月 29 日就已发布，而国务院国资委发布的《中央企业合规管理指引（试行）》于 2018 年 11 月 2 日发布。

在我国，同一部委发布的合规管理规章也在不断修改和完善。例如，2007 年 9 月 7 日，保监会发布了《保险公司合规管理指引》。2016 年 12 月 30 日，保监会发布了《保险公司合规管理办法》，替代原《保险公司合规管理指引》。2024 年 12 月 25 日，国家金融监督管理总局发布《金融机构合规管理办法》，自 2025 年 3 月 1 日起施行，《商业银行合规风险管理指引》（银监发〔2006〕76 号）、《保险公司合规管理办法》（保监发〔2016〕116 号）、《中国保监会关于进一步加强保险公司合规管理工作有关问题的通知》（保监发〔2016〕38 号）同时废止。又如，2008 年 7 月 14 日，证监会发布《证券公司合规管理试行规定》。2017 年 6 月 6 日，证监会发布《证券公司和证券投资基金管理公司合规管理办法》，替代原《证券公司合规管理试行规定》。2020 年 3 月 20 日，证监会发布了修正后的《证券公司和证券投资基金管理公司合规管理办法》。再如，国务院国资委于 2018 年 11 月 2 日发布了《中央企业合规管理指引（试行）》，于 2022 年 8 月 23 日发布了《中央企业合规管理办法》。

因此，企业开展合规管理，应运用适用于本企业的、最新发布的有关合规管理的标准、办法和指引。

（二）上述有关合规管理的标准、办法和指引对企业合规管理的对象、程序、内容等不尽相同

上述有关合规管理的标准、办法和指引对企业合规管理的对象、程序、内容等不尽相同。开展合规管理的企业，须根据企业本身所属行业、经营地域、企业所有制性质等，确定本企业应当或者更适合遵守的标准、办法和指引。企业也可以根据实际情况和需要，在遵守对本企业强制或选择适用的合规管理标准、办法或指引的同时，参照适用其他合规管理标准、办法和指引中最适合本企业的不同规定，兼收并蓄，取长补短。

1. 国际标准及我国国家标准《合规管理体系　要求及使用指南》适用于所有组织的合规管理，不限于企业。按照该指南第3.1条对组织的定义，组织的概念包括但不限于个体经营者、公司、集团公司、商行、企事业单位、行政机构、合伙企业、慈善机构或研究机构，或上述组织的部分或组合，无论是否具有法人资格，公有的或私有。

2. 关于国务院国资委发布的《中央企业合规管理指引（试行）》《中央企业合规管理办法》以及地方国资委的合规管理指引与合规管理办法的适用。

按照国务院国资委负责人的解释，《中央企业合规管理办法》以国资委令的形式印发，通过部门规章对中央企业进一步深化合规管理提出明确要求，与《中央企业合规管理指引（试行）》相比更加突出刚性约束，内容更全、要求更高、措施更实。值得注意的是，《中央企业合规管理办法》发布实施以后，《中央企业合规管理指引（试行）》并未废止。因此，从适用角度来讲，如果《中央企业合规管理办法》就同类事项对《中央企业合规管理指引（试行）》作出了修改或者新的规定，应当以《中央企业合规管理办法》为准。对于《中央企业合规管理指引（试行）》作出了规定但《中央企业合规管理办法》没有规定的事项，企业仍应适用《中央企业合规管理指引（试行）》的规定。

3. 发改委等七部门发布的《关于印发〈企业境外经营合规管理指引〉的通知》（发改外资〔2018〕1916号）规定，为更好服务企业开展境外经营，推动企业持续提升合规管理水平，发改委、外交部、商务部、人民银

行、国资委、外汇局、全国工商联共同制定了《企业境外经营合规管理指引》，现予以发布，供企业参考。因此，《企业境外经营合规管理指引》仅供企业参考执行。

4.《经合组织内控、道德与合规，最佳实践指南》由经合组织成员开展诚信合规管理的公司选择适用，没有法律约束力。

5.《世界银行集团　廉政合规指南概要》适用于使用世界银行集团贷款的组织（包括企业）和项目，尤其应得到被世界银行集团制裁而努力争取解除制裁的组织（包括企业）的应用。

6.《亚太经合组织高效率公司合规项目基本要素》系推荐给亚太经合组织成员开展合规管理项目的企业选择适用。

（三）适用步骤

1. 适用本行业、本所有制性质、本领域的专项合规义务渊源。
2. 适用国际标准及我国国家标准《合规管理体系　要求及使用指南》。
3. 参考其他有关企业合规管理的标准、办法和指引。

三、有关合规管理标准、办法和指引的具体内容

（一）《巴塞尔银行监管委员会合规与银行内部合规部门》

2005年4月29日，巴塞尔银行监管委员会颁布《合规与银行内部合规部门》，率先提出在金融行业建立合规管理体系，成为商业银行开展合规管理的重要依据。

该文件提出了合规义务渊源的范围、合规从高层做起、合规风险概念及其管理、合规管理组织、合规文化等企业合规管理的基本构成要素。尤其是，“原则8：与内部审计的关系”中强调合规部门应与审计部门分离，以确保合规部门的各项工作受到独立的复查。

《巴塞尔银行监管委员会合规与银行内部合规部门》规定了合规十大原则，包括：

原则1　银行董事会负责监督银行的合规风险管理。

原则2　银行高级管理层负责银行合规风险的有效管理。

原则3　银行高级管理层负责制定和传达合规政策，确保合规政策得以遵守，并就银行合规风险管理向董事会报告。

原则 4　作为银行合规政策的组成部分，高级管理层负责组建一个常设和有效的银行内部合规部门。

原则 5　独立性原则。

原则 6　为合规管理分配资源。

原则 7　合规部门职责。

原则 8　与内部审计的关系，强调合规部门应与审计部门分离，以确保合规部门的各项工作受到独立的复查。

原则 9　跨境问题。

原则 10　外包。

（二）《经合组织内控、道德与合规，最佳实践指南》

2010 年 2 月 18 日，经合组织发布《内控、道德与合规，最佳实践指南》。

该指南包括了公司诚信合规的主要内容，为成员的公司建立内部控制、道德与合规项目或方法，预防和调查海外腐败提供指南，并成为众多机构、实体普遍认可的内控、道德与合规最佳实践措施。

该指南包括 A、B 两部分。A 部分为公司最佳实践指南，B 部分为商业机构和专业协会的行动。

1. 公司最佳实践指南

建议公司进行风险评估，考虑以下最佳实践：

（1）公司高级管理人员对内部控制、道德与合规项目或方法给予坚强、清晰和明示的支持与承诺。

（2）公司政策清晰明示地禁止海外腐败。

（3）遵守公司政策以及内部控制、道德与合规项目或方法，是公司所有层级人员的职责。

（4）公司高级管理人员有责任对内部道德与合规项目或方法进行监督，包括向董事会或监事会的独立监督机构直接报告；应赋予该等高级管理人员在管理、资源和权利方面的自主权。

（5）内部控制、道德与合规项目或方法在以下方面适用于公司所有董事、管理人员、员工以及公司拥有控制权的所有实体（包括子公司）：①送礼；②招待、娱乐和花费；③客户旅游；④政治捐款；⑤慈善捐赠和赞助；⑥好处费；⑦教唆和索贿。

（6）基于合同安排，内部控制、道德与合规项目或方法适用于第三方，包括代理和其他中介、顾问、代表、分销商、承包商、供应商、合资伙伴等。

（7）财务和会计程序，包括内部控制程序。

（8）公司各层级定期沟通与培训机制。

（9）激励机制。

（10）惩处机制。

（11）提供指导和咨询，诚信举报与保护，采取合理应对措施。

（12）定期评估，持续改进。

2. 商业机构和专业协会的行动

（1）传播关于海外反腐败的信息。

（2）提供培训、预防、尽职调查及其他合规工具。

（3）尽职调查一般咨询。

（4）抵制教唆和索贿的一般咨询与支持。

（三）《世界银行集团　廉政合规指南概要》

2010 年 9 月，世界银行集团发布《廉政合规指南概要》。该指南的适用对象主要为受制裁方，但成为众多机构、实体普遍认可的良好治理和反欺诈、反腐败实践措施，包括了企业和组织诚信合规的主要内容，成为企业和组织诚信合规的集大成者。

该指南包括 11 个方面的具体指引：（1）禁止不当行为（如欺诈、腐败、串通和强迫行为）。（2）职责，创建和维护一种基于信任的包容性组织文化，鼓励道德行为和守法承诺，对不当行为绝不姑息，包括领导作用、个人责任与合规职责。（3）合规计划启动、风险评估及检查。（4）内部政策，包括雇员尽职调查，限制与前政府官员的关系安排，送礼、接待、娱乐、旅行和开支，政治捐款，慈善捐赠和赞助，好处费，记录保存，欺诈、串通和强迫行为。（5）针对业务伙伴的政策，包括业务伙伴尽职调查、向业务伙伴告知诚信合规计划、对等承诺、适当文件、适当报酬、监测/监督。（6）内部控制，包括财务制度、合同义务、决策程序。（7）培训与交流。（8）激励机制，包括奖励措施、惩戒措施。（9）报告制度，包括上报义务、指导建议、检举/热线、定期验证。（10）不当行为的补救措施，包括调查程序、应对措施。（11）集体行动。

（四）《亚太经合组织高效率公司合规项目基本要素》

2014 年 11 月，第 22 届亚太经合组织领导人非正式会议发布了《高效率公司合规项目基本要素》，成为第一个明确提出公司合规管理基本要素的国际组织文件。

该文件提出了企业合规管理的十一大基本要素，包括：（1）开展合规风险管理；（2）管理层的全力支持和参与；（3）制定并持续执行一份书面的公司行为准则；（4）建立合规管理组织框架；（5）提供反腐败培训、教育研讨会，提供持续指导；（6）基于合规风险开展尽职调查，并制作记录；（7）审计与内部会计控制；（8）合规机制与报告；（9）激励；（10）惩处；（11）定期评估与测试。

（五）国际标准及我国国家标准《合规管理体系　要求及使用指南》

2021 年 4 月 13 日，国际标准化组织发布《合规管理体系　要求及使用指南》(ISO 37301：2021)。2022 年 10 月 12 日，中国国家市场监督管理总局、中国国家标准化管理委员会将《合规管理体系　要求及使用指南》（ISO 37301：2021）等同转化为我国国家标准，发布《合规管理体系　要求及使用指南》(GB/T 35770—2022)。

《合规管理体系　要求及使用指南》倡导企业建立合规管理体系，并对企业合规管理体系的各构成要素作出了具体指引，适用于各类所有权性质的企业，是我国企业开展合规管理的重要指南。

该标准包括以下 10 个方面的内容：（1）范围；（2）规范性引用文件；（3）术语和定义；（4）组织环境；（5）领导作用；（6）策划；（7）支持；（8）运行；（9）绩效评价；（10）改进。

（六）中国证监会发布的《证券公司和证券投资基金管理公司合规管理办法》

2008 年 7 月 14 日，中国证监会发布《证券公司合规管理试行规定》。2017 年 6 月 6 日，中国证监会发布《证券公司和证券投资基金管理公司合规管理办法》，替代原《证券公司合规管理试行规定》。2020 年 3 月 20 日，证监会公布了修正后的《证券公司和证券投资基金管理公司合规管理办法》。

该办法共5章40条，要求证券公司和证券投资基金管理公司建立合规管理体系，对企业合规管理体系的各构成要素作出了更严格的规定，首次提出了合规审查制度、合规负责人要求、合规管理人员要求等。具体包括：

1. 第一章总则：规定了合规、合规风险、合规管理等基本概念，要求合规管理全覆盖，合规文化建设、监督管理等。

2. 第二章合规管理职责：规定了董事会、监事会或监事、高级管理人员、下属各单位的合规管理职责，全体工作人员的合规职责、合规负责人职责和权利，合规管理基本制度，合规审查，合规报告等。

3. 第三章合规管理保障：规定了合规负责人的能力要求及聘用，合规部门的职责，合规管理人员资质和能力要求，各层级子公司的合规管理，合规负责人与合规管理人员的知情权和调查权、独立性保障，合规负责人与合规管理人员的薪酬管理，合规管理考核。

4. 第四章监督管理与法律责任：规定了向证监会的合规报告制度、合规管理有效性评估、证监会的合规管理监督、违反该办法的法律责任等。

5. 第五章附则。

2012年2月12日，中国证券业协会发布《证券公司合规管理有效性评估指引》；2017年9月8日，中国证券业协会发布《证券公司合规管理实施指引》，成为我国证券公司开展合规管理的具体依据。

（七）国务院国资委发布的《中央企业合规管理指引（试行）》

2018年11月2日，国务院国资委发布《中央企业合规管理指引（试行）》。

该指引共6章31条，包括：

1. 第一章总则：规定了合规、合规义务渊源、合规风险、合规管理等基本概念，提出了合规管理的三大基本原则，即全面覆盖，强化问责、协同联动及客观独立。

2. 第二章合规管理职责：规定了合规管理组织及其职责，包括董事会、监事会、经理层、合规委员会、合规负责人、合规管理牵头部门、业务部门，以及监察、审计、法律、内控、风险管理、安全生产、质量环保等相关部门在职权范围内履行合规管理职责。

3. 第三章合规管理重点：规定了重点领域、重点环节、重点人员以及海外投资经营行为的合规管理。

4. 第四章合规管理运行：规定了合规管理制度、合规风险管理、合规审查机制、违规问责机制、合规管理体系有效性评价机制等。

5. 第五章合规管理保障：规定了合规考核评价、合规管理信息化建设、合规管理队伍建设、合规宣传与培训、合规文化建设、合规报告制度等。

6. 第六章附则：规定地方国有资产监督管理机构可以参照该指引，积极推进所出资企业合规管理工作。

（八）国家金融监督管理总局发布的《金融机构合规管理办法》

2024 年 12 月 25 日，国家金融监督管理总局发布《金融机构合规管理办法》，自 2025 年 3 月 1 日起施行。《商业银行合规风险管理指引》（银监发〔2006〕76 号）、《保险公司合规管理办法》（保监发〔2016〕116 号）、《中国保监会关于进一步加强保险公司合规管理工作有关问题的通知》（保监发〔2016〕38 号）同时废止。

该办法适用于由国家金融监督管理总局及其派出机构监管的政策性银行、商业银行、金融资产管理公司、企业集团财务公司、金融租赁公司、汽车金融公司、消费金融公司、货币经纪公司、信托公司、理财公司、金融资产投资公司、保险公司（包括再保险公司）、保险资产管理公司、保险集团（控股）公司、相互保险组织等金融机构

该办法共 5 章 58 条，要求金融机构建立合规管理体系，对企业合规管理体系的各构成要素作出了严格的规定。具体包括：

1. 第一章总则：明确了办法的制定目的、适用范围、目标原则和监管主体，规定了合规、合规风险、合规管理、合规管理部门的基本概念以及合规管理原则等。

2. 第二章合规管理架构和职责：规定了合规管理架构、合规文化培育、董事会及高级管理人员的职责，首席合规官及合规官的设置与职责，合规管理部门的职责与分工等。

3. 第三章合规管理保障：完善了首席合规官及合规官、合规管理部门及人员履职的相应保障措施

4. 第四章监督管理与法律责任：规定相关行政处罚及其他监管措施，对金融机构及其工作人员，特别是对董事、高级管理人员、首席合规官及合规官等未能有效实施合规管理的违法违规行为予以严肃追责。

5. 第五章附则：规定了施行日期及过渡期等事项。

（九）国务院国资委发布的《中央企业合规管理办法》

2022 年 8 月 23 日，国务院国资委发布《中央企业合规管理办法》。

该办法共 8 章 42 条，包括：总则；组织和职责；制度建设；运行机制；合规文化；信息化建设；监督问责；附则。

（十）发改委等七部门发布的《企业境外经营合规管理指引》

2018 年 12 月 26 日，我国发改委、外交部、商务部、人民银行、国资委、外汇局、全国工商联七部门联合发布《企业境外经营合规管理指引》。

该指引提出了中国企业在境外经营三方面的具体合规管理要求；规定了合规管理制度的三个层级，即合规行为准则、合规管理办法、合规操作流程；并明确提出了合规审计的要求。

该指引共 8 章 30 条，具体包括：

1. 第一章总则：规定了适用范围、合规的基本概念、合规管理框架和合规管理原则。

2. 第二章合规管理要求：规定了对外贸易、境外投资、对外承包工程、境外日常经营的合规要求。

3. 第三章合规管理架构：规定了合规治理结构、合规管理机构（合规委员会、合规负责人、合规管理部门）的合规管理职责，合规管理协调。

4. 第四章合规管理制度：规定了合规管理制度的三个层级，即合规行为准则、合规管理办法、合规操作流程。

5. 第五章合规管理运行机制：规定了合规培训、合规汇报、合规考核、合规咨询与审核、合规信息举报与调查、合规问责。

6. 第六章合规风险识别、评估与处置：规定了合规风险的概念、合规风险识别、合规风险评估、合规风险处置。

7. 第七章合规评审与改进：规定了合规审计、合规管理体系评价、持续改进。

8. 第八章合规文化建设：规定了合规文化培育、合规文化推广。

四、本书引用的其他合规义务渊源

本书还参考和引用了下列合规义务渊源：

1. 2015 年 12 月 8 日，国务院国资委发布的《关于全面推进法治央企建设的意见》(国资发法规〔2015〕166 号)。

2. 2006 年 6 月 6 日，国务院国资委发布的《中央企业全面风险管理指引》(国资发改革〔2006〕108 号)。

3. 2004 年 8 月 30 日，国务院国资委发布的《中央企业内部审计管理暂行办法》(国务院国有资产监督管理委员会令第 8 号)。

4. 2009 年 5 月 6 日，国家质量监督检验检疫总局、国家标准化委员会发布的《风险管理 术语》(GB/T 23694—2009)。

5. 2008 年 5 月 22 日，财政部、证监会、审计署等印发的《企业内部控制基本规范》(财会〔2008〕7 号)。

6. 2010 年 4 月 15 日，财政部、证监会、审计署等印发的《企业内部控制应用指引》。

7. 2013 年 8 月 20 日，中国内部审计协会发布的《中国内部审计准则》。

8. 2013 年 8 月 20 日，中国内部审计协会发布的《第 2201 号内部审计具体准则——内部控制审计》。

9. 2012 年 2 月 10 日发布，2021 年 5 月 28 日修订，中国证券业协会发布的《证券公司合规管理有效性评估指引》(中证协发〔2021〕126 号)。

10. 2019 年 10 月 19 日，国务院国资委发布的《关于加强中央企业内部控制体系建设与监督工作的实施意见》(国资发监规〔2019〕101 号)。

11. 2020 年 5 月 6 日，国际标准化组织以我国国家标准《企业法律风险管理指南》为蓝本，正式发布《风险管理—法律风险管理指南》(ISO 31022∶2020)。

12. 2021 年 10 月 17 日，国务院国资委发布的《关于进一步深化法治央企建设的意见》(国资发法规规〔2021〕80 号)。

13. 2022 年 1 月 18 日，国务院国资委办公厅发布的《关于开展中央企业“合规管理强化年”工作的通知》(国资厅发法规〔2022〕)。

14. 2022 年 5 月 23 日，中国中小企业协会发布的《中小企业合规管理体系有效性评价》(T/CASMES 19—2022)。

15. 2022 年 10 月 12 日，中国企业评价协会团体标准《企业合规管理体系有效性评价指引》(T/CEEAS 003—2022)。

16. 2023 年 3 月 13 日，国务院国资委办公厅发布《关于开展 2023 年中央企业合规管理体系有效性评价工作的通知》。

17. 2023 年 8 月 6 日，国家标准化管理委员会发布的《风险管理　法律风险管理指南》（GB/T 27914—2023），代替原国家标准《企业法律风险管理指南》（GB/T 27914—2011）。

18. 2023 年 9 月 6 日，中国企业评价协会团体标准《企业合规管理职业经理人考评要素》（T/CEEAS 001—2023）。

19. 2024 年 3 月 20 日，中华文化促进会团体标准《法务、合规、内控、风险一体化管理原则与实施指南》（T/CCPS 0005—2024）。

第二篇
企业合规管理分论

Part II
Sixteen Structural Elements of Corporate Compliance System

第一章 合规方针

Chapter Ⅰ Corporate Compliance Policy

要点

1. 企业合规方针是企业合规管理体系的首要构成要素。

2. 企业合规管理的基本方针和指导思想，是企业最高管理者正式发布的企业合规承诺、宗旨和方向。

3. 企业合规方针范例。

企业合规方针是企业合规管理的基本方针和指导思想，是企业最高管理者正式发布的企业合规承诺、宗旨和方向。企业合规方针表明企业股东、董事会和企业领导对企业合规的决心、支持和期望，是企业核心价值观的重要内容，是鼓励企业人人合规、建立企业合规文化的纲领，是企业的合规宣言。

合规方针是企业合规管理体系的首要构成要素。

一、定义

按照国际标准及我国国家标准《合规管理体系　要求及使用指南》，合规方针的英文为“Compliance Policy”，有些合规义务渊源将其称为“合规政策”。

国际标准及我国国家标准《合规管理体系　要求及使用指南》第 3.5 条规定，企业合规方针是企业最高管理者正式表述的组织的意图和方向。

企业合规方针是企业实现合规的首要原则和行动承诺。它设定所要求的职责和绩效水平以及对行动进行评估的期望。合规方针宜与企业活动产生的合规义务相适应（国际标准及我国国家标准《合规管理体系　要求及使用指南》第 A. 5. 2 条）。

二、制定

国际标准及我国国家标准《合规管理体系　要求及使用指南》第 5.2 条规定，企业治理机构和最高管理者应确立合规方针。企业建立合规方针宜与企业的价值观、目标和战略保持一致，且宜通过治理机构批准。

欧美跨国公司大多通过企业《商业行为准则》来发布企业合规方针。下文将介绍一些跨国公司发布企业合规方针的范例。

三、内容

国际标准及我国国家标准《合规管理体系　要求及使用指南》第 5.2 条规定，合规方针应当适合于企业的目的，为设定合规目标提供框架，包括满足适用合规要求的承诺以及持续改进合规管理体系的承诺。

1. 按照国际标准及我国国家标准《合规管理体系　要求及使用指南》第 A.5.2 条的规定，合规方针可包括：（1）使命宣言；（2）总体方针声明；（3）管理战略以及责任和资源的分配；（4）标准合规程序；（5）审核、尽职调查和合规。

企业合规方针宜规定与企业规模、性质、复杂性及其环境有关的合规管理体系的应用和环境，合规与其他职能（如治理、风险、审核和法务）的结合程度，以及对内外部相关方的关系进行管理的原则。

制定企业合规方针，宜考虑国际、区域或属地义务，企业的战略、目标、文化和治理方法，企业的组织结构，与不合规有关的风险性质和等级，采用的标准、准则、内部方针和程序，行业标准。

2. 按照国际标准及我国国家标准《合规管理体系　要求及使用指南》第 5.2 条的规定，确立合规方针应注意：（1）与企业的价值观、目标和战略保持一致；（2）要求遵守企业的合规义务；（3）支持合规治理原则；（4）提及并描述合规职能；（5）概述不遵守组织的合规义务、方针、过程和程序的后果；（6）鼓励提出疑虑，并且禁止任何形式的报复。

四、要求

按照国际标准及我国国家标准《合规管理体系　要求及使用指南》第

5.2 条、第 A.5.2 条的规定，合规方针宜作为文件化信息可获取，用通俗易懂的语言书写以便于所有员工理解其原则和意图，被适当地实施和执行，在企业内明确传达和沟通，便于相关方获取。必要时应翻译为其他语言。

企业合规方针不宜是孤立的文件，宜由其他文件支持，包括运行方针、程序和过程。

五、欧美跨国企业集团的合规方针范例

考察欧美跨国企业集团的官方网站可以发现，欧美跨国集团大多在企业行为准则中宣示企业的合规方针。

（一）领导承诺

国际标准及我国国家标准《合规管理体系　要求及使用指南》第 5.1.1 条要求：确立和坚持组织的价值观，确保制定并实施方针、过程和程序以实现合规目标，并与组织的战略方向一致。

《世界银行集团　廉政合规指南概要》第 2.1 条规定："2.1 领导层：高层领导、受制裁方董事会或类似组织对受制裁方的廉政合规计划（简称：计划）及其实施，在形式上和实质上都给予强有力的、明确的、显而易见的和积极的支持与承诺。"

例如，西门子股份公司总裁兼首席执行官在西门子公司《商业行为准则》的前言中就宣示："在这个充满困惑的时代，明确的规定和原则变得尤为重要。无论我们在哪里开展业务，都要始终坚持道德、合法和最高诚信的原则，不容许任何借口或例外。"①

（二）核心价值观

不少欧美企业集团将诚信合规确立为企业的核心价值观。例如：

1. 西门子股份公司倡导"诚信文化是西门子价值观的核心"，并明确规定："对西门子来说，倡导诚信意味着在任何情况下开展业务都要按照西门子的价值观——勇担责任、追求卓越和矢志创新——行事。诚信的一个重要元素就是合规，即遵守法律法规和西门子的内部规章制度。合规是我

① 参见西门子公司中国官网，http://www.siemens.com.cn，访问日期：2025 年 2 月 13 日。

们一切业务决策和活动的基础，也是我们开展业务过程中倡导诚信的关键。我们的前提是：只有清廉的业务才是西门子的业务。这一原则适用于全球所有层级的西门子机构。”①

2. 美国杜邦公司在《杜邦行为守则》中将最高标准的职业操守确立为企业核心价值观之一：“我们按照最高的道德标准和所有的适用法律行事、开展业务，始终为成为一家在全球范围内受尊敬的企业公民努力。”②

（三）在企业行为准则中宣示企业合规方针

1. 西门子《商业行为准则》（我们行为举止得体）中表示：“我们遵守业务所在国家/地区的适用法律，并确保落实所有公司内部的准则、流程和控制措施。”

西门子公司中国官网发布的《商业行为准则》在前言中用醒目的字体宣示：“只有清廉的业务才是西门子的业务”，并进一步规定，“我们遵守业务所在国家/地区的适用法律，并确保落实所有公司内部的准则、流程和控制措施”。③

2. 巴斯夫股份公司在《行为准则》中要求：“我们严格遵守高标准的法律合规和商业道德。我们的行为准则定义了我们作为巴斯夫员工必须以实际行动遵守法律和内部政策。我们的行为准则以此保护着巴斯夫和我们每一个员工。我们的行为准则引导我们将我们的价值观和承诺付诸实践——贯穿整个公司以及我们所做的一切。在负责任的行为和道德规范对我们的决策产生重要影响时，我们的行为准则将给予指引。只有完全遵守我们的行为准则和所有法律法规，我们才能成为世界领先的化工公司，得到客户、投资者、员工和所有其他利益相关者的尊重和信任。”④

3. 美国杜邦公司在《杜邦行为守则》中规定：“杜邦职业操守的核心是确保各位员工自觉坚守公司的各项标准。任何故意触犯法律、法规的行为或任何试图掩盖违反本行为守则或公司政策的举动，均属违反职业操守。”“杜邦职业操守的核心是确保各位员工自觉坚守公司的各项标准。”⑤

---

① 参见西门子公司中国官网，http://www.siemens.com.cn，访问日期：2025 年 2 月 13 日。
② 参见杜邦公司中国官网，www.dupond.com.cn，访问日期：2025 年 2 月 13 日。
③ 参见西门子公司中国官网，http://www.siemens.com.cn，访问日期：2025 年 2 月 13 日。
④ 参见巴斯夫股份公司官网，https://www.basf.com/，访问日期：2025 年 2 月 13 日。
⑤ 参见杜邦公司中国官网，www.dupond.com.cn，访问日期：2025 年 2 月 13 日。

六、中国企业集团的合规方针范例

（一）中国石油天然气集团公司通过《诚信合规手册》来宣示企业合规方针

中国石油天然气集团公司董事长在《诚信合规手册》中致辞：“中国石油天然气集团公司是国有重要骨干企业，是以油气业务、工程技术服务、石油工程建设、石油装备制造、金融服务、新能源开发等为主营业务的综合性国际能源公司，是中国主要的油气生产商和供应商之一。我们始终秉承‘奉献能源、创造和谐’的企业宗旨，坚持诚实守信、依法合规的价值观，努力为社会创造财富、促进和谐。实践证明，诚信合规是公司发展的基石，是公司有质量有效益可持续发展的坚实保障。

继往开来，我们清晰地认识到，公司的卓越声誉和持续发展更加有赖于诚信合规。我们将坚持诚信合规优先于经济利益的理念，让诚信合规涵盖经营管理各领域、业务活动各环节、全体员工各岗位。”

中国石油天然气集团公司在其《诚信合规手册》中还规定了企业诚信合规基本要求，即守法合规、忠诚公司、诚信做事、爱岗敬业。具体表述为：“诚信合规是公司基业长青的保障。无论在哪里开展业务，无论从事何种工作，我们的一言一行都直接关系到公司的利益和声誉。每一位员工都要做到守法合规、忠诚公司、诚信做事、爱岗敬业，为建设世界水平的综合性国际能源公司打牢根基。”

（二）中国东方电气集团有限公司在其《诚信合规准则》中宣示合规方针

中国东方电气集团有限公司董事长在《诚信合规准则》中开篇致辞（摘录）：“加强合规管理，是贯彻落实全面依法治国重要战略部署的客观要求，是全面推进法治东方电气的重要举措，是国际化进程中提升国际竞争的必由之路。东方电气始终遵循以创新发展、客户增值、员工成长、环境友好为价值驱动力，坚持诚信公平、依法合规的价值观，将诚信合规理念融入各项经营管理和业务发展活动中，践行企业社会责任和使命。”①

① 参见中国东方电气集团有限公司官网，http://www.dongfang.com，访问日期：2025年2月13日。

第二章　合规管理组织

Chapter Ⅱ　Corporate Compliance Organization

要点

1. 从企业董事会到合规管理部门、业务及职能部门以及员工，都是合规管理组织的组成部分，并各司其职。

2. 企业董事会：合规从领导做起。

3. 企业经理层：合规管理的执行者。

4. 合规委员会：统筹领导企业合规管理。

5. 业务及职能部门：合规管理“第一道防线”，合规管理的责任主体。

6. 合规管理部门：合规管理“第二道防线”，牵头和组织合规管理工作。

7. 纪检监察、巡视巡察、审计部门：合规管理“第三道防线”，合规管理的监督者。

8. 岗位：合规管理的最基本组织单元。

企业合规管理组织是企业实施合规管理以及建设企业合规管理体系的组织载体。建立高效、协调合作的企业合规管理组织，是企业合规管理体系的重要组成部分，是企业有效进行合规管理、依法治企的组织保障。

企业开展合规管理，建立合规管理体系，在确定企业合规方针之后，第一要务就是成立合规管理组织。具体请进一步阅读本书第三篇第一章。

一、大合规管理组织

突出诚信合规管理的国际组织的规定，如《经合组织内控、道德与合规，最佳实践指南》《世界银行集团　廉政合规指南概要》，专注于企业诚信合规管理的程序和内容，而没有对建立完善的企业合规管理组织作出集中详细的规定。

与之相反，有关合规管理的标准、办法和指引，都提倡或要求企业建立完善的合规管理组织架构，即大合规管理组织。

1. 巴塞尔银行监管委员会于2005年4月29日颁布的《合规与银行内部合规部门》最早提出建立合规管理部门以及较为完善的企业合规管理组织架构，并对其合规管理职责作出了具体规定，包括董事会、高级管理层、合规负责人与合规部门。

该文件还首先提出了企业合规管理与内部相分离原则，是对企业合规管理组织建设的重大贡献。其在“原则8：与内部审计的关系”第45条中提出：本原则表明，合规部门应与审计部门分离，以确保合规部门的各项工作受到独立的复查。因此，重要的是，在银行内部对于两个部门之间如何划分风险评估和测试活动应有清晰的认识，并用文件形式（如银行的合规政策或诸如备忘录等相关文件）予以规定。当然，审计部门应该将与合规有关的任何审计调查结果随时告知合规负责人。

2. 按照国际标准及我国国家标准《合规管理体系　要求指南》第5.3条、第A.5.3条的规定，企业承担合规职责的合规管理组织包括企业治理机构、最高管理者、合规委员会、合规团队、各管理层以及员工。其中蕴含了全员合规的理念，也彰显了企业大合规管理组织的架构。

3. 国务院国资委发布的《中央企业合规管理指引（试行）》第二章规定了8个层级的企业合规管理组织并确定了其合规管理职责，即董事会、监事会、经理层、合规委员会、合规管理负责人、合规管理牵头部门、业务部门，以及监察、审计、法律、内控、风险管理、安全生产、质量环保等相关部门。

国务院国资委发布的《中央企业合规管理办法》第二章将合规管理组织增补到9个层级，即党委（党组）、董事会、经理层、主要负责人（推进法治建设第一责任人）、合规委员会、首席合规官、业务及职能部门、合规管理部门以及纪检监察机构和审计、巡视巡察、监督追责等部门。

二、合规管理组织的职责

（一）有关合规义务渊源对合规管理组织的职责的规定不尽相同

有关合规管理的标准、办法和指引对合规管理组织职责的规定不尽相同。主要原因是，这些标准、办法和指引等产生于不同时代，存在不断成熟和完善的过程；对合规管理组织具体职责的规定，受不同行业业务特点、经营地域等各种因素影响；对合规管理组织具体职责的规定，还受到企业所有制性质的影响。

（二）《中央企业合规管理办法》规定的合规管理组织的职责

有关合规管理的标准、办法和指引中，国务院国资委发布的《中央企业合规管理办法》规定的合规管理组织的职责更加完善。

按照该办法，各合规管理组织的合规管理职责列示如表 2-2-1 所示。

表 2-2-1　各合规管理组织的合规管理职责

序号	合规管理组织	合规管理职责
1	党委 （党组）	中央企业党委（党组）发挥把方向、管大局、促落实的领导作用，推动合规要求在本企业得到严格遵循和落实，不断提升依法合规经营管理水平
2	董事会	中央企业董事会发挥定战略、作决策、防风险作用，主要履行以下职责： （1）审议批准合规管理基本制度、体系建设方案和年度报告等； （2）研究决定合规管理重大事项； （3）推动完善合规管理体系并对其有效性进行评价； （4）决定合规管理部门设置及职责
3	经理层	中央企业经理层发挥谋经营、抓落实、强管理作用，主要履行以下职责： （1）拟订合规管理体系建设方案，经董事会批准后组织实施； （2）拟订合规管理基本制度，批准年度计划等，组织制定合规管理具体制度； （3）组织应对重大合规风险事件； （4）指导监督各部门和所属单位合规管理工作
4	主要负责人 （推进法治建设第一责任人）	中央企业主要负责人作为推进法治建设第一责任人，应当切实履行依法合规经营管理重要组织者、推动者和实践者的职责，积极推进合规管理各项工作
5	合规委员会	中央企业设立合规委员会，可以与法治建设领导机构等合署办公，统筹协调合规管理工作，定期召开会议，研究解决重点难点问题
6	首席合规官	中央企业应当结合实际设立首席合规官，不新增领导岗位和职数，由总法律顾问兼任，对企业主要负责人负责，领导合规管理部门组织开展相关工作，指导所属单位加强合规管理

续表

序号	合规管理组织	合规管理职责
7	业务及职能部门	中央企业业务及职能部门承担合规管理主体责任，主要履行以下职责： (1) 建立健全本部门业务合规管理制度和流程，开展合规风险识别评估，编制风险清单和应对预案； (2) 定期梳理重点岗位合规风险，将合规要求纳入岗位职责； (3) 负责本部门经营管理行为的合规审查； (4) 及时报告合规风险，组织或者配合开展应对处置； (5) 组织或者配合开展违规问题调查和整改
8	合规管理部门	中央企业合规管理部门牵头负责本企业合规管理工作，主要履行以下职责： (1) 组织起草合规管理基本制度、具体制度、年度计划和工作报告等； (2) 负责规章制度、经济合同、重大决策合规审查； (3) 组织开展合规风险识别、预警和应对处置，根据董事会授权开展合规管理体系有效性评价； (4) 受理职责范围内的违规举报，提出分类处置意见，组织或者参与对违规行为的调查； (5) 组织或者协助业务及职能部门开展合规培训，受理合规咨询，推进合规管理信息化建设
9	纪检监察机构和审计、巡视巡察、监督追责等部门	中央企业纪检监察机构和审计、巡视巡察、监督追责等部门依据有关规定，在职权范围内对合规要求落实情况进行监督，对违规行为进行调查，按照规定开展责任追究

（三）关于管理层的合规管理职责

管理层是企业各业务及职能部门、分支机构的负责人，各业务及职能部门、分公司所属分部、科、室的负责人，各车间及其班组负责人等。

企业各职能部门以及企业各分支机构，包括企业横向职能管理部门（如规划、运营管理、财务、人事、内控、审计、行政等）、业务部门（包括研发、生产、采购、销售、物流、质量、环安卫等）以及各分公司、项目组、营业部等。企业各业务及职能部门以及企业各分支机构负责本领域的日常合规管理工作，是履行合规管理的“第一道防线”，对企业合规负首要责任。

笔者的理解是，管理层作为业务及职能部门、各分支机构的负责人，对本单位的合规管理工作负领导和管理责任，也是本单位合规管理责任的最终承担者。

除上述合规管理组织的合规管理职责外，国际标准及我国国家标准

《合规管理体系　要求及使用指南》第5.3.3条规定了管理层的合规管理职责。具体见表2－2－2。

表2－2－2　管理层的合规管理职责

序号	具体内容
1	配合和支持合规团队，并鼓励员工也这么做
2	确保在其控制下的所有人员都遵守合规义务、方针、程序、过程和程序
3	识别其运行中的合规风险并进行沟通
4	在其职责范围内将合规义务融入现有的业务实践和程序
5	参加并协助合规培训活动
6	培养员工的合规意识，指导他们符合培训和能力要求
7	鼓励并支持员工提出合规疑虑，并防止任何形式的报复
8	根据要求积极参与合规相关事件和事项的管理、解决
9	确保一经确认需要采取纠正措施时，适当的纠正措施能得到推荐和实施

（四）关于员工的合规职责

企业员工代表企业的主要群体，员工所在岗位是组成企业的最基本组织单元，也是履行企业合规职责的最基本单元和主要力量，是企业合规最基本的践行者。企业如果做到了员工人人合规，企业合规就得到了最有力的保障，企业合规的目标也基本得以实现。

按照国际标准及我国国家标准《合规管理体系　要求及使用指南》第5.3.4条的规定，员工的合规职责如表2－2－3所示。

表2－2－3　员工的合规职责

序号	具体内容
1	遵守企业合规义务、方针、过程和程序
2	报告合规疑虑、问题和漏洞
3	根据要求参加培训

按照该标准第A.5.3.4条的规定，企业所有员工都应履行合规义务。员工应确保了解自己的合规职责并有效地执行这些职责。对此，员工应通过合规管理体系的要件获得支持，如培训、方针和程序以及行为准则。员工应积极主动地洞察不足与改进，以促进合规管理体系的绩效。

第三章 合规风险管理

Chapter Ⅲ Corporate Compliance Risk Management（CRM）

要点

1. 合规风险管理是企业合规管理的核心，贯穿企业合规管理的始终。

2. 企业合规风险管理包括明确环境信息、合规义务识别、合规风险评估、应对、监测预警、监督检查、沟通协调和持续改进。

3. 企业合规风险管理需要使用企业全面风险管理的技术方法。

4. 企业合规风险的“三道防线”。

合规风险是企业的主要风险之一。企业合规风险的有效防控是合规管理的目的。企业合规风险管理是企业合规管理的核心及主要内容，也是企业开展合规管理的基础，贯穿企业合规管理的始终。

企业合规风险管理是明确环境信息、合规义务识别、合规风险评估、合规风险应对、合规风险监测预警、监督检查、沟通协调，循环往复，持续改进的过程。

一、企业合规风险

企业合规风险是指企业因未能遵循法律、监管规定、规则、自律性组织制定的有关准则，以及适用于银行自身业务活动的行为准则而可能遭受法律制裁或监管处罚、重大财务损失或声誉损失的风险（《巴塞尔银行监管委员会合规与银行内部合规部门》引言第 3 条）；是因未遵守组织合规义务而发生不合规的可能性及其后果（国际标准及我国国家标准《合规管理体系　要求及使用指南》第 3.24 条）；是企业及其员工在经营管理过程中因违规行为引发法律责任、造成经济或者声誉损失以及其他负面影响的可能性（国务院国资委《中央企业合规管理办法》第 3 条第 2 款）；是企业或其员工因违规行为遭受法律制裁、监管处罚、重大财产损失或声誉损失以及其他负面影响的可能性（发改委等七部门《企业境外经营合规管理指引》第12条）。

从企业风险分类上看，合规风险是具体的、现实的、纯粹的、单一的风险。企业一旦违反合规义务，就会遭受法律制裁（包括刑事处罚、行政处罚和民事赔偿），承担法律责任（包括刑事责任、行政责任和民事责任）。也正因如此，合规管理是底线管理或红线管理，要求企业及其员工不触碰合规底线，不逾越合规红线。

二、企业合规风险管理

按照我国国家标准《风险管理　风险评估技术》的规定（第4.2.1条），风险管理过程包含以下要素：明确环境信息；风险评估（包括风险识别、风险分析与风险评价）；风险应对；监测和预警；监督检查；沟通协调。

国务院国资委《中央企业全面风险管理指引》第5条将风险管理的基本流程概括为5个方面的主要工作：（1）收集风险管理初始信息；（2）进行风险评估；（3）制定风险管理策略；（4）提出和实施风险管理解决方案；（5）风险管理的监督和改进。国际标准及我国国家标准《风险管理　法律风险管理指南》（第5.2条）与《中央企业全面风险管理指引》类似，将企业风险管理流程确定为法律风险环境、法律风险评估（包括法律风险的识别、分析和评价）、法律风险应对以及监督检查。

按照国际标准及我国国家标准《合规管理体系　要求及使用指南》第4条的规定，合规风险管理的流程可以概括为：（1）理解组织及其环境；（2）理解相关方的需求和期望；（3）确定合规管理体系的范围（物理边界、组织边界、地域边界以及组织范围）；（4）识别合规义务；（5）开展合规风险评估；（6）实施控制，管理和应对合规风险。

国务院国资委发布的《中央企业合规管理办法》没有对合规风险管理作集中规定，而分散规定在不同条款之中。该办法第20条要求中央企业建立合规风险识别评估预警机制，全面系统梳理经营管理活动中存在的合规风险，建立并定期更新合规风险数据库，对风险发生的可能性、影响程度、潜在后果等进行系统分析，对于典型性、普遍性和可能产生较严重后果的风险及时发布预警；第22条要求加强合规风险应对，针对重大合规风险事件采取措施妥善应对。此外，该办法第 13 条还要求各业务及职能部门建立健全本部门业务合规管理制度和流程，开展合规风险识别评估，编制风险清单和应对预案，并定期梳理重点岗位合规风险，将合规要求纳入岗位职责。2023 年 3 月 2 日，国务院国资委召开中央企业深化法治建设加强合规管理工作会议，强调要以合规风险识别清单、岗位合规职责清单、业务流程管控清单为基础，对合规风险全面梳理、系统分类，细化实化职责清单，将重点岗位合规责任纳入岗位手册，将合规要求和管控措施嵌入关键节点，严把合规审查关口。

发改委等七部门发布的《企业境外经营合规管理指引》在不同章节提及合规风险管理流程，归纳为合规风险识别、合规风险评估、合规风险处置、合规风险报告、持续改进。

上述标准、办法和指引中，只有国际标准及我国国家标准《合规管理体系　要求及使用指南》第 4 条将识别合规义务作为合规风险管理的主要步骤之一，值得借鉴并推广运用。根本原因在于，合规风险是违反合规义务给企业带来法律责任、经济损失和声誉损失的可能性。合规义务是合规风险存在的前提，没有合规义务就无所谓合规风险。因此，识别合规义务势必成为合规风险管理流程中不可或缺的环节，并成为与合规风险评估并列的合规风险管理流程之一。

综合上述标准、办法和指引的规定，企业合规风险管理是企业明确环境信息、合规义务识别、合规风险评估、合规风险应对、合规风险监测预警、监督检查、沟通协调，循环往复，持续改进的过程。具体见图 2－3－1。

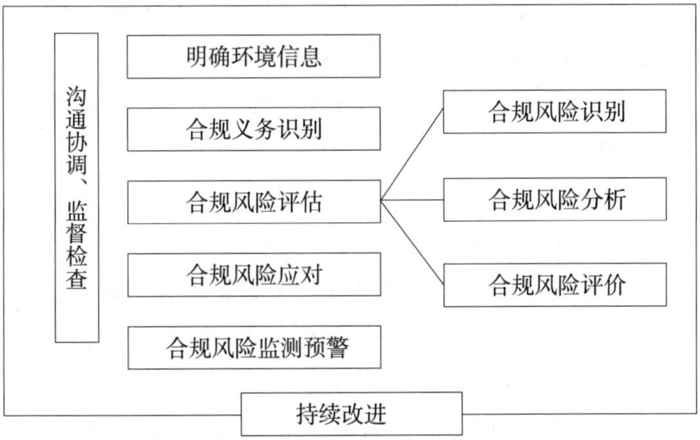

图 2－3－1　合规风险管理流程

（一）明确环境信息

国际标准及我国国家标准《合规管理体系　要求及使用指南》第4.1条要求组织应确定与其宗旨相关的、并影响其实现合规管理体系预期结果的能力的内部和外部事项，包括但不限于：

（1）业务模式，包括组织活动和运行的战略、性质、规模、复杂性和可持续性；

（2）与第三方业务关系的性质和范围；

（3）法律和监管环境；

（4）经济状况；

（5）社会、文化、环境背景；

（6）内部结构、方针、过程、程序和资源，包括技术；

（7）自身的合规文化。

由于该标准适用于所有形式的组织，其关于组织环境信息的规定比较原则。而企业合规风险管理面临更加复杂的内外部环境，主要体现在以下7个方面：

（1）不同行业的企业需要共同遵守的通用合规义务渊源（《刑法》《民法典》《公司法》），同时需要遵守适用于不同行业（如汽车行业、互联网行业等）的特殊合规义务渊源。同一企业（集团）可能跨行业经营，需要同时遵守所经营的不同行业的特殊合规义务。

（2）同一企业在不同国家或地区经营，需要遵守不同法域的法律法规和道德规范。即使在我国国内，不同省、市的地方性法规、地方政府部门规章和监管规定及相应的合规义务可能都存在差别。

（3）不同所有制性质的企业（如中央企业、地方国有企业、外商投资企业等），需要遵守与其所有制相关的特别法律法规。

（4）企业所需遵守的外法、内规不断地立、改、废，企业所需遵守的合规义务以及面临的合规风险也处于动态变化之中。

（5）企业内部划分为若干个管理条线（如规章制度管理、组织机构管理、人力资源管理、合同管理、采购管理、销售管理、行政管理等）和不同的业务及职能部门（如财务部、人力资源部、安全环保部等），不同的管理条线和部门存在需要共同遵守的合规义务，同时也存在相对独立和自成体系的特别合规义务渊源及合规义务，所面临的合规风险也存在差别。

企业的组织结构、管理条线、部门划分等可能不断变化，其所需遵守的特别合规义务渊源及合规义务可能随之调整。

（6）企业同一部门的不同岗位（如财务部的会计岗、税务岗、出纳岗）需要遵守与其岗位职责相关的专业法律法规的规定并面临不同的合规风险。岗位是企业合规义务及相应合规风险最基本的组织载体。企业的岗位设置及岗位职责等可能不断变化，其所需遵守的特别合规义务渊源及合规义务可能随之调整。

（7）企业合规义务以及相应的合规风险具体分解到各业务及管理条线的业务流程（管理环节、控制节点等）。企业合规义务及相关合规风险存在于企业的各个业务流程之中。业务流程是企业合规义务及相应合规风险最基本的业务载体。企业的业务及管理条线以及业务流程可能不断变化，与之相关的特别合规义务渊源及合规义务可能随之调整。

基于该标准的上述规定，结合国务院国资委《中央企业合规管理办法》及关于编制“三张清单”的通知要求以及我们的实践，企业开展合规风险管理、明确环境信息，应包括但不限于以下内容：

（1）企业性质；

（2）产品种类、业务模式及经营的行业；

（3）经营项目所在的国家和地区；

（4）内、外部合规义务渊源框架；

（5）监管环境；

（6）组织结构和职责分配，以及岗位设置和岗位职责（为编制“岗位合规职责清单”奠定基础）；

（7）管理条线和业务流程（为编制“业务流程合规管控清单”奠定基础）；

（8）过去纪检监察、巡视巡察、审计、违规举报、法律纠纷中揭示的合规风险，以及集团内部其他公司、同行业企业发生过的重大合规风险事件；

（9）自身的合规文化；

（10）社会、文化、环境背景等。

企业应组织合规团队或者聘请第三方专业机构对企业的合规管理环境信息进行合规调研，编制合规调研报告，按内部流程审议批准后，作为进一步开展合规风险管理的基础。

（二）合规义务识别

按照国际标准及我国国家标准《合规管理体系　要求及使用指南》第3.24条的规定，合规风险是因未遵守合规义务而发生不合规的可能性及其后果。要识别合规风险，首先要识别合规义务。

合规义务来源于适用于企业的合规义务渊源，包括强制性地必须遵守的要求以及自愿选择遵守的要求（《合规管理体系　要求及使用指南》第3.25条）。强制性地必须遵守的要求主要来自外部合规义务渊源，具有强制执行的效力。自愿选择遵守的要求是企业基于自主意识表示，自愿设定的义务和接受的约束。

识别合规义务，需要根据合规风险管理的目标领域和范围，收集适用于企业该领域的所有合规义务渊源，根据合规要求与合规承诺进行分类，建立合规义务渊源库，并根据行业监管部门的监管重点以及企业经营管理的具体情况，逐项、逐条进行梳理、分析，甄别企业合规风险管理目标领域需要遵守的合规义务（主要是强制性规定和禁止性规定项下的合规义务），制定合规义务清单。由此可见，合规风险是对合规义务违反的可能性，合规义务是合规风险存在的前提，合规义务识别是合规风险管理的基础。而合规义务源自合规义务渊源，收集、梳理合规义务渊源又是识别合规义务的基础和前提。其中蕴含的逻辑十分清晰，但在实务中往往被忽略。例如，有些企业将识别合规义务停留在收集合规义务渊源、列明合规义务清单这一环节，有些企业忽视对合规义务的识别而直接开展合规风险评估等。合规义务清单格式如表2－3－1所示。

表2－3－1　合规义务清单

序号	合规义务	合规义务渊源	合规义务渊源具体规定

编制合规义务清单并非对合规义务渊源具体条款的复制，需要进行梳理、归纳和总结，通俗易懂。例如，根据我国《劳动合同法》第4条的规定，可以梳理、归纳和总结出企业的4条合规义务，具体如表2－3－2所示。

表 2－3－2　《劳动合同法》第 4 条规定的合规义务梳理

序号	合规义务	合规义务渊源	合规义务渊源具体规定
1	依法建立和完善劳动规章制度	《劳动合同法》	《劳动合同法》第 4 条：用人单位应当依法建立和完善劳动规章制度，保障劳动者享有劳动权利、履行劳动义务。
2	制定、修改或决定直接涉及员工切身利益的规章制度或重大事项时，通过民主程序		用人单位在制定、修改或者决定有关劳动报酬、工作时间、休息休假、劳动安全卫生、保险福利、职工培训、劳动纪律以及劳动定额管理等直接涉及劳动者切身利益的规章制度或者重大事项时，应当经职工代表大会或者全体职工讨论，提出方案和意见，与工会或者职工代表平等协商确定。
3	在规章制度和重大事项决定实施过程中，听取工会或职工意见和建议		在规章制度和重大事项决定实施过程中，工会或者职工认为不适当的，有权向用人单位提出，通过协商予以修改完善。
4	将直接涉及劳动者切身利益的规章制度和重大事项决定公示		用人单位应当将直接涉及劳动者切身利益的规章制度和重大事项决定公示，或者告知劳动者

（三）合规风险评估

有关风险管理的标准、办法和指引均规定，合规风险评估包括合规风险识别、合规风险分析与合规风险评价三个步骤。

风险评估是根据风险分析的结果确定可容许风险的过程。按照我国国家标准《风险管理　风险评估技术》，风险评估旨在为有效的风险应对提供基于证据的信息和分析，其主要作用包括：（1）认识风险及其对目标的潜在影响；（2）为决策者提供相关信息；（3）增进对风险的理解，以利于风险应对策略的正确选择；（4）识别哪些是导致风险的主要因素，以及系统和组织的薄弱环节；（5）沟通风险和不确定性；（6）有助于建立优先顺序；（7）帮助确定风险是否可以接受；（8）有助于通过事后调查来进行事故预防；（9）选择风险应对的不同方式；（10）满足监管要求。

1. 合规风险识别

合规风险识别是发现、收集、确认、描述、分类、整理合规风险，对其产生原因、影响范围、潜在后果等进行分析归纳，最终生成企业合规风险清单，为下一步合规风险的分析和评价明确对象和范围。合规风险识别是合规风险评估的首要步骤、前提和基础。开展合规风险识别，宜遵循以下步骤。

（1）构建合规风险识别框架

为保证合规风险识别的全面性、准确性和系统性，企业要构建符合自身经营管理需求的合规风险识别框架，提供若干识别合规风险的角度。企业可以根据自身的不同需要，选择不同的角度或不同角度的组合，构建合规风险识别框架，见表2-3-3。

表2-3-3　合规风险识别框架

序号	角度	内容
1	企业主要的经营管理活动	通过对企业主要的经营管理活动（如生产、市场营销、物资采购、对外投资、人力资源管理、财务管理、内部控制等）的梳理，发现每一项经营管理活动可能存在的合规风险
2	企业组织机构设置	通过对企业各业务管理部门、岗位的业务管理范围和工作职责的梳理，发现各机构内可能存在的合规风险
3	利益相关者	通过对企业的利益相关者（如股东、董事、监事、高级管理人员、一般员工、顾客、供应商、债权人、社区、政府等）的梳理，发现与每一利益相关者相关的合规风险
4	引发合规风险的原因	通过对合规环境、违规等引发合规风险原因的识别，发现企业存在的合规风险
5	合规风险事件发生后承担的责任	通过对刑事、行政、民事等法律责任的梳理，发现不同责任下企业存在的合规风险
6	部门法律领域	通过对不同的法律领域（如公司法、合同法、知识产权法律、招投标法律、劳动用工法律、财务税收法律等）的梳理，发现不同领域内存在的合规风险
7	业务领域	通过对不同的业务领域（如研发、生产、采购、销售、物流、建设工程、国际贸易等）的梳理，发现不同业务领域内存在的合规风险
8	以往发生的案例	通过对本企业或本行业发生的案例的梳理，发现企业存在的法律风险

（2）查找合规风险事件，收集违规案例

合规风险识别，需要根据构建的合规风险识别框架，查找合规风险事件，方法包括：①问卷调查、访谈调研、头脑风暴法、德尔菲法、检查表法等；②合规管理体系有效性评价；③内部审计；④员工举报等。此外，还需要关注和收集违规案例以及相关司法案例，同类企业、本企业过去识别和发生的合规问题及违规案例。根据收集的合规风险事件和违规案例，编制合规风险事件与违规案例清单，建立合规风险事件与违规案例库。合规风险事件与违规案例清单格式如表 2－3－4 所示。

表 2－3－4 合规风险事件与违规案例清单

序号	合规义务	合规义务渊源具体规定	合规义务渊源名称	合规风险事件、违规案例描述	产生原因

（3）编制初步合规风险清单

对查找出的合规风险事件和违规案例进行归类，确定合规风险，并对每个合规风险设置相应的编号和名称。然后，将这些合规风险事件及合规风险统一列表，并列示每一合规风险事件及合规风险适用的合规义务渊源、可能产生的责任后果、相关的案例、分析意见及其涉及的业务单元和部门、经营管理流程等信息，形成初步合规风险清单，作为合规风险分析和评价的基础。

初步合规风险清单划分为三个信息区：

第一部分为管理信息区，包括合规义务涉及的主管部门、业务/管理活动、业务/管理流程。

第二部分为合规义务信息区，包括合规义务、合规义务渊源、合规义务渊源的具体规定及违规责任。

第三部分为初步合规风险信息区，主要内容为风险代码、风险描述、产生原因。

初步合规风险清单格式如表 2－3－5 所示。

表 2－3－5 初步合规风险清单

管理信息区			合规义务信息区				初步合规风险信息区		
主管部门	业务/管理活动	业务/管理流程	合规义务	合规义务渊源	合规义务渊源具体规定	违规责任	风险代码	风险描述	产生原因

2. 合规风险分析

根据国际标准及我国国家标准《风险管理 原则与实施指南》第

5.3.3 条、《合规管理体系　要求及使用指南》第 A.4.6 条的规定，合规风险分析是企业对不合规的原因、来源、后果的严重程度、不合规及其后果发生的可能性进行分析和研究，对识别出的合规风险进行定性、定量的分析，为合规风险的评价和应对提供支持。

根据合规风险分析的目的、可获得的信息数据和资源，合规风险分析可以有不同的详细程度，可以是定性的、定量的分析，也可以是这些分析的组合。一般情况下，首先采用定性分析，以初步评定合规风险等级，揭示主要合规风险。在可能和适当的时候，要进一步进行更具体的和定量的合规风险分析。

（1）合规风险可能性分析

合规风险发生可能性是指在公司目前的管理水平下，合规风险发生概率的大小或者发生的频繁程度。对合规风险发生可能性的量化分析，可以从以下 5 个维度进行，每个维度可以进一步细化为若干评分标准，以下示例影响程度分为 3 个等级，分别赋予 1 分至 5 分，表示发生可能性依次加强，得分越高意味着风险发生的可能性越大，如表 2－3－6 所示。

表 2－3－6　合规风险可能性分析

分析维度	得分		
	5	3	1
内部合规义务渊源的完善	很不完善，需要重新制定	较完善，需要修改、补充	完善
合规义务渊源的执行	很难得到执行	执行程度一般	执行非常准确
人员相关合规管理素养	不了解相关合规义务渊源	了解主要合规义务渊源	了解所有相关合规义务渊源
外部监管执行力度	无相关监管规定，监管力度弱	有相关监管规定，违规行为并未及时查处	有严格监管规定，监管部门监管严格到位，对违规行为处罚严厉
违规行为 1 年内已发生的次数	超过 3 次	2 次	1 次

（2）合规风险影响程度分析

合规风险影响程度是指合规风险会对公司的经营管理和业务发展所产生影响的大小。对合规风险影响程度进行分析时，可以考虑但不限于以下因素：①后果的类型，包括财产类的损失和非财产类的损失（如商誉损失、企业形象损失、知识产权损失）等；②后果的严重程度，包括财产损失金额的大小、非财产损失的影响范围、利益相关者的反应等。

对合规风险影响程度的量化分析，可以从以下 3 个维度进行，每个维度可以进一步细化为若干评分标准，以下示例影响程度分为 3 个等级，分别赋予 1 分至 9 分，得分越高意味风险影响程度越大，如表 2－3－7 所示。

表 2－3－7　合规风险影响程度分析

分析维度	得分			
	9	5	1	0
财产损失大小				无
非财产损失大小	很大	一般	很小	无
影响范围	广（如全国范围甚至有国际影响）	中等（全省或市范围）	较小（本市范围或企业内部）	无

根据对合规风险可能性及其影响程度分析，编制合规风险分析表，如表 2－3－8 所示。

表 2－3－8　合规风险分析表

合规风险信息区				发生的可能性				影响程度			
风险代码	风险描述	产生原因	风险等级	高 3	中 2	低 1	无 0	大 3	中 2	小 1	无 0

3. 合规风险评价

根据国际标准及我国国家标准《风险管理　原则与实施指南》第 5.3.3 条、《合规管理体系　要求及使用指南》第 A.4.6 条的规定，合规风险评价是根据合规风险分析的结果对合规风险等级与企业能够并愿意接受的合规风险水平进行评估。通过分析评估，得出合规风险系数，即合规风险发生的可能性与影响程度的乘积。按照合规风险系数，设定合规风险的优先等级（高风险一般用红色标注，中风险用橙色标注，低风险用灰色标注，无风险用绿色标注），帮助企业作出合规风险应对的决策，如表2－3－9所示。

表2－3－9　合规风险等级

合规风险系数	合规风险分级
9	高
6	
4	中
3	低
2	
1	
0	无

根据合规风险分析与评价结果，编制合规风险评价表（合规风险识别清单），如表2－3－10所示。

表2－3－10　合规风险评价表

管理基础信息区			合规义务信息区				合规风险信息区				
主管部门	业务/管理活动	业务/管理流程	合规义务	合规义务渊源	合规义务渊源具体规定	违规责任	风险代码	风险描述	产生原因	风险系数	风险等级

（四）合规风险应对（处置）

风险应对是在完成风险评估之后，选择并执行一种或多种改变风险的措施，包括改变风险事件发生的可能性和/或后果，以及针对合规风险采取相应措施，消除合规风险或者将合规风险控制在企业可承受的范围内。

合规风险应对包括评估合规风险应对现状、选择合规风险应对措施、制定合规风险应对具体举措、制定合规风险应对计划、实施合规风险应对措施与计划等环节。

1. 评估合规风险应对现状

评估合规风险应对现状至少要考虑以下8个方面的因素：（1）资源配置，即企业内部的相关机构设置、人员、设备和经费配备能否满足合规风险应对需要；（2）职责权限，即是否明确与风险应对相关的职责和权限；（3）过程监控，即是否要求对持续性业务管理活动进行定期或不定期的监督和控制、证据资料保留、信息沟通和预警；（4）奖惩机制，即对企业相关人员在合规风险应对工作中的绩效是否设立了奖惩机制；（5）执行者能力要求，即企业对与合规风险应对相关的内部执行者是否有明确的资质、能力要求；（6）部门内部合规审查，即是否要求业务及职能部门内部对一般性的合规问题进行审查；（7）专业合规审查，即是否要求合规部门或专业律师对专业性合规问题进行审查或提供相关合规意见；（8）合规风险意识，即企业相关人员对合规风险的存在、可能造成的后果，以及如何开展合规风险应对等方面是否有必要的认识和理解。

2. 选择合规风险应对措施

按照国际标准及我国国家标准《风险管理　原则与实施指南》，风险应对措施包括：（1）决定停止或退出可能导致风险的活动以规避风险；（2）增加风险或承担新的风险以寻求机会；（3）消除具有负面影响的风险源；（4）改变风险事件发生的可能性的大小及其分布的性质；（5）改变风险事件发生的可能后果；（6）转移风险；（7）分担风险；（8）保留风险等。

按照国务院国资委发布的《中央企业全面风险管理指引》，合规风险应对措施包括风险承担、风险规避、风险转移、风险转换、风险对冲、风险补偿、风险控制等。内部控制体系是全面风险管理的重要子体系，内部控制措施是合规风险应对的重要措施，包括组织措施（建立组织机构，明确治理机构、各部门及岗位职责，包括合规管理职责）和制度流程措施（明确业务流程，制定规章制度）。

合规风险是企业或其员工因违规行为承担法律责任、经济损失或声誉损失以及其他负面影响的可能性。合规风险是现实、具体和纯粹的风险，一旦发生，只会给企业带来法律制裁以及财产或声誉损失。因此，国际标准及我国国家标准《风险管理　原则与实施指南》规定的风险应对措施并不适用于合规风险的应对。合规风险的应对措施，只能是规避、消除和降低风险：（1）决定停止或退出可能导致风险的活动以规避风险；（2）消除具有负面影响的风险源；（3）消除风险事件发生的可能性；（4）降低风险事件发生的可能后果。

3. 制定合规风险应对具体举措

就应对现状进行分析并选择风险应对措施后，应针对每一合规风险制定具体的应对举措和实施计划。企业合规风险应对具体举措通常包括 7 种类型，具体如表 2－3－11 所示。

表 2－3－11　合规风险应对具体举措

序号	类型	内容
1	资源配置类	设立或调整与合规风险应对相关的机构、人员，补充经费或风险准备金等
2	制度、流程类	制定或完善与合规风险应对相关的制度、流程
3	标准、规范类	针对特定合规风险，编写标准、规范等文件，供相关人员使用
4	技术手段类	利用技术手段规避、降低或转移某些合规风险
5	信息类	针对某些合规风险事件发布预警信息
6	活动类	开展某些专项活动，规避、降低或转移某些合规风险
7	培训类	开展合规风险培训与宣传，提高相关人员的合规风险意识与合规风险管理技能

4. 制定合规风险应对计划

在合规风险应对具体举措确定之后，需要制定应对的实施计划。合规风险应对具体举措与实施计划应呈报合规委员会或者其他相关负责机构批准后执行。实施计划中至少包括以下信息：（1）实施合规风险应对措施的机构、人员安排，明确责任分配和奖惩机制；（2）应对措施涉及的具体业务及管理活动；（3）报告和监督、检查的要求；（4）资源需求和配置方案；（5）实施合规风险应对措施的优先次序和条件；（6）实施时间表。

合规风险应对措施与计划表格式，如表 2－3－12 所示。

表 2－3－12　合规风险应对措施与计划表

合规风险信息区					应对措施	应对计划						
风险代码	风险描述	产生原因	风险系数	风险等级		负责部门	负责人员	业务/管理活动	资源配置	报告监督	考核	时间表

5. 合规风险管理成果的升华

合规风险管理完成后，根据分析评价结果以及应对整改的必要，除对公司现有规章制度、现有管理流程、现有政策文件、现有合同协议进行修改外，还应当制定企业总体合规管理指南；制定某专门业务领域的合规管理指南；根据具体合规风险，制定具体合规指引；按合规要求对相关合同协议进行梳理，编制企业合同格式库。

（五）监测和预警

合规管理流程完成后，需要根据合规风险清单，对识别出的合规风险进行日常监测。合规风险监测是运用风险监测方法，对合规风险进行监督和测试，提供风险预警，并对合规风险应对的改进提供基础信息依据。

实施合规风险监测，需要确定监测的目标合规风险，制定监测计划（如监测频率、监测期限等），设计监测指标，组成监测小组并明确职责分工，制作监测报告。

通常将合规风险监测级别划分为正常、关注、特别关注、风险预警与风险形成5个级别，并用不同颜色标示（通常将预警级别标示为橙色，将风险形成标示为红色）。如果合规风险可能会演变为合规风险事件，则需要及时进行合规风险预警。

企业可根据自身的需求和资源状况，选择建立重大合规风险预警制度，即根据对内外部合规风险环境变化的监控结果，及时发布合规风险预警信息，并制定相应的应急预案。应急预案要明确应急处理的相关组织机构、处理流程、沟通机制、应急措施和资源的配置保障，确保企业对突发合规风险事件的及时反应，有效控制和处置突发合规风险事件对企业造成的影响。

（六）监督检查

企业应对合规风险应对措施与计划的实施进行跟踪检查，确保合规风险应对措施与计划的有效执行，并根据发现的问题对合规风险管理工作进行持续改进。

企业合规风险管理监督和检查的内容包括但不限于以下内容：（1）内外部合规风险环境的变化，如法律法规、相关政策的出台和变化，司法、执法及社会守法环境的变化，企业自身战略的调整改变等；（2）监测合规风险事件，分析趋势及其变化并从中吸取教训；（3）对照合规风险应对计划检查工作进度与计划的偏差，保证风险应对措施的设计和执行有效；（4）报告关于合规风险变化、合规风险应对计划的执行进度与合规风险管理方针的遵循情况；（5）实施合规风险管理绩效评估。

企业实施合规风险应对措施后，应评估其剩余风险是否可以承受。如果不可承受，应调整或制定新的合规风险应对措施和应对计划，并评估新的措施的效果，直到剩余风险可以承受。

执行合规风险应对措施会引起企业风险情况的改变，需要跟踪、监督有关风险应对的效果和企业的环境信息，并对变化的合规风险进行评估，必要时重新制定合规风险应对措施。合规风险应对是一个递进的动态过程，需要根据内外部合规风险环境变化对制定的措施进行评估调整，以确保措施的有效性。

（七）沟通协调

企业合规风险管理是一项复杂、严肃的工作，涉及各个不同层级管理人员以及各相关业务及职能部门及其员工，管理人员和员工可能有着不同的价值观、诉求、假设、认知和关注点，其合规风险偏好和对合规风险管理的期望也可能存在差异，这些对合规风险管理的决策和执行具有重要影响。

合规管理部门、合规风险管理项目小组在合规风险管理过程的每个阶段都应当与管理人员和员工有效沟通并制作和保存相关记录，充分协调，以保证他们能够充分了解企业面临的合规风险及其给企业带来的影响，正确理解企业合规风险管理决策的依据和开展合规风险管理对企业的重大意义，支持合规风险管理的开展，并根据相关信息作出恰当决策和有效执行合规风险管理应对措施。

（八）持续改进

合规风险管理是动态和持续的管理过程，绝非一蹴而就。企业在发展，合规管理的外部环境和内部环境不断发生变化，要求企业周而复始地、持续地进行合规风险管理。

按照国际标准及我国国家标准《合规管理体系　要求及使用指南》第A. 4. 6条的规定，发生以下情形时，宜对合规风险进行周期性再评估：（1）新的或变化的活动、产品或服务；（2）组织结构或战略改变；（3）重大的外部变化，如金融经济环境、市场条件、债务和客户关系；（4）合规义务变更；（5）并购；（6）不合规和近乎不合规。

企业通过周期性的、持续的合规风险管理，循环往复，使合规风险管理的各个环节形成有效的闭环，并不断改进和提高合规管理水平，有效防控和应对合规风险，确保企业安全、稳定、持续经营。

三、合规风险管理的技术方法

合规风险管理，尤其是合规风险评估，需要使用专业的评估技术和方法，复杂情况下可能需要同时采用多种技术和方法。这对企业合规管理人员来说是个挑战，要求合规管理人员加强合规风险管理技术和方法的学习和实践。

国际标准及我国国家标准《风险管理　风险评估技术》第 6 条对 32 种风险评估的技术和方法作了详细介绍。其中，较为常用的技术方法如表 2 – 3 – 13 所示。

表 2 – 3 – 13　常用的风险评估技术方法

序号	名称	内容
1	头脑风暴法	激励知识渊博的一群人员畅所欲言，以发现潜在合规风险、决策准则和/或应对办法。常与其他技术方法一起使用
2	结构化/半结构化访谈	根据事先准备好的提纲向访谈对象提出一系列准备好的问题，从而获得访谈对象对某些问题的看法。常与其他技术方法一起使用
3	德尔菲法	依据一套系统的程序在一组专家中取得可靠共识的技术，以获得专家单独、匿名表达的观点。常与其他技术方法一起使用
4	情景分析	通过假设、预测、模拟等手段，对未来可能发生的情景及其影响进行分析
5	检查表法	是一个通常凭经验编制的风险清单。可以用来识别潜在危险、风险或者评估控制效果，适用于产品、过程或系统的生命周期的任何阶段，可作为其他风险评估技术的组成部分使用。通过检查表法，可以生成一个控制措施评估清单或者风险清单
6	风险矩阵	是用于识别风险和对识别的若干风险进行优先排序的有效工具，有助于直观地显现风险的分布情况，确定风险管理的关键控制点和风险应对方案
7	业务影响分析	旨在分析干扰性风险因素对企业运营的影响方式，同时识别企业是否具备必要的风险管理能力
8	风险指数	是对风险的半定量测评，利用顺序尺度的记分法得出估算值
9	根原因分析	对重大损失作根原因分析或者损失分析，以避免重大损失的再次发生

企业进行合规风险评估，需要选择适合具体合规风险评估需要的技术方法，即适应企业的相关情况，得出的结果能加深对风险性质及如何应对风险的认识，且应能按可追溯、可重复及可验证的方式使用。此外，具体技术方法的选择还受资源的可获得性、现有数据和信息中不确定性的性质和程度以及在应用方面的复杂性等因素的影响。由于每一种技术方法都有其优点和局限性，在合规风险评估中，往往合并使用多个技术方法。以下介绍 QUIZ 方法、RPN 方法与内部合规义务渊源偏差分析法（Gap Analysis）。

（一）QUIZ 方法

QUIZ 是调查问卷（Questionnaire）、初步评估（Upfront Assessment）、访谈（Interview）和关注重大风险（Zoom in）几个单词首字母的缩写，称为合规风险评估 QUIZ 方法。

1. 调查问卷

由项目小组根据合规风险检查清单编制调查问卷，并发放给与合规风险管理项目相关的领导、部门和员工。调查问卷格式如表 2－3－14 所示。

表 2－3－14　合规风险调查问卷

被调查人姓名：　　　　　所在部门：　　　　　职务：　　　　　时间：

合规风险	发生原因	发生的可能性			可能造成的损失		
		高 3	中 2	低 1	大 3	中 2	小 1

调查问卷阶段，也可以将合规风险检查清单直接交由合规风险管理项目相关的领导和部门做初步填写。

调查问卷方式和初步填写，必须确保其内容填写的真实性和严肃性，否则就没有意义，甚至会误导合规风险的分析和评价结果。因此，调查问卷和初步填写前，项目小组应组织被调查人进行培训，说明问卷调查的重要性，严肃问卷调查纪律。

2. 初步评估

调查问卷阶段结束后，合规风险管理项目小组应根据调查问卷结果作初步的分析和评价。初步评估应梳理调查问卷，综合调查问卷中存在的问题，为下一步访谈阶段打下基础。

3. **访谈**

访谈是与项目目标领域相关的领导、部门负责人和员工进行面对面的沟通。访谈的目的在于：(1) 深入了解合规风险管理目标领域的业务模式和业务流程；(2) 澄清综合调查问卷中存在的问题；(3) 了解可能存在的其他合规风险并扩展合规风险清单；(4) 了解合规风险目标领域现有的规章制度、政策文件、合同协议等，为下一步分析评估及提出应对整改措施打下基础。

访谈的形式多种多样，但必须打消被访谈人的任何疑虑，使之知无不言，言无不尽。通过访谈获得的信息应当真实、完整，避免任何虚假、遗漏或刻意隐瞒信息。

访谈应制作详细记录，并与收集到的相关规章制度、政策、合同文件等合编成册，为最后集中归档留痕作好准备。

4. **关注重大风险**

通过前面的步骤，识别企业重大合规风险，编制企业重大合规风险清单，确定合规应对措施，并在呈报企业合规委员会或者其他类似机构批准后实施。

（二）RPN 方法

RPN 是 Risk Priority Number 的缩写，即 SOD 风险系数评估法，从风险的严重程度（Severity）、发生的可能性（Occurrence）以及可探测度（Detection，根据企业现有规章制度识别和监测到合规风险的可能性）3 个方面对风险进行评估和打分，根据 3 个方面的得分乘积，确定合规风险系数的高低。根据合规风险管理项目的实际情况和得分乘积，合规风险管理项目小组应确定合规风险的高、中、低级别。可参考的评判标准如表 2－3－15 所示。

表 2－3－15　RPN 合规风险评级参考标准

合规风险	得分	发生的可能性	可能造成的损失	可探测度
高合规风险	>100			
	>30			
中等合规风险	45～100			
	15～30			
低合规风险	<45			
	<15			

根据 RPN 方法，以合规风险的严重程序、发生的可能性以及可探测度为基础，编制合规风险清单。格式如表 2－3－16 所示。

表 2－3－16　合规风险清单

合规风险	发生的可能性			可能造成的损失			可探测度		
	高 3	中 2	低 1	大 3	中 2	小 1	高 3	中 2	低 1

（三）内部合规义务渊源偏差分析法

按照发改委等七部门发布的《企业境外经营合规管理指引》第 11 条第 3 款的规定，合规管理组织需要查找规章制度和业务流程存在的缺陷并进行相应的调整。因此，对企业合规风险进行分析评价，需要对企业现有规章制度、管理流程、政策文件、合同协议等进行分析，并与合规义务进行比较，甄别其存在的合规偏差与不足。格式如表 2－3－17 所示。

表 2－3－17　内部合规义务渊源合规偏差表

现有规章制度合规偏差					
序号	目标领域	合规义务	规章制度	合规偏差	相关部门（公司）
现有管理流程合规偏差					
序号	目标领域	合规义务	管理流程	合规偏差	相关部门（公司）
现有政策文件合规偏差					
序号	目标领域	合规义务	政策文件	合规偏差	相关部门（公司）

续表

现有合同协议合规偏差					
序号	目标领域	合规义务	合同协议	合规偏差	相关部门（公司）

四、合规风险管理计划与报告

企业合规风险管理贯穿于企业合规管理的全过程。企业合规风险管理工作包括合规风险管理项目和日常监测预警。

（一）企业合规风险管理计划

企业合规风险管理计划主要包括企业合规风险管理年度计划与企业合规风险管理项目规划。企业合规风险管理计划是企业合规管理计划的重要内容和组成部分。企业合规风险管理计划应呈报企业合规委员会或者其他类似机构，经批准后执行。

（二）企业合规风险管理报告

企业合规风险管理报告主要包括企业合规风险管理项目报告与年度合规风险管理报告。

如发生性质严重或可能给企业带来重大合规风险的违规行为，应当及时向企业合规委员会或者其他类似机构提交重大合规风险报告，提出风险警示以及合规风险应对建议，经批准后及时纠正违规行为并采取补救措施。

五、合规风险管理项目方法论

根据企业合规风险管理目标，可以将合规风险管理划分为全面合规风险管理项目和专项合规风险管理项目。

（一）全面合规风险管理项目

全面合规风险管理项目，是基于建立全面合规管理体系的合规管理目标，在公司内部各部门、各产品业务事业部门以及集团各层级公司开展全面合规风险管理。企业在下列情况下，宜开展全面合规风险管理项目：(1) 企业新设；(2) 企业合规风险发生频率高且涉及不同业务领域或者多个业务及职能部门；(3) 企业投资并购其他企业（尤其是投资并购境外企业）而对目标企业进行全面合规风险管理；(4) 企业改制、重组；(5) 企业上市；(6) 企业建立合规管理体系时开展初步合规风险管理。

企业全面合规风险管理，尤其是集团公司的此类合规风险管理，是一项浩大的合规管理工程，需要合理、统筹规划、组织和协调。需要制定详细的项目方案，分配充分资源（包括人员、费用、工具等），花费较长时间，步步为营，稳步推进。

全面合规风险管理项目应划分为若干专项合规风险管理项目，同步进行。也可以逐个进行各专项合规风险管理项目，有序推进，从点到面，最终完成全面合规风险管理项目。

（二）专项合规风险管理项目

专项合规风险管理是对企业某一部门或某一业务领域开展合规风险管理。专项合规风险管理可继续划分为部门领域专项合规风险管理、业务领域专项合规风险管理、法律领域专项合规风险管理和境外经营专项合规风险管理等。

1. 从内部组织结构上来看，企业包括治理机构（董事会、监事会、管理层）、各职能管理部门（如投资、财务、内控、人力资源、法务、审计等）和各业务部门（如生产、采购、销售、物流、研发、工程等）。部门领域专项合规风险管理，是指对企业某一业务部门或者专业职能部门开展专门的合规风险管理。企业在发生下列情况时，须开展部门领域专项合规风险管理：(1) 战略调整；(2) 组织机构改变；(3) 开拓新的市场（尤其是境外市场）；(4) 合规义务渊源被修改或废止或者颁行新的外部合规义务渊源；(5) 颁行新的内部合规义务渊源；(6) 部门出现重大合规风险等。

2. 从产品和义务线条上来看，企业可能包括不同的产品和业务线条并设立的相关的事业部。业务领域专项合规风险管理，是指对企业某一产品或业务线条领域（事业部）开展专门的合规风险管理。企业在发生下列情况时，须开展业务领域专项合规风险管理：(1) 产品、业务线条调整；

(2) 引入新的或者扩展产品业务领域；(3) 某一产品业务领域合规义务渊源被修改或废止或者颁行新的合规义务渊源；(4) 业务领域出现重大合规风险等。

3. 法律领域专项合规风险管理，是指针对企业经营管理所涉及的某一部门法领域，如公司法领域、合同法领域、知识产权法律领域、劳动与社会保障法律领域、反垄断与不正当竞争法律领域、国际贸易法律领域、网络安全与信息保护法律领域、反腐败法律领域等，开展的专项合规风险管理。

4. 境外经营专项合规风险管理，是指企业针对其境外经营，如境外投资、境外并购、境外设厂、境外工程承包、产品出口等，开展专项的合规风险管理。

（三）企业集团合规风险管理安排

企业集团具有复杂的企业架构，包括总公司、全资子公司、控股子公司、非控股的参股子公司、分公司等。有些企业集团还拥有一个或多个上市公司。大多数企业总公司仅拥有投资和管理职能，旗下的全资子公司、控股子公司、非控股的参股子公司、分公司可能从事不同产品和业务的经营管理。

企业集团需要充分考虑以上因素，从以下几方面探索合规风险管理：(1) 企业集团总部应统筹规划，总体指导、协调、监督各子公司、分公司的合规风险管理，并进行合规管理考核与评价；(2) 企业集团总部开展集团总部的合规风险管理，各子公司、分公司宜各自开展合规风险管理并接受集团总部的指导、协调、监督与考核评价；(3) 按照企业集团的合规管理架构与流程，在各全资子公司、控股子公司及分公司，同步开展合规风险管理，统一执行集团总部的合规风险管理计划；(4) 就非控股的参股子公司而言，通过其董事会、监事会以及委派的高管，宣传与培训合规风险管理，促使其同步开展合规风险管理。

（四）初次合规风险管理项目

初次合规风险管理是指企业根据合规管理要求，对企业所做的第一次合规风险管理。对于重新建立合规管理体系、开展合规管理的企业，在建立合规管理组织之后，首先要开展的就是初次合规风险管理。通过初次合规风险管理，企业能够对企业当时存在的合规风险有初步的、全面的了解，并在此基础上，逐步建立、修改和补充合规管理流程，开展合规审查、合规管理体系有效性评价、合规培训与宣传等其他合规管理工作。初次合规风险管理是企业开展合规管理的基础和依据，对启动和推动企业合规管理、建立合规管理体系具有重要意义。

初次合规风险管理构成一个独立的项目，可以按照项目管理方式予以推动和管理。初次合规风险管理项目由项目目标、计划、领导、小组、流程、预算和资源分配、成果与报告等组成。初次合规风险管理项目小组，对项目的合理、有序推进尤为重要。

初次合规风险管理是一次全面的合规风险管理，也是一项浩大的系统性工程，需要企业领导的坚强领导和坚定的支持。因此，合规风险管理小组由两个层级组成。一是领导小组，负责批准项目计划和报告、总体领导、重大事项决策、分配资源、分工协调、跟踪监督、评价考核等。合规风险管理项目的领导小组应由企业董事长或总经理领导，并由企业合规总监（如有）或主管合规管理的副总经理、企业总法律顾问、企业风控和内控部门负责人等组成。二是工作小组。由合规总监或者合规管理部门牵头并指定项目小组组长，各相关部门授权委派人员参加，并聘请外部专业顾问（如律师、会计师、税务专家等）参与。专项合规风险管理小组专注于某一职能、业务或法律领域开展合规风险管理，成立工作小组即可。项目小组应合理分配小组成员职责，明确小组工作方式，规范小组工作纪律。

六、合规风险“三道防线”

（一）风险管理“三道防线”

风险管理“三道防线”最早出现在国务院国资委发布的《中央企业全面风险管理指引》中。该指引第 10 条规定：“企业开展全面风险管理工作应与其他管理工作紧密结合，把风险管理的各项要求融入企业管理和业务流程中。具备条件的企业可建立风险管理三道防线，即各有关职能部门和业务单位为第一道防线；风险管理职能部门和董事会下设的风险管理委员会为第二道防线；内部审计部门和董事会下设的审计委员会为第三道防线。”

（二）合规风险“三道防线”

《江苏省省属企业合规管理指引（试行）》第 16 条规定：“科学有效确

立合规风险控制的三道防线，业务部门是防范合规风险的第一道防线，业务人员及其负责人应当承担首要合规责任；合规管理（牵头）部门是防范合规风险的第二道防线，同时也是合规管理体系建设的责任单位；内部审计和纪检监察部门是防范合规风险的第三道防线，负责合规审计和监督企业整体风险防控。”

国务院国资委办公厅于 2022 年 1 月 15 日发布的《关于开展中央企业“合规管理强化年”工作的通知》第 2 条第 3 款对合规风险管理“三道防线”提出了明确要求：业务部门应按照“管业务必须管合规”要求，切实落实主体责任，坚决守住“第一道防线”；合规管理部门加强统筹协调，不断筑牢“第二道防线”；强化纪检监察、审计等部门监督责任，切实发挥“第三道防线”震慑作用。

国务院国资委发布的《中央企业合规管理办法》没有明确提出合规风险管理“三道防线”，但从条款顺序安排（第 13 条、第 14 条和第 15 条）以及关于合规管理职责的规定来看，已经体现了“三道防线”的精神。其第 13 条明确业务及职能部门承担合规管理主体责任，第 14 条明确合规管理部门牵头负责合规管理工作的职责，第 15 条明确纪检监察机构和审计、巡视巡察、监督追责等部门的监督追责职责。

（三）有关问题探讨

1. 还有哪些合规管理组织属于合规风险“第二道防线”

按照国际标准及我国国家标准《合规管理体系　要求及使用指南》第 3. 23 条的规定，合规团队是对合规管理体系运行负有责任、享受权限的一个人或一组人，最好指定一人负责合规管理体系的监督。按照该标准第 A. 5. 3. 2 条的规定，合规团队可以是专门人员与合规委员会。

按照国务院国资委发布的《中央企业合规管理办法》，专门负责合规管理工作的合规管理组织包括合规委员会、首席合规官以及合规管理部门。

发改委等七部门发布的《企业境外经营合规管理指引》第 11 条明确将合规管理机构（包括合规委员会、合规负责人、合规管理部门）作为一个层级的合规管理组织。

因此，笔者认为，企业合规委员会、首席合规官或者合规负责人以及合规管理部门都应当是合规风险“第二道防线”。

2. 法务部门、内部控制部门、风险管理部门是否属于合规风险“第二道防线”

关于法务部门是否属于“第二道防线”，实务界存在两种观点。一种观点认为，法务部门主要从事专业性法律事务，属于“第一道防线”。另一种观点认为，法律风险是主要的合规风险，法务部门的重要职责之一是防范法律风险，因此，法务部门属于“第二道防线”。笔者认为，法务部门主事专业性法律事务，如合同管理、知识产权法律事务管理、诉讼法律事务管理、外聘律师管理等，属于职能部门职责范围及“第一道防线”。但是，法务部门同时负责法律风险管理，违法法律风险属于合规风险范畴，从这一层面来看，法务部门属于“第二道防线”。

关于内部控制部门是否属于“第二道防线”，实务界也存在两种观点。一种观点认为，内部控制主要从事内部控制活动、采取内部控制措施、制定内部控制手册等，属于企业的职能管理部门，属于“第一道防线”。另一种观点认为，识别风险（包括但不限于法律风险、合规风险）并采取内部控制措施（明确并围绕业务流程，制定规章制度、程序和措施等）是内部控制的核心步骤和重要内容。按照国务院国资委发布的《中央企业全面风险管理指引》，内部控制体系是全面风险管理体系一个重要的子体系。在我国，内部控制与全面风险管理日趋融合（尤其体现在风险管理领域）。因此，内部控制部门应当属于“第二道防线”。笔者认同第二种观点。

按照国务院国资委发布的《中央企业全面风险管理指引》，风险管理部门属于“第二道防线”。

（四）理论和实践意义

合规风险“三道防线”的合规管理框架，明确了企业各业务及职能部门作为“第一道防线”的合规管理主体责任地位，其应主动开展日常合规管理，负有直接和第一位的责任；明确了合规管理部门作为“第二道防线”的职责，即支持、组织、协调、监督各业务及职能部门开展合规管理各项工作；明确了企业纪检监察、巡视巡察、审计等部门作为“第三道防线”的职责，即对公司的合规管理情况进行监督追责。

企业合规管理的终极目标是防控合规风险，促使企业依法合规经营，保证企业稳健、安全、持续经营。合规风险“三道防线”理论具有 3 个方面的理论和实践意义，值得大力宣传和推广。

1. 不少企业认为合规是合规管理部门的职责，业务及职能部门只是配合与支持合规管理部门的合规管理工作。合规风险“三道防线”理论有利于纠正这一误解，正本清源，确立各业务及职能部门的企业合规管理责任主体地位，促使企业合规真正融入业务和有效运行，推动企业全员合规，培育企业合规文化。

2. 合规风险“三道防线”理论有利于确立合规管理部门的独立地位和管理职能，即支持、组织、协调、监督各部门开展合规管理各项工作。企业合规管理部门不是合规的责任部门或责任主体。在企业组织结构矩阵中，企业合规管理部门成为与企业财务、内控、人力资源、法务、内部审计等同一层级新的横向管理部门。

企业法务中的法律风险管理职能、合规、内控、风险管理部门同属企业风险防范的“第二道防线”，在组织体系、制度体系、运行机制和保障机制等方面具有较高的趋同性，具备建立协同运作机制的基本条件，也是国务院国资委要求各中央企业与地方国有企业努力探索的课题之一。

3. 企业纪检监察、巡视巡察、审计等部门属于企业风险防范的“第三道防线”。国务院国资委发布的《中央企业合规管理指引（试行）》第 4 条第 3 项规定的协同联动原则，要求推动合规管理与法律风险防范、监察、审计、内控、风险管理等工作相统筹、相衔接，确保合规管理体系有效运行。

不少企业混淆了企业合规管理与内部审计的地位和职责，合二为一设立合规审计部，忽视企业合规管理与内部审计各自的独立性。合规风险“三道防线”理论将企业合规管理部门与内部审计部门分置于企业合规风险防范的“第二道防线”和“第三道防线”，明晰了企业合规管理部门与内部审计部门相互独立的地位和职责。

第四章　合规管理制度

Chapter Ⅳ　Corporate Compliance Rules

要点

1. 企业合规管理制度包括四个层级。
2. 企业如何制定合规管理制度：点到面或者面到点。

企业合规管理制度体系是企业合规的制度保障，包括合规管理基本制度、合规管理具体制度、重点领域专项合规指南以及合规要求融入业务流程等。

一、合规管理制度体系

（一）有关合规义务渊源的规定

有关合规管理的标准、办法和指引对合规管理制度体系的规定并不相同。

1.《合规管理体系　要求及使用指南》

国际标准及我国国家标准《合规管理体系　要求及使用指南》中文版并未出现“合规管理制度”这一词语。但该标准的英文版多处使用“procedures”这一单词。从上下文文意以及欧美企业的实务和习惯来看，“procedures”通常具有“规章制度”的含义并在企业管理中广泛使用。按照该标准第 A. 4. 4 条的规定，规章制度是合规管理体系的有机组成部分之一，组织通过合规方针、过程和规章制度的实施来促使合规管理体系的运行、维护和持续改进；第 5. 1. 1 条要求治理机构和最高管理者确保制定并实施方针、过程和规章制度，以实现合规目标；第 5. 3. 2 条要求合规团队应监督将合规义务融入政策、业务流程和规章制度；第 5. 3. 4 条要求员工遵守合规义务、方针、过程及规章制度。

2.《**中央企业合规管理办法**》

国务院国资委发布的《中央企业合规管理指引（试行）》将企业合规管理制度的建立安排在第四章（合规管理运行）第21条，作为合规管理运行机制之一。

国务院国资委发布的《中央企业合规管理办法》突出和强化中央企业合规管理制度建设，将其确定为合规管理体系的六大模块之一，用第三章（制度建设）进行专章规定，要求中央企业建立健全合规管理制度，根据适用范围、效力层级等，构建分级分类的合规管理制度体系（第16条），包括：

（1）合规管理基本制度（第17条）：明确总体目标、机构职责、运行机制、考核评价、监督问责等内容。

（2）重点领域专项合规指南（第18条第1款）：针对反垄断、反商业贿赂、生态环保、安全生产、劳动用工、税务管理、数据保护等重点领域，以及合规风险较高的业务，制定合规管理具体制度或者专项指南。

（3）将合规要求和防控措施嵌入业务流程（第34条）。

3.《**企业境外经营合规管理指引**》

发改委等七部门发布的《企业境外经营合规管理指引》将企业合规制度与流程划分为3个层级，即合规行为准则、合规管理办法与合规操作流程。

（1）合规行为准则（第13条）：合规行为准则是最重要、最基本的合规制度，是其他合规制度的基础和依据，适用于所有境外经营相关部门和员工，以及代表企业从事境外经营活动的第三方。合规行为准则应规定境外经营活动中必须遵守的基本原则和标准，包括但不限于企业核心价值观、合规目标、合规的内涵、行为准则的适用范围和地位、企业及员工适用的合规行事标准、违规的应对方式和后果等。

（2）合规管理办法（第14条）：针对特定主题或特定风险领域制定具体的合规管理办法，包括但不限于礼品及招待、赞助及捐赠、利益冲突管理、举报管理和内部调查、人力资源管理、税务管理、商业伙伴合规管理等内容。企业还应针对特定行业或地区的合规要求，结合企业自身的特点和发展需要，制定相应的合规风险管理办法。例如，金融业及有关行业的反洗钱及反恐怖融资政策，银行、通信、医疗等行业的数据和隐私保护政策等。

（3）合规操作流程（第15条）：就合规行为准则和管理办法制定相应的合规操作流程，进一步细化标准和要求。也可将具体的标准和要求融入现有的业务流程当中，便于员工理解和落实，确保各项经营行为合规。

（二）有关合规管理实践

关于合规管理制度体系建设，我国诸多中央企业、国有企业开展了广泛的实践。

1. “1 + N”的合规管理制度体系

在实务中，企业合规管理基本制度对合规管理运行机制、保障机制（如合规管理计划、合规风险管理、合规审查、合规考核评价、合规管理体系有效性评价、违规管理等）作出了原则性的规定。企业要有效实施合规管理运行机制和保障机制，需要制定具体操作流程，进一步细化标准和要求。

不少中央企业和地方国有企业建立了“1 + N”的合规管理制度体系。“1”是指合规管理基本制度，“N”是指合规管理运行机制和保障机制操作指引以及重点领域专项合规指南。

2. 诚信合规手册

企业合规管理制度属于企业内部规章制度，主要在企业内部执行，属于企业保密文件的组成部分，一般不予公开。不少企业制定并通过官网公开了本企业的《诚信合规手册》或者《员工合规手册》，对外宣传企业的合规理念与价值观，宣示企业的合规承诺，提出企业合规管理的基本原则和要求，起到了良好的效果。

我国《企业境外经营合规管理指引》第 14 条要求企业境外经营应在合规行为准则的基础上，针对特定主题或特定风险领域制定具体的合规管理办法，包括但不限于礼品及招待、赞助及捐赠、利益冲突管理、举报管理和内部调查、人力资源管理、税务管理、商业伙伴合规管理等内容。企业还应针对特定行业或地区的合规要求，结合企业自身的特点和发展需要，制定相应的合规风险管理办法。例如，金融业及有关行业的反洗钱及反恐怖融资政策，银行、通信、医疗等行业的数据和隐私保护政策等。该条规定的合规管理办法，内容局限于诚信合规，类似于欧美跨国企业集团《行为准则》规定的具体诚信合规准则。从合规管理制度角度来看，应属于诚信领域的专项合规管理制度。

《世界银行集团　廉政合规指南概要》包括以下 11 个方面的内容：（1）禁止不当行为；（2）领导与员工职责；（3）合规计划与合规风险评估；（4）（诚信合规）内部政策（规章制度）；（5）商业伙伴政策；（6）内部

控制；(7) 培训与沟通；(8) 激励；(9) 报告；(10) 不当行为的补救；(11) 集体行动。

中国石油天然气集团公司《诚信合规手册》包含的具体诚信合规准则为：(1) 公司与员工：营造和谐劳动关系，避免利益冲突、反对利益输送，保持良好工作氛围。(2) 质量和健康安全环保：不断改进和提升质量，关注员工安全和健康，落实安全生产责任，保护生态和环境，严格管理承包商、供应商，妥善处理质量和健康安全环保事件。(3) 对外交易：坚持公平公正诚信原则，禁止商业贿赂，禁止垄断行为，禁止不正当竞争，遵守贸易管制，反洗钱。(4) 政府与社区：加强与政府的沟通，支持社区公益事业，尊重地方风俗习惯。(5) 财务、资产与信息：正确使用和保护公司资产，保证财务信息真实准确，保护知识产权，保护公司信息安全，依法对外披露信息。

3. **"三张清单"**

2022 年下半年以来，根据国务院国资委的要求，各中央企业开始建立健全本企业的合规风险识别清单、岗位合规职责清单、业务流程管控清单（合称"三张清单"），推动企业合规管理融入业务和有效运行。各省、自治区和直辖市国资委也积极推动本辖区内国有企业建立健全本企业"三张清单"。例如，《甘肃省省属企业合规管理办法》第 14 条明确要求甘肃省省属企业业务及职能部门全面梳理本部门合规义务，建立合规风险识别清单；通过识别合规风险，全面梳理业务流程和管理流程中的关键风控点，准确设置合规审查环节，建立流程管控清单；将合规审查、合规管理、合规动作等合规要求纳入岗位职责，建立岗位合规职责清单。安徽省国资委于 2023 年 4 月 27 日颁布的《省属企业合规管理行动工作方案》要求省属企业业务部门承担主体责任，负责编制本部门岗位合规职责清单和业务流程清单，开展合规风险识别评估、编制合规风险识别清单和应对预案。

（三）分层分类的合规管理制度体系

根据上述有关合规义务渊源规定以及合规管理实践，结合企业规章制度分层分类建设要求，建立分层分类的合规管理制度体系，如表 2－4－1 所示。

表2-4-1　分层分类的合规管理制度体系

<table>
<tr><th>第一层级</th><th>第二层级</th><th>第三层级</th><th>第四层级</th><th>第五层级</th></tr>
<tr><td>合规管理
基本制度</td><td rowspan="2">重点领域专项
合规指南</td><td rowspan="2">合规管理
运行机制、
保障机制
操作指引</td><td rowspan="2">三张清单</td><td>流程图</td></tr>
<tr><td>诚信合规手册</td><td>表单</td></tr>
</table>

二、企业合规管理基本制度

（一）合规行为准则

关于企业合规管理的基本制度，以诚信合规管理为主流的欧美跨国企业集团以及《经合组织内控、道德与合规，最佳实践指南》《世界银行集团　廉政合规指南概要》等国际组织的指南，普遍采用企业行为准则这一合规制度形式，来规范企业全员普遍遵守的合规管理基本制度。其基本内容趋同，不仅规定企业集团的合规管理的基本制度，同时包括具体的诚信合规管理办法。欧美跨国企业集团在行为准则中规定的合规管理基本制度主要包括企业愿景和使命、企业核心价值观、企业合规方针与领导承诺等。具体详见本书第二篇第一章，此处不再赘述。

欧美跨国企业集团的行为准则模式，主要是基于诚信合规的理论和理念，内容也局限于诚信合规。诚信合规的主要内容请参见本书第一篇第四章。

我国《企业境外经营合规管理指引》第13条对企业境外经营合规管理的行为准则作了专门规定，即“合规行为准则是最重要、最基本的合规制度，是其他合规制度的基础和依据，适用于所有境外经营相关部门和员工，以及代表企业从事境外经营活动的第三方。合规行为准则应规定境外经营活动中必须遵守的基本原则和标准，包括但不限于企业核心价值观、合规目标、合规的内涵、行为准则的适用范围和地位、企业及员工适用的合规行事标准、违规的应对方式和后果等。”

（二）合规管理办法

以《巴塞尔银行监管委员会合规与银行内部合规部门》、我国证监会有关合规管理的办法和指引，以及国务院国资委发布的《中央企业合规管理指引（试行）》《中央企业合规管理办法》等为代表，更倾向于建立全面合规管理体系，开展全面合规管理。要求企业更多地制定企业的合规管理办法、合规管理规定等，作为企业合规管理的基本制度，明确合规管理的总体目标、机构职责以及运行机制、考核评价、监督问责等的原则要求。

三、重点领域专项合规指南

（一）重点业务领域专项合规指南

我国《中央企业合规管理指引（试行）》第 17 条要求中央企业针对重点领域制定专项合规管理制度。该指引第 13 条从业务及职能部门角度将合规管理划分为 8 个重点领域：

1. 市场交易：严格履行决策批准程序，建立健全自律诚信体系，突出反商业贿赂、反垄断、反不正当竞争合规，规范资产交易、招投标等活动。

2. 安全环保：严格执行国家安全生产、环境保护法律法规，完善企业生产规范和安全环保制度，加强监督检查，及时发现并整改违规问题。

3. 产品质量：完善质量体系，加强过程控制，严把各环节质量关，提供优质产品和服务。

4. 劳动用工：严格遵守劳动法律法规，健全完善劳动合同管理制度，规范劳动合同签订、履行、变更和解除，切实维护劳动者合法权益。

5. 财务税收：健全完善财务内部控制体系，严格执行财务事项操作和审批流程，严守财经纪律，强化依法纳税意识，严格遵守税收法律政策。

6. 知识产权：及时申请注册知识产权成果，规范实施许可和转让，加强对商业秘密和商标的保护，依法规范使用他人知识产权，防止侵权行为。

7. 商业伙伴：对重要商业伙伴开展合规调查，通过签订合规协议、要求作出合规承诺等方式促进商业伙伴行为合规。

8. 其他需要重点关注的领域合规管理制度。

（二）重点法律领域专项合规指南

国务院国资委发布的《中央企业合规管理办法》第 18 条要求针对合规管理的 7 个重点法律领域、合规风险较高的业务领域以及涉外业务重要领域制定合规管理具体制度或者专项指南。7 个重点法律领域包括反垄断、反商业贿赂、生态环保、安全生产、劳动用工、税务管理、数据保护。

四、合规管理具体制度

国务院国资委发布的《中央企业合规管理办法》第二章要求合规管理部门组织起草合规管理具体制度，由经理层批准。

（一）合规管理组织制度

合规管理组织制度在于细化企业合规管理组织的合规管理职责，规范合规管理组织有效履职。

（二）合规管理运行方面的合规管理具体制度

合规管理运行方面的合规管理具体制度见表2－4－2。

表2－4－2　合规管理运行方面的合规管理具体制度

运行机制	具体制度内容
合规管理计划	合规管理计划的起草、审批和执行的流程和要求等
合规风险管理	合规风险评估、应对整改、监测预警、监督检查、沟通协调、持续改进、指标体系、评估模型等，以及合规风险管理的组织、职责分工与协调合作以及合规风险管理计划与报告等
合规审查	合规审查的组织、对象和范围、依据的合规义务渊源、职责权限、计划和程序、合规审查意见及其处置、线上合规审查等
违规管理	违规举报办法、违规调查程序、违规处置办法、合规奖惩办法、反打击报复办法以及纪检监察与合规管理的分工协作等
合规管理体系有效性评价	合规评审的组织及职责分工、评审计划、评审对象和范围、评审报告和评审整改等
合规报告	合规报告的分类以及起草、审批的流程和要求等

（三）合规管理保障方面的合规管理具体制度

合规管理保障方面的合规管理具体制度见表2－4－3。

表 2-4-3 合规管理保障方面的合规管理具体制度

保障机制	具体制度内容
合规激励与合规尽职免责清单	合规激励措施与审批流程、合规尽职清单及审批流程等
合规考核评价	合规考核评价的指标、计划、组织、程序、结果处置等
合规管理信息化	合规管理信息化的管理模块、输入和输出流程、日常监测、信息安全和保护等
合规宣传与培训	合规宣传与培训的目标、组织、计划、实施、考核等

（四）协同融合

要落实国务院国资委发布的《中央企业合规管理办法》关于结合实际建立健全合规管理与法务管理、内部控制、风险管理等协同运作机制的要求，企业在制定合规管理制度时应尽可能考虑将合规管理要求融入现有制度流程。（1）将合规管理计划与报告融入经营计划和报告制度；（2）合规风险管理流程融入风险管理制度；（3）将合规审查融入法律审核流程；（4）将违规举报、调查和追责融入现有举报、调查和追责机制；（5）将合规考核评价融入绩效考核制度；（6）将合规管理体系有效性评价融入内部控制评价制度；（7）将合规管理信息化融入企业管理信息化；（8）将合规文化建设融入企业文化建设等。

五、合规管理流程

发改委等七部门发布的《企业境外经营合规管理指引》第 15 条对合规操作流程作了规定："企业可结合境外经营实际，就合规行为准则和管理办法制定相应的合规操作流程，进一步细化标准和要求。也可将具体的标准和要求融入现有的业务流程当中，便于员工理解和落实，确保各项经营行为合规。"

国务院国资委发布的《中央企业合规管理办法》第 34 条要求中央企业定期梳理业务流程，查找合规风险点，运用信息化手段将合规要求和防控措施嵌入流程，针对关键节点加强合规审查，强化过程管控。

笔者认为，这里的业务领域包括企业管理矩阵中的横向职能管理领域，如规划、财务、法务、风控、内控、运营管理、人力资源、质量、安全、环保、行政、信息管理等，以及纵向业务领域，如产品、生产、质量、采购、销售、物流等。因此，所述业务管理制度和流程具体包括以下两个方面。

（一）职能管理领域的制度和流程

企业合规负责部门应当直接参与制定和修改的职能部门管理规章包括但不限于：执行上市公司监管合规义务渊源的管理制度，公司治理规章，授权体制，印章管理办法，对外投融资、担保管理办法，并购重组管理办法，境外投资并购管理办法，关联交易和利益冲突管理办法，员工手册及有关员工管理的其他规章制度，知识产权管理办法，合同管理办法，信息技术管理制度，合规审计流程等。

（二）业务流程

不同行业的企业（如传统制造企业、金融企业、互联网企业、贸易企业等），其业务部门的设置也存在差异。传统制造企业的业务部门一般包括研发部门、采购部、市场部、销售部、产品部、生产部、物流部等。

企业各业务及职能部门的业务流程，具有很强的专业性和技术特性。但是，企业各业务领域涉及不同合规义务渊源（如行业监管、招投标管理、反垄断与公平竞争、消费者权益保护、产品规范与标准、网络安全等专业领域的法律、法规、标准和规范等）的适用、执行和遵守，政府监管日益加强，企业面临的合规风险日益突出。企业合规负责部门参与企业业务流程制定和修改的必要性也日益凸显。

“三张清单”中的业务流程管控清单是企业合规管理与业务管理高度协调融合的产物。业务合规流程须根植于企业业务及其管理，与相关业务管理制度和流程充分协调，有机衔接，科学融合。正因如此，业务合规流程可以采取单行制度形式，也可以将合规管理要点和程序直接纳入业务管理制度和流程之中，成为业务管理制度和流程的一部分。

六、企业合规管理制度的制定

（一）新设企业合规制度和流程的制定

企业新设，一切规章制度和流程都有待制定，此时也是企业建立合规管理体系、制定企业合规管理制度的最佳时机。

1. 新设企业制定企业合规管理制度，首先应得到企业领导（治理机构）的强力支持，获得领导的合规承诺，确立企业合规方针。

2. 设置企业合规总监（公司高级管理人员之一），设立企业合规管理部，以牵头启动、组织、协调、推动企业合规管理，包括其他合规管理组织的建设。

3. 收集、整理合规义务渊源，识别合规义务，用以指导企业合规管理的开展。

4. 参加合规管理培训，学习同行业企业合规管理最佳实践案例。

5. 与规划、风控、内控、法务、人力资源、行政、审计、纪检监察等部门沟通，听取其意见，获得其支持。

6. 制定企业合规管理基本制度（《合规管理办法》），确立企业合规的核心价值观、基本原则、组织机构及职责、合规管理体系建设等，用以指导以后的合规管理工作。

7. 梳理企业经营重点领域，逐步制定重点领域专项合规指南。

8. 制定企业合规管理具体制度。

9. 参与企业各职能部门规章制度和管理流程的起草、修改，进行全覆盖审查，融入合规要求与合规承诺。

（二）单一结构老牌企业合规管理制度的制定

此处所述单一结构老牌企业是指已经成立多年和公司架构较为单一（没有太多子公司）的企业。在单一结构老牌企业启动和开展合规管理，制定合规管理制度，组织和管理相对容易一些。

1. 制定流程及工作内容

单一结构老牌企业制定合规管理制度，可以参考以下顺序和工作内容：

（1）首先应得到企业领导（治理机构）的强力支持，获得领导的合规承诺，确立企业合规方针。

（2）设置企业合规管理机构（合规委员会、合规管理负责人、合规管理部等），以牵头启动、组织、协调、推动企业合规管理，包括其他合规管理组织的建设。

（3）参加合规管理培训，学习同行业企业合规管理最佳实践案例。

（4）收集、整理合规义务渊源，识别合规义务。

（5）与规划、风控、内控、法务、人力资源、行政、审计、纪检监察等部门沟通，听取其意见，获得其支持。

（6）开展合规风险管理，建立企业合规风险清单，制定企业合规风险管理具体指引，通过企业信息管理系统，建立企业合规风险日常监测和预警机制。

（7）制定企业合规管理基本制度（《合规管理办法》），确立企业合规的核心价值观、基本原则、组织机构及职责、合规管理体系建设等，用以指导以后的合规管理工作。

（8）梳理企业经营重点领域，逐步制定重点领域专项合规指南。

（9）参与企业各职能部门新的规章制度和管理流程的制定，进行全覆盖审查，融入企业合规要求与合规承诺。

（10）运用内部合规义务渊源偏差分析法（详见本书第二篇第三章），依据合规义务渊源与合规风险清单，对企业现有规章制度和流程进行分析比较，甄别其存在的合规偏差与不足，然后根据合规义务渊源，对企业现有规章制度进行修改、补充和再造，融入合规要求，实现企业现有规章制度的合规。

2. 制定方法

单一结构老牌企业的合规管理也涉及各业务及职能部门，甚至不同的业务线条或产品事业部。如果合规风险管理、重点领域专项合规管理指南的制定、业务及职能部门业务流程的修改和补充齐头并进，人员、资金和其他资源投入过于集中，容易造成混乱，影响合规管理目标的达成。可以尝试从面到点、从点到面的工作方法：

第一步：面。先在企业设立合规管理组织、制定合规管理基本制度。

第二步：点。在某一两个业务及职能部门进行合规管理制度修改和补充试点（包括设立合规管理项目小组，在该部门开展合规风险管理，甄别现有规章制度和流程的偏差和不足，制定该部门专项合规管理制度，对该部门现有规章制度进行修改、补充并融入合规要求），积累经验，培养合规管理人才，培育合规意识与合规理念。

第三步：面。将试点范围逐步扩展到其他部门，最后实现所有部门全覆盖。

（三）企业集团合规制度和流程的制定

企业集团有总部与各子公司（全资子公司、控股子公司和参股非控股子公司），存在各种业务线条和业务模式，可能地处不同国家和在国内不同省市，制定合规管理制度更加复杂。但是，就制定合规管理制度和流程而言，同样可以尝试从面到点、从点到面的工作方法。

第一步：面。首先在企业总部设立合规管理组织、制定合规管理基本制度。

第二步：点。在总部某一两个业务及职能部门进行合规管理制度修改和补充试点（包括设立合规管理项目小组，在该部门开展合规风险管理，甄别现有规章制度和流程的偏差和不足，制定该部门专项合规管理制度，对该部门现有规章制度进行修改、补充并融入合规要求），积累经验，培养合规管理人才，培育合规意识与合规理念。在某一两个子公司进行合规管理制度修改和补充试点。在该子公司内部，同样可以尝试从面到点、从点到面的工作方法。

第三步：面。将试点范围逐步拓展到总部其他部门，最后实现总部所有部门全覆盖。将试点范围逐步拓展到其他子公司，最后实现企业集团总部和所有子公司全覆盖。

第五章 合规审查

Chapter V Compliance Review

要点

1. 合规审查的依据是什么？
2. 合规审查什么？
3. 合规审查的程序。
4. 法律审核与合规审查协同运作。

企业合规审查是指对企业经营管理活动（合规审查对象）的合规性进行审核检查，实施违规整改，持续改进，保障企业经营管理的合规性。合规审查是企业合规管理的重要内容。

一、关于合规审查的合规义务渊源

（一）证监会发布的《证券公司和证券投资基金管理公司合规管理办法》(见表2-5-1)

表2-5-1 《证券公司和证券投资基金管理公司合规管理办法》关于合规审查的规定

条文序号	条文内容
第11条第1款	合规负责人应对本公司及其工作人员的经营管理和执业行为的合规性进行审查、监督和检查
第13条第1款	合规负责人应对公司内部规章制度、重大决策、新产品和新业务方案等进行合规审查，并出具书面合规审查意见
第24条第1款	证券基金经营机构应当将各层级子公司的合规管理纳入统一体系，对子公司的合规管理制度进行审查，对子公司经营管理行为的合规性进行监督和检查

（二）国家金融监督《金融机构合规管理办法》（见表2－5－2）

表2－5－2 《金融机构合规管理办法》关于合规审查的规定

条文序号	条文相关内容
第12条第2项	高级管理人员组织推动主管或者分管领域的合规管理制度建设、合规审查、合规自查与检查、合规风险监测与管控、合规事件处理等工作
第18条第2项	首席合规官组织推动合规管理的制度建设、合规审查、合规检查与评价、重大合规事件处理、合规考核、问题整改及队伍建设等，确保合规管理工作有序运转
第20条	首席合规官应当组织合规管理部门对金融机构发展战略、重要内部规范、重要新产品和新业务方案、重大决策事项进行合规审查，并出具书面合规审查意见。 国家金融监督管理总局及其派出机构要求首席合规官对金融机构报送的申请材料或者报告进行合规审查的，首席合规官应当组织审查，并在该申请材料或者报告上签署合规审查意见。其他相关高级管理人员等，应当对申请材料或者报告的基本事实和业务数据的真实性、准确性及完整性负责。 首席合规官的合规审查意见未被采纳的，金融机构应当将有关事项提交董事会审定，重大事项应当及时向监管机构报告
第28条第1款第2项、第3项	合规管理部门审查机构重要内部规范，及时提出制订或者修订建议；牵头组织实施合规审查、合规检查、评估评价、合规风险监测与合规事件处理，推进合规规范得到严格执行
第45条	金融机构应当加强合规管理信息化建设，可以运用信息化手段将合规要求和业务管控措施嵌入流程，针对关键节点加强合规审查，强化过程管控

（三）国务院国资委发布的《中央企业合规管理指引（试行）》（见表2－5－3）

表2－5－3 《中央企业合规管理指引（试行）》关于合规审查的规定

条文序号	条文相关内容
第10条第2项、第3项	法律实务机构或其他相关机构作为合规管理牵头部门，组织、协调和监督合规管理工作，为其他部门提供合规支持，参与企业重大事项合规审查；组织开展合规检查与考核，对制度和流程进行合规性评价，督促违规整改和持续改进
第11条第1款	业务部门负责本领域的日常合规管理工作，按照合规要求完善业务管理制度和流程，组织合规审查

续表

条文序号	条文相关内容
第14条第1项	要求加强制度环节的合规管理，强化对规章制度制定、改革方案等重要文件的合规审查，确保符合法律法规、监管规定等要求
第20条	将合规审查作为规章制度制定、重大事项决策、重要合同签订、重大项目运营等经营管理行为的必经程序，及时对不合规的内容提出修改建议，未经合规审查不得实施

（四）国务院国资委发布的《中央企业合规管理办法》（见表2-5-4）

表2-5-4 《中央企业合规管理办法》关于合规审查的规定

条文序号	条文相关内容
第13条第1款第3项	中央企业业务及职能部门负责本部门经营管理行为的合规审查
第14条第1款第2项	中央企业合规管理部门负责规章制度、经济合同、重大决策合规审查
第21条	中央企业应当将合规审查作为必经程序嵌入经营管理流程，重大决策事项的合规审查意见应当由首席合规官签字，对决策事项的合规性提出明确意见。业务及职能部门、合规管理部门依据职责权限完善审查标准、流程、重点等，定期对审查情况开展后评估
第34条	中央企业应当定期梳理业务流程，查找合规风险点，运用信息化手段将合规要求和防控措施嵌入流程，针对关键节点加强合规审查，强化过程管控

（五）发改委等七部门发布的《企业境外经营合规管理指引》（见表2-5-5）

表2-5-5 《企业境外经营合规管理指引》关于合规审查的规定

条文序号	条文相关内容
第11条第1款第3项第3目	合规管理部门的合规职责之一是审查评价企业规章制度和业务流程的合规性，组织、协调和监督各业务部门对规章制度和业务流程进行梳理和修订
第12条第1项	境外经营相关业务部门的日常合规管理工作包括组织或配合合规管理部门进行合规审查和风险评估，组织或监督违规调查及整改工作

（六）国际标准及我国国家标准《合规管理体系　要求及使用指南》

需要提及的是，国际标准及我国国家标准《合规管理体系　要求及使用指南》并未对合规审查作出专门的规定。只在第 A. 8. 1 条提及合同评审，即一个设计良好的外包过程需要考虑的几方面包括对法律/合同协议的适当评审。

二、合规审查依据

合规审查依据，即企业开展合规审查所依据的合规义务渊源。

第一篇第二章对我国企业应当适用的合规义务渊源进行了梳理和总结，详见表 1－2－1。

每一企业因自身经营地域、所属行业、企业所有权性质等的不同，其所适用的合规义务渊源的范围也存在差异。企业合规审查的首要任务是：

1. 掌握适用于本企业的所有合规义务渊源，建立完整的合规义务渊源库，并对合规义务渊源规定的、企业应当遵守的合规义务进行识别。

2. 持续关注合规义务渊源的最新发展，正确理解合规义务渊源的规定，准确把握新的合规义务渊源对企业的影响，确保持续合规。

3. 开展合规培训，让合规管理人员懂得运用合规义务渊源进行合规审查，并让企业全体员工懂法知规。

三、合规审查对象和范围

（一）全面合规审查

全面合规审查是企业合规审查的基本要求和内容，是合规管理全面性原则的重要体现，要求对企业经营管理的各个方面是否符合合规义务渊源进行全面审查，防控合规风险，保障企业依法合规经营。

按照国务院国资委发布的《中央企业合规管理办法》第 13 条第 1 款第 3 项的规定，中央企业业务及职能部门负责本部门经营管理行为的合规审查，应当是指对本部门经营管理行为的全面合规审查，而不限于对规章制度、经济合同、重大决策的合规审查。

（二）规章制度合规审查

对规章制度的制定和修改进行合规审查，应审查以下内容：（1）规章制度制定部门的适格性；（2）规章制度的内容是否符合合规义务渊源规定；（3）规章制度的内容是否符合上位内部合规义务渊源的规定，并与其他内部合规义务渊源是否协调一致；（4）名称、结构、用语等是否符合规章制度管理办法；（5）规章制度的制定和生效程序是否正当合规。

需要提及的是，企业所有内部规章制度既是合规审查依据，也是重要的合规审查对象。对企业内部规章制度进行审查，除审查其是否符合外部合规义务渊源外，还须审查其是否符合企业内部更高效力层级的规章制度，以及与公司内部其他规章制度是否协调一致与融合，避免相互矛盾和重叠。

（三）经济合同合规审查

经济合同的法律审核一般由企业法务人员或者外聘律师负责。在经济合同法律审核的基础上，经济合同或者其修订在签署前按以下内容进行合规审查：（1）合同主体是否适格；（2）合同条款是否符合行业监管规定、行业惯例和本企业合规要求；（3）是否存在合规风险及其防控措施安排是否充分、适当；（4）商业伙伴合规条款是否充分、适当；（5）合同附件是否齐全、完整；（6）是否按规定正确使用企业合同范本；（7）合同专业条款是否经企业相关部门进行专业合规审查；（8）合同审批与签约程序是否正当合规。

（四）重大决策合规审查

企业重大决策的合规审查包括以下内容：（1）决策主体（机构）是否适格；（2）提交的资料是否齐全、完整并与重要决策事项一致；（3）重要决策的内容是否表述清楚，行为逻辑是否前后一致，结构是否清晰；（4）决策内容是否符合相关外部合规义务渊源（尤其是党内法规制度和行政监管规定等）和内部合规义务渊源的规定，以及是否具有法律上的可行性；（5）决策事项存在的合规风险以及相关防范措施；（6）决策程序是否正当合规。

（五）专业性合规审查

专业性合规审查是指对合规审查对象的专业性内容（如财务、法律、劳动人事、技术、质量、安全环保、IT、知识产权、网络安全与数据保护、个人信息保护等）的合规性进行审查。

四、合规审查部门

一般认为，合规审查是企业合规负责人与企业合规管理部门专属的职责和义务。这是一种误解。与此相反，业务及职能部门才是本部门领域全面合规审查的责任主体，并应对本领域经营管理行为的合规性负责。

根据我国证监会、国资委等有关企业合规管理的办法和指引，企业合规审查的职责分配可作如下总结。

（一）业务及职能部门全面合规审查

企业各业务及职能部门作为合规风险管理的“第一道防线”以及第一责任主体，应当在本部门领域和职责范围内开展全面合规审查，以确保本部门经营管理活动的合规性。这是我国证监会、国资委对各业务及职能部门的合规管理要求。

（二）相关业务部门的专业性合规审查

相关业务部门在其职责范围内负责专业性合规审查，尤其是指财务、法律、技术、质量、安全环保、IT、网络安全与数据保护、个人信息保护等方面的合规审查。

（三）合规管理部门合规审查

合规管理部门对企业规章制度、经济合同及重大决策进行合规审查。

（四）首席合规官合规审查

按照国务院国资委发布的《中央企业合规管理办法》第21条的规定，企业重大决策事项的合规审查意见应当由首席合规官签字，对决策事项的合规性提出明确意见。

五、合规审查程序

（一）各部门全面合规审查

如前文所述，业务及职能部门作为企业合规风险管理的“第一道防线”以及企业合规风险管理的主体，有责任对其负责的合规审查对象作全面合规审查。业务及职能部门全面合规审查，一般由主办业务经理作初步合规审查，然后由本部门兼职合规管理员及部门负责人进行合规审查并签署合规审查意见。

（二）相关部门专业性合规审查

对于需要其他相关部门（如财务、法律、技术、质量、安全环保、IT、知识产权、个人信息保护等）作专业性合规审查的事项，业务及职能部门应提请专业性合规审查，由相关部门签署专业性合规审查意见。

（三）合规管理部门最终合规审查

企业规章制度、经济合同、重大决策须提交合规管理部门进行合规审查，并签署合规审查意见。合规管理部门的合规审查应置于最后环节，以确保合规审查对象事先得到业务及职能部门自身的审查、相关部门的专业性审查和法律审核，发挥合规管理部门“第二道防线”的作用。

对于重大经济合同与重大决策事项，宜将合规管理部门的合规审查前移至项目启动阶段（如企业重大决策会议，尽职调查，重大项目的意向书、备忘录、框架协议、保密协议的谈判与签署等），使合规管理部门的合规审查与合规管控贯穿项目始终。对于重要规章制度、复杂的经济合同以及重大决策事项，合规管理部门宜委托外聘律师进行双重合规审查。

（四）首席合规官合规审查

企业重大决策事项经合规管理部门合规审查后，应提交首席合规官进行合规审查，由首席合规官签字并对决策事项的合规性提出明确意见。

六、合规审查工具

国务院国资委发布的《中央企业合规管理办法》第34条要求，中央企业应当定期梳理业务流程，查找合规风险点，运用信息化手段将合规要求和防控措施嵌入流程，针对关键节点加强合规审查，强化过程管控。

因此，企业合规管理信息系统（OA系统），是企业合规审查的重要工具。合规审查的各部门，应通过OA系统进行合规审查，实现合规审查的网络化、无纸化、远程化及高效率。

七、合规管理部门合规审查的独立性

独立性原则是企业合规管理的重要原则之一。合规管理部门合规审查的独立性，是企业合规管理独立性原则的重要内容和体现，要求合规管理部门和合规管理人员独立履行合规审查职责，不受其他部门和人员的干涉；也要求各业务及职能部门积极配合，不得以任何方式或借口加以干涉或阻挠。

八、法律审核与合规审查协同运作

企业法务部从成立伊始，就一直在进行法律审核。早在2015年12月8日，国务院国资委就发布《关于全面推进法治央企建设的意见》，要求进一步深化法律风险防范机制，加快促进法律管理与经营管理的深度融合，将法律审核嵌入管理流程，使法律审核成为经营管理的必经环节，确保规章制度、经济合同、重要决策法律审核率100%。之后，我国各中央企业以及大多地方国有企业通过制定和实施“三重一大”等决策制度、规章制度管理办法、合同管理办法等，逐步实现三个100%法律审核。

（一）法律审核与合规审查的联系和区别

1. 审查依据

从审查依据来看，法律审核与合规审查的审查内容存在重叠和差异。

法律审核的主要依据是法律法规。

法律法规也是合规审查的主要依据。但如上文所述，合规审查的依据更广。对于中央企业和地方国有企业来讲，合规审查的依据还包括党内法规制度、行业准则、企业章程和规章制度、合规承诺、道德规范等。具体见表 2－5－6。

表 2－5－6　法律审核和合规审查的审查依据

法律审核	合规审查
法律法规	法律法规
—	其他合规义务渊源

2. 审查部门和审查范围

从审查部门来看，法律审核与合规审查的审查部门存在重叠和差异。

法律审核包括通用性法律审核（如《民法典》《公司法》《刑法》《反不正当竞争法》等）与专业性法律审核。企业法务部门作为职能部门，负责对本部门主管事务（如知识产权、争议解决、外聘律师管理等）进行法律审核，并对其他业务及职能部门主办的规章制度、经济合同、重大决策进行通用性法律审核。业务部门（如研发、生产、采购、销售、物流等）主要负责对本部门的业务经营进行法律审核。其他相关部门（如财务、法律、技术、质量、安全环保、IT、知识产权、个人信息保护等）在本部门职责范围内进行专业性法律审核。总法律顾问对重要规章制度、重大经济合同与重大决策的法律审核意见进行审批（见表 2－5－7）。

表 2－5－7　法律审核的审查部门和审查内容

审查部门	审查内容
业务部门	本部门业务经营的专业性法律审核
其他相关部门	本部门职责范围内的专业性法律审核
法务部	（1）本部门主管事务法律审核； （2）其他业务及职能部门主办的规章制度、经济合同、重大决策的通用性法律审核
总法律顾问	重要规章制度、重大经济合同、重大决策的法律审核意见审批

合规审查有着清晰的管理层级。业务及职能部门作为“第一道防线”负责本部门领域经营管理行为的全面合规审查，是合规管理全面性原则的反映和要求。其他相关部门（如财务、法律、技术、质量、安全环保、IT、

知识产权、个人信息保护等）配合进行专业性合规审查，合规管理部门对规章制度、经济合同与重大决策进行合规审查，首席合规官对重大决策进行合规审查并提出明确的合规性意见（见表2－5－8）。

表2－5－8　合规审查的审查部门和审查内容

审查部门	审查内容
业务及职能部门	本部门领域经营管理行为全面合规审查
其他相关部门（包括法务部）	本部门职责范围内的专业性合规审查
合规管理部门	对规章制度、经济合同与重大决策进行合规审查
首席合规官（由总法律顾问兼任）	重大决策合规审查，提出明确的合规性意见

从合规管理角度来讲，法律审核属于“第一道防线”专业性合规审查范畴，而合规管理部门的合规审查属于“第二道防线”的合规审查范畴。

3. **审查内容**

从审查内容来看，法律审核与合规审查的审查内容存在重叠和差异，具体包括以下3个方面。

（1）规章制度（见表2－5－9）

表2－5－9　法律审核和合规审查关于规章制度的审查内容

序号	法律审核	合规审查
重叠部分		
1	制定部门的适格性	
2	内容的合法性	
3	违反法律风险防范	
4	名称、结构、用语等是否符合规章制度管理办法	
差异性		
1	—	内容的合规性（是否符合法律法规以外的其他合规义务渊源）
2	其他法律风险（如法律环境、违约、侵权、怠于行使权利、不当行为等法律风险）防范	其他合规风险（违反法律法规之外其他合规义务的风险）防范
3	—	与其他规章制度是否协调一致
4	—	制定和生效程序是否正当合规

（2）经济合同（见表2－5－10）

表2－5－10　法律审核和合规审查关于经济合同的审查内容

序号	法律审核	合规审查
重叠部分		
1	主体的适格性	
2	正确使用合同范本	
3	内容的合法性	
4	权利义务的适当性及违反法律风险防范	
5	合同的完整性，附件是否齐全	
6	是否经过其他业务及职能部门专业性法律审查	
差异性		
1	名称、结构、内容、用语等完整、准确、严谨	—
2	—	内容的合规性（是否符合法律法规以外的其他合规义务渊源），以及合规条款完整适当
3	其他法律风险（如法律环境、违约、侵权、怠于行使权利、不当行为等法律风险）防范	其他合规风险（违反法律法规之外其他合规义务的风险）防范
4	—	审批与签约程序正当合规

（3）重大决策（见表2－5－11）

表2－5－11　法律审核和合规审查关于重大决策的审查内容

序号	法律审核	合规审查
重叠部分		
1	主办部门的适格性	
2	内容的合法性	
3	违反法律风险防范	
4	名称、结构、用语等是否准确适当	
差异性		
1	—	内容的合规性（是否符合法律法规以外的其他合规义务渊源）

续表

序号	法律审核	合规审查
2	其他法律风险（如法律环境、违约、侵权、怠于行使权利、不当行为等法律风险）防范	其他合规风险（违反法律法规之外其他合规义务的风险）防范
3	—	制定和生效程序是否正当合规

4. 风险防范

法律审核需要对法律风险进行识别，并对法律风险防范措施的充分性和适当性进行审核。按照国际标准及我国国家标准《风险管理　法律风险管理指南》附录A，法律风险包括法律环境、违法行为、违约行为、侵权行为、怠于行使权利以及不当行为。

合规审查需要对合规风险进行识别，并对合规风险防范措施的充分性和适当性进行审核。合规风险包括违法行为法律风险，以及违反其他合规义务渊源（如党内法规制度、行业准则、企业章程和规章制度、合规承诺、道德规范等）的风险。具体见表2－5－12。

表2－5－12　法律风险和合规风险

法律风险	合规风险
法律环境风险	—
违法行为法律风险	
违约行为法律风险	违反合同中合规条款的合规风险
侵权行为法律风险	—
怠于行使权利法律风险	—
不当行为法律风险	—
—	违反其他合规义务渊源（如党内法规制度、行业准则、企业章程和规章制度、合规承诺、道德规范等）合规风险

（二）法律审核与合规审查的协同运作

国务院国资委发布的《中央企业合规管理办法》第26条要求，中央企业应当结合实际建立健全合规管理与法务管理、内部控制、风险管理等协同运作机制，加强统筹协调，避免交叉重复，提高管理效能。

法律审核与合规审查虽然存在一些差异性，但具有更多的趋同性，具备协同运作的基础条件。实务中，许多中央企业和地方国有企业通过以下方法，实现法律审核与合规审查的协同运作。

1. **组织协同**

（1）成立法律合规部，由法律合规部统管法律审核与合规审查，并实现岗位协同，由法务人员同时负责法律审核与合规审查，或者由法务人员、合规管理人员互为法律审核、合规审查的A、B角。

（2）业务及职能部门本部门领域日常的法律审查与合规审查相协同。

（3）业务及相关部门专业性的法律审查与合规审查相协同。

2. **制度协同**

（1）有些企业制定专门的法律合规审查细则，实现法律审核与合规审查同岗同步。

（2）有些企业直接将法律合规审查嵌入企业“三重一大”决策制度、规章制度管理办法及合同管理办法，实现三个领域的法律审核与合规审查同岗同步。

（3）有些企业直接将合规审查嵌入企业OA系统的法律审核管理流程，实现法律审核与合规审查一步到位。

第六章 合规管理体系有效性评价

Chapter Ⅵ Compliance Management System Effectiveness Review

要点

1. 谁来评价？
2. 评价什么？
3. 评价方法。
4. 评价程序。

企业合规管理体系有效性评价是指企业合规管理组织（主要是企业治理机构与合规管理部门）对企业合规管理体系的适当性、有效性和充分性进行自我审查、评价、监督和持续改进。

2022 年 10 月 12 日，中国企业评价协会发布团体标准《企业合规管理体系评价指引》(T/CEEAS 003—2022)。

国务院国资委办公厅于 2023 年 3 月 23 日发布《关于开展 2023 年中央企业合规管理体系有效性评价工作的通知》，要求在 2023 年 3 月至 9 月，各中央企业按照有关要求全面开展自评，并选取 20 家中央企业及部分重要子企业开展现场评价。这说明我国中央企业已经建立并运行合规管理体系，进入通过合规管理体系有效评价对合规管理体系进行优化、改进和提升阶段。

一、合规管理体系有效性评价之称谓

关于合规管理体系有效性评价的称谓，《亚太经合组织高效率公司合规项目基本要素》称为定期评估和测试（Periodic Review and Testing），并将其作为企业合规管理十一大基本要素之一。

《巴塞尔银行监管委员会合规与银行内部合规部门》、我国《中央企业合规管理指引（试行）》、《企业境外经营合规管理指引》、《商业银行合规风险管理指引》、《保险公司合规管理办法》以及《证券公司和证券投资基金管理公司合规管理办法》称为管理评估。

国家金融监督管理总局《金融机构合规管理办法》称为合规管理有效性评估。

国务院国资委发布的《中央企业合规管理指引（试行）》称为合规管理评估，要求定期对合规管理体系的有效性进行分析，对重大或反复出现的合规风险和违规问题，深入查找根源，完善相关制度，堵塞管理漏洞，强化过程管控，持续改进提升。

国务院国资委发布的《中央企业合规管理办法》称为合规管理体系有效性评价，要求定期开展合规管理体系有效性评价，针对重点业务合规管理情况适时开展专项评价，强化评价结果运用。

发改委等七部门发布的《企业境外经营合规管理指引》称为合规管理体系评价，要求企业定期对合规管理体系进行系统全面的评价，发现和纠正合规管理贯彻执行中存在的问题，促进合规体系的不断完善。

国际标准及我国国家标准《合规管理体系　要求及使用指南》将对合规管理体系有效性的评价划分为内部审核与管理评审。据悉，国际标准组织正在组织起草 ISO 37302《合规管理体系　有效性评价》。

笔者倾向于国务院国资委发布的《中央企业合规管理办法》使用“合规管理体系有效性评价”这一称谓，以更能反映其目的和内容，并使之更容易与“合规审查”“合规审计”等相区别。

二、合规管理体系有效性评价之目的

按照有关合规管理的标准、办法和指引的规定，合规管理体系有效性评价的目的是及时发现合规管理体系运行过程中存在的问题和不足，并进行整改和持续改进，确保企业合规管理体系持续的适用性、充分性和有效性。

国务院国资委办公厅于 2023 年 3 月 23 日发布《关于开展 2023 年中央企业合规管理体系有效性评价工作的通知》，合规管理体系有效性评价的目的是通过对企业合规管理体系建设及其运行情况、合规管理重点领域和关键环节合规要求落实等情况开展评价，全面了解中央企业落实《中央企业合规管理办法》情况，帮助企业查找问题和不足，深入剖析原因，督促及时整改，不断健全完善合规管理体系，为企业高质量发展提供有力保障。

三、合规管理体系有效性评价之机构

关于合规管理体系有效评价机构，有关合规管理的标准、办法和指引不尽相同。

（一）合规管理体系有效性评价机构

1. 合规管理部门

《巴塞尔银行监管委员会合规与银行内部合规部门》第39条规定，合规部门应该评估银行各项合规程序和指引的适当性，立即深入调查任何已识别的缺陷，如有必要，系统地提出修改建议。

我国国家金融监督管理总局《金融机构合规管理办法》第28条第1款第3项规定，金融机构的合规管理部门牵头组织实施合规审查、合规检查、评估评价、合规风险监测与合规事件处理，推进合规规范得到严格执行。

我国《企业境外经营合规管理指引》第27条第1款规定，管理体系评价可由企业合规管理相关部门组织开展或委托外部专业机构开展。

国务院国资委发布的《中央企业合规管理办法》第14条第1款第3项规定，企业合规管理部门根据董事会授权开展合规管理体系有效性评价。

2. 合规委员会

我国《中央企业经营合规管理指引（试行）》第8条规定，中央企业设立合规委员会，与企业法治建设领导小组或风险控制委员会等合署，承担合规管理的组织领导和统筹协调工作，定期召开会议，研究决定合规管理重大事项或提出意见建议，指导、监督和评价合规管理工作。

3. 高级管理人员（治理机构成员）

《世界银行集团　廉政合规指南概要》第3条规定，高管人员应采用系统的方式来监督合规计划，定期审查计划在预防、发现、调查和应对各种不当行为方面的适用性、充分性和有效性。

《巴塞尔银行监管委员会合规与银行内部合规部门》在“定期评估与测试”这一合规管理基本要素中规定，企业高级管理人员应监督合规管理项目，定期评估项目的适用性、充分性和有效性，并实施适当的改进措施。

国际标准及我国国家标准《合规管理体系　要求及使用指南》第9.3.1条规定，治理机构和最高管理者应在策划的时间间隔对组织的合规管理体系进行评审，以确保合规管理体系持续的适宜性、充分性和有效性。其中，最高管理者是指企业经理层或者高级管理人员。

4. 董事会

我国证监会发布的《证券公司和证券投资基金管理公司合规管理办法》第7条规定："证券基金经营机构董事会决定本公司的合规管理目标，对合规管理的有效性承担责任，履行下列合规管理职责：……（六）评估合规管理有效性，督促解决合规管理中存在的问题……"

我国国家金融监督管理总局《金融机构合规管理办法》第11条第1款第5项规定，金融机构的董事会评估合规管理有效性和合规文化建设水平，督促解决合规管理和合规文化建设中存在的重大问题。

国际标准及我国国家标准《合规管理体系　要求及使用指南》第9.3.1条规定，治理机构和最高管理者应在策划的时间间隔对组织的合规管理体系进行评审，以确保合规管理体系持续的适宜性、充分性和有效性。其中，治理机构主要是指董事会。

国务院国资委发布的《中央企业合规管理办法》第8条第3项规定，企业董事会推动完善合规管理体系并对其有效性进行评价。

（二）合规管理体系有效性评价小组

1. 合规管理体系有效性评价具有很强的专业性。合规管理体系有效性评价机构宜组建合规管理体系有效性评价小组开展合规管理体系有效性评价。

中国证券业协会于2021年5月28日修订的《证券公司合规管理有效性评估指引》第5条第1款规定，证券公司开展合规管理有效性评估，应当由董事会、监事会或董事会授权管理层组织评估小组或委托外部专业机构进行。

国际标准及我国国家标准《合规管理体系　要求及使用指南》第9.2条规定，组织应选择审核员并实施审核。实务中，我国通过合规管理体系认证的企业，通常由合规管理部门主导选择审核员组成内部审核小组来开展合规管理内部审核。

2. 宜由企业合规负责人担任合规管理体系有效性评价小组组长，并由合规管理部门、相关职能部门（如内控、审计、财务等）以及外聘的专业中介机构（如外部律师）等委派人员共同组成合规管理体系有效性评价小组。

四、合规管理体系有效性评价之内容

合规管理体系有效性评价在于评估合规管理的适用性、充分性和有效性。

（一）合规管理的适用性

适用性的英文为“suitability”，也有学者将其翻译为“适当性”。

我国《企业境外经营合规管理指引》将适用性确立为企业合规管理的一项基本原则，要求企业合规管理在以下4个方面确保企业合规管理的适用性。

1. 合规义务渊源的适用性

企业根据其经营所在国家和地区、经营范围、行业、产品等确定适用的外部合规义务渊源，跟踪适用的外部合规义务渊源的修改、补充以及新的适用的外部合规义务渊源。企业根据其经营范围、组织结构、业务规模的内部环境因素以及外部合规义务渊源制定企业内部合规义务渊源，并根据前述因素的变更等，调整、修改、补充企业内部合规义务渊源并确保其适用性。

2. 兼顾成本和效率

企业合规管理要根据企业的实际情况，在保障合规的前提下，节约成本，保证效率。

3. 可操作性

企业合规管理体系，尤其是合规管理制度应当具有可操作性，切忌好高骛远，空中楼阁，没有实际可操作性而成为“鸡肋”，从而影响企业合规的积极性和有效性。

4. 持续适用

企业应随着内外部环境的变化持续调整和改进合规管理体系，保证其持续适用性。

（二）合规管理的充分性

充分性的英文为“adequacy”。

合规管理的充分性是合规管理“全面性”原则的基本要求，即企业合规管理应覆盖企业各业务领域、各部门、各级子企业和分支机构、全体员工，贯穿决策、执行、监督全流程，并体现在决策机制、内部控制、业务流程等各个方面。

企业合规管理的充分性要求：（1）向合规管理配置充分的资源，包括充分的人力、物力、财力、技术支持和保障；（2）配备充分的合规管理人员，并为其履行合规管理职责提供充分条件；（3）保障合规管理人员履职所需充分的自主权、知情权和调查权；（4）合规管理部门与合规管理人员应与其他业务及职能部门充分沟通协调；（5）应确保企业全体员工充分了解和理解企业的合规方针、合规承诺即合规要求；（6）鼓励和支持充分和坦诚报告的文化；（7）对违规举报人给予充分的保护；（8）建立全面、充分、有效的违规问责机制。

（三）合规管理的有效性

合规管理的有效性的英文为“compliance management effectiveness”，是指合规管理体系有效运行，合规风险得到有效防范和应对，企业经营管理的稳健和安全性得到有效保障。

1. 综合我国有关企业合规管理的标准、办法和指引的规定以及中国证券业协会发布的《证券公司合规管理有效性评估指引》的规定，合规管理的有效性表现在以下 8 个方面：（1）企业治理机构的高级管理人员等（企业领导）作出合规承诺，并作出合规表率，这是有效合规管理的前提；（2）合规管理组织建设、合规管理人员配备情况，其履行合规管理职责情况；（3）合规管理制度和流程的制定及运行状况；（4）企业合规风险“三道防线”（业务及职能部门、合规管理部门、审计部门）各司其职、协调配合，有效参与合规管理，形成合规管理合力是有效合规管理的保障；（5）实施有效的合规风险管理，包括合规风险评估、应对、监测和预警以及持续改进；（6）向企业所有员工提供有效的合规培训；（7）建立全面有效的合规问责制度，明晰合规责任范围，细化违规惩处标准，严格认定和追究违规行为责任；（8）建立有效的信息系统，是有效合规管理的工具保障。

2. 参考中国证券业协会发布的《证券公司合规管理有效性评估指引》，对合规管理体系有效性评价的有效性进行评估，应涵盖以下 3 个方面的内容：（1）合规管理环境评估，重点关注公司高层是否重视合规管理、合规文化建设是否到位、合规管理制度是否健全、合规管理的履职保障是否充分等。(2) 对合规管理职责履行情况进行评估，重点关注合规咨询、合规审查、合规检查、合规监测、合规培训、合规报告、监管沟通与配合、信息隔离墙管理、反洗钱等合规管理职能是否有效履行。(3) 对经营管理制度、机制建设和运行情况的评估，重点关注各项经营管理制度和操作流程是否健全，是否与外部法律、法规和准则相一致，是否能够根据外部法律、法规和准则的变化及时修订、完善，以及是否能够严格执行经营管理制度和操作流程，是否能够及时发现并纠正有章不循、违规操作等问题。

3. 按照国务院国资委办公厅于 2023 年 3 月 23 日发布的《关于开展 2023 年中央企业合规管理体系有效性评价工作的通知》的规定，合规管理体系有效性评价内容包括：(1) 集团及子企业合规管理体系建设及运行情况。重点评价企业集团及重要子企业合规管理组织建设、制度建设、运行机制、违规整改、信息化管控等工作推进效果情况。(2) 重点领域合规管理工作情况。结合企业生产经营实际，围绕反垄断、劳动用工、信息安全、生态环保等合规风险高发领域，评价合规管理工作开展情况。(3) 业务流程合规风险管控情况。结合企业岗位职责清单和流程管控清单，围绕投资、贸易、招标采购等重点业务领域，复盘工作流程，评价合规控制节点设置、作用发挥及风险防范应对等情况。

五、合规管理体系有效性评价须考虑的因素

按照国际标准及我国国家标准《合规管理体系　要求及使用指南》第 9.3.2 条的规定，合规管理体系有效性评价宜考虑以下 7 个方面：(1) 以前管理评估措施的状态。(2) 合规方针的充分性。(3) 合规目标实现的程度。(4) 资源的充分性。(5) 与合规管理体系相关的内外部事项的变化。(6) 合规绩效信息，包括以下三个方面的趋势：①不符合、不合格与纠正措施；②监视和测量的结果；③审核结果。(7) 持续改进的机会。

六、合规管理体系有效性评价之程序

按照国际标准及我国国家标准《合规管理体系　要求及使用指南》第 9.3 条的规定，参考中国证券业协会发布的《证券公司合规管理有效性评

估指引》，合规管理体系有效性评价一般包括5个阶段，即评价准备、评价实施、评价报告、后续整改以及考核评价与问责。

（一）评价准备

合规管理体系有效性评价准备包括以下两个方面：

1. 成立评价小组，进行职责分工，并对评价小组成员开展必要的培训。

企业须确保评价小组具备独立开展合规管理体系有效性评价的权利，确保评价小组成员具备相应的胜任能力。

2. 制定评价实施方案，明确评价目的、范围、内容、分工、进程和要求，制作评价底稿等评价工作文件。

（二）评价实施

合规管理体系有效性评价实施包括以下4个方面：

1. 各部门自评。合规管理体系有效性评价小组组织各部门（评价对象）开展合规自评，由各部门如实填写评价底稿，提交评价相关材料。

2. 收集内外部资料，明确评价重点。合规管理体系有效性评价小组收集评价期内外部监管检查意见、审计报告、合规报告、投诉、举报、媒体报道等资料，明确评价重点。

3. 复核各部门自评底稿，进行合规管理体系有效性评价。合规管理体系有效性评价小组对各部门自评底稿进行复核，并采取合规管理体系有效性评价方法，针对评价期内发生的合规风险事项开展重点评价，查找合规管理缺陷，分析问题产生原因，提出整改建议。

4. 沟通与复核。合规管理体系有效性评价小组应当在评价工作结束前，与被评价部门就合规管理体系有效性评价的内容和结果进行必要沟通，就评价发现的问题进行核实。被评价部门应积极配合，并及时反馈意见。

（三）评价报告

1. 起草合规管理体系有效性评价报告

合规管理体系有效性评价部门开展合规管理体系有效性评价，应起草合规管理体系有效性评价报告。报告至少应包括评价依据、评价范围和对象、评价程序和方法、评价内容、发现的问题及改进建议、前次评价中发现问题的整改情况等。

合规管理体系有效性评价报告总的改进建议宜包括以下 6 个方面：(1) 合规方针以及与之相关的目标、体系、结构和人员所需的改变；(2) 合规过程的改变以确保与运行实践和体系有效整合；(3) 需监视的未来潜在不合规的区域；(4) 与不合规相关的纠正措施；(5) 当前合规体系和长期持续改进的目标之间的差距和缺陷；(6) 认可组织内的示范性合规行为。

2. 按企业内部规定程序履行报批程序

合规管理体系有效性评价报告起草完成后，应按企业内部规定程序履行内部报批程序。

按照中国证券业协会发布的《证券公司合规管理有效性评估指引》的规定，合规管理体系有效性评价报告应提交董事会审阅。

按照国务院国资委发布的《中央企业合规管理办法》第 14 条的规定，合规管理部门根据董事会授权开展合规管理体系有效性评价。据此理解，合规管理体系有效性评价报告应呈报董事会。

按照国际标准及我国国家标准《合规管理体系 要求及使用指南》第 A. 9. 3 条的规定，宜向治理机构提供管理评审中形成文件的结果和全部建议的副本。

（四）后续整改

1. 制定整改方案。合规管理体系有效性评价报告经批准后，对于合规管理体系有效性评价发现的问题，合规管理体系有效性评价小组或者企业相关权利机构要求的其他部门应制定整改方案，明确整改责任部门、整改内容、整改目标和时间表。

2. 监督与报告。合规管理部门应当对评价发现问题的整改情况进行持续关注和跟踪，指导并监督相关部门全面、及时完成整改。整改责任部门应当及时向公司管理层报告整改进展情况。

（五）考核评价与问责

1. 考核评价。企业应当将合规管理体系有效性评价结果纳入企业管理层、合规管理部门、各业务及职能部门和分支机构及其工作人员的绩效考核范围。

2. 问责。对合规管理体系有效性评价中新发现的违法、违规行为，企业应当及时对责任人采取问责措施。对在合规管理体系有效性评价过程中出现拒绝、阻碍和隐瞒的行为，企业应当采取相应的问责措施。

七、合规管理体系有效性评价之方法

参考中国证券业协会发布的《证券公司合规管理有效性评估指引》，合规管理体系有效性评价的方法包括采取访谈、文本审阅、问卷调查、知识测试、抽样分析、穿行测试、系统及数据测试等。

（一）抽样分析

合规管理体系有效性评价小组可以根据合规管理体系有效性评价所关注的重点，对业务与管理事项进行抽样分析，按照业务发生频率、重要性及合规风险的高低，从确定的抽样总体中抽取一定比例的样本，并对样本的符合性作出判断。

（二）穿行测试

合规管理体系有效性评价小组可以对具体业务处理流程开展穿行测试，检查与其相关的原始文件，并根据文件上的业务处理踪迹，追踪流程，对相关管理制度与操作流程的实际运行情况进行验证。

（三）系统及数据测试

合规管理体系有效性评价小组可以对涉及企业业务进行系统及数据测试，重点检查相关业务系统中权限、参数设置的合规性，并调取相关业务数据，将其与相应的业务凭证或其他工作记录相比对，以验证相关业务是否按规则运行。

八、合规管理体系有效性评价之分类

合规管理体系有效性评价可以从不同角度进行分类。

（一）全面合规管理体系有效性评价与专项合规管理评价

按照国务院国资委发布的《中央企业合规管理办法》、中国证券业协会发布的《证券公司合规管理有效性评估指引》的规定，从合规管理体系有效性评价的范围和内容上分析，可以将合规管理体系有效性评价划分为全面合规管理体系有效性评价与专项合规管理评价。

国务院国资委办公厅于2023年3月23日发布的《关于开展2023年中央企业合规管理体系有效性评价工作的通知》，就要求中央企业开展合规管理体系有效性评价与重点领域专项合规评价。

1. 全面合规管理体系有效性评价。全面合规管理体系有效性评价是对企业整个合规管理体系进行评价，是以合规风险为导向，合规管理体系有效性评价覆盖合规管理各环节，重点关注可能影响合规目标实现的关键业务及管理活动，客观揭示合规管理状况。

2. 专项合规管理评价。专项合规管理评价是指针对某一具体部门、某一业务领域，或者某一重大或反复出现的合规风险和违规问题，进行专门的合规管理有效性评价。国务院国资委发布的《中央企业合规管理办法》要求对重点领域进行专项合规管理评价。

（二）定期评价、临时评价和反复评价

按照合规管理的频率，可以将合规管理体系有效性评价划分为定期评价、临时评价和反复评价。

1. 定期评价。我国证监会发布的《证券公司和证券投资基金管理公司合规管理办法》第31条第1款规定，证券基金经营机构应当组织内部有关机构和部门或者委托具有专业资质的外部专业机构对公司合规管理的有效性进行评价，及时解决合规管理中存在的问题。对合规管理体系有效性的全面评价，每年不得少于1次。委托具有专业资质的外部专业机构进行的全面评价，每3年至少进行1次。

企业可以根据企业业务规模、行业特点、合规风险情况、行业监管要求等，确定本企业合规管理体系有效性评价的频率。以下合规管理体系有效性评价的频率值得参考：（1）全面合规管理体系有效性评价：企业建立合规管理体系后的前3年，宜每年1次；以后每2年1次；（2）专项合规管理评价：企业可以选择各职能管理部门和业务管理部门，轮流进行专项合规管理评价，每年评价1～2个部门。

2. 临时评价。对某一突发合规风险事件，或者按照治理机构的指示，或者依照自我决定，合规管理体系有效性评价机构可以进行临时评价。

3. 反复评价。对重大或反复出现的合规风险和违规问题，宜进行再评价和多次评价。

（三）级别评价

按照评价机构的级别来划分，可以将合规管理体系有效性评价划分为集团评价、同级评价和自我评价。

集团评价是指集团合规管理部门对各子公司进行的合规管理体系有效性评价。同级评价是指合规管理部门对其他业务及职能部门进行的合规管理体系有效性评价。自我评价是指合规管理组织对自我合规管理体系有效性进行的评价。

（四）第一方、第二方和第三方审核

按照国际标准化组织《管理体系审核指南》（ISO 19011：2018），从评价机构的角度将合规管理体系有效性评价划分为第一方、第二方和第三方审核。

第一方审核：内部审核，由企业自身或者以企业的名义进行。第二方审核：由企业的相关方（如供应商、客户等）以相关方的名义进行。第三方审核：由外部独立的审核组织进行，包括体系认证机构、监管部门等。

九、合规管理体系有效性评价制度和流程

合规管理体系有效性评价是企业合规管理体系的重要构成要素，是合规管理运行的重要内容。企业有必要结合自身实际情况，制定本企业合规管理体系有效性评价工作的具体合规管理制度，对评价组织形式、评价范围、评价内容、评价程序和方法、评价报告、评价问责等作出明确规定。

第七章 合规审计

Chapter Ⅶ Compliance Audit

要点

1. 合规审计是企业合规管理体系的构成要素之一，属于企业内部控制审计，合规审计独立于合规管理部门。

2. 合规审计的内容、程序、方法等与企业合规管理体系有效性评价趋同，但合规管理体系有效性评价是合规管理组织的自我评价与纠错，合规审计是独立第三方的评价和监督。

企业合规审计是企业内部审计部门对企业合规管理体系运行的适当性和有效性进行的内部审计，其目的在于保障企业依法合规、安全、稳健、持续经营。企业合规审计属于企业内部审计范畴，从更小的范围来说，属于企业内部控制审计范畴。从合规管理体系角度来说，企业合规审计也是企业合规管理体系重要的、基本的构成要素。

合规审计与企业合规管理体系有效性评价不同。合规审计是企业审计部门对企业合规管理的实施情况、合规管理体系的适当性和有效性等进行的独立审计。对于企业的合规管理组织而言，合规审计是来自外部的审查和监督，而合规管理体系有效性评价是合规管理组织内部自我监督与纠错的制度。

一、企业合规审计属于企业内部控制审计范畴

（一）内部控制

根据《企业内部控制基本规范》（财政部、证监会、审计署、银监会、保监会于 2008 年 5 月 22 日颁布）第 3 条的规定，企业内部控制是由企业董事会、监事会、经理层和全体员工实施的、旨在实现控制目标的过程。内部控制的目标是合理保证企业经营管理合法合规、资产安全、财务报告及相关信息真实完整，提高经营效率和效果，促进企业实现发展战略。

企业内部控制有三大目标。首先，是保证企业经营管理合法合规是企业内部控制的首要目标。其次，是保证企业的资产安全，以及保证企业财务报告及相关信息真实完整。最后，是提高企业经营效率和效果，促进企业实现发展战略。因此，企业合规管理是企业内部控制首要的、核心的内容。

（二）内部审计

按照《中国内部审计准则》（中国内部审计协会于 2013 年 8 月 20 日发布）第 2 条规定，内部审计是一种独立、客观的确认和咨询活动，它通过运用系统、规范的方法，审查和评价组织的业务活动、内部控制和风险管理的适当性和有效性，以促进组织完善治理、增加价值和实现目标。

按照《中央企业内部审计管理暂行办法》（国务院国资委于 2004 年 8 月 30 日颁布）第 3 条的规定，企业内部审计是指企业内部审计机构依据国家有关法律法规、财务会计制度和企业内部管理规定，对本企业及子企业（单位）财务收支、财务预算、财务决算、资产质量、经营绩效，以及建设项目或者有关经济活动的真实性、合法性和效益性进行监督和评价工作。

（三）内部控制审计

根据中国内部审计协会第 2201 号《内部审计具体准则——内部控制审计》（2013 年 8 月 20 日）第 2 条的规定，企业内部控制审计是指内部审计机构对组织内部控制设计和运行的有效性进行的审查和评价活动。

企业合规管理是企业内部控制的核心内容，企业内部控制审计包括对企业合规管理的审计，即合规审计。企业合规审计是企业内部审计部门对作为企业内部控制核心内容的企业合规管理的适当性和有效性进行的内部审计。

二、企业合规审计——企业合规管理体系的基本构成要素

内部审计独立于合规管理部门。合规审计属于企业内部控制审计的组成部分。因此，有观点认为合规审计不应是企业合规管理体系的构成要素。笔者经过分析研究认为，合规审计是企业合规管理体系的构成要素之一。

企业合规审计既属于企业内部控制范畴，也是企业合规管理体系重要的、基本的构成要素。这一点已被有关企业合规管理的一些标准、办法和

指引确认，具体见表2－7－1。

表2－7－1　有关企业合规管理的标准、办法和指引

相关标准、办法、指引	具体内容
《巴塞尔银行监管委员会合规与银行内部合规部门》引言第9条	合规部门的职责应予以明确规定，合规部门的工作应受到内部审计部门定期和独立的复查。原则8对合规管理与内部审计的关系作了规定，要求合规部门与审计部门分离，以确保合规部门的各项工作受到独立的复查
国家金融监督管理总局《金融机构合规管理办法》第35条第3款	金融机构内部审计部门承担合规的监督责任，对机构经营管理的合规性进行审计，并与合规管理部门建立有效的信息交流机制
发改委等七部门发布的《企业境外经营合规管理指引》第26条、第28条第1款	要求企业合规管理职能与内部审计职能分离。企业审计部门应对企业合规管理的执行情况、合规管理体系的适当性和有效性等进行独立审计。审计部门应将合规审计结果告知合规管理部门，合规管理部门也可根据合规风险的识别和评估情况向审计部门提出开展审计工作的建议。 企业应根据合规审计和体系评价情况，进入合规风险再识别和合规制度再制定的持续改进阶段，保障合规管理体系全环节的稳健运行
国务院国资委发布的《中央企业合规管理指引（试行）》第11条第2款	监察、审计、法律、内控、风险管理、安全生产、质量环保等相关部门，在职权范围内履行合规管理职责
国务院国资委发布的《中央企业合规管理办法》第15条	中央企业纪检监察机构和审计、巡视巡察、监督追责等部门依据规定，在职权范围内对合规要求落实情况进行监督，对违规行为进行调查，按照规定开展责任追究

三、企业合规审计与企业合规管理

（一）企业合规风险的“三道防线”

企业合规风险的“三道防线”，在《巴塞尔银行监管委员会合规与银行内部合规部门》中已初见雏形，要求合规部门应与审计部门分离，以确保合规部门的各项工作受到独立的复查。

国务院国资委于2016年6月6日颁布的《中央企业全面风险管理指引》第10条对风险管理“三道防线”提出了明确指引，要求具备条件的企业可建立风险管理“三道防线”，即各有关职能部门和业务单位为“第一道防线”；风险管理职能部门和董事会下设的风险管理委员会为“第二道防线”；内部审计部门和董事会下设的审计委员会为“第三道防线”。

按照国务院国资委发布的《中央企业合规管理办法》的规定，业务及职能部门属于“第一道防线”，合规管理部门属于“第二道防线”，纪检监察、巡视巡察、审计等部门属于“第三道防线”。

（二）合规管理与内部审计分属相互独立的部门

有关企业合规管理的标准、办法和指南均规定，合规管理与内部审计属于两个相互独立的部门。

1. 分属合规风险的“两道防线”

如上文所述，企业合规管理与内部审计分属企业合规风险的“第二道防线”与“第三道防线”，共同为企业合规风险的防控发挥作用。

2. 合规管理与内部审计属于两个不同管理职能部门

合规管理负责合规管理体系的建设、运行和保障，是企业内部控制的核心组成部分。合规审计属于企业内部审计的重要组成部分。两者属于不同的管理职能部门。

3. 合规管理与内部审计相互独立

《巴塞尔银行监管委员会合规与银行内部合规部门》原则8、国家金融监督管理总局《金融机构合规管理办法》第31条、发改委等七部门发布的《企业境外经营合规管理指引》第26条，都要求合规部门应与审计部门分离，以确保合规部门的各项工作受到独立的复查。

国务院国资委发布的《中央企业合规管理指引（试行）》第11条将企业内部审计部门确定为企业合规管理组织之一，但属于与合规管理相互独立的部门，要求监察、审计、法律、内控、风险管理、安全生产、质量环保等相关部门在职权范围内履行合规管理职责。

按照国务院国资委发布的《中央企业合规管理办法》，合规管理部门属于“第二道防线”，审计部门属于“第三道防线”。

（三）合规管理是合规审计的对象

有关企业合规管理的标准、办法和指引均确定合规管理是合规审计的对象和范围。

《巴塞尔银行监管委员会合规与银行内部合规部门》原则8规定，合规部门应与审计部门分离，以确保合规部门的各项工作受到独立的复查。

发改委等七部门发布的《企业境外经营合规管理指引》第 26 条规定，企业审计部门应对企业合规管理的执行情况、合规管理体系的适当性和有效性等进行独立审计。

（四）企业审计规章制度是合规审查的对象

有关企业合规管理的标准、办法和指引均规定，合规审查是企业合规管理体系的基本构成要素。企业规章制度，包括企业审计规章制度和流程，都是合规审查的对象。

（五）合规管理向内部审计提供专业支持

合规审计的重要依据是合规义务渊源。合规管理部门在提供、理解和解释合规义务渊源方面向内部审计部门提供专业支持。

（六）合规管理体系有效性评价为合规审计奠定基础

企业合规管理体系有效性评价是企业合规管理组织（主要是企业治理机构和企业合规管理部门）对企业合规管理体系的适当性、有效性和充分性进行自我评估。合规审计是对企业合规管理体系运行的适当性和有效性进行的内部审计。就合规管理组织而言，合规审计是来自外部的审查和监督，而合规管理体系有效性评价是合规管理组织内部自我监督、纠错与持续改进的制度。

企业合规管理体系有效性评价与合规审计除了分属不同部门的职责外，两者在工作程序、方法、内容等方面均趋于一致。合规管理体系有效性评价一般先于合规审计，并为合规审计奠定基础。

（七）合规管理与内部审计的协作联动

协同性原则是企业合规管理的基本原则之一，这同样反映在合规管理与内部审计方面。

1. 统筹衔接

国务院国资委发布的《中央企业合规管理指引（试行）》第 4 条第 3 项要求推动合规管理与法律风险防范、监察、审计、内控、风险管理等工作相统筹、相衔接，确保合规管理体系有效运行。

发改委等七部门发布的《企业境外经营合规管理指引》第 12 条对合规

管理协调作了专门规定，第 2 款要求合规管理部门与其他监督部门分工协作，与其他具有合规管理职能的监督部门（如审计部门、监察部门等）应建立明确的合作和信息交流机制，加强协调配合，形成管理合力。

2. 信息沟通

有关合规管理的标准、办法和指引均要求，合规管理部门应与审计部门相互沟通信息：（1）审计部门应该将与合规有关的任何审计情况和调查结果通报合规管理部门；（2）合规管理部门也可以根据合规风险的监测情况主动向内部审计部门提出开展审计工作的建议。

四、合规审计原则

我国《中央企业内部审计管理暂行办法》(国务院国资委于 2004 年 8 月 30 日颁布）第 14 条和《中国内部审计准则》(中国内部审计协会于 2013 年 8 月 20 日颁布）都规定了内部审计的独立性原则、客观性原则和公正性原则。这些原则同样适用于合规审计。

（一）独立性原则

独立性是企业内部审计首要的和最基本的原则，要求企业内部审计部门独立开展内部审计，不受其他部门或个人干预。

（二）客观性原则

《中国内部审计准则》第四章对审计的客观性作了专章规定，同样适用于合规审计。

1. 企业内部审计人员实施内部审计业务时，应当实事求是，不得由于偏见、利益冲突而影响职业判断。

2. 企业内部审计人员实施内部审计业务，应当采取措施对客观性进行评估，识别可能影响客观性的因素，并采取措施保障内部审计的客观性。

3. 当内部审计人员的客观性受到严重影响，且无法采取适当措施降低影响时，应停止实施有关业务，并及时向董事会或者最高管理层报告。

（三）公正性原则

企业内部审计的公正性原则要求：

1. 企业内部审计人员公正、不偏不倚地作出审计职业判断，出具客观、公正的审计报告，不得滥用职权、徇私舞弊、泄露秘密、玩忽职守。

2. 企业内部审计人员与审计事项有利害关系的，应当回避。

这些规定同样适用于合规审计。

五、合规审计分类

（一）全面合规审计与专项合规审计

中国内部审计协会于2013年8月20日颁布的第2201号《内部审计具体准则——内部控制审计》将内部控制审计从范围上划分为全面内部控制审计和专项内部控制审计。同样，合规审计可以划分为全面合规审计与专项合规审计。

1. 全面合规审计是针对企业全面合规管理体系的建立和运行的适当性和有效性进行全面审计。

2. 专项合规审计是针对企业合规管理体系的某个构成要素、某一业务领域或者某一业务及职能部门（包括合规管理部门）的合规管理所进行的审计。

（二）定期合规审计、临时合规审计和后续合规审计

按照合规审计的频率，可以将合规审计划分为定期合规审计、临时合规审计和后续合规审计。

1. 定期合规审计。定期合规审计主要是指年度合规审计，由企业内部审计部门按照年度审计计划开展年度合规审计。

2. 临时合规审计。对某一突发合规风险事件，或者按照治理机构的指示，或者依照自我决定，企业内部审计部门可以进行临时合规审计。

3. 后续合规审计。中国内部审计协会于2014年1月1日颁布的第2107号《内部审计具体准则——后续审计》对后续审计作了专门规定，这同样适用于合规审计的后续审计。后续审计是指内部审计机构为跟踪检查被审计单位针对审计发现的问题所采取的纠正措施及其改进效果而进行的后续审查和评价活动。

六、企业合规审计的内容

企业合规审计在于对企业合规管理体系的适当性和有效性进行审计，与企业合规管理体系有效性评价的内容趋于一致。具体详见本书第二篇第六章。

全面合规审计的内容涵盖企业全面合规管理体系的建立和运行的适当性和有效性的全面审计，专项合规审计限于对企业合规管理体系的某个构成要素、某一业务领域或者某一业务及职能部门（包括合规管理部门）的合规管理的适当性和有效性合规审计。

（一）审计合规管理的适当性

我国《企业境外经营合规管理指引》将适当性确立为企业合规管理的一项基本原则，要求确保企业合规管理的适当性。

合规管理的适当性包括合规义务渊源的适当性、兼顾成本和效率、可操作性和持续适用。

（二）审计合规管理的有效性

合规管理的有效性的英文为“compliance management effectiveness”，是指合规管理体系得到有效运行，合规风险得到有效防范和应对，企业经营管理的稳健和安全性得到有效保障。

（三）认定合规管理缺陷

中国内部审计协会《内部审计具体准则——内部控制审计》第五章对内部控制缺陷的认定作了具体规定，同样适用于合规审计。

1. 设计缺陷和运行缺陷

参照《内部审计具体准则——内部控制审计》第21条规定，合规管理缺陷包括设计缺陷和运行缺陷。内部审计人员应当根据合规审计结果，结合相关管理层的自我评估，综合分析后提出合规管理缺陷认定意见，按照规定的权限和程序进行审核后予以认定。

2. 合规管理缺陷登记

参照《内部审计具体准则——内部控制审计》第22条规定，内部审计人员应当根据获取的证据，对合规管理缺陷进行初步认定，并按照其性质和影响程度分为重大缺陷、重要缺陷和一般缺陷。

重大缺陷，是指一个或者多个控制缺陷的组合，可能导致企业严重偏离合规管理目标。重要缺陷，是指一个或者多个合规管理缺陷的组合，其严重程度和经济后果低于重大缺陷，但仍有可能导致企业偏离合规管理目标。一般缺陷，是指除重大缺陷、重要缺陷之外的其他缺陷。重大缺陷、重要缺陷和一般缺陷的认定标准，由内部审计机构根据上述要求，结合本企业具体情况确定。

3. 合规管理缺陷报告

参照《内部审计具体准则——内部控制审计》第23条要求，内部审计人员应当编制合规管理缺陷认定汇总表，对缺陷及其成因、表现形式和影响程度进行综合分析和全面复核，提出认定意见，并以适当的形式向企业适当管理层报告。重大缺陷应当及时向企业董事会或者最高管理层报告。

七、企业合规审计的程序和方法

（一）企业合规审计程序

参照中国内部审计协会《内部审计具体准则——内部控制审计》第16条规定，合规审计主要包括下列程序：（1）编制项目审计方案；（2）组成审计小组；（3）实施现场审查；（4）认定合规管理缺陷；（5）汇总合规审计结果；（6）编制合规审计报告。

内部合规审计人员在实施现场审查之前，可以要求被审计单位提交最近一次的合规管理体系有效性评价报告。内部合规审计人员应当结合合规管理体系有效性评价报告，确定合规审计内容及重点，实施合规审计。

按照中国内部审计协会《内部审计具体准则——内部控制审计》第24条规定，内部控制审计报告的内容，应当包括审计目标、依据、范围、程序与方法、内部控制缺陷认定及整改情况，以及内部控制设计和运行有效性的审计结论、意见、建议等相关内容。

（二）企业合规审计方法

按照中国内部审计协会《内部审计具体准则——内部控制审计》第19条规定，企业合规审计方法与中国证券业协会发布的《证券公司合规管理有效性评估指引》规定的合规管理体系有效性评价方法相类似，包括以下7个方面：（1）访谈；（2）文本审阅；（3）问卷调查；（4）知识测试；（5）抽样分析；（6）穿行测试；（7）系统及数据测试。

八、合规审计报告

中国内部审计协会《内部审计具体准则——内部控制审计》第6章对内部控制审计报告作了规定，同样适用于企业合规审计报告。

1. 合规审计报告的内容

《内部审计具体准则——内部控制审计》第24条规定，内部控制审计报告的内容应当包括：（1）审计目标；（2）依据；（3）范围；（4）程序与方法；（5）内部控制缺陷认定及整改情况；（6）内部控制设计和运行有效性的审计结论、意见、建议等。

2. 合规审计报告报批

《内部审计具体准则——内部控制审计》第25条规定，内部审计机构应当向企业适当管理层报告审计结果。一般情况下，全面内部控制审计报告应当报送企业董事会或者最高管理层。包含有重大缺陷认定的专项内部审计报告应当报送组织董事会或者最高管理层。

3. 合规审计报告的披露

参照《内部审计具体准则——内部控制审计》第26条规定，经董事会或者最高管理层批准，合规审计报告可以作为《企业内部控制评价指引》中要求的内部控制评价报告对外披露。

第八章　合规管理考核与评价

Chapter Ⅷ　Corporate Compliance Assessment and Evaluation

要点

1. 合规管理考核与评价的分类。
2. 合规管理考核与评价的内容。
3. 合规管理考核与评价的程序。
4. 探讨：谁评价谁？

企业合规管理考核与评价是指对企业各部门及其管理人员和员工的合规管理绩效进行考核与评价，是企业合规管理体系的重要构成要素，也是合规管理保障的重要措施之一。

有关企业合规管理的标准、办法和指引规定的"评价"（英文为"evaluation"）包括合规管理体系评价、合规制度与流程的合规性评价、合规风险管理评价、合规审计评价、合规管理绩效评价等。本章将考核与评价连用，仅仅是指对合规管理绩效的考核评价。

一、关于合规管理考核与评价的合规义务渊源

有关企业合规管理的标准、指南以及我国国家标准、办法和指引对企业合规管理考核与评价的规定不尽相同。企业可以根据自身实际情况需要，对本企业的考核评价作出具体规定。

（一）《合规管理体系　要求及使用指南》

按照国际标准及我国国家标准《合规管理体系　要求及使用指南》第A.5.1.2条的规定，支持合规文化的因素包括绩效考核体系，结合对合规行为的评估，并将合规表现与绩效工资挂钩，以实现合规关键绩效措施和结果；第5.3.1条要求最高管理者确保合规绩效与人员绩效考核挂钩。

该标准还对绩效评价的内容和程序作了具体规定，在下文中将详细

介绍。

（二）《中央企业合规管理指引（试行）》

按照国务院国资委发布的《中央企业合规管理指引（试行）》，中央企业应加强对管理人员、各部门及下属公司负责人、各部门及下属公司员工的合规管理考核与评价。

该指引第10条第3项规定，合规管理牵头部门的主要职责包括组织开展合规检查与考核，对制度和流程进行合规性评价，督促违规整改和持续改进。第15条第1项规定，加强对管理人员的合规管理，促进管理人员切实提高合规意识，带头依法依规开展经营管理活动，认真履行承担的合规管理职责，强化考核与监督问责。第23条规定，加强合规考核评价，把合规经营管理情况纳入对各部门和所属企业负责人的年度综合考核，细化评价指标。对所属单位和员工合规职责履行情况进行评价，并将结果作为员工考核、干部任用、评先选优等工作的重要依据。

（三）《中央企业合规管理办法》

国务院国资委发布的《中央企业合规管理办法》要求将合规管理作为法治建设重要内容，纳入对所属单位的考核评价（第28条），并将违规行为性质、发生次数、危害程度等作为所属单位经营管理和员工考核评价、职级评定等工作的重要依据（第25条第2款）。

（四）证监会发布的《证券公司和证券投资基金管理公司合规管理办法》

1. 证券基金经营机构董事会对合规负责人的考核

该办法第7条第4项规定，证券基金经营机构董事会履行的合规管理职责包括决定聘任、解聘、考核合规负责人，决定其薪酬待遇。第27条第2款规定，证券基金经营机构董事会对合规负责人进行年度考核时，应当就其履行职责情况及考核意见书面征求中国证监会相关派出机构的意见，中国证监会相关派出机构可以根据掌握的情况建议董事会调整考核结果。

2. 合规负责人对合规管理部门与合规管理人员的考核

依照该办法第27条第1款的规定，合规部门及专职合规管理人员由合规负责人考核。对兼职合规管理人员进行考核时，合规负责人所占权重应当超过50%。

（五）国家金融监督管理总局发布的《金融机构合规管理办法》

依照该办法第18条第2项的规定，金融机构首席合规官组织推动合规考核；第28条第1款第4项规定，金融机构合规管理部门组织或者参与实施合规考核。

二、客观独立性原则

客观性原则和独立性原则是企业合规管理的两项重要基本原则，应当在企业合规管理考核评价中得到充分运用。

国务院国资委发布的《中央企业合规管理指引（试行）》第4条第4项将客观独立性原则确立为中央企业合规管理的基本原则，要求严格依照法律法规等规定对企业和员工行为进行客观评价和处理。合规管理牵头部门独立履行职责，不受其他部门和人员的干涉。

我国证监会发布的《证券公司和证券投资基金管理公司合规管理办法》第27条第1款规定，证券基金经营机构应当制定合规负责人、合规部门及专职合规管理人员的考核管理制度，不得采取其他部门评价、以业务部门的经营业绩为依据等不利于合规独立性的考核方式。

国家金融监督管理总局《金融机构合规管理办法》第43条第2款规定，金融机构应当制定首席合规官、合规官、合规管理部门及专职合规管理人员的考核管理制度，除机构主要负责人外，不得采取非分管合规管理部门的高级管理人员评价、其他部门评价、以业务部门的经营业绩为依据等不利于合规独立性的考核方式；不得将需要各部门合力完成的合规工作单独作为合规管理部门的考核指标。

三、合规管理考核与评价程序

根据国际标准及我国国家标准《合规管理体系　要求及使用指南》第9.1条以及其他相关合规义务渊源的规定，企业合规管理绩效考核与评价的程序包括以下6个方面。

（一）建立合规管理绩效指标

企业应制定一系列量化的、可测量的合规管理绩效指标，帮助企业对合规目标的实现进行评价。合规管理绩效指标举例如下：

1. 活动类指标包括：（1）经过有效培训的员工比例；（2）监管部门来访的频率；（3）反馈机制的使用（包括用户对哪些机制价值的评论）；（4）对于不合规项目，采取何种类型的纠正措施。

2. 反应类指标包括：（1）根据类型、区域和频率报告已识别的问题和不合规；（2）不合规的后果，包括对经济补偿、罚款和其他处罚、补救成本、声誉或员工时间成本影响的估价；（3）报告和采取纠正措施所花费的时间。

3. 预测类指标包括：（1）一定时期的不合规的风险［以目标的潜在损失/收益（收入、健康和安全、声誉等）测量］；（2）不合规趋势（基于过去趋势预测合规率）。

（二）收集合规管理绩效信息

收集与合规管理考核评价对象有关的合规管理绩效信息。

1. 合规管理绩效信息的来源

合规管理绩效信息来源：（1）员工，如通过举报工具、热线电话、反馈、意见箱；（2）客户，如通过投诉处理系统；（3）供应商；（4）监管部门；（5）过程控制日志和活动记录（包括电子版和纸质版）。

2. 合规管理绩效信息的内容

合规管理绩效信息的内容：（1）合规问题；（2）不合规和合规疑虑；（3）新出现的合规问题；（4）持续的监管和/或组织的变更；（5）对合规有效性和合规绩效的评论；（6）优秀合规实践案例。

3. 收集合规管理绩效信息的方法

合规管理绩效信息收集的方法：（1）出现或确认不合规时的特别报告；（2）通过热线电话、投诉和其他反馈（包括举报）所收集的信息；（3）非正式讨论、研讨会和分组座谈会；（4）抽样和诚信试验，如神秘购物；（5）感知调查的结果；（6）直接观察、正式访谈、工厂巡视和检查；（7）审核和评审；（8）利益相关方质询、培训需要和培训过程中的反馈（尤其是员工的反馈）。

（三）合规管理绩效分析和评价

一旦收集了合规绩效，则需要对其进行分类、分析和精确评估以识别根本原因和需采取的适当措施。分析时，宜考虑系统性和反复发生的问题，并进行改正或改进，因为这些可能会给组织带来重大并更加难以识别的合规风险。

（四）考核评价报告

分析和评价后，应及时编制合规考核评价报告。

考核评价报告应包括如下内容：（1）考核依据，包括相关的合规义务、合规管理制度和流程、绩效指标等；（2）考核主体；（3）考核对象；（4）考核期限；（5）考核评价方法和流程；（6）考核评价结果；（7）揭示重大不合规和新出现的合规问题，提出应对整改建议；（8）报告优秀的合规管理实践案例，提出激励措施建议。

（五）考核评价沟通

考核评价沟通是合规宣传和培训的重要途径和方式。考核评价结果应与考核评价对象进行充分沟通，听取其意见，允许其申辩。企业合规管理考核评价的总体情况和结果，还应在企业内公开进行沟通，让全体员工知晓企业合规管理运行的状况、需要应对整改的问题等。

（六）考核评价结果的执行

1. 将合规管理考核评价结果作为员工考核、干部任用、评先选优等工作的重要依据。

2. 倡导和奖励合规管理优秀的部门和员工。

3. 违规问责，即追究违法违规事件责任人员的责任。

4. 违规整改，持续改进。

四、合规管理考核与评价分类

从不同角度，可以对合规管理考核与评价进行以下分类。

1. 从考核评价的频率和时间来看，合规管理考核与评价可以分为定期考核评价（如年度考核与评价）与临时考核评价。

2. 从考核评价的范围来看，合规管理考核与评价可以分为全面合规管理考核评价与专项合规管理考核评价（对某一领域、某一部门或某一类人员合规管理的专门考核评价）。

3. 从考核对象来看，合规管理考核与评价可以分为对合规管理组织（包括合规管理部门、业务及职能部门等）的合规管理考核评价、对管理人员（包括高级管理人员、合规负责人、部门负责人等）的合规管理考核评价以及对员工的合规管理考核评价。

4. 从考核主体来看，合规管理考核与评价可以分为董事会主持的合规管理考核评价、合规委员会主持的合规管理考核评价、合规管理部门组织的合规管理考核评价以及业务及职能部门内部的合规管理考核评价等。

5. 从公司结构来看，合规管理考核与评价可以分为本公司内部合规管理考核评价、母公司对下属公司的合规管理考核评价等。

五、合规管理考核与评价内容

关于合规管理考核评价的内容，只有发改委等七部门发布的《企业境外经营合规管理指引》作了原则性的规定。根据该指引第 18 条第 2 款的规定，合规管理考核内容包括但不限于按时参加合规培训、严格执行合规管理制度、积极支持和配合合规管理机构工作、及时汇报合规风险等。

从合规管理考核评价的对象来看，结合笔者合规管理实践案例的经验，合规管理考核评价的内容包括以下 5 个方面。

（一）对高级管理人员的考核评价

对高级管理人员的合规管理考核包括对本公司高级合规人员、合规管理负责人、子公司高级管理人员的考核。考核内容包括：（1）执行企业董事会关于合规管理决定情况；（2）企业合规管理的有效性；（3）经营管理和执业行为的合规性；（4）合规意识、带头依法开展经营管理活动及认真履行承担的合规管理职责情况；（5）企业年度合规管理计划执行情况；（6）将合规管理流程融入业务流程情况；（7）重大合规风险的应对整改情况；（8）违规问责情况等。

（二）对合规管理部门的合规管理考核评价

对合规管理部门（包括子公司合规管理部门）的合规管理考核评价内容包括：（1）本公司合规管理体系的建设及运行情况；（2）合规部门合规管理职责的履行情况；（3）合规管理人员的合规意识与合规管理知识及能力情况；（4）年度合规计划的执行情况；（5）及时汇报重大合规风险，以及重大合规风险的应对整改情况；（6）对各部门、下属公司的合规管理指导、支持和管控情况。

（三）对业务及职能部门、分支机构及其负责人的合规管理考核

对业务及职能部门、分支机构及其负责人的合规管理考核内容包括：（1）合规管理体系在本部门的运行情况；（2）本部门合规管理职责的履行情况；（3）负责人的合规意识、带头依法开展经营管理活动及认真履行承担的合规管理职责情况；（4）对合规管理的支持与配合情况；（5）本部门执行合规管理制度情况；（6）不合规事件及其整改情况。

（四）对业务及职能部门员工的合规管理考核

对业务及职能部门员工的合规管理考核内容包括：（1）员工的合规意识；（2）参加合规培训情况；（3）遵守和履行合规管理制度情况；（4）对合规管理的支持与配合情况；（5）不合规事件及整改情况；（6）配合违规调查情况。

（五）对子公司的合规管理考核

对子公司的合规管理考核内容包括：（1）合规管理有效性；（2）经营管理和执业行为合规性。

六、合规管理考核与评价机制

（一）建立合规管理考核评价机制，是有关合规义务渊源的要求

国务院国资委发布的《中央企业合规管理指引（试行）》第23条要求中央企业加强合规考核评价，把合规经营管理情况纳入对各部门和所属企业负责人的年度综合考核，细化评价指标。对所属单位和员工合规职责履行情况

进行评价，并将结果作为员工考核、干部任用、评先选优等工作的重要依据。

发改委等七部门发布的《企业境外经营合规管理指引》第18条第2款规定，企业境外经营相关部门和境外分支机构可以制定单独的合规绩效考核机制，也可将合规考核标准融入总体的绩效管理体系中。

我国证监会发布的《证券公司和证券投资基金管理公司合规管理办法》第27条第1款规定，证券基金经营机构应当制定合规负责人、合规部门及专职合规管理人员的考核管理制度。

我国国家金融监督管理总局《金融机构合规管理办法》第44条规定，金融机构应当建立合规工作考核制度，将内设部门、下属各机构合规管理质效纳入考核，并将合规管理情况纳入对下属各机构负责人的年度综合考核。第43条第2款规定，金融机构应当制定首席合规官、合规官、合规管理部门及专职合规管理人员的考核管理制度。

（二）合规管理考核评价机制的内容

根据国际标准及我国国家标准《合规管理体系　要求及使用指南》第9条的规定，企业合规管理考核评价机制的内容主要包括：（1）考核评价指标的设定机制；（2）合规管理体系监视机制，对持续监视计划、过程、时间表、资源和要收集的信息等作出规定；（3）收集合规考核评价信息的方法和程序；（4）考核评价报告规定；（5）考核评价沟通机制；（6）考核评价结果的处理机制。

七、合规管理考核与评价问题探讨

（一）谁考核谁

有关合规管理的标准、办法和指引对考核对象（被考核人）均有明确的规定，但是对考核主体（考核人）的规定甚少。笔者根据对上述标准、办法和指引的理解，结合开展合规管理服务的经验，对企业合规管理考核评价的双方进行了梳理，并提出相关建议，如表2－8－1所示。该表中正文字体部分是上述标准、办法和指引的规定，下划线部分是笔者的理解和建议。

表2-8-1 合规管理标准、办法和指引对被考核人和考核人的规定

序号	被考核人	考核人
1	高级管理人员	董事会/合规负责人/合规委员会
2	管理人员	合规负责人与合规管理部门
3	合规负责人	董事会/合规委员会
4	合规管理部门	合规负责人/合规委员会
5	专职合规管理人员	合规负责人
6	兼职合规管理人员	合规负责人/合规管理部门/业务及职能部门
7	业务及职能部门、分支机构及其负责人	合规负责人/合规管理部门
8	员工	合规管理部门/业务及职能部门
9	子公司合规负责人	合规负责人/合规管理部门
10	下属单位合规管理部门	集团合规负责人/集团合规管理部门

（二）协同运作

合规管理考核评价是企业管理考核的形式和内容之一，应当与企业其他管理考核衔接、融合，实现协同运作。

1. 与人力资源部门的员工绩效考核融合

国际标准及我国国家标准《合规管理体系　要求及使用指南》第5.3.1条要求最高管理层确保合规绩效与人员绩效考核挂钩。

我国《中央企业合规管理指引（试行）》第23条、《企业境外经营合规管理指引》第18条第1款要求将合规经营管理情况纳入对各部门和所属企业负责人的年度综合考核，合规管理考核结果作为员工考核的重要依据，与员工薪酬挂钩。

对管理人员、员工以及合规管理人员的合规管理绩效考核，应在考核指标设定、考核评价、沟通、奖惩等方面，纳入企业人力资源部主导的企业管理考核范畴。

设定合规管理绩效考核指标时，合规管理负责人以及合规管理部门沟通协商，确定合规管理绩效考核指标所占权重。我国证监会发布的《证券公司和证券投资基金管理公司合规管理办法》第27条第1款要求对兼职合规管理人员进行考核时，合规负责人所占权重应当超过50%，并要求不得

采取其他部门评价、以业务部门的经营业绩为依据等不利于合规独立性的考核方式。这些规定都值得借鉴和参考。

2. 与评先选优融合

国务院国资委发布的《中央企业合规管理指引（试行）》第23条要求将合规管理考核结果与评先选优挂钩，并作为评先选优工作的重要依据。

国家金融监督管理总局《金融机构合规管理办法》第44条要求金融机构强化考核结果运用，将合规职责履行情况作为员工考核、评优评先等工作的重要依据。

3. 与干部任用融合

国务院国资委发布的《中央企业合规管理指引（试行）》第23条要求将合规经营管理情况纳入对各部门和所属企业负责人的年度综合考核，合规管理考核结果作为干部任用的重要依据。

《企业境外经营合规管理指引》第18条第1款要求合规考核结果应作为企业绩效考核的重要依据，与职务任免、职务晋升等挂钩。

国家金融监督管理总局《金融机构合规管理办法》第44条要求金融机构强化考核结果运用，将合规职责履行情况作为人员任用的重要依据。

4. 纳入法治建设考核

国务院国资委发布的《中央企业合规管理办法》第28条要求将合规管理作为法治建设重要内容，纳入对所属单位的考核评价。

第九章 合规宣传与培训

Chapter Ⅸ Corporate Compliance Propaganda and Training

要点

1. 企业不但要有合规培训，还要有合规宣传。
2. 谁应参加合规培训？
3. 谁负有合规培训职责？
4. 合规培训的内容是什么？

企业合规宣传培训的目标，是确保人员有能力以符合本组织合规文化和对合规的承诺的方式履行其岗位职责（国际标准及我国国家标准《合规管理体系　要求及使用指南》第 A. 7. 2. 3 条），加强全体员工对企业合规的基本认识，帮助员工理解和掌握自己的合规义务，提高员工的合规意识及遵纪守法的自觉性，是实现全员合规的基础。企业合规培训的有效性也是企业合规管理体系有效性评价的重要内容。

一、企业合规宣传与培训是企业合规管理体系的基本构成要素

合规宣传与培训是企业合规管理体系的构成要素之一，是企业文化建设的重要途径和内容。

国际标准及我国国家标准《合规管理体系　要求及使用指南》第 7. 2. 3 条、第 A. 7. 2. 3 条对合规培训的程序和要求作了具体规定。

国务院国资委发布的《中央企业合规管理指引（试行）》（第 26 条）与发改委等七部门发布的《企业境外经营合规管理指引》（第 16 条）均把合规培训作为重要的合规管理运行机制进行了规定。

国务院国资委发布的《中央企业合规管理办法》（第 30 条、第 31 条）将合规培训与合规宣传作为企业合规文化建设的重要内容。

二、合规培训对象

通过梳理有关企业合规管理的标准、办法和指引可知，合规培训的对象及内容包括以下5个方面。

（一）治理机构成员

治理机构成员包括企业董事会成员、监事会成员和高级管理人员。

治理机构是企业的决策机构，需要倡导诚实守信的道德准则和企业价值观，制定合规方针与合规目标，作出合规管理承诺，为合规管理提供明确坚定的支持并分配所需资源，推动合规管理体系的建设和运行，做诚信合规的表率。因此，治理机构成员应带头参加与其职责相关的合规培训，学习主要合规义务渊源，掌握合规管理的基本知识，具备履行合规义务的能力。

国务院国资委发布的《中央企业合规管理办法》第29条要求中央企业应当将合规管理纳入党委（党组）法治专题学习，推动企业领导人员强化合规意识，带头依法依规开展经营管理活动。

发改委等七部门发布的《企业境外经营合规管理指引》第16条要求决策层和高级管理层带头接受合规培训。

国际标准及我国国家标准《合规管理体系　要求及使用指南》第7.2.1条规定，治理机构、管理层都应具备履行合规义务的能力，并应通过教育、培训等多种方式获得并提高合规管理技能。

（二）合规管理人员

合规管理人员包括企业合规负责人、合规管理部门的合规管理人员以及各部门的专职和兼职合规管理人员。

国务院国资委发布的《中央企业合规管理指引（试行）》第25条第1款要求企业建立专业化、高素质的合规管理队伍，根据业务规模、合规风险水平等因素配备合规管理人员，持续加强业务培训，提升队伍能力水平。

国务院国资委发布的《中央企业合规管理办法》第14条第2款要求企业应当配备与经营规模、业务范围、风险水平相适应的专职合规管理人员，加强业务培训，提升专业化水平。第13条第2款要求业务及职能部门设置合规管理员，由业务骨干担任，接受合规管理部门业务指导和培训。

我国国家金融监督管理总局《金融机构合规管理办法》第38条、第39条规定，金融机构应当为合规管理部门配备充足的、具备与履行合规管理职责相适应专业知识和技能的合规管理人员。合规管理部门应当主要由具有法律或者经济金融专业学历背景的人员组成。金融机构各部门、下属各机构应当配备与业务规模、风险管控难度相匹配的专职或者兼职合规管理人员。境外金融分支机构及境外金融子公司，应当配备熟悉所在司法辖区法律法规和相关银行保险业务的合规管理人员。合规风险较高的重点国家和地区，应当增加专职合规管理人员，有效防范应对合规风险。

合规管理人员不但应当自己接受合规培训，还应努力具备对其他员工进行合规培训的能力。因此，对于合规管理人员，应开展“培训师培训”（train the trainers）的项目。

（三）管理层

管理层是企业各部门、分支机构的负责人，各部门、分公司所属分部、科、室的负责人，各车间及其班组负责人等。

企业各部门及其分支机构，包括企业横向职能管理部门（如规划、运营管理、财务、人事、内控、审计、行政等）、业务部门（包括研发、生产、采购、销售、物流、质量、环安卫等）以及各分公司、项目组、营业部等。企业各部门及其分支机构负责本领域的日常合规管理工作，是履行合规管理的“第一道防线”，对企业合规负首要责任。

各管理层负责本部门的日常合规管理工作，组织、指导、监督本部门员工诚信合规守法。各管理层既是合规管理的践行者，又是本部门合规管理的组织者、领导者和责任人。因此，各管理层除了掌握本部门业务知识以外，还应具有合规管理人员其他三个方面的知识和能力，包括基本的法律知识与能力、管理学知识与能力以及经济学知识与能力。

各管理层应具备履行合规义务的能力，并通过教育、培训等多种方式获得并提高合规管理技能（国际标准及我国国家标准《合规管理体系　要求及使用指南》第7.2条），参加并协助合规培训活动（该指南第5.3.3条）。

（四）员工

按照国际标准及我国国家标准《合规管理体系　要求及使用指南》第

5.3.4 条、第 7.2.3 条，发改委等七部门《企业境外合规管理指引》第 16 条的规定，所有员工都应具备履行合规义务的能力，都应按照合规管理体系要求接受和参与培训，了解并掌握企业的合规管理制度和风险防控要求。

企业员工是合规责任的具体实施者，是企业合规的最基本单元。员工合规，关系到企业合规管理的成败。因此，需要定期强制性地为员工安排灵活多样的合规培训，培育员工诚信合规意识，让员工理解和执行合规义务，促进人人合规的企业文化建设。

对于高风险领域、关键岗位员工，《亚太经合组织高效率公司合规项目基本要素》、国务院国资委发布的《中央企业合规管理指引（试行)》《中央企业合规管理办法》、发改委等七部门发布的《企业境外经营合规管理指引》要求对他们进行有针对性的、专题的法律和道德合规培训，加大培训力度，使他们熟悉并严格遵守业务涉及的各项规定。

对于海外人员，国务院国资委发布的《中央企业合规管理指引（试行)》第 15 条第 3 项还要求将合规培训作为其任职、上岗的必备条件，确保遵守我国和所在国法律法规等相关规定。

（五）商业伙伴

《世界银行集团　廉政合规指南概要》第 7 条以及《亚太经合组织高效率公司合规项目基本要素》要求对业务伙伴提供合规培训，促使业务伙伴与企业作出对等的合规承诺。

国际标准及我国国家标准《合规管理体系　要求及使用指南》第 7.2.3 条要求结合已识别的合规风险，确保实施程序对代表组织开展业务并可能给组织带来合规风险的第三方进行培训，提高其合规意识。

对商业伙伴的合规培训，主要涉及诚信合规内容，包括反腐败、反欺诈、反洗钱、反串谋以及反垄断、反不正当竞争、环境保护、安全、数据保护、知识产权保护和保密等行政强监管领域的合规内容。

三、合规培训内容

（一）对合规管理职责人员培训的内容

合规管理是企业重要的、特殊的、专业的管理职能，要求各合规管理组织拥有合规管理职责的人员（包括治理机构各成员、合规负责人、合规管理人员、各职能管理部门的管理层、各业务部门的管理层，以及各分公司、项目组、营业部的管理层）具有 4 个方面的知识和能力。

1. 法律知识与能力

各合规管理组织拥有合规管理职责的人员需要领导、决策、支持、监督、实施合规管理工作，需要了解、掌握企业以及本部门适用的合规义务渊源的基本知识。

合规管理是合规管理人员专职的、专业性很强的工作。合规管理人员需要持续加强业务培训，全面学习、理解和运用合规义务渊源、合规风险识别清单等，掌握专业合规管理技能，尤其是在正确把握法律、规则和准则的最新发展及其对企业经营的影响等方面的技能培训。

2. 管理学知识与能力

合规管理是企业重要的管理职能。开展合规管理，应在组织、指导、监督和支持合规管理工作，在业务流程、项目管理、管理评估、考核评价等方面具备基本的管理学知识和能力。

内部控制和风险管理与合规管理具有很强的趋同性，合规管理与内部控制、风险管理协同运作是企业合规管理的重要内容。需要加强对内部控制和风险管理理论和实务的学习。

3. 经济学知识与能力

合规管理，尤其是合规风险管理、合规管理体系有效性评价、合规考核与评价等需要运用经济学模型与技术方法。开展合规管理，应积极参加学习，掌握相关的经济学知识，具有运用经济学知识和技术方法开展合规管理的能力。

4. 基本业务知识

合规管理需要将合规要求融入业务流程，开展合规风险管理，进行合规管理体系有效性评价、合规管理考核与评价等，应对各部门的基本业务内容、业务模式、业务流程等有基本的了解。

（二）对企业员工进行合规培训的内容

对企业员工进行合规培训的主要内容应包括：（1）企业的合规方针、领导的合规承诺、企业的核心价值观；（2）合规理念；（3）与员工岗位职责相关的合规义务渊源、合规义务清单与合规风险识别清单；（4）与员工岗位职责相关的管理制度与流程等。

按照国际标准及我国国家标准《合规管理体系 要求及使用指南》第7.2.3条、第A.7.2.3条的规定，对员工的教育和培训宜：（1）基于对员工知识和能力差距的评估；（2）适合于员工的岗位职责及其面临的合规风险；（3）由经验丰富和有资格的人员进行设计、开发和提供；（4）实用并易于员工理解；（5）与员工的日常工作相关，并且以相关行业、组织或部门的情况作为案例；（6）定期评估和评价其有效性。

四、合规管理组织的合规培训职责

（一）治理机构：建立和维护合规管理体系

治理机构应通过积极和显而易见的支持来建立和维护合规管理体系，通过对所有人员和有关的相关方开展意识提升活动和培训，为建立、开发、实施、评价、维护和改进强劲的合规文化提供适当的资源（国际标准及我国国家标准《合规管理体系 要求及使用指南》第A.5.1.1条）。

（二）合规负责人：领导、组织企业合规培训

有关企业合规管理的标准、办法和指引均规定，企业合规负责人全面负责公司的合规管理工作，领导合规管理部门，其中包括领导、组织企业合规培训工作。

我国证监会发布的《证券公司和证券投资基金管理公司合规管理办法》第29条规定，支持证券基金经营机构合规负责人依法开展工作，组织行业合规培训和交流。

（三）合规管理部门：组织、支持、提供合规培训

有关企业合规管理的标准、办法和指引均规定，企业合规管理部门的合规管理职责之一是，组织或协助业务及职能部门、人事部门开展合规培训，并提供合规专业知识培训。

（四）各部门管理层：支持合规培训，做好本领域合规培训

国际标准及我国国家标准《合规管理体系 要求及使用指南》第5.3.3条、国务院国资委发布的《中央企业合规管理指引（试行）》第11条第1款都要求各部门管理层支持合规培训并做好本领域合规培训。

（五）业务及职能部门：做好本领域的合规培训

业务及职能部门是合规管理的责任主体与合规风险的“第一道防线”。做好本领域的合规培训，是其义不容辞的责任。国务院国资委发布的《中央企业合规管理指引（试行）》第11条第1款要求业务及职能部门负责本领域的日常合规管理工作，做好本领域合规培训。

五、合规培训程序

国际标准及我国国家标准《合规管理体系　要求及使用指南》第7.2.3条对合规培训的程序作了简要规定。结合其他有关合规管理的标准、办法和指引的规定，合规培训的程序梳理如下。

1. 制定合规培训计划

合规培训计划应是企业合规管理计划与培训计划的一部分，纳入企业年度合规管理计划与年度培训计划。

2. 评估员工合规培训需求

适宜时，采取措施（包括与员工面对面的沟通），对培训对象的知识和能力进行评估，了解培训对象的合规培训需求。

3. 确定培训项目和内容

根据员工合规培训需求，针对与员工角色和职责相关的义务和合规风险，量身定制合规培训项目与培训内容。合规培训项目内容应当实用并易于员工理解，应当与员工的日常工作相关，并且以相关行业、企业本身或部门的情况作为案例。

4. 提供合规培训

培训方式应足够灵活，涉及各种技能，以满足组织和员工的不同需求。

5. 对培训的有效性进行评估

培训结束时，对培训的有效性进行评估，包括对培训对象进行培训考核。

合规培训的有效性、经过有效培训的比例是合规绩效考核评价的重要指标与内容（国际标准及我国国家标准《合规管理体系　要求及使用指南》第A.9.1条）。

6. 合规培训的记录与保存

合规培训时，应制作并妥善保存培训记录，包括培训项目名称，培训时间，培训内容简介，培训对象姓名单位和职务，培训老师姓名、职务介绍，培训考核情况，培训效果评估情况。培训对象名册应由培训对象逐一签署。

7. 合规培训报告

合规管理部门应基于合规培训记录，向决策层和高级管理层汇报合规培训的组织情况与合规培训效果的评估结果（发改委等七部门发布的《企业境外经营合规管理指引》第 17 条）。

8. 再培训

根据国家标准《合规管理体系　要求及使用指南》第 7. 2. 3 条的规定，在下列情况下应考虑合规再培训：（1）员工职位或职责的变化；（2）内部方针、过程和程序的变更；（3）组织结构的变化；（4）合规义务的变更，特别是法律要求和相关方的需求的变化；（5）活动、产品或服务的变化；（6）产生于监视、审核、评审、投诉和不合规的问题，包括相关方反馈。

六、合规培训方式

合规培训与合规活动的形式可以多种多样，不拘一格。很多企业集团已经采取线下培训、网络培训与合规活动相结合的方式，取得了很好的效果，值得借鉴。

1. 线下培训

由合规培训老师面对面地进行培训授课。可以在企业总部集中培训，或者到相关业务及职能部门和子公司参加现场培训，也可以参加咨询机构组织的合规培训或研讨会等。可以是普及培训、合规管理人员专职培训、入职培训、业务及职能部门专项合规培训等。线下培训需要与企业人力资源部门充分协作，进行培训考核，制作培训记录。

2. 网络培训

设置网络培训课程（线上课程），通过企业内网和企业合规管理信息系统，自动推送到各培训对象，培训对象接受线上合规培训，进行线上培训考核，制作线上合规培训记录。

七、协同运作

有关企业合规管理的标准、办法和指引均规定，企业合规管理部门的合规管理职责之一是，组织或协助业务及职能部门、人事部门开展合规培训，并提供合规专业知识培训。

合规培训是企业培训的重要组成部分，可以在以下 4 个方面开展协同运作：

1. 合规培训计划纳入企业培训计划，由人力资源部门统一制定和实施，合规管理部门提供协助和支持。

2. 合规培训资源纳入企业培训资源安排，包括费用、场所、培训老师、组织等，由人力资源部门统筹管理，合规管理部门提供协助和支持。

3. 合规培训数字化（包括线上培训课程、线上培训测试等），纳入人力资源部门培训数字化统一规划，并与信息管理部门（IT）充分沟通协调。

4. 合规培训纳入企业培训的记录、评审与考核，并作为合规绩效的重要组成部分，纳入企业对管理层、各业务及职能部门、全体员工的绩效考核。

八、合规宣传

（一）有关合规义务渊源对合规宣传的规定

有关合规管理的标准、办法和指引对合规宣传的规定甚少，主要包括：

1.《世界银行集团　廉政合规指南概要》第 7 条要求，采取切实合理的步骤，定期宣传合规计划，同时根据不同的需求、情况、职位和职责，为公司各级职员（尤其是从事高风险活动的职员）提供有效培训并予以记录，适当时也可为业务伙伴提供培训。公司管理层须在年度报告中对合规计划进行说明，或公开披露/宣传合规计划的相关知识。

2. 国务院国资委发布的《中央企业合规管理办法》第 31 条要求中央企业加强合规宣传教育，及时发布合规手册，组织签订合规承诺，强化全员守法诚信、合规经营意识。

（二）合规宣传的内容

合规宣传是企业宣传的一部分，属于合规意识形态领域，目的在于增强全员合规意识，培育企业合规文化。企业合规宣传的内容主要包括将诚信合规列入企业的核心价值观，宣传合规方针、领导承诺、员工合规义务、合规目标以及合规计划等。

（三）合规宣传的方式

合规宣传宜采取灵活多样的合规宣传方式，例如：(1）在企业宣传墙、员工电脑屏保上宣传企业合规方针与领导承诺；（2）发放合规手册、合规操作指引等；(3）在员工大会上进行合规宣示，在部门例会、晨会上宣示、宣传合规；（4）员工签署合规承诺书；（5）开展合规宣传周、活动日活动；(6）有奖问卷调查、现场案例宣讲、专题座谈；（7）通过企业局域网、OA 系统、微信等推送合规知识、典型案例等。

第十章 违规管理与问责

Chapter X Non-Compliance and Punishment

要点

1. 违规管理包括违规举报、违规调查、违规问责（处置）以及对举报人的保护。

2. 在我国国有企业，违规管理与问责多由纪检监察部门负责，在欧美跨国企业集团多由合规管理部门负责。

3. 国有企业违规经营投资责任追究。

企业违规管理，在跨国企业集团的合规管理中常称为违规举报、调查与处置，在国务院国资委发布的《中央企业合规管理指引（试行)》《中央企业合规管理办法》以及发改委等七部门发布的《企业境外经营合规管理指引》中称为违规举报、调查与问责。

企业违规管理与问责是典型的反向合规激励形式，有利于引导员工自觉合规，促进员工相互约束和监督，及时预警和识别合规风险，促进企业合规文化建设。

一、违规管理与问责是企业合规管理体系的基本构成要素

有关企业合规管理的标准、办法和指引对违规管理作出了以下规定：(1）鼓励坦诚地违规举报，并为违规举报提供举报热线等便利的途径；(2）对被发现和举报的违规行为，进行调查；(3）对经过调查核实的违规行为，严格惩处和问责；(4）对举报违规行为的人予以保护，严禁打击报复。

这些规定还要求企业制定违规举报、调查、惩处问责和反打击报复的制度，建立相关机制。例如，国务院国资委发布的《中央企业合规管理办法》(第 24 条、第 25 条）要求中央企业建立违规举报平台，就举报问题进行调查和处理，按照有关规定严肃追究违规人员责任；对举报人的身份和举报事项严格保密，对举报属实的举报人可以给予适当奖励；任何单位和

个人不得以任何形式对举报人进行打击报复。

国际标准及我国国家标准《合规管理体系　要求及使用指南》(第8.3条、第8.4条）要求组织建立违规管理机制，鼓励和促进举报试图、涉嫌或实际存在的违反合规方针或合规义务的行为，对有关涉嫌或实际的不合规情形进行评估和调查，并根据调查结果改进合规管理体系。

二、违规管理的原则

（一）客观独立原则

客观性原则和独立性原则是企业合规管理的两项重要基本原则，也是企业违规管理的基本原则。

按照国务院国资委发布的《中央企业合规管理指引（试行)》第4条第4项的规定，企业应当严格依照法律法规等规定对企业和员工行为进行客观评价和处理。合规管理牵头部门独立履行职责，不受其他部门和人员的干涉。

我国《监察法》第4条第1款也规定，监察委员会依照法律规定独立行使监察权，不受行政机关、社会团体和个人的干涉。

国际标准及我国国家标准《合规管理体系　要求及使用指南》第8.4条要求对不合规行为的调查过程由具备相应能力的人员独立进行，且避免利益冲突。第A.8.4条规定，组织宜确保调查是公正和独立的。适当时，组织宜考虑创立独立的委员会来监督调查，并保证调查的完整性和独立性。

（二）以事实为依据，以法律为准绳

以事实为依据，以法律为准绳是企业违规管理的基本原则之一。

《中国共产党纪律处分条例》第4条第3项规定，对党组织和党员违犯党纪的行为，应当以事实为依据，以党章、其他党内法规制度和国家法律法规为准绳，执纪执法贯通，准确认定行为性质，区别不同情况，恰当予以处理。

我国《监察法》第5条规定，国家监察工作严格遵照宪法和法律，以事实为根据，以法律为准绳；在适用法律上一律平等，保障当事人的合法权益；权责对等，严格监督；惩戒与教育相结合，宽严相济。

国务院办公厅于2016年8月2日发布的《关于建立国有企业违规经营投资责任追究制度的意见》(国办发〔2016〕63号)、国务院国资委于2018年7月13日发布的《中央企业违规经营投资责任追究实施办法（试行)》

(第 37 号) 要求“依法合规、违规必究”“坚持依法依规问责”“以国家法律法规为准绳，严格执行企业内部管理规定，对违反规定、未履行或未正确履行职责造成国有资产损失以及其他严重不良后果的国有企业经营管理有关人员，严格界定违规经营投资责任，严肃追究问责，实行重大决策终身责任追究制度”。

(三) 公平公正

国务院办公厅于 2016 年 8 月 2 日发布的《关于建立国有企业违规经营投资责任追究制度的意见》(国办发〔2016〕63 号)、国务院国资委于 2018 年 7 月 13 日发布的《中央企业违规经营投资责任追究实施办法（试行)》(第 37 号) 要求“客观公正、责罚适当”“坚持客观公正定责”，要求在充分调查核实和责任认定的基础上，既考虑量的标准也考虑质的不同，实事求是地确定资产损失程度和责任追究范围，恰当公正地处理相关责任人。

国务院 2024 年 5 月 21 日《国有企业管理人员处分条例》规定，给予国有企业管理人员处分，应当坚持公正公平，集体讨论决定；坚持宽严相济，惩戒与教育相结合；坚持法治原则，以事实为根据，以法律为准绳，依法保障国有企业管理人员以及相关人员的合法权益。

三、合规管理组织的违规管理职责

关于合规管理组织的违规管理职责，国有企业和其他企业之间存在差别。

(一) 我国国有企业的违规管理责任

国务院国资委发布的《中央企业合规管理办法》第 25 条第 1 款要求中央企业完善违规行为追责问责机制，明确责任范围，细化问责标准，针对问题和线索及时开展调查，按照有关规定严肃追究违规人员责任。

虽然我国国家金融监督管理总局发布的《金融机构合规管理办法》、我国证监会发布的《证券公司和证券投资基金管理公司合规管理办法》以及发改委等七部门发布的《企业境外经营合规管理指引》等对金融机构、证券公司、证券投资基金管理公司、企业境外分（子）机构的违规管理有专门的规定，但下列企业仍应执行我国法律法规（包括党内法律）关于国有企业违规管理的规定：(1) 国有企业性质的金融机构、证券公司和证券投资基金管理公司；(2) 国有企业委派到非国有企业的党员和管理人员；(3) 国有企业委派到境外分（子）公司的党员和管理人员。

中央企业的违规管理与问责的归口管理部门包括以下 4 个。

1. 违规经营投资责任追究职能部门或机构

国务院国资委《中央企业违规经营投资责任追究实施办法（试行）》第 50 条规定："中央企业应当明确相应的职能部门或机构，负责组织开展责任追究工作，并做好与企业纪检监察机构的协同配合。"

在实务中，大多数中央企业和地方国有企业明确由审计部门负责开展违规经营投资追责工作，涉及党内法规制度的，移交纪检监察机构。

2. 纪检监察部门

在我国国有企业，纪检监察合署办公。按照中国共产党党内法规以及我国《监察法》，纪检监察部门负责：(1) 受理违规举报，并进行线索分类和处置；(2) 负责对企业党员干部和员工违反党纪的行为以及企业管理人员的职务犯罪和职务违法行为进行调查，提出违规问责或纪律处分建议，向企业党组织报告；(3) 按照企业党组织的决定，实施违纪处分或监察处置。

《中国共产党纪律处分条例》第 6 条规定，本条例适用于违犯党纪应当受到党纪责任追究的党组织和党员。

按照我国《监察法》第 1 条的规定，为了深化国家监察体制改革，加强对所有行使公权力的公职人员的监督，实现国家监察全面覆盖，深入开展反腐败工作，推进国家治理体系和治理能力现代化，根据宪法，制定本法。第 15 条第 3 项规定，监察机关对国有企业管理人员进行监察。因此，我国国有企业纪检监察全面覆盖的范围包括国有企业的党员干部、党员员工以及管理人员。

3. 合规管理部门

按照国务院国资委发布的《中央企业合规管理办法》第 14 条第 4 项的规定，中央企业合规管理部门受理职责范围内的违规举报，提出分类处置意见，组织或参与对违规行为的调查。因此，合规管理部门的违规管理职责限于纪检监察部门违规管理范围以外的违规举报受理、组织或参与对违规事件的调查并提出处理意见。

在实务中，有些国有企业将合规管理部门的违规管理职责界定为对各部门及员工的业务经营违规行为（违反法律法规、公司规章制度开展业务、从事经营的行为，如违反《反垄断法》《反不正当竞争法》《消费者权益保护法》《环境保护法》《安全生产法》《网络安全法》《数据保护法》《个人信息保护法》、合同约定的保密义务等的业务经营行为）进行调查，提出处置意见，是一种非常有益的探索。

此外，按照《中央企业合规管理指引（试行）》第7条第5项规定，经理层（高级管理人员）的职责包括及时制止并纠正不合规的经营行为，按照权限对违规人员进行责任追究或提出处理建议。第5条第6项规定，董事会的职责包括按照权限决定有关违规人员的处理事项。但是，该指引对经理层和董事会在违规管理方面的职责并未作出详细规定。

4. 业务及职能部门

按照国务院国资委发布的《中央企业合规管理办法》第13条第1款第5项的规定，中央企业业务及职能部门组织或配合开展违规问题调查和整改。

（二）非国有企业和非国有境外分（子）公司的职责

按照有关企业合规管理的标准、办法和指引的有关规定，非国有企业和境外分子公司的合规管理组织在企业违规管理方面的职责梳理总结如下。

1. 董事会与合规委员会的职责

（1）听取和接收有关重大违规情况（例如，可能会导致法律制裁或监管处罚、重大财务损失或声誉损失等）的报告；

（2）听取和接收有关高级管理人员违规行为的报告；

（3）听取和接收企业年度合规报告中有关重大违规事件及其处理情况。

合规委员会是企业董事会的下属机构，按照董事会的授权行使董事会的部分权利。

2. 高级管理人员（我国《公司法》中称经理层）的职责

（1）与治理机构一道，确立并维护问责机制，包括违规事件的报告机制；

（2）创造一个鼓励举报违规行为并且举报人员不会受到报复的环境；

（3）追究违规人员的违规责任，并及时制止和采取适当的纠正措施；

（4）及时向董事会或董事会下设的委员会、监事会报告重大违规情况；

（5）接收、听取合规部门的违规调查报告。

3. 合规负责人与合规管理部门的职责

（1）受理违规举报；

（2）针对举报信息制定调查方案并开展调查，在合规调查结束后就调查情况和结论制作报告并呈报给合规委员会；

（3）及时向高级管理人员、合规委员会或者董事报告违规行为（尤其是企业和高级管理人员的重大违规行为），提出处置意见；

（4）督促和监督违规整改，跟踪、监督违规处置的执行。

4. 业务及职能部门的职责

（1）配合、协助合规管理部门开展的违规调查；

（2）实施违规整改。

四、违规举报

（一）鼓励举报

有关企业合规管理的标准、办法和指引均鼓励员工和第三方（如供应商、经销商、服务提供者、工程承包商等）坦诚地违规举报，要求企业须建立违规举报制度，对举报者提供保护。

《世界银行集团　廉政合规指南概要》第9.3条（检举/热线），要求银行对于受到上级指示或压力却不愿违反合规计划的个人，或有意检举公司内部违规行为的个人，为其提供沟通渠道（包括秘密渠道）及保护。

《合规管理体系　要求及使用指南》第8.3条要求组织确立、实施并维护一个报告过程，以鼓励和促进（在有合理理由相信信息真实的情况下）报告试图、涉嫌或实际存在的违反合规方针或合规义务的行为。

发改委等七部门发布的《企业境外经营合规管理指引》第20条第1款规定，企业应根据自身特点和实际情况建立和完善合规信息举报体系。员工、客户和第三方均有权进行举报和投诉，企业应充分保护举报人。

国务院国资委发布的《中央企业合规管理办法》第24条第2款要求对举报属实的举报人可以给予适当奖励。

（二）举报渠道

我国中央业务和地方国有企业的违规举报平台（渠道）包括如下3个。

1. 纪检监察机构的违规举报平台（渠道）

该平台受理对纪检监察对象的违规举报。

2. 信访部门的信访渠道

按照我国《信访工作条例》的规定，各级机关、单位应当向社会公布网络信访渠道、通信地址、咨询投诉电话、信访接待的时间和地点、查询信访事项处理进展以及结果的方式等相关事项，在其信访接待场所或者网站公布与信访工作有关的党内法规和法律、法规、规章，信访事项的处理程序，以及其他为信访人提供便利的相关事项。

3. 合规管理部门宜设置违规举报平台（渠道）

国务院国资委发布的《中央企业合规管理办法》第24条第1款要求中央企业设立违规举报平台，公布举报电话、邮箱或者信箱，相关部门按照职责权限受理违规举报。因此，中央企业和地方国有企业合规管理部门宜设立违规举报平台，受理职责范围内的违规举报。

跨国企业集团大多为违规举报提供了多种渠道，包括：(1) 设立违规举报热线电话，有些甚至委托第三方咨询机构专门负责接听举报电话并提供不同语种的接听服务；(2) 提供接受违规举报的电子邮件和信箱地址；(3) 公开接受违规举报的部门、人员、电话、电子邮件等。

我国非国有性质的企业可以参照上述方式设置举报渠道。

(三) 举报方式

大多举报者选择匿名举报，提供的线索有限。这主要是出于保护自己的需要，但给企业后续调查带来困难。我国国有企业纪检监察鼓励实名举报，鼓励提供线索与证据，起到了良好的效果。

(四) 反打击报复

担心打击报复是员工不愿举报或者不愿实名举报的主要原因。因此，企业鼓励违规举报，需要对举报者提供有力保护，严厉惩处报复行为。有关企业合规管理的标准、办法和指引在鼓励员工进行违规举报的同时，都要求企业充分保护举报人。

反打击报复的基本措施包括：(1) 对举报人严格保密；(2) 对实施打击报复的被举报人给予严厉惩处；(3) 将反打击报复作为企业违规管理制度的重要组成部分加以规定，使之制度化；(4) 在合规宣传与培训中宣传和鼓励违规举报，并阐明公司保护举报人、严惩打击报复行为的政策和决心，在精神思想和舆论上给打击报复者以严厉警示。

五、违规调查

任何部门或个人收到违规举报以后，企业应当展开违规调查，做到有报必查，这是企业违规管理的基本要求。

（一）我国国有企业的违规调查

在我国国有企业，纪检监察合署办公，负责违规调查。按照我国《监察法》的规定，纪检监察部门开展违规调查的方式包括：谈话函询，初步核实，立案审查调查，案件审理，处置执行；经审批采取谈话、讯问、询问、留置、查询、冻结、搜查、调取、查封、扣押（暂扣、封存）、勘验检查、鉴定，提请有关机关采取技术调查、通缉、限制出境等措施。

按照国务院2024年5月21日《国有企业管理人员处分条例》的规定，违规调查的程序和方法包括：（1）初步核实问题线索；（2）经任免机关、单位主要负责人批准同意后立案，书面告知被调查人及其所在单位，并向主管监察机关通报；（3）调查并形成书面调查报告，向被调查人任免机关、单位负责人报告；（4）将调查认定的事实和拟给予处分的依据告知被调查人并听取其陈述和申辩；（5）提出处理建议，按程序报任免机关、单位领导成员集体讨论，作出对被调查人给予处分、免予处分、不予处分或者撤销案件的决定，并向有管理权限的监察机关通报；（6）任免机关、单位应当自决定作出之日起1个月以内，将处分、免予处分、不予处分或者撤销案件的决定以书面形式通知被调查人及其所在单位；（7）将处分有关决定及执行材料归入被调查人本人档案，同时汇集有关材料形成该处分案件的工作档案。重大违法案件调查过程中，确有需要的，可以商请有管理权限的监察机关提供必要支持。违法情形复杂、涉及面广或者造成重大影响，由任免机关、单位调查核实存在困难的，经任免机关、单位负责人同意，可以商请有管理权限的监察机关处理。

国务院国资委发布的《中央企业合规管理办法》规定，合规管理部门受理职责范围内的违规举报，提出分类处置意见，组织或参与对违规行为的调查（第14条第4项）。因此，我国国有企业应做好以下4点：

1. 研究和考虑增加合规管理部门受理违规举报的职能，在合规管理部门设置举报渠道，包括公开合规管理部门受理违规举报的电话、人员、电子邮件并设置举报信箱等。合规管理部门收到违规举报及线索后，应当将举报信息和违规线索进行分类和线索处置，按照职责权限，将违规线索及相关资料移交纪检监察、审计、人力资源等相关部门。

2. 研究和考虑合规管理部门组织和参与对违规事件的调查范围。如前文所述，按照我国党内法规以及我国《监察法》的规定，从合规义务渊源角度来说，合规管理部门的违规管理范围可以包括：（1）国有企业以企业为主体的违法行为；（2）非党员的普通员工与国有企业有关的违法、违规行为；（3）党员普通员工非违犯党纪的、与国有企业有关的违法、违规行为；（4）党员管理人员非违犯党纪且不属于职务违法和职务犯罪的与国有企业有关的一般违法、违规行为；（5）非党员管理人员不属于职务违法和职务犯罪的与国有企业有关的一般违法、违规行为。

3. 研究合规管理部门组织和参与对违规事件的调查措施。依据我国现有法律、法规的规定，国有企业合规管理部门不具备监察部门的下列调查权利：留置、查询、冻结、搜查、调取、查封、扣押（暂扣、封存）、勘验检查、鉴定，提请有关机关采取技术调查、通缉、限制出境等。

4. 研究合规管理部门与纪检监察协调合作的机制。例如，合规管理部门可以在合规义务渊源的理解和运用方面，向纪检监察部门提供专业支持；纪检监察部门在违规调查方面向合规管理部门提供指导等。

（二）非国有企业和境外分（子）公司的违规调查

1. 违规调查部门

有关企业合规管理的标准、办法和指引均规定，非国有企业和境外分（子）公司的违规调查一般由合规管理部门负责。

《巴塞尔银行监管委员会合规与银行内部合规部门》第 31 条规定，合规部门应该能够自主地对银行内部所有可能存在合规风险的部门履行风险管理的职责。合规部门应该有权对可能违反合规政策的事件进行调查，并在适当情况下请求银行内部专业人员（如法律或内部审计人员）的协助或外聘专业人士履行该职责。

我国证监会发布的《证券公司和证券投资基金管理公司合规管理办法》第 25 条第 1 款规定，证券基金经营机构应当保障合规负责人和合规管理人员充分履行职责所需的知情权和调查权。

发改委等七部门发布的《企业境外经营合规管理指引》第 20 条第 2 款规定，合规管理部门或其他受理举报的监督部门应针对举报信息制定调查方案并开展调查。形成调查结论以后，企业应按照相关管理制度对违规行为进行处理。

2. 违规调查措施

企业合规管理部门的违规调查措施一般包括：

（1）外围调查，如通过电话、询问、收集电子邮件和其他文件等，从公司外部的第三方（如供应商、客户、离职员工等）收集违规线索和证据。

（2）内部调查，如询问企业员工、检索被举报人电子邮件、查阅被举报人财务报销资料，从公司内部收集违规线索和证据。

（3）谈话，即与被举报人面对面谈话，澄清、核实有关证据，允许被举报人申辩等。

违规调查可能涉及专业技术和知识。必要时，还需要企业法务部门、内审部门、财务部门、人力资源部门、技术部门等参与违规调查或提供支持，甚至聘请调查公司或者律师提供专业性调查服务。

违规调查应由合规管理部门独立地开展，不受其他部门或者管理层的干涉。

（三）违规调查的合规性

违规调查是一项严肃的合规管理工作。违规调查工作本身包括违规调查程序、方法、措施等，应当符合各合规义务渊源的规定，真正做到“以事实为根据，以法律为准绳”。

我国《监察法》第 5 条明确规定，国家监察工作严格遵照宪法和法律，以事实为根据，以法律为准绳；在适用法律上一律平等，保障当事人的合法权益；权责对等，严格监督；惩戒与教育相结合，宽严相济。第 18 条第 2 款规定，监察机关及其工作人员对监督、调查过程中知悉的国家秘密、商业秘密、个人隐私，应当保密。第 56 条规定，监察人员必须模范遵守宪法和法律，忠于职守、秉公执法，清正廉洁、保守秘密。

国务院国资委《中央企业合规管理办法》、各地方国资委合规管理办法对违规履职（包括在调查中违规履职）做了规定：对在履职过程中因故意或者重大过失应当发现而未发现违规问题，或者发现违规问题存在失职渎职行为，给企业造成损失或者不良影响的单位和人员开展责任追究。

六、违规调查报告

（一）违规调查报告的撰写与提交

1. 我国国有企业由纪检监察部门负责违规调查的违规事件，由纪检监察部门向企业党组织和企业治理机构汇报违规调查结果，并提出纪律处分或监察处置建议。

2. 我国国有企业由企业合规管理部门负责违规调查的违规事件，由合规管理部门向合规委员会提交违规调查报告，提出违规问责建议，并由合规委员会审批违规问责措施。对于重大违规事件，还应及时向经理层和董事会汇报，并由其审批违规问责措施。

3. 非国有企业和企业境外分支机构的违规调查，由合规管理部门向合规委员会提交违规调查报告，提出违规处置建议，并由合规委员会审批违规处置措施。对于重大违规事件，还应及时向高级管理人员和治理机构汇报，并由其审批违规处置措施。

（二）违规调查报告的内容

违规调查报告的内容一般包括：

1. 违规信息、线索的来源以及违规线索的分类处置情况；
2. 违规调查小组的组成与职责；
3. 违规调查内容、计划与方案；
4. 违规调查过程、方法，采取强制措施情况；
5. 配合调查的单位、人员及其提供的线索、证据；
6. 获得证据情况，以及证据所能证明的事实；
7. 违规调查结果，以及违规行为违反的合规义务渊源；
8. 违规问责（处置）措施建议。

七、违规处置与问责

（一）强化违规处置与问责

国务院办公厅发布的《关于建立国有企业违规经营投资责任追究制度的意见》、国务院国资委《中央企业违规经营投资责任追究实施办法（试行）》要求，以国家法律法规为准绳，严格执行企业内部管理规定，对违反规定、未履行或未正确履行职责造成国有资产损失以及其他严重不良后果的国有企业经营管理有关人员，严格界定违规经营投资责任，严肃追究问责，实行重大决策终身责任追究制度。

国务院国资委发布的《中央企业合规管理指引（试行）》第 21 条要求强化违规问责，完善违规行为处罚机制，明晰违规责任范围，细化惩处标准。畅通举报渠道，针对反映的问题和线索，及时开展调查，严肃追究违规人员责任。

国务院国资委发布的《中央企业合规管理办法》第 25 条第 1 款要求中央企业完善违规行为追责问责机制，明确责任范围，细化问责标准，针对问题和线索及时开展调查，按照有关规定严肃追究违规人员责任。

我国国家监督管理总局《金融机构合规管理办法》第 54 条规定，金融机构通过有效的合规管理，主动发现违法违规行为或者合规风险隐患，积极妥善处理，落实责任追究，完善内部控制制度和业务流程。

我国《监察法》第 6 条规定，国家监察工作坚持标本兼治、综合治理，强化监督问责，严厉惩治腐败；深化改革、健全法治，有效制约和监督权力；加强法制教育和道德教育，弘扬中华优秀传统文化，构建不敢腐、不能腐、不想腐的长效机制。

（二）违规处置与问责措施

1. 违规经营投资责任追究

根据国务院办公厅发布的《关于建立国有企业违规经营投资责任追究制度的意见》、国务院国资委《中央企业违规经营投资责任追究实施办法（试行）》的规定，对相关责任人的处理方式包括：

（1）组织处理。批评教育、责令书面检查、通报批评、诫勉、停职、调离工作岗位、降职、改任非领导职务、责令辞职、免职等。

（2）扣减薪酬。扣减和追索绩效年薪或任期激励收入，终止或收回其他中长期激励收益，取消参加中长期激励资格等。

（3）禁入限制。5 年直至终身不得担任国有企业董事、监事、高级管理人员。

（4）纪律处分。由相应的纪检监察机构查处。

（5）移送国家监察机关或司法机关处理。依据国家有关法律规定，移送国家监察机关或司法机关查处。

以上处理方式可以单独使用，也可以合并使用。

2. 国有企业纪律处分

根据《中国共产党纪律处分条例》第 8 条、第 29 条、第 33 条的规定，对党员的纪律处分种类包括警告、严重警告、撤销党内职务、留党察看和开除党籍。对于受到纪律处分的党员在党外组织担任职务的，应当建议党外组织依照规定作出相应处理。在纪律审查中发现党员严重违纪涉嫌违法犯罪的，原则上先作出党纪处分决定，并按照规定给予政务处分后，再移送有关国家机关依法处理。党员依法受到刑事责任追究的，党组织应当根据司法机关的生效判决、裁定、决定及其认定的事实、性质和情节，依照本条例规定给予党纪处分，是公职人员的由监察机关给予相应政务处分。

3. 国有企业监察处置

根据《监察法》第45条和第46条的规定，监察机关根据监督、调查结果，依法对监察对象作出以下处置：

（1）对有职务违法行为但情节较轻的公职人员，按照管理权限，直接或者委托有关机关、人员，进行谈话提醒、批评教育、责令检查，或者予以诫勉。

（2）对违法的公职人员依照法定程序作出警告、记过、记大过、降级、撤职、开除等政务处分决定。

（3）对不履行或者不正确履行职责负有责任的领导人员，按照管理权限对其直接作出问责决定，或者向有权作出问责决定的机关提出问责建议。

（4）对涉嫌职务犯罪的，监察机关经调查认为犯罪事实清楚，证据确实、充分的，制作起诉意见书，连同案卷材料、证据一并移送人民检察院依法审查、提起公诉。

（5）对监察对象所在单位廉政建设和履行职责存在的问题等提出监察建议。

监察机关经调查，对违法取得的财物，依法予以没收、追缴或者责令退赔；对涉嫌犯罪取得的财物，应当随案移送人民检察院。

4. 对国有企业管理人员的违规问责

国务院2024年5月21日《国有企业管理人员处分条例》的规定，对国有企业管理人员的违规处分种类包括警告、记过、记大过、降级、撤职、开除等；构成犯罪的，依法追究刑事责任。

国有企业管理人员在处分期内，不得晋升职务、岗位等级和职称；其中，被记过、记大过、降级、撤职的，不得晋升薪酬待遇等级。被撤职的，降低职务或者岗位等级，同时降低薪酬待遇。被开除的，用人单位依法解除劳动合同。

国有企业管理人员违法取得的财物和用于违法行为的本人财物，除依法应当由有关机关没收、追缴或者责令退赔的外，应当退还原所有人或者原持有人。

5. 非国有企业、境外分（子）公司违规处置

非国有企业、境外分（子）公司对违规人员的违规处置，主要依据企业内部规章制度（如奖惩条例、员工手册等），包括警告、降薪、降职、调岗、罚款、解除劳动合同等。

（三）违规处置问责决定的实施

1. 根据国务院办公厅发布的《关于建立国有企业违规经营投资责任追究制度的意见》规定，根据调查事实，依照管辖规定移送有关部门，按照管理权限和相关程序对相关责任人追究责任。相关责任人对处理决定有异议的，有权提出申诉，但申诉期间不停止原处理决定的执行。责任追究调查情况及处理结果在一定范围内公开。

2. 按照《中国共产党纪律处分条例》的规定，国有企业对党员的纪律处分，由党组织作出决定，由纪检监察部门实施。

3. 按照我国《监察法》第 45 条的规定，国有企业监察机关根据监督、调查结果，依法作出处置。

4. 按照国务院 2024 年 5 月 21 日《国有企业管理人员处分条例》，给予国有企业管理人员处分，应当自立案之日起 6 个月内作出决定；案情复杂或者遇有其他特殊情形的，经任免机关、单位主要负责人批准可以适当延长，但是延长期限不得超过 6 个月。

5. 国有企业对纪检监察对象以外违规人员的违规处置，以及非国有企业、企业境外违规人员的违规处置，按照企业内部规章制度，由企业人力资源部门具体实施，企业合规管理部门提供支持，给予监督。

第十一章 合规管理计划与合规报告

Chapter XI Compliance Plan and Report

要点

企业合规管理计划和合规报告是企业合规管理体系的基本构成要素。

企业合规管理计划与合规报告是企业合规管理体系的基本构成要素。大多文章、学术著作提及合规报告者居多，而少有提及合规计划。

一、企业合规管理计划

（一）制定企业合规管理计划

有关企业合规管理的标准、办法和指引大多要求企业制定合规管理计划，见表 2-11-1。

表 2-11-1 企业合规管理标准、办法、指引关于合规管理计划的规定

相关标准、办法、指引	相关规定
《巴塞尔银行监管委员会合规与银行内部合规部门》第 18 条	高级管理层在合规部门的协助下，每年至少制定 1 次管理银行面临的主要合规风险问题的计划
《合规管理体系　要求及使用指南》第 A.7.5.1 条	组织的文件化信息应当包括年度合规计划
国家金融监督管理总局《金融机构合规管理办法》第 28 条第 1 款第 1 项	金融机构的合规管理部门负责拟订机构的合规管理基本制度和年度合规管理计划
国务院国资委发布的《中央企业合规管理指引（试行）》第 7 条第 3 项、第 10 条第 1 项	经理层负责批准合规管理计划，采取措施确保合规制度得到有效执行；合规管理牵头部门负责研究起草合规管理计划、基本制度和具体制度规定

续表

相关标准、办法、指引	相关规定
国务院国资委发布的《中央企业合规管理办法》第14条、第9条	合规管理部门负责起草合规管理年度计划，经理层批准年度计划
发改委等七部门发布的《企业境外经营合规管理指引》第11条	合规管理机构负责制定企业合规管理制度和年度合规管理计划，并负责推动其贯彻落实

（二）合规管理计划的制定和批准

从上述有关企业合规管理的标准、办法和指引的规定来看，合规管理计划一般由合规负责人领导合规管理部门起草，由经理层或者董事会批准后执行。

（三）合规管理计划的种类与内容

企业合规管理计划主要包括年度合规管理计划与专项合规管理计划。

1. 年度合规管理计划

年度合规管理计划是企业年度合规管理的总体安排，首先应制定年度合规目标。按照国际标准及我国国家标准《合规管理体系　要求及使用指南》第6.2条规定，合规目标要做到：（1）与合规方针一致；（2）可以测量（如果可行）；（3）体现适用的需求；（4）予以监视；（5）予以沟通；（6）视情况予以更新。

按照该标准，合规管理计划应确定需要做什么、需要什么资源、由谁负责、何时完成以及如何评价结果。

年度合规管理计划应基于合规管理体系的各构成要素，逐项分别制定计划，主要包括：（1）合规管理组织建设计划；（2）合规管理队伍培养与建设计划；（3）合规风险管理的重点及计划；（4）合规制度与流程制定、修改与补充安排；（5）合规管理体系有效性评价计划；（6）合规管理绩效指标及考核评价计划；（7）合规宣传培训计划；（8）合规管理信息系统建设计划；（9）合规文化建设计划；（10）企业集团对子公司的合规管理计划与安排。

2. 专项合规管理计划

专项合规管理计划包括：（1）年度专项合规计划，主要是针对某一合规管理领域的专门合规管理安排，如企业某一重点领域的专项合规管理计划等；（2）临时专项合规计划，即发生重大合规风险或者按照上级单位指令，由合规管理部门就某一重大合规风险或者业务领域，制定专门的合规计划并开展合规管理工作。

（四）合规管理计划的调整

有些有关企业合规管理的标准、办法和指引还规定了企业合规计划的调整机制。例如，《世界银行集团　廉政合规指南概要》第3条规定，高级管理人员应采用系统的方法监督合规计划，定期检查合规计划在预防、发现、调查和应对各种不当行为方面的适用性、充分性和有效性；同时应考虑合规领域的相关变化，以及国际和行业标准的演变。如发现合规计划存在缺陷，公司应采取合理措施避免此类缺陷进一步发生，这些措施包括对合规计划作出必要的修改。

二、企业合规报告

企业合规报告包括年度合规报告、合规监管报告和专项合规报告。

（一）年度合规报告

《巴塞尔银行监管委员会合规与银行内部合规部门》第18条要求高级管理层在合规部门的协助下，每年就银行的合规风险管理向董事会或董事会下设的委员会至少报告1次，此报告应能够有助于董事会成员就银行是否有效管理合规风险问题作出有充分依据的判断。

国务院国资委发布的《中央企业合规管理指引（试行）》《中央企业合规管理办法》规定，首席合规官应领导合规管理部门于每年年底全面总结合规管理工作情况，起草年度报告，经董事会审议通过后及时报送国资委。

关于年度合规报告的内容，国际标准及我国国家标准《合规管理体系　要求及使用指南》、我国证监会发布的《证券公司和证券投资基金管理公司合规管理办法》均作了相关规定。企业可以根据自身实际情况，确定本企业年度合规报告应报告的内容。

1.《合规管理体系　要求及使用指南》的规定

按照该标准第A.9.1.4条的规定，合规报告宜包括下列内容：（1）组织按要求向任何监管机构通报的任何事项；（2）合规义务变化及其对组织的影响，以及为了履行新义务，拟采用的措施方案；（3）对合规绩效的测量，包括不合规和持续改进；（4）可能的不合规数量和详细内容，以及随后的对其分析；（5）采取的纠正措施；（6）合规管理体系有效性、业绩和趋势的信息；（7）与监管部门的接触和关系进展；（8）审核和监视活动的结果；（9）监视行动计划的完整执行，特别是那些源自审核报告或监管要求的行动计划，或两者兼而有之。

2. 证监会发布的《证券公司和证券投资基金管理公司合规管理办法》的规定

我国证监会发布的《证券公司和证券投资基金管理公司合规管理办法》第30条第1款规定，年度合规报告应包括下列内容：（1）证券基金经营机构和各层级子公司合规管理的基本情况；（2）合规负责人履行职责情况；（3）违法违规行为、合规风险隐患的发现及整改情况；（4）合规管理有效性的评估及整改情况；（5）中国证监会及其派出机构要求或证券基金经营机构认为需要报告的其他内容。

（二）合规监管报告

合规监管报告是企业按照合规义务渊源向监管部门提交的合规报告。

1. 中央企业向国务院国资委提交的合规报告

国务院国资委发布的《中央企业合规管理指引（试行）》《中央企业合规管理办法》等要求中央企业建立合规报告制度，重大合规风险事件应当向国资委和有关部门报告。合规管理部门于每年年底全面总结合规管理工作情况，起草年度报告，经董事会审议通过后及时报送国资委。

2. 证券基金经营机构向证监会提交的合规报告

我国证监会发布的《证券公司和证券投资基金管理公司合规管理办法》第15条第2款规定，合规负责人发现证券基金经营机构存在违法违规行为或合规风险隐患的，应当依照公司章程规定及时向董事会、经营管理主要负责人报告，提出处理意见，并督促整改。合规负责人应当同时督促公司及时向中国证监会相关派出机构报告；公司未及时报告的，应当直接向中国证监会相关派出机构报告；有关行为违反行业规范和自律规则的，还应当向有关自律组织报告。第19条第1款、第2款规定，证券公司合规负责人应当经中国证监会相关派出机构认可后方可任职。合规负责人任期届满前，证券基金经营机构解聘的，应当有正当理由，并在有关董事会会议召开10个工作日前将解聘理由书面报告中国证监会相关派出机构。第20条第1款、第2款规定，合规负责人不能履行职务或缺位时，应当由证券基金经营机构董事长或经营管理主要负责人代行其职务，并自决定之日起3个工作日内向中国证监会相关派出机构书面报告，代行职务的时间不得超过6个月。合规负责人提出辞职的，应当提前1个月向公司董事会提出申请，并向中国证监会相关派出机构报告。在辞职申请获得批准之前，合规负责人不得自行停止履行职责。第30条规定，证券基金经营机构应当在报送年度报告的同时向中国证监会相关派出机构报送年度合规报告。证券基金经营机构的董事、高级管理人员应当对年度合规报告签署确认意见，保证报告的内容真实、准确、完整；对报告内容有异议的，应当注明意见和理由。

（三）专项合规报告

专项合规报告包括：

1. 针对专门业务领域的合规报告，如企业营销领域合规报告、劳动人事领域合规报告等。

2. 针对专门合规管理体系构成要素的合规报告，如合规管理组织建设报告、合规管理队伍建设报告、合规风险管理报告、合规审查报告、合规审计报告、合规宣传与培训报告、合规管理体系有效性评价报告、合规考核评价报告等。

3. 重大合规风险报告。有关合规管理的标准、办法和指引均要求合规管理部门、业务及职能部门发现重大合规风险后，及时向合规管理部门、管理层和董事会报告。

三、企业合规管理计划与合规报告制度

（一）合规管理计划制度

有关企业合规管理的标准、办法和指引对合规管理计划的起草、提交、审批、变更等作出了规定。笔者认为，企业有必要制定合规管理计划的制度，明确规定合规管理计划的起草部门、提交和审批路线、合规管理计划的内容、合规管理计划的变更程序和规范要求等。

（二）合规报告制度

国际标准及我国国家标准《合规管理体系　要求及使用指南》第 9.1.4 条要求建立合规报告制度，确保：（1）界定适当的报告准则；（2）确立定期报告的时间表；（3）实施非常规报告机制以便于临时报告；（4）实施保证信息准确性和完整性的机制和过程；（5）向组织中合适的职能或板块提供准确和完整的信息，以便及时采取预防、纠正和补救措施。

除非法律另有规定，组织宜选择适合自己情况的内部合规报告的版式、内容和时间。合规的报告宜融入组织的常规报告中。对重大不合规和新出现的问题宜单独编写报告。

第十二章 违规问题整改与持续改进

Chapter Ⅻ Non-Compliance Rectification and Successive Improvement

1. 国务院国资委发布的《中央企业合规管理办法》将违规问题整改单列为合规管理运行机制之一，要求中央企业建立违规整改机制。

2. 持续改进是合规管理的基本要求和重要原则。国际标准及我国国家标准《合规管理体系 要求及使用指南》用专章（第十章）作出规定，并将违规问题整改（不符合与纠正措施）作为持续改进的重要措施。

一、有关合规义务渊源的规定

关于违规问题整改与持续改进，有关合规管理的标准、办法和指引都作出了相应规定。

（一）关于违规问题整改

1. 国务院证监委发布的《证券公司和证券投资基金管理公司合规管理办法》

第32条第1款规定，证券基金经营机构违反本办法规定的，中国证监会可以采取出具警示函、责令定期报告、责令改正、监管谈话等行政监管措施；对直接负责的董事、监事、高级管理人员和其他责任人员，可以采取出具警示函、责令参加培训、责令改正、监管谈话、认定为不适当人选等行政监管措施。

2. 发改委等七部门发布的《企业境外经营合规管理指引》

第11条第3项第6目规定，合规管理部门对已发生的合规风险或合规测试发现的合规缺陷，应提出整改意见并监督有关部门进行整改。第12条第 1 项规定，境外经营相关业务部门应主动进行日常合规管理工作，识别业务范围内的合规要求，制定并落实业务管理制度和风险防范措施，组织或配合合规管理部门进行合规审查和风险评估，组织或监督违规调查及整改工作。

3. 国务院国资委发布的《中央企业合规管理指引（试行）》

第 10 条第 3 项规定，合规管理牵头部门组织开展合规检查与考核，对制度和流程进行合规性评价，督促违规整改和持续改进。第 11 条第 1 款规定，业务部门负责本领域的日常合规管理工作……组织或配合进行违规问题调查并及时整改。

4. 国务院国资委发布的《中央企业合规管理办法》

第 23 条规定，中央企业应当建立违规问题整改机制，通过健全规章制度、优化业务流程等，堵塞管理漏洞，提升依法合规经营管理水平。第 13 条第 1 款第 5 项规定，业务及职能部门组织或者配合开展违规问题调查和整改。第 37 条规定，中央企业违反本办法规定，因合规管理不到位引发违规行为的，国资委可以约谈相关企业并责成整改。

5. 国际标准及我国国家标准《合规管理体系　要求及使用指南》

第 5. 1. 1 条规定，治理机构和最高管理者应确保能及时获知合规事件，包括不合规情况，并确保采取适当措施。第 5. 3. 2 条规定，合规团队应当分析和评价合规管理体系的绩效，以确认是否需要采取纠正措施。第 5. 3. 3 条规定，管理者应确保一经确认需要采取纠正措施时，适当的纠正措施能得到推荐和实施。第 9. 1. 4 条规定，在合规报告中，应向组织中合适的职能或板块提供准确和完整的信息，以便及时采取预防、纠正和补救措施。第 10. 2 条 a）款规定，发生不符合或不合规时，组织应对不符合或不合规作出反应，并且如适用：1）采取控制和纠正措施，2）处置后果。

（二）关于持续改进

1. 发改委等七部门发布的《企业境外经营合规管理指引》

第 4 条规定，企业应将开展合规评审与改进。第 5 条第 2 项规定，企业应随着内外部环境的变化持续调整和改进合规管理体系。第 10 条第 2 项规定，企业的高级管理层应分配充足的资源建立、制定、实施、评价、维护和改进合规管理体系。第 11 条第 3 项第 8 目规定，合规管理部门应建立合规绩效指标，监控和衡量合规绩效，识别改进需求。第 28 条规定，企业应根据合规审计和体系评价情况，进入合规风险再识别和合规制度再制定的持续改进阶段，保障合规管理体系全环节的稳健运行。企业应积极配合监管机构的监督检查，并根据监管要求及时改进合规管理体系，提高合规管理水平。

2. 国务院国资委发布的《中央企业合规管理指引（试行）》

第 10 条第 3 项规定，合规管理牵头部门应组织开展合规检查与考核，对制度和流程进行合规性评价，督促违规整改和持续改进。第 22 条规定，开展合规管理评估，定期对合规管理体系的有效性进行分析，对重大或反复出现的合规风险和违规问题，深入查找根源，完善相关制度，堵塞管理漏洞，强化过程管控，持续改进提升。

3. 国际标准及我国国家标准《合规管理体系　要求及使用指南》

第 10.1 条规定，组织应持续改进合规管理体系的适宜性、充分性和有效性。

二、违规问题整改

（一）相关定义

关于违规问题整改，有必要弄清楚以下几个定义。

1. 违规问题的定义

违规问题是指存在违反合规义务的情况。国际标准及我国国家标准《合规管理体系　要求及使用指南》称为“不合规”。

2. 违规问题整改的定义

违规问题整改是指出现违反合规义务的情况时，采取纠正措施，纠正违规行为，达到遵守合规义务的目的和状态。

3. 违规问题与合规风险

按照国际标准及我国国家标准《合规管理体系　要求及使用指南》第 3.24 条规定，合规风险是指因未遵守组织合规义务而发生不合规的可能性及其后果。

按照国务院国资委发布的《中央企业合规管理办法》第 3 条第 2 款的规定，合规风险是指企业及其员工在经营管理过程中因违规行为引发法律责任、造成经济或者声誉损失以及其他负面影响的可能性。因此，只要存在违规问题，就存在合规风险。违规问题是合规风险产生的原因，合规风险是违规问题导致的结果。

4. 违规问题与合规风险事件

存在违规问题及合规风险并不等同于合规风险事件。只有违规行为实际导致了法律责任、造成经济或者声誉损失以及其他负面影响，才构成合规风险事件，也称违规事件。因此，存在违规问题是引发合规风险事件的前提，引发合规风险事件是违规问题导致的最严重结果。但存在违规问题并不必然导致合规风险事件。

5. 违规问题与合规管理缺陷

合规管理缺陷属于内部控制缺陷范畴，包括设计缺陷和运行缺陷。合规管理设计缺陷是指合规管理体系不合理或者存在不足和疏漏，不能满足实现合规管理目标（防控合规风险）的要求。合规管理运行缺陷是指合规管理体系在运行上没有被正确执行，如合规管理组织未能有效履职、合规管理制度未能得到有效执行、合规管理运行机制未能有效运作、合规管理监督及追责不到位等。

关于合规管理缺陷，国务院国资委发布的《中央企业合规管理指引（试行）》第22条将其称为“管理漏洞”，要求强化过程管控，持续改进提升。发改委等七部门发布的《企业境外经营合规管理指引》第11条、第17条第2款称为合规管理“漏洞”或“缺陷”。国际标准及我国国家标准《合规管理体系　要求及使用指南》第5.3.4条、第A.5.3.4条、第A.9.1.1条称为合规管理的“漏洞”、“不足”或“缺陷”。

按照有关合规管理的标准、办法和指引等，违规问题属于整改的对象，而合规管理缺陷属于合规管理持续改进的对象。

（二）违规问题的识别

按照有关合规管理体系建设的标准、办法和指引的规定，违规问题的识别途径包括：（1）发生合规风险事件，即违规事件，对违规事件产生的原因进行分析，识别违规问题；（2）合规监督：行政监管部门、治理机构、合规委员会和利益相关方在对企业合规管理的监督中，发现并提出违规问题；（3）合规检查与自查：合规管理部门在合规检查以及业务及职能部门在自查中发现违规问题；（4）合规审查：合规管理部门、业务及职能部门在合规审查中发现违规问题；（5）合规管理体系有效性评价：企业在合规管理体系有效性评价中发现违规问题；（6）内部控制评价与合规审计：企业审计部门开展内部控制评价与合规审计，发现违规问题；（7）纪检监察、巡视巡察：纪检监督、巡视巡察部门在合规管理监督中发现违规问题；（8）违规举报和调查：员工和第三方的违规举报以及企业进行违规调查时，发现违规问题。

（三）进行违规问题整改的提出主体

1. 监管机构

按照国务院证监会发布的《证券公司和证券投资基金管理公司合规管理办法》第 32 条第 1 款、第 33 条的规定，证券基金经营机构违反本办法规定的，中国证监会可以采取责令改正等行政监管措施。

按照国务院国资委发布的《中央企业合规管理办法》第 37 条的规定，中央企业违反本办法规定，因合规管理不到位引发违规行为的，国资委可以约谈相关企业并责成整改。

2. 治理机构、主要负责人、经理层、合规委员会、首席合规官

国务院国资委发布的《中央企业合规管理办法》要求中央企业建立违规问题整改机制，但没有明确哪些机构可以提出违规问题整改要求。从各层级合规管理组织的职责分析，中央企业党委（党组）、董事会、主要负责人、经理层、合规委员会、首席合规官等在发现或知晓违规问题后，都可以要求进行违规问题整改。

按照国际标准及我国国家标准《合规管理体系　要求及使用指南》第 5. 1. 1 条、第 5. 3. 2 条、第 5. 3. 3 条规定，治理机构和最高管理者都可以要求进行违规问题整改。

3. 合规管理部门

按照发改委等七部门发布的《企业境外经营合规管理指引》第 11 条第 3 项规定，合规管理部门对已发生的合规风险或合规测试发现的合规缺陷，应提出整改意见并监督有关部门进行整改。

按照国务院国资委发布的《中央企业合规管理指引（试行）》第 10 条第 3 项的规定，合规管理牵头部门组织开展合规检查与考核，对制度和流程进行合规性评价，督促违规整改和持续改进。

按照国际标准及我国国家标准《合规管理体系　要求及使用指南》第 5. 3. 2 条的规定，合规团队应当分析和评价合规管理体系的绩效，以确认是否需要采取纠正措施。

4. 监督部门

按照国务院国资委发布的《中央企业合规管理办法》第15条的规定，中央企业纪检监察机构和审计、巡视巡察、监督追责等部门依据有关规定，在职权范围内对合规要求落实情况进行监督。

因此，上述合规管理监督部门在监督过程中发现存在违规问题的，可以提出违规问题整改的意见和要求。

（四）违规整改的组织及责任部门

按照有关合规管理的标准、办法和指引等的规定，违规整改由存在违规问题的部门负责和组织。

发改委等七部门发布的《企业境外经营合规管理指引》第12条第1项规定，境外经营相关业务部门应组织或监督违规调查及整改工作。

国务院国资委发布的《中央企业合规管理指引（试行）》第11条规定，业务部门负责组织或配合进行违规问题调查并及时整改。

国务院国资委发布的《中央企业合规管理办法》第13条第1款第5项规定，业务及职能部门组织或者配合开展违规问题调查和整改。

（五）违规整改的监督

1. 合规管理部门

按照发改委等七部门发布的《企业境外经营合规管理指引》第11条第3项规定，合规管理部门对已发生的合规风险或合规测试发现的合规缺陷，应提出整改意见并监督有关部门进行整改。

国务院国资委发布的《中央企业合规管理指引（试行）》第10条第3项规定，合规管理牵头部门组织开展合规检查与考核，对制度和流程进行合规性评价，督促违规整改和持续改进。

2. 业务及职能部门

按照有关合规管理的标准办法和指南，业务及职能部门对本部门存在的违规问题负责和组织整改，同时对其他业务及职能部门、所属单位的违规问题整改进行监督。

3. 监督部门

按照有关合规管理的标准、办法和指引等，审计、纪检监察、巡视巡察等监督部门的监督职责包括对违规问题整改的监督。

(六) 违规整改的流程

依照国际标准及我国国家标准《合规管理体系　要求及使用指南》第10.2条的规定，结合合规管理实务，按照项目管理方法，违规问题整改的流程包括：

1. 对违规问题进行评审，确定产生的原因以及需要整改的范围。评审的内容一般包括：(1) 违反的合规义务；(2) 违反合规义务的主体；(3) 导致违反合规义务的客体（如产品、服务、行为等）；(4) 违反的合规义务已经或者可能产生的后果；(5) 产生违规问题的原因；(6) 是否存在或可能发生类似违规问题；(7) 需要采取的违规整改措施等。

2. 制定违规问题整改计划，包括：(1) 需要整改的违规问题；(2) 整改目标；(3) 负责整改的组织、人员以及需要的其他资源；(4) 整改时间计划；(5) 整改验收的方法和要求等。

3. 实施整改措施，通常包括合规培训、调整组织架构、修订或增补制度流程、修订或增补合规职责、加强合规审查、违规追责等。

4. 对整改过程进行监督。

5. 对整改的有效性进行评审。

6. 制作违规问题整改报告并接受验收等。

(七) 建立违规问题整改机制

国务院国资委发布的《中央企业合规管理办法》将违规问题整改确定为合规管理运行机制之一，要求建立违规问题整改机制，通过健全规章制度、优化业务流程等，堵塞管理漏洞，提升依法合规经营管理水平。

企业应根据本企业实际，研究制定本企业违规问题整改操作指引。

三、持续改进

持续改进是合规管理的重要原则之一。企业应坚持持续改进的合规管理原则，持续加强合规管理并确保合规管理体系的持续有效性，确保企业处于持续合规状态。

(一) 持续改进的定义

按照国际标准及我国国家标准《合规管理体系　要求及使用指南》第

3.12 条的规定，持续改进是指提高绩效的循环活动。因此，合规管理持续改进是指企业提高合规管理有效性的循环合规管理活动。

（二）合规管理持续改进的目的和动因

合规管理的目的是通过建立和有效运行合规管理体系，有效防控合规风险，保障企业依法合规经营，包括建立合规管理制度、制定合规管理制度、开展合规管理运行等。

但是，以下原因可能导致现有合规管理体系不能达到合规管理的目的，从而需要对合规管理体系进行持续改进。

1. 源自合规管理体系方面的动因

（1）合规管理体系存在缺陷，包括设计缺陷和运行缺陷，需要持续改进。

（2）合规管理体系建设从无到有、从建立到优化、从初步到健全、从重点领域到全面覆盖，是一项长期工程，本身就是一个持续改进提升的过程。

2. 源自合规义务与合规风险方面的动因

（1）企业所需遵守的合规义务渊源、经营区域、产品和业务等不断发生变化，导致企业所需遵守的合规义务不断发生变化。企业必须不断识别合规义务，更新、增补合规义务清单，确保遵守最新有效的所有合规义务。

（2）随着合规义务的变化，企业所面临的合规风险相应发生变化。随着合规管理的开展和强化，合规风险等级可能会发生转换。企业需要进行合规风险再评估以及补充评估，更新、增补合规风险清单，并相应地更新、增补合规风险应对措施。

3. 源自合规主体方面的动因

（1）企业组织机构调整，导致合规管理组织及其职责发生变化。

（2）企业岗位发生变化，导致岗位所需遵守的合规义务、面临的合规风险以及岗位合规职责相应发生变化。

（3）合规管理的法律专业性很强，各层级岗位员工的合规管理能力存在局限性，需要不断提升。新员工入职，需要培育合规意识，培养合规管理能力。

（三）持续改进的信息源

企业进行合规管理持续改进，可以从以下 8 个方面获取信息源：（1）内外部环境（尤其是企业所需遵守的合规义务渊源、经营区域、产品和业务、组织架构等）发生变化；（2）合规检查与合规管理体系有效性评价；（3）公司审计与纪检监察；（4）违规举报与违规调查；（5）合规咨询、沟通、合规考核；（6）与监管部门的沟通；（7）公司诉讼、仲裁案例；（8）合规风险事件等。

（四）持续改进措施

1. 持续关注合规管理持续改进的信息源，分析研究存在的合规缺陷并进行弥补，推动公司合规管理体系持续改进提升。

2. 发生下列情况时，对合规义务进行再识别、对合规风险进行再评估并采取应对措施：（1）生产、销售新的产品，或者开展新的活动或服务；（2）公司组织结构或战略发生变化；（3）外部环境（如经济环境、金融环境、市场条件等）发生重大变化；（4）合规义务渊源、合规义务发生重大变更；（5）发生并购或者重组；（6）行业内其他公司或者本公司发生合规风险事件。

3. 出现违规问题时进行违规问题整改。

4. 定期开展合规管理体系有效性评价，发掘并弥补合规管理缺陷，持续改进提升。

5. 持续开展合规培训，更新合规知识，强化持续合规意识。

（五）持续改进职责

按照有关合规管理的标准、办法和指引等，企业合规管理组织的持续改进职责包括：

1. 治理机构在机构、人员、经费、技术等方面，为持续改进合规管理体系提供必要条件和资源。

2. 首席合规官对企业合规管理持续改进进行领导、支持和考核。

3. 业务及职能部门负责本部门领域合规管理的持续改进，包括：（1）持续关注本部门合规管理持续改进的信息源，分析研究存在的合规缺陷并进行弥补，推动本部门合规管理持续改进提升。（2）定期梳理、识别和建立本部门合规义务清单、合规风险识别清单、业务流程合规管控清单、岗位合规职责清单等，并采取应对措施。（3）积极组织本部门违规问题的调查和整改。（4）持续开展本部门专业合规培训，更新合规知识，强化持续合规意识。

4. 合规管理部门组织和指导进行企业合规管理体系的持续改进，包括：(1) 持续关注企业合规管理持续改进的信息源，分析研究存在的合规缺陷并进行弥补。(2) 加强合规检查，并根据董事会授权定期开展合规管理体系有效性评价，查找和弥补合规管理缺陷，推动企业合规管理体系持续改进提升。(3) 推动企业持续开展合规培训，更新合规知识，强化持续合规意识。

第十三章　合规激励

Chapter XIII　Compliance Incentives

要点

1. 合规激励与违规追责是合规管理的正反两个方面，即正向合规激励与反向合规激励，两者相辅相成，共同促进合规管理体系建设健全完善和有效运行。

2. 合规激励是企业合规管理体系的构成要素之一。

一、企业合规激励的分类

（一）广义合规激励与狭义合规激励

广义合规激励，是指对企业的所有合规激励措施，既包括外部合规激励和内部合规激励、正向合规激励与反向合规激励，也包括行政合规激励和民事合规激励等。

狭义合规激励，主要是指与企业合规管理体系相关、企业合规管理范围内的合规激励，主要包括国资监管合规激励与企业内部合规激励。

（二）外部合规激励与内部合规激励

顾名思义，外部合规激励是来自企业外部对企业及其员工的合规激励。内部合规激励是企业对其部门和员工的合规激励。

（三）正向合规激励与反向合规激励

正向合规激励是对企业及其员工从正面给予鼓励和激励的一种合规激励形式，包括合规尽职免责、对在合规管理领域有突出贡献的员工给予激励奖励、对举报属实的举报人给予奖励等。

反向合规激励是对企业经营管理行为及员工履职行为中的违规行为进行追责问责的一种合规激励形式，如刑事处罚、行政处罚、违规追责问责等。

正向合规激励有利于积极倡导和鼓励员工主动合规，建立积极向上、主动合规的合规文化氛围。但是，在实务中，重追责处罚、轻鼓励激励的情况比较严重。如何强化合规激励、建立健全合规激励机制，从正面鼓励诚信合规，是亟待研究的一个课题。

（四）行政合规激励和民事合规激励

从实施主体来划分，合规激励包括行政合规激励和民事合规激励。

1. 行政合规激励

行政合规激励是指在行政监管环节，国家和地方政府行政部门对承认行政违法行为并积极进行合规整改的单位或个人作出宽大行政处理的合规激励。

与企业经营管理相关，我国行政监管涉及发展与改革、科技、财政、工业和信息化、人力资源和社会保障、自然资源、生态环境、交通运输、商务、卫生健康、国有资产管理、税务、市场监督、金融监管、证券监管、知识产权等各个领域。行政监管部门颁布实施了各领域的行政监管规定，在本领域实施行政监管，对违反行政管理秩序的行为给予行政处罚。

按照《行政处罚法》的规定，行政处罚是指行政机关依法对违反行政管理秩序的公民、法人或者其他组织，以减损权益或者增加义务的方式予以惩戒的行为。从合规激励的角度来看，行政处罚是在行政监管领域对企业的反向合规激励。

（1）国资监管合规激励

国资监管合规激励是指国务院国资委及地方国资委在对中央企业、地方国有企业进行国有资产管理监督过程中，对中央企业、地方国有企业给予的合规激励，包括合规尽职免责、对模范合规企业进行表彰等。详见下文。

（2）其他行政监管合规激励

我国其他行政监管机构积极探索建立行政合规激励机制。例如，南通市于 2021 年出台《南通市服务保障法治化营商环境开展涉行政处罚企业合规治理试点方案》，引导企业通过合规治理、积极整改违法违规行为，共同构建法治化营商环境。确定在与企业生产经营活动关系紧密、违法行为出现频率较高的生态环境、市场监管以及税务三个执法领域先行试点。着眼于事前预警防控、事中评估整改、事后修复巩固三个环节全流程开展，对符合条件的企业依法予以免罚、轻罚，在为企业“减负松绑”的同时，引导其合规经营、有效规避法律风险。山东省威海市文登区市场监管局于2022年制定发布了《关于建立市场监管领域市场主体合规审查机制暨第三方监督评估机制的实施意见（试行）》，率先在行政处罚领域引入合规管理体系建设，积极探索建立市场监督领域企业合规审查机制及第三方监督评估机制，贯彻《行政处罚法》“首违不罚”“首违轻罚”等原则精神，依法作出不予处罚决定。江苏省张家港市企业合规监管委员会于2023年发布《张家港市企业合规激励措施清单》，对企业合规情况进行等级评定，分级评定在达标以上的企业享受规定的激励措施。激励措施包括执法司法类6项、表彰荣誉类7项和指导扶持类8项。

2. 民事合规激励

民事合规激励是民事关系当事人之间给予的合规激励。例如：

（1）商业伙伴合规管理中的合规激励：招标人在招标条件中对开展合规管理、通过合规管理体系认证的企业增加评标权重。

（2）企业内部合规激励：对在合规管理领域有突出贡献的员工给予激励奖励；对举报人的身份和举报事项严格保密、对举报属实的举报人可以给予适当奖励；合规考核结果应作为企业绩效考核的重要依据，与评优评先、职务任免、职务晋升以及薪酬待遇等挂钩等。

二、国资监管合规激励

国资监管合规激励是指国务院国资委及地方国资委在对中央企业、地方国有企业进行国有资产管理监督过程中，对中央企业、地方国有企业给予的合规激励，包括合规尽职免责、对模范合规企业进行表彰等。

2014年，国务院国资委启动我国央企、国企深化改革，称为“深化改革元年”。同年，党的十八届四中全会明确提出全面依法治国的各项具体要求，要求依法推进国资国企改革。

2015年12月8日，国务院国资委发布实施《关于全面推进法治央企建设的意见》，按照全面依法治国战略部署，围绕中央企业改革发展总体目标，坚持依法治理、依法经营、依法管理共同推进，大力推动企业治理体系和治理能力现代化，促进中央企业健康可持续发展。同时，要求落实问责制度，对因违法违规发生重大法律纠纷案件造成企业重大损失的，或者违反规定、未履行或未正确履行职责造成企业资产损失的，在业绩考核中扣减分值，并按照有关规定追究相关人员责任。

2016 年 8 月 23 日，国务院办公厅发布《关于建立国有企业违规经营投资责任追究制度的意见》。2018 年 8 月 30 日，国务院国资委发布《中央企业违规经营投资责任追究实施办法（试行）》，替代《中央企业资产损失责任追究暂行办法》，首先以部门规章形式规定了容错机制。按照该实施办法第 40 条的规定，对中央企业经营管理有关人员在企业改革发展中所出现的失误，不属于有令不行、有禁不止、不当谋利、主观故意、独断专行等的，根据有关规定和程序予以容错。有下列情形之一的，可以对违规经营投资相关责任人从轻或减轻处理：（1）情节轻微的。（2）以促进企业改革发展稳定或履行企业经济责任、政治责任、社会责任为目标，且个人没有谋取私利的。（3）党和国家方针政策、党章党规党纪、国家法律法规、地方性法规和规章等没有明确限制或禁止的。（4）处置突发事件或紧急情况下，个人或少数人决策，事后及时履行报告程序并得到追认，且不存在故意或重大过失的。（5）及时采取有效措施减少、挽回资产损失并消除不良影响的。（6）主动反映资产损失情况，积极配合责任追究工作的，或主动检举其他造成资产损失相关人员，查证属实的。（7）其他可以从轻或减轻处理的。第 41 条规定，对于违规经营投资有关责任人应当给予批评教育、责令书面检查、通报批评或诫勉处理，但是具有本办法第 40 条规定的情形之一的，可以免除处理。第 42 条规定，对违规经营投资有关责任人减轻或免除处理，须由作出处理决定的上一级企业或国资委批准。

2021 年 3 月 2 日，国务院国资委办公厅发布《关于做好 2021 年中央企业违规经营投资责任追究工作的通知》，要求中央企业做好本企业经营投资尽职合规免责事项清单制定工作，首次提出了“尽职合规免责”的行政合规激励机制。国资监管尽职合规免责机制得以建立和实施。

之后，各地国资委以及各中央企业、国有企业积极探索制定本地区、本企业经营投资尽职合规免责事项清单。例如，云南省国资委于 2021 年颁布的《云南省省属企业领导人员尽职合规免责事项清单（试行）》、厦门市国资委于 2022 年颁布的《厦门市市属国有企业经营投资尽职合规免责事项清单（试行）》等。

一些省、自治区、直辖市国资委，在有关合规管理办法和指引中，将尽职合规免责确定为合规管理运行机制之一。

（1）上海市国资委发布的《上海市国资委监管企业合规管理办法》第28条规定：企业应当建立合规容错免责制度，制定尽职合规免责事项清单，把依法合规作为免责认定的重要依据。

（2）江苏省国资委发布的《省属企业合规管理办法》第41条规定：省属企业已经建立完备有效的合规管理体系，经评估符合有关要求的，可以作为减轻或者免除责任追究的考量因素。

（3）浙江省国资委发布的《浙江省省属企业合规管理指引（试行）》第42条规定：省属企业通过有效的合规管理，主动发现违法违规行为或合规风险隐患，积极妥善处理，落实责任追究，完善内部控制制度和业务流程并及时向省国资委报告的，省国资委可依据相关规定和程序，酌情从轻、减轻或免除对企业和相关人员的责任追究；情节轻微并及时纠正违法违规行为或避免合规风险，没有造成危害后果的，可不予追究责任。

对于企业重大决策、合规事项，董事会已采纳合规委员会的合规审查意见的，如因相关部门或员工原因发生违法违规行为，可酌情从轻、减轻或免除决策人员的责任追究。对于企业的违法违规行为，如合规委员会已按照规定尽职履行审查、监督、检查和报告职责的，不予追究合规委员会责任。

三、企业内部合规激励

（一）有关企业内部合规激励的合规义务渊源

关于企业内部合规激励，有关合规管理的标准、办法和指引都作出了相应规定。

1. 国务院国资委发布的《中央企业合规管理指引（试行）》

该指引第23条规定：加强合规考核评价，把合规经营管理情况纳入对各部门和所属企业负责人的年度综合考核，细化评价指标。对所属单位和员工合规职责履行情况进行评价，并将结果作为员工考核、干部任用、评先选优等工作的重要依据。

2. 国务院国资委发布的《中央企业合规管理办法》

该办法第24条第2款规定：中央企业应当对举报人的身份和举报事项严格保密，对举报属实的举报人可以给予适当奖励。

3. 国务院国资委发布的《中央企业违规经营投资责任追究实施办法（试行）》

该办法第 40 条规定：对中央企业经营管理有关人员在企业改革发展中所出现的失误，不属于有令不行、有禁不止、不当谋利、主观故意、独断专行等的，根据有关规定和程序予以容错。有下列情形之一的，可以对违规经营投资相关责任人从轻或减轻处理：（1）情节轻微的；（2）以促进企业改革发展稳定或履行企业经济责任、政治责任、社会责任为目标，且个人没有谋取私利的；（3）党和国家方针政策、党章党规党纪、国家法律法规、地方性法规和规章等没有明确限制或禁止的；（4）处置突发事件或紧急情况下，个人或少数人决策，事后及时履行报告程序并得到追认，且不存在故意或重大过失的；（5）及时采取有效措施减少、挽回资产损失并消除不良影响的；（6）主动反映资产损失情况，积极配合责任追究工作的，或主动检举其他造成资产损失相关人员，查证属实的；（7）其他可以从轻或减轻处理的。

第 41 条规定：对于违规经营投资有关责任人应当给予批评教育、责令书面检查、通报批评或诫勉处理，但是具有本办法第 40 条规定的情形之一的，可以免除处理。

4. 国务院 2024 年 5 月 21 日《国有企业管理人员处分条例》

该条例第 11 条规定：国有企业管理人员有下列情形之一的，可以从轻或者减轻给予处分：（1）主动交代本人应当受到处分的违法行为；（2）配合调查，如实说明本人违法事实；（3）检举他人违法行为，经查证属实；（4）主动采取措施，有效避免、挽回损失或者消除不良影响；（5）在共同违法行为中起次要或者辅助作用；（6）主动上交或者退赔违法所得；（7）属于推进国有企业改革中因缺乏经验、先行先试出现的失误错误；（8）法律、法规规定的其他从轻或者减轻情节。

从轻给予处分，是指在本条例规定的违法行为应当受到的处分幅度以内，给予较轻的处分。减轻给予处分，是指在本条例规定的违法行为受到的处分幅度以外，减轻一档给予处分。

5. 发改委等七部门发布的《企业境外经营合规管理指引》

该指引第 18 条第 1 款规定：合规考核应全面覆盖企业的各项管理工作。合规考核结果应作为企业绩效考核的重要依据，与评优评先、职务任免、职务晋升以及薪酬待遇等挂钩。

6. 国际标准及我国国家标准《合规管理体系 要求及使用指南》

该指南第5.2条规定：合规方针应鼓励提出疑虑，并且禁止任何形式的报复。第5.3.1条规定：最高管理者应确保合规绩效与人员绩效挂钩。第5.3.3条规定：管理者应鼓励并支持人员提出合规疑虑，并防止任何形式的报复。第A.5.1.2条规定：支持开发合规文化的因素包括绩效考核体系，结合对合规行为的评估，并将合规表现与绩效工资挂钩，以实现合规关键绩效措施和结果，并对合规管理业绩和结果予以明确认可，对故意或因疏忽而违反合规义务的情况给予即时和适当的处分。第A.5.3.1条规定：治理机构和最高管理者宜确保创造一种鼓励报告不合规并使报告的员工不会受到报复的环境。第A.5.3.2条规定：合规团队宜拥有权限、地位和独立性。权限意味着合规团队被治理机构和最高管理者授予足够的权力。地位意味着其他人员很可能倾听和尊重他/她的意见。独立性意味着合规团队尽可能地不亲自参与可能暴露在合规风险之下的活动。

7. 我国部分省、自治区、直辖市有关合规管理的规范性文件规定

（1）甘肃省国资委发布的《甘肃省省属企业合规管理办法》第39条规定：省属企业应当引导、鼓励员工提出合规管理改进建议，宣扬守法诚信、合规经营典型，对在合规管理领域有突出贡献的员工给予激励奖励。

（2）上海市国资委发布的《上海市国资委监管企业合规管理办法》第33条规定：企业应当引导、鼓励员工提出合规管理改进建议，宣扬守法诚信、合规经营典范，对在合规管理领域有突出贡献的员工给予激励奖励。

（3）浙江省国资委发布的《浙江省省属企业合规管理指引（试行）》第33条规定：完善激励约束机制。对在合规管理体系建设中作出重要成绩、有效防范重大合规风险或对挽回重大损失作出突出贡献的集体和个人，应当予以表彰和奖励；对落实合规管理工作不力，忽视重大合规风险或违规经营造成重大损失的，依法依规追究责任。

（二）企业内部合规激励的种类

综合有关合规管理的标准、办法和指引的规定，企业内部合规激励的种类包括以下5个：

1. 合规考核激励：将结果作为员工考核、干部任用、评先选优等工作的重要依据，与职务晋升、薪酬待遇等挂钩。

2. 违规举报激励：对举报人的身份和举报事项严格保密，对举报属实的举报人可以给予适当奖励。

3. 尽职合规免责激励：对中央企业、地方国有企业经营管理有关人员在企业改革发展中所出现的失误，不属于有令不行、有禁不止、不当谋利、主观故意、独断专行等的，根据有关规定和程序予以容错，对违规经营投资相关责任人从轻或减轻处理。

4. 赋予权限与地位：给予合规管理部门与合规管理团队以适当的权限、地位和独立性。

5. 突出贡献奖励：对在合规管理体系建设中作出重要成绩、在合规管理领域有突出贡献的员工给予激励奖励。

四、合规激励是企业合规管理体系的构成要素之一

合规激励应当是企业合规管理体系的构成要素之一。主要有以下 3 个方面的考量：

1. 从以上有关合规管理的标准、办法和指引的规定来看，合规激励是合规管理的重要内容和机制。

2. 合规激励与违规追责是合规管理的正反两个方面，即正向合规激励与反向合规激励，两者相辅相成，共同促进合规管理体系建设健全完善和有效运行。强化违规追责是必要手段，但正面合规激励也是重要手段。

3. 我国有关合规管理的标准、办法和指引对违规追责机制有诸多严苛的规定，但对合规激励惜墨如金。在企业合规管理实务中，也普遍存在合规激励难以落实的情况。这不利于充分调动员工主动积极合规的能动性。推动企业积极开展合规管理、培养员工主动合规意识、培育企业合规文化，正面激励不可或缺。

第十四章　合规管理信息系统

Chapter XIV　Corporate Compliance Information System

要点

1. 企业合规管理信息系统是合规管理必不可少的工具。

2. 企业应尽力将合规管理信息系统植入企业现有管理信息体系，实现管理信息系统一体化。

互联网、大数据、云计算、办公自动化和智能化的飞速发展，使管理信息系统（办公自动化系统，即 OA 系统）成为企业管理不可或缺的重要工具。企业合规管理信息系统与企业全面风险管理系统、企业运营管理信息系统、内控管理信息系统、财税管理信息系统、采购管理信息系统、销售管理信息系统、生产管理信息系统、人力资源管理信息系统、质量管理信息系统、环安卫管理信息系统、物流管理信息系统等一道，成为企业管理信息系统的重要组成部分。

一、有关合规义务的渊源

（一）国务院国资委发布的《中央企业合规管理指引（试行）》

该指引在第 24 条中要求中央企业强化合规管理信息化建设，通过信息化手段优化管理流程，记录和保存相关信息。运用大数据等工具，加强对经营管理行为依法合规情况的实时在线监控和风险分析，实现信息集成与共享。

按照该指引的规定，合规管理信息化的主要功能包括：（1）优化管理流程，如在实务中，企业广泛使用 OA 系统，将合规审查嵌入重大决策、规章制度和经济合同审批流程，使合规审查成为必经环节；（2）记录和保存信息库，建立合规管理知识库；（3）在线监控和风险分析；（4）信息集成与共享。

（二）国务院国资委发布的《中央企业合规管理办法》

该办法以专章（第六章）对中央企业合规管理信息化建设提出了要求。第33条规定，中央企业应当加强合规管理信息化建设，结合实际将合规制度、典型案例、合规培训、违规行为记录等纳入信息系统。第34条规定，中央企业应当定期梳理业务流程，查找合规风险点，运用信息化手段将合规要求和防控措施嵌入流程，针对关键节点加强合规审查，强化过程管控。第35条规定，中央企业应当加强合规管理信息系统与财务、投资、采购等其他信息系统的互联互通，实现数据共用共享。第36条规定，中央企业应当利用大数据等技术，加强对重点领域、关键节点的实时动态监测，实现合规风险即时预警、快速处置。

按照该办法的规定，合规管理信息化包括以下内容和步骤：（1）建立合规管理知识库，储存合规制度、典型案例、合规培训、违规行为记录等；（2）优化管理流程，将合规审查等嵌入业务流程，强化过程管控；（3）对合规风险进行动态监测、预警和快速处置；（4）与财务、投资、采购等其他信息系统互联互通，实现数据共用共享。

（三）国际标准及我国国家标准《合规管理体系　要求及使用指南》

该标准在增补的附件NA中，对数字化与合规管理作了专门规定（第NA.3条）。

按照第NA.3条的规定，组织在建立、开发、实施、评价、维护和改进合规管理体系时，宜合理应用数字技术，提升合规管理体系的有效性；宜对应用数字技术形成的管理工具进行测试、优化和不断升级，以提高这些工具的准确性和适用性，并将其与组织的数字化业务过程相融合；应用数字技术，在合规风险评估、合规管理体系运行和持续改进、合规培训、合规绩效评价等方面收集相关数据和信息。

按照该标准的规定，数字技术在合规管理体系中的应用包括但不限于以下方面：（1）合规义务和相关案件数据库；（2）合规风险数据库（包括组织对以往违规行为的总结报告）；（3）合规培训系统（包括线上课件、自我考试等过程）；（4）合同管理和财务系统；（5）信息和数据搜索与分析工具（例如，对组织外部合规相关领域立法和执法趋势的跟踪和分析、对组织内部过往违规事件进行行为模式及发生原因的分析)；(6) 数据分析和示险看板（例如，合同履约率的数据分析和示险看板产品)。

二、目的和作用

(一) 目的

建立和运行企业合规管理信息系统，就是要通过企业办公自动化系统（OA 系统）实现企业合规管理的自动化和智能化，为企业领导层、管理层、合规部门、各业务及职能部门提供一个合规管理工作平台，实现各部门之间合规管理信息的集成和共享，减少手工操作及人为失误，提高企业合规管理的规范性、执行力、效率和透明度，加强公司治理主体对企业合规管理的监管和及时准确决策，促进企业合规文化建设。

(二) 作用

企业合规管理信息系统与其他管理信息系统一样，具有以下作用：

1. 有助于企业实现合规管理的自动化和智能化，提高合规管理的效率和质量，节约管理成本。

2. 有助于企业增强合规管理工作过程的透明度，提高企业领导对合规管理工作的管控能力。

3. 促使企业合规管理权责明晰、流程清晰，防止相互推诿，提高企业各层级的合规管理执行力。

4. 促进企业合规管理工作的体系化、专业化和规范化，防止人为干预。

5. 提供企业合规风险评估的技术方法，协助企业合规风险的日常监测和预警，助力企业提升合规风险管理能力。

6. 增强企业合规管理的主动性，加强企业各层级合规管理组织之间纵向和横向的协调与联系。

7. 方便企业集团对分（子）公司远程合规管理的指导、支持和监督。

三、主要功能模块

企业合规管理信息系统中，除合规管理信息系统本身以外，其余企业合规管理系统构成要素都可以建立合规管理信息系统模块。它们之间相互协同并紧密联系，构成企业合规管理信息系统的总体框架。企业合规管理信息系统的模块包括以下13个方面。

（一）合规知识管理

该模块用以采集、储存、发布、共享、查询、统计和运用合规管理的信息和知识。

1. 合规义务渊源，包括适用于企业生产经营和管理的所有外部合规义务渊源与内部合规义务渊源。
2. 典型案例，包括与企业生产经营和管理相关的司法判例、行政处罚案例、行业内违规案例、企业内部违规案例。
3. 违规行为记录。
4. 合规管理最佳企业实践与经验分享。
5. 有关合规管理理论和实践研究的学术著作和文章。
6. 有关合规管理的内部格式文件等。

（二）合规管理组织

该模块用以采集、储存、共享、查询合规管理各层级组织、人员及其职责，以及合规管理中的授权管理体系文件。

（三）合规风险管理

1. 发布合规风险管理项目方案，包括合规风险管理项目的目标、计划、组织与职责、领域和对象、方法和程序等。
2. 识别并发布相关合规义务清单及具体内容。
3. 提供合规风险评估的技术方法和程序。
4. 收集合规风险信息、线索和报告。
5. 储存并不断更新合规风险清单，实现合规风险日常监测和预警。
6. 发布合规风险管理项目成果，提交、批准合规风险管理报告。
7. 发布合规风险应对整改计划和方案，分配应对整改职责。
8. 对合规风险的应对整改进行跟踪和监督检查。
9. 提供合规风险管理沟通与协调平台。

（四）合规管理制度和流程

1. 发布合规管理制度与流程及其修改、补充。

2. 跟踪监督合规管理制度与流程的执行，收集合规管理制度和流程执行情况的信息和意见。

3. 收集对合规管理制度与流程的修改、补充意见。

4. 组织对合规管理制度与流程的修改和补充。

（五）合规审查

1. 合规负责人、合规管理部门的合规审查：对公司重大决策事项、重大项目事项、重大合同事项、大额投资事项、改革方案文件、新产品、新业务进行合规审查。

2. 规章制度审查：规章制度的合规性审查，不同规章制度、流程之间的协调统一性审查，合规管理制度与业务操作流程的协调统一性审查。

3. 业务及职能部门开展本领域日常合规审查。

4. 法务部门对交易文本及其他法律文件进行法律审核。

5. 实现线上合规审查。

6. 实现线上合规审批。

（六）合规管理体系有效性评价

1. 发布合规管理体系有效性评价计划。

2. 组织评估项目小组。

3. 提供合规管理体系有效性评价工具，支持业务及职能部门的自我评测与合规管理部门主动检测相结合的合规检查工作模式，对合规测试工作准备、测试评估、控制观察与确认等过程提供全面而有效的支持。

4. 上传、汇总合规管理体系有效性评价文件和信息。

5. 发布合规管理体系有效性评价报告，提交、批准合规管理体系有效性评价报告。

6. 发布整改计划和方案，分配整改职责。

7. 对整改进行跟踪和监督检查。

8. 提供合规管理体系有效性评价的沟通与协调平台。

（七）合规管理考核与评价

1. 发布合规管理考核指标，提供合规考核信息。

2. 提供多角度（垂直、横向）考核评级与信息沟通平台。

3. 提供合规管理考核工具，运算、发布考核评价结果。
4. 跟踪、监督考核评价结果执行。

（八）合规宣传与培训

1. 提供线上合规宣传与培训平台。
2. 发布合规宣传与培训课程资料。
3. 实施线上合规宣传与培训。
4. 实现线上合规培训考核。

（九）违规管理

1. 公布违规举报电话、负责部门及负责人员的联系方式。
2. 提供线上违规举报链接。
3. 线上违规线索处置。
4. 提交、审批违规调查计划。
5. 线上违规调查：收集违规证据、信息，对相关人员进行线上访谈，汇总调查证据，起草、呈交、审批违规调查报告。
6. 发布违规调查结果和处置、问责决定。
7. 跟踪、监督违规处置、问责执行。

（十）违规问题整改

1. 发布整改计划和方案，分配整改职责。
2. 对整改进行跟踪和监督检查。
3. 发布整改验收结果。
4. 提供沟通与协调平台。

（十一）合规管理计划与合规报告

1. 收集合规管理计划、合规报告信息资料和意见。
2. 修改、提交、审批合规管理计划、合规报告。
3. 发布合规管理计划、合规报告。
4. 跟踪、监督合规管理计划、合规报告的执行。

（十二）合规文化

1. 发布、宣传企业合规理念、合规价值观、合规方针与合规管理基本制度。

2. 发布企业合规管理工作信息。

3. 开展合规管理沟通。

4. 探讨企业合规文化建设，发表、收集关于企业合规文化建设的意见和建议。

5. 倡导人人合规、全员合规、我要合规，培育企业合规文化。

（十三）分（子）公司合规管理

协调、覆盖企业集团分（子）公司合规管理信息系统，或者提供与分（子）公司合规管理信息系统相衔接的接口，实现对分（子）公司的远程合规管理。

四、总体规划、分步实施、持续改进

（一）内外部客观环境影响

合规管理信息化建设的实施受企业内外部环境影响，不可能一蹴而就。企业需要充分研究本企业所面临的内外部客观环境和实际情况，总体规划，分步实施。

1. 企业管理智能化飞速发展应用到企业合规管理信息系统需要时间。

2. 不同管理信息系统由不同企业开发和发展，相互之间的兼容和联通存在技术上的困难。

3. 不同国家和地区、不同行业的管理信息化技术发展并不平衡。

4. 不同规模企业对管理信息化的需求存在差异。例如，大型企业（尤其是企业集团）需要对不同产品条线、不同事业板块、不同地区投资经营的合规风险进行全面动态监测、统计和分析、综合评估和预警，对大数据、云计算等信息化技术以及对各管理信息系统之间的互联互通、数据共享等的需求都比较迫切。但小规模、单一产品条线企业，所需遵守的合规义务、面临的合规风险局限于某一国家（地区）和单一行业，对这些信息化技术的需求较小，也没有紧迫性。

5. 企业自身管理信息化基础、员工接受和运用管理信息化的能力存在差异，影响合规管理信息系统的建设。有些企业集团总部统一开发管理信息系统（包括合规管理信息系统），各子企业开发、建设合规管理信息系统受到约束。

6. 管理信息化需要大量资金、技术和人员投入，受企业盈利能力和资金分配先后顺序影响。

（二）依规分步递进

国务院国资委发布的《中央企业合规管理办法》关于合规管理信息化的规定，隐含分步递进建设要求。按照该办法第六章的规定，合规管理信息化建设须先易后难、分步实施。

第一步：建立合规管理知识库，储存合规制度、典型案例、合规培训、违规行为记录等。

第二步：优化管理流程，将合规审查等嵌入业务流程，强化过程管控。

第三步：对合规风险进行动态监测、预警和快速处置。

第四步：与财务、投资、采购等其他信息系统互联互通，实现数据共用共享。

（三）持续改进

持续改进是合规管理的基本原则之一。企业合规管理体系处于持续改进之中。企业管理智能化持续飞速发展，推动企业合规管理信息系统持续改进。企业须根据企业合规管理体系持续改进的需求，运用管理信息化的新发展、新技术，不断改进本企业的合规管理信息系统。

五、项目实施和维护

企业建立合规管理信息系统，宜按照项目管理的方式和程序开展。

（一）立项

建立企业合规管理信息系统，需要申报项目和预算，经批准后实施。

（二）项目小组

企业合规管理信息系统建设的技术性、前瞻性很强，需要 IT 及其他方面专业人员的参与和支持。

项目实施团队是企业合规管理信息系统建立和成功运营的重要保障。

项目小组宜包括企业合规管理人员、企业IT经理及信息管理系统外部咨询机构、企业法务人员及外部合规管理律师团队、风控部门代表、内控部门代表、审计部门代表、运营管理代表、人力资源代表、采购部门代表、销售部门代表以及国有企业纪检监察部门代表等。项目小组组长宜由企业合规负责人担任。

（三）项目计划

宜制定建立企业合规管理信息系统的进度计划，循序渐进，有序进行。

（四）合规管理功能需求

提出合规管理功能需求是建立合规管理信息系统的关键环节。合规管理信息系统要实现其模块功能，需要企业合规管理部门提出详细的管理目标和管理功能需求。

（五）项目工具

企业合规管理信息系统应建立在先进、完善、运营成熟有效的信息管理系统之上，涉及项目管理软件和平台的选择和运用，对整个项目进行阶段划分、人员分工、任务分解、文档共享、过程协作和资源调度，能被企业尽快学习掌握，并对项目中的问题进行专家诊断和问题排除。

（六）信息输入

根据合规管理信息系统的功能模块，项目小组应输入合规管理的基础信息、方法、程序和工具。

（七）项目成果

合规管理信息系统初步建成后，项目小组应对其各项功能进行测试和验收，查找缺陷和不足，并进行调整、补充和完善。

（八）培训

合规管理信息系统建成后，需要对企业合规管理组织以及合规管理人员进行培训，确保其掌握和熟练使用系统，为企业合规管理服务。

（九）维护

合规管理信息系统需要企业合规管理部门和 IT 部门委派专人进行维护，确保系统有效运行。

六、企业合规管理信息系统的特点

（一）安全性和保密性

合规管理信息系统承载着企业、企业员工以及企业业务伙伴的重要保密信息和数据。

我国证监会发布的《证券公司和证券投资基金管理公司合规管理办法》第 14 条第 2 款要求合规负责人协助董事会和高级管理人员建立和执行信息隔离墙制度。

企业需要按照我国有关网络安全和信息保护的法律法规，建立企业合规管理信息的安全保护制度，包括网络安全保护、密码制度、信息的分类和分级保护、信息存取和修改的授权及分级管理、支持入侵检测与防御系统和防火墙的应用等。

（二）扩展性

1. 企业合规管理信息系统应具有良好的扩展性，以满足企业管理模式、业务变化、合规管理调整等的需要。

2. 预留标准的 EDI 接口，方便与新的业务、职能部门及分（子）公司的链接。

（三）分析与预测功能

开发合规管理信息的分析功能和预测功能，为企业合规管理部门提供图形化、报表化的合规管理信息分析数据，对合规风险作出预警，对未来企业合规管理需求作出预测等。

七、建立企业合规管理信息系统的实践案例：中国石油天然气集团有限公司合规管理信息平台系统

中国石油天然气集团有限公司是国资委于 2016 年开展建立合规管理体

系试点的中央企业之一，该建立的合规管理信息平台系统包括两大模块，即合规管理业务与法律风险岗位防控业务。合规管理业务模块下包括预防与控制、监督与问责两个子模块。预防与控制子模块下包括合规培训、合规登记报告、合规评价、合规审查、合规档案、合规风险评估与预警等小模块。监督与问责子模块下包括责任追究、举报与调查、检查监督等小模块。

（一）合规培训

合规培训包括在线和线下两种模式，不仅可以在线发布培训课程，进行在线合规培训、上下级合规培训，培训测试和归档，而且还可以进行线下合规培训录入，实现公司全员参与的自我培训。

（二）合规评价

实现在线合规评价。评价内容包括员工自评、对直属领导评价（评价上级）、对直属下级评价（评价下级）以及综合评价。

（三）合规登记报告

实现在线合规登记和处理。登记事项包括兼职登记、推荐交易对象登记、拟与公司交易登记以及其他登记。登记信息计入员工合规档案。登记事项按员工隶属公司层级，由总部合规部门、地区公司合规部门或者二线单位合规部门处理。

（四）合规审查

通过合规管理信息平台，实现在线合规审查，记录合规审查结果。合规审查包括制度审查、反垄断反不正当竞争审查以及交易对象审查。

（五）风险评估与责任追究

通过合规管理信息平台，收集集团、各子企业风险评估报告，建立汇总资料库，并通过平台登记违规人员信息。

（六）合规档案与业务资料

合规管理信息平台包括总部合规部门、地区公司合规部门以及二级单位合规部门三级合规档案，并向全员公开提供法律法规库、资料库与诚信合规手册。

中国石油天然气集团有限公司合规管理信息平台系统的建立，历经了实施准备、系统实施和系统上线三个阶段。实施准备包括成立项目组，学习和练习、调整 AD 机构与收集资料等；系统实施包括上传资料、分配角色、设置隶属关系和用户培训等。

在建立合规管理信息平台系统的过程中，集团法律部负责实施组织和业务指导，项目组负责技术支持、运用培训和功能完善，地区公司负责收集资料、数据录入和用户培训。

第十五章　合规文化

Chapter XV　Corporate Compliance Culture

要点

1. 企业合规文化是企业文化的重要组成部分。
2. 企业合规文化依靠企业各层级组织的共同培育。
3. 大型企业集团培育企业合规文化的实践。

国际标准及我国国家标准《合规管理体系　要求及使用指南》第 2.19 条规定，合规文化是贯穿整个组织的价值观、道德规范、信仰和行为，并与组织的结构和控制系统相互作用，产生有利于合规成果的行为规范。

企业合规文化是企业合规管理体系的基本构成要素，也是企业文化的重要组成部分。

一、企业文化

企业文化是企业在经营管理中形成的企业经营理念、经营目的、经营方针、核心价值观、企业使命、社会责任、企业形象等的总和。

（一）企业文化的构成

一般认为，企业文化由 4 个层次构成。

1. 物质文化

物质文化是表面层的企业文化，主要包括企业的生产环境（厂房），机械设备，以及产品的造型、外观、包装、质量等物质形态，是物质文明建设在企业文化的具体体现。

2. 行为文化

企业行为包括企业与第三方之间（包括企业与员工之间）、企业与商业伙伴之间、企业与政府部门之间、企业与社会之间的行为。企业行为文化表现为企业管理人员和员工在生产经营管理及学习、培训、团体活动中产生的行为文化。

3. 制度文化

企业制度文化在于对企业管理人员和员工的行为文化赋予一定限制，是企业行为实现的保障。企业制度文化包括企业治理机制、企业组织结构和授权体系以及企业各项规章制度和流程。企业章程、企业组织及职责分工、工艺操作流程、合规管理制度与流程、考核奖惩办法等，均属于企业制度文化的内容。

4. 精神文化

企业精神文化又称企业精神，是企业文化的核心，是精神文明建设在企业的具体体现。企业精神文化是企业在长期生产经营管理过程中逐步形成的企业意识形态的总和，包括：（1）企业的经营理念；（2）企业核心价值观；（3）企业使命；（4）企业经营方针，如质量方针、环安卫方针等；（5）企业精神，即企业基于自身性质、宗旨、任务和发展方向等，经过精心培养而形成的企业管理人员和全体员工独特的精神风貌；（6）企业道德，是由善恶、公私、荣辱、诚实与虚伪等构成的道德规范；（7）团体意识；（8）企业形象，包括企业门牌、厂徽、司标、广告、商标、服装以及企业视觉识别系统（VIS）等。

（二）企业文化的作用

企业文化能够展示企业鲜明的个性和时代特色，是企业的灵魂，是企业核心竞争力和发展的原动力。综合起来，企业文化的作用包括：（1）激发企业全体员工的使命感；（2）提高企业全体员工的凝聚力和向心力，形成员工极强的归属感；（3）加强员工的责任感；（4）赋予员工荣誉感。

二、企业合规文化综述

（一）企业合规文化的定义

国际标准及我国国家标准《合规管理体系　要求及使用指南》第 2.19 条对合规文化作了专门定义，即合规文化是贯穿整个组织的价值观、道德规范、信仰和行为，并与组织的结构和控制系统相互作用，产生有利于合规成果的行为规范。

结合企业文化的定义，企业合规文化可以定义为企业在合规管理中形成的合规理念、合规目的、合规方针、合规价值观、合规管理体系、合规管理运行等的总和。

（二）企业合规文化是企业文化的组成部分

企业合规文化是企业文化的组成部分。

我国银监会发布的《商业银行合规风险管理指引》第 6 条第 1 款要求商业银行加强合规文化建设，将合规文化建设融入企业文化建设全过程。

我国保监会发布的《保险公司合规管理办法》第 4 条要求保险公司倡导和培育良好的合规文化，努力培育公司全体保险从业人员的合规意识，并将合规文化建设作为公司文化建设的一个重要组成部分。

（三）企业合规文化是企业合规管理体系的基本构成要素

从有关合规管理的标准、办法和指引的规定来看，企业合规文化是企业合规管理体系的基本构成要素。

国际标准及我国国家标准《合规管理体系　要求及使用指南》第 2.19 条对合规文化作了专门定义，第 5.1.2 条、第 A.5.1.2 条对支持合规文化发展的因素以及合规文化形成的体现提供了具体指南，附录 NA 增补了关于合规文化的专门条款（第 NA.2 条）并规定，合规文化通常由贯穿整个组织的价值观、道德规范、信仰和行为构成，与组织结构和控制系统相互作用，产生有利于实现组织的使命、愿景和合规目标的一系列行为规范。合规文化反映了组织的治理机构、最高管理者、各级管理层、员工和其他相关方应对合规风险的意识和态度，是合规管理体系不可或缺的重要组成部分。

我国证监会发布的《证券公司和证券投资基金管理公司合规管理办法》第 4 条要求证券基金经营机构倡导和推进合规文化建设，培育全体工作人员合规意识，提升合规管理人员职业荣誉感和专业化、职业化水平。

国务院国资委发布的《中央企业合规管理指引（试行）》第 27 条要求中央企业积极培育合规文化。

国务院国资委发布的《中央企业合规管理办法》将合规文化提升为合规管理体系的一个独立模块，用第五章共 4 条进行专门规定。该办法强调：（1）中央企业应当将合规管理纳入党委（党组）法治专题学习，推动企业领导人员强化合规意识，带头依法依规开展经营管理活动。（2）建立常态化合规培训机制，制定年度培训计划，将合规管理作为管理人员、重点岗位人员和新入职人员培训必修内容。（3）加强合规宣传教育，及时发布合规手册，组织签订合规承诺，强化全员守法诚信、合规经营意识。（4）引导全体员工自觉践行合规理念，遵守合规要求，接受合规培训，对自身行为合规性负责，培育具有企业特色的合规文化。

发改委等七部门发布的《企业境外经营合规管理指引》第 4 条明确要求企业以倡导合规经营价值观为导向培育合规文化，并在第八章用专章来规范企业合规文化建设。

（四）企业合规文化是企业法治文化的重要内容

国务院国资委于 2015 年 12 月 8 日发布《关于全面推进法治央企建设的意见》要求，将依法治企要求全面融入企业决策运营各个环节，贯穿各业务领域、各管理层级、各工作岗位，努力实现法治工作全流程、全覆盖，同时突出依法治理、依法合规经营、依法规范管理等重点领域法治建设；打造企业法治文化，大力推进法治文化建设，弘扬法治精神，增强法治理念，努力使全体员工成为法治的忠实崇尚者、自觉遵守者、坚定捍卫者。到 2020 年，中央企业依法治理能力进一步增强，依法合规经营水平显著提升，依法规范管理能力不断强化，全员法治素质明显提高，企业法治文化更加浓厚，依法治企能力达到国际同行业先进水平，努力成为治理完善、经营合规、管理规范、守法诚信的法治央企。该意见还要求地方国有资产监督管理机构参照该意见，积极推进所出资企业法治建设。由此可见，企业合规文化是企业法治文化的重要内容。

（五）企业合规文化的基本内容

有关合规管理的标准、办法和指引对企业合规文化的基本内容提出了指引，具体包括以下 4 个方面。

1. 合规理念

（1）合规从领导做起。具体参见国际标准及我国国家标准《合规管理体系　要求及指南》第 A. 5. 1. 2 条、我国证监会发布的《证券公司和证券投资基金管理公司合规管理办法》第 4 条、国家金融监督管理总局《金融机构合规管理办法》第 10 条、我国发改委等七部门发布的《企业境外经营合规管理指引》第 29 条。

（2）全员主动合规。具体参见我国国家金融监督管理总局《金融机构合规管理办法》第10条、证监会发布的《证券公司和证券投资基金管理公司合规管理办法》第4条。

（3）合规创造价值。具体参见我国国家金融监督管理总局《金融机构合规管理办法》第10条、证监会发布的《证券公司和证券投资基金管理公司合规管理办法》第4条。

（4）全员安全、质量、诚信和廉洁。具体参见国务院国资委发布的《中央企业合规管理指引（试行）》第27条。

（5）合规是企业生存的基础。具体参见我国证监会发布的《证券公司和证券投资基金管理公司合规管理办法》第4条。

2. 合规价值观

（1）诚实守信。具体参见国务院国资委发布的《中央企业合规管理指引（试行）》第27条、发改委等七部门发布的《企业境外经营合规管理指引》第29条。

（2）依法合规。具体参见国务院国资委发布的《中央企业合规管理指引（试行）》第27条、发改委等七部门发布的《企业境外经营合规管理指引》第29条。

3. 合规行为

（1）与外部监管部门有效互动。促进企业自身合规与外部监管的有效互动（我国国家金融监督管理总局《金融机构合规管理办法》第10条）。

（2）培训。治理机构、管理层和具有合规义务的所有员工都应具备有效履行合规义务的能力。确保能通过多种方式获得能力，包括通过教育、培训或工作经历获取必需的技能和知识。培训计划的目标是确保人员有能力以符合组织合规文化和对合规的承诺的方式履行其岗位职责（《合规管理体系　要求及使用指南》第A.7.2.3条）。

（3）制定和发放合规手册、签订合规承诺书。具体参见国务院国资委发布的《中央企业合规管理指引（试行）》第27条。

4. 合规管理人员荣誉感

具体参见我国证监会发布的《证券公司和证券投资基金管理公司合规管理办法》第4条。

（六）合规文化的价值

按照我国国家标准《合规管理体系　要求及使用指南》第NA.2.1条

的规定，合规文化的价值在于：

1. 提供原则性指导，应对合规风险：组织宣贯自己的价值观、道德规范和信仰，使组织内外部人员在具体规定不清、不全或者没有具体规定或者存在灰色地带时，提供原则性指引，及时应对合规风险。

2. 增强主动合规：良好的合规文化可以正面影响人的行为，提升认同感和主动合规意识，有助于组织、各层级及时发现不合规行为并自主采取补救措施。

3. 提升合规管理有效性，促进实质性合规：组织通过将支持合规文化发展的因素在合规方针中体现，以及与合规管理体系的其他要件共同作用，使得合规文化渗透到组织的各个层级和领域，实现预期合规结果。

三、企业合规文化的培育

有关合规管理的标准、办法和指引，均要求企业积极培育企业合规文化，增强全体员工的合规意识，提升合规管理人员职业荣誉感和专业化、职业化水平。

（一）支持合规文化发展的因素

国际标准及我国国家标准《合规管理体系　要求及使用指南》第A.5.1.2条详细列明了支持合规文化发展的因素，梳理如下：（1）合规价值观：企业发布清晰的价值观。（2）合规从管理层做起：管理层积极实施和遵守价值观。（3）平等原则：不论职位，对不合规进行一致性处理。（4）身体力行：在指导、辅导和领导中以身作则。（5）员工聘用前合规尽职调查：对潜在的关键职能员工进行适当的聘用前评估，包括尽职调查。（6）培训：持续进行合规培训（包括更新培训内容），在入职培训或新员工训练中强调合规和企业价值观。（7）沟通：持续就合规问题进行沟通。（8）合规绩效考核：建立绩效考核体系，结合对合规行为的评估，并将合规表现与绩效工资挂钩，以实现合规关键绩效措施和结果。（9）激励：对合规管理业绩和结果予以明确认可。（10）问责：对故意或因疏忽而违反合规义务的情况给予即时和适当的处分。（11）建立联系：在组织的战略和个人角色之间建立清晰的联系，强调合规是实现组织结果所必不可少的。

(二) 企业合规文化形成的表现

按照《合规管理体系　要求及使用指南》第 A. 5. 1. 2 条的规定，企业合规文化的形成体现在以下 6 个方面的实现程度：(1) 以上 (一) 所述事项得到充分实施。(2) 利益相关方 (尤其是员工) 相信上述事项已得到充分实施。(3) 员工充分了解与其自身活动和所在业务及职能部门活动相关的合规义务。(4) 企业各层级按要求自主应对不合规并采取纠正措施。(5) 重视合规团队的岗位及其目标。(6) 员工有能力且受到鼓励向相应的管理层提出合规疑虑。

(三) 企业合规文化的培育方法

有关合规管理的标准、办法和指引提出了企业合规文化培训方法指引，列示如下：

1. 领导承诺。发展合规文化要求治理机构、最高管理者和管理层，对企业的各个领域所要求的共同的、已发布的行为标准作出积极的、可见的、一致的和持久的承诺 (《合规管理体系　要求及使用指南》第 5. 1 条)。

2. 领导层 (董事会和高级管理人员) 身体力行，积极推动。具体参见《合规管理体系　要求及使用指南》第 A. 5. 3. 1 条、我国证监会发布的《证券公司和证券投资基金管理公司合规管理办法》第 4 条、我国国家金融监督管理总局《金融机构合规管理办法》第 10 条、发改委等七部门发布的《企业境外经营合规管理指引》第 29 条。

3. 制定和发放合规手册、签订合规承诺书。具体参见国务院国资委发布的《中央企业合规管理指引 (试行)》第 27 条、《中央企业合规管理办法》第 31 条。

4. 促进企业自身合规与外部监管的有效互动。具体参见我国国家金融监督管理总局《金融机构合规管理办法》第 10 条。

5. 培训。治理机构、管理者和负有合规义务的人员宜有能力有效履行其义务。有多种方式可获得能力，包括通过教育、培训或工作经验获得所需的技能和知识。培训目标确保人员有能力以符合本组织合规文化和对合规的承诺的方式履行其岗位职责 (《合规管理体系　要求及使用指南》第 A. 7. 2. 3 条)。

(四) 企业合规文化推广

有关合规管理的标准、办法和指引提出了企业合规文化推广指引，列示如下：

1. 企业应将合规作为企业经营理念和社会责任的重要内容，并将合规文化传递至利益相关方（发改委等七部门发布的《企业境外经营合规管理指引》第30条）。

2. 企业应促进自身合规与外部监管的有效互动（我国国家金融监督管理总局《金融机构合规管理办法》第10条）。

四、企业合规文化的实践

下文介绍三家集团公司的企业合规文化优秀实践案例。

（一）中国石油天然气集团有限公司

1. 领导的合规承诺

集团董事长在《诚信合规手册》中开篇致辞：

“我们始终秉承‘奉献能源、创造和谐’的企业宗旨，坚持诚实守信、依法合规的价值观，努力为社会创造财富、促进和谐。实践证明，诚信合规是公司发展的基石，是公司有质量有效益可持续发展的坚实保障。

继往开来，我们清晰地认识到，公司的卓越声誉和持续发展更加有赖于诚信合规。我们将坚持诚信合规优先于经济利益的理念，让诚信合规涵盖经营管理各领域、业务活动各环节、全体员工各岗位。”

2. 合规理念

（1）诚信合规是公司发展的基石，是公司有质量有效益可持续发展的坚实保障。

（2）公司的卓越声誉和持续发展更加有赖于诚信合规。

（3）诚信合规优先于经济利益。

（4）全面诚信合规：诚信合规涵盖经营管理各领域、业务活动各环节、全体员工各岗位。

3. 合规价值观

（1）守法合规。“守法合规是我们行为的底线。我们在开展业务时，要遵守所有适用的法律法规和规章制度，恪守职业道德。即使为了公司利益，也不能违法违规行事。”

（2）诚信做事。“诚信是我们行为的前提，没有诚信，一切将被否定。

我们要始终坚持诚信至上、诚信为本，传承、弘扬中华民族诚实守信的传统美德和中国石油的优良作风，当老实人、说老实话、办老实事，言必信、行必果，不欺上瞒下、不弄虚作假。”

4. 合规管理组织

中国石油天然气集团有限公司的合规管理组织包括董事会、监事会、公司管理层、法律事务部、各职能部门、各分公司、各子公司等。

5. 合规管理制度与流程

（1）《诚信合规手册》；

（2）《合规管理办法》；

（3）搭建合规管理信息平台，实现合规事项申报、审查、评价、档案管理网上运行。

6. 企业合规文化培育

（1）签署遵守诚信合规手册承诺书；

（2）建设综合素质较高的合规管理专业团队；

（3）开展多种多样的合规宣传与培训；

（4）参与国务院国资委发布的《中央企业合规管理指引（试行）》的制定工作。

（二）中国东方电气集团有限公司

中国东方电气集团有限公司将合规文化作为公司合规管理体系的一部分加以规定，要求倡导和培育良好的合规文化，努力培育公司全员的合规意识，并将合规文化建设作为企业文化建设的重要组成部分。全员宣贯合规文化，树立合规价值观，通过不定期组织全面培训与专业培训、自我学习与有效测试相结合的方式，强调合规理念，引导全体员工从“要我合规”转变为“我要合规”，将合规风险防患于未然。

1. 领导的合规承诺

公司董事长在《诚信合规准则》中开篇致辞：

“加强合规管理，是贯彻落实全面依法治国重要战略部署的客观要求，是全面推进法治东方电气的重要举措，是国际化进程中提升国际竞争的必由之路。东方电气始终遵循以创新发展、客户增值、员工成长、环境友好为价值驱动力，坚持诚信公平、依法合规的价值观，将诚信合规理念融入各项经营管理和业务发展活动中，践行企业社会责任和使命。”

2. **合规理念**

始终遵循以合规发展、客户增值、员工成长、环境友好为价值驱动力，坚持诚信公平、合规经营的价值观，将诚信合规理念融入各项经营管理和业务发展活动中，守法合规，践行中央企业社会责任和使命。

合规是公司经营发展重要组成部分，公司将不断完善合规管理体系，提高合规管理体系运行效率和有效性，切实防范风险。

3. **合规管理体系**（见图2－15－1）

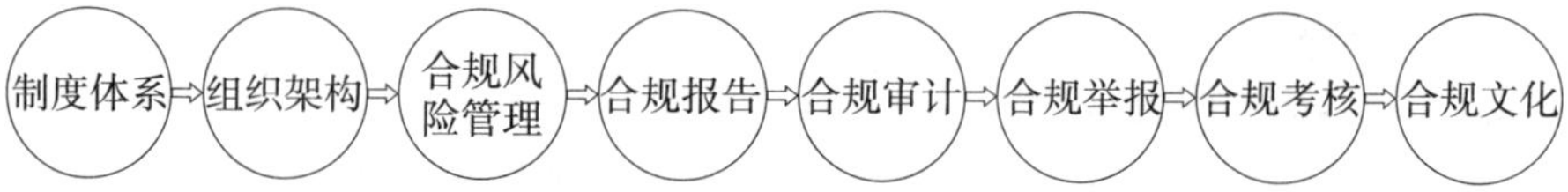

图2－15－1　合规管理体系

4. **合规管理组织**

公司合规管理组织包括董事会，战略、投资及风险管理委员会，公司管理层，总法律顾问，以及合规归口管理部门（法务审计部）、专项部门（纪检监察部）和直接责任部门（公司各部门和所属企业）。

5. **制度体系**

（1）《诚信合规准则》。《诚信合规准则》作为公司管理制度体系的核心，于2017年3月经集团董事长签批发布。其涵盖了公司和员工处理内部事务与对外交易交往的基本行为规范和规则，是公司每一位员工必须遵守的合规基本准则及对外展示公司诚信合规理念的重要载体。

（2）《合规管理办法》。通过组织机构和流程设计，建立合规管理机制，开展合规风险监测、合规检查、合规考核以及合规培训与合规文化建设等，预防、识别、评估、报告和应对合规风险的行为。

（3）具体合规要求和规范。对重要的合规问题进行补充规定，如商业伙伴合规管理、举报与内部调查等，与内部经营管理流程相契合。

（三）西门子股份有限公司

1. **领导的合规承诺**

西门子股份有限公司（以下简称西门子）总裁兼首席执行官在《商业行为准则》中开篇致辞：

“西门子开展业务时遵循最高的伦理和道德标准。这种行为赢得了所有利益相关方的尊重。他们完全有理由相信西门子在做任何一件事情时都会坚持这些标准。这是所有西门子人的责任——无论我们从事何种工作。

而在一个关键的方面，西门子既不会妥协，也不会改变，那就是坚守法律规定和践行高道德标准的商业行为。无论在哪里开展业务，西门子始终是清廉业务的代名词。这一点是永远不可能妥协的。”

2. 管理层：明确立场，以身作则

西门子合规体系的决定性因素是所有西门子管理者所肩负的合规职责。针对这种合规职责，高管的立场非常明确：西门子每一位管理者都须以身作则，并确保其职责范围内的业务决策和行动始终符合相关的法律规定和西门子的价值观与准则。

3. 合规理念：只有清廉的业务才是西门子的业务

西门子的合规体系，以管理层职责为核心，打造诚信与透明的企业文化。西门子以负责任的态度开展各项业务，严格遵守各项法律法规以及西门子的《商业行为准则》。公司绝不姑息任何违法和不道德的行为，以一整套约束性的规章制度，要求所有员工遵纪守法，诚信守德。

4. 合规价值观：诚信文化是西门子合规的价值观

对西门子来说，倡导诚信意味着在任何情况下开展业务都要按照西门子的价值观——勇担责任、追求卓越和矢志创新——行事。诚信的一个重要元素就是合规，即遵守法律法规和西门子的内部规章制度。合规是西门子一切业务决策和活动的基础，也是西门子开展业务过程中倡导诚信的关键。西门子的前提是：只有清廉的业务才是西门子的业务。这一原则适用于全球所有层级的西门子机构。

在中国，西门子成熟的合规管理经验和高效的合规体系，助力西门子成为连接“一带一路”的最佳合作伙伴。

5. 合规体系：以管理层职责为核心的防范、监察和应对

西门子合规体系由一系列措施组成，以确保公司的业务始终完全按照法律以及公司的内部原则和规章制度进行。在这个过程中，西门子还希望向员工灌输负责任的行为理念。

西门子的合规体系分为三个板块：防范、监察和应对。防范的措施包括合规风险管理、合规政策与流程，以及提供给员工的全面培训和咨询等。在识别和处理不当行为方面，以“Tell Us”举报平台、全球特派调查官和公平的内部调查为代表的合规沟通渠道必不可少。而清晰的答复和明确的处理结果有助于惩治不当行为并消除薄弱环节。所有管理人员在合规方面所承担的责任是这三个板块的核心要素。

6. 合规管理组织

西门子的合规管理组织包括管理委员会、监事会、法律总顾问、首席合规官、法律和合规部、区域合规官。

合规管理组织负责以下工作：反腐败、反垄断、数据保护、反洗钱、合规案件处理等。

7. 合规管理制度

（1）《商业行为准则》。《商业行为准则》在西门子的企业价值观基础上结合了法律和道德方面的基本要求，构成了西门子所有内部规章制度和西门子合规体系的基础。西门子要求所有员工熟悉并在全球范围内遵守这些原则和规则。

（2）《内部合规调查行为准则》。

（3）《商业伙伴合规手册》。

（4）《供应商和第三方中间人行为准则》。

（5）《保持商业诚信》小册子。

（6）《西门子内部合规标准》。

（7）《全球合规通告》。

8. 合规行动

（1）培训、建议与沟通。开展合规培训，收集合规管理建议，与员工和商业伙伴进行合规管理沟通。

（2）合规风险管理，包括业务流程合规风险管理、系统化评估业务及职能部门的合规风险以及集团层面的合规风险分析，建立和实施合规风险雷达流程。

（3）控制、审查和审计。采取强制性控制措施，检查是否执行合规流程。利用合规委员会检查和评估合规体系的有效性。由审计部门与首席合规官协商并依据基于风险的审计计划进行合规审计，合规管理组织为这些审计和审查提供支持。

（4）与商业伙伴协作，并在大项目中融入合规。利用全面的程序（包括合规尽职调查与审核）来选择商业伙伴，通过签订合同的方式促使他们遵守西门子的行为准则，对商业伙伴定期评估以监督后续的合作。

与合作伙伴制定特殊协议，确保在大型项目的执行中落实相应合规标准。

（5）违规案件处理。建立违规举报平台。违规案件处理流程包括受理违规案件举报、审查与评估、授权调查、研究与规划、调查、调查报告、纪律惩戒及整改。对举报人给予保护。

（6）合规联合行动：携手打造清廉业务所需要的公平竞争环境。作为一家负责任的企业，西门子主动联合外部利益相关者，与政府机构、非政府组织、科研院校等机构合作，共同打击腐败，建立反腐败联盟，从多个角度处理和解决腐败问题，进而推动创建公平的市场环境，即为所有市场参与者消除腐败的诱惑，打造一个“公平公正的竞争环境”，这就是西门子合规联合行动的目的。

西门子与各方开展持续对话，在参与反腐立法、反腐败项目的开展和监督等方面与政府及非政府组织合作进行相关的研究工作；与公共和私营企业的反腐合作，主要在制定企业合规管理体系、建立合规管理组织和工具等方面提供经验和建议；而在与各高校的合作中，西门子则致力于开展合规讲座和培训，培养未来一代管理者的诚信与合规意识。

在联合行动中，竞争对手也是西门子联合行动的合作伙伴。通过签订反腐败联合协议、开展廉洁公约活动等方式，在行业内约定公平竞争，更长远的做法是，签署合规公约，在市场上长期确保行业内的竞争者之间有着共同的合规标准，从而把政府机构乃至整个社会拉进反腐败的合作中。

西门子和世界银行在2010年共同发布了1亿美元廉洁行动项目，旨在推动全球范围内反腐败和廉洁市场的建设。

第十六章　合规管理监督问责

Chapter XVI　Supervision of Compliance Management

要点

1. 合规管理监督问责是新增的一个合规管理模块，是对合规管理的监督。

2. 合规管理监督问责是对企业各层级组织（包括合规管理部门）及员工的合规管理履职的监督。

3. 合规管理监督问责作为一个新的合规管理模块，有关部门并未出台细化规定，在本章作初步分析探讨。

一、有关合规义务渊源的规定

为强化企业各层级组织及员工严格、有效履行合规管理职责以及实际有效执行各项合规管理制度，国务院国资委发布的《中央企业合规管理办法》第六章以专章对中央企业合规管理监督问责进行规定。各省、自治区、直辖市合规管理办法又增补了类似条款。该办法第六章规定如下：

第 37 条规定：中央企业违反本办法规定，因合规管理不到位引发违规行为的，国资委可以约谈相关企业并责成整改；造成损失或者不良影响的，国资委根据相关规定开展责任追究。

第 38 条规定：中央企业应当对在履职过程中因故意或者重大过失应当发现而未发现违规问题，或者发现违规问题存在失职渎职行为，给企业造成损失或者不良影响的单位和人员开展责任追究。

按照该办法的规定，合规管理监督问责成为我国中央企业、地方国有企业合规管理体系六大模块之一，即合规管理组织、合规管理制度、合规管理运行机制、管理信息化与监督问责。

二、合规管理不到位的监督问责

国务院国资委发布的《中央企业合规管理办法》第六章第37条对合规管理不到位的监督问责作出了规定。

（一）合规管理不到位的定义和构成要求

1. 合规管理不到位的定义

国务院国资委发布的《中央企业合规管理办法》并未对合规管理不到位进行定义。理解该办法精神并结合合规管理实践，笔者认为，合规管理不到位是指拥有合规管理职责的组织、岗位未能履行或者未能全面履行合规管理职责。

2. 对合规管理不到位进行监督问责的构成要件

对合规管理不到位进行监督问责的构成要件包括：（1）按照国资委合规管理办法及企业自身合规管理规定，具有合规管理职责。（2）存在合规管理不到位的实际情况，即没有或者没有完全履行合规管理职责。（3）合规管理不到位导致了违规行为的发生。换言之，如果合规管理到位，本来可以防止违规行为的发生。

（二）合规管理不到位的原因

合规管理不到位的原因很多，主要包括不知晓自身合规管理职责、不勤勉尽责履职、合规管理能力不足以及来自内外部的阻碍等。

消除合规管理不到位的原因，宜采取下列措施：（1）加强合规宣传、培训和自身努力学习；（2）加强各项合规管理制度的宣贯培训及执行监督；（3）落实合规考核与奖惩机制；（4）加强合规检查与合规管理体系有效性评价（尤其对履行合规管理职责的检查和评价），查找合规管理缺陷，及时进行整改和改进。

（三）合规管理不到位监督问责的对象

合规管理不到位监督问责的对象包括企业各层级合规管理组织及各层级管理人员。

1. 各层级合规管理组织

合规管理不到位监督问责的对象首先是企业不同层级的合规管理组织，

它们按照企业相关合规管理制度，都有自己的合规管理职责。例如，国务院国资委发布的《中央企业合规管理办法》规定了9个层级的合规管理组织并明确了其合规管理组织，包括治理机构以及“第一道防线”“第二道防线”“第三道防线”各部门。

2. 各管理岗位

各层级组织的合规管理职责具体分解到各个管理岗位，形成各层级管理岗位的合规管理职责。例如，企业的高级管理人员（如董事、监事、总经理、副总经理、财务总监、总法律顾问和首席合规官等）、部门负责人、科室负责人及一般管理岗位等。

（四）合规管理不到位的监督问责情形

对合规管理不到位进行监督问责包括以下两种情形：

1. 因合规管理不到位引发违规行为，但尚未给企业造成损失或者不利影响，即发生违规行为且因合规管理不到位所致，或者说，如果合规管理到位，本来应该可以预防违规行为的发生。虽然发生违规行为，但尚未给企业造成损失或者不利影响。

2. 因合规管理不到位引发违规行为，并且已经给企业造成损失或者不利影响。

（五）合规管理不到位的监督问责形式

监督问责形式包括以下三种：（1）由国资委约谈。具体执行国务院国资委《国资监督管理责任约谈工作规则》以及各地方国资委有关国资监管约谈规定。（2）由国资委约谈并责成整改。具体执行有关违规问题整改的制度规定。（3）造成损失或者不良影响的，由国资委根据相关规定开展责任追究。具体执行有关违规责任追究的法律法规和监管规定。

（六）合规管理不到位监督问责的部门

按照国务院国资委发布的《中央企业合规管理办法》以及各地方国资委合规管理办法的规定，对中央企业集团合规管理不到位监督问责的部门是国务院国资委，对地方国资委监管企业合规管理不到位监督问责的主体是地方国资委。

如何对中央企业、地方国资委监管企业各层级合规管理组织、管理岗位以及各级子公司进行合规管理不到位监督问责，《中央企业合规管理办法》并未作出进一步规定。实务中，各中央企业集团、地方国有企业集团均在本企业合规管理办法中作出了合规管理监督问责规定，或者制定专门的合规管理监督问责指引，明确了集团对本企业各层级合规管理组织、管理岗位以及各子公司合规管理不到位的监督问责机制。

三、合规管理违规监督问责

按照国务院国资委发布的《中央企业合规管理办法》第 38 条的规定，中央企业应当对在履职过程中因故意或者重大过失应当发现而未发现违规问题，或者发现违规问题存在失职渎职行为，给企业造成损失或者不良影响的单位和人员开展责任追究。

该条规定了在合规管理中的两种违规行为，笔者将其统称为“合规管理违规”，意指在合规管理中发生的违规行为：一是在履职过程中因故意或者重大过失应当发现而未发现违规问题，可以称为“故意或过失合规管理违规”；二是发现违规问题存在失职渎职行为，可以称为“失职渎职合规管理违规”。

（一）故意或过失合规管理违规

故意或过失合规管理违规是指在履职过程中因故意或者重大过失应当发现而未发现违规问题，给企业造成损失或者不良影响。构成要件如下：

1. 已经发生违规问题

即存在不合规（未遵守合规义务）的行为或情况。

2. 具有发现违规问题的职责

对企业合规管理组织进行分析研究可知，我国中央企业、地方国有企业具有发现违规问题职责的人员应当包括“第一道防线”（业务及职能部门）的负责人与合规管理人员、“第二道防线”的合规管理人员和首席合规官以及“第三道防线”负责纪检监察、巡视巡察和审计的人员。

3. 在履行职责的过程中没有发现违规问题

对这一要件作严谨解释，应当包括两个前提：（1）在履行合规管理职责的过程中；（2）履职的目的和内容包括发现违规问题。因此，符合前述条件的履职行为主要包括合规审查，专项的合规检查、审计和巡视巡察，对违规线索进行违规调查等。

有些观点认为，还应包括合规管理体系有效性评价以及国际标准及我国国家标准《合规管理体系　要求及使用指南》中的内部审核与管理评审。笔者认为，这些合规管理活动的目的和内容主要在于评价合规管理体系的充分性、适当性和有效性，本身并未赋予发现违规问题的要求或任务。

4. 存在主观故意或重大过失

主观故意即希望违规问题不被发现。重大过失即具有发现违规问题的能力，但因疏忽大意或者轻信违规问题不会发生，而未能发现违规问题。

5. 给企业造成损失或者不良影响

值得注意的是，这一要件并不包括违规问题本身给企业造成损失或不良影响，而是指由于未发现违规问题，企业未能及时采取应对处置措施降低损失和不良影响的程度，防止损失或不良影响进一步扩大。

（二）发现违规问题存在失职渎职行为，给企业造成损失或者不良影响

构成要件如下：

1. 已经发生并发现违规问题

即存在并已经发现违规（未遵守合规义务）的行为或情况。

2. 与发现违规问题有关

国务院国资委发布的《中央企业合规管理办法》及各地方国资委合规管理办法将该项合规管理监督问责限定于“发现违规问题”，应当包括以下情况：

（1）在发现违规问题的过程中。对应的合规义务为，在合规审查、审计、监督检查、巡视巡察、违规调查等过程中，应当按照有关合规义务渊源的规定勤勉尽责。

（2）在发现违规问题之后。对应的是相关的后续合规义务，如按照合规风险报告要求立即报告，在职责范围内对正在发生的违规行为进行提醒、纠正，在职责范围内采取紧急应对处置措施等。

3. 存在徇私舞弊、滥用职权或者玩忽职守等失职渎职行为

存在徇私舞弊、滥用职权或者玩忽职守等失职渎职行为的表现：

（1）徇私舞弊，在发现违规问题或者发现违规问题后，为自身或他人利益弄虚作假，如伪造、隐匿、毁灭证据，隐瞒事实真相，隐瞒不报等。

（2）滥用职权，包括故意越权或者怠于履职（不作为）。

（3）玩忽职守，包括不履职、不正确履职、不勤勉尽责履职等。

4. 给企业造成损失或者不良影响

由于存在失职渎职行为，企业未能及时采取应对处置措施防止或者降低损失或者不良影响，或者未能依法依规对相关单位或个人进行处理。

（三）责任追究

按照国务院国资委发布的《中央企业合规管理办法》及各地方国资委合规管理办法规定，发生合规管理违规，应当对责任单位和人员开展责任追究。但并未对责任追究的主体、对象、程序、措施等作出详细规定。因此，对合规管理违规进行责任追究，应当遵循企业现有相关合规义务渊源（如法律法规、监管规定、公司内部的责任追究制度等）的规定。

四、建立合规管理监督问责机制

合规管理监督问责是国务院国资委发布的《中央企业合规管理办法》及各地方国资委合规管理办法强化中央企业与地方国有企业合规管理、对合规管理进行监督问责的创新举措，但仍限于原则性规定。有效贯彻执行这一原则要求，企业应建立合规管理监督问责机制，制定合规管理监督问责的具体制度，包括但不限于：（1）明确合规管理监督问责部门，即由哪个部门负责监督问责；（2）明确合规管理监督问责的对象，即对哪些单位和个人进行监督问责；（3）明确监督问责内容，即对哪些合规管理不到位情况、合规管理违规行为进行监督问责；（4）监督问责程序；（5）监督问责措施等。

我国中央企业、地方国有企业已经制定并执行违规追责的各项规章制度。宜对现有相关规章制度进行合规审查、修订和完善，增补合规管理监督问责机制。

第三篇
企业合规管理实务

Part III
Corporate Compliance Practice

第一章 企业合规管理组织建设

Chapter Ⅰ Compliance Management Organizations

要点

1. 合规管理组织是合规管理的组织保障。
2. 不同合规义务渊源对合规管理组织的要求存在差异。
3. 合规管理组织职责清单化与有效履职。

第一节 企业合规管理组织构成

一、《中央企业合规管理办法》规定的合规管理组织

国务院国资委发布的《中央企业合规管理办法》第二章规定了中央企业9个层级的合规管理组织，即党委（党组）、董事会、经理层、主要负责人、合规委员会、首席合规官、业务及职能部门、合规管理部门以及纪检监察机构和审计、巡视巡察、监督追责等监督部门。我国各省、自治区、直辖市国资委也作出了相同规定。

关于合规管理组织的构成，国务院国资委发布的《中央企业合规管理办法》在《中央企业合规管理指引（试行）》的基础上作了进一步完善。一是增加企业党委（党组）作为企业合规管理的领导机构。二是在合规管理治理机构中删减了监事会。三是增补了企业主要负责人作为企业合规管理体系建设的第一责任人。四是将合规管理负责人定义为首席合规官，由总法律顾问兼任。五是将业务部门修订为业务及职能部门。这一修订与企业部门设置更加密切结合起来，包括企业矩阵管理架构中的纵向业务部门（如研发、计划、生产、采购、销售、物流、分支机构等），也包括横向职能管理部门（如财务、人力资源、法务、内控、风控、质量、安全环保、行政、信息管理以及党团工管理部门等）。六是将合规管理牵头部门修订为合规管理部门，牵头组织合规管理工作。

二、《合规管理体系　要求及使用指南》规定的合规管理组织

按照国际标准及我国国家标准《合规管理体系　要求及使用指南》，合规管理组织包括治理机构、最高管理者、合规团队、管理者和人员 5 个层级。

值得注意的是，该标准关于合规管理组织的定义与我国《公司法》以及企业组织机构设置的实际存在差别。

1. 该标准将董事会、监事会和经理层分置于合规管理组织的两个层级。按照我国《公司法》的规定，企业治理机构包括董事会、监事会和经理层。但按照该标准第 3.21 条的规定，治理机构是对组织的活动、治理、方针负有最终职责和权限的一个人或一组人，最高管理者向其报告并对其负责。治理机构可能包括但不限于董事会、董事会委员会、监事会或受托人。

按照该标准第 3.3 条的规定，最高管理者在最高层指挥和控制组织的一个人或一组人，是指最高级别的执行管理层。解读该标准关于最高管理者的合规管理职责，最高管理者是指企业的经理层以及不设董事会的实际控制人等。

2. 该标准将管理者确定为一个合规管理组织层级。解读该标准第 5.3.3 条关于管理者的合规管理职责的规定，就企业而言，管理层主要是指业务及职能部门、分支机构的负责人。

3. 该标准将人员确定为合规管理组织的一个层级，并在第 5.3.34 条对人员的职责作出了规定。

三、《企业境外经营合规管理指引》规定的合规管理组织

按照发改委等七部门发布的《企业境外经营合规管理指引》，合规管理组织架构由三个层级构成：（1）合规治理结构，包括三个子层级，即决策（决策层）、管理（高级管理层）和执行（各执行部门及境外分支机构）；（2）合规管理机构，包括合规委员会、合规负责人、合规管理部门；（3）监督部门：包括审计部门、监察部门等。

该指引将合规委员会、合规负责人与合规管理部门统称为合规管理机构，合理地对专门负责合规管理职责进行了归类，也扩展了合规管理“第二道防线”的范围。在实务中，企业通常将合规管理部门确定为“第二道防线”。但实际上，合规管理“第二道防线”还应包括合规委员会及合规负责人。

四、实务问题探讨

在合规管理组织建设实务中，存在的常见问题是中央企业、地方国有企业集团及其大型、重点子公司业务规模大，合规管理资源充足，人员配备到位，存在建立各层级合规管理组织的实际需求和基本条件。但是，中央企业、地方国有企业集团业务线条单一、体量小、人员少的子公司以及存在类似情况的地方国有企业和其他所有制性质的企业，没有建立复杂的合规管理组织层级的资源，也没有实际需要。基于务实高效和兼顾成本效益原则，应当允许这些企业根据本企业实际情况，适当减少合规管理组织层级。这些企业可以参照下列有关合规管理的合规义务渊源建立合规管理组织体系。

1. 参照国际标准及我国国家标准《合规管理体系　要求及使用指南》建立合规管理组织，可以包括党组机构、董事会、经理层、业务及职能部门负责人、合规管理人员。

2. 参照我国中小企业协会《中小企业合规管理体系有效性评价》建立合规管理组织，可以包括：（1）合规管理领导机构，如合规委员会、合规领导小组等；（2）董事会；（3）合规管理第一责任人；（4）合规管理部门或合规专员；（5）业务及职能部门合规联络员。

第二节　组织的合规管理职责

一、党委（党组）的合规管理职责

按照国务院国资委发布的《中央企业合规管理办法》第 7 条第 1 款及我国各省、自治区、直辖市国资委合规管理办法的规定，我国中央企业、地方国有企业党委（党组）发挥把方向、管大局、促落实的领导作用，推动合规要求在本企业得到严格遵循和落实，不断提升依法合规经营管理水平。

我国中央企业、地方国有企业党委（党组）主要通过以下途径发挥把方向、管大局、促落实的领导作用。

1. 贯彻落实中共中央办公厅、国务院办公厅印发的《关于进一步推进国有企业贯彻落实“三重一大”决策制度的意见》，规范国有企业决策管理，发挥把方向、管大局的领导作用，包括：

（1）重大决策事项，是指依据法律法规和党内法规规定，应当由股东大会（股东会）、董事会、未设董事会的经理班子、职工代表大会和党委（党组）决定的事项，主要包括企业贯彻执行党和国家的路线方针政策、法律法规和上级重要决定的重大措施，企业发展战略、破产、改制、兼并重组、资产调整、产权转让、对外投资、利益调配、机构调整等方面的重大决策，企业党的建设和安全稳定的重大决策，以及其他重大决策事项。

因此，在合规管理领域，下文所述应当由董事会决策的事项，也应当事先由企业党委（党组）前置审议通过。

（2）重要人事任免事项，是指企业直接管理的领导人员以及其他经营管理人员的职务调整事项，主要包括企业中层以上经营管理人员和下属企业、单位领导班子成员的任免、聘用、解除聘用和后备人选的确定，向控股和参股企业委派股东代表，推荐董事会、监事会成员和经理、财务负责人，以及其他重要人事任免事项。

（3）重大项目安排事项，是指对企业资产规模、资本结构、营利能力以及生产装备、技术状况等产生重要影响的项目的设立和安排。主要包括年度投资计划，融资、担保项目，期权、期货等金融衍生业务，重要设备和技术引进，采购大宗物资和购买服务，重大工程建设项目，以及其他重大项目安排事项。

（4）大额度资金运作事项，是指超过由企业或者履行国有资产出资人职责的机构所规定的企业领导人员有权调动、使用的资金限额的资金调动和使用。主要包括年度预算内大额度资金调动和使用，超预算的资金调动和使用，对外大额捐赠、赞助，以及其他大额度资金运作事项。

2. 贯彻落实中共中央《中国共产党巡视工作条例》（2024 年 1 月 31 日

中共中央政治局会议第二次修订)，加强对下级党组织履行党的领导职能责任的政治监督，推进政治监督具体化、精准化、常态化，发挥政治巡视利剑作用，加强巡视整改和成果运用。

3. 贯彻落实中共中央《中国共产党纪律检查委员会工作条例》等党内法规制度，发挥党的纪律检查工作在党和国家监督体系中的重要作用，强化对权力运行的制约和监督，重点加强对领导干部特别是主要领导干部的监督，提升监督全覆盖质量，增强监督的政治性、严肃性、协同性、有效性。

二、董事会的合规管理职责

按照国务院国资委发布的《中央企业合规管理办法》第 8 条及我国各省、自治区、直辖市国资委合规管理办法的规定，我国中央企业、地方国有企业董事会发挥定战略、作决策、防风险作用，主要履行如表 3 -1 -1 所示职责。

表 3 -1 -1　董事会主要合规管理职责

序号	主要职责
1	审议批准合规管理基本制度及其修订
2	审议批准合规管理体系建设方案及其修订
3	审议批准合规管理年度报告
4	安排或授权对合规管理体系进行评价
5	审议批准设立合规管理部门及其职责
6	研究决定合规管理重大事项
7	推动完善合规管理体系

按照上述规定，企业需要进一步明确的董事会合规管理职责包括：

1. 研究决定合规管理重大事项。企业董事会须结合实际情况，确定董事会需要研究决定的合规管理重大事项清单。在实务中，很多企业将下列事项确定为董事会需要研究决定的合规管理重大事项清单：(1) 审议批准修订企业章程，增补董事会的上述合规管理职责及首席合规官设立等规定；(2) 审议批准任命首席合规官及其合规管理职责；(3) 审议批准合规管理体系有效性评价报告；(4) 审议批准企业章程规定的、属于董事会职责权限的重大合规风险事件应对方案；（5）审议批准企业章程规定的、属于董事会职责权限的违规责任追究措施。

2. 推动完善合规管理体系。实务中，董事会除了通过履行前文所述合规管理职责外，很多企业董事会还采取下列措施推动企业完善合规管理体系：（1）对经理层、首席合规官履行合规管理职责情况进行监督检查；（2）听取首席合规官关于合规管理体系建设情况的报告、意见和建议；（3）要求单列并审议批准合规管理体系建设年度预算等。

三、经理层的合规管理职责

（一）经理层的合规管理职责

按照国务院国资委发布的《中央企业合规管理办法》第9条及我国各省、自治区、直辖市国资委合规管理办法的规定，我国中央企业、地方国有企业经理层发挥谋经营、抓落实、强管理作用，主要履行以下职责：（1）拟订合规管理体系建设方案，经董事会批准后组织实施；（2）拟订合规管理基本制度，批准年度计划等，组织制定合规管理具体制度；（3）组织应对重大合规风险事件；（4）指导监督各部门和所属单位合规管理工作。

按照上述规定，经理层明确、具体的合规管理职责清单包括：（1）拟订合规管理体系建设方案及其修订，经董事会批准后组织具体实施；（2）拟订合规管理基本制度，经董事会批准后组织具体实施；（3）批准合规管理年度计划；（4）组织制定合规管理具体制度，包括合规管理运行机制具体制度、重点领域专项合规指南等。

据此，企业需要进一步明确的经理层合规管理职责包括：

1. 组织应对重大合规风险事件

重大合规风险事件，包括：（1）给企业或者管理人员带来刑事或者行政处罚的合规风险事件；（2）造成企业经济损失超过一定金额的合规风险事件（具体金额由企业根据实际情况确定）；（3）给企业造成声誉损失的合规风险事件。

2. 指导监督各部门合规管理工作

实务中，很多企业经理层通过以下途径指导监督各部门的合规管理工作：（1）审议企业合规管理年度报告，并报董事会；（2）通过首席合规官，对合规管理部门、其他业务及职能部门的合规管理工作进行指导和监督。通过以下途径指导监督各所属单位的合规管理工作：（1）参与履行所属单位董事会的合规管理职责；（2）通过集中的资金管理、采购管理、营销管理、风险管理、合同管理等，对所属单位的合规管理工作进行指导监督；（3）通过对所属单位的审计、巡察、纪检监察等，对所属单位的合规管理工作进行监督；（4）通过向所属单位委派的高级管理人员，对所属单位的合规管理工作进行指导监督等。

（二）最高管理层的合规管理职责

通过对国际标准及我国国家标准《合规管理体系　要求及使用指南》第5.1条进行梳理总结可知，最高管理层的合规管理职责包括：

1. 建立符合该标准要求的合规管理体系；

2. 制定合规方针与合规目标，并与组织的战略方向一致；

3. 制定合规管理制度和程序；

4. 将合规管理要求融入业务；

5. 将合规职责嵌入岗位职责；

6. 建立合规报告机制，确保及时得到合规风险事件报告并采取应对措施，确保获得合规绩效报告；

7. 建立违规举报机制，并对举报人进行保护；

8. 建立违规问责机制，对违规行为进行追责；

9. 建立合规考核机制，确保合规绩效与人员绩效考核挂钩；

10. 建立合规团队；

11. 为建立、制定、实施、评价、维护和改进合规管理体系配置足够且适当的资源。

四、主要负责人的合规管理职责

按照国务院国资委发布的《中央企业合规管理办法》第10条及我国各省、自治区、直辖市国资委合规管理办法的规定，我国中央企业、地方国有企业主要负责人作为推进法治建设第一责任人，应当切实履行依法合规经营管理重要组织者、推动者和实践者的职责，积极推进合规管理各项工作。

按照国务院国资委《中央企业主要负责人履行推进法治建设第一责任

人职责规定》及各省、自治区、直辖市的相关规定，中央企业和地方国有企业的主要负责人包括党委（党组）书记、董事长和总经理（总裁、院长、局长、主任）。根据该规定，主要负责人的合规管理职责具体如下。

1. 党委（党组）书记的合规管理职责

（1）促进党委（党组）充分发挥把方向、管大局、保落实的重要作用，成立法治建设领导机构，及时研究解决有关合规管理重大问题，督促企业领导班子其他成员和下级企业主要负责人依法履职。

（2）严格依法依规决策，认真执行“三重一大”等重大决策制度，党委（党组）研究讨论事项涉及法律合规问题的，应当要求总法律顾问（首席合规官）列席会议，加强对党委（党组）文件、重大决策的合法合规性审查。

（3）落实企业法律顾问制度与合规管理制度，加强企业法律顾问队伍与合规管理队伍的建设和人才培养，推动完善法律管理与合规管理组织体系，支持总法律顾问（首席合规官）、法律事务机构与合规管理机构依法依规履行职能、开展工作。

（4）深入推进法治合规宣传教育，将合规管理纳入党委（党组）法治专题学习，推动企业领导人员强化合规意识，带头依法依规开展经营管理活动。

2. 董事长的合规管理职责

（1）推动依法完善公司章程，将合规管理体系建设、董事会合规管理职责与首席合规官任免等写入公司章程。

（2）促进将合规管理纳入企业法治建设内容，纳入企业发展规划和年度工作计划。

（3）将合规管理纳入企业法治建设总体规划。

（4）将合规管理纳入董事会年度工作报告。

（5）带头依法依规决策，董事会审议事项涉及法律合规问题的，要求总法律顾问（首席合规官）列席会议并听取法律合规意见。

（6）推动建立健全企业法律顾问制度和首席合规官制度，落实总法律顾问、首席合规官可由董事会聘任的相关规定，设立与经营规模和业务需要相适应的法律事务机构与合规管理机构，促进企业法律顾问队伍与合规管理队伍建设。

3. 总经理（总裁、院长、局长、主任）的合规管理职责

（1）加强对合规管理体系建设的组织推动，根据董事会审议通过的法治建设总体规划，研究制定合规管理年度工作计划，切实抓好组织落实。

(2) 依法建立健全合规管理制度，确保企业各项合规管理活动有章可循。

(3) 督促经理层其他成员和各职能部门负责人依法依规经营管理，加强内部监督检查，纠正违法违规经营管理行为。

(4) 推动法律管理、合规管理与企业经营管理深度融合，充分发挥总法律顾问（首席合规官）、法律事务机构与合规管理部门作用，不断健全法律合规风险防范机制和内部控制体系，严格落实规章制度、重大决策、经济合同法律审核与合规审查制度，加强合规管理和法律监督。

(5) 完善法律顾问与合规管理人员日常管理、业务培训、考评奖惩等工作机制，拓宽职业发展通道，并为其履职提供必要条件。

(6) 组织实施普法与合规文化建设规划，强化法制与合规宣传培训，大力提升全员合规意识，努力打造合规文化。

五、合规委员会的合规管理职责

(一) 有关合规义务渊源的规定

1. 按照国务院国资委发布的《中央企业合规管理办法》第 11 条及我国各省、自治区、直辖市国资委合规管理办法的规定，我国中央企业、地方国有企业设立合规委员会，可以与法治建设领导机构等合署办公，统筹协调合规管理工作，定期召开会议，研究解决重点难点问题。

2. 按照发改委等七部门发布的《企业境外经营合规管理指引》第 11 条第 1 项的规定，企业可结合实际设立合规委员会，作为企业合规管理体系的最高负责机构。合规委员会一般应履行以下合规职责：(1) 确认合规管理战略，明确合规管理目标。(2) 建立和完善企业合规管理体系，审批合规管理制度、程序和重大合规风险管理方案。(3) 听取合规管理工作汇报，指导、监督、评价合规管理工作。

3. 国际标准及我国国家标准《合规管理体系　要求及使用指南》没有对合规委员会作出详细规定，只是在第 A. 5. 3. 2 条中提及，有些组织还设有跨职能合规委员会来协调整个组织的合规工作。

(二) 合规委员会的层级定位

1. 根据国务院国资委发布的《中央企业合规管理办法》关于合规管理

组织的条款安排，关于合规委员会的规定（第 11 条）放在经理层（第 9 条）和主要负责人（第 10 条）之后、首席合规官（第 12 条）之前。这种条款安排，应当暗示了我国中央企业、地方国有企业合规委员会的层级定位，即接受经理层和主要负责人的领导并向其汇报工作。

2. 发改委等七部门发布的《企业境外经营合规管理指引》直接明确合规委员会作为企业合规管理体系的最高负责机构，负责确认合规管理战略、明确合规管理目标等职责。

3 按照国际标准及我国国家标准《合规管理体系　要求及使用指南》规定，合规委员会的职责是协调整个组织的合规工作，并未明确具体层级定位，可以由企业根据实际确定。

（三）合规委员会的组成

以上有关合规委员会的合规义务渊源并未对合规委员会的组成作出明确、具体的规定，需要企业根据实际情况研究确定。

按照国务院国资委发布的《中央企业合规管理办法》规定，如果企业党委书记按照中央企业、地方国有企业主要负责人履行推进法治建设第一责任人职责的规定成立了企业法治建设领导机构，合规委员会可以与之合署办公。按照这种模式，合规委员会的成立方式简便，组成人员也已经确定。

但是，仍有不少企业没有成立法治建设领导机构。这些企业大多采取以下模式：

第一种模式：与企业总办会（总经理办公会）合署，成员包括总经理、副总经理及各部门负责人。按照这种模式，合规委员会的成立方式简便，但成员较多，不利于对具体合规问题进行研究并形成决议。

第二种模式：与企业现有风险管理委员会或者内部控制领导小组合署。按照这种模式，合规委员会的成立方式简便，也有利于推动法务、合规、内控与风险管理协同运作机制的建立。

第三种模式：与企业现有审计委员会合署办公。按照这种模式，合规委员会的成立方式简便，但企业审计委员会具有很强的独立性，直接向董事长和董事会汇报。而且，企业合规委员会属于“第二道防线”，审计委员会属于“第三道防线”，合规委员会与之合署办公，有混同“第二道防线”与“第三道防线”、违反内部控制的权力制衡及不相容职责相分离原则之嫌。

第四种模式：参照大多数跨国企业合规管理实践，结合我国企业实际，合规委员会由董事长、总经理、党委书记或者纪委书记、财务总监、审计部门负责人、总法律顾问（首席合规官）等组成，由董事长或者总经理担任合规委员会主任，办公室设在法务合规管理部门。按照这种模式，合规委员会的人员构成简单，由法治建设第一责任人以及“三道防线”的主要负责人组成，有利于从不同层面和角度对合规管理问题进行研究并形成决议。

（四）合规委员会职责清单

1. 国务院国资委发布的《中央企业合规管理办法》对合规委员会的合规管理职责作出了原则性的规定，具体见表3－1－2。

表3－1－2　合规委员会的合规管理职责

序号	主要职责	具体内容
1	统筹协调合规管理工作	
2	定期召开会议，研究解决重点难点问题	（1）前置审议呈报党委会审议的合规管理事项； （2）前置审议呈报董事会审批的合规管理事项； （3）前置审议呈报总办会审议或批准的合规管理事项； （4）协调解决跨部门的合规管理问题等

2. 发改委等七部门发布的《企业境外经营合规管理指引》第11条第1项对合规委员会的合规管理职责作出了比较明确的规定。

3. 国际标准及我国国家标准《合规管理体系　要求及使用指南》对合规委员会的职责仅作了指导性、原则性的规定。非国有企业性质的企业可以根据合规委员会的层级定位，参照国务院国资委发布的《中央企业合规管理办法》或者发改委等七部门发布的《企业境外经营合规管理指引》明确本企业合规委员会的合规管理职责。

六、首席合规官（合规管理负责人）的合规管理职责

对于首席合规官的合规管理职责及其有效履职，在实践中存在不同的解读，值得深入探索和研究。

（一）有关合规义务渊源的规定

1. 国务院国资委发布的《中央企业合规管理办法》

第12条规定：中央企业应当结合实际设立首席合规官，不新增领导岗位和职数，由总法律顾问兼任，对企业主要负责人负责，领导合规管理部门组织开展相关工作，指导所属单位加强合规管理。第21条规定：中央企业应当将合规审查作为必经程序嵌入经营管理流程，重大决策事项的合规审查意见应当由首席合规官签字，对决策事项的合规性提出明确意见。业务及职能部门、合规管理部门依据职责权限完善审查标准、流程、重点等，定期对审查情况开展后评估。第22条第2款规定：中央企业因违规行为引发重大法律纠纷案件、重大行政处罚、刑事案件，或者被国际组织制裁等重大合规风险事件，造成或者可能造成企业重大资产损失或者严重不良影响的，应当由首席合规官牵头，合规管理部门统筹协调，相关部门协同配合，及时采取措施妥善应对。

2. 发改委等七部门发布的《企业境外经营合规管理指引》

第11条第2项规定：企业可结合实际任命专职的首席合规官，也可由法律事务负责人或风险防控负责人等担任合规负责人。首席合规官或合规负责人是企业合规管理工作具体实施的负责人和日常监督者，不应分管与合规管理相冲突的部门。首席合规官或合规负责人一般应履行以下合规职责：（1）贯彻执行企业决策层对合规管理工作的各项要求，全面负责企业的合规管理工作；（2）协调合规管理与企业各项业务之间的关系，监督合规管理执行情况，及时解决合规管理中出现的重大问题；（3）领导合规管理部门，加强合规管理队伍建设，做好人员选聘培养，监督合规管理部门认真有效地开展工作。

3. 我国证监会发布的《证券公司和证券投资基金管理公司合规管理办法》

第11条规定：证券基金经营机构设合规负责人。合规负责人是高级管理人员，直接向董事会负责，对本公司及其工作人员的经营管理和执业行为的合规性进行审查、监督和检查。

合规负责人不得兼任与合规管理职责相冲突的职务，不得负责管理与合规管理职责相冲突的部门。

证券基金经营机构的章程应当对合规负责人的职责、任免条件和程序等作出规定。

第 12 条规定：证券基金经营机构合规负责人应当组织拟定合规管理的基本制度和其他合规管理制度，督导下属各单位实施。

合规管理的基本制度应当明确合规管理的目标、基本原则、机构设置及其职责，违法违规行为及合规风险隐患的报告、处理和责任追究等内容。

法律法规和准则发生变动的，合规负责人应当及时建议董事会或高级管理人员并督导有关部门，评估其对合规管理的影响，修改、完善有关制度和业务流程。

第 13 条规定：合规负责人应当对证券基金经营机构内部规章制度、重大决策、新产品和新业务方案等进行合规审查，并出具书面合规审查意见。

中国证监会及其派出机构、自律组织要求对证券基金经营机构报送的申请材料或报告进行合规审查的，合规负责人应当审查，并在该申请材料或报告上签署合规审查意见。其他相关高级管理人员等人员应当对申请材料或报告中基本事实和业务数据的真实性、准确性及完整性负责。

证券基金经营机构不采纳合规负责人的合规审查意见的，应当将有关事项提交董事会决定。

第 14 条规定：合规负责人应当按照中国证监会及其派出机构的要求和公司规定，对证券基金经营机构及其工作人员经营管理和执业行为的合规性进行监督检查。

合规负责人应当协助董事会和高级管理人员建立和执行信息隔离墙、利益冲突管理和反洗钱制度，按照公司规定为高级管理人员、下属各单位提供合规咨询、组织合规培训，指导和督促公司有关部门处理涉及公司和工作人员违法违规行为的投诉和举报。

第 15 条规定：合规负责人应当按照公司规定，向董事会、经营管理主要负责人报告证券基金经营机构经营管理合法合规情况和合规管理工作开展情况。

合规负责人发现证券基金经营机构存在违法违规行为或合规风险隐患的，应当依照公司章程规定及时向董事会、经营管理主要负责人报告，提出处理意见，并督促整改。合规负责人应当同时督促公司及时向中国证监会相关派出机构报告；公司未及时报告的，应当直接向中国证监会相关派出机构报告；有关行为违反行业规范和自律规则的，还应当向有关自律组织报告。

第 16 条规定：合规负责人应当及时处理中国证监会及其派出机构和自

律组织要求调查的事项，配合中国证监会及其派出机构和自律组织对证券基金经营机构的检查和调查，跟踪和评估监管意见和监管要求的落实情况。

第 17 条规定：合规负责人应当将出具的合规审查意见、提供的合规咨询意见、签署的公司文件、合规检查工作底稿等与履行职责有关的文件、资料存档备查，并对履行职责的情况作出记录。

第 18 条规定：合规负责人应当通晓相关法律法规和准则，诚实守信，熟悉证券、基金业务，具有胜任合规管理工作需要的专业知识和技能，并具备下列任职条件：（1）从事证券、基金工作 10 年以上，并且通过中国证券业协会或中国证券投资基金业协会组织的合规管理人员胜任能力考试；或者从事证券、基金工作 5 年以上，并且通过法律职业资格考试；或者在证券监管机构、证券基金业自律组织任职 5 年以上。（2）最近 3 年未被金融监管机构实施行政处罚或采取重大行政监管措施。（3）中国证监会规定的其他条件。

第 19 条规定：证券基金经营机构聘任合规负责人，应当向中国证监会相关派出机构报送人员简历及有关证明材料。证券公司合规负责人应当经中国证监会相关派出机构认可后方可任职。

合规负责人任期届满前，证券基金经营机构解聘的，应当有正当理由，并在有关董事会会议召开 10 个工作日前将解聘理由书面报告中国证监会相关派出机构。

前款所称正当理由，包括合规负责人本人申请，或被中国证监会及其派出机构责令更换，或确有证据证明其无法正常履职、未能勤勉尽责等情形。

第 20 条规定：合规负责人不能履行职务或缺位时，应当由证券基金经营机构董事长或经营管理主要负责人代行其职务，并自决定之日起 3 个工作日内向中国证监会相关派出机构书面报告，代行职务的时间不得超过 6 个月。

合规负责人提出辞职的，应当提前 1 个月向公司董事会提出申请，并向中国证监会相关派出机构报告。在辞职申请获得批准之前，合规负责人不得自行停止履行职责。

合规负责人缺位的，公司应当在 6 个月内聘请符合本办法第 18 条规定的人员担任合规负责人。

4. 国际标准及我国国家标准《合规管理体系　要求及使用指南》

该标准没有对合规管理负责人作出详细规定，只是在第 A. 5. 3. 1 条中提及，许多组织视其规模也有合规管理的全面负责人，尽管该负责人可能有其他岗位或职能，如现有的委员会、组织的单元或合规专家的外包要件。

（二）首席合规官（合规管理负责人）的职级定位

1. 根据国务院国资委发布的《中央企业合规管理办法》的规定，首席合规官由总法律顾问兼任。因此，总法律顾问的职级定位决定了首席合规官的职级定位。

按照国务院国资委《国有企业法律顾问管理办法》《关于全面推进法治央企建设的意见》的规定，中央企业应建立健全完善的法治体系（又称法治工作体系），包括企业法治组织体系、制度体系、监督体系、考核评价体系等，其中蕴含了中央企业法务管理体系的基本架构和内容。

根据《关于全面推进法治央企建设的意见》以及国务院国资委《国有企业法律顾问管理办法》的规定，在中央企业与地方国有企业集团及其重要子企业全面推行总法律顾问制度，并在公司章程中予以明确。总法律顾问可以由董事会聘任。总法律顾问作为企业高级管理人员，全面领导企业法律管理工作。

但是，在实务中，仍有不少中央企业集团的子企业、地方国有企业的子企业尚未设立总法律顾问，或者虽已设立但尚未到位任职。这些企业的首席合规官（合规负责人）往往由以下人员兼任，首席合规官的职级定位也与其本来职位级别相同：(1) 由总经理或者分管副总经理兼任；(2) 由法务合规管理部门负责人兼任。

2. 按照我国证监会发布的《证券公司和证券投资基金管理公司合规管理办法》的规定，证券基金经营机构合规负责人是高级管理人员，直接向董事会负责。证券基金经营机构的章程应当对合规负责人的职责、任免条件和程序等作出规定。

3. 发改委等七部门发布的《企业境外经营合规管理指引》、国际标准及我国国家标准《合规管理体系　要求及使用指南》并未对合规管理负责人的职级定位作出明确规定，可以由企业根据实际规定。

（三）首席合规官（合规管理负责人）任职条件

1. 企业首席合规官由总法律顾问兼任的，其任职条件按照总法律顾问的任职条件确定。

2. 按照我国证监会发布的《证券公司和证券投资基金管理公司合规管理办法》的要求，证券公司和证券投资基金管理公司合规负责人要符合以下任职要求，且应当经中国证监会相关派出机构认可后方可任职：（1）通晓相关法律法规和准则，诚实守信，熟悉证券、基金业务，具有胜任合规管理工作需要的专业知识和技能。（2）从事证券、基金工作10年以上，通过中国证券业协会或中国证券投资基金业协会组织的合规管理人员胜任能力考试；或者从事证券、基金工作5年以上，并且通过法律职业资格考试；或者在证券监管机构、证券基金业自律组织任职5年以上。（3）最近3年未被金融监管机构实施行政处罚或采取重大行政监管措施。

3. 企业首席合规官非由总法律顾问兼任的，可参照我国证监会发布的《证券公司和证券投资基金管理公司合规管理办法》确定任职条件：（1）通晓相关合规义务渊源规定，诚实守信，具有胜任合规管理工作需要的专业知识和技能；（2）通过法律职业资格考试或者司法考试；（3）从事法务相关工作10年以上；（4）最近3年未被违规处罚。

（四）首席合规官（合规管理负责人）职责清单

1. 按照国务院国资委发布的《中央企业合规管理办法》及我国各省、自治区、直辖市国资委合规管理办法规定，结合合规管理实践，我国中央企业、地方国有企业首席合规官的主要职责清单如表3－1－3所示。

表3－1－3　首席合规官的主要职责清单

主要职责	具体内容
对企业主要负责人负责	1. 听取企业主要负责人有关合规管理的意见和要求； 2. 向企业主要负责人报告合规管理工作； 3. 做好企业主要负责人的合规管理顾问，及时提供合规管理咨询及合规风险提示，提醒并协助企业主要负责人履行合规管理职责等
领导合规管理部门组织开展相关工作	1. 听取合规管理部门的工作汇报； 2. 对合规管理部门履行合规管理职责进行指导、监督和检查； 3. 对合规管理部门起草的合规管理文件（如合规管理体系建设方案、年度合规计划、年度合规报告、重大合规风险事件报告、合规审查意见等）进行审核； 4. 对合规管理部门负责人进行合规考核等

续表

主要职责	具体内容
指导所属单位加强合规管理	1. 对所属单位制定合规管理体系建设实施方案进行指导，对实施情况进行监督检查； 2. 对所属单位制定合规管理年度计划与年度报告进行指导，对实施情况进行监督检查； 3. 听取所属单位重大合规风险事件报告，对应对处置方案及其执行进行指导和检查； 4. 对所属单位上报公司合规委员会、经理层的合规管理文件（如年度合规计划、年度合规报告、重大合规风险事件报告、合规审查意见等）进行审核； 5. 对所属单位合规负责人有效履职进行监督指导； 6. 参与对所属单位主要负责人、合规负责人的合规考核等
参与重大决策	1. 列席重大决策会议并发表合规意见； 2. 签署重大决策事项合规审查意见，就合规性提出明确意见
牵头组织应对重大合规风险事件	企业因违规行为引发重大法律纠纷案件、重大行政处罚、刑事案件，或者被国际组织制裁等重大合规风险事件，造成或者可能造成企业重大资产损失或者严重不良影响的，牵头组织合规管理部门及相关部门及时采取措施妥善应对

2. 按照发改委等七部门发布的《企业境外经营合规管理指引》的规定，首席合规官或合规负责人一般应履行以下合规职责：（1）贯彻执行企业决策层对合规管理工作的各项要求，全面负责企业的合规管理工作；（2）协调合规管理与企业各项业务之间的关系，监督合规管理执行情况，及时解决合规管理中出现的重大问题；（3）领导合规管理部门，加强合规管理队伍建设，做好人员选聘培养，监督合规管理部门认真有效地开展工作。

3. 按照我国证监会发布的《证券公司和证券投资基金管理公司合规管理办法》的规定，合规负责人的合规管理职责包括：（1）直接向董事会负责。（2）对本公司及其工作人员的经营管理和执业行为的合规性进行审查、监督和检查。（3）组织拟订合规管理的基本制度和其他合规管理制度，督导下属各单位实施。法律法规和准则发生变动的，合规负责人应当及时建议董事会或高级管理人员并督导有关部门，评估其对合规管理的影响，修改、完善有关制度和业务流程。（4）对内部规章制度、重大决策、新产品和新业务方案等进行合规审查，并出具书面合规审查意见。（5）中国证监会及其派出机构、自律组织要求对公司报送的申请材料或报告进行合规审查的，合规负责人应当审查，并在该申请材料或报告上签署合规审查意见。（6）协助董事会和高级管理人员建立和执行信息隔离墙、利益冲突管理和反洗钱制度。(7) 按照公司规定为高级管理人员、下属各单位提供合规咨询、组织合规培训。(8) 指导和督促公司有关部门处理涉及公司和工作人员违法违规行为的投诉和举报。(9) 向董事会、经营管理主要负责人报告公司经营管理合法合规情况和合规管理工作开展情况。(10) 发现公司存在违法违规行为或合规风险隐患的，依照公司章程规定及时向董事会、经营管理主要负责人报告，提出处理意见，并督促整改，并同时督促公司及时向中国证监会相关派出机构报告。公司未及时报告的，应当直接向中国证监会相关派出机构报告，有关行为违反行业规范和自律规则的，还应当向有关自律组织报告。(11) 及时处理中国证监会及其派出机构和自律组织要求调查的事项，配合中国证监会及其派出机构和自律组织对公司的检查和调查，跟踪和评估监管意见和监管要求的落实情况。(12) 将出具的合规审查意见、提供的合规咨询意见、签署的公司文件、合规检查工作底稿等与履行职责有关的文件、资料存档备查，并对履行职责的情况作出记录。

4. 国际标准及我国国家标准《合规管理体系　要求及使用指南》并未对合规管理负责人的职级作出明确规定，我国中央企业、地方国有企业之外的其他企业，可以参照国务院国资委发布的《中央企业合规管理办法》及我国证监会发布的《证券公司和证券投资基金管理公司合规管理办法》的规定，结合本企业实际，确定本企业合规管理负责人的合规管理职责。

七、业务及职能部门的合规管理职责

业务及职能部门是合规管理的“第一道防线”和主体责任单位。厘清其合规管理职责，确保其有效履职，是企业做好合规管理、有效防控合规风险的关键。

（一）有关合规义务渊源的规定

1. 国务院国资委发布的《中央企业合规管理办法》第 13 条及我国各省、自治区、直辖市国资委合规管理办法的规定，我国中央企业、地方国有企业业务及职能部门承担合规管理主体责任，主要履行以下职责：(1) 建立健全本部门业务合规管理制度和流程，开展合规风险识别评估，编制风险清单和应对预案。(2) 定期梳理重点岗位合规风险，将合规要求纳入岗位职责。(3) 负责本部门经营管理行为的合规审查。(4) 及时报告合规风险，组织或者配合开展应对处置。（5）组织或者配合开展违规问题调查和整改。

2. 发改委等七部门发布的《企业境外经营合规管理指引》第 10 条第 3 项规定，企业的各执行部门及境外分支机构应及时识别归口管理领域的合规要求，改进合规管理措施，执行合规管理制度和程序，收集合规风险信息，落实相关工作要求。第 12 条第 1 项规定，境外经营相关业务部门应当：（1）主动进行日常合规管理工作；（2）识别业务范围内的合规要求；（3）制定并落实业务管理制度和风险防范措施；（4）组织或配合合规管理部门进行合规审查和风险评估；（5）组织或监督违规调查及整改工作。

3. 国际标准及我国国家标准《合规管理体系 要求及使用指南》没有明确将业务部门确定为合规管理组织的一个层级，但是明确了包含业务及职能部门负责人在内的管理者的合规管理职责，可以视同业务及职能部门的合规管理职责。

对该标准第 5.3.3 条规定进行梳理可知，管理者的合规管理职责包括：（1）配合和支持合规团队的工作；（2）确保其控制的人员遵守合规义务、方针和制度；（3）识别合规义务并将其融入业务制度和流程；（4）识别合规风险并进行沟通；（5）参加并协助培训活动；（6）培养其控制的人员的合规意识，对他们进行合规指导；（7）鼓励和支持违规举报，并防止任何报复行为；（8）按要求积极参与合规问题及合规风险事件的应对处置；（9）确保采取适当的违规整改措施。

（二）业务及职能部门的合规主体责任

通过解读上述有关合规管理的标准、办法和指引的规定可知，业务及职能部门是企业合规管理的主体责任单位，是合规管理的“第一道防线”。

国务院国资委发布的《中央企业合规管理办法》第 5 条第 3 项将“管业务必须管合规”要求作为合规管理“坚持权责清晰”这一基本原则的基础依据来确定。国务院国资委于 2021 年 10 月 17 日发布的《关于进一步深化法治央企建设的意见》第 7 项要求强化业务及职能部门、经营单位和项目一线主体责任，通过设置兼职合规管理员、将合规要求嵌入岗位职责和业务流程、抓好重点领域合规管理等措施，有效防范、及时处置合规风险。国务院国资委办公厅于 2022 年 1 月 15 日发布的《关于开展中央企业“合规管理强化年”工作的通知》第 8 款要求中央企业按照“管业务必须管合规”要求，各业务及职能部门切实落实主体责任，编制重点岗位合规职责清单，将合规要求落实到岗、明确到人；及时完善业务职责和管理流程，防范违规风险，坚决守住“第一道防线”。

（三）业务及职能部门的合规管理职责清单

通过解读上述有关合规管理的标准、办法和指引，我们将企业业务及职能部门的合规管理职责清单梳理如下（见表3－1－4）。

表3－1－4　业务及职能部门的合规管理职责清单

<table>
<tr><th colspan="2">主要职责</th><th>具体内容</th></tr>
<tr><td colspan="2">合规管理制度建设</td><td>根据需要，建立健全本部门业务合规管理制度。如系合规管理重点领域，制定重点领域专项合规指南</td></tr>
<tr><td rowspan="3">“三张清单”</td><td>将合规要求嵌入业务流程</td><td>将合规要求嵌入本部门业务流程，建立健全本部门业务合规管理制度。如系合规管理重点领域，制定重点领域专项合规指南。根据需要，建立业务流程合规管控清单</td></tr>
<tr><td>合规风险评估和应对</td><td>识别合规义务，开展合规风险评估，建立合规风险识别清单，制定合规风险应对措施</td></tr>
<tr><td>将合规要求落实到岗</td><td>梳理本部门重点岗位合规义务与合规风险，将合规要求纳入岗位职责，建立重点岗位的岗位合规职责清单</td></tr>
<tr><td colspan="2">合规审查</td><td>对本部门经营管理行为进行合规审查</td></tr>
<tr><td colspan="2">合规风险报告与应对</td><td>及时报告合规风险事件，组织或者配合开展应对处置</td></tr>
<tr><td colspan="2">违规问题调查</td><td>组织或者配合违规问题调查</td></tr>
<tr><td colspan="2">违规问题整改</td><td>组织或配合违规问题整改</td></tr>
<tr><td colspan="2">合规管理队伍建设</td><td>在本部门设置合规管理员</td></tr>
<tr><td colspan="2">合规培训</td><td>积极参加合规培训，组织本部门专业合规培训</td></tr>
</table>

（四）我国央企、地方国有企业业务及职能部门合规管理实践

1. 依法合规经营是业务及职能部门的应有之义

依法合规经营是企业的应有之义，是我国中央企业和地方国有企业依法治企体系的基本要求和主要内容，也是对业务及职能部门毋庸置疑的基本要求。

多年来，随着我国法治央企、法治国企建设的强力推动，以及企业法务管理、内部控制、全面风险管理的加强，业务及职能部门一直在培育合规意识并在日常工作中贯彻执行合规要求。

2. **专业性合规管理本身是业务及职能部门的基本管理职责**

我国中央企业和地方国有企业各业务职能部门一直在开展本部门领域专业性合规管理工作。在本部门贯彻执行本部门领域专业性合规义务渊源规定、确保本部门经营管理行为依法合规，本身就是企业财务税收、人力资源、产品质量、安全环保、管理信息化等职能管理部门的职责之一；确保遵守反垄断法、反不正当竞争法、消费者权益保护法等是企业营销部门的职责；确保遵守招投标法等是采购部门的职责等。

3. **国务院国资委强化业务及职能部门的合规要求**

国务院国资委从《中央企业合规管理指引（试行）》到《中央企业合规管理办法》，从以下5个方面强化业务及职能部门的合规要求：(1) 明确业务及职能部门作为合规风险的“第一道防线”，承担合规管理主体责任。(2) 要求将合规义务及合规风险防控要求融入业务流程，强化业务流程合规管控，确保重大事项决策、经济合同签署、规章制度制定等的程序依法合规。(3) 要求将合规职责嵌入重点岗位职责，将合规要求具体到岗，落实到人。(4) 强调业务及职能部门的专业化合规风险管理，穷尽识别合规义务，科学评估合规风险，妥善采取应对措施，确保合规义务遵守与合规风险防范无死角、无遗漏，实现人人、事事、时时全面合规。(5) 强化合规管理保障。一是强化合规培训，培育合规管理知识、合规管理能力、合规意识与合规文化；二是落实合规考核，融入子公司、部门和全体员工绩效考核，以考核促合规；三是推动合规管理体系有效性评价，以检促建；四是加强审计、巡视巡察与纪检监督，强化违规问题整改与追责，以惩戒违规行为推动加强合规管理。

4. **实务中存在的问题**

按照上述有关合规管理的标准、办法和指引，业务及职能部门作为合规管理主体责任部门和“第一道防线”的合规管理职责已然清晰，但是在我国企业合规管理实践中推动业务及职能部门切实履行合规管理职责仍存在一定困难。主要表现为：(1) 法律事务一直由法务部门或法务人员负责，业务及职能部门惯性思维认定合规管理仍然是法务部门的工作；(2) 业务及职能部门主事业务和管理，业务繁忙，无暇顾及；(3) 业务及职能部门不愿意对本部门经营管理行为的合法合规性承担主体责任，对合规考核等存在抗拒心理；(4) 合规管理具有很强的专业性，业务及职能部门从负责人到员工对合规义务、合规风险的理解和掌握、合规管理的能力存在不足；（5）不少企业存在“形式合规”“纸面合规”情况，合规管理体系建设停留于合规管理架构（如组织、制度等）建设，或者用内部控制或全面风险管理替代合规管理，没有将合规管理前移、深入业务及职能部门。

（五）业务及职能部门承担合规管理主体责任，须循序渐进

如前文所述，合规管理具有很强的专业性。每个业务及职能部门除了需要遵守通用性的法律法规（如宪法、民法、刑法、公司法等，可以合称“普遍性合规义务渊源”），还须遵守本部门领域特别适用的专业性法律法规、监管规定、行业准则、技术标准等（可以合称“专业性合规义务渊源”），而且不同业务及职能部门（如财务部门、人力资源部门、安全环保部门、工程建设部门等）所需遵守的专业性合规义务渊源存在很大差异。

合规义务渊源处于不断立、改、废的持续变动之中，企业需要动态跟踪，及时转化为内部规章制度，或者对现有规章制度进行修改，确保持续合规。

当企业业务、产品、经营地区发生变化时，所需遵守的合规义务渊源应随之发生增减。企业需要动态跟踪，及时对内部规章制度进行修改和增补，确保持续合规。

企业组织机构、岗位及职责不断发生调整，新老员工不断交替，员工流动频繁等，都给企业、各部门及各岗位员工持续合规带来挑战。

企业各层级岗位员工的合规知识、合规意识及合规管理能力需要进行基础培训和持续培训，需要一个逐步积累、循序渐进、完善提升的过程。因此，企业业务及职能部门履行合规管理主体职责，需要从合规知识、合规意识、合规管理能力培育、合规管理实际运行等角度，总体规划，循序渐进，不能急于求成。

（六）不同规模企业业务及职能部门的合规管理职责宜区别对待

不同企业所处发展阶段、行业、生产规模、产品和业务条线等存在较大差异。大型企业、行政强监管行业企业等需要建立健全业务及职能部门的合规管理职责，强化有效履行。而小微企业业务及职能部门或业务人员的合规管理职责在实务中可能比较弱化，而更多地由企业合规管理人员指导、协助其实现经营管理行为合规。

（七）业务及职能部门合规管理员配备

国务院国资委发布的《中央企业合规管理办法》第13条第2款及各地方国资委要求中央企业和地方国有企业应当在业务及职能部门设置合规管理员，由业务骨干担任，接受合规管理部门业务指导和培训。

在合规管理实务中，业务及职能部门对设置合规管理员往往存有疑虑。主要原因有：(1) 传统上，法务管理由法务部门负责，业务及职能部门主事业务经营，对法务、合规管理不熟悉、不专业，也不愿意承担额外责任；(2) 业务及职能部门各岗位员工各司其职，对本部门其他岗位的合规义务与合规风险并不熟悉；(3) 担任合规管理员会增加大量的合规管理工作量及合规管理责任，但企业在待遇、职务级别等方面并未建立相匹配的机制。

安徽省国资委《安徽省省属企业合规管理办法》的规定和做法值得借鉴。该办法第13条第2款规定，省属企业应当在业务及职能部门设置合规管理员和合规联络员。合规管理员由部门相关负责人担任或兼任，合规联络员由业务骨干担任或兼任，接受合规管理部门的业务指导和培训。该规定切实有效地贯彻了“管业务必须管合规”要求，较好地解决了业务及职能部门对设置合规管理员的难点和疑虑。

八、合规管理部门的合规管理职责

合规管理部门是企业合规管理的“第二道防线”，在企业合规管理中担负合规管理工作的组织、指导、咨询、培训、考核、评价等职责。

（一）有关合规义务渊源的规定

1. 国务院国资委发布的《中央企业合规管理办法》第14条规定，中央企业合规管理部门牵头负责本企业合规管理工作，主要履行以下职责：(1) 组织起草合规管理基本制度、具体制度、年度计划和工作报告等。(2) 负责规章制度、经济合同、重大决策合规审查。(3) 组织开展合规风险识别、预警和应对处置，根据董事会授权开展合规管理体系有效性评价。(4) 受理职责范围内的违规举报，提出分类处置意见，组织或者参与对违规行为的调查。(5) 组织或者协助业务及职能部门开展合规培训，受理合规咨询，推进合规管理信息化建设。

我国各省、自治区、直辖市国资委合规管理办法都有类似规定。

2. 发改委等七部门发布的《企业境外经营合规管理指引》第 11 条第 3 项规定，企业可结合实际设置专职的合规管理部门，或者由具有合规管理职能的相关部门承担合规管理职责。合规管理部门一般应履行以下合规职责：(1) 持续关注我国及业务所涉国家（地区）法律法规、监管要求和国际规则的最新发展，及时提供合规建议。(2) 制定企业的合规管理制度和年度合规管理计划，并推动其贯彻落实。(3) 审查评价企业规章制度和业务流程的合规性，组织、协调和监督各业务及职能部门对规章制度和业务流程进行梳理和修订。(4) 组织或协助业务及职能部门、人事部门开展合规培训，并向员工提供合规咨询。(5) 积极主动识别和评估与企业境外经营相关的合规风险，并监管与供应商、代理商、分销商、咨询顾问和承包商等第三方相关的合规风险。为新产品和新业务的开发提供必要的合规性审查和测试，识别和评估新业务的拓展、新客户关系的建立以及客户关系发生重大变化等所产生的合规风险，并制定应对措施。(6) 实施充分且具有代表性的合规风险评估和测试，查找规章制度和业务流程存在的缺陷，并进行相应的调查。对已发生的合规风险或合规测试发现的合规缺陷，应提出整改意见并监督有关部门进行整改。(7) 针对合规举报信息制定调查方案并开展调查。(8) 推动将合规责任纳入岗位职责和员工绩效管理流程。建立合规绩效指标，监控和衡量合规绩效，识别改进需求。(9) 建立合规报告和记录的台账，制定合规资料管理流程。(10) 建立并保持与境内外监管机构日常的工作联系，跟踪和评估监管意见和监管要求的落实情况。

3. 我国证监会发布的《证券公司和证券投资基金管理公司合规管理办法》第 21 条规定，证券基金经营机构应当设立合规部门。合规部门对合规负责人负责，按照公司规定和合规负责人的安排履行合规管理职责。合规部门不得承担与合规管理相冲突的其他职责。

证券基金经营机构应当明确合规部门与其他内部控制部门之间的职责分工，建立内部控制部门协调互动的工作机制。

4. 国际标准及我国国家标准《合规管理体系　要求及使用指南》没有明确要求组织设立合规管理部门，但规定了合规团队的合规管理职责，可以视同合规管理部门的合规管理职责。

按照该标准第 5.3.2 条的规定，合规团队应负责合规管理体系的运行，包括：(1) 推进识别合规义务，监督履行合规义务的职责在企业内部得到适当分配以及与合规方针、业务流程、规章制度的整合；（2）编制合规风险评估文件；（3）使合规管理体系与合规目标保持一致；（4）监视和测量合规绩效，监督确立合规绩效指标；（5）分析和评价合规管理体系的绩效，以确认是否需要采取纠正措施；（6）确立合规报告和文件化制度；（7）确保按策划的时间间隔对合规管理体系进行评审；（8）确立提出疑虑和确保疑虑得到解决的制度；（9）推动和监督所有相关人员得到合规培训；（10）提供合规管理咨询。

（二）合规管理部门的设置

企业合规管理部门的职能是合规管理，合规是目标，管理是方法，程序是手段。企业合规管理部门与规划、财务、人力资源、审计等并列，属于企业职能管理部门之一。

企业合规管理部门的设置通常有3种组织模式。

1. 独立模式

即任命专门的合规总监，设立独立的企业合规管理部门，集中管理和负责企业的合规管理。例如，西门子、戴姆勒、富士胶片、辉瑞、葛兰素史克以及我国各大银行、保险公司及证券公司等均采用这一模式。

2. 复合模式

即企业不设独立的合规管理部门，而与法律部合二为一，形成法务合规部或者将合规管理职责归入法务部，下设合规分部或合规团队。企业总法律顾问兼任合规负责人（首席合规官）职责。

国务院国资委发布的《中央企业合规管理办法》及各地方国资委合规管理办法均采用这一模式。

究其原因，主要是企业法务与企业合规管理具有很大的趋同性，它们在适用合规义务渊源、法律审核与合规审查等方面的职责主要部分趋同。但它们之间也存在较大区别。企业法务重在专业性法律事务，如合同的起草、审查和修改，知识产权法律事务，项目法律实务，争议解决法律事务（诉讼、仲裁）等。而企业合规管理重在对合规管理体系各构成要素进行管理和维护，是企业的职能管理部门之一。因此，即使设置复合模式的企业合规管理部门，也需要建立合规管理团队，配备经验丰富、熟悉企业业务并具备相关管理知识和经验的合规管理人员。

3. 简单模式

产品线单一、规模较小、合规风险低的企业，只设立一个合规团队或合规专员，或者将合规管理归入企业法务部并由法务部代行合规管理职责，或者委托外部律师提供合规管理服务。

我国企业的合规管理部门具体采取哪一组织模式，取决于企业的所有制性质、公司结构、经营规模、业务和产品线的运营管理模式，以及政府监管和所在行业所面临的合规风险。无论采取何种模式，都需要充分考虑：（1）确保其有效、实际地管理和防控合规风险，顺利履行合规职责；（2）确保其独立地、严肃地开展合规管理；（3）其与其他相关部门之间的职责分工明确，但又协同合作；（4）适当的成本管理，但绝不能因此忽视或者牺牲合规管理。

（三）合规管理部门的汇报路线

企业合规管理部门的汇报路线通常有两种模式。

1. 垂直汇报路线

企业合规管理部门向董事会或者董事会授权的合规委员会汇报，以下各层级合规管理部门、合规团队垂直向上级合规管理部门汇报，合规管理部门、合规团队不向所属公司或部门的业务最高管理者汇报或者只向其做虚线汇报。

美国企业的合规管理部门采取垂直汇报路线的居多。这些企业偏好对包括合规管理部门在内的专业职能部门采取集中化组织模式。在汇报路线方面，除垂直汇报路线外，甚至在部门职责、人员招聘、岗位和薪资待遇、费用预算和使用、费用报销、外部专业合规管理服务的采购、合规管理体系有效性评价、合规考核与评价、违规调查及其处置等方面都实行独立的垂直管理。

我国国家金融监督管理总局《金融机构合规管理办法》首次以专门条款对垂直汇报路线作出了规定，值得研究和借鉴。该办法第34条规定：鼓励金融机构对合规管理部门实行垂直管理。对合规管理部门实行垂直管理的金融机构，其下属各机构合规管理部门向上一级合规管理部门负责，接受上一级合规管理部门管理。鼓励首席合规官统筹合规管理人员选聘、业务指导、工作汇报、考核管理、合规官提名等事项。

2. 矩阵汇报路线

企业合规管理部门同时向董事会（或者董事会授权的合规委员会）与最高管理者（CEO）汇报，以下各层级合规管理部门、合规团队同时向上级合规管理部门及其所属公司或部门的业务最高管理者汇报。我国金融机构等多采取矩阵汇报路线。

按照国务院国资委发布的《中央企业合规管理办法》以及各地方国资委合规管理办法，我国中央企业、地方国有企业合规管理部门采用矩阵汇报路线。

（四）合规管理部门的职责

关于合规管理部门的职责，有关合规管理的标准、办法和指引均有比较完善、具体的规定。但是，合规管理部门的以下职责在实务中难以具体掌握和实施。

1. 关于合规管理部门的违规管理职责

在大多数跨国企业中，违规管理（包括受理违规举报、违规调查、违规处置建议等）由合规管理部门负责。有些跨国企业（如西门子）还设立了专门的违规调查部门，负责违规管理。

按照国务院国资委发布的《中央企业合规管理办法》第14条第1款第4项规定，中央企业合规管理部门牵头的合规管理职责之一是受理职责范围内的违规举报，提出分类处置意见，组织或者参与对违规行为的调查。但是，该规定并未对受理哪些违规举报、组织或者参与对哪些违规行为的调查作出规定。具体分析和评述请参见本书第二篇第十章。

2. 关于合规审查

按照国务院国资委发布的《中央企业合规管理办法》第14条第1款第2项规定，合规管理部门负责规章制度、经济合同、重大决策合规审查。第13条第1款第3项规定，业务及职能部门负责本部门经营管理行为的合规审查。

实务中，对于业务及职能部门对本部门主办的规章制度、经济合同、重大决策进行合规审查的内容和有效性以及合规管理部门进行再次审查的内容和有效性，并无具体可操作的规定可以遵循。具体分析和评述请参见本书第二篇第五章。

3. 关于组织开展合规风险识别、预警和应对处置

按照国务院国资委发布的《中央企业合规管理办法》第14条第1款第3项规定，合规管理部门负责组织开展合规风险识别、预警和应对处置。第13条第1款第1项规定，业务及职能部门负责开展合规风险识别评估，编制风险清单和应对预案。如本书第二篇第三章所述，合规风险管理（识别、分析、评估和应对等）具有很强的专业性，因为每个业务及职能部门所需遵守的合规义务以及面临的合规风险各不相同。同时，它也具有很强的实务性。合规风险存在于企业经营管理和具体业务之中，与企业各部门具体业务紧密相关。

因此，一方面，需要合规管理部门制定合规风险管理的制度和流程，对业务及职能部门进行指导，尤其应当强化对业务及职能部门合规风险管理能力的培训；另一方面，应当让业务和职能部门自己开展和完成本部门合规风险识别评估，这样才能根植于业务，提升其合规风险管理实操水平，同时掌握本部门合规风险情况，实现"管业务必须管合规"及务实高效的要求。

（五）关于专职合规管理员

1. 专职合规管理员的称谓

企业合规管理部门的专职合规管理人员，在跨国公司多被称为"compliance officers"。

我国人力资源社会保障部办公厅、国家市场监督管理总局办公厅、统计局办公室于2021年3月18日面向社会正式发布了企业合规师等18个新职业信息。2022年5月17日，我国市场监督管理总局认证认可技术研究中心发布《市场监管总局认研中心关于开展人员能力验证工作（第一批）的通知》，面向社会正式开展人员能力验证工作，其中包含了企业合规师人员能力验证。

国务院国资委发布的《中央企业合规管理办法》(第14条）称为专职合规管理员。

《合规管理体系　要求及使用指南》第3.23条称为合规团队，是指对合规管理体系运行负有职责、享受权限的一个人或一组人。

2. 专职合规管理员的配备

大型跨国企业集团，如西门子的专职合规管理人员超过了600人，戴姆勒集团的专职合规管理人员也超过了160人。

我国《中央企业合规管理办法》《金融机构合规管理办法》《证券公司和证券投资基金管理公司合规管理办法》均规定，企业应当根据经营规模、业务范围、人员数量、合规风险水平等因素配备足够的合规人员，坚持按需定岗定编，满足合规管理需要。

3. 专职合规管理员资质要求

我国国家金融监督管理总局《金融机构合规管理办法》第38条要求合

规管理部门的合规管理人员应当具备与履行合规管理职责相适应的专业知识和技能，并主要由具有法律或金融专业学历背景的人员组成。

按照《合规管理体系 要求及使用指南》第 A. 5. 3. 2 条要求，合规团队应诚信和信守合规承诺；具备有效的沟通和影响能力；具备设计、实施和维护合规管理体系的相关能力；具备面对测试和挑战的信心、业务知识和经验；以战略性、积极向上的方式对待合规；有足够的时间来满足合规岗位的需求。

4. 专职合规管理员能力要求

关于专职合规管理员能力要求，有两个团体标准可以作为重要参考。

（1）团体标准《企业合规管理职业经理人考评要素》（T/CEEAS 001—2023）

2023 年 9 月 6 日，中国企业评价协会发布团体标准《企业合规管理职业经理人考评要素》（T/CEEAS 001—2023），对企业合规管理职业经理人的考评提出指南。

按照该考评要素，合规管理职业经理人分为合规官和高级合规官两个级别，主要从职业道德、职业素养、职业知识和职业能力 4 个方面进行考评。

在职业道德方面，主要考评廉洁自律、诚实守信、客观公正、社会责任和保守秘密等。

在职业素养方面，主要考评敬业担当、严谨细致、协作共赢、直面挑战和国际视野等。

在职业知识方面，主要对考评法律法规、行业准则与伦理规范的掌握，企业规章及业务管理相关知识，企业合规管理相关知识，以及管理基础知识等。

在职业能力方面，主要考评合规管理统筹规划能力、合规管理组织制度建设能力、合规管理运行控制能力、合规管理评估改进能力、合规文化建设能力、团队领导能力、决策判断能力以及沟通协调能力等。

（2）团体标准《合格评定—企业合规师能力要求》（T/SCCA 0001—2023）

2023 年 8 月 22 日，深圳市企业合规协会、英标认证技术培训（北京）有限公司发布团体标准《合格评定—企业合规师能力要求》（T/SCCA 0001—2023），从职业操守与道德素养、通用知识与方法、专业知识与经验以及应用技能 4 个方面，对企业合规师能力提出了合格评定指南。

按照该能力要求，在职业素养和道德规范方面，要求企业合规师诚信正直、客观公正、开放思维和严于律己。

在通用能力要求方面，要求企业合规师了解并掌握有关企业合规管理的基础理论知识、相关法律法规和其他适用要求的知识、有关合规管理体系标准及其相关适用标准的知识、合规风险评估与控制的知识以及企业管理基础知识。

在专业能力方面，要求企业合规师具备企业特定组织环境需要的专项合规管理能力以及专项合规领域需要的知识和经验。

在应用技能方面，要求企业合规师具备必要的管理和软性技能，如能与法务、内控、风控、业务及职能部门开展有效的协同合作，有效的压力管理（自身和他人），有效的沟通和影响技能，具备参与或领导内部审核、合规事件调查和报告的能力，与外部监管、司法机构、审计机构、认证机构有效沟通的能力，以及具有胜任其工作的良好学习、分析、沟通、表达、组织、协调、合作、应变和创新以及适当决策的能力等。

5. 专职合规管理员的独立性

合规管理的重要原则之一是独立性原则，要求合规负责人与合规管理人员独立开展合规管理工作，不受其他部门或者人员干涉。

由于企业合规管理与法务之间的相容性且不存在职责冲突，欧美跨国公司的合规总监大多由总法律顾问兼任。除此之外，欧美跨国公司以及我国有关部门规章都要求合规总监不得兼任与合规管理职责相冲突的职务，不得兼任业务及职能部门负责人，不得兼管企业的业务、财务、资金运用和内部审计部门等可能与合规管理存在职责冲突的部门。

国务院国资委发布的《中央企业合规管理指引（试行）》将客观独立确定为合规管理的基本原则之一，要求严格依照法律法规等规定对企业和员工行为进行客观评价和处理。合规管理牵头部门独立履行职责，不受其他部门和人员的干涉。

我国证监会发布的《证券公司和证券投资基金管理公司合规管理办法》第 26 条要求证券基金经营机构保障合规负责人和合规管理人员的独立性；证券基金经营机构的股东、董事和高级管理人员不得违反规定的职责和程序，直接向合规负责人下达指令或者干涉其工作；证券基金经营机构的董事、监事、高级管理人员和下属各单位应当支持和配合合规负责人、合规部门及本单位合规管理人员的工作，不得以任何理由限制、阻挠合规负责人、合规部门和合规管理人员履行职责。第 11 条第 2 款要求，合规负责人不得兼任与合规管理职责相冲突的职务，不得负责管理与合规管理职责相冲突的部门。

《合规管理体系　要求及使用指南》第 5.1.3 条、第 A.5.1.1 条要求组织的治理机构和最高管理者应确保合规团队拥有适当权限、能力和独立性，能够直接接触治理机构和最高管理者。合规团队不与组织结构或其他要件冲突，可以自由行动，不受垂直管理者的干涉。合规团队拥有权限。合规团队在权限上不是一个能被上级否决或被其修改报告或信息的初级部门。合规团队能根据需要指导其他员工。合规团队宜有“发言权”以申明和提出合规疑虑。合规团队有足够的资源来支持组织不受限制地执行合规管理体系的必要工作和职责，包括获得技术以使合规管理体系能全面和有效地支持组织实现其合规目标。

九、合规管理监督追责部门

按照国务院国资委发布的《中央企业合规管理办法》第 15 条及我国各省、自治区、直辖市国资委合规管理办法的规定，我国中央企业、地方国有企业纪检监察机构和审计、巡视巡察、监督追责等部门依据有关规定，在职权范围内对合规要求落实情况进行监督，对违规行为进行调查，按照规定开展责任追究。

《合规管理体系　要求及使用指南》第 9.1.1 条要求组织对合规管理体系进行监视，以确保实现合规目标。并要求组织制定监视机制，以确定监视对象和内容、方法、指标、时间、结果评价、报告等。按照《合规管理体系　要求及使用指南》第 A.5.3.1 条和第 9.1.4 条的规定，实施合规管理监督的主要是组织的治理机构与合规团队。

第二章　企业集团合规管理

Chapter Ⅱ　Compliance Management in A Group Company

要点

1. 企业集团合规管理体系建设要求。
2. 企业集团如何管控各子公司的合规管理？
3. 企业集团合规管理部如何管控各子公司的合规管理？
4. 如何推动非控股子公司的合规管理？
5. 如何启动企业集团的合规管理？

企业集团是指以资本为主要联结纽带的母子公司为主体，以集团章程为共同行为规范的母公司、子公司、参股公司及其他成员企业或机构共同组成的具有一定规模的企业法人联合体。企业集团内各成员公司在行业分布、股权架构、公司治理、发展历史、企业文化、管理模式等方面可能存在较大差异，合规管理也更加复杂。

有关企业合规管理的标准、办法和指引对企业集团合规管理的专门性规定（尤其是企业集团母公司如何对子公司的合规管理进行管控）并不多。

我国中央企业大多是大型甚至超大型企业集团，在不同时期已经开展全面风险管理和法律风险管理，建立了完善的内控体系制度、内部审计体系、纪检监察系统和企业信息管理系统等，培育了良好的企业文化，培养了大批经验丰富的财务、风控、内控、内审、法务、纪检监察和信息系统管理人才。所有这些，都为企业集团开展合规管理奠定了良好的基础。

一、企业集团

（一）何为企业集团

根据国家工商行政管理局于1998年颁布的《企业集团登记管理暂行规定》，企业集团是指以资本为主要联结纽带的母子公司为主体，以集团章程为共同行为规范的母公司、子公司、参股公司及其他成员企业或机构共同组成的具有一定规模的企业法人联合体。

企业集团由母公司、子公司、参股公司及其他成员单位组建而成。事业单位法人、社会团体法人也可以成为企业集团成员。母公司应当是依法登记注册，取得企业法人资格的控股企业。子公司应当是母公司对其拥有全部股权或者控股权的企业法人；企业集团的其他成员应当是母公司对其参股或者与母子公司形成生产经营、协作联系的其他企业法人、事业单位法人或者社会团体法人。

建立企业集团可以管控更多的资金、资产和更广泛的业务，通过集团化的经营管控和组织结构，聚集核心竞争力，强化扩张，实现不同行业的战略协同，最终实现类似于联合舰队的综合竞争能力。

（二）企业集团的特点

1. 企业集团是多个独立企业法人群体的合集。大型企业集团可能是由数十家独立企业法人组建起来的联合舰队。

2. 企业集团可能存在多层次的企业结构。除母公司外，下辖子集团（一级单位），子集团还有自己的子公司（二级单位）。

3. 企业集团的股东结构复杂。企业集团母公司可能存在多家股东，包括国有控股股东、民营企业股东、自然人股东以及外资股东等。我国国有企业（包括中央企业）一般由国务院国资委作为控股股东履行出资人的职责。子集团、子公司的股东结构同样复杂。

4. 企业集团子公司的公司形式复杂，可能包括全资子公司、控股子公司、参股子公司以及国有独资的有限公司、合资（包括中外合资）的有限公司、股份有限公司（包括上市公司）、合伙企业等多种形式。

5. 企业集团各子公司普遍跨行业经营，可能包括军工、航空、汽车、石油、日化、纺织、物流、互联网等多个行业。

6. 企业集团各子公司的经营范围广泛，可能包括金融、投资、制造、零售、物流、代理、国际贸易等多个领域。

7. 企业集团普遍跨地域经营，各子公司除了遍布国内各省市外，可能还在境外多国从事投资、生产和经营。

8. 企业集团有多种管控模式，可以区分为：（1）财务投资型模式、战略管理型模式和运营管理型模式等；（2）垂直管理模式、矩阵管理模式和事业部制等；（3）垂直一体化的“金字塔式”模式和横向并列的围绕型模式等。

9. 很多企业集团总部成为财务投资管理中心，集中对集团及其各成员公司的公司治理、战略规划、投资、风控、内控、内审、财务、法律以及纪检监察等职能，具体业务多分散在各子集团和子公司。

10. 企业集团总部大多为管理型总部，主要是对所属企业进行职能管理，各部门多是职能管理部门，不开展实体业务。其合规管理也具有以下突出特点：(1) 合规风险主要体现为对集团本部职能管理的相关合规风险，其合规管理重点领域较少且集中于公司治理、网络安全和信息保护、劳动用工、财税管理、融资担保等领域；(2) 在集团本部，合规管理侧重于本部各部门与职能管理相关合规义务遵守与合规风险防范；(3) 各职能部门对成员企业进行条线管理，在本部门职责领域，对成员企业的合规管理进行指导、检查和监督；(4) 对于成员企业，集团合规管理组织中的首席合规官、合规管理部门等需要对成员企业合规管理体系建设提供专业指导；(5) 在集团本部，涉及行政强监管、合规风险频发的部门领域（合规管理重点领域）相对较少，并与各成员企业的合规管理重点领域存在差异。

二、建立企业集团合规管理体系

（一）我国一般企业集团

一般企业集团母公司和各子公司一般是独立的企业法人，如开展合规管理，则应按照国际标准及我国国家标准《合规管理体系　要求及使用指南》建立合规管理体系。

（二）我国中央企业集团和地方国有企业集团

按照国务院国资委发布的《中央企业合规管理办法》第 5 条第 2 项以及我国各地方国资委合规管理办法的规定，我国中央企业集团和地方国有企业集团应当加快建立覆盖各业务领域、各部门、各级子企业和分支机构、全体员工的健全的合规管理体系，贯穿决策、执行、监督全流程。因此，我国中央企业集团的母公司及其各成员子公司，都应按照指引的要求建立健全合规管理体系。

（三）我国金融机构

国家金融监督管理总局《金融机构合规管理办法》第 7 条规定，金融机构应当制定合规管理制度，按照“分级管理、逐级负责”的要求，完善合规管理组织架构，明确合规管理责任，深化合规文化建设，建立健全合规管理体系。

（四）我国证券公司集团

按照《证券公司和证券投资基金管理公司合规管理办法》第 3 条的规定，证券基金经营机构的合规管理应当覆盖所有业务，各部门、各分支机构、各层级子公司和全体工作人员，贯穿决策、执行、监督、反馈等各个环节。

国外企业合规管理的发展史呈现出两条清晰的脉络。一是以反腐败、反欺诈、反共谋等为主要内容的诚信合规，被众多欧美跨国企业集团采纳。二是以全面合规管理体系为主要内容的全面合规管理，被众多金融机构采纳。

中国企业合规管理起步较晚，但从金融企业合规管理开始，到《中央企业合规管理指引（试行）》《中央企业合规管理办法》，采纳的均是企业全面合规管理体系。

我国《企业境外经营合规管理指引》采纳了企业全面合规管理体系，但兼顾了诚信合规。其第 14 条规定的主要是诚信合规的内容，即“企业应在合规行为准则的基础上，针对特定主题或特定风险领域制定具体的合规管理办法，包括但不限于礼品及招待、赞助及捐赠、利益冲突管理、举报管理和内部调查、人力资源管理、税务管理、商业伙伴合规管理等内容。企业还应针对特定行业或地区的合规要求，结合企业自身的特点和发展需要，制定相应的合规风险管理办法。例如金融业及有关行业的反洗钱及反恐怖融资政策，银行、通信、医疗等行业的数据和隐私保护政策等”。

由此可见，诚信合规管理与全面合规管理并不相互排斥，而应当是相互融合相互补充的，或者说，诚信合规管理是全面合规管理的重要组成部分，是专项合规管理的一种形式。

三、企业集团总部对子公司合规管理的管控

检索有关合规管理的标准、办法和指引，企业集团母公司（以下简称集团总部）对子公司合规管理的管控包括以下几方面。

（一）我国一般企业集团总部对子公司的管控

1. 国际标准及我国国家标准《合规管理体系　要求及使用指南》

对集团总部如何对子公司进行合规管理并没有明确规定，但是从第5条规定可以推论出，集团总部可以通过作为合规管理组织的子公司治理机构和子公司的最高管理者，参与和推动子公司的合规管理，包括：（1）确立企业的核心价值观；（2）确立子公司的合规方针与合规目标，并使之与子公司的价值观、目标和战略方向保持一致；（3）批准子公司建立合规管理体系，支持和监督其运行及持续改进。

2. 发改委等七部门发布的《企业境外经营合规管理指引》相关规定

（1）通过子公司的治理结构参与和推动境外子公司的合规管理。根据该指引第10条规定，企业在决策、管理和执行3个层级上划分相应的合规管理责任。因此，集团总部对境外投资的子公司，可以通过作为合规管理组织的子公司治理结构（董事会、监事会和经理层）参与和推动子公司的合规管理。

（2）可以选择将境外分支机构的合规考核标准融入总体绩效管理体系。根据该指引第18条第2款的规定，境外经营相关部门和境外分支机构可以制定单独的合规绩效考核机制，也可将合规考核标准融入总体的绩效管理体系中。考核内容包括但不限于按时参加合规培训，严格执行合规管理制度，积极支持和配合合规管理机构工作，及时汇报合规风险等。

（3）向境外分支机构提供咨询和审核支持。根据该指引第19条第1款的规定，境外经营相关部门和境外分支机构及其员工在履职过程中遇到合规风险事项，应及时主动寻求合规咨询或审核支持。

（二）我国中央企业集团和地方国有企业集团总部对子公司的管控

根据国务院国资委发布的《中央企业合规管理办法》第39条规定，我国中央企业集团应当结合实际制定完善合规管理制度，推动所属单位建立健全合规管理体系。

1. 参与履行子公司治理机构作为合规管理组织的合规管理职责

按照《中央企业合规管理办法》第8条的规定，通过向子公司董事会委派的董事，参与行使子公司董事会作为合规管理组织的职责，包括：（1）审议批准子公司合规管理基本制度、体系建设方案和年度报告等。（2）研究决定子公司合规管理重大事项。(3) 推动完善子公司合规管理体系并对其有效性进行评价。(4) 决定子公司合规管理部门设置及职责。

该办法第9条规定，如果企业集团总部按照子公司的股东协议和/或章程的规定向子公司派遣高级管理人员，企业集团总部还可以通过向子公司委派的高级管理人员，参与行使子公司经理层作为合规管理组织的职责，包括：(1) 拟订子公司合规管理体系建设方案，经董事会批准后组织实施。(2) 拟订子公司合规管理基本制度，批准年度计划等，组织制定合规管理具体制度。(3) 组织应对子公司重大合规风险事件。(4) 指导监督各部门和所属单位合规管理工作。

根据该办法第9条规定，企业集团经理层还应指导监督所属单位的合规管理工作。

2. 首席合规官对子公司合规管理进行指导

按照《中央企业合规管理办法》第12条的规定，企业集团首席合规官的职责包括指导所属单位加强合规管理。

3. 建立所属单位经营管理和员工履职违规行为记录制度

按照《中央企业合规管理办法》第25条第2款的规定，企业集团应当建立所属单位经营管理和员工履职违规行为记录制度，将违规行为性质、发生次数、危害程度等作为考核评价、职级评定等工作的重要依据。

4. 对子公司的合规管理进行考核评价

按照《中央企业合规管理办法》第28条的规定，企业集团应当将合规管理作为法治建设重要内容，纳入对所属单位的考核评价。

(三) 我国金融机构

按照国家金融监督管理总局《金融机构合规管理办法》的规定，我国金融机构的集团总部对子公司（下属各机构）的合规管理实施较强的管控[金融机构包括政策性银行、商业银行、金融资产管理公司、企业集团财务公司、金融租赁公司、汽车金融公司、消费金融公司、货币经纪公司、信托公司、理财公司、金融资产投资公司、保险公司（包括再保险公司）、保险资产管理公司、保险集团（控股）公司、相互保险组织等机构]。

1. 纳入统一的合规管理体系

按照该办法第33条的规定，金融机构应当将下属各机构的合规管理纳入统一体系，强化对下属各机构合规管理部门的指导与监督，明确下属各机构向机构总部报告的合规管理事项，对下属各机构经营管理和员工履职行为的合规性进行检查，督导下属各机构合规管理工作符合合规规范。

2. 首席合规官对下属各机构的合规管理进行督导、考核、质询等

（1）按照该办法第19条的规定，法律、行政法规、部门规章及规范性文件发生重大变动的，金融机构的首席合规官，应当及时组织督导下属各机构评估变动对合规管理的影响，修改完善机构内部规范，并监督落实。

（2）按照该办法第22条的规定，金融机构首席合规官发现下属各机构及其员工存在违法违规行为或者合规风险隐患的，有权向下属各机构提出对相关责任人员采取薪酬扣减、岗位调整、降职等措施的建议，并督促责任机构及责任人员及时整改。

（3）按照该办法第26条的规定，首席合规官或者合规官发现下属各机构对重大违法违规行为或者重大合规风险隐患存在瞒报、漏报情形的，应当在机构内部的合规考核中，对责任机构和相关负责人实施"一票否决"，不得评优评先等，并及时推动内部问责。

（4）按照该办法第41条的规定，首席合规官、合规官可以根据履行职责需要，有权向下属各机构进行质询和取证，要求对相关事项作出说明。

3. 合规管理部门组织、协调、推动下属各机构开展合规管理工作

按照该办法第28条第1款、第30条、第35条的规定，金融机构的合规管理部门组织、协调、推动下属各机构开展合规管理工作，组织下属机构拟定合规管理相关制度并推动贯彻落实。下属各机构合规管理部门接受上级合规管理部门的指导和监督。

4. 对下属各机构进行合规考核

按照该办法第44条的规定，金融机构应当建立合规工作考核制度，将下属各机构合规管理质效纳入考核，并将合规管理情况纳入对下属各机构负责人的年度综合考核；将合规职责履行情况作为员工考核、人员任用、评优评先等工作的重要依据。

5. 鼓励实行垂直管理

按照该办法第34条的规定，鼓励金融机构对合规管理部门实行垂直管理。对合规管理部门实行垂直管理的金融机构，其下属各机构合规管理部门向上一级合规管理部门负责，接受上一级合规管理部门管理。鼓励首席合规官统筹合规管理人员选聘、业务指导、工作汇报、考核管理、合规官提名等事项。

（四）我国证券公司集团总部对子公司的管控

按照《证券公司和证券投资基金管理公司合规管理办法》规定，证券公司集团总部对子公司的合规管理实施严密管控，包括：

（1）按照该办法第7条、第8条和第9条的规定，证券公司集团总部按子公司章程规定的公司治理机制（董事会、监事会、高级管理人员），参与履行子公司治理机构作为合规管理组织的合规管理职责，推动子公司的合规管理。

（2）按照该办法第10条第3款的规定，下属各单位及工作人员发现违法违规行为或者合规风险隐患时，应当主动及时向合规负责人报告。

（3）按照该办法第12条第1款的规定，证券公司集团总部合规负责人组织拟定合规管理的基本制度和其他合规管理制度，督导下属各单位实施。

（4）按照该办法第14条第2款的规定，证券公司集团总部合规负责人对下属各单位提供合规咨询、组织合规培训。

（5）按照该办法第24条的规定，证券公司集团总部应当将各层级子公司的合规管理纳入统一体系，明确子公司向集团总部报告的合规管理事项，对子公司的合规管理制度进行审查，对子公司经营管理行为的合规性进行监督和检查，确保子公司合规管理工作符合集团总部的要求。从事另类投资、私募基金管理、基金销售等活动的子公司，应当由证券基金经营机构选派人员作为子公司高级管理人员负责合规管理工作，并由合规负责人考核和管理。

（6）按照该办法第30条第1款的规定，各层级子公司应当将合规管理的基本情况向集团总部报告，由集团总部纳入年度合规报告。

四、实务探讨

（一）管理模式选择

企业集团总部对子公司的合规管理，与整个集团的管理模式密切相关。例如，采用垂直型管理模式的，企业集团的合规管理也宜采取垂直组织模式；采取矩阵型管理模式的，合规管理也宜采取矩阵型管理模式；等等。

企业集团总部对子公司的合规管理模式，受企业集团总部其他相关部门对子公司的管理模式的影响。这些部门包括战略规划、风险管理、财务、内控、内审、法务、纪检监察等部门。

企业集团总部对子公司的合规管理模式，还受子公司股权结构的影响。全资子公司、合并报表控股子公司的合规管理，宜接受企业集团总部的垂直合规管理并完全导入集团总部的合规管理体系。非合并报表控股子公司、非控股参股公司的合规管理，集团总部宜通过子公司章程、治理机构等推动子公司开展合规管理。

值得注意的是，各子公司都是独立企业法人。子公司内部合规义务渊源的制定和生效，需要遵守法律以及子公司章程的规定，集团总部的规章制度不能直接在子公司生效实施，而需履行必要的审批程序。例如，基本管理制度须由子公司董事会批准，与员工切身利益相关的规章制度须通过子公司民主程序生效等。

（二）企业集团母公司对子公司合规管理的管控

企业集团对子公司的管控模式多种多样，但笔者认为，无论企业集团采取何种管理模式，企业集团总部宜在以下方面对各全资子公司、控股子公司（尤其是合并报表控股子公司）合规管理进行管控。

1. 建立和健全统一的合规管理体系

企业集团宜按照企业合规管理体系的十六大构成要素，建立企业合规管理体系的框架，并导入集团的各子公司。这也是有关合规管理的国家标准、办法和指引的要求。

2. 统一的合规方针

作为企业合规管理基本制度的首要组成部分，企业合规方针是企业合规管理的基本方针和指导思想，是企业最高管理者真实发布的企业合规承诺、宗旨和方向。企业合规方针表明企业股东、董事会和企业领导对企业合规的决心、支持和期望，是企业核心价值观的重要内容，是鼓励企业人人合规、建立企业合规文化的纲领，是企业的合规宣言。

企业集团应制定集团统一的合规方针，作为企业的核心价值观和企业文化的重要组成部分。这是大多欧美跨国企业集团的普遍做法，也是我国国资委与2016年开始试点的5家中央企业采纳的做法，它们都以诚信公平、合规经营作为集团的合规方针。

3. 企业集团的领导承诺

国际标准及我国国家标准《合规管理体系　要求及使用指南》第5.1

条要求企业领导确立和坚持组织的核心价值观，确保建立组织的合规方针和合规目标，并与该组织的价值观、目标和战略方向保持一致。

《世界银行集团　廉政合规指南概要》第 2.1 条规定：“2.1 领导层：高层领导、受制裁方董事会或类似组织对受制裁方的廉政合规计划（简称：计划）及其实施，在形式上和实质上都给予强有力的、明确的、显而易见的和积极的支持与承诺。”

企业集团领导的合规承诺以及对合规管理的全力、明确、公开和积极的支持，是企业集团合规管理的基础和前提。

4. 合规管理组织的设立与职责

企业合规管理组织是企业合规管理的组织保障。企业集团由集团总部和若干子公司组成，集团总部及各子公司应按照有关企业合规管理的标准、办法和指南，建立各自的合规管理组织。此处不再赘述。

企业集团宜就集团总部和各子公司制定统一的合规管理组织制度，强制推行合规管理组织的建立，规范合规管理组织的职责。

5. 合规管理基本制度

合规管理基本制度是企业全员普遍遵守的合规行为规范，是企业最重要、最基本的合规制度，是其他合规制度的基础和依据，包括企业合规方针、合规管理原则、合规管理组织、重点合规领域以及合规管理运行、合规管理保障的框架等。

欧美跨国企业集团普遍采用企业行为准则这一合规制度形式，来统一规范企业全员普遍遵守的合规管理基本制度。我国《企业境外经营合规管理指引》第 13 条对企业境外经营合规管理的行为准则作了专门规定。

我国国内的企业更趋向于根据或者参照国务院国资委发布的《中央企业合规管理指引（试行）》制定企业的总体合规管理指南，作为企业合规管理的基本制度。

企业集团宜制定合规管理基本制度，适用于集团总部及其各子公司。

6. 合规管理体系有效性评价

企业集团总部宜按照国务院国资委发布的《中央企业合规管理办法》第 27 条的规定，定期对子公司开展合规管理体系有效性评价，针对重点业务合规管理情况适时开展专项评价，强化评价结果运用。

7. 合规管理考核评价

企业集团总部宜按照国务院国资委发布的《中央企业合规管理办法》

第28条的要求，将合规管理作为法治建设重要内容，纳入对所属单位的考核评价。

8. 合规审计

合规审计是企业合规风险的“第三道防线”。企业集团总部审计部宜按照有关审计的法律、法规和集团内部规定，对子公司合规管理的适当性、完整性和有效性进行合规审计。

9. 合规宣传和培训

企业集团总部宜建立制度化、常态化培训机制，导入合规宣传和培训资料，推动合规宣传与培训在整个集团的开展。

10. 合规知识管理

企业集团总部宜通过其合规管理部门，建立整个集团共享的合规知识库，包括合规义务渊源库、违规案例库、宣传培训资料库、合规管理文件格式库等。

11. 合规管理信息系统（平台）

企业集团总部可以建立整个集团都能使用的合规管理信息系统（平台），供集团总部及其各子公司合规管理共同使用。当然，如果企业集团总部及其各子公司目前各自运营自己的企业管理信息系统，宜促使子公司的合规管理信息系统融入企业集团总部的合规管理信息系统（平台），或者与集团总部的合规管理对接和兼容，实现合规管理信息的共享。

12. 企业合规文化

企业集团应通过统一上述合规管理系统的各构成要素，培育人人诚信合规守法理念，建立统一的企业合规文化。

（三）合规管理部门如何对子公司合规管理进行管控

参照跨国企业集团对全资子公司及合并报表子公司的合规管理，以及我国金融企业集团对各子公司的合规管理，笔者认为，就对各全资子公司、控股子公司（尤其是合并报表子公司）合规管理的管控，应赋予企业集团总部的合规管理部门以下职责：（1）企业集团总部通过作为合规管理组织的子公司治理机构（董事会、监事会、管理层）参与和推动子公司的合规管理时，合规管理部门应参与准备工作并提供专业支持；（2）协助集团总部将企业集团的合规管理体系框架、合规方针、合规管理的基本制度导入各子公司；（3）协助子公司设立合规管理组织、明确各合规管理组织的职责；(4) 指导、监督、支持子公司开展合规管理工作；(5) 对按照子公司章程需要子公司党组织、股东会或者董事会批准的规章制度、改革方案、重大事项决策、重要项目安排、重要合同等进行合规审查；(6) 对各子公司进行合规管理体系有效性评价与合规管理考核评价；(7) 配合集团总部审计部门对子公司开展合规审计；(8) 组织子公司合规管理人员及其他相关人员参加集团总部的合规培训，协助子公司开展合规宣传和培训，协助子公司导入集团总部的合规宣传和培训资料；(9) 协助子公司的合规管理信息系统融入企业集团总部的合规管理信息系统（平台），或者与集团总部的合规管理对接和兼容，实现合规管理信息的共享；(10) 接受子公司的重大合规风险报告，协助制定应对整改方案，监督整改实施；(11) 指导、汇总子公司的合规管理计划与合规报告。

企业集团总部的合规管理部门只是集团总部的一个职能管理部门，依法无权直接对子公司的合规管理进行任何管控。因此，在法律上，企业集团总部应当通过子公司的治理机构，授予集团总部合规管理部门对子公司的合规管理进行管控。

(四) 如何推动非控股参股子公司的合规管理

对于非控股的参股子公司，企业集团委派到子公司的董事、监事的投票数量有限，难以向子公司推动合规管理。一些欧美跨国公司在华设立非控股的合资企业时，大多通过以下方式推动合资企业的合规管理，值得研究和借鉴。

1. 在合同谈判阶段宣传企业合规及合规管理的必要性。

2. 在合资合同、章程中写入合规条款，要求：(1) 将守法合规确定为合资企业的核心价值观；(2) 合资公司各股东采取措施，促使合资企业守法合规；(3) 股东责成其委派到合资公司的董事、监事和高级管理人员在处理合资公司经营管理事务时守法合规；(4) 合资公司应采取措施，鼓励违规举报，开展违规调查，对违规行为进行惩处，并对举报人员进行保护。

3. 通过董事会会议、监事会会议，宣传合规的必要性，提出并争取通过合规管理议案，推动合资企业合规并加强合规管理。

4. 通过委派高级管理人员，宣传合规的必要性，在经营管理中推动合资企业合规并加强合规管理。

5. 利用股东审计权，对合资企业进行内部审计，发现违规问题，开展合规宣传和培训。

6. 通过跨国公司的各种集中会议，如年度采购会议、销售会议、财务会议、运营会议、内审会议等，开展合规宣传与培训。

7. 举办集团集中管理提升培训，开展合规宣传与培训。

（五）企业集团如何启动合规管理

1. 合规管理工作筹备

（1）获得领导支持与领导的合规承诺。

（2）任命合规负责人，研究确定企业合规管理的牵头部门，研究、提出成立企业合规管理项目小组建议，包括聘请外部律师、顾问参与项目小组。

（3）研究确定企业合规管理项目方案。

（4）获得企业领导对开展合规管理的支持，提出年度合规管理计划，并将合规管理项目纳入企业年度经营计划和预算。

（5）加强有关合规管理的标准、指南和办法的学习、研究、培训与宣传，学习其他企业合规管理项目的最佳实践案例。

（6）与内控、风控、审计、法务、纪检监察、人力资源等部门沟通，对企业现有管理制度、内控体系、信息管理系统以及相关管理部门的职责进行初步了解和梳理。

2. 企业合规管理项目方法论

启动企业集团的合规管理，一般有以下 3 种方法。

（1）从面到点

即在企业集团总部和各子公司同步全面建立合规管理体系，再开展总部各部门以及各子公司各职能部门和业务领域的专项合规管理。

该方法的优点是效率高，但需要集中大量人力、物力，对企业正常经营管理会造成影响和干扰，更容易受到抵制。在松散型管理的企业集团更不适用。

该方法更适用于规模较小、产品业务线条较少、股东结构简单、集团总部对子公司紧密管控的企业集团。2016 年国务院国资委开展合规管理的 5 家试点企业中，中国移动采用的方法更类似于这种方法。

（2）从点到面

即从总部某一职能部门和/或某一子公司开始合规管理试点，然后在总部各部门以及各子公司全面推广。

该方法的优点是能够集中人力和物力，积累经验，培养队伍，形成典型案例。缺点是在整个集团建立合规管理体系需要更长的时间，效率较低。

2016 年国务院国资委开展合规管理的 5 家试点企业中，其他 4 家企业都采用了这一方法，取得了较好效果，也直接推动国务院国资委发布的《中央企业合规管理指引（试行）》的出台。

（3）从面到点到面

即先从总部全面推动合规管理体系建设，然后在某子公司进行试点，最后在各子公司全面推广。

这一方法需要总部各部门统一认识，全力配合，否则难以实现。

企业集团的合规管理是一项庞大、持久的系统性工程，涉及集团总部各职能部门以及集团各子公司。如何组织、计划、推动企业集团的合规管理，需要根据企业集团的规模大小、行业分布、股权架构、公司治理、发展历史、企业文化、管理模式等进行具体分析，选择最适合自己的方法。

第三章　合规尽职调查

Chapter Ⅲ　Compliance Due Diligence

要点

1. 并购项目合规尽职调查。
2. 境外投资项目合规尽职调查。
3. 对外承包工程项目合规尽职调查。
4. 外包项目合规尽职调查。
5. 业务伙伴合规尽职调查。
6. 员工聘用合规尽职调查。

尽职调查的英文为“due diligence”，意为“恪尽职守”或“谨慎处理”。尽职调查被广泛用于企业投资与并购项目。在传统的投资与并购项目尽职调查中，财务和法律尽职调查被称为左右臂，其次是人力资源、产品、技术和设备、采购、营销、环保、网络安全与数据保护等的尽职调查。

随着企业合规管理的发展，合规尽职调查日益得到重视。根据有关企业合规管理的标准、办法和指南的规定，结合企业合规管理实践，合规尽职调查包括：（1）并购项目合规尽职调查；（2）境外投资项目合规尽职调查；（3）对外承包工程项目合规尽职调查；（4）外包项目合规尽职调查；（5）业务伙伴合规尽职调查；（6）员工聘用合规尽职调查。

一、并购项目尽职调查

并购项目分为股权并购项目与资产并购项目。

（一）股权并购项目

股权并购项目中，收购方购买目标公司的股东在目标公司的全部或者部分股权，收购方承继被收购方在目标公司的、相对于被收购股权的全部股东权利和义务。股权并购项目双方是收购方与被收购方（目标公司的股东），目标公司本身的生产经营、资产、员工等维持不变。也正因如此，在股权并购项目中，收购方需要对目标公司做谨慎的尽职调查，以全面掌握目标公司的详细背景情况，挖掘出目标公司的所有潜在风险，尤其是财务风险、法律风险和环境风险等。

股权并购项目尽职调查涉及目标公司股东结构、治理机制以及经营管理的各个方面。

1. 广义上的合规尽职调查

广义上，法律尽职调查就是合规尽职调查，是股权收购方委派法务人员（包括外部律师与企业内部法务人员）对目标公司各个方面的合规性调查，包括：（1）成立、变更的合规性；（2）公司治理机制及合规性；（3）资产获得及运营合规性；（4）财务税收方面的合规性；（5）对外投资与担保及其合规性；（6）生产经营的合规性；（7）人力资源管理方面的合规性；（8）重大合同管理及合规性；（9）独立性与同业竞争方面的合规性；（10）关联交易及合规性；（11）环保、安全、卫生方面的合规性；（12）诚信合规管理情况；（13）争议解决方面的合规性。

从这个意义上讲，合规尽职调查更契合股权并购项目的需要，笔者也倾向并提倡在股权并购项目中，用“合规尽职调查”来替代“法律尽职调查”。

2. 狭义上的合规尽职调查

狭义上的合规尽职调查限于股权收购方对目标公司合规管理体系的建设及运行情况进行尽职调查，涉及目标公司合规管理体系构成要素各个方面的适当性、充分性和有效性。收购方需要运用合规管理体系有效性评价或者合规审计的方法和程序，对目标公司进行合规尽职调查。

对于尚未建立合规管理体系的目标公司，合规尽职调查限于股权收购方对目标公司诚信合规方面的尽职调查，涉及目标公司诚信合规体系构成要素各方面的适当性、充分性和有效性，包括：（1）合规管理组织及其职责；（2）禁止不当行为，如反腐败、反欺诈、反串谋、反洗钱等；（3）对业务伙伴的合规管理；（4）对员工聘用的合规尽职调查；（5）与前政府官员的关系管理；（6）内部控制体系；（7）合规培训；（8）奖惩机制；（9）违规管理；（10）利益冲突；（11）行业监管规则遵守情况。

（二）资产并购项目

资产并购项目不包括纯资产购买项目。纯资产购买只是一般意义上的财产买卖，限于资产本身所有权的转移。

需要尽职调查的资产并购项目涉及收购方购买目标公司的全部或部分资产以及与资产相关的业务，并接转与资产、业务相关的目标公司的全部或部分员工。资产并购项目的双方是收购方与目标公司本身。也正因如此，在资产收购项目中，收购方只需对资产取得的合法性、完整性、处置权以及相关业务和人力资源等情况做审慎的尽职调查。

资产并购项目主要涉及3个方面：（1）收购目标公司的资产，包括不动产（如土地使用权、建筑物等）、机器设备以及相关知识产权（如商标、专利、技术秘密等）。其中不动产权属和知识产权的转移，是项目谈判和管理的难点。（2）收购目标公司与收购资产相关的业务，如采购、营销、服务等。与之相关的供应商与采购关系、客户与销售关系等，都随之转移到收购方。其中涉及目标公司产品和原材料的存货、维持对客户供应产品的连续性、采购合同与销售合同的转移（转让）等，是项目谈判和管理的难点。（3）目标公司与收购资产、业务相关的员工，也由收购方接转。这些员工需先与目标公司解除劳动合同，然后加入收购方并与收购方签署新的劳动合同。其中涉及员工与目标公司解除劳动合同时的经济补偿、收购方择优录取这些员工等问题，是项目谈判和管理的难点。

资产并购项目涉及资产价值的构成和资产权属的转移，收购方需要进行相应的财务尽职调查和法律尽职调查。

人们一般在资产并购项目中不做合规尽职调查，但这并不意味着不需要做合规尽职调查。在资产并购项目中，资产（尤其是不动产与知识产权）的获得及其运营管理、业务取得的合规性、目标公司与资产相关的员工管理等，仍然可能存在合规风险并对整个项目产生影响。因此，资产并购项目中的合规尽职调查必不可少。

二、境外投资项目尽职调查

近年来，随着“一带一路”倡议的推进，我国企业境外投资项目日益增多。但由于忽视境外投资项目及生产经营的合规风险，忽视对境外投资、境外项目及公司的合规管理，尤其忽视项目合规尽职调查，将中国的投资与经营管理模式和习惯生搬硬套地移植于境外投资经营管理，忽视诚信合规，导致投资失败或者不必要损失的案例不少。

发改委等七部门于2018年11月26日发布的《企业境外经营合规管理指引》，正是基于上述背景情况应运而生，以对我国企业境外经营的合规管理进行规范和指导。该指引第7条规定，企业开展境外投资，应确保经营活动全流程、全方位合规，全面掌握关于市场准入、贸易管制、国家安全审查、行业监管、外汇管理、反垄断、反洗钱、反恐怖融资等方面的具体要求。

国务院国资委于2018年11月2日发布了《中央企业合规管理指引(试行)》，其中第16条要求我国国有企业强化海外投资经营行为的合规管理，深入研究投资所在国法律法规及相关国际规则，全面掌握禁止性规定，明确海外投资经营行为的红线、底线；健全海外合规经营的制度、体系、流程，重视开展项目的合规论证和尽职调查，依法加强对境外机构的管控，规范经营管理行为。

上述指引尤其强调我国企业应加强对境外投资在以下10个方面的合规尽职调查：(1) 市场准入；(2) 贸易管制；(3) 国家安全审查；(4) 行业监管；(5) 外汇管理；(6) 反垄断；(7) 诚信合规；(8) 反恐怖融资；(9) 环境保护和安全；(10) 劳动人事管理与人权保护。

对境外合作伙伴的合规尽职调查至关重要。由于我国国内律师不熟悉境外国家或地区的法律法规，也无权对他国或地区的法律法规进行解释，我国企业境外投资经营，在境外合作伙伴的选择方面也频发合规风险。因此，我国开展企业境外投资，应当聘请境外投资当地的律师事务所开展境外投资合规尽职调查并协助开展合规管理。在这一点上，我国企业需要在两个方面正视形势，科学决策：

一是由于对境外律师事务所知之甚少，需要专业知识和能力对其进行管理，宜通过我国在境外的使领馆推荐当地律师事务所，或者委托我国境内律师事务所推荐和管理境外律师事务所，这一方法安全有效，并越来越多地被国内企业采用。

二是聘用境外咨询机构或律师事务所开展境外投资合规尽职调查。聘请境外律师事务所提供日常法律服务及合规管理服务，虽然相比国内法律与合规服务费用昂贵，却是我国企业境外投资经营所必须花费的固定成本或固定费用，绝非可有可无。我国企业开展境外投资，必须将项目投资合规尽职调查费用以及日后的日常法律与合规管理服务费用纳入企业在境外投资的项目预算以及日后的年度预算。

三、对外承包工程项目合规尽职调查

发改委等七部门发布的《企业境外经营合规管理指引》第8条对我国企业境外承包工程的合规尽职调查与合规管理作出了明确规定，要求企业开展对外承包工程，应确保经营活动全流程、全方位合规，全面掌握关于投标管理、合同管理、项目履约、劳工权利保护、环境保护、连带风险管理、债务管理、捐赠与赞助、反腐败、反贿赂等方面的具体要求。

我国企业境外承包工程中，常忽视对工程项目的合规尽职调查及合规管理，合规风险时有发生，且集中表现在诚信合规、环境保护、劳动用工、风俗习惯等方面。加强企业境外承包工程的合规尽职调查以及合规管理刻不容缓，必须引起高度重视。

如同对境外投资项目开展合规尽职调查与合规管理一样，我国企业开展境外工程承包，须聘请或者通过境内律师事务所聘请境外当地的律师事务所提供合规尽职调查，并在项目中标后的项目运营管理中提供法律与合规管理服务。企业应将合规尽职调查预算以及日后法律与合规管理服务预算纳入企业对外承包工程的固定费用预算。

我国企业境外承包工程，须在以下6个方面开展审慎的合规尽职调查：（1）有关工程建设的法律、法规和行业监管规则；（2）招投标程序；（3）诚信合规要求；（4）劳动用工规定；（5）环保、安全、卫生合规要求；（6）道德规范与风俗习惯。

四、外包项目合规尽职调查

（一）外包项目

现代企业越来越多地将企业的某一部分职能外包给第三方。常见的企业外包项目包括产品研发外包、产品生产外包（委托加工）、广告宣传外包、产品销售外包、会计管理外包、人力资源管理外包、IT服务外包、信息系统管理外包、法律服务外包、合规管理外包等。

（二）关于外包的合规要求

按照国际标准及我国国家标准《合规管理体系　要求及使用指南》第4.6条、第7.1条、第A.8.1条的规定，组织外包应遵循以下合规要求：(1) 对组织运行的外包不会免除组织的法律责任或合规义务。(2) 组织应评估与外包的和第三方过程相关的合规风险。(3) 如果组织活动中使用了第三方或外包过程，组织宜对其进行有效的尽职调查，以确保组织对合规的标准和承诺不会降低。(4) 一个设计良好的外包过程宜考虑以下7点：①启动和持续的尽职调查；②实施适当的控制；③进行持续的监视；④对法律、合同协议的适当评审；⑤考虑服务水平协议；⑥使用基于本文件认证的第三方；⑦在与第三方订立合同时，组织宜实施控制，以确保其活动的采购、运行、业务和其他非财务方面得到适当管理（根据组织和交易的规模，组织实施的采购、运行、业务和其他非财务控制能降低合规风险）。

（三）外包合规尽职调查

企业将任何职能外包，首先需要对承包商进行合规尽职调查，包括：(1) 对承包商的资质、许可、经营范围等进行调查，确保承包商资质合规，拥有承包和经营外包项目的资质；(2) 行业监管规则、监管机构要求以及承包商履行监管规则情况；(3) 承包商领导层对合规管理的承诺及重视程度；(4) 承包商员工的合规意识，以及承包商对员工的合规培训情况；(5) 对承包商是否建立合规管理体系或者诚信合规管理体系及其适当性、充分性和有效性；(6) 对承包商的信誉情况进行调查，包括承包商与企业本身过去和现有业务过程中的信誉情况、承包商与其他企业业务过程中的信誉情况、承包商与企业本身及其他企业之间的纠纷情况、承包商被监管机构处罚情况等；(7) 承包商在反腐败、反欺诈、反洗钱、关联交易等诚信合规方面的情况，是否存在诚信合规方面的任何不正当行为；(8) 承包商与企业本身过去和现在以及承包商与其他企业之间的相互合规承诺情况，以及承包商与企业作出相互合规承诺的意愿（如是否愿意签署合规承诺书或者与企业签署相互合规承诺协议等）。

（四）关于合规管理工作外包

按照国际标准及我国国家标准《合规管理体系　要求及使用指南》第

A. 5. 3. 2 条的规定，并非所有的组织都创建独立的合规团队；一些组织将此职能分配至现有岗位或职能外包。外包时，组织不宜将全部合规职能分配给第三方。即使组织将部分职能外包，也宜考虑维护组织对这些职能的权限并对其进行监督。

企业合规管理是企业内部的一项核心风险管理活动，一般情况下，合规管理工作不适宜外包。但是，规模较小的企业或者大型企业在建立合规管理部门、拥有充足的合规管理人员之前，可以根据实际情况将全部或者部分企业合规管理工作外包给有能力的外部咨询机构或者律师事务所。企业合规管理外包应遵守下列规定：

1. 按照以上规定，对承包商做外包合规尽职调查。

2. 受到企业合规负责人的适当监督。《巴塞尔银行监管委员会合规与银行内部合规部门》原则 10 规定，合规应被视为银行内部的一项核心风险管理活动。合规部门的具体工作可能被外包，但外包仍必须受到合规负责人的适当监督。

3. 不应妨碍监管机构的有效监管。依照《巴塞尔银行监管委员会合规与银行内部合规部门》第 49 条的规定，联合论坛（即巴塞尔银行监管委员会、国际证券委员会组织和国际保险监督官协会）最近提出了被监管机构业务外包的高级原则，委员会鼓励各银行参照实施。银行应该确保任何外包安排都不会妨碍监管机构的有效监管。

4. 合规管理外包后，董事会和高级管理层仍然要对银行遵循所有适用法律、规则和准则负责。

依照《巴塞尔银行监管委员会合规与银行内部合规部门》第 49 条的规定，无论合规部门具体工作的外包程度如何，董事会和高级管理层仍然要对银行遵循所有适用法律、规则和准则负责。

（五）部分合规管理工作外包探索

企业合规管理工作涉及合规管理体系的各构成要素，包括建立合规管理组织，制定合规方针、合规管理制度与流程，合规风险管理，合规审查，合规管理体系有效性评价，合规审计，合规考核与评价，合规宣传与培训，违规管理，合规计划与合规报告，合规管理信息系统的管理和运行，等等。

企业合规管理是一项专业性较强的工作，需要基本法律知识、管理知识以及相关合规管理技能和丰富的实践经验，需要外部咨询机构或者律师事务所提供专业的指导和服务。

设立了法律事务部与合规管理部门的企业，包括我国大型国有企业、上市公司和其他所有制性质的企业集团，外包的合规管理工作更适宜于以下两个方面：(1) 需要第三方独立意见及合规管理专业知识的合规管理工作，如合规管理体系有效性评价、合规审计、合规检查、违规举报平台、违规调查、合规培训等。(2) 在内容和时间上构成单独合规管理项目的合规管理工作，主要是专项的合规管理项目，如专项合规管理制度与流程的制定、专项（业务领域、业务部门或重大合规风险）合规风险管理、专项（重大投资、重大项目、重大合同、新业务、新产品等）合规审查、具体违规行为调查、专项合规管理项目的合规计划与合规报告等。而在建立合规管理体系框架、设立合规管理组织、制定合规方针与基本合规管理制度、合规考核与评价、合规宣传、合规管理信息系统的管理和运行方面，更适合于由外部咨询机构或律师事务所根据企业实际情况和需要提供合规管理服务。

我国较小企业或者尚未设立法律事务部和/或合规管理部门的大型企业，可以根据企业实际情况和需要，参照上述建议，将更多的或者全部的合规管理工作外包给外部律师事务所。

五、业务伙伴合规尽职调查

企业的业务伙伴包括供应商、代理商、分销商、合资合作伙伴等。

关于业务伙伴合规尽职调查，《世界银行集团　廉政合规指南概要》第5.1条规定，在与业务伙伴建立关系之前以及在后续过程中，应进行有适当记录的、基于风险的尽职调查（包括确认任何未记录在案的利益所有人或其他受益人）。应避免同从事不当行为或被怀疑从事不当行为的承包商、供应商和其他业务伙伴发生关联（除非是在特殊情况下并且需要采取适当的缓解措施）。

发改委等七部门《企业境外合规管理指引》第12条第4项也要求，企业与第三方合作时，应做好相关的国别风险研究和项目尽职调查，深入了解第三方合规管理情况。企业应当向重要的第三方传达自身的合规要求和对方的合规要求，并在商务合同中明确约定。

六、员工聘用合规尽职调查

国际标准及我国国家标准《合规管理体系　要求及使用指南》第7.2.2条、第A.7.2.2条规定，作为聘用过程的一部分，组织应结合岗位和人员可能引发的合规风险，在任何聘用、调动和晋升之前按要求进行尽职调查，包括推荐信或者背景调查。第A.5.1.2条规定，支持开发合规文化的因素包括对潜在的关键职能的人员进行适当的聘用前评估（包括尽职调查）等。

《世界银行集团　廉政合规指南概要》第4.1条要求审查目前或将来拥有决策权的员工，或能够影响经营结果的员工，包括管理层和董事会成员，确定员工是否有不当行为或其他与诚信合规计划相抵触的行为。

员工聘用合规尽职调查的对象包括目前或将来拥有决策权的员工或者能够影响经营结果的员工，主要是企业的董事会成员、监事会成员、中高层管理人员、研发人员和财务人员等。

员工聘用合规尽职调查应安排在聘用员工之前进行。

员工聘用合规尽职调查的内容主要是确定员工是否存在违反诚信合规的不当行为（如腐败、欺诈、串谋、利益冲突等行为），或者存在其他与诚信合规相抵触的行为。

员工聘用合规尽职调查的方法包括：（1）员工通过应聘申请、基本情况表等进行自我披露和陈述；（2）对员工进行面试；（3）对员工进行背景调查，包括对员工以前用人单位的同事进行电话或当面访谈等；（4）了解员工与以前用人单位劳动争议及其解决情况；（5）了解员工以前被行政或者刑事处罚情况。

对员工（尤其是关键管理岗位员工以及聘用的外籍员工）的合规尽职调查需要运用专业技能并花费较长时间，应聘请专业的人力资源咨询服务机构提供支持和协助。

七、合规尽职调查的主体

根据有关合规管理的国际标准、办法和指南，结合合规管理实践，负责合规尽职调查的部门如表3－3－1所示。

表 3-3-1　负责合规尽责调查的部门

项目	负责合规尽职调查的部门	合规管理部门的职责
并购项目	合规管理部门及聘用的外部律师	聘用、监督、管控
境外投资项目	聘用的外部律师	聘用、监督、管控
对外承包工程项目	聘用的外部律师	监督、跟踪、管控
外包项目	项目部门	指导、支持、监督
业务伙伴合规	业务及职能部门	指导、支持、监督
员工聘用合规	人力资源部	指导、支持、监督

第四章　企业境外投资经营合规管理

Chapter Ⅳ　Compliance Management in Overseas Investment and Operation

要点

1. 境外投资经营一直是我国企业的高风险领域。合规风险是主要风险之一。

2. 我国企业境外投资经营，须接受我国属人法与东道国属地法双重管辖。

3. 我国企业境外投资经营属地法合规管理，须寻求当地专业机构的支持。

境外投资经营是我国企业实现企业发展战略，参与“一带一路”建设，推进我国与世界各国互利共赢的重要方式。合规是企业境外经营行稳致远的前提，合规管理能力是企业国际竞争力的重要方面。

按照2018年12月26日国家发改委等七部门联合发布的《企业境外经营合规管理指引》（发改外资〔2018〕1916号），我国企业境外投资经营主要包括对外贸易、境外投资、对外承包工程和境外日常经营等。

第一节　综　　述

一、我国企业境外投资经营是合规管理的重点领域之一

国务院国资委2015年12月8日印发的《关于全面推进法治央企建设的意见》明确要求中央企业依法开展国际化经营。在实施走出去战略、参与“一带一路”建设、推进国际产能和装备制造合作过程中，严格按照国际规则、所在国家或地区法律和我国相关法律法规开展境外业务，有效防

范法律风险。建立境外重大项目法律顾问提前介入工作机制，将法律论证与市场论证、技术论证、财务论证有机结合，实现从可行性论证到立项决策、从谈判签约到项目实施全程参与，确保法律风险防范全覆盖。突出境外法律风险防范重点，高度重视国家安全审查、反垄断审查、反倾销反补贴调查和知识产权等领域的法律风险，深入做好尽职调查，组织拟定防范预案。建立健全涉外重大法律纠纷案件预警和应对机制。完善境外法治工作组织体系，推动境外重要子企业或业务相对集中的区域设立法律事务机构或配备专职法律顾问。

国务院国资委2018年11月2日印发的《中央企业合规管理指引（试行）》在第三章合规管理重点中设专门条款（第16条），要求强化海外投资经营行为的合规管理："（一）深入研究投资所在国法律法规及相关国际规则，全面掌握禁止性规定，明确海外投资经营行为的红线、底线；（二）健全海外合规经营的制度、体系、流程，重视开展项目的合规论证和尽职调查，依法加强对境外机构的管控，规范经营管理行为。（三）定期排查梳理海外投资经营业务的风险状况，重点关注重大决策、重大合同、大额资金管控和境外子企业公司治理等方面存在的合规风险，妥善处理、及时报告，防止扩大蔓延。"

2021年10月17日，国务院国资委发布《关于进一步深化法治央企建设的意见》要求着力提升涉外保障能力。加强涉外法律合规风险防范，健全工作机制，推动在境外投资经营规模较大、风险较高的重点企业、区域或项目设置专门机构，配备专职法务人员，具备条件的设立总法律顾问。完善涉外重大项目和重要业务法务人员全程参与制度，形成事前审核把关、事中跟踪控制、事后监督评估的管理闭环。深入研究、掌握运用所在国家或地区法律，加强国际规则学习研究，密切关注高风险国家和地区法律法规与政策变化，提前做好预案，切实防范风险。重视涉外法治人才培养，强化顶层设计，健全市场化选聘和激励制度，形成重视人才、吸引人才、留住人才的良好机制。

国务院国资委2022年8月23日发布的《中央企业合规管理办法》第18条要求中央企业应当针对涉外业务重要领域，根据所在国家或地区法律法规等，结合实际制定专项合规管理制度。各省、自治区、直辖市国资委对当地国有企业也都作出了类似规定。

可见，境外投资经营是我国企业合规管理的重点领域之一。

二、合规风险是我国境外投资经营的主要风险之一

我国企业境外投资经营风险包括政治风险、市场风险、环境风险、财务与外汇风险、劳工风险、恐怖融资风险、法律合规风险等。其中，合规风险存在于国家安全审查、反垄断审查、贸易管制、知识产权、产品质量、环境保护、安全生产、行业监管、劳动用工、诚信合规、财务税收、网络安全与数据保护、商业伙伴等多个领域。

我国企业境外投资经营屡屡遭遇合规风险，主要原因包括但不限于：(1) 合规尽职调查不充分，对境外投资所在国家或地区合规义务渊源的收集、了解不充分；(2) 违反境外诚信合规规定，生搬硬套国内规则；(3) 不遵守合同约定，违约严重；(4) 境外经营管理忽视诚信，法律、合规得不到足够重视，法律、合规管理人员配备不足；(5) 忽视对商业伙伴的合规管理等。

诚信合规管理在欧美企业日益得到加强，并上升到国际商业行为准则的高度。合规管理已被纳入全球信用管理体系，成为企业参与国际市场竞争的基本条件与核心竞争力。我国企业疏于诚信合规管理，常被欧美国家和跨国企业集团诟病，并被用来为我国企业的国际竞争和经营设置障碍。我国企业要角逐国际市场竞争，参与“一带一路”建设，开展境外投资经营，建立健全的合规管理体系，开展适当、充分、有效的合规管理已刻不容缓。

三、双重管辖：属人法管辖和属地法管辖

（一）双重管辖

我国企业开展境外投资经营，需要接受双重法律管辖：

1. 接受属人法管辖，即遵守中国对其具有约束力合规义务渊源的规定。

2. 接受属地法管辖，遵守有关外国有关合规义务渊源的规定。正如我国国家标准 GB/T 35770：2022《合规管理体系　要求及使用指南》附录 NA 第 NA. 1. 5 条所述，我国组织在签署国际业务合同时，宜谨慎识别和控制因纳入外国法律、法规（包括技术法规）所带来的合规义务与合规风险。

（二）法律冲突的解决

当我国有关合规义务渊源的规定与境外子公司、分公司所在国家或地区

的合规义务渊源存在冲突时，首先按国际条约以及我国与该外国相关双边条约的规定解决，没有国际条约或双边条约可以适用的，一般适用下列原则：

1. 遵守禁止性合规义务；
2. 遵守具有强制约束力的合规义务；
3. 不违反境外所在国家或地区的宗教、公序良俗和道德规范；
4. 对于一般合规义务，出境前，遵守我国法律法规的规定；出境后，遵守境外所在国家或地区法律法规的规定。

第二节　属人法合规管理

我国企业境外投资经营的属人法管辖，即我国企业在开展境外投资经营须遵守我国对其具有约束力合规义务渊源的规定。例如，我国中央企业、地方国有企业开展境外投资，需要遵守《企业国有资产法》、商务部《境外投资管理办法》、发改委《企业境外投资管理办法》、财政部《国有企业境外投资财务管理办法》以及外管局《境内机构境外直接投资外汇管理规定》等法律法规和地方政府有关境外投资经营规范性文件的规定。

我国企业开展境外投资经营合规管理，首先要做好属人法合规管理工作。

一、属人法管辖主要监管机构和监管重点

我国企业境外投资经营的主要监管机构包括国资委、发改委、商务厅、财政厅、国家外汇管理局及其在企业所在省、自治区、直辖市设立的相应行政机构。境外投资经营的行政监管重点包括：

（一）项目投前阶段

1. 按照国资委、发改委和商务厅的要求履行境外投资项目核准、备案等手续，报告有关信息，配合监督检查。

2. 按照国家外汇管理局要求对境外直接投资及其形成的资产、相关权益进行外汇登记及备案，凭境外直接投资主管部门的核准文件和境外直接投资外汇登记证，在外汇指定银行办理境外直接投资资金汇出手续。

（二）项目投中阶段

在项目投中阶段，监管重点在于按照国资委的要求，定期对境外重大

投资项目进行跟踪分析和阶段评价，进行产权登记，每月将上月境外投资完成情况通过省属企业投资管理系统报送省国资委。

（三）项目投后阶段

在项目投后阶段，监管重点在于：

1. 按照国资委的要求进行项目后评价、定期进行国有资产运行情况报告和年度投资情况报告；

2. 按照发改委和商务部门的要求进行规定事项的报告；

3. 按照财政部门的要求，提交年度境外投资财务情况和绩效评价报告。

二、属人法合规管理框架

（一）我国中央企业、地方国有企业的属人法合规管理框架

如本章第一节所述，境外投资经营是我国中央企业、国有企业的合规管理重点领域之一。按照国务院国资委《中央企业合规管理指引（试行）》第12条的规定，中央企业应当根据外部环境变化，结合自身实际，在全面推进合规管理的基础上，突出重点领域、重点环节和重点人员，切实防范合规风险。

2023年3月13日，国务院国资委办公厅发布《关于开展2023年中央企业合规管理体系有效性评价工作的通知》，部署对中央企业合规管理体系建设及其运行情况、合规管理重点领域和关键环节合规要求落实等情况开展评价。根据该通知关于合规管理重点领域评价的要求，我国中央企业、地方国有企业境外投资经营属人法合规管理框架包括合规管理组织、合规管理制度、合规风险管控、运行机制和信息化建设五大模块。具体见表3－4－1。

表3－4－1　我国中央企业、地方国有企业境外投资经营属人法合规管理框架

管理模块	构成要素	
	序号	内容
合规管理组织	1	具体组织（部门）和职责
	2	兼职合规管理员和职责
	3	重点岗位合规风险及合规职责清单

续表

<table>
<tr><th rowspan="2">管理模块</th><th colspan="3">构成要素</th></tr>
<tr><th>序号</th><th colspan="2">内容</th></tr>
<tr><td rowspan="4">合规管理制度</td><td>1</td><td colspan="2">专项合规指南</td></tr>
<tr><td>2</td><td colspan="2">将合规要求嵌入相关规章制度和业务流程</td></tr>
<tr><td>3</td><td colspan="2">根据法律法规、监管政策等变化情况，及时修订、完善相关规章制度</td></tr>
<tr><td>4</td><td colspan="2">宣贯培训，并对执行落实情况进行检查</td></tr>
<tr><td rowspan="4">合规风险管控</td><td>1</td><td colspan="2">建立合规风险清单，并定期维护更新</td></tr>
<tr><td>2</td><td colspan="2">进行合规风险评估，制定应对方案措施</td></tr>
<tr><td>3</td><td colspan="2">及时向合规管理部门报告合规风险事件，及时采取应对措施</td></tr>
<tr><td>4</td><td colspan="2">对典型性、普遍性或者可能产生严重后果的风险，设置预警指标并及时预警</td></tr>
<tr><td rowspan="5">运行机制</td><td>1</td><td>合规审查</td><td>对境外投资经营行为进行合规审查，并及时将重大决策、规章制度、重要合同提交合规管理部门进行合规审查</td></tr>
<tr><td>2</td><td>合规报告</td><td>定期向合规管理部门提交合规管理报告，针对重点合规风险事件积极配合合规管理部门采取措施妥善应对</td></tr>
<tr><td>3</td><td>合规培训</td><td>定期开展或参加合规培训，确保相关领导人员、重点人员和新入职人员参加合规培训</td></tr>
<tr><td>4</td><td>合规监督</td><td>定期进行合规管理有效性评估自查，接受合规管理部门的监督检查</td></tr>
<tr><td>5</td><td>考核问责</td><td>将合规考核纳入管理人员绩效考核，对违规行为开展责任追究</td></tr>
<tr><td rowspan="3">信息化建设</td><td>1</td><td colspan="2">将有关合规管理制度、典型案例、合规培训、违规行为记录等纳入信息系统</td></tr>
<tr><td>2</td><td colspan="2">将合规要求和防控措施嵌入流程，针对关键节点加强合规审查，强化过程管控</td></tr>
<tr><td>3</td><td colspan="2">对关键节点进行实时动态监测，实现合规风险即时预警、快速处置</td></tr>
</table>

（二）我国民营企业等其他所有制企业的属人法合规管理框架

我国民营企业等其他所有制企业可以参照2023年3月13日国务院国有资产监督管理委员会办公厅发布《关于开展2023年中央企业合规管理体

系有效性评价工作的通知》建立本企业境外投资经营属人法合规管理框架，也可以按照国际标准 ISO 37301：2021 与我国国家标准 GB/T 35770：2022《合规管理体系　要求使用指南》的规定，建立属人法管辖重点领域合规管理体系，具体参见第一篇第四章表 1－4－2。

三、属人法合规管理方法论

企业合规管理应遵守 ISO 37301（GB/T 35770）《合规管理体系　要求及使用指南》所述 PDCA 循环（策划、实施、检查和改进）。具体参见本篇第七章（《中央企业合规管理办法》与《合规管理体系　要求及使用指南》比较研究）。

企业合规管理以内控为基础，以有效防控合规风险为目标，以识别合规义务、评估和管控合规风险为主要内容，有着清晰、密切的内在逻辑关系，遵循具有自身专业属性的逻辑循环，实现闭环管理。该逻辑循环在包括企业境外投资经营属人法合规管理在内的重点领域合规管理表现得尤为突出。

贯彻国务院国资委 2019 年 10 月 19 日《关于加强中央企业内部控制体系建设与监督工作的实施意见》（国资发监督规〔2019〕101 号）以内控为基础、风险为导向、合规为重点的精神，结合 2023 年 3 月国务院国资委部署各中央企业不断健全“三张清单”（合规风险识别清单、岗位合规职责清单、业务流程管控清单）的要求，对我国企业境外投资经营属人法合规管理的方法论具体阐述如下：

（一）梳理、夯实业务流程

以企业管理的最基本业务单元（业务流程）为基础和抓手，结合本公司实际情况以及境外投资和经营所在国家或地区的实际情况，梳理、夯实本企业境外投资经营的业务流程，明确具体管理环节和控制节点，建立本企业境外投资经营业务流程管控清单。

例如，我国中央企业、国有企业境外投资一般包括以下流程：

投前阶段：确定投资方向、报备投资计划、尽职调查和可研、立项、项目内部审批、核准或备案、项目筹备等。

投中阶段：包括海外注册、海外人员委派、资金汇出、境外国有产权登记、规定事项报告等。

投后阶段：包括投资情况报告、投资后评价、向国资委提交年度投资报告、向财政机构提交年度境外投资财务情况和绩效评价报告、境外企业年检等。

（二）梳理、明确相关部门、重点岗位职责

以企业管理的最基本组织单元（岗位）为基础和抓手，结合本企业实际情况以及境外投资和经营所在国家或地区的实际情况，梳理、夯实本企业境外投资经营主管职能部门的职责以及相关重点岗位的岗位职责，建立主管职能部门的职责清单和重点岗位的岗位职责清单。

（三）开展合规风险管理，建立合规管理工具（合规义务渊源库、合规义务清单、合规风险清单），并定期维护更新

1. 收集、整理、汇编我国有关境外投资经营的法律法规、监管规定、行业准则和国际条约规则，建立外部合规义务渊源库。

2. 收集、整理、汇编企业有关境外投资经营的内部规章制度，建立内部规章制度清单。

3. 基于业务流程、主管职能部门及主责岗位，识别外部合规义务渊源和内部规章制度规定的具体合规义务，建立合规义务清单。

4. 根据违反合规义务的可能性以及发生合规风险的损失程度，进行合规风险评估，建立分等级（高、中、低）的合规风险清单。

5. 研究、提出合规风险应对措施。

6. 对企业有关境外投资经营的内部规章制度进行合规审查、修订和补充，确保及时将外部合规义务渊源要求转化为内部规章制度，确保内部规章制度不违反外部合规义务渊源的规定。

7. 对企业有关境外投资经营的业务流程进行合规审查、修订和补充，增补合规要求，并将合规尽职调查、合规审查、合规后评价等嵌入业务流程作为必经程序。

8. 对主管职能部门的职责进行合规审查、修订和补充，增补合规管理职责。

9. 对相关重点岗位的岗位职责进行合规审查、修订和补充，增补合规职责。

10. 制定境外投资经营专项合规指南，对境外投资经营进行规范性合规管理。

第三节　属地法合规管理

我国企业境外投资经营的属地法管辖，即我国企业在开展境外投资经营时，应遵守所在国家或地区有关合规义务渊源的规定。我国企业开展境外投资经营，应做好属地法合规管理。

一、属地法合规管理主要领域及合规管理重点

（一）合规管理主要领域

按照发改委等七部门联合发布的《企业境外经营合规管理指引》，我国企业境外投资经营属地法合规管理主要适用于我国企业在有关外国或地区开展的投资经营，包括境外投资、对外工程承包和境外子公司、分公司、代表机构的日常经营管理。

（二）合规管理重点

1. 境外投资

按照发改委等七部门联合发布的《企业境外经营合规管理指引》，该领域的合规管理重点包括市场准入、贸易管制、国家安全审查、行业监管、外汇管理、反垄断、反洗钱、反恐怖融资等。

从我国企业境外投资实践来看，劳工权利保护、环境保护、商业伙伴、反贿赂、网络与数据安全等也应当成为该领域的合规管理重点。

2. 对外承包工程

按照发改委等七部门联合发布的《企业境外经营合规管理指引》，该领域的合规管理重点包括投标管理、合同管理、项目履约、劳工权利保护、环境保护、连带风险管理、债务管理、捐赠与赞助、反腐败、反贿赂等。

从我国企业对外承包工程实践来看，劳工权利保护、安全生产、商业伙伴、反舞弊等也应当成为该领域的合规管理重点。

3. 境外日常经营

按照发改委等七部门联合发布的《企业境外经营合规管理指引》，该领域的合规管理重点包括劳工权利保护、环境保护、数据和隐私保护、知识产权保护、反腐败、反贿赂、反垄断、反洗钱、反恐怖融资、贸易管制、财务税收等方面的具体要求。

从我国企业境外日常经营实践来看，产品质量、安全生产、商业伙伴、反舞弊等也应当成为该领域的合规管理重点。

二、属地法合规管理框架

按照现有有关合规管理的标准、办法和指引的规定，我国企业境外投资经营的属地法合规管理框架包括3种形式：按照国务院国资委和地方国资委的合规管理办法建立合规管理体系；按照国务院发改委等七部门《企业境外经营合规管理指引》建立合规管理体系；按照国际标准ISO 37301：2021《合规管理体系　要求及使用指南》建立合规管理体系。

（一）按照国务院国资委和地方国资委合规管理办法建立合规管理体系

国务院国资委发布的《中央企业合规管理办法》第5条第2项规定，坚持全面覆盖原则，要求将合规要求嵌入经营管理各领域各环节，贯穿决策、执行、监督全过程，落实到各部门、各单位和全体员工，实现多方联动、上下贯通。各地方国资委合规管理办法都有类似规定。

其中，覆盖各单位就包括通过境外投资和对外承包工程在外国成立的子公司、分公司等。因此，我国中央企业、地方国有企业通过境外投资和对外承包工程而在外国成立的子公司、分公司，可以按照国务院国资委和地方国资委的合规管理办法建立全面合规管理体系，开展合规管理。全面合规管理体系具体参见第一篇第四章表1-4-1。

其他所有制企业也可以参考国务院国资委《中央企业合规管理办法》，对境外投资和对外承包工程在外国成立的子公司、分公司建立全面的合规管理体系。

（二）按照国务院发改委等七部门《企业境外经营合规管理指引》建立合规管理体系

《企业境外经营合规管理指引》适用于开展对外贸易、境外投资、对外承包工程等“走出去”相关业务的中国境内企业及其境外子公司、分公司、代表机构等境外分支机构。可见，该指引适用于我国各类所有制性质的企业。该指引第5条第3项规定的全面性原则，要求企业建立全面合规管理体系，即企业合规管理应覆盖所有境外业务领域、部门和员工，贯穿决策、执行、监督、反馈等各个环节，体现于决策机制、内部控制、业务流程等各个方面。该指引还要求突出企业合规管理框架建设，强调企业应以倡导合规经营价值观为导向，明确合规管理工作内容，健全合规管理架构，制定合规管理制度，完善合规运行机制，加强合规风险识别、评估与处置，开展合规评审与改进，培育合规文化，形成重视合规经营的企业氛围。

根据该指引，我国企业境外投资经营合规管理框架包括合规管理组织、合规管理协调、合规管理制度、合规管理运行机制、合规风险管理、合规评审与改进、合规文化建设七个模块。具体见表3－4－2。

表3－4－2　我国企业境外投资经营合规管理体系架构

管理模块	构成要素	
	序号	内容
合规管理组织	1	决策层
	2	高级管理人员
	3	执行部门及境外分支机构
	4	合规委员会
	5	合规负责人
	6	合规管理部门
合规管理协调	1	合规管理部门和业务部门密切配合
	2	合规管理部门与审计部门、监察部门等监督部门协调配合
	3	企业加强与第三方沟通协调
	4	企业加强与外部监管机构沟通协调

续表

管理模块	构成要素	
	序号	内容
合规管理制度	1	合规行为准则
	2	合规管理办法
	3	合规操作流程
	4	宣贯培训，并对执行落实情况进行检查
合规管理运行机制	1	合规培训
	2	合规汇报
	3	合规考核
	4	合规咨询与审核
	5	合规信息举报与调查
	6	合规问责
合规风险管理	1	合规风险识别
	2	合规风险评估
	3	合规风险处置
合规评审与改进	1	合规审计
	2	合规管理体系评价
	3	持续改进
合规文化建设	1	合规文化培育
	2	合规文化推广

（三）按照国际标准 ISO 37301：2021《合规管理体系　要求及使用指南》建立合规管理体系

我国民营企业等其他所有制企业在境外投资、对外承包工程成立的子公司、分公司等，还可以按照国际标准 ISO 37301：2021《合规管理体系　要求使用指南》建立全面合规管理体系或者重点领域合规管理体系。具体参见第一篇第四章表 1－4－2。

由于国际标准 ISO 37301：2021《合规管理体系　要求使用指南》的广泛适用以及可以用于管理体系认证，应当鼓励我国各类所有制企业在境外投资、对外承包工程成立的子公司、分公司等按照该标准建立合规管理体系，并申请通过合规管理体系贯标认证。

三、属地法合规管理方法论

与属人法合规管理框架不同，属地法合规管理体系框架要求企业建立全面合规管理体系或者重点领域合规管理体系。参照我国企业建立合规管理体系的实践经验，我国企业通过在境外投资、对外承包工程成立的子公司、分公司等，可以按照下列步骤建立合规管理体系。

（一）制定合规管理体系建设实施方案

合规管理体系建设是一项复杂、长期、专业性很强的项目，需要总体规划、分步推进，不可一蹴而就。一般情况下，可以制定合规管理体系建设的三年规划：

第一年（建设合规管理体系架构），建立合规管理组织、合规管理队伍，制定合规管理基本制度，开展合规培训。

第二年（推进合规管理体系建设），制定合规管理运行机制具体操作指引、开展重点领域专项合规管理并制定重点领域专项合规指南，推动合规管理组织有效履职。

第三年及以后（深化合规管理体系建设），制定重点领域以外其他各部门领域合规管理“三张清单”，推动合规管理运行机制有效运作，开展合规管理体系有效性评价，持续改进，完善提升。

（二）重点领域专项合规管理

重点领域专项合规管理方法论参照本章第二节之三属人法合规管理方法论。

（三）制定“三张清单”

详见第三篇第五章企业合规管理有效落地与“三张清单”。

（四）境外子公司、分公司合规管理特别关注点

1. 合规义务渊源及内部规章制度

（1）我国企业境外子公司、分公司所需遵守的合规义务渊源，除了包

括法律法规、国际条约、监管规定、行业准则和企业依法制定的章程及规章制度等以外，还包括商业惯例、宗教习惯、道德规范等。

（2）我国企业境外子公司、分公司接受所在国家或地区属地法以及我国属人法的双重管辖。例如，我国中央企业、地方国有企业在境外设立的子公司、分公司除遵守当地合规义务渊源外，还应遵守我国相关合规义务渊源的规定。主要涉及：设立阶段，海外注册、海外人员委派、资金汇出、境外国有产权登记、规定事项报告等；正常经营阶段，投资情况报告、投资后评价、向国资委提交年度投资报告、向财政机构提交年度境外投资财务情况和绩效评价报告、境外企业年检等。

（3）境外子公司、分公司制定本公司内部规章制度时，须同时兼顾我国属人法合规义务渊源、境内母公司规章制度以及所在国家或地区属地法合规义务渊源的规定。

2. 合规管理组织

（1）创造条件，在境外子公司、分公司设立并开展经营的同时，设立合规管理组织，开展合规管理。

（2）境外子公司、分公司合规管理部门（团队）应采取双线（矩阵）汇报模式，在向本公司负责人做合规汇报的同时，向境内母公司首席合规官、合规管理部门汇报并接受其领导。也可以参照欧美跨国企业的做法，采取垂直汇报模式，境外子公司、分公司合规管理部门接受境内母公司首席合规官、合规管理部门的直接领导并向其汇报。

（3）按照发改委等七部门《企业境外投资经营合规管理指引》的规定，境内母公司的合规管理部门应强化对境外子公司、分公司的合规管理体系评价，境内母公司的审计部门应强化对境外子公司、分公司的合规审计。

（4）我国企业境外子公司、分公司在所在国家或地区设立党工团组织、开展党工团组织活动，对此，须特别注意遵守当地相关法律法规的规定。

3. 违规管理

（1）参照跨国企业的实践经验，境外子公司、分公司违规管理主要由合规管理部门或者该子公司、分公司确定的其他部门负责。

（2）对在当地聘用员工的违规调查和违规处罚，须遵守所在国家或地区法律法规及境外子公司、分公司内部规章制度的规定。

（3）对于我国企业派驻境外子公司、分公司员工的违规调查和违规处罚，适用我国属人法合规义务渊源的规定。但如果涉嫌违反所在国家或地区法律法规以及在所在国家或地区对其进行违规调查和进行违规处罚，须兼顾遵守所在国家或地区属地法强制性和禁止性的法律规定。

（五）寻求专业合规支持

合规管理涉及合规义务渊源的收集、合规义务的识别以及合规风险的评估、应对和监测预警，而且，不同业务领域所需遵守的合规义务渊源、面临的合规风险存在很大差异，因此，合规管理具有很强的法律专业性。

我国企业境外子公司建立和有效运行合规管理体系，涉及我国以及所在国家或地区合规义务渊源的遵守和执行，需要寻求专业合规支持。

1. 寻求境内母公司专业合规支持

境外子公司、分公司在境外经营管理，需要遵守我国属人法合规义务渊源的规定。因此，在法律专业与合规管理领域，境外子公司、分公司须寻求境内母公司首席合规官、合规管理部门或者外部律师的专业指导和支持。尤其是境外子公司、分公司设立初期，境内母公司首席合规官、合规管理部门应协助境外子公司、分公司开展合规管理，推动境外子公司、分公司尽快建立自己的合规管理部门或者合规团队，加强合规指导和监督。

在业务领域的合规管理（如劳动用工等），境外子公司、分公司须同时寻求公司相关业务部门的专业合规指导和支持。

2. 寻求当地专业合规支持

我国企业境外子公司、分公司在境外开展经营管理，需要遵守所在国家或地区属地法合规义务渊源的规定。因此，在法律专业与合规管理领域，境外子公司、分公司须寻求当地律师事务所的专业支持，包括：

（1）收集、汇编所在国家或地区属地法合规义务渊源，识别合规义务以明确生产经营的红线、底线，识别评估合规风险，并采取风险应对措施。

（2）进行属地法合规审查。

（3）协助进行属地法违规调查，提出违规处罚意见和建议。

（4）协助开展属地法合规培训等。

在业务领域的合规管理（如财务税收、劳动用工、环境保护等），境外子公司须同时寻求专业中介机构（如会计师事务所、人力咨询公司、环境管理咨询公司等）的合规指导和支持。寻求当地专业合规支持，境外子公司、分公司应当提前规划，做足预算，聘请经验丰富、有专业能力的律师事务所和中介机构提供合规管理服务。

第五章 企业合规管理有效落地与“三张清单”

Chapter V Effective Operation of Corporate Compliance Management System and “Three Lists”

要点

1. 企业合规管理体系有效落地运行。
2. 合规管理体系有效性评价。
3. 合规管理“三张清单”。

国务院国资委发布实施《中央企业合规管理指引（试行）》《中央企业合规管理办法》以后，各省、自治区和直辖市也相继颁布了本省、市属国有企业合规管理指引与合规管理办法。根据这些合规管理指引和办法，合规管理体系由六大模块构成，即合规管理组织体系、制度体系、运行机制、合规文化、信息化与监督追责。

诸多中央企业、地方国有企业通过制定合规管理办法等合规管理基本制度，搭建了企业合规管理体系架构，包括建立合规管理组织体系，明确合规管理重点，并对企业合规管理运行机制、合规文化、信息化建设等作出了原则性、指导性的规定。但这仅仅是合规管理体系建设的基础和第一步，如何建立健全并有效运行的合规管理体系还任重道远。

企业合规管理体系如何有效落地运行，是一项亟待研究的课题。

一、企业合规管理体系有效落地

推动和确保企业合规管理体系有效落地运行，可以从以下9个方面进行考察。

（一）合规管理目的

实务界有一个认知误区，以为合规管理能够帮助企业杜绝合规风险——只要建立了合规管理体系，企业就彻底消除了合规风险。

合规管理的目的是降低和有效防控合规风险，这在国务院国资委发布的《中央企业合规管理指引（试行）》《中央企业合规管理办法》及有关省、市属国有企业合规管理指引和办法中均有明确规定。合规管理并不能帮助企业杜绝合规风险，但是能协助企业降低和有效防控合规风险。合规管理体系有效落地运行，必须首先明确这一点。

（二）合规管理体系是一个有机整体

实务界的另一个认知误区是认为有了合规管理办法、合规管理组织，合规管理体系建设就完成了。但是，合规管理体系是一个完整的、有机的整体，只有其各个组成部分都落实到位和有效运行，整个体系才能有效运行和发挥作用。

合规管理体系的四大组成部分构成一个不可分割且相辅相成的完整整体。建立合规管理组织、制定合规管理的基本制度是合规管理体系建设的基础和第一步，但远非其全部，合规管理体系建设不能止步于此。

只有在制定合规管理办法、建立合规管理组织体系后，积极推动完成重点领域的专项合规管理，并将合规管理运行机制与合规管理保障机制的各个构成要素落实到位并有效运行，合规管理体系才能整体有效运行和发挥有效防控合规风险的作用。

（三）合规管理是全面管理

不少企业管理人员认为，合规管理主要是合规管理重点（重点领域、重点环节与重点人员）的合规管理。但是，合规管理是全面管理。合规管理的全面性原则作为国务院国资委发布的《中央企业合规管理指引（试行）》及有关省、市属国有企业合规管理指引确定的一项基本原则，要求企业合规管理全面覆盖，将合规要求覆盖各业务领域、各部门、各级子企业和分支机构、全体员工，贯穿决策、执行、监督全流程。同时要求企业根据外部环境变化，结合自身实际，在全面推进合规管理的基础上，突出重点领域、重点环节和重点人员，切实防范合规风险。

全面合规管理是基础，要求企业领导带头合规、管业务必须管合规、做业务必须要合规，做到人人、事事、时时、处处合规，建立全员合规责任制。重点领域、重点环节和重点人员是合规管理重点。合规管理要以点带面、点面结合，不能以点概面、以偏概全。

很多中央企业、地方国有企业在合规管理实践中，突出合规管理重点领域、重点环节与重点人员的专项合规管理，以此为基础积累经验、建立模型、培养队伍，并逐步推广、扩展、普及到企业各部门领域、各管理环节与全体员工的合规管理，实现合规管理的全面覆盖。这些经验和方法值得推广学习。

（四）合规管理是底线管理

还有些企业管理人员认为合规管理能够防控企业所有风险。但合规管理的目的是有效防控合规风险，是底线管理。

国务院国资委发布的《中央企业合规管理指引（试行）》及有关省、市属国有企业合规管理指引均规定，合规风险是指企业及其员工因不合规行为，引发法律责任、受到相关处罚、造成经济或声誉损失以及其他负面影响的可能性。企业一旦发生合规风险，就会导致法律制裁（包括刑事处罚、行政处罚和民事赔偿）。

合规管理的目的就是要防控不合规行为的发生。不合规行为包括对内部合规义务渊源规定的合规要求和内部合规义务渊源规定的合规承诺的不遵守和违反。

如果说全面风险管理的对象主要是宏观的、前瞻性的、机会性的风险，包括战略风险、市场风险、财务投融资风险、信用风险等，合规风险就是具体的、微观的、现实的、纯粹的风险。

合规管理就是底线管理或红线管理，要求企业及其员工不触碰合规义务与合规要求的底线，不逾越合规义务与合规要求的红线。合规管理的核心，就是通过识别合规义务与合规要求，识别与评估合规风险，制定各部门领域、各业务岗位的合规底线清单（正负面清单），并通过日常合规管理与考核确保执行，做到人人、事事、时时、处处合规。

（五）合规管理是业务及职能部门日常的基础性管理工作

许多企业管理人员认为合规管理是合规管理部门与其他职能管理部门的事情，业务及职能部门做好配合工作即可。

但实际上，合规管理是业务及职能部门日常的基础性管理工作。合规风险主要是企业日常经营管理中的不合规行为所致不合规乃至违规风险。

业务及职能部门的合规风险防控，是企业合规管理的核心内容。

国务院国资委发布的《中央企业合规管理指引（试行)》《中央企业合规管理办法》及有关省、市属国有企业合规管理指引、办法均明确规定，业务及职能部门负责本领域的日常合规管理工作，按照合规要求完善业务管理制度和流程，主动开展合规风险识别和隐患排查，发布合规预警，组织合规审查，及时向合规管理部门通报风险事项，妥善应对合规风险事件，做好本领域合规培训和商业伙伴合规调查等工作，组织或配合进行违规问题调查并及时整改。

上述办法、指引所规定的合规管理部门的职责主要是企业合规的管理性工作，如合规管理制度制定、重大事项合规审查、合规管理体系有效性评价与合规检查、合规考核、合规培训、合规咨询、合规计划与报告等。

业务及职能部门是合规风险防控的“第一道防线”，对本部门业务经营的合规负首要的、直接的责任。企业合规管理的有效落地运行及其成败，在于业务及职能部门的日常合规管理是否有效运行。合规管理的全面性原则要求，业务及职能部门负责人“管业务必须管合规”，业务人员做业务必须要合规。建立全员合规责任制，做到人人、事事、时时、处处合规，要求业务及职能部门将合规管理融入本部门日常管理工作，作为日常管理工作的组成部分，让合规成为日常工作中的行为自觉和习惯。

（六）合规管理是长效工程

很多企业管理人员希望在半年甚至更短的时间内建立并运行有效的合规管理体系。然而，合规管理是一项长效工程，不可能一蹴而就。合规管理从体系搭建到运行机制、保障机制有效运转，需要 2～3 年时间。合规管理的核心是合规风险管理，需要持续改进，循环迭代，持之以恒。

根据 5 家中央企业建立合规管理体系试点的经验以及各中央企业集团、有关省市推进企业建设合规管理体系的实施方案，企业集团宜在 3 年内建立健全有效的合规管理体系：第一年在集团总部建立合规管理体系架构，开展重点领域专项合规管理，建立合规管理“三张清单”；第二年在集团各层级子公司、分公司全面推动合规管理体系建设；第三年检查评审、巩固提高，之后持续改进并持之以恒地进行合规管理。合规管理伴随企业从设立至消亡的全过程。

（七）法务、合规、风险、内控协同运作机制

很多企业担心，合规管理需要另建一套单独的合规管理体系。但实际上，合规管理体系是补充、是融入，最终需要与法务、风险、内控建立协同运作机制。

按照国务院国资委发布的《中央企业合规管理指引（试行）》《中央企业合规管理办法》及有关省、市属国有企业合规管理指引、办法，建设合规管理体系，在现有企业组织职责中增加合规管理职责、在现有制度流程中融入合规要求、将日常合规管理融入各业务及职能部门日常管理工作、在员工岗位职责中增加合规职责并进行合规考核、在内部审计职责中增加合规审计、在企业现有信息管理系统中增补合规管理信息系统、将合规文化融入企业文化等，无不彰显合规管理体系是补充、是融入，要避免叠床架屋、另建一套单独的管理体系。

国务院国资委发布的《中央企业合规管理办法》要求建立法务、合规、内控、风险管理协同运作机制，并明确将其作为合规管理构成要素之一。

企业建立法务、合规、内控、风险管理协同运作机制，应根据企业自身内外部环境特点，甄别企业法务管理体系、合规管理体系、风险管理体系、内部控制体系在组织体系、制度体系、运行机制与保障机制等要素领域的趋同性和差异性，求同存异，整合存在趋同性的各个要素和方面，建立协同运作机制。

企业通过合规管理体系建设和运行，推动法务、合规、内控、风险管理协同运作机制的建设与有效运行，实现资源共享，优化管理环节，节约管理成本，发挥整体管理效能，促进企业管理整体提升。

（八）制度流程信息化变革

制度流程化、流程信息化是企业现代化管理的标志，也是合规管理体系有效落地的硬件保障。企业通过合规管理体系信息化建设，推动企业管理的全面信息化变革，减少人为操作失误和干预，提高管理效率，节约管理成本，实现管理公平，促进企业管理的全面现代化提升。

国务院国资委办公厅于 2020 年 8 月 21 日发布《关于加快推进国有企业数字化转型工作的通知》，要求“促进国有企业数字化、网络化、智能化发展……加快推进国有企业数字化转型工作，以增强竞争力、创新力、控

制力、影响力和抗风险能力。要求加强对标跨国企业集团，建设基础数字技术平台，建立系统化管理体系，构建数字治理体系，提升安全防护水平”。该要求将国有企业数字化转型工作纳入年度工作计划，做好资源保障。制度流程信息化变革，是国有企业数字化转型工作的重要内容和组成部分。

（九）合规管理体系有效落地，拒绝形式主义

合规管理有效落地的最终检验标准是，合规管理体系的建立和运行是否能够助力企业实现合规管理目标，有效防控合规风险。合规管理体系要有效落地，必须拒绝形式主义。否则，不但无助于企业实现合规管理目标，反而将徒增管理环节、管理人员、管理负担与管理成本。

合规管理体系的 4 个方面是不可分割、相辅相成的完整整体。合规管理体系建设不能止步于合规管理办法的制定与合规管理组织体系的建设。

合规管理体系的有效落地运行，主要体现在以下 10 个方面：

1. 组织体系：合规管理组织体系健全，合规职责明晰，各合规管理组织有效履职。

2. 全面合规：各层级、各部门、各岗位合规管理责任全面落实，合规管理成为各部门和员工日常工作的一部分，做到人人、事事、时时、处处合规。

3. 制度体系：制度体系完善，业务流程规范，充分融入合规要求，并有效执行。

4. 合规风险管理：各部门领域识别合规风险，采取应对整改措施，建立日常监测预警和持续改进机制，合规风险发生概率明显降低，重大合规风险得到有效防控。

5. 违规管理：违规追责机制、激励约束机制、合规考核机制等有效运行并发挥作用。

6. 合规管理队伍：专职、兼职合规管理人员配备到位并具备专业合规管理能力，各部门业务人员的日常合规管理意识与能力得到有效提升。

7. 合规监督：合规管理体系有效性评价、合规检查、合规审计等联合监督机制有效运行并切实发挥作用。

8. 协同运作：建立法务、合规、内控、风险管理等协同运作机制并有效运行。

9. 合规管理信息化：实现信息化合规管理，并融入企业现有其他信息化系统。

10. 合规文化：企业合规文化气氛浓厚，合规成为全员共识及其日常工作中的自觉和习惯。

二、建立合规管理体系有效性评价标准

国务院国资委于2019年10月19日发布《关于加强中央企业内部控制体系建设与监督工作的实施意见》，要求健全监督评价体系，制定定性与定量相结合的内控缺陷认定标准、风险评估标准和合规评价标准，不断规范监督评价工作程序、标准和方式方法。

结合我国企业合规管理特点和实际情况，建立我国企业合规管理体系有效性评价体系，制定我国企业合规管理体系有效性评价标准，已提上日程。以下对国务院国资委办公厅发布的《关于开展2023年中央企业合规管理体系有效性评价工作的通知》、中国企业评价协会团体标准《企业合规管理体系有效性评价指引》(T/CEEAS 003—2022）作简要介绍，以作参考。

（一）国务院国资委办公厅发布的《关于开展2023年中央企业合规管理体系有效性评价工作的通知》的规定

2023年3月23日，国务院国资委办公厅发布《关于开展2023年中央企业合规管理体系有效性评价工作的通知》，对2023年我国中央企业合规管理体系有效性评价作出部署。

1. 合规管理体系有效性评价的工作目标

按照该通知，评价的工作目标是，通过对企业合规管理体系建设及其运行情况、合规管理重点领域和关键环节合规要求落实等情况开展评价，全面了解中央企业落实《中央企业合规管理办法》情况，帮助企业查找问题和不足，深入剖析原因，督促及时整改，不断健全完善合规管理体系，为企业高质量发展提供有力保障。

2. 评价方法

《中央企业合规管理办法》要求的评价方法和程序包括：

（1）成立评价工作小组。

（2）企业自评：被评价企业按要求准备评价材料和提交自评报告。

（3）现场评价：查阅材料、个别访谈等。

（4）问题反馈：反馈评价结果，针对发现的问题和不足提出整改建议。

3. 合规管理体系有效性评价内容

参照国务院国资委办公厅发布的《关于开展企业合规管理体系有效性评价工作的通知》附件一《中央企业合规管理体系有效性评价自评表》的规定，合规管理体系有效性评价的内容包括以下 7 个方面。

（1）合规管理组织

①党委会（党组）合规职责设置情况。

②董事会合规职责设置情况。

③经理层合规职责设置情况。

④法治建设第一责任人合规管理职责设置情况。

⑤合规委员会设置情况。

⑥首席合规官设置情况。

⑦业务及职能部门合规职责设置情况。

⑧合规管理部门合规职责设置情况。

⑨监督部门合规职责设置情况。

⑩岗位合规职责清单制定情况。

⑪专职合规管理人员配备情况。

⑫合规管理员配置情况。

（2）合规管理制度

①纳入规划和年度重点工作情况。

②制度体系建设情况。

③基本制度建设情况。

④操作层面制度建设情况。

⑤涉外制度建设情况。

⑥制度完善与落实情况。

（3）运行机制

①业务流程合规管控清单制定情况。

②合规风险识别评估预警机制建设情况。

③合规风险应对机制建设情况。

④合规审查机制建设情况。

⑤合规报告机制建设情况。

⑥违规问题整改机制。

⑦违规举报机制建设情况。

⑧合规评价机制。

⑨协同运作机制。

⑩合规管理纳入考核情况。

⑪合规管理资金投入情况。

（4）监督追责

①违规行为追责问责情况。

②所属单位和员工违规行为记录制度建立情况。

③合规管理失职渎职行为追责情况。

（5）文化建设

①领导意识强化情况。

②合规培训开展情况。

③法制宣传教育情况。

（6）信息化建设

①合规管理信息系统建设情况。

②合规审查嵌入流程情况。

③系统互联互通情况。

④合规风险动态检查情况。

（7）其他

4. 重点领域合规评价内容

（1）重点领域合规管理组织体系建设情况

①是否建立由决策层支持、合规管理部门指导、各业务及职能部门具体负责并具体落实的合规管理组织构架。

②是否在重点领域配备兼职合规管理员，负责本部门经营管理活动的合规管理。

③是否定期梳理重点领域重点岗位合规风险，将合规要求纳入岗位职责。

（2）重点领域合规管理制度建设情况

①制度建设情况。

②制度体系维护情况。

③制度执行情况。

（3）风险管理

①合规风险识别评估情况。

②合规风险应对情况：合规风险报告、应对处置及预警机制。

（4）运行机制

①合规审查机制。

②合规报告机制。

③合规培训机制。

④合规监督机制。

⑤考核问责机制。

（5）信息化建设

5. 评述

（1）国务院国资委2023年组织对中央企业开展合规管理体系有效性评价，是自2019年中央企业启动合规管理体系建设4年后开展的首次评价，具有开创性和指导性意义。

（2）体系评价和重点领域评价并重，彰显对重点领域合规管理的关注。①中央企业集团及子企业合规管理体系建设及运行情况，包括企业集团及重要子企业合规管理组织建设、制度建设、运行机制、违规整改、信息化管控等工作推进效果情况。②重点领域合规管理工作情况。结合企业生产经营实际，围绕反垄断、劳动用工、信息安全、生态环保等合规风险高发领域，评价合规管理工作开展情况。

（3）关注合规管理体系的有效落地运行。此次评价，不仅关注合规管理体系架构建设情况，更加关注合规管理体系的有效落地运行。①合规管理组织建设及有效履职情况。②合规管理制度制定及有效执行情况。③合规管理运行机制建立及有效运行情况。

（4）将“三张清单”建设作为评价的重要内容。①业务流程合规管控情况。要求结合企业流程管控清单，围绕投资、贸易、招标采购等重点业务领域，复盘工作流程，评价合规控制节点设置、作用发挥及风险防范应对等情况。②合规职责建立情况。是否全面梳理重点岗位合规风险，将合规要求纳入岗位职责，制定岗位合规职责清单，并定期更新完善。③合规风险识别清单。定期全面梳理经营管理活动合规风险，建立并定期更新合规风险数据库/清单。

（5）关注涉外业务合规管理。①是否针对涉外业务重点领域，根据所在国家（地区）法律法规等，结合实际制定专项合规管理制度。②集团或所属企业因重大违规被世界银行等国际金融机构处罚。

（二）中国企业评价协会团体标准《企业合规管理体系有效性评价指引》（T/CEEAS 003—2022）的规定

2022 年 10 月 12 日，中国企业评价协会发布团体标准《企业合规管理体系有效性评价指引》（T/CEEAS 003—2022），以 ISO 37301 国际标准为依据，对企业合规管理体系有效性评价提出指引。

按照该指引的规定，合规管理体系有效性是指组织所建立的合规管理体系运行过程和结果实现预期目标的程度，包括合规管理体系文件有关的规范性文件与 ISO 37301 要求的符合性、实施过程与规范性文件的符合性、实施结果实现企业合规目标的程度和持续改进的成果。

1. 合规管理体系有效性评价的原则

（1）符合性与有效性相结合原则。

（2）全面性原则。

（3）企业自评和专业评价相结合原则。

（4）独立客观原则。

2. 评价内容和维度

该团体标准以 ISO 37301 国际标准为依据，以“全员、全域、全过程”全面合规为出发点，从合规环境评估、领导作用和资源投入、合规制度与运行机制、合规文化、绩效评估改进五个维度以及党建在企业合规管理中的作用，对企业的合规管理工作进行评价。

3. 评价方法

评价方法主要包括文件审阅、问卷调查、访谈调研、现场走访等。

4. 指标体系

该团队标准设计的指标体系包括评价维度、评价指标和评价条款三层指标体系。评价维度的分值为该维度下各项评价指标的分值之和，各项指标的分值总和为 1000 分，附加项 50 分。具体分配见表 3－5－1。

表 3-5-1 《企业合规管理体系有效性评价指引》规定的指标体系

评价维度	评价指标	分值
合规环境评估（150 分）	内外部因素	40
	利益相关方的需要和期望	40
	合规管理体系的范围	20
	合规义务	50
领导作用和资源投入（230 分）	最高管理层	60
	合规管理机构的职能与资源	80
	管理者职责与绩效	40
	合规管理信息化建设	50
合规制度与运行机制（260 分）	合规管理制度体系	90
	合规管理机制运行	170
合规文化（130 分）	合规理念	30
	推广合规文化	60
	员工职责与绩效	40
绩效评估改进（230 分）	监视、测量、分析和评价	80
	内部审核	30
	管理评审	30
	体系持续改进	50
	不符合和纠正措施	40
附加项	党建在企业合规管理中的作用	50

5. 评价报告

评价报告包括下列内容：

（1）评价机构基本信息。

（2）被评价企业的基本信息。

（3）评价依据。

（4）评价过程描述。

（5）评价基准日和评价报告日。

（6）评价数据及其来源。

（7）合规管理体系有效性得分。

（8）评价结论及改进的建议。

三、编制“三张清单”

2022 年 2 月 28 日，国务院国资委办公厅印发《翁杰明同志在中央企业强化合规管理专题推进会上的讲话》，强调编制一组清单，即“三张清单”，包括业务流程管控清单、岗位合规职责清单与合规风险识别清单。2023 年 3 月 2 日，国务院国资委召开中央企业深化法治建设加强合规管理工作会议，再次强调要以合规风险识别清单、岗位合规职责清单、业务流程管控清单为基础，对合规风险全面梳理、系统分类，细化实化职责清单，将重点岗位合规责任纳入岗位手册，将合规要求和管控措施嵌入关键节点，严把合规审查关口。

（一）依据

1.《中央企业合规管理办法》及各地方国资委合规管理办法

《中央企业合规管理办法》的坚持全面覆盖原则第 5 条第 2 项，要求“将合规要求嵌入经营管理各领域各环节，贯穿决策、执行、监督全过程，落实到各部门、各单位和全体员工”，坚持权责清晰原则第 5 条第 3 项要求“明确业务及职能部门、合规管理部门和监督部门职责，严格落实员工合规责任”。该办法第 13 条蕴含了编制“三张清单”要求，该条规定，“中央企业业务及职能部门承担合规管理主体责任，主要履行以下职责：（一）建立健全本部门业务合规管理制度和流程，开展合规风险识别评估，编制风险清单和应对预案。（二）定期梳理重点岗位合规风险，将合规要求纳入岗位职责……”

各地方国资委积极推动地方国有企业编制“三张清单”。例如，《甘肃省省属企业合规管理办法》第 14 条明确要求省属企业编制“三张清单”：“……（二）全面梳理本部门合规义务，对照法律法规和政策文件，建立合规风险识别清单。（三）通过识别合规风险，全面梳理业务流程和管理流程中的关键风控点，准确设置合规审查环节，建立流程管控清单。（四）将合规审查、合规管理、合规动作等合规要求纳入岗位职责，建立岗位合规职责清单。”

2. 国际标准及我国国家标准《合规管理体系　要求及使用指南》

该标准第 4.5 条和第 4.6 条要求企业在开展组织环境评审阶段，应识别组织所需遵守的合规义务，开展合规风险评估，建立并不断维护更新合规风险清单。第 5. 1. 1 条要求治理机构和最高管理者确保将合规管理体系要求融入组织的业务过程；第 A. 6. 1 条要求策划还宜包括确定如何将被认为对合规管理体系必要或有益的行动融入业务活动和过程中。这种融入能通过目标设定、运行控制或其他具体条款（例如，资源规定、能力）实现。第 5 条对最高管理者、合规团队、管理者及所有人员的合规职责作出了明确规定。

（二）意义

企业管理包括两个最基本单元：一是最基本的业务单元，即业务流程中的管理环节和控制节点；二是最基本的组织单元，即企业管理组织中的各重点岗位。"三张清单"的编制以这两个最基本的管理单元为抓手，夯实对业务流程中重要控制点的合规管控以及各重点岗位的合规职责，推动合规管理不再停留于顶层设计，真正实现有效融入业务和落地运行，具有重要的现实和实践意义。

1. 从合规管理体系的顶层框架设计，到有效落地运行。

2. 从建立合规管理组织架构，到明确岗位合规职责，推动合规管理组织实际有效履职。

3. 从合规管理制度制定，到将合规管理融入业务流程，并推动合规管理制度实际有效执行，推动合规管理运行机制实际有效运行。

4. 从关注合规管理"第二道防线"（合规管理部门）、"第三道防线"（合规监督部门）建设和履职，到夯实"第一道防线"（业务及职能部门）合规管理职责及其实际有效履行。

5. 从重点领域合规风险识别到各部门领域合规风险识别，推动实现合规管理全覆盖。

（三）业务流程合规管控清单

1. 目的和意义

企业经营管理活动由不同的管理条线和业务条线组成（如财务、人力资源、质量、环保、安全、采购、销售等），每个管理条线和业务条线都有自己相对独立且自成体系的业务流程，遵循相对独立的部门法。每个管理条线和业务条线由若干管理环节组成，如人力资源管理由劳动用工规章制度制定、员工招聘、劳动合同、薪资、社保、人事管理、非标准用工、劳动纠纷等管理环节构成。而每一管理环节又由若干控制节点构成，如人员招聘环节由制定招聘计划、发布招聘信息、收集应聘人员信息及个人信息保护、面试及告知劳动条件、发出录用通知、入职报到等构成。

制定业务流程合规管理清单的目的，在于通过梳理各业务流程及其涵盖的管理环节和控制节点，明确各控制节点的合规要求，将合规管控嵌入各控制节点，真正实现将合规要求融入业务，确保各部门经营管理活动全面合规。

业务流程管控清单是企业内部控制的基本内容。已经开展内部控制体系建设、建立内部控制手册的企业，应当已经建立各部门领域和管理条线的内部业务流程管控清单。因此，国务院国资委及各地方国资委称为“业务流程管控清单”的实质是，在内部控制的业务流程管控清单基础上，将合规管控嵌入业务流程，建立“业务流程合规管控清单”。

2. 内容

按照《中央企业合规管理办法》第 5 条第 2 项规定的全面覆盖原则，业务应当将合规要求嵌入经营管理各领域、各环节，贯穿决策、执行、监督全过程，落实到各部门、各单位和全体员工。因此，中央企业和地方国有企业业务流程合规管控清单包括：(1)“三重一大”决策流程合规管控清单。(2) 跨部门业务（如合同管理等）的业务流程合规管控清单。(3) 各部门、各业务条线和管理条线的业务流程合规管控清单。

实务中，业务条线或管理条线并非与企业部门设置一一对应。有些部门只有单一的管理条线（如财务部门、人力资源部门、采购部门、营销部门等)，只需建立各部门领域单一的业务流程合规管控清单。有些部门可能负责多个业务条线或管理条线，如有些企业的安环部负责环保和安全两个管理条线，有些企业的大风控部同时负责法务、合规、内控和风险管理四个管理条线，有些企业的办公室或综合办同时负责“三会一程”、信访维稳、档案管理、印章管理、招待、保密、车辆管理等多个管理条线。这些部门需要基于每个管理条线制定业务流程合规管控清单。

3. 编制梳理企业“三重一大”决策流程合规管控清单

按照《中央企业合规管理办法》第 21 条规定，中央企业应当将合规审查作为必经程序嵌入经营管理流程，重大决策事项的合规审查意见应当由首席合规官签字，对决策事项的合规性提出明确意见。因此，可以按照以下方法和程序编制“三重一大”决策流程合规管控清单。(1) 收集、确定企业“三重一大”决策流程清单。(2) 明确“三重一大”决策事项中需要合规审查的事项，主要是重大决策事项和重大项目安排事项，不包括重要人事任免事项和大额资金使用事项。(3) 在“三重一大”决策流程中，在提交“三重一大”审议栏之前增补首席合规官合规审查环节，并对需要进行合规审查的重大决策事项和重大项目安排事项用“是”进行标注。(4) 如果企业已经建立“三重一大”OA 信息化审批流程，应对审批流程进行修改，在提交“三重一大”审议栏之前增补首席合规审查环节，使之成为“三重一大”审批流程中不可逾越的环节。

4. 编制各部门、各业务条线和管理条线业务流程合规管控清单

(1) 从合规管理的有关标准、办法和指引以及合规管理实践来看，将合规要求及合规管控嵌入业务流程包括以下三个环节：①合规尽职调查：在项目开展、经济合同签署前对商业伙伴等进行合规尽职调查。②合规审查：在开展业务过程中，业务及职能部门对本部门领域经营管理行为（包括经营管理活动以及各类规章制度、决策文件、经济合同等）进行合规审查，合规管理部门对规章制度、经济合同、重大决策进行合规审查，以及由首席合规官对重大决策事项进行合规审查并对决策事项的合规性提出并签署明确意见。③合规后评估：对重大项目开展、重大经济合同履行进行后评估时，增补合规后评估。

(2) 可以按照以下方法和程序编制各部门、各业务条线和管理条线业务流程合规管控清单：①梳理本部门负责的业务条线和管理条线，并逐个编制业务流程合规管控清单。②梳理业务条线或管理条线的业务流程，包括各管理环节和控制节点。对于已经建立健全的内部控制体系和编制了完整的业务流程管控清单的企业，需要会同内部控制部门和相关业务及职能部门对现有业务流程管控清单进行核实和确认。也有不少企业尚未针对各业务条线或管理条线编制完整的业务流程管控清单。在这种情况下，需要会同相关业务及职能部门对管理环节和控制节点一一进行核对确定，编制完整的业务流程管控清单。③梳理、确认业务流程管控清单中，哪些控制节点需要嵌入合规尽职调查、合规审查或者合规后评估。④在业务流程管控清单中增补合规尽职调查、合规审查或者合规后评估环节，并对需要进行合规尽职调查、合规审查或者合规后评估的事项用“是”进行标注。⑤如果企业已经建立该业务流程管控清单并纳入 OA 审批信息化系统，应对该业务流程清单进行修改，相关环节中增补合规尽职调查、合规审查或者合规后评估环节，使之成为审批流程中不可逾越的环节。

5. 抓住关键环节，确保程序合规

国务院国资委发布的《中央企业合规管理办法》要求中央企业突出对关键环节的管理，切实提高管理效能。

企业开展合规管理，须梳理、识别经营管理中的关键环节和控制节点，将合规审查嵌入其中，确保程序合规。

按照国务院国资委发布的《中央企业合规管理指引（试行）》第14条的规定，中央企业应加强对以下重点环节的合规管理：（1）制度制定环节。强化对规章制度、改革方案等重要文件的合规审查，确保符合法律法规、监管规定等要求。（2）经营决策环节。严格落实“三重一大”决策制度，细化各层级决策事项和权限，加强对决策事项的合规论证把关，保障决策依法合规。（3）生产运营环节。严格执行合规制度，加强对重点流程的监督检查，确保生产经营过程中照章办事、按章操作。（4）其他需要重点关注的环节。

（四）岗位合规职责清单

1. 岗位合规职责的双层含义

岗位合规职责具有双重含义：一是合规职责，又称“守规”职责，即各岗位遵守本岗位职责相关的合规义务，防范本岗位职责相关合规风险。二是合规管理职责，即对合规管理工作进行领导、指导、监督、考核、评价等职责。

企业最基层岗位（如出纳、行政办事员、生产线操作工人等）一般只有单纯的“守规”职责，而无合规管理职责。企业管理人员（高层、中层和一般管理人员）的合规职责具有双重性，既包括本岗位的“守规”职责，也包括本岗位相关的合规管理职责。

2. 目的和意义

企业经营管理职责分解到各层级管理组织，设置各层级管理组织的管理职责；再分解到各个岗位，设置各个岗位的职责。岗位是企业管理的最基本组织单元。做好企业管理的基本要求是，将管理职责落实到岗，明确到人。合规管理亦然。制定岗位合规职责清单的目的就在于，明确各岗位的“守规”职责及合规管理职责，确保各岗位员工知规守规、防范合规风险。

3. 岗位通用合规职责与特别合规职责

合规义务包括一般合规义务（各岗位员工都需要遵守的合规义务）与特别合规义务（与岗位职责特别相关的合规义务）。岗位的合规职责也包括通用合规职责与特别合规职责。

（1）岗位通用合规管理职责

管理人员的通用合规管理职责通常包括：①熟知并严格遵守与本岗位职责有关的合规义务渊源及其规定的合规义务，穷尽收集并至少每年动态更新一次本岗位领域合规义务渊源库；②识别、知晓本岗位职责相关合规义务，评估、控制其履职合规风险，每年动态跟踪合规义务渊源变化（立、改、废），动态维护更新本岗位合规义务清单与合规风险清单；③定期报告本岗位职责合规风险，及时报告重大合规风险；④对本岗位经营管理活动进行合规审查，确保合规性；⑤积极协助相关违规调查和违规问题整改；⑥积极组织和参加合规培训；⑦拒绝执行违规的要求或指令，并对发现的违规行为或合规风险隐患，主动、及时地向合规管理人员报告；⑧对履职过程中遇到的难以判断的合规风险，应主动向合规管理人员寻求合规咨询、法律合规审查等合规支持。

基层岗位的通用合规管理职责通常包括：①熟知并严格遵守与本岗位职责有关的合规义务，防范本岗位相关合规风险；②及时报告合规风险事件；③积极协助相关违规调查和违规问题整改；④积极参加合规培训；⑤拒绝执行违规的要求或指令，并对发现的违规行为或合规风险隐患，主动、及时地向合规管理人员报告。

（2）岗位特别合规职责

岗位特别合规职责包括两个方面：一是遵守与本岗位职责相关的特别合规义务。二是履行与本岗位职责相关的合规管理职责，如《中央企业合规管理办法》规定的不同层级的合规管理组织成员（党委会成员、董事会成员、经理层成员、合规委员会成员、首席合规官、专职合规管理员、业务及职能部门管理人员及兼职合规管理员、纪检监察和审计部门管理人员等）的合规管理职责。

4. 编制岗位合规职责的方法和程序

企业各部门可以按照以下方法和程序编制岗位合规职责：（1）梳理本部门岗位，建立本部门岗位清单；（2）梳理本部门各岗位职责，建立岗位职责清单；（3）编制本部门各岗位通用合规职责清单；（4）根据本部门合规风险识别清单（详见下文），明确本部门各岗位的合规义务清单与合规风险清单；（5）编制各岗位特别合规职责清单。

5. 抓住“关键少数”，确保履职合规

企业的高级管理人员参与企业决策、负责企业经营管理，在企业经营管理中具有举足轻重的地位和作用。企业高级管理人员在履职过程中必须遵守“红线合规义务”，一旦违规，可能会给企业带来重大合规风险。企业合规管理须抓住“关键少数”，确保其履职合规。

国务院国资委早在2015年12月8日发布的《关于全面推进法治央企建设的意见》中提出，全面推进法治央企建设须加强组织领导，强化领导责任，企业主要负责人充分发挥“关键少数”作用，认真履行推进本企业法治建设第一责任人职责，把法治建设作为谋划部署全局工作的重要内容，对工作中的重点难点问题，亲自研究、亲自部署、亲自协调、亲自督办。

国务院国资委发布的《中央企业合规管理办法》也要求突出对重要人员的管理，推动企业领导人员强化合规意识、带头依法依规开展经营管理活动，并建立常态化合规培训机制，将合规管理作为管理人员、重点岗位人员和新入职人员培训必修内容。

按照国务院国资委发布的《中央企业合规管理指引（试行）》第15条的规定，中央企业应加强对以下重点人员的合规管理：（1）管理人员。促进管理人员切实增强合规意识，带头依法依规开展经营管理活动，认真履行承担的合规管理职责，强化考核与监督问责。（2）重要风险岗位人员。根据合规风险评估情况明确界定重要风险岗位，有针对性地加大培训力度，使重要风险岗位人员熟悉并严格遵守业务涉及的各项规定，加强监督检查和违规行为追责。（3）海外人员。将合规培训作为海外人员任职、上岗的必备条件，确保遵守我国和所在国法律法规等相关规定。（4）其他需要重点关注的人员。

（五）合规风险识别清单

1. 合规风险识别的专业性

合规风险管理是企业合规管理中最具技术性和专业性的环节。合规风险识别评估须识别出所需遵守的合规义务以及面临的合规风险。合规义务主要是法律义务，而且每个业务及职能部门所需遵守的法律义务各不相同，具有很强的专业性。合规风险评估须基于相关业务领域合规风险发生的可能性以及如果发生会给企业带来的损失程度，具有很强的实务性。合规风险识别评估，需要合规管理人员具有很强的法律专业知识和法律实务经验。

2. 合规风险识别评估须融入业务

企业合规风险存在于企业的具体经营管理活动之中，具体发生在各业务条线和管理条线的业务流程之中。合规风险识别评估须基于业务流程中的管理环节和控制节点，识别出每个管理环节和控制节点所需遵守的合规义务以及面临的合规风险，为将合规管控嵌入各管理环节和控制节点、有效融入业务奠定基础。

3. 合规风险识别清单须动态更新、持续改进

合规义务渊源以及合规义务处于动态变动（立、改、废）之中，企业面临的合规风险也处于动态变动之中。企业需要动态跟踪、及时维护更新、持续改进合规义务渊源库、合规义务清单以及合规风险识别清单。

4. 合规风险识别清单的内容以及编制的方法和程序

合规风险识别清单应能反映完整的闭环合规风险管理，包括：（1）识别内部控制基础：部门领域、业务/管理条线、管理环节、控制节点与负责岗位；（2）识别合规义务：合规义务、合规义务渊源及违规后果；（3）评估合规风险：合规风险描述、合规风险发生的可能性、合规风险发生会造成的损失程度以及合规风险系数和等级；（4）提出合规风险应对措施：企业已经采取的措施（制度）、合规管理不足以及合规改进建议。

5. 抓住“红线合规义务”，防范“重大合规风险”

红线合规义务系指一旦违反则将给企业带来重大合规风险（刑事处罚、行政处罚、重大经济损失或重大声誉损失等）的合规义务。建立合规风险识别清单的重要意义之一在于识别评估出企业各部门领域、各业务/管理条线的红线合规义务，集中优势合规管理资源，采取应对整改措施，降低、规避或者转移重大合规风险。

因此，企业编制合规义务清单后，合规管理部门应根据合规风险等级，将可能导致重大合规风险的红线合规义务进行汇编，提出应对整改计划，按企业内部程序上报相关治理机构审议批准后实施整改计划，降低、规避或者转移重大合规风险。

第六章　协同联动

Chapter Ⅵ　Collaboration and Interaction

要点

1. 企业法律、合规、风险、内控属于风险防范的“第二道防线”，相互之间存在较高的趋同性。在建立一体化管理平台之前，可以实现高度的协同联动。

2. 纪检监察和审计属于风险防范的“第三道防线”。企业法务、合规、风险、内控可以与纪检监察、审计开展相对的协同联动。

国务院国资委发布的《中央企业合规管理指引（试行）》第 4 条第 3 项确立了合规管理的协同联动原则，要求推动合规管理与法律风险防范、监察、审计、内控、风险管理等工作相统筹、相衔接，确保合规管理体系有效运行。

国务院国资委发布的《关于全面推进法治央企建设的意见》也要求坚持权责明确，强化协同配合。切实加强对法治央企建设的组织领导，明确企业主要负责人、总法律顾问、法律事务机构、其他部门在推进法治建设中的责任，有效整合资源，增强工作合力，形成上下联动、部门协同的法治建设大格局。

值得探讨的是，《中央企业合规管理指引（试行）》第 4 条第 3 项确立的合规管理协同联动原则，提及了法律风险防范与合规管理、监察、审计、内控、风险管理之间的协同联动。其实，企业法务管理的内容，除法律风险防范外，法律审核、法律监督等与合规管理、监察、审计、内控、风险管理也存在交叉和关联。因此，更适宜强调法务管理与合规管理、监察、审计、内控、风险管理之间的协同联动。

一、协同联动

协同一词来自古希腊语，是指协和、同步、和谐、协调、协作、合作，即两个或两个以上的不同资源或者个体，协同一致地完成某一目标的过程。在企业管理中，协同主要是指部门协同。企业不同部门之间因其职责、管理目标、绩效考核等不同而存在不协调甚至矛盾和冲突，需要相互协助、相互配合、团结统一、协调一致，充分发挥相互之间的协同性，从而使每个部门获益，整体增强，共同发展，产生“1+1>2”的协同效应。

联动的原意是指若干个相关联的事物，一个运动或变化时，其他的也跟着运动或变化。在企业管理中，联动包括上下联动（也叫纵向联动）和左右联动（也叫横向联动），是指上下级管理机构、相关联的部门之间根据职责分工和管理流程，共同或者连续地履行职责、采取行动，以完成某一工作、项目或者达成某一目标的过程。《中央企业合规管理指引（试行）》所述合规管理、法律风险防范、监察、审计、内控、风险管理之间的联动，属于左右联动或横向联动。

二、监察与审计的独立性及其与法律、合规、内控、风险管理的关系

（一）监察

国有企业监察依据《监察法》，对国有企业管理人员的职务违法和职务犯罪行为进行监督检查、调查和处置。

法律上，国有企业监察不包括下列对象和客体：（1）党员干部和党员员工违犯党纪以外的违法违规行为；（2）管理人员职务违法和职务犯罪行为以外的违法违规行为；（3）非管理人员的普通员工的违法违规行为。涉及这些对象和客体的违法违规行为，由其他相关部门（包括法律、合规、内控、人力资源等）按照其管理职责进行违规管理。

国有企业纪检监察部门合署办公，是负责国有企业纪律检查和监察的专门部门。纪检监察程序包括：统一负责接收违纪、违法、违规举报，处置线索并将属于合规管理部门和人力资源部门负责的线索移交合规管理部门和人力资源部门，谈话函询，初步核实，立案审查调查，案件审理，处置执行。

（二）审计

按照《中国内部审计准则》（中国内部审计协会于2013年8月20日颁布）第2条的规定，内部审计是一种独立、客观的确认和咨询活动。它通

过运用系统、规范的方法，审查和评价组织的业务活动、内部控制和风险管理的适当性和有效性，以促进组织完善治理、增加价值和实现目标。

(三) 审计与监察的独立性

独立性原则是企业内部审计与监察的重要原则之一。《中国内部审计准则》第6条要求内部审计机构和内部审计人员应当保持独立性和客观性，不得负责被审计单位的业务活动、内部控制和风险管理的决策与执行。我国《监察法》第4条第1款也明确规定，监察委员会依照法律规定独立行使监察权，不受行政机关、社会团体和个人的干涉。

按照现代风险管理“三道防线”理论，业务及职能部门为“第一道防线”，法务、合规、内控、风控为“第二道防线”，审计、监察为“第三道防线”。审计、监察属于“第三道防线”，重在监督职责。审计、监察应当独立于法务管理、合规管理、内控、风险管理。

正因如此，国务院国资委于2015年12月8日发布的《关于全面推进法治央企建设的意见》要求中央企业探索建立法律、合规、风险、内控的一体化管理平台，而《中央企业合规管理指引（试行）》强调六大部门与管理功能（合规管理、法律风险防范、内控、风险管理与审计、监察）之间建立协同联动机制。也正因如此，企业不能将法务管理、合规管理、内控、风控或者其中任何一个职能与监察、审计归集于同一个部门进行管理。

(四) 审计、监察与法务、合规、内控、风险管理之间的关系

1. 在管理目标方面，审计、监察与法务管理、合规管理、内控、风险管理的管理目标存在部分趋同，都包括合规目标（见表3－6－1）。

表3－6－1　法务管理、合规管理、内部控制和全面风险管理的管理目标

体系	管理目标			
法务管理	—	—	—	合法目标
合规管理	—	—	—	合规目标（含合法目标）
内部控制	—	经营目标	报告目标	合规目标（含合法目标）
全面风险管理	战略目标	经营目标	报告目标	合规目标（含合法目标）

2. 在组织体系方面，审计、监察与法务管理、合规管理、内控、风险管理共同接受党委会、公司治理机构、法治建设第一责任人的领导。审计与内控共用一个专门委员会，即审计委员会。

3. 在制度体系方面，内部控制部门统筹制定、梳理六大部门的管理制度和流程，使法务管理、合规管理、内控、风险管理与监察、审计制度流程之间相互衔接和协调。

4. 在风险管理方面，审计和监察中发现的风险，是重要的风险信息来源之一。审计和监察提出的整改建议，也是风险应对措施的重要借鉴。同时，风险管理为审计和监察提供重要的审计、监察依据、信息。

5. 在违规管理包括违规举报、违规调查、违规处置和追责、举报人保护机制。法务管理、合规管理、内控以及审计、监察的职责都涉及违规管理。法务管理体系中包括对违法行为造成企业重大损失的考核与追责机制；《中央企业合规管理指引（试行）》要求合规管理牵头部门负责职责范围内的违规管理；《企业内部控制基本规范》强调企业应建立反舞弊与举报机制；《监察法》要求企业监察委负责对企业管理人员（包括法务、合规、内控、风险管理部门的管理人员）的违规管理；企业纪委负责党员员工违反党内法规的责任追究（纪委和监察委合署办公，成立企业纪检委）；人力资源部负责员工违反企业劳动纪律的责任追究。法务、合规管理人员向内控、纪检监察的违规管理提供法律、合规专业支持。

6. 监督检查包括两个方面：一是法务管理、合规管理、内控、风险管理开展自我管理评估，并为审计评价提供基础信息资料。二是法务管理、合规管理、内控、风险管理的有效性、适当性和充分性接受内部审计部门的审计评价。

三、协同联动的原则

法务管理、合规管理、监察、审计、内控、风险管理之间的协同联动须遵循以下原则：（1）效率和质量兼顾原则：提高管理效率，同时确保管理质量。（2）共享与保密兼顾原则：实现人员、信息资料、系统等方面的共享，但以遵守保密制度为前提。（3）协作与独立性兼顾原则：相互协作与支持，但不影响各部门独立行使职权。（4）点面结合原则：可以六大部门之间大协同，也可以两个或多个部门之间协同联动，或者就某一项目、在某一领域协调联动。点面结合，共同推动部门协同联动与管理的效率和质量。

四、协同联动机制

法务管理、合规管理、监察、审计、内控、风险管理之间的协同联动，可以探索建立并实施以下协同联动机制。

1. 分工协作

建立法务管理、合规管理、监察、审计、内控、风险管理之间相互协调合作联动的业务流程，明确各部门在协同联动中的职责，保障分工明确、各司其职但又协同联动。

2. 资源共享

（1）系统共享。信息管理系统是协同联动强有力的工具和沟通平台。法律合规管理信息系统、内控风控管理信息系统对审计、监察管理人员开放，授予他们准入并调取信息的权利。审计、监察信息管理系统，应根据信息保密等级，对法务、合规、内控、风控管理人员有条件开放。

（2）信息分享。审计、监察中发现的风险，是风险管理重要的风险信息来源。审计和监察提出的整改建议，是风险应对措施的重要借鉴。风险管理为审计和监察提供重要的审计、监察依据、信息以及需关注的重点风险领域等信息。法务管理、合规管理、内控、风险管理之间自我管理评估收集和形成的资料、信息，是审计和监察的重要基础和信息资料来源。法务管理、合规管理、内控、风险管理与审计、监察通过共同或就近办公、联席会议、管理信息系统共享等手段，加强日常沟通，实现信息的充分即时分享。

（3）人员共享与专业支持。法务管理、合规管理、内控、风险管理与审计、监察的职能各不相同，但涉及跨领域专业知识的运用。例如，各部门均会涉及法规、内部规章制度的适用，需要法律、合规、内控部门提供人员和专业支持。违规管理可能涉及专项审计，需要审计支持，也涉及违规调查，需要监察部门参与和支持等。

3. 联席会议

建立法务、合规、内控、风控四大部门周联席会议，以及法律、合规、内控、风控与审计、监察六大部门月联席会议。建立六大部门重大或专项事务临时联席会议制度。

4. 项目协同

对于专项风险管理项目、体系有效性评估项目、重大风险领域应对整改项目、考核评价项目、违规管理项目等，法务管理、合规管理、内控、风险管理可以与审计、监察组成联合项目小组，分工协作，共同推进。

5. 联合办公

在统一管理负责人领导下，法务管理、合规管理、内控、风险管理之间可以实现共同办公，审计、监察就近办公，方便沟通协调。

五、管理要素协同分解

协同联动的基础是事物构成元素之间的相干性或者相互关联性。企业不同部门之间的协同联动，主要表现为不同部门之间在人员、组织、信息等方面的相互关联性，是企业共享与节约资源、提高管理效率与经济效益、提高核心竞争力的基本要求和重要手段。

企业内部的协同联动包括经营协同、管理协同与财务协同。法务管理、合规管理、内控、风险管理与监察、审计六大管理职能之间的协同，属于企业内部管理协同的重要内容，需要通过各管理职能基本管理要素（包括领导、计划、组织、控制、监督等）的协同联动来具体实施。

（一）法务管理、合规管理、内控、风险管理之协同

四大体系（法务管理体系、合规管理体系、内部控制体系与全面风险管理体系）之间在体系架构及其构成要素等诸方面存在一定的趋同性，国务院国资委和各地方国资委也要求中央企业和地方国有企业建立法务、合规、内控、风险管理协同运作机制。具体详见本书第四篇。

1. 法务、合规、风险、内控高度一体化管理平台

建立了高度一体化管理平台的企业法务、合规、风险、内控，在管理目标、组织体系、制度体系、运行机制、保障机制等各管理要素方面进行了高度整合与“混同”，同时实现了高度协同。

2. 法务、合规、风险、内控中级模型一体化管理平台

建立中级模型一体化管理平台的企业法务、合规、风险、内控，虽然管理要素整合度不高，但其趋同性为相互之间的协同创造了良好的基础条

件。四大部门之间也以部门协同为主、联动为辅。

（1）组织协同。法务管理、合规管理、内控、风险管理四大部门共同接受党委会、公司治理机构、法治建设第一责任人的领导。在组织体系方面实现统一领导，统筹规划。

（2）制度协同。内部控制制度流程贯穿企业经营管理的各个领域，包括法务管理、合规管理与风险管理。内部控制部门统筹制定、梳理、协同四大部门的管理制度和流程，使之相互衔接、协调一致。风险管理是四大部门都包含的管理要素和内容，可以实现风险管理制度的一体化。

（3）风险管理协同。由风控部统一组织法务、合规、内控、风控人员联合开展全面风险管理，其中包括法律合规风险管理和企业内部控制风险管理。

（4）事项审查协同。法务、合规、风险管理三部门之间实现重大事项、重要规章制度与改革方案的联合一站式审查。合规管理与内部控制之间实现规章制度的联合审查。

（5）违规管理协同。法务管理、合规管理、内控、风险管理与审计、监察之间实现违规管理协同。

（6）监督检查协同。法务管理、合规管理、内控、风险管理在管理评估、自我检查、考核评价等方面，可以在标准、方法、流程等方面实现统一协调，并可以组成项目小组统一实施。

（7）计划报告协同。法务、合规、风险、内控四大部门在年度计划、年度报告、重大风险报告等方面，实现格式、内容要求、提交时间方面的协同，并在具体实施中相互沟通，分享信息和经验。

（8）宣传培训与文化建设协同。法务管理、合规管理、内控、风险管理四大部门的培训内容和要求趋同，可以在培训计划、对象、内容、时间等方面实现协同。

法治文化、合规文化、风险管理文化、内控文化存在趋同性，都属于企业文化范畴。四大部门可以在文化建设领域协同行动。

（9）管理信息系统。基于相互之间高度的趋同性，法务管理、合规管理、内控、风险管理四大部门可以共同建设一个管理信息系统，利用管理信息系统，实现信息共享以及协同机制的流程化。

（10）对部门的管理协同。法务管理、合规管理、内控、风险管理在对各业务及职能管理部门的日常法务、合规、风险、内控管理中，可以实现人员和信息共享、项目协同以及计划报告、考核评价、制度流程制定等方面的协同。

（11）对子企业的管控协同。法务管理、合规管理、内控、风险管理都要求在各自领域加强对子企业的管理（包括指导、支持、监督、考核等），并要求子企业建立相应的管理体系。法务管理、合规管理、内控、风险管理应当实施对子企业的管理协同。

（二）法务管理、合规管理、内控、风险管理与监察、审计之协同联动

如前文所述，法务管理、合规管理、内控、风险管理与审计、监察之间存在部分交叉、关联的领域。但相比法务管理、合规管理、内控、风险管理，监察、审计的独立性更强。因此，法务管理、合规管理、内控、风险管理与监察、审计之间体现出协同联动但以联动为主的特点。

1. 组织协同：统一领导，统筹规划

在组织体系领域，审计、监察与法务管理、合规管理、内控、风险管理共同接受党委会、公司治理机构、法治建设第一责任人的领导。审计与内控共用一个专门委员会，即审计委员会。六大部门在上述方面实现统一领导，统筹规划。

2. 风险管理：信息分享与联动

风险管理中，审计和监察中发现的风险是重要的风险信息来源之一。审计和监察提出的整改建议，也是风险应对措施的重要借鉴。同时，风险管理为审计和监察提供重要的审计、监察依据、信息。

一旦出现重大风险领域或者发生重大事件，审计和监察需要联动跟进，进行审计、监督和违规追责。

3. 违规管理：协同联动

法务管理、合规管理、内控以及审计、监察在违规管理存在衔接与合作的领域，应当充分利用协同联动机制，共同推动有关违规管理项目等。

4. 监督检查：与管理评估协同联动

法务管理、合规管理、内控、风险管理四大部分自我管理评估的对象、内容、程序、方法等，与审计部门对法务、合规、风险、内控的内部审计评价基本一致。四大部门的管理评估为审计评价提供基础信息资料。

对法务管理、合规管理、内控、风险管理的内部审计评价可以与其自

我管理评估协同开展，也可以先开展管理评估，然后联动开展审计评价。

5. 对部门的管理协同

监察、审计在对各业务及职能部门的监督和审计中，可以共享使用法务管理、合规管理、内控、风险管理在部门的联络人员以及相关信息资料。

6. 对子企业的管控协同

监察、审计在对子企业的管理中，实现与法务管理、合规管理、内控、风险管理的管理协同。

六、上下联动

国务院国资委发布的《关于全面推进法治央企建设的意见》要求坚持权责明确，强化协同配合。切实加强对法治央企建设的组织领导，明确企业主要负责人、总法律顾问、法律事务机构、其他部门在推进法治建设中的责任，有效整合资源，增强工作合力，形成上下联动、部门协同的法治建设大格局。

按照高级模型建立高度一体化的法律、合规、内控、风险管理平台，实现集团总部法务、合规、内控、风险管理的协同运作，以及集团总部与其各子集团、子公司法务、合规、内控、风险管理的大协同。

在中级模型（相对一体化管理平台）中，集团总部法律合规管理部门、内控部门、风控部门需要关注通过下列途径实现集团总部与各子集团、子公司法律合规、内控与风控的上下联动：（1）建立集团总部与各子集团、子公司法律合规、内控与风控部门的集中培训、宣传机制。（2）推动各子集团、子公司法律合规、内控与风控部门向集团总部法律合规、内控与风控部门的双向汇报制度，通过对各子集团、子公司法律合规、内控与风控部门的指导、监督与考核，推动各子集团、子公司法律合规、内控与风控部门与集团总部法律合规、内控与风控部门的上下联动。（3）通过各子公司的治理机构以及集团总部向各子集团、子公司委派的董事、监事、高级管理人员，推动各子集团、子公司法律合规、内控与风控部门与集团总部法律合规、内控与风控部门的上下联动。

第七章 《中央企业合规管理办法》与《合规管理体系　要求及使用指南》比较研究

Chapter Ⅶ *Comparison of Compliance Management Provisions* and *Compliance System Standards*

要点

1. 我国企业合规管理两轮驱动：国资委《合规管理办法》、国际标准 ISO 37301∶2021 与国家标准 GB/T 35770∶2022《合规管理体系　要求及使用指南》，两者相辅相成，共同推动我国企业合规管理的发展。

2. 国资委《合规管理办法》和体系标准在“规”的范围、规范对象、体系范围、体系架构等方面存在一些差异。

2022 年 8 月 23 日，国务院国资委发布《中央企业合规管理办法》，在《中央企业合规管理指引（试行）》的基础上增补党内法规制度作为中央企业合规义务渊源，增补中央企业党委（党组）作为合规管理的领导机构，明确首席合规官作为企业合规管理负责人，进一步明确了业务及职能部门、合规管理部门和监督部门合规管理“三道防线”职责。之后，各省、自治区、直辖市国资委陆续制定、发布了合规管理办法。按照国务院国资委负责人的解释，《中央企业合规管理办法》以国资委令的形式印发，通过部门规章对中央企业进一步深化合规管理提出明确要求，与《中央企业合规管理指引（试行）》相比更加突出刚性约束，内容更全、要求更高、措施更实。国务院国资委发布的《中央企业合规管理办法》以及各省、自治区、直辖市国资委合规管理办法以下统称“国资委合规管理办法”。

2021 年 4 月 13 日，国际标准化组织发布《合规管理体系　要求及使用指南》（ISO 37301∶2021）。2022 年 10 月 12 日，中国国家市场监督管理总局、中国国家标准化管理委员会将《合规管理体系　要求及使用指南》（ISO 37301∶2021）等同转化为我国国家标准，发布《合规管理体系　要求及使用指南》(GB/T 35770—2022)。该指南倡导企业建立合规管理体系，并对企业合规管理体系的各构成要素作出了具体指引，适用于各类所有权性质的企业，是我国企业开展合规管理的重要指南（以下简称体系标准）。

国资委合规管理办法、体系标准成为我国企业建立合规管理体系、开展合规管理的两个重要依据和推动力。

一、规范对象

（一）国资委合规管理办法的规范对象

国务院国资委、地方国资委合规管理办法具有明确的规范对象，只适用于中央企业与地方国有企业。

按照国务院国资委和财政部于 2016 年 6 月 24 日发布的《企业国有资产交易监督管理办法》第 4 条规定："本办法所称国有及国有控股企业、国有实际控制企业包括：（一）政府部门、机构、事业单位出资设立的国有独资企业（公司），以及上述单位、企业直接或间接合计持股为 100% 的国有全资企业；（二）本条第（一）款所列单位、企业单独或共同出资，合计拥有产（股）权比例超过 50%，且其中之一为最大股东的企业；（三）本条第（一）、（二）款所列企业对外出资，拥有股权比例超过 50% 的各级子企业；（四）政府部门、机构、事业单位、单一国有及国有控股企业直接或间接持股比例未超过 50%，但为第一大股东，并且通过股东协议、公司章程、董事会决议或者其他协议安排能够对其实际支配的企业。"

（二）体系标准的规范对象

体系标准的适用范围是开放性的。按照体系标准第 1 条第 2 款（范围）规定，该标准适用于所有类型的组织，不论其类型、规模、性质，也不论其是公共的、私营的或非营利性的。

按照企业所有制性质，体系标准适用于中央企业、地方国有企业、民营企业、合伙企业以及外商投资企业等。从组织形式来讲，体系标准适用于各类组织，包括企业、事业单位（如医院、学校等）、协会甚至政府机关、国际组织等。

二、体系范围

（一）国资委合规管理办法的合规管理体系范围

国务院国资委、地方国资委合规管理办法要求中央企业与地方国有企业建立全面合规管理体系。

坚持全面覆盖是国资委合规管理办法规定的基本原则之一。按照《中央企业合规管理办法》第5条第2项规定，坚持全面覆盖，将合规要求嵌入经营管理各领域各环节，贯穿决策、执行、监督全过程，落实到各部门、各单位和全体员工，实现多方联动、上下贯通。

按照上述全面覆盖原则：（1）合规要求覆盖全流程（决策、执行和监督）；（2）合规要求覆盖各业务及职能部门；（3）合规要求覆盖各级分子公司；（4）合规要求覆盖全体员工。

2023年3月2日，国务院国资委召开中央企业深化法治建设加强合规管理工作会议，部署中央企业以落实《中央企业合规管理办法》为主线，以完善运行机制为关键，不断健全合规风险识别清单、岗位合规职责清单、业务流程管控清单（合称“三张清单”），是落实合规管理全面覆盖原则、推动合规管理科学融入业务并有效落地运行的重要举措。

2023年3月13日，国务院国资委办公厅发布《关于开展2023年中央企业合规管理体系有效性评价工作的通知》，部署对中央企业合规管理体系建设及其运行情况、合规管理重点领域和关键环节合规要求落实等情况开展评价，是对合规管理全面覆盖原则贯彻落实的具体检验。

（二）体系标准的合规管理体系范围

按照体系标准第4.3条的规定，组织应确定合规管理体系的边界和适用性，以确立其范围。合规管理体系的范围旨在厘清组织面临的主要合规风险，以及合规管理体系适用的地理和/或组织边界，尤其当组织是较大实体的一部分时。

按照体系标准第A.4.3条第1款的规定，确定合规管理体系的范围就是组织确立其合规管理体系所适用的物理边界和组织边界。在这个过程中，组织选择在整个组织、组织内特定单元或特定职能内部实施合规管理体系时，具有自由度和灵活性。

由此可见，体系标准在合规管理体系方面的要求更加开放、自由和灵活。就单一组织（企业）而言，体系标准给予组织更多可以选择的空间。

1. 在整个组织实施合规管理体系

就企业而言，类似于我国中央企业与地方国有企业的全面合规管理体系。

2. 在组织内特定单元实施合规管理体系

就企业而言，是指在企业的不同产品业务条线（业务板块）实施合规管理体系。很多企业集团拥有多个并由不同的事业部来管理的不同的产品业务条线，可以选择在其中一个事业部来实施合规管理体系。

3. 在组织特定职能内部实施合规管理体系

就企业而言，是指在企业的不同业务及职能部门领域实施合规管理体系。

按照体系标准规定，企业可以按照不同层级选择在整个组织、产品业务条线和业务及职能部门领域建立合规管理体系。例如，查询全国认证认可信息公共服务平台（http://cx.cnca.cn/CertECloud），美的集团股份有限公司的合规管理体系认证范围为：（1）产品业务条线：智能家居、工业技术、楼宇科技；（2）地理边界：在中国境内业务运营；（3）特定职能：反垄断、数据保护合规管理。

对于企业集团，体系标准倡导在各分子公司建立合规管理体系。按照该标准第 A.4.3 条第 2 款的规定，通常情况下，合规管理体系会在整个组织中实施，如果组织由多个组织组成，合规管理体系会在所有组织中实施，这样做的目的是避免在道德操守和合规方面的双重标准。

三、体系架构

（一）合规管理办法的合规管理体系架构

国务院国资委于 2016 年在 5 家中央企业开展建立合规管理体系试点，于 2018 年 11 月 2 日制定《中央企业合规管理指引（试行）》并推动各中央企业建设合规管理体系，于 2022 年 8 月 23 日发布实施《中央企业合规管理办法》。认真贯彻落实党的十八届三中、四中、五中全会以及十九大精神和习近平新时代中国特色社会主义思想，该办法充分总结我国中央企业、地方国有企业合规管理实践，科学借鉴国际组织、跨国企业开展合规管理经验，不断改革创新，结构科学完整，逻辑严密、严谨，开辟了具有我国社会主义国有企业特色合规管理体系建设之路。

按照国务院国资委发布的《中央企业合规管理办法》规定，合规管理体系架构由六大模块构成，即合规管理组织（包括九个层级）、合规管理制度（包括三个层级）、合规管理运行机制（包括九个运行机制）、合规文化、合规管理信息化以及监督问责（见表 3-7-1）。

表 3－7－1　合规管理体系架构

管理模块		序号	构成要素		
一	合规管理组织	1	党委会		
		2	董事会		
		3	经理层		
		4	主要负责人（法治建设第一责任人）		
		5	合规委员会		
		6	首席合规官		
		7	“三道防线”	“第一道防线”	业务及职能部门
		8		“第二道防线”	合规管理部门
		9		“第三道防线”	纪检监察机构和审计、巡视巡察、监督追责等部门
二	合规管理制度	1	合规管理基本制度（《合规管理办法》）		
		2	合规管理运行机制操作指引		
		3	重点领域专项合规指南		
三	合规管理运行机制	1	合规风险管理（合规风险识别、评估、预警、应对）		
		2	合规管理计划与报告		
		3	合规审查		
		4	违规问题整改		
		5	违规举报		
		6	违规追责		
		7	法务、合规、内控、风险管理协同运作		
		8	合规管理体系有效性评价		
		9	合规考核评价		
四	合规文化	1	企业领导带头依法合规		
		2	建立常态化合规培训机制		
		3	合规宣传教育		
五	合规管理信息化	1	建立合规知识库（合规制度、典型案例、合规培训、违规行为记录等）		
		2	业务流程信息化（嵌入合规要求）		
		3	加强与其他信息系统互联互通		
		4	利用大数据等技术进行动态监测、即时预警、快速处置		
六	合规管理监督问责	1	对合规管理不到位的监督问责		
		2	对合规管理中的违规行为（失职渎职）监督问责		

(二) 体系标准的合规管理体系架构

国际标准化组织于2014年发布了《合规管理体系　指南》(ISO 19600:2014),是首个基于"高阶结构"的合规管理体系标准,为世界各国企业建立和运行合规管理提供了一个共同的标准指南。

体系标准采用国际标准化组织各管理体系通用的"高阶结构",其共同特征包括以下几点。

1. 基于风险思维。体系标准在正文的第一章节(第四章组织环境)就对合规风险评估作出了规定,要求组织系统识别来源于组织活动、产品和服务的合规义务(第4.5条),通过将其合规义务与活动、产品、服务以及运行的相关方面关联来识别和评估合规风险。

2. 基于PDCA管理逻辑。PDCA即Plan-Do-Check-Act。体系标准在引言中设计了合规管理体系的PDCA循环,展示了合规管理体系的基本结构及相关要素(见图3-7-1)。

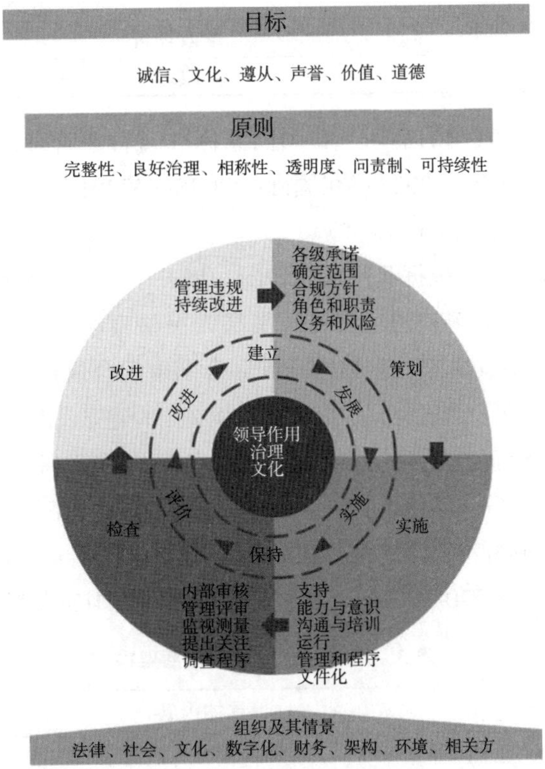

图3-7-1　合规管理体系要件

3. 采用“过程方法”。

4. 采用共同的术语和定义。

5. 采用一致的十条款体系架构。

国际标准《合规管理体系　要求及使用指南》(ISO 37301:2021）包括前言、引言、主文及附录 A（本文件使用指南）等。主文包括 10 个条款，具体见表 3 –7 –2。

表 3 –7 –2 《合规管理体系　要求及使用指南》条款

序号	条款内容
1	范围
2	规范性引用文件
3	术语和定义
4	组织环境
5	领导作用
6	策划
7	支持
8	运行
9	绩效评价
10	改进

针对该标准在我国的适用，我国国家标准《合规管理体系　要求及使用指南》(GB/T 35770—2022）在国际标准 ISO 37301:2021 的基础上增加了附录 NA，增补了以下内容。

NA.1 合规义务：根据我国实际情况，增补了合规义务的内容，如最高人民法院的指导性案例和司法解释，最高人民检察院的指导性案例、司法解释和检察院的检察决定，强制性标准，合同中的合规要求等。

NA.2 合规文化：合规文化的价值，合规文化的建立、维护、推广和实施。

NA.3 数字化与合规管理：数字化变革、在合规管理体系中应用数字技术。

NA.4 管理体系一体化融合：融合的范围、方法与路径。

梳理总结国际标准 ISO 37301:2021 及国家标准《合规管理体系　要求及使用指南》(GB/T 35770—2022)，合规管理体系的架构如表 3 –7 –3 所示。

表 3 –7 –3　合规管理体系架构

体系构成	具体内容
组织环境	了解组织内外部环境、了解利益相关方的需求和期望、确定合规管理体系的范围、合规管理体系、合规义务、合规风险评估

续表

体系构成	具体内容
领导作用	领导的合规承诺、合规文化、合规政策、合规管理组织及其合规管理职责
策划	应对风险和机会的行动、合规目标及实现合规目标的计划、有计划地调整合规管理体系
支持	合规管理资源、合规管理能力、员工雇用合规管理、合规意识、沟通、合规记录与合规档案
运行	运行计划与控制、实施控制、违规举报和调查
绩效评价	监测、评价、分析和评估，内部审核，管理评审
改进	违规整改
数字化	在合规管理体系中应用数字技术
管理体系一体化融合	管理体系一体化融合的范围、方法和路径（可涉及与既有体系的融合，合规管理基础工具的融合即法律、内控、风险管理等，管理体系间的一体化融合等）

四、比较分析

（一）总体评述

1. 国务院国资委合规管理办法，采用我国行政法规标准的体系架构、章节安排和规范用语，适用对象明确具体（中央企业和地方国有企业），结构科学完整，逻辑严密、严谨，符合我国企业和员工的管理理念和语言习惯，便于理解、掌握和有效执行。当然，合规管理办法的规定（尤其是运行机制、信息化及合规文化等）比较原则，企业需要根据自身特点和实际需要，制定具体的合规指引。

2. 体系标准采用国际标准化组织各管理体系通用的“高阶结构”和章节安排，并且在世界范围内经过体系认证的反复实践，广为运用并积累了丰富经验。但由于源于欧美文化传统、语言习惯及管理理念，加上系英文翻译成中文，我国企业员工阅读理解起来比较晦涩难懂，不易掌握和运用。由于体系标准适用于不同种类、不同规模的组织，并非只针对企业，有些规定与企业合规管理的匹配度欠缺。

此外，如前文所述，合规管理具有很强的专业性（尤其是法律法规遵守的专业性），将各管理体系通用的“高阶结构”运用于合规管理也会存在“水土不服”现象。例如，体系标准第 5 条，关于合规义务的规定过于抽象、没有具体指引，导致很多企业在识别合规义务时止步于收集和汇编法律法规及其他合规义务渊源的层面，或者止步于概括性合规义务的识别，而没有识别各业务及职能部门、各重点岗位所需遵守的具体合规义务（详见本书第一篇第二章），实务上缺乏可操作性。又如，在 ISO 9001 质量管理体系应用指南中，关于风险和机遇的应对措施、质量目标及其实施的策划等规定更加详尽，而 ISO 37301 体系标准第 6 条的规定就略显简单，不便于实际运用。

（二）比较分析

1. 以国资委合规管理办法规定的合规管理体系架构为基础，与体系标准规定的合规管理体系架构的比较见表 3－7－4。

表 3－7－4　合规管理办法与体系标准比较

模块		序号	合规管理办法		体系标准	
			要素	条号	要素	条号
一	合规义务渊源	1	国家法律法规、监管规定、行业准则和国际条约、规则，以及公司章程、相关规章制度等要求 党内法规制度	第 3 条、第 7 条	（1）组织强制遵守的要求包括： 法律法规； 许可、执照或其他形式的授权； 监管机构发布的命令、条例或指南； 法院判决或行政决定； 条约、公约和协议。 （2）组织自愿选择遵守的要求能包括： 与社会团体或非政府组织签订的协议； 与公共权力机构和客户签订的协议； 组织的要求，如方针和程序； 自愿的原则或规程； 自愿性标志或环境承诺； 与组织签署合同产生的义务； 相关组织的和产业的标准。 （3）普遍接受的最佳实践、道德规范和社区期望。 （4）我国最高人民法院的指导性案例和司法解释，最高人民检察院的指导性案例、司法解释和检察院的检察决定，强制性标准，合同中的合规要求	第 4.5 条、第 A.4.5 条、前言第三段、第 NA.1 条

续表

模块		序号	合规管理办法		体系标准	
			要素	条号	要素	条号
二	合规管理组织	1	党委会	第 7 条	—	—
		2	董事会	第 8 条	治理机构和最高管理者	第 5.1.1 条、第 5.3.1 条
		3	经理层	第 9 条		
		4	主要负责人（法治建设第一责任人）	第 10 条		
		5	合规委员会	第 11 条	跨职能合规委员会	第 A.5.3.2 条
		6	首席合规官	第 12 条	合规管理的全面负责人	第 A.5.3.1 条
		7	『三道防线』 “第一道防线” 业务及职能部门	第 13 条	管理者	第 5.3.3 条
		8	『三道防线』 “第二道防线” 合规管理部门	第 14 条	合规团队	第 5.3.2 条
		9	『三道防线』 “第三道防线” 纪检监察机构和审计、巡视巡察、监督追责等部门	第 15 条	—	—
三	合规管理制度	1	合规管理基本制度（《合规管理办法》）	第 17 条	合规方针	第 5.2 条
		2	合规管理运行机制操作指引		确立控制和程序（规章制度）	第 8.2 条
		3	重点领域专项合规指南	第 18 条	—	—
四	合规管理运行机制	1	合规风险管理（合规风险识别、评估、预警、应对）	第 19 条	合规义务	第 4.5 条
				第 22 条	合规风险评估	第 4.6 条
		2	合规管理计划与报告	第 8 条、第 9 条	合规目标及其实现的策划	第 6.2 条
				第 14 条、第 22 条	合规报告	第 9.1.4 条
		3	合规审查	第 21 条	—	—

续表

模块		序号	合规管理办法		体系标准	
			要素	条号	要素	条号
四	合规管理运行机制	4	违规问题整改	第23条	不符合与纠正措施	第10.2条
		5	违规举报	第24条	提出疑虑	第8.3条
		6	违规追责	第25条	确立和维护问责机制，包括纪律处分和结果	第5.3.1条、第7.2.2条、第A.5.1.2条
		7	法务、合规、内控、风险管理等协同运作	第26条	管理体系一体化融合	第NA.4条
		8	合规管理体系有效性评价	第27条	内部审核 管理评审	第9.2条、第9.3条
		9	合规考核评价	第28条	—	—
五	合规文化	1	将合规管理纳入党委（党组）法治专题学习	第29条	合规文化	第5.1.2条
		2	建立常态化合规培训机制	第30条		
		3	合规宣传教育	第31条		
六	合规管理信息化	1	建立合规知识库（合规制度、典型案例、合规培训、违规行为记录等）	第33条	数字化与合规管理	第7.5条、第NA.3条
		2	业务流程信息化（嵌入合规要求）	第34条		
		3	加强与其他信息系统互联互通	第35条		
		4	利用大数据等技术进行动态监测、即时预警、快速处置	第36条		
七	监督问责	1	对合规管理不到位的监督问责	第37条	—	
		2	对合规管理中的违规行为（失职渎职）监督问责	第38条	—	

2. 以体系标准规定的合规管理体系架构为基础，与国资委合规管理办法规定的合规管理体系架构的比较见表3－7－5。

表 3-7-5 体系标准与合规管理办法比较

<table>
<tr><th colspan="2" rowspan="2">模块</th><th colspan="2">体系标准</th><th colspan="3">合规管理办法</th></tr>
<tr><th>要素</th><th>条号</th><th>要素</th><th>条号</th><th>备注</th></tr>
<tr><td rowspan="6">1</td><td rowspan="6">组织环境</td><td>理解组织及其环境</td><td>第 4.1 条</td><td>—</td><td rowspan="2">—</td><td rowspan="2">实务中，开展简要的合规调研（合规诊断）</td></tr>
<tr><td>理解相关方的需求和期望</td><td>第 4.2 条</td><td>—</td></tr>
<tr><td>确定合规管理体系的范围</td><td>第 4.3 条</td><td rowspan="2">全面合规管理体系</td><td>第 5 条第 2 项</td><td>—</td></tr>
<tr><td>合规管理体系</td><td>第 4.4 条</td><td>第 5 条第 4 项、第 8 条第 3 项、第 9 条第 1 项、第 39 条</td><td>—</td></tr>
<tr><td>合规义务
（1）组织强制遵守的要求包括：
法律法规；
许可、执照或其他形式的授权；
监管机构发布的命令、条例或指南；
法院判决或行政决定；
条约、公约和协议。
（2）组织自愿选择遵守的要求包括：
与社会团体或非政府组织签订的协议；
合同中的合规要求；
组织的要求，如方针和程序；
自愿的原则或规程；
自愿性标志或环境承诺；
与组织签署合同产生的义务；
相关组织的和产业的标准。
（3）普遍接受的最佳实践、道德规范和社区期望。
（4）我国最高人民法院的指导性案例和司法解释，最高人民检察院的指导性案例、司法解释和检察院的检察决定，强制性标准</td><td>第 4.5 条、第 A.4.5 条、前言第三段、第 NA.1 条</td><td>国家法律法规、监管规定、行业准则和国际条约、规则，以及公司章程、相关规章制度等要求

党内法规制度</td><td>第 3 条、第 7 条</td><td>—</td></tr>
<tr><td>合规风险评估</td><td>第 4.6 条</td><td>建立合规风险识别评估预警</td><td>第 20 条</td><td>—</td></tr>
</table>

续表

模块		体系标准			合规管理办法		
		要素		条号	要素	条号	备注
2	领导作用	5.1 领导作用和承诺	治理机构和最高管理者	第 5.1.1 条	—	—	实务中，签署合规承诺书
			合规文化	第 5.1.2 条	合规文化	第五章	—
			合规治理	第 5.1.3 条	—	—	—
		合规方针		第 5.2 条	—	第 1 条	—
		5.3 岗位职责和权限	治理机构和最高管理者	第 5.3.1 条	党委会	第 7 条	—
					董事会	第 8 条	—
					经理层	第 9 条	—
					主要负责人（法治建设第一责任人）	第 10 条	—
			合规团队	第 5.3.2 条	合规委员会	第 11 条	—
					首席合规官	第 12 条	—
					合规管理部门	第 14 条	—
					专职合规管理人员	—	—
			管理者	第 5.3.3 条	业务及职能部门	第 13 条	—
			人员	第 5.3.4 条	合规要求落实到全体员工	第 5 条第 2 项	—
3	策划	应对风险和机会的措施		第 6.1 条	合规风险应对	第 22 条	—
		合规目标及其实现的策划		第 6.2 条	年度合规计划	第 9 条、第 14 条	—
		针对变更的策划		第 6.3 条	—	—	—
4	支持	资源		第 7.1 条	—	—	—
		7.2 能力	通则	第 7.2.1 条	—	—	—

续表

<table>
<tr><th colspan="2" rowspan="2">模块</th><th colspan="3">体系标准</th><th colspan="3">合规管理办法</th></tr>
<tr><th colspan="2">要素</th><th>条号</th><th>要素</th><th>条号</th><th>备注</th></tr>
<tr><td rowspan="6">4</td><td rowspan="6">支持</td><td rowspan="2">7.2
能力</td><td>聘用过程</td><td>第7.2.2条</td><td>—</td><td>—</td><td>纳入干部管理制度（聘用、晋升和提干）</td></tr>
<tr><td>培训</td><td>第7.2.3条</td><td>建立常态化合规培训机制</td><td>第30条</td><td>—</td></tr>
<tr><td colspan="2" rowspan="2">意识</td><td rowspan="2">第7.3条</td><td>推动领导人员强化合规意识</td><td>第29条</td><td>—</td></tr>
<tr><td>强化全员守法诚信、合规经营意识</td><td>第30条</td><td>—</td></tr>
<tr><td colspan="2">沟通</td><td>第7.4条</td><td>—</td><td>—</td><td>—</td></tr>
<tr><td colspan="2">文件化信息</td><td>第7.5条</td><td>建立合规知识库</td><td>第33条</td><td>实务中，按照档案管理办法对合规档案进行管理</td></tr>
<tr><td rowspan="4">5</td><td rowspan="4">运行</td><td colspan="2">运行的策划和控制</td><td>第8.1条</td><td>运行机制</td><td>第四章</td><td rowspan="2">实务中，通过“三张清单”来实施</td></tr>
<tr><td colspan="2">确立控制和程序</td><td>第8.2条</td><td>制度建设</td><td>第三章</td></tr>
<tr><td colspan="2">提出疑虑</td><td>第8.3条</td><td rowspan="2">违规举报和调查</td><td rowspan="2">第24条</td><td rowspan="2">—</td></tr>
<tr><td colspan="2">调查过程</td><td>第8.4条</td></tr>
<tr><td rowspan="4">6</td><td rowspan="4">绩效评价</td><td rowspan="4">9.1 监视、测量、分析和评价</td><td>通则</td><td>第9.1.1条</td><td>—</td><td>—</td><td>—</td></tr>
<tr><td>合规绩效的反馈来源</td><td>第9.1.2条</td><td rowspan="2">合规考核</td><td rowspan="2">第28条</td><td rowspan="2">—</td></tr>
<tr><td>指标的开发</td><td>第9.1.3条</td></tr>
<tr><td>合规报告</td><td>第9.1.4条</td><td>年度合规报告</td><td>第8条第1项、第14条第1项</td><td>—</td></tr>
</table>

续表

<table>
<tr><th colspan="2" rowspan="2">模块</th><th colspan="3">体系标准</th><th colspan="3">合规管理办法</th></tr>
<tr><th colspan="2">要素</th><th>条号</th><th>要素</th><th>条号</th><th>备注</th></tr>
<tr><td rowspan="4">6</td><td rowspan="4">绩效评价</td><td rowspan="2">9.1 监视、测量、分析和评价</td><td>合规报告</td><td>—</td><td>合规风险报告</td><td>第 13 条、第 22 条</td><td>—</td></tr>
<tr><td>记录保存</td><td>第 9.1.5 条</td><td>—</td><td>—</td><td>—</td></tr>
<tr><td colspan="2">内部审核</td><td>第 9.2 条</td><td>合规管理体系有效性评价</td><td>第 27 条</td><td>—</td></tr>
<tr><td colspan="2">管理评审</td><td>第 9.3 条</td><td>—</td><td>—</td><td>—</td></tr>
<tr><td rowspan="2">7</td><td rowspan="2">改进</td><td colspan="2">持续改进</td><td>第 10.1 条</td><td rowspan="2">建立违规问题整改机制</td><td rowspan="2">第 23 条</td><td rowspan="2">—</td></tr>
<tr><td colspan="2">不符合与纠正措施</td><td>第 10.2 条</td></tr>
<tr><td>8</td><td>数字化</td><td colspan="2">数字化与合规管理</td><td>第 NA.3 条</td><td>合规管理信息化</td><td>第六章</td><td>—</td></tr>
<tr><td>9</td><td>管理体系一体化融合</td><td colspan="2">管理体系一体化融合的范围、方法和路径（可涉及与既有体系的融合，合规管理基础工具的融合即法律、内控、风险管理等，管理体系间的一体化融合等）</td><td>第 NA.4 条</td><td>法务、合规、内控、风险管理等协同运作</td><td>第 26 条</td><td>—</td></tr>
</table>

（三）差异性分析

1. 体系架构设计存在差异

按照国资委合规管理办法规定，合规管理体系由六大模块、九个运行机制构成。

按照体系标准规定，合规管理体系由九个条款构成。

2. 体系范围要求存在差异

国资委合规管理办法要求我国中央企业、地方国有企业建立全面合规管理体系。

按照体系标准规定，企业可以选择建立重点领域合规管理体系或者全面合规管理体系。

3. “规”（合规义务渊源）的种类和范围存在差异

国资委合规管理办法规定的合规义务渊源种类比较局限，但包括了党内法规制度。

体系标准规定的合规义务渊源的种类更多，范围更广。

4. 合规管理组织架构存在差异

国资委合规管理办法设计了九个层级的合规管理组织，并对“三道防线”的设置及合规管理职责作出了明确规定。

体系标准对合规管理组织的规定比较简洁，只有四个层级的合规管理组织，包括治理机构和最高领导者、合规团队、管理者及员工。

5. 合规管理制度设计存在差异

国资委合规管理办法要求企业建立分类分层的合规管理制度体系，包括基本制度、具体合规指引以及重点领域合规指南等。

体系标准对合规管理制度没有作出明确规定，但对合规方针（compliance policy）、程序（procedures）等提出了要求。可能是翻译习惯问题，在欧美企业管理实务中，policy 和 procedures 常指企业的政策和规章制度。

6. 关于组织环境评审

国资委合规管理办法对组织环境评审没有明确要求。在实务中，企业往往首先对企业进行合规调研（合规诊断），了解企业业务、主要监管要求、企业组织机构、企业规章制度以及企业“三道防线”建立情况等，甄别企业现状与国资委合规管理办法要求之间的差异和不足，提出建设合规管理体系的建议。

按照体系标准规定，企业建立合规管理体系，需要首先了解组织内外部环境以及利益相关方的需求和期望，确定合规管理体系的范围，识别合规义务，评估合规风险。由于识别合规义务与评估合规风险放在工作第一步，工作量大，专业度高，耗时长，实务操作上存在困难。

7. 关于运行的策划和控制

体系标准第 8.1 条对运行的策划和控制作出了原则性规定。在体系认证实务中，认证机构往往要求企业针对业务或管理条线梳理明确业务管控流程，明确相关岗位合规职责，识别评估合规风险，并对各风险点进行控制。

国务院国资委发布的《中央企业合规管理办法》为企业合规管理设计

了九个运行机制，并提出了原则性指南。这是对体系标准有益的、充分的补充。此外，国资委《中央企业合规管理办法》对业务流程的合规管控在不同条款作出了规定。例如，第 13 条规定，业务及职能部门应当建立健全本部门合规管理制度和流程，开展合规风险评估，编制合规风险清单和应对预案；定期梳理重点岗位合规风险，将合规要求纳入岗位职责；负责本部门经营管理行为的合规审查等。第 21 条规定，企业应当将合规审查作为必经程序嵌入经营管理流程等。

8. 关于合规管理评审

按照国务院国资委发布的《中央企业合规管理办法》第 8 条第 3 项的规定，中央企业董事会推动完善合规管理体系对其进行有效性评价。第 14 条第 1 款第 3 项的规定，合规管理部门根据董事会授权开展合规管理有效性评价。但该办法并未对合规管理体系有效性评价的频次和具体要求作出规定。

按照体系标准第 9.2 条和第 9.3 条的规定，企业应组织对合规管理体系进行内部审核与管理评审。实务中，内部审核是由审核员组成内部审核小组按照体系标准的全部实体内容要求，以及按照《管理体系审核指南》（ISO 19011：2018）的程序性要求，对合规管理体系进行的全面评价。管理评审是由治理机构和最高管理层实施的对合规管理体系有效性评价。

9. 相对于体系标准，国务院国资委发布的《中央企业合规管理办法》的其他特别规定和要求

（1）国资委的行政监管（第 4 条）：指导、监督监管企业的合规管理工作，对合规管理体系建设情况及其有效性进行考核评价，依据相关规定对违规行为开展责任追究。

（2）合规管理四原则（第 5 条）：坚持党的领导，坚持全面覆盖，坚持权责清晰，坚持务实高效。

（3）合规审查（第 12 条、第 13 条、第 14 条、第 21 条）：建立分层的合规审查机制，即业务及职能部门、合规管理部门与首席合规官的三级合规审查机制。

（4）重大合规风险处理机制（第 22 条）。

（5）合规考核：将合规管理作为法治建设考核内容（第 28 条）。

（6）将合规管理纳入党委（党组）法治专题学习（第 29 条）。

（7）合规管理监督问责（第七章）：对合规管理不到位进行监督问责，

对在履行合规管理职责中的违规行为进行监督问责。

10. 相对于国资委合规管理办法，体系标准的其他特别规定和要求

（1）合规治理（第5.1.3条）：合规团队的独立性。

（2）聘用过程（第7.2.2条）：将人员遵守组织的合规义务、方针、过程和程序，作为人员的聘用条件；作为聘用过程的一部分，应结合岗位和人员可能引发的合规风险，在任何聘用、调动和晋升之前按要求进行尽职调查。

（3）沟通（第7.4条）：建立与合规管理体系有关的内部和外部沟通机制。

（4）文件化信息（合规档案）（第7.5条）：建立文件化信息的创建、管控和使用机制。

（5）合规绩效评价指标体系（第9.1.3条）：开发、实施和维护一套适当的指标，以帮助评价其合规目标的实现情况并评估合规绩效。

五、实务探讨：我国中央企业和地方国有企业合规管理体系认证

由以上分析补充可以看出，国资委合规管理办法与体系标准可以互为补充。

按照体系标准建立合规管理体系的企业，可以结合本企业实际情况和需要，借鉴参考国资委合规管理办法的不同要求和规定，增补相关要素和规定。

我国中央企业和地方国有企业也可以结合本企业实际情况和需要，借鉴参考体系标准的不同要求和规定，增补相关要素和规定。

（一）体系架构模式选择

由前文分析可以看出，合规管理体系架构模式有两种选择。第一种模式：以国资委合规管理办法规定的合规管理体系架构（六大模块、九个运行机制）为主体架构，增补融入体系标准的特别规定和要求。第二种模式：以体系标准规定的合规管理体系架构（九大条款）为主体架构，增补融入国资委合规管理办法的特别规定和要求。

实务中，采用两种体系架构模式的情况均存在。我国中央企业和地方国有企业如果申请合规管理体系认证，应当与拟聘请的合规管理体系认证

机构进行事前沟通，选择合规管理体系认证机构更倾向的体系架构模式。

笔者建议采用第一种模式。这种模式的主体架构逻辑更加合理清晰，更符合中国企业的管理架构、体系逻辑和语言文化习惯。

（二）体系范围选择

体系标准提供了三种体系范围选择，即在整个组织、产品业务条线和业务及职能部门领域建立合规管理体系。

国资委合规管理办法要求最终建立健全全面合规管理体系。在企业架构方面，要求包括各部门、各分支机构及各级子公司。在流程管控方面，要求贯穿决策、执行和监督全流程。在地理边界方面，要求覆盖企业投资经营所在的所有国家和地区。但是，各中央企业和地方企业集团规模庞大，经营国家和地区广袤，公司层级多，产品和业务条线丰富，分（子）公司云集，要在短时间内申请覆盖各个国家和地区、各层级子公司、各产品和业务条线、各部门领域的目标将会占用大量人员、时间和资金等管理成本，不切合实际。

借鉴我国中央企业、地方国有企业的合规管理体系认证实践，可以采取总体规划、分步推进、重点突出的策略。可以参考的体系范围选择方式具体如表3－7－6所示。

表3－7－6　可参考的体系范围选择方式

<table>
<tr><th>选择</th><th>体系架构</th><th>集团本部</th><th>子公司</th><th>产品业务条线</th><th>重点部门或法律领域</th><th>地理边界</th></tr>
<tr><td>1</td><td>√</td><td>√</td><td>一个或几个</td><td>一个或几个</td><td>一个或几个</td><td rowspan="3">经营所涉国家和地区</td></tr>
<tr><td>2</td><td>√</td><td>√</td><td></td><td></td><td>一个或几个</td></tr>
<tr><td>3</td><td></td><td></td><td>一个或几个</td><td>一个或几个</td><td>一个或几个</td></tr>
</table>

（三）需要关注的问题

1. 认证机构选择。（1）选择给企业做其他体系（如三标体系）认证的认证机构。它们更熟悉企业情况，更易于沟通并有利于合规管理体系建设和认证。（2）如果地理边界涉及境外投资经营或者涉外业务，可选择涉外体系认证机构，如BSI、SGS等。（3）选择对体系架构没有严苛要求的认证机构。如前文所述，采用第一种体系架构模式（以国资委合规管理办法规定的合规管理体系架构为主体架构，增补融入体系标准的特别规定和要求)，企业更熟悉、更易于理解并更方便与现有其他管理体系融合。

2. 关注以内部控制为基础，以风险为导向，以流程合规管控为重点。选择产品业务条线或者某一重点部门或法律领域进行体系认证，需要以内部控制为基础，梳理现有业务流程和管控节点以及岗位职责，通过合规风险识别明确合规风险点以及合规风险管控要求，最终将合规风险管控节点嵌入现有业务流程，建立业务流程合规管控清单，以及将合规风险管控要求嵌入岗位职责并建立岗位合规职责清单。

实务中，国务院国资委及各地方国资委自2022年第四季度起要求我国中央企业和地方国有企业建立"三张清单"，强化对业务流程以及岗位履职的合规管控，十分契合体系认证的要求。

3. 如果选择第一种体系架构模式（以国资委合规管理办法规定的合规管理体系架构为主体架构)，则须增补融入体系标准的特别规定和要求。

4. 如果选择第二种模式（以体系标准规定的合规管理体系架构为主体架构)，则须增补融入国资委合规管理办法的特别规定和要求。

第八章　企业合规管理内在逻辑关系实务研究

Chapter Ⅷ　Practical Research on the Internal Logical Relationship of Corporate Compliance Management

要点

1. 合规管理体系的各个构成要素之间存在一些内在逻辑关系，如条件关系、因果关系、层级关系、交叉关系、包容关系、点面关系、动静关系、归纳关系、总分关系、循环关系、概括和具体、普通与特别、原则和具体、形式和实质等。

2. 厘清这些逻辑关系，对更加深入理解和推动企业合规管理具有实务指导意义。

合规管理体系的各个构成要素之间存在一些内在的逻辑关系。对这些逻辑关系进行实务研究，厘清“规”、合规义务、合规风险、合规管理、合规管理体系内在的主要逻辑关系，为合规管理及合规管理体系建设提供实务参考。

一、“规”

1. 条件

合规即守规。“规”是合规义务渊源的简称，即合规义务的来源。企业合规即企业遵守对本企业具有约束力的合规义务渊源。“规”的存在是合规的前提及合规管理的直接动因。

合规风险是指违规给企业带来法律责任、经济损失和声誉损失的可能性。因此，“规”的存在也是合规风险存在的前提，是合规风险区别于全面风险中其他风险的直接原因。

企业合规管理，首先要做到知规，然后确保守规。企业应当穷尽收集“规”，建立合规义务渊源库。“规”收集不全，对于没有收集到的“规”，就存在不遵守的可能性及不合规的风险。

2. **总和分**

“规”包括外部合规义务渊源和内部合规义务渊源。按照国际标准 ISO 37301 与我国国家标准 GB/T 35770《合规管理体系　要求及使用指南》，“规”包括强制性的必须遵守的合规要求与自愿遵守的合规承诺。

外部合规义务渊源主要包括法律法规、监管规定、行业准则以及国际条约和规则等。按照国际标准 ISO 37301 与我国国家标准 GB/T 35770《合规管理体系　要求及使用指南》前言的规定，“规”还包括道德规范。按照国家标准 GB/T 35770《合规管理体系　要求及使用指南》附录 NA，在我国语境下，外部合规义务渊源还包括强制性标准、检察决定、最高人民法院的司法解释和指导性案例、合同中的契约性合规义务以及合同中援引外国具有域外效力的法律等。我国中央企业和国有企业所须遵守的“规”还包括党内法规制度。在实务中，有些企业还将所须遵守的母公司（集团公司）的规章制度作为本企业的外部合规义务渊源。

内部合规义务渊源包括企业章程和内部规章制度、业务流程、对外承诺等。企业合规管理的重要工作之一是推动、检查和监督企业是否将外部合规义务渊源中适用于本企业的强制性规范及时、有效地转化为内部规章制度。

3. **层级**

外部合规义务渊源包括宪法、法律、行政法规、地方性法规、部门规章、地方政府规章等效力层级。内部合规义务渊源包括章程、基本制度、部门制度、业务流程、管理表单等层级。

企业收集合规义务渊源，须甄别和管理外部合规义务渊源和内部合规义务渊源的效力层级，确保内部合规义务渊源不违反外部合规义务渊源，确保较低层级内部规章制度不违反较高层级的内部规章制度。

4. **普通与特别**

企业不同部门存在所须共同遵守的普遍性合规义务渊源，如宪法、公司法、刑法、公司章程、公司基本制度等。不同部门的业务范围和管理职责不同，需要遵守与之相关的特别合规义务渊源。例如，财务部门遵守和执行财务税收法律法规，安全环保部门遵守和执行安全环保法律法规，人力资源部遵守和执行劳动与社会保障法律法规等。不同部门所须遵守的合规义务渊源的特别性导致企业合规管理具有很强的专业性和复杂性。

5. **动态和静态**

“规”具有相对稳定性，企业任何时候都需要遵守当时有效的合规义务渊源。合规义务渊源处于不断立、改、废的动态变化之中。企业合规管理需要根据外部合规义务渊源的动态变化，持续维护更新合规义务渊源库和修订内部规章制度，确保合规义务渊源库是最新有效的，确保内部规章制度符合最新的合规义务渊源，以保证企业始终处于持续合规状态。

二、合规义务

1. 条件

合规具体表现为对合规义务的遵守，合规义务的存在是合规的基础和前提。企业合规管理，需要识别、梳理、汇总合规义务渊源所规定的具体合规义务，建立合规义务清单。

2. 归纳

合规义务不同于合规义务渊源。合规义务由合规主体、合规义务内容及违规后果构成（合规义务 = 合规主体 + 合规义务具体内容 + 违规后果）。合规义务来源于合规义务渊源的具体条款规定。识别合规义务，不能照搬、照抄法条，需要按照合规主体、合规义务具体内容及违规后果进行归纳、整理和重述，使之简练、清晰、易懂。

3. 概括和具体

概括性合规义务是对某一个领域或者某一类别的合规义务作综合性描述或指向，具有原则性、归纳性等特点。例如，在内控体系风险矩阵、全面风险清单中常见的“企业在订立劳动合同时应遵守《劳动合同法》的规定”，就是典型的概括性合规义务。具体合规义务是指对合规义务的主体、内容（具体的作为或不作为要求）及违规后果（合规风险）作出明确规定的合规义务。例如，我国《民法典》第 546 条第 1 款规定：“债权人转让债权，未通知债务人的，该转让对债务人不发生效力。”

在企业合规管理中，概括性合规义务缺乏具体义务内容，没有具体的操作性和指导性，无法用来建立具体合规义务清单，也不能作为合规风险评估的基础。具体合规义务具有明确、具体、直接的特点，具有直接的指向性及很强的实际操作性，可用于对企业、各部门及各岗位员工的合规义务识别并建立合规义务清单。合规风险是对具体合规义务的违反所导致的具体负面后果。只有具体合规义务才能用作合规风险识别和评估的基础。

4. 底线与红线

企业合规管理要有底线思维，牢守合规底线。合规管理的普遍性原则要求企业及其各部门和全体员工须遵守合规义务，对违规行为“零”容忍。企业合规管理要有“红线”思维，不触碰合规“红线”。“红线”合规义务是指一旦违反即可能给企业带来重大风险（刑事责任、行政处罚、重大经济或声誉损失）的合规义务。合规管理的重要性、实效性原则要企业突出、强化对“红线”合规义务的遵守，即识别“红线”合规义务并建立“红线”合规义务清单，强化“红线”合规义务培训和执行，确保不违反“红线”合规义务。

5. 总和分

企业所须遵守的所有合规义务是一个整体，汇集成企业合规义务库。企业是拟制法人，经营管理由治理机构、各部门及各岗位具体实施。企业合规义务也分解为治理机构、各业务条线、各部门、各科室、各岗位等的具体合规义务。做好企业合规管理，不同层级的组织机构须梳理、识别、汇总本层级机构的合规义务，建立合规义务清单。岗位是企业管理的最基本组织单元，梳理、识别各岗位（尤其是重点岗位和高风险岗位）合规义务、建立岗位合规义务清单，确保各岗位遵守合规义务是企业合规管理最基础的工作。

6. 层级

企业岗位包括不同层级，如高级管理岗、部门管理岗、一般管理岗、工人（操作）岗等。不同层级的岗位，存在需要普遍遵守的合规义务（如保护公司财产、保守公司商业秘密等），但也需要遵守与其岗位职责相关的特别合规义务。例如，企业财务部的部门经理和出纳岗，其所需遵守的岗位合规义务因岗位层级不同而存在明显区别。岗位层级越高，所须遵守的红线合规义务越多；一旦违规，给企业带来的合规风险也越高。因此，企业需要突出、强化对高层级（“关键少数”）和高风险岗位的合规管理。

7. 一般与特殊

企业不同部门存在需要共同遵守的一般性合规义务，如企业规章制度制定、年度计划和预算、绩效管理等。不同部门因业务范围和管理职责不同，还需要遵守与之相关的特别合规义务。

企业不同部门的各岗位、同一部门的不同岗位存在都需要遵守的一般性合规义务，如保护公司财产、保守公司商业秘密等。不同部门的各岗位、同一部门的不同岗位因其岗位职责不同，所须遵守的相关合规义务也不同。例如人力资源部的招聘岗与薪资岗、财务部门的会计岗和出纳岗等。岗位合规职责也由岗位一般合规职责与岗位特别合规职责构成。

8. **积极和消极**

积极的合规义务是合规义务渊源规定的、必须为一定行为的义务。例如，企业必须依法纳税、依法进行信息披露等。消极（禁止性）合规义务是合规义务渊源规定的、不得为一定行为的义务。例如，企业不得偷漏税、不得虚开增值税发票等。

区分积极合规义务与消极（禁止性）合规义务的意义在于，企业各部门、各岗位应识别这两类合规义务，建立主要合规义务的正面清单（积极合规义务清单）和负面清单（禁止性、消极合规义务清单），知晓本部门、本岗位必须做什么、不能做什么，用以指导和规范本部门的经营管理行为以及本岗位的履职行为。

9. **动态和静态**

“规”的动静决定了合规义务的动静。合规义务渊源的动态变化（立、改、废）直接导致合规义务的动态变化。企业及其各部门、各岗位需要根据合规义务渊源的动态变化，不断维护更新合规义务清单。

三、合规风险

1. **因果**

合规风险是企业违反合规义务导致的负面后果（刑事责任、行政处罚、经济损失和声誉损失等）。负面后果与违反合规义务有着直接的因果关系。企业通过评估企业违反合规义务的可能性及导致负面后果的损失程度，对合规风险进行识别和评估，建立合规风险清单，运用风险管理策略，采取风险应对措施，降低、减少、规避、消除对合规义务违反的可能性及损失程度（合规风险）。

2. **层级**

根据违反合规义务的可能性及导致负面后果的损失程度，企业合规风险可划分为高、中、低等三个等级。对于较高合规风险，企业采取整改措施，努力消除或者将其降低为中等或较低合规风险，并防止其演变为合规风险事件。对于中等合规风险，企业应重点防范，防止其升级为较高合规风险。

3. **固有和剩余**

固有风险是指企业在采取风险管控措施之前就存在的潜在风险。剩余风险是指在企业开展风险管理、采取风险管控措施后未能被控制或消除的潜在风险。企业合规（风险）管理的任务就是运用风险管理策略，采取风险应对措施，降低、减少、规避和消除剩余合规风险。

4. 总和分

企业总体面临的合规风险分解为部门合规风险，再分解为岗位合规风险。建立岗位合规义务与合规风险清单，推动人人遵守合规义务、防范合规风险。企业经营管理划分为若干业务条线和管理条线。每一业务条线和管理条线分解为业务流程，再分解为控制节点。业务流程的控制节点，是企业管理的最基本业务单元。针对每个控制节点，识别合规义务，评估合规风险，建立业务流程合规义务清单与合规风险清单，将合规审查等合规管控措施嵌入业务流程，建立业务流程合规管控清单，实现对业务流程各环节、各控制节点的合规风险防范。

5. 交叉

合规风险包括违法合规风险、违反内规合规风险与违反道德规范合规风险等。法律风险包括法律环境、违法、违约、侵权、怠于行使权利、不当行为等方面的风险。合规风险与法律风险存在交叉，即违法风险。违法风险既是主要的法律风险，也是主要的合规风险。

6. 包容

企业全面风险包括战略风险、市场风险、财务投融资风险、法律合规风险、运营风险、信用风险、政治风险等。法律风险、合规风险属于全面风险范畴。内部控制通过对企业面临的风险进行评估，开展控制活动，采取控制措施，管控和防范风险，是企业最主要的风险管理策略和风险应对措施。

7. 动态和静态

企业合规风险的种类和等级因合规义务渊源变化、内外部环境变化、采取风险管理措施等处于动态变动过程之中。企业须对合规风险进行动态监测，定期对合规风险进行再评估并维护更新合规风险清单，及时采取风险应对措施。

四、合规管理

1. 点和面

我国中央企业和地方国有企业要求开展全面合规管理，覆盖各部门领域、各级子公司、全流程及全体员工。但企业经营管理通常涵盖十几个管理和业务领域，同时全面推动各领域合规管理的管理成本（人员、费用、时间等）很高，势必影响企业正常运转。因此，需要集中资源优先突出重点领域（主业、强监管、高风险等领域）的合规管理，积累经验，建立格式模型，培养合规管理团队，然后推广到其他部门和领域。

2. 交叉

合规管理具有很强的法律专业性，具体表现在：企业所须遵守的强制性合规义务渊源，外部法律法规占有重要地位；“红线”合规义务主要是法律义务；重大合规风险主要是法律风险；识别合规义务、评估合规风险，需要扎实的法律专业知识和丰富的法律实务经验。合规管理具有很强的管理专业性，主要表现在：业务流程和岗位是企业的两个最基本管理单元，合规管理（合规义务识别、合规风险评估和应对等）只有建立在业务流程和岗位的基础上，才能真正融入业务和有效落地运行，实现全流程、全员合规。合规管理具有法律和管理双重专业性，是具有法律专业性的管理工作和具有管理专业性的法律工作。

3. 包容

合规目标是企业内部控制的三大目标（经营目标、报告目标、合规目标）之一，也是企业全面风险管理的主要目标之一。从风险管理角度来看，企业合规管理当属内部控制的一部分，也是全面风险管理的一部分。但是，由于内部控制与全面风险管理的侧重点不同，开展内部控制和全面风险管理的大多数企业，多注重法律风险评估，并且常止步于概括性法律义务识别，没有真正解决合规管理的基础性问题（即穷尽收集合规义务渊源、识别具体的合规义务并建立合规义务清单）。

4. 循环

企业合规管理遵守 ISO 37301（GB/T 35770）《合规管理体系　要求及使用指南》所述 PDCA 循环（策划、实施、检查和改进）。

企业合规管理以内控为基础，以有效防控合规风险为目标，以识别合规义务、评估和管控合规风险为主要内容，有着清晰、密切的内在逻辑关系，遵循具有自身专业属性的循环，实现闭环管理，即：明确业务流程，明确岗位职责，收集合规义务渊源，识别合规义务，评估合规风险并建立合规风险清单，建立业务流程合规管控清单实现对业务流程的合规管控，建立岗位合规职责清单将合规职责明确到岗、落实到人。

五、合规管理体系

1. 点和面

按照 ISO 37301（GB/T 35770）《合规管理体系 要求及使用指南》第 A. 4. 3 条，确定合规管理体系的范围就是组织确立其合规管理体系所适用的物理边界和组织边界。在这个过程中，组织选择在整个组织、组织内特定单元或特定职能内部实施合规管理体系时，具有自由度和灵活性。因此，企业可以选择在整个组织建立合规管理体系，即全面合规管理体系。我国中央企业、地方国有企业按照我国国务院国资委、地方国资委合规管理办法的要求建立全面合规管理体系。我国其他所有制企业可以参照建立全面合规管理体系，也可以选择在特定单元（如特定业务板块、产品条线或事业部）或特定职能（如业务部门或职能部门）内部实施合规管理体系，即重点领域合规管理体系。

企业须建立合规管理体系实施方案，总体规划，步步为营，分步推进合规管理体系建设及有效运行。

2. 原则和具体

我国国务院国资委、地方国资委及其他有关政府部门发布实施的《合规管理办法》主要是原则性的要求和规定，具体操作流程需要根据企业实际制定。企业须基于本企业实际，制定合规管理组织具体履职指引、合规管理运行机制和保障机制的具体操作指引、重点领域专项合规指南等，推动企业合规管理有效运行。

3. 形式和实质

不少企业在建立合规管理体系初期过分注重合规管理体系架构（合规管理组织、制度、运行机制、保障机制、信息化、合规文化等）建设，止步于形式上的合规管理。

2023 年 3 月，国务院国资委部署各中央企业集团以落实《中央企业合规管理办法》为主线，以完善运行机制为关键，不断健全合规风险识别清单、岗位合规职责清单、业务流程管控清单（合称“三张清单”）。“三张清单”的编制以企业最基本的业务单元（业务流程）和最基本的组织单元（岗位）为抓手，通过具体合规义务识别、合规风险评估和应对，夯实对业务流程中重要控制点的合规管控以及各重点岗位的合规职责，推动落实企业经营管理处处合规、时时合规、人人合规，推动合规管理基于顶层设计而有效融入业务，推动合规管理体系从框架和形式向有效落地运行及实质性合规转化。

第四篇
企业法务、合规、内控、风险管理协同运作机制

Part IV
Collaboration of Legal Affairs Management, Compliance Management, Internal Control and Risk Management

第一章 概 述

Chapter Ⅰ Overview

要点

1. 企业法务、合规、内控、风险管理之间存在趋同性。国资委鼓励企业建立四者之间的协同运作机制，加强统筹协调，避免交叉重复，提高管理效能。

2. 我国国有企业法治体系的指导思想和基本原则，为建立企业法务、合规、内控、风险管理协同运作机制提供了统一的思想基础和实务条件。

一、从“一体化管理平台”到“协同运作机制”

2015 年 12 月 8 日国务院国资委发布《关于全面推进法治央企建设的意见》，要求中央企业建立依法治企体系（包括依法治理、依法合规经营和依法规范管理），探索建立法律、合规、风险、内控一体化管理平台。2021 年 10 月 17 日国务院国资委发布《关于进一步深化法治央企建设的意见》，要求中央企业探索构建法律、合规、内控、风险管理协同运作机制，加强统筹协调，提高管理效能。国务院国资委发布的《中央企业合规管理办法》第 26 条要求中央企业结合实际建立健全合规管理与法务管理、内部控制、风险管理等协同运作机制，加强统筹协调，避免交叉重复，提高管理效能。就同一内容，国务院国资委上述三份文件的表述略有不同，背后含义丰富。

（1）法务、合规、内控、风险管理四大领域在组织体系、制度体系、运行机制等方面存在很强的趋同性（尤其是组织体系以及运行机制中的风险管理、计划与报告、事项审查、违规追责、管理评价、绩效考核等），但也存在差异性（如法务管理中的专业性法律事务、合规管理中的违规管理、内部控制中的会计控制等）。因此，整合法务、合规、内控、风险管理四大体系，须求同存异。一方面，要减少管理交叉（甚至矛盾）、优化管理环节、整合管理资源，对存在强趋同性的方面进行要素整合；另一方面，要保留而不能抹杀四大体系各自的特殊功能，保留其差异性和专业性，即要协同运作，而非绝对的或者全面的一体化整合。

（2）防控风险是四大体系主要的、共同的管理目标，四大体系要以风险为导向，以内控为根基，以法律合规管理为重点。因此，建立四大体系的协同运作机制，将“法律、合规、风险管理、内控”调整为“法律、合规、内控、风险管理”，更能反映四大体系之间的逻辑关系。

（3）企业法律事务机构从事的是专业性法律事务管理，即法务管理，而非法律管理。使用“法务管理”替代“法律管理”，更能精准地反映专业性法律事务管理的内涵。

二、探索建立协同运作机制

企业不同管理功能在管理的各构成要素之间存在交叉、相互包含甚至趋同的地方。传统的企业管理采取分散化管理模式，各部门体系之间相互独立，管理脱节，各自为政。在这种模式下，如果不协调好各部门之间的关系，可能会增加管理层级和环节，导致工作的重叠甚至矛盾，部门之间争抢或浪费资源，影响企业经营管理效率和质量。

将构成要素趋同的管理体系进行有机整合，建立法务、合规、内控、风险管理协同运作机制，有助于减少相关分体系之间管理上的不协调，精简管理机构与人员，优化管理流程，减少管理环节，实现优势互补，提供问题的整体解决方案，共享与节约资源，提高企业的整体管理能力、效率和质量。

建立法律、合规、风险、内控一体化管理平台，需要对企业法务管理体系、合规管理体系、内部控制体系与全面风险管理体系进行分析比较，发掘它们之间的趋同性以及可以整合的管理要素。但是，关于四大体系的架构、构成要素等，我国有关标准、指引的规定不尽一致。

我国尚无法律法规对企业法务管理体系作出明确规定。2015 年 12 月 8 日，国务院国资委发布《关于全面推进法治央企建设的意见》，要求中央企业全面推进法治央企建设，建立健全、完善的法治体系（又称法治工作体系），包括企业法治组织体系、制度体系、监督体系、考核评价体系等，其中蕴含了中央企业及地方国有企业企业法务管理体系的基本架构和内容。

国际标准及我国国家标准《合规管理体系　要求及指南》规定的合规

管理体系架构包括组织环境、领导作用、策划、支持、运行、绩效评价和改进等。国务院国资委发布的《中央企业合规管理指引（试行）》将企业合规管理体系架构设置为组织体系、制度体系、合规管理运行（包括合规风险管理、合规审查、违规管理与合规管理体系有效性评价）、合规管理保障（包括考核评价、合规管理队伍、合规培训、合规报告、合规管理信息系统、合规文化等）。国务院国资委发布的《中央企业合规管理办法》将企业合规管理体系架构设置为组织体系、制度体系、运行机制、文化建设、信息化及监督问责六大模块。发改委等七部门发布的《企业境外经营合规管理指引》所述合规管理体系还包括合规方针与合规审计两个要素。

我国财政部等五部门发布的《企业内部控制基本规范》从内部控制的五要素出发构建企业内部控制体系，即内部环境（包括组织体系、内部审计、人力资源政策、培训教育、企业文化、法务管理等）、风险评估和应对、控制活动（控制措施和控制制度）、信息与沟通（信息收集、内外部沟通、反舞弊机制、举报机制）及内部监督（内部控制评价）。

《美国 COSO 企业风险管理——整合框架》在企业内部控制五要素的基础上，将企业全面风险管理扩展到八要素，即内部环境、目标设定、事项识别、风险评估、风险对策、控制活动、沟通与记录和监督检查。国际标准及我国国家标准《风险管理　原则与实施指南》《风险管理　法律风险管理指南》以及国务院国资委发布的《中央企业全面风险管理指引》仍坚持风险管理五要素，即明确环境信息、风险评估、风险应对、沟通与记录、监督检查。按照前述我国标准、指引的规定，风险管理体系的架构主要包括风险管理方针、风险管理组织体系、风险管理制度体系、风险管理资源配置、风险管理运行、风险管理沟通和报告机制、风险管理文化等。

在我国，内部控制与全面风险管理呈现出明显的、日趋融合的趋势。例如，上交所、深交所原《上市公司内部控制指引》就在传统的内部控制五要素基础之上增加了三个构成要素，即目标设定、事项识别和风险对策，将传统内部控制构成五要素扩展到八大要素，使之与全面风险管理的八大要素完全一致。又如，我国财政部等五部门发布的《企业内部控制基本规范》包含了风险偏好、风险承受度、机会风险等概念，并已经将风险应对策略确定为内部控制的构成要素之一。

上述标准、指引对四大体系架构和构成要素的表述存在差异。为方便比较，在本部分中，笔者探索按照下列方法来编排四大体系的架构和构成要素。

（1）企业合规管理体系的架构和构成要素，笔者按照国务院国资委发布的《中央企业合规管理指引（试行）》《中央企业合规管理办法》，并参照国际标准及我国国家标准《合规管理体系　要求及使用指南》和我国发改委等七部门发布的《企业境外经营合规管理指引》的规定进行编排，并将合规管理体系有效性评价、合规考核评价、合规审计合并为监督检查。因此，企业合规管理体系构成如表4－1－1所示。

表4－1－1　企业合规管理体系构成

<table>
<tr><th>序号</th><th colspan="3">构成要素</th></tr>
<tr><td>1</td><td colspan="3">合规方针与目标</td></tr>
<tr><td>2</td><td colspan="3">组织体系</td></tr>
<tr><td>3</td><td colspan="3">制度体系</td></tr>
<tr><td>4</td><td colspan="2">合规风险管理</td><td rowspan="3">运行机制</td></tr>
<tr><td>5</td><td colspan="2">合规审查</td></tr>
<tr><td>6</td><td colspan="2">违规管理</td></tr>
<tr><td rowspan="3">7</td><td rowspan="3">监督检查</td><td>有效性评价</td><td rowspan="8">保障机制</td></tr>
<tr><td>合规考核</td></tr>
<tr><td>合规审计</td></tr>
<tr><td>8</td><td colspan="2">人力资源保障</td></tr>
<tr><td>9</td><td colspan="2">合规宣传培训</td></tr>
<tr><td>10</td><td colspan="2">计划报告</td></tr>
<tr><td>11</td><td colspan="2">合规管理信息系统</td></tr>
<tr><td>12</td><td colspan="2">合规文化</td></tr>
</table>

（2）由于企业法务管理与合规管理的趋同性较强，笔者参照合规管理体系来编排企业法务管理体系的架构和构成要素。

（3）企业内部控制体系的架构和构成要素，按照财政部等五部门发布的《企业内部控制基本规范》的规定编排。为方便比较，笔者按照合规管理体系的架构对内部控制体系构成要素的顺序进行适当调整，编制内部控制体系架构的比较列表。

（4）企业全面风险管理体系的架构和构成要素，结合国际标准及我国国家标准《风险管理　原则与实施指南》《风险管理　法律风险管理指南》

以及国务院国资委发布的《中央企业全面风险管理指引》编排。为方便比较，笔者按照合规管理体系的架构对全面风险管理构成要素的顺序进行适当调整，编制风险管理体系架构的比较列表。

我国国有企业法治体系的指导思想和基本原则，为建立企业法务、合规、内控、风险管理协同运作机制提供了统一的思想基础。我国国有企业法务管理体系、合规管理体系、内部控制体系、全面风险管理体系同属于法治体系，构成法治体系的重要内容，是我国国有企业实现依法治企的载体、手段和机制保障，共同为我国国有企业推动和实现依法治企发挥重要作用。我国国有企业法治体系中的组织体系、制度体系和保障机制，包含了法务管理体系、合规管理体系、全面风险管理体系、内部控制体系中的组织体系、制度体系和保障机制，为国有企业整合法务、合规、风险管理、内控管理体系中的组织体系、制度体系和保障机制提供了现实基础和条件。

我国国有企业法务、合规、内控、风险管理协同运作机制的建立，应以国有企业依法治企的指导思想和基本原则为指针，并围绕国有企业法治体系建设的总体目标来展开。

笔者从分析企业法务、合规管理、风险管理、内部控制体系架构及其各构成要素的趋同性和差异性角度，提出 LCR（企业法务、合规管理、内部控制与风险管理）整合框架，探索建立企业法务、合规、内控、风险管理协同运作机制的途径和方法，以抛砖引玉，共同探讨。

三、核心观点

1. 我国国有企业法务、合规、内控、风险管理协同运作机制的建立，应以国有企业依法治企的指导思想和基本原则为指针，并围绕国有企业法治体系建设的总体目标来展开。

2. 建立法务、合规、内控、风险管理协同运作机制的基础是，四大领域的体系架构和主要构成要素存在趋同性。

3. 法律事务具有很强的专业性和实务性，在企业中具有独立的、不可替代的重要地位。

4. 合规管理所适用的“规”包括外部合规义务渊源和内部合规义务渊源。外部合规义务渊源的合规管理可以由法务兼管，内部合规义务渊源的合规管理可以由内部控制兼管，合规管理部门的独立性因此受到挑战。

5. 全面风险管理是在内部控制的基础上发展起来的。内部控制的风险管理可以适度扩展到全面风险管理的要素和内容，从而使全面风险管理部门的独立性受到挑战。全面风险管理可以由内部控制兼管。

6. 建立法务、合规、内控、风险管理协同运作机制，应贯彻“以风险为导向，内控为基础，法律合规为重点”这一要求。

7. 建立法务、合规、内控、风险管理协同运作机制，首先要制定 LCR 整合框架。

8. 建立法务、合规、内控、风险管理协同运作机制，实现资源共享，减少管理环节，优化管理流程，提高企业整体管理能力、效率和质量。

9. 法务管理、合规管理、内部控制、全面风险管理都是长效工程。不可能立竿见影，一蹴而就。需要立足长远，持之以恒。

10. 法务管理、合规管理、内部控制、全面风险管理是管理方法、手段和过程，只能提供合理保证，而不能提供绝对保证。

第二章　企业法务管理、合规管理、内部控制、全面风险管理

Chapter Ⅱ　Corporate Legal，Compliance，Internal Control and Risk Management

要点

1. 经过多年的实践和发展，我国中央企业和地方国有企业已经建立比较完善的法务管理体系。

2. 2018 年是我国企业合规管理元年。几年来，我国中央企业和地方国有企业合规管理体系建设日臻完善。

3. 2008 年，财政部等五部门联合发布《企业内部控制基本规范》，内部控制体系在我国中央企业、地方国有企业、上市公司等中逐步建立。

4. 国资委于 2006 年发布《中央企业全面风险管理指引》，引入企业全面风险管理。全面风险管理体系成为我国中央企业以及大部分地方国有企业的主要管理体系之一，在风险防控方面发挥积极作用。

第一节　企业法务管理

企业法务管理是指以有效防控法律风险和维护企业合法权益为目的，开展包括法务管理制度制定、法律风险管理、法律咨询、合同管理、知识产权管理、行政人事法律管理、法律纠纷管理、法律培训、法治文化建设等在内的有组织、有计划的管理活动。

一、产生与发展

1. 欧美企业法务管理

欧美国家企业法务管理于19世纪末随着现代企业制度的形成而产生。1882年，美国美孚石油公司首先设立公司法律部，开展法务管理。“二战”以后，随着市场交易、国际贸易、跨境投资和跨国并购的发展以及法律风险的不断增加，欧美企业纷纷设立法务部门，并与公司财务部、人力资源部等并驾齐驱，成为公司重要的、独立的横向职能管理部门，在公司经营管理中发挥重要作用。

欧美企业的总法律顾问（GC）作为企业的执行副总裁，与集团总裁（CEO）、财务总监（CFO）并驾齐驱，构成现代公司法人治理的“三驾马车”，参与公司决策并负责公司法务、风控与合规管理。

欧美企业集团总部、子集团一般设立独立的法务部门，并实行垂直管理。子公司法务部门在人、财、物等各方面，直接受集团总法律顾问及法务部的领导并向其汇报。很多欧美企业法务部处于和子公司相对独立的“第三方”监督地位，对法律事务拥有决定权，不受业务条线和其他部门的干涉。

欧美企业法务部门管理的法律事务较广，除法律咨询、合同管理法律事务、知识产权管理法律事务、劳动人事法律事务、争议解决法律事务等日常法律事务外，总法律顾问作为企业执行副总裁，直接参与公司决策；法务部门在企业投资、并购项目中主管法律文件谈判，甚至主导整个投资并购项目；总法律顾问或法务人员还作为子公司的董事或监事，直接参与子公司的公司治理；总法律顾问兼任合规总监，除设立独立的合规管理部门外，法务部门兼管合规管理；外部律师由法务部门通过公司采购流程自主聘请，不受其他部门干预。

2. 我国企业法务管理

我国现代企业法务管理最早产生于新中国成立初期。1955年4月，国务院法制办发布《中华人民共和国国务院批转“关于法律室任务职责和组织办法的报告”的通知》，是我国有关国有企业法务管理的最早的文件。1987年以后，我国实行改革开放政策，由于企业发展的需要，以及在吸引外资的同时引进跨国企业法务管理的做法和经验，使我国大型国营企业开始建立法律部门。

1990年，国家体改委发布《关于加强企业法律顾问工作的意见》，标志着我国企业法律顾问制度的正式建立。1997年5月3日，国家经济贸易委员会发布《企业法律顾问管理办法》。我国企业法律顾问制度得以产生和发展。

2004 年 5 月 11 日，国务院国资委发布《国有企业法律顾问管理办法》，要求国有企业推行总法律顾问制度，设立法律事务机构，开展法务管理工作。之后，各省、直辖市、自治区国资委都颁布了省属国有企业法律顾问管理办法。

2015 年 12 月 8 日，国务院国资委发布《关于全面推进法治央企建设的意见》。随后各省市国资委根据该意见发布了本省市属国有企业推进法治国企建设的意见。中央企业和地方国企法务管理得到进一步加强，法务管理体系的框架和内容得以确立。

2016 年 6 月，中共中央办公厅、国务院办公厅发布《关于推行法务顾问制度和公职律师公司律师制度的意见》。2018 年 12 月 13 日，司法部发布《公司律师管理办法》。我国公司律师制度得以建立和发展。

二、企业法务管理的内容

企业法务管理包括专业性法律事务与行政管理性事务的管理。

1. 专业性法律事务

按照国务院国资委发布的《国有企业法律顾问管理办法》以及司法部发布的《公司律师管理办法》，企业法务管理的专业性法律事务主要包括：（1）为企业改制重组、并购上市、产权转让、破产重整等重大经营决策提供法律意见；（2）参与企业章程、董事会运行规则等企业重要规章制度的制定、修改；（3）参与企业对外谈判、磋商，起草、审核企业对外签署的合同、协议、法律文书；（4）组织开展合规管理、法律风险管理、知识产权管理、法治宣传教育培训、法律咨询等工作；（5）办理各类诉讼和调解、仲裁等法律事务；（6）所在单位委托或者指派的其他法律事务。

法律事务具有很强的专业性和实务性，需要专门部门（法务部）和专业人员（法务人员）来负责，因此，法务管理是企业其他部门所不能替代的职责。正因如此，法务管理在企业中具有独立的、不可替代的重要地位，大型企业往往需要成立专门的法务部门负责并聘请外部律师参与企业法务管理工作。

2. 行政管理性事务

企业法务管理的行政管理性事务主要包括法务部门的组织建设、人员管理和培养、计划与报告、预算管理、法律宣传和培训、会务管理、项目组织、对外部律师的管理、参加业务及职能部门会议、法律管理信息系统建设、法务档案管理、法治文化建设等。有些企业法务部门还兼管本企业及子公司的董事会秘书事务，也属于行政管理性事务。

行政管理性事务是法务部门必要的、辅助性的工作内容，晓业务、懂管理是企业法律顾问的基本能力要求，但往往被很多企业法务部门忽视。企业总法律顾问或者法务负责人应有40%以上的时间、企业法律顾问应有20%以上的时间处理行政管理性事务。这也是企业法务与外部律师的重要区别之一。

三、企业法律风险管理

我国国家标准化管理委员会于2012年2月1日发布国家标准《企业法律风险管理指南》(GB/T 27914—2011)，对法律风险的管理作出了规定，推荐给企业适用。2020年5月6日，国际标准化组织以我国国家标准《企业法律风险管理指南》为蓝本，正式发布《风险管理　法律风险管理指南》(ISO 31022：2020)。2023年8月6日，我国国家标准化管理委员会发布《风险管理　法律风险管理指南》(GB/T 27914—2023)，代替原国家标准《企业法律风险管理指南》(GB/T 27914—2011)（以下简称国际标准及我国国家标准《风险管理　法律风险管理指南》）。按照该标准第3.2条规定，法律风险是指由法律、法规以及合同事项导致的风险。企业法律风险包括法律环境风险、违法法律风险、违约法律风险、侵权法律风险、怠于行使权利法律风险、行为不当法律风险等。

企业法律风险管理是企业全面风险管理的有机组成部分，贯穿于企业决策和经营管理的各个环节。企业法律风险管理过程包括明确法律风险环境信息、法律风险评估、法律风险应对、监督和检查、沟通和记录。

法律风险管理通过法律风险管理体系来实施，包括企业法律风险管理的方针、组织机构及职能、制度流程、资源配置、沟通和报告机制、法律风险管理文化等。

在实务中，只有中国移动、中国烟草集团等少数企业建立了法律风险管理体系，开展了法律风险管理，而大多数企业并未开展法律风险管理，法律风险管理也未能成为企业法务管理的核心或主要工作之一。

四、企业法务管理体系

我国法律、法规并无关于建立企业法务管理体系的明确规定。

2015年12月8日，国务院国资委发布《关于全面推进法治央企建设的意见》，要求中央企业全面推进法治央企建设，建立健全、完善的法治体系（又称法治工作体系），包括企业法治组织体系、制度体系、监督体系、考核评价体系等，其中蕴含了中央企业法务管理体系的基本架构和内容。

根据该意见以及国务院国资委《国有企业法律顾问管理办法》，司法部《公司律师管理办法》，中共中央办公厅、国务院办公厅发布的《关于进一步推进国有企业贯彻落实“三重一大”决策制度的意见》，国务院国资委《中央企业主要负责人履行推进法治建设第一责任人职责规定》，以及各省市地方政府和地方国资委的相关规定，参照国务院国资委发布的《中央企业合规管理指引（试行）》规定的合规管理体系架构，笔者将我国国有企业法务管理体系架构和内容梳理总结如下。

（一）企业法务管理体系架构

参照国务院国资委发布的《中央企业合规管理指引（试行）》规定的合规管理体系架构，中央企业和各省市地方国企依法治企法务管理的体系架构梳理总结如表4－2－1所示。

表4－2－1　企业法务管理体系架构

<table>
<tr><th>序号</th><th colspan="2">构成要素</th></tr>
<tr><td>1</td><td colspan="2">总体目标</td></tr>
<tr><td>2</td><td colspan="2">组织体系</td></tr>
<tr><td>3</td><td colspan="2">制度体系</td></tr>
<tr><td>4</td><td>法律风险管理</td><td rowspan="3">运行机制</td></tr>
<tr><td>5</td><td>专业性法律事务（含法律审核）</td></tr>
<tr><td>6</td><td>违规问责</td></tr>
<tr><td>7</td><td>监督检查</td><td rowspan="6">保障机制</td></tr>
<tr><td>8</td><td>人力资源保障</td></tr>
<tr><td>9</td><td>法治宣传培训</td></tr>
<tr><td>10</td><td>计划报告</td></tr>
<tr><td>11</td><td>法务管理信息系统</td></tr>
<tr><td>12</td><td>法治文化</td></tr>
</table>

（二）企业法务管理体系架构的具体内容

1. 法务管理目标

企业法务管理的目标是协助企业有效防范法律风险，维护企业合规权益，保障企业依法经营，即合法目标。

2. **组织体系**

组织体系的具体规定见表 4 –2 –2。

表 4 –2 –2　组织体系的具体规定

组织	具体规定
第一责任人	企业主要负责人，即企业党委书记、董事长、总经理，是履行推进法治建设第一责任人
董事会	(1) 带头依法依规决策，董事会审议事项涉及法律问题的，应当要求总法律顾问列席会议并听取法律意见； (2) 推动建立健全企业法律顾问制度，落实总法律顾问可由董事会聘任的相关规定，设立与经营规模和业务需要相适应的法律事务机构，促进企业法律顾问队伍建设
监事会	加大监事会对依法治企情况和董事、高级管理人员依法履职情况的监督力度，将企业合规经营、依法管理作为当期监督的重要内容
经理层	(1) 推动法律管理与企业经营管理深度融合，充分发挥总法律顾问和法律事务机构作用，不断健全法律风险防范机制和内部控制体系，严格落实规章制度、重大决策、经济合同法律审核制度，加强合规管理和法律监督； (2) 完善法律顾问日常管理、业务培训、考评奖惩等工作机制，拓宽职业发展通道，并为其履职提供必要条件； (3) 组织实施普法规划，强化法治宣传教育，大力提升全员法治意识，努力打造法治文化
总法律顾问	在企业集团及其重要子企业全面推行总法律顾问制度，并在公司章程中予以明确。总法律顾问应当具有法学专业背景或者法律相关职业资格。总法律顾问可以由董事会聘任。总法律顾问作为企业高级管理人员，全面领导企业法律管理工作，统一协调处理经营管理中的法律事务，全面参与重大经营决策，领导企业法律事务机构开展相关工作
法务部	设立独立的法律事务机构，包括专业性法律事务与行政管理性事务
其他部门	(1) 其他部门在推进法治建设中应有效整合资源，增强工作合力，形成上下联动、部门协同的法治建设大格局； (2) 建立各部门共同参与法治建设的工作机制； (3) 业务及职能部门应对本部门内部一般性法律问题进行审查
子企业法务部	企业集团及其重要子企业设立独立的法律事务机构，配备与经营管理需求相适应的企业法律顾问
境外子企业法务部	完善境外法治工作组织体系，推动境外重要子企业或业务相对集中的区域设立法律事务机构或配备专职法律顾问

3. **制度体系**

（1）法律审核制度。

（2）合同管理、知识产权管理、法律风险防范、纠纷案件处理、外部律师管理等各专项法律管理制度。

4. **法律风险管理**

（1）健全、完善法律风险防范制度。

（2）将风险评估纳入依法决策程序要求。

（3）切实防范重大改革的法律风险，在推进混合所有制、员工持股、股权激励等改革过程中严控法律风险。

（4）有效防范国际化经营中的法律风险，突出境外法律风险防范重点，确保法律风险防范全覆盖。

5. **专业性法律事务（含法律审核）**

专业性法律事务在上文已作了阐述。

国务院国资委发布的《关于全面推进法治央企建设的意见》还要求：

（1）完善“三重一大”等决策制度，健全依法决策程序，严格落实职工参与、专家论证、风险评估、法律审核、集体决策等程序要求。完善重大决策合法性事项审查，未经合法性审查或者经审查不合法的，不得提交决策会议讨论。董事会审议事项涉及法律问题的，总法律顾问应列席会议并提出法律意见。总法律顾问应当全面参与经理层的经营管理活动，充分发挥法律审核把关作用。高度重视对重大改革事项的法律论证，切实防范法律风险，确保各项改革措施于法有据。

（2）依法参与市场竞争。严格执行有关反垄断、安全生产、环境保护、节能减排、产品质量、知识产权、劳动用工等国家法律法规和市场规则，坚决杜绝违法违规行为。明确法律事务机构的合同管理职责，严格落实合同法律审核制度，充分发挥法律审核在规范市场竞争、防止违法违规行为中的重要作用。提升依法维权能力，加大对侵权行为的追责力度，妥善解决法律纠纷案件，切实维护自身合法权益。

（3）依法开展国际化经营。严格按照国际规则、所在国法律和我国相关法律法规开展境外业务，有效防范法律风险。建立境外重大项目法律顾问提前介入工作机制，确保法律风险防范全覆盖。突出境外法律风险防范重点，高度重视国家安全审查、反垄断审查、反倾销反补贴调查和知识产权等领域的法律风险，深入做好尽职调查，组织拟订防范预案。建立健全涉外重大法律纠纷案件预警和应对机制。完善境外法治工作组织体系，推动境外重要子企业或业务相对集中的区域设立法律事务机构或配备专职法律顾问。

（4）完善企业规章制度体系，加强对规章制度的法律审核，确保各项制度依法合规。

（5）依法规范重点领域和关键环节管理，坚持依法规范操作，确保法律事务机构全程参与，严控法律风险。严格执行信息披露制度，依法加大信息公开力度，积极打造阳光央企。

（6）完善法律审核机制，加快促进法律管理与经营管理的深度融合，将法律审核嵌入管理流程，使法律审核成为经营管理的必经环节。

6. 违规问责

落实问责制度，企业重大经营活动因未经法律审核，或者虽经审核但未采纳正确法律意见而造成重大损失的，追究企业相关领导人员责任。经过法律审核，但因重大失职未发现严重法律风险造成重大损失的，追究相关法律工作人员责任。

7. 内部监督

（1）充分发挥总法律顾问和法律事务机构在章程制定、执行和监督中的重要作用，确保章程依法制定、依法实施。

（2）完善企业内部监督体系，形成法律与审计、纪检监察、巡视、财务等部门的监督合力。

（3）强化规章制度落实监督机制，法律、审计、纪检和相关业务及职能部门定期对制度落实情况进行监督检查，对违规行为严格督促整改、开展责任追究。

8. 人力资源保障

对标同行业世界一流企业，在法务部配备与经营管理需求相适应的企业法律顾问。建立健全企业法律顾问职业发展规划，将企业法律顾问纳入人才培养体系，提升企业法律顾问队伍专职化、专业化水平。建立健全企业法律顾问专业人员评价体系，完善职业岗位等级评审制度，实行与职级和专业技术等级相匹配的差异化薪酬分配办法。

9. 法律宣传培训

（1）全面开展普法宣传教育，加强法治宣传与各业务及职能部门的协同联动，推进法治宣传教育制度化、常态化。完善学法用法制度，将法治学习作为企业党委（党组）中心组学习、管理培训、员工教育的必修课，形成全员尊法、学法、守法、用法的良好氛围。

（2）加强企业规章制度宣贯培训，促进各项制度有效落实。

10. 报告

将企业法治建设情况作为董事会年度工作报告的重要内容。

企业对可能引发重大法律纠纷案件、造成重大资产损失的法律风险事项，应当及时向董事会及国资委报告。

11. 法务管理信息化建设

大力推进法务管理信息化建设，探索创新法律管理方式方法，提高法务管理效能。

12. 法治文化

（1）大力推进法治文化建设，弘扬法治精神，增强法治理念，努力使全体员工成为法治的忠实崇尚者、自觉遵守者、坚定捍卫者。

（2）全面开展普法宣传教育和法律专业知识培训。

（3）积极推进树立法治央企建设中涌现出的优秀企业、集体和个人典型，充分发挥引领带动作用。

2021 年 10 月 17 日，国务院国资委发布《关于进一步深化法治央企建设的意见》，要求坚持以习近平新时代中国特色社会主义思想为指导，认真落实习近平法治思想，深入贯彻党的十九大和十九届二中、三中、四中、五中全会精神，按照中央全面依法治国工作会议部署，立足新发展阶段，贯彻新发展理念，构建新发展格局，紧紧围绕国企改革三年行动和中央企业“十四五”发展规划，着力健全领导责任体系、依法治理体系、规章制度体系、合规管理体系、工作组织体系，持续提升法治工作引领支撑能力、风险管控能力、涉外保障能力、主动维权能力和数字化管理能力，不断深化治理完善、经营合规、管理规范、守法诚信的法治央企建设，为加快建设世界一流企业筑牢法治基础。主要内容包括：

（1）着力健全领导责任体系；

（2）着力健全依法治理体系；

（3）着力健全规章制度体系；

（4）着力健全合规管理体系；

（5）着力健全工作组织体系；

（6）着力提升风险管控能力；

（7）着力提升涉外保障能力；

（8）着力提升主动维权能力；

（9）着力提升数字化管理能力；

（10）厚植法治文化。

五、有关企业法务管理的规范及其适用

我国有关企业法务管理的规范、适用对象和强制执行的效力如表 4－2－3 所示。

表 4－2－3　我国有关企业法务管理的规范、适用对象和强制执行的效力

序号	名称	发布部门	发布日期	适用对象	强制效力
1	《企业法律顾问管理办法》	原国际经济贸易委员会	1997 年 5 月 3 日	国有企业	无
2	《国有企业法律顾问管理办法》	国务院国资委	2004 年 5 月 11 日	国有企业	有
3	《关于进一步推进国有企业贯彻落实“三重一大”决策制度的意见》	中共中央办公厅、国务院办公厅	2010 年 6 月 5 日	国有企业	有
4	《中央企业主要负责人履行推进法治建设第一责任人职责规定》	国务院国资委	2017 年 7 月 20 日	中央企业	有
5	《风险管理　法律风险管理指南》	国际标准化组织、国家标准化管理委员会	2020 年 5 月 6 日、2023 年 8 月 6 日		
6	《关于全面推进法治央企建设的意见》	国务院国资委	2015 年 12 月 8 日	中央企业	有
7	《关于进一步深化法治央企建设的意见》	国务院国资委	2021 年 10 月 17 日	中央企业	有
8	关于推进法治国企建设的意见、关于进一步深化法治国企建设的意见	各地方国资委	—	地方国企	有
9	《公司律师管理办法》	司法部	2018 年 12 月 13 日	国有企业（民营企业试点探索）	有

六、企业如何开展法务管理、建立法务管理体系

根据上述有关法务管理规范的规定，梳理、总结企业开展法务管理、建立法务管理体系的情况如下。

（一）中央企业、地方国企

按照上述规范的规定，中央企业、国有企业全面推进依法治企建设、建立法律管理体系、开展法务管理等，都有明确的、具有强制性的规定。中央企业必须按照上述规范的规定建立法务管理体系，开展法务管理。

（二）民营企业

就建立法务管理体系、开展法务管理而言，民营企业分三类情况。

1. 上市公司民营企业

作为上市公司的民营企业，应按照我国财政部等五部门《企业内部控制基本规范》的规定建立法务管理体系，开展法务管理（第19条规定：企业应当加强法制教育，增强董事、监事、经理及其他高级管理人员和员工的法制观念，严格依法决策、依法办事、依法监督，建立健全法律顾问制度和重大法律纠纷案件备案制度）。

2. 强监管行业民营企业

强监管行业（如金融、证券等）的民营企业（如民营的银行、保险公司、证券公司等），应按照有关法律、法规的规定建立法务管理体系，开展法务管理。

3. 其他民营企业

对于我国其他民营企业，并无强制要求建立法务管理体系、开展法务管理的强制性法律、法规规定。但是，中共中央、国务院于2019年12月4日发布的《关于营造更好发展环境支持民营企业改革发展的意见》要求推动民营企业守法合规经营，民营企业应筑牢守法合规经营底线，依法经营、依法治企、依法维权，认真履行环境保护、安全生产、职工权益保障等责任。民营企业走出去要遵法守法、合规经营，塑造良好形象。强调引导民营企业深化改革，鼓励有条件的民营企业加快建立治理结构合理、股东行为规范、内部约束有效、运行高效灵活的现代企业制度，重视发挥公司律

师和法律顾问作用。

其他民营企业参与国内外市场竞争，遵法守法、合规经营以及依法经营、依法治企、依法维权已成为必选项。大中型民营企业应建立法务管理体系，开展法务管理；小型民营企业应聘请法律顾问或者外部律师开展法务管理。

在建立法务管理体系、开展法务管理时，我国其他民营企业可以选择适用原国际经济贸易委员会《企业法律顾问管理办法》、国际标准及我国国家标准《风险管理　法律风险管理指南》，并可以申请探索民营企业公司律师试点。大中型民营企业可以参照国务院国资委发布的《关于全面推进法治央企建设的意见》以及跨国企业集团的做法和经验建立法务管理体系，开展法务管理。

七、我国企业法务管理存在的突出问题

对标欧美跨国企业，我国企业法务管理在以下方面还存在进一步改进与完善的空间：

1. 法务部的地位和重要性有待提高。个别央企以及诸多地方国企仍没有设立总法律顾问，或者仍由不具有法学专业背景或者法律相关职业资格的副总经理兼任总法律顾问，或者法务部仍停留在二级部门单位或者一个部门的科室。

2. 法务部门的权威和独立性有待加强。在有些企业，法务管理参与决策和提出的法律意见流于形式，不被采纳；处理法律事务的独立性受到干预。

3. 法务部门主管的法律事务范围有待拓展。很多企业法务部门的主要职责实际上限定为合同审查、争议解决和法制宣传培训，而少有参与决策、治理机构法律事务、知识产权管理法律事务、劳动人事法律事务等。

4. 法务人员存在配备人数不足、人员流失、招聘困难的情况。如何按照国务院国资委发布的《关于全面推进法治央企建设的意见》加强法治工作队伍建设，建立健全企业法律顾问专业人员评价体系，完善职业岗位等级评审制度，实行与职级和专业技术等级相匹配的差异化薪酬分配办法，提高法务人员在企业的地位和待遇，与跨国企业、金融企业、上市公司开展法务人才竞争，是一项亟待研究解决的课题。

5. 大多数民营企业的法律意识比较淡薄，其建立法务管理体系和开展法务管理的工作任重道远。

第二节 企业合规管理

一、产生与发展

企业合规管理源于1977年《美国反海外腐败法案》，至今已有近50年的历史，并在21世纪初在欧美跨国企业集团迅速发展和成熟。

欧美国家及跨国企业在已经建立健全有效的企业内部控制体系的基础上，更加关注诚信合规管理（或者说重点法律领域的合规管理），包括“五反”（反腐败、反欺诈、反洗钱、反串谋、反胁迫）、反垄断、利益冲突、网络和数据安全、商业伙伴合规管理等。建立、实施有效、完善的内部控制体系，通过内部控制流程防范各个环节违规行为的发生，重点突出诚信合规管理，点面结合，系统性防范，又突出合规管理重点，是欧美跨国企业合规管理的突出特点。

20世纪80年代初，三资企业的建立将欧美跨国企业集团的合规管理理念和实践引入我国。我国银监会于2006年颁布《商业银行合规风险管理指引》，我国保监会于2007年发布《保险公司合规管理指引》(后为2016年《保险公司合规管理办法》所替代)，合规管理在我国金融企业率先开展起来。

2016年，企业合规管理在中国移动等5家中央企业开始试点。2018年7月1日，中国国家质量监督检验检疫总局和国家标准化管理委员会《合规管理体系　指南》(GB/T 35770—2017）生效。2018年11月2日，国务院国资委颁布实施《中央企业合规管理指引（试行)》。2018年12月26日，我国发改委等七部门联合发布实施《企业境外经营合规管理指引》。2018年成为名副其实的中国企业合规元年。此后，上海市、江苏省等省市的国资委陆续颁布本省市地方国企的合规管理指引。2019年以来，合规管理与合规管理体系建设工作在中央企业、地方国企迅速开展起来。

2019年12月4日，中共中央、国务院发布的《关于营造更好发展环境支持民营企业改革发展的意见》，要求推动民营企业守法合规经营，民营企业应筑牢守法合规经营底线，依法经营、依法治企、依法维权，认真履行环境保护、安全生产、职工权益保障等责任；要求民营企业走出去要遵法守法、合规经营，塑造良好形象。一般民营企业的合规管理也已提上日程。

二、企业合规管理的定义

按照国务院国资委发布的《中央企业合规管理办法》，合规管理是指企业以有效防控合规风险为目的，以提升依法合规经营管理水平为导向，以企业经营管理行为和员工履职行为为对象，开展的包括建立合规制度、完善运行机制、培育合规文化、强化监督问责等在内的有组织、有计划地管理活动。

三、企业合规风险管理

按照国务院国资委发布的《中央企业合规管理办法》规定，合规风险是指企业及其员工在经营管理过程中因违规行为引发法律责任、造成经济或者声誉损失以及其他负面影响的可能性。

按照国际标准及我国国家标准《合规管理体系　要求及使用指南》规定，合规风险管理流程包括理解组织及环境、识别合规义务、合规风险评估、合规风险应对、监督和检查、沟通和记录等。

合规管理的核心和主要工作是合规风险管理。合规管理的各项工作围绕合规风险管理而展开。合规管理有效落地实施的主要手段是通过风险管理明确合规风险点及采取风险管控措施，将风险管控要求和节点融入业务流程。

四、企业合规管理体系

（一）合规管理原则

按照国务院国资委发布的《中央企业合规管理办法》规定，建立健全合规管理体系的基本原则包括：

1. 坚持党的领导。充分发挥企业党委（党组）领导作用，落实全面依法治国战略部署有关要求，把党的领导贯穿合规管理全过程。

2. 坚持全面覆盖。将合规要求嵌入经营管理各领域各环节，贯穿决策、执行、监督全过程，落实到各部门、各单位和全体员工，实现多方联动、上下贯通。

3. 坚持权责清晰。按照“管业务必须管合规”要求，明确业务及职能部门、合规管理部门和监督部门职责，严格落实员工合规责任，对违规行为严肃问责。

4. 坚持务实高效。建立健全符合企业实际的合规管理体系，突出对重点领域、关键环节和重要人员的管理，充分利用大数据等信息化手段，切实提高管理效能。

有些省市地方国企合规管理指引还将风险导向作为合规管理的基本原则之一。

5. 风险导向。坚持以合规风险为导向，加强重点领域合规风险管理，着力于重大合规风险的防控与化解。

（二）企业合规管理体系架构

国际标准及我国国家标准《合规管理体系　要求及指南》规定的合规管理体系架构包括组织环境、领导作用、策划、支持、运行、绩效评价和改进等。国务院国资委发布的《中央企业合规管理指引（试行）》将企业合规管理体系架构设置为组织体系、制度体系、合规管理运行（包括合规风险管理、合规审查、违规管理与合规管理体系有效性评价）、合规管理保障（包括考核评价、合规管理队伍、合规培训、合规报告、合规管理信息系统、合规文化等）。国务院国资委发布的《中央企业合规管理办法》将企业合规管理体系架构设置为组织体系、制度体系、运行机制、文化建设、信息化及监督问责六大模块。发改委等七部门发布的《企业境外经营合规管理指引》所述合规管理体系还包括合规方针与合规审计两个要素。

以国务院国资委发布的《中央企业合规管理指引（试行）》《中央企业合规管理办法》规定的合规管理架构为主线，结合发改委等七部门发布的《企业境外经营合规管理指引》、国际标准及我国国家标准《合规管理体系　要求及使用指南》的规定，合规管理体系架构梳理总结如表4－2－4所示。

表4－2－4　企业合规管理体系架构

序号	构成要素	
1	合规方针与目标	
2	组织体系	
3	制度体系	
4	合规风险管理	运行机制
5	合规审查	
6	违规管理	

续表

序号	构成要素		
7	监督检查	有效性评价	保障机制
		合规考核	
		合规审计	
8	人力资源保障		
9	合规宣传培训		
10	计划报告		
11	合规管理信息系统		
12	合规文化		

（三）企业合规管理体系架构的具体内容

关于合规管理体系各构成要素的具体内容在前文中已经详细介绍，不再赘述。

五、我国企业合规管理规范及其适用

我国有关企业合规管理的规范、适用对象和强制执行的效力如表4－2－5所示。

表4－2－5　我国有关企业合规管理的规范、适用对象和强制执行的效力

序号	名称	发布部门	发布日期	适用对象	强制效力
1	《金融机构合规管理办法》	国家金融监督管理总局	2024年12月25日	金融机构	有
2	《证券公司和证券投资基金管理公司合规管理办法》	证监会	2020年3月20日修正	证券公司和证券投资基金管理公司	有
3	《合规管理体系　要求及使用指南》	国家质量监督检验检疫总局、国家标准化管理委员会	2022年10月12日	所有企业	推荐适用
4	《中央企业合规管理指引（试行）》	国务院国资委	2018年11月2日	中央企业	有

续表

序号	名称	发布部门	发布日期	适用对象	强制效力
5	《中央企业合规管理办法》	国务院国资委	2022年8月23日	中央企业	有
6	地方国企合规管理指引/办法	各地方国资委	—	地方国企	有
7	《企业境外经营合规管理指引》	发改委等七部门	2018年12月26日	所有企业	有

六、开展合规管理，企业如何选择

根据上述有关合规管理规范的规定，梳理、总结企业开展合规管理、建立合规管理体系的情况如下。

（一）中央企业

按照国务院国资委发布的《中央企业合规管理指引（试行）》《中央企业合规管理办法》的规定，中央企业须按该指引和办法的规定建立合规管理体系，开展合规管理。

属于金融机构、证券公司和证券投资基金管理公司的中央企业开展合规管理，还应遵守所在行业有关部委局关于合规管理的规定建立合规管理体系，开展合规管理。

中央企业境外投资经营的合规管理，还应遵守我国发改委等七部门发布实施的《企业境外经营合规管理指引》的规定。

（二）地方国有企业

有些省、自治区、直辖市国资委已经发布地方国有企业合规管理指引，或者发出通知要求地方国企开展合规管理，这些省、自治区、直辖市地方国有企业须按本地合规管理指引/办法的规定建立合规管理体系，开展合规管理。

属于金融机构、证券公司和证券投资基金管理公司的地方国有企业，须遵守所在行业有关部委局关于合规管理的规定建立合规管理体系，开展合规管理。

地方国有企业境外投资经营的合规管理，还应遵守我国发改委等七部门发布实施的《企业境外经营合规管理指引》的规定。

（三）民营企业

就建立合规管理体系、开展合规管理而言，民营企业分三类情况。

1. 强监管行业民营企业

属于金融机构、证券公司和证券投资基金管理公司的民营企业，须遵守所在行业有关部委局关于合规管理的规定建立合规管理体系，开展合规管理。

2. 其他民营企业

对于我国其他民营企业，并无强制要求建立合规管理体系、开展合规管理的强制性法律、法规规定。但是，中共中央、国务院《关于营造更好发展环境支持民营企业改革发展的意见》要求推动民营企业守法合规经营，民营企业应筑牢守法合规经营底线，依法经营、依法治企、依法维权，认真履行环境保护、安全生产、职工权益保障等责任。民营企业走出去要遵法守法、合规经营，塑造良好形象。2025 年 3 月 7 日，工业和信息化部办公厅等 15 部门办公厅（秘书局、办公室、综合司）联合发布了《关于促进中小企业提升合规意识加强合规管理的指导意见》（工信厅联企业〔2025〕14 号），对中小民营企业开展合规管理提出了要求，指明了方向。该意见明确规定，促进中小企业加强合规管理是坚持全面依法治国基本方略的内在要求，也是推动中小企业持续健康发展的重要基础。该意见要求引导中小企业增强合规意识、加强合规建设、提升合规管理水平，防范生产经营风险。到 2030 年，中小企业合规发展环境进一步优化，中小企业合规服务工作体系基本形成，企业基本具备适应高质量发展要求的合规管理意识和能力，依法合规经营水平显著提升，合规成为中小企业核心竞争力的重要组成部分。另外，该意见还明确了民营企业合规管理的重点领域，并要求统筹推进中小企业合规管理体系建设。

其他民营企业参与国内外市场竞争，遵法守法、合规经营以及依法经营、依法治企、依法维权已成为必选项。大中型民营企业应建立合规管理体系，开展合规管理；小型民营企业应聘请法律顾问或者外部律师开展合规管理。

在建立合规管理体系、开展合规管理时，我国其他民营企业可以选择适用国际标准及我国国家标准《合规管理体系　要求及使用指南》并参考跨国企业集团的做法和经验建立合规管理体系，开展合规管理。

3. 民营企业境外投资经营的合规管理

地方国有企业境外投资经营的合规管理，还应遵守我国发改委等七部门发布实施的《企业境外经营合规管理指引》的规定。

七、我国企业合规管理体系建设中应注意的问题

根据笔者协助企业建立合规管理体系的实践，以下几方面是企业在建立合规管理体系中应注意的问题：

1. 合规管理体系建设及其运行是企业的“一把手”工程，离不开企业领导的带头合规与支持。合规管理重在全员参与，覆盖各部门领域、各分支机构、各子企业以及每个员工。合规管理职责及合规考核须落实到每个部门和每个关键岗位的员工。

2. 合规管理体系是一个由多个要素构成的完整体系，建立合规管理组织、制定合规管理基本制度只是体系中初始的一小部分。合规管理体系有效落地执行，还需要其他构成要素（如合规风险管理、计划与报告、管理评估与审计、宣传培训、考核评价等）开始运行并共同发挥作用。

3. 合规管理体系是一个长期持续改进的过程。制定合规管理基本制度(办法)、建立合规管理体系架构只是“万里长征”的第一步。合规管理体系各构成要素（如启动年度合规管理计划与报告、管理评估与审计、考核评价）全部开始启动运行，至少经过一个完整年度（短期计划）的时间。完成各部门领域合规风险管理、健全完善合规管理体系各构成要素并有效落地执行，则需要更长的时间（中期计划 3 年时间）。建立合规管理体系并有效落地执行须立足长远，不可能立竿见影或者一蹴而就。

4. 合规管理的基础是穷尽收集合规义务渊源、识别合规义务并建立合规义务清单，目标是防控合规风险，核心是各部门、各岗位员工“知规、守规”。企业应通过建立“三张清单”（合规风险识别清单、业务流程管控清单、岗位合规职责清单）并有效运用，推动合规管理真正融入业务并有效落地运行。

5. 合规风险只是企业全面风险中若干风险的一种，即企业违反法律、法规、规范（包括外部合规义务渊源、内部合规义务渊源、道德规范等）可能导致的制裁、处罚、财产损失和声誉损失风险。企业全面风险除了合

规风险外，还包括战略风险、市场风险、财务风险、经营风险等。做好合规管理，能够帮助企业各部门领域及员工预防和管控合规风险，但不能帮助企业预防和管控战略风险、市场风险、财务风险、经营风险等其他风险，这些其他风险的管控属于内部控制与全面风险管理范畴。

正因如此，国务院国资委发布的《中央企业合规管理办法》要求企业建立法务、合规、内控、风险管理等协同运作机制，形成管理合力，才能全面预防和管控企业的各类风险。

6. 建立合规管理体系不是新建一套，另立门户。合规管理体系需要与企业现有其他管理体系相衔接、相融合。

7. 有些企业管理人员认为，只要建立了合规管理体系，就能防控所有合规风险。这是错误的认识。与法务管理、内部控制、全面风险管理一样，合规管理只是提供防控合规风险的机制、程序和方法，强调企业建立合规管理机制与合规管理过程，其有效性受企业本身内外部环境（如管理架构、领导支持、合规意识、员工参与、贯彻执行、监督检查等）各方面的影响。合规管理只能提供合规风险防控的合理保证，而不能提供绝对保证。

第三节　企业内部控制

一、产生和发展

1. 内部控制在欧美国家的产生和发展

内部控制的雏形产生于1912年蒙马利内部牵制，主要内容为职责分离与账户核对。

现代企业内部控制产生于20世纪初。1936年，美国注册会计师协会在《注册会计师对财务报表的审查》文稿中，首次提出了内部控制这一专门术语。内部控制逐步扩展到控制系统，包括组织结构、职务分离、业务程序、处理手续等要素。

1977年，美国颁布的《美国反海外腐败法案》除了反腐败条款外，另一重要内容就是要求企业建立充分的内部会计控制。

1988年，美国AICPA发布了《审计准则公告第55号》，提出了内部控制三要素，即控制环境、会计系统和控制程序。

1992 年 9 月，美国 COSO（美国反虚假财务报告委员会下属的发起人委员会）发布了《美国 COSO 企业内部控制——整合框架》，将内部控制要素扩展到控制环境、风险评估、控制活动、信息与沟通、监督五个方面。

2002 年 7 月，美国国会通过了《美国萨班斯—奥克斯利法案》(Sarbanes-Oxley Act)，要求所有在美国的上市公司必须建立和完善企业内部控制体系。

2006 年，美国 COSO 发布了《美国 COSO 中小企业财务报告内部控制指南》。

2013 年 5 月 14 日，美国 COSO 发布了《美国 COSO 2013 年内部控制整合框架》及其配套指南。

2. 内部控制在我国的发展

1996 年，我国财政部发布了《独立审计具体准则第 9 号——内部控制与审计风险》，首次提出了企业内部控制。

1999 年修订的《会计法》第一次以法律形式对建立健全企业内部控制提出了原则要求。

2006 年 6 月 5 日，上海证券交易所制定并发布了《上海证券交易所上市公司内部控制指引》。2006 年 9 月 28 日，深圳证券交易所制定并发布《深圳证券交易所上市公司内部控制指引》。

2008 年 5 月 22 日，我国财政部、证监会、审计署、银监会、保监会五部门参照美国 COSO 2006 年《美国 COSO 中小企业财务报告内部控制指南》，联合发布了《企业内部控制基本规范》(财会〔2008〕7 号)，于 2010 年 4 月 15 日发布了《企业内部控制应用指引》、《企业内部控制评价指引》和《企业内部控制审计指引》(财会〔2010〕11 号)，在上市公司范围内施行，并鼓励非上市的大中型企业执行。

2012 年 5 月 7 日，国务院国资委、财政部发布了《关于加快构建中央企业内部控制体系有关事项的通知》，要求中央企业以风险管理为导向加强内控体系建设。

2019 年 10 月 19 日，国务院国资委发布了《关于加强中央企业内部控制体系建设与监督工作的实施意见》，再次要求中央企业应充分发挥内部控制体系对企业强基固本作用，建立健全以风险管理为导向、合规管理监督为重点，严格、规范、全面、有效的内控体系，实现“强内控、防风险、促合规”的管控目标。

二、我国企业内部控制的定义

按照1972年发布的《美国审计程序委员会审计准则公告》的规定，内部控制是指在一定的环境下，企业为了提高经营效率、充分有效地获得和使用各种资源，达到既定管理目标，而在企业内部实施的各种制约和调节的组织、计划、程序和方法。

国务院国资委发布的《中央企业全面风险管理指引》第6条将内部控制定义为：围绕风险管理策略目标，针对企业战略、规划、产品研发、投融资、市场运营、财务、内部审计、法律事务、人力资源、采购、加工制造、销售、物流、质量、安全生产、环境保护等各项业务管理及其重要业务流程，通过执行风险管理基本流程，制定并执行的规章制度、程序和措施。

我国财政部、审计署、保监会、银监会和证监会于2010年4月15日颁布的《企业内部控制应用指引》，将企业内部控制分为组织框架、发展战略、人力资源、社会责任、企业文化、资金活动、采购业务、资产管理、销售业务、研究与开发、工程项目、担保业务、业务外包、财务报告、全面预算、合同管理、信息传递、信息系统18个方面。

三、企业内部控制的构成要素

企业的内部控制应当贯穿于企业经营管理活动的决策、执行和监督的各个阶段、各个层级，涵盖了企业每一项经营活动的过程始终，体现了内部控制的全面、全员、全过程控制的特性。

我国《企业内部控制基本规范》基本采用了《美国COSO内部控制——整合框架》的观点。有效的企业内部控制包括五个要素：

1. 内部环境：企业实施内部控制的基础，一般包括治理结构、机构设置及权责分配、内部审计、人力资源政策、企业文化等。

2. 风险评估：企业及时识别、系统分析经营活动中与实现内部控制目标相关的风险，合理确定风险应对策略。

3. 控制活动：企业根据风险评估结果，采用相应的控制措施，制定并执行内部控制制度，将风险控制在可承受度之内，包括不相容职务分离控制、授权审批控制、会计系统控制、财产保护控制、预算控制、运营分析控制、绩效考评控制、重大风险预警机制和突发事件应急处理机制等。

4. 信息与沟通：企业及时、准确地收集、传递与内部控制相关的信息，建立信息管理系统，确保信息在企业内部、企业与外部之间进行有效沟通；建立反舞弊机制，建立举报投诉制度和举报人保护制度。

5. 内部监督：企业对内部控制建立与实施情况进行监督检查，评价内部控制的有效性，发现内部控制缺陷，应当及时加以改进。

《上海证券交易所上市公司内部控制指引》《深圳证券交易所上市公司内部控制指引》增加了三个构成要素（目标设定、事项识别和风险对策），将上市公司内部控制分为八大要素，使之与全面风险管理的八大要素完全一致，即（1）内部环境。（2）目标设定：公司董事会和管理层根据公司的风险偏好设定公司战略目标，并在公司内层层分解和落实。（3）事项识别：公司董事会和管理层对影响公司目标实现的内外事件进行识别，分清风险和机会。（4）风险评估。（5）风险对策：公司管理层按照公司的风险偏好和风险承受能力，采取规避、降低、分担或接受的风险应对方式，制定相应的风险控制措施。（6）控制活动。（7）信息与沟通。（8）检查监督。

四、企业内部控制的风险管理

企业内部控制以风险为导向，风险管理是内部控制的核心内容。

企业内部控制的风险管理是企业通过对其经营活动中与实现内部控制目标相关的风险进行评估，合理确定风险应对策略，采取相应控制措施，有效控制和处置风险的过程。

（一）企业经营活动中与实现内部控制目标相关的风险

按照我国财政部等五部门《企业内部控制基本规范》第 3 条第 2 款规定，内部控制的目标包括经营目标、报告目标与合规目标，即为合理保证企业经营管理合法合规、资产安全、财务报告及相关信息真实完整，提高经营效率和效果，促进企业实现发展战略。

企业经营活动中与实现内部控制目标相关的常见风险主要有政策风险、市场风险、财务风险、法律合规风险、团队风险等，并存在于企业经营管理的各个领域。

国务院国资委发布的《中央企业全面风险管理指引》将企业风险分为战略风险、财务风险、市场风险、运营风险与法律风险。

我国财政部等五部门发布的《企业内部控制基本规范》第22条、第23条将企业经营活动中与实现内部控制目标相关的风险划分为内部风险和外部风险。企业识别内部风险应当关注下列因素：(1)董事、监事、经理及其他高级管理人员的职业操守、员工专业胜任能力等人力资源因素。(2)组织机构、经营方式、资产管理、业务流程等管理因素。(3)研究开发、技术投入、信息技术运用等自主创新因素。(4)财务状况、经营成果、现金流量等财务因素。(5)营运安全、员工健康、环境保护等安全环保因素。(6)其他有关内部风险因素。

企业识别外部风险，应当关注下列因素：(1)经济形势、产业政策、融资环境、市场竞争、资源供给等经济因素。(2)法律法规、监管要求等法律因素。(3)安全稳定、文化传统、社会信用、教育水平、消费者行为等社会因素。(4)技术进步、工艺改进等科学技术因素。(5)自然灾害、环境状况等自然环境因素。(6)其他有关外部风险因素。

(二)企业内部控制风险管理构成要素

内部控制风险管理的构成要素包括：(1)明确环境信息；(2)风险评估；(3)风险应对；(4)监督和检查；(5)沟通和记录。

五、企业内部控制体系

企业内部控制体系，是以内部环境建设为基础，以风险评估的结果为导向，以各种控制方法为手段，以信息与沟通为桥梁，以监督与评价为推动力的一个整体闭环管理体系。

(一)企业内部控制基本原则

1. 全面性原则：内部控制应当贯穿决策、执行和监督全过程，覆盖企业及其所属单位的各种业务和事项。按照内部控制要求将每个业务领域纳入内部控制中，将内部控制的触角深入管理的最终端，切实有效地防范各类风险。

2. 重要性原则：内部控制应当在全面控制的基础上，关注重要业务事项和高风险领域。

3. 制衡性原则：内部控制应当在治理结构、机构设置及权责分配、业务流程等方面形成相互制约、相互监督，兼顾运营效率。

4. 适应性原则：内部控制应当与企业经营规模、业务范围、竞争状况和风险水平等相适应，并随着情况的变化及时加以调整。

5. 成本效益原则：内部控制应当权衡实施成本与预期效益，以适当的成本实现有效控制。内部控制工作要防止过度控制，降低管理效率。

6. 包容性原则：内部控制体系与企业原有管理制度不是两套制度标准，内部控制制度是按照科学的框架和要求，将企业原有制度加以梳理、整合、完善、补充后得来。内部控制制度应包容企业原有管理制度，并将所有业务制度加以流程化、信息化、规范化。

7. 实用性原则：建立健全内部控制体系的目的是提高企业经营效率并有效防范风险，内部控制不能为控制而控制，而应当注重实用性与可操作性。

8. 合规性原则：建设内部控制体系，需研究并遵守各项法律法规及行业规范，恪守商业道德，防范法律风险，进一步提升企业形象。

（二）企业内部控制体系的架构

根据我国财政部等五部门发布的《企业内部控制基本规范》以及《上海证券交易所上市公司内部控制指引》《深圳证券交易所上市公司内部控制指引》，企业内部控制体系架构梳理总结如表4－2－6所示。

表4－2－6　企业内部控制体系架构

模块	序号	构成要素
内部环境	1	组织体系
	2	内部审计
	3	人力资源政策
	4	培训教育
	5	文化建设
风险管理	6	风险评估和应对
控制活动	7	控制措施
	8	控制制度

续表

模块	序号	构成要素
信息与沟通	9	信息与沟通
	10	反舞弊与举报机制
	11	报告
内部监督	12	内部控制评价

为了方便比较，按照合规管理体系的架构与构成要素，将内部控制体系构成要素的顺序进行适当调整，编制企业内部控制体系架构比较列表，见表4－2－7。

表4－2－7　企业内部控制体系架构比较

调整前

模块	序号	构成要素
内部环境	1	组织体系
	2	内部审计
	3	人力资源政策
	4	培训教育
	5	文化建设
风险管理	6	风险评估和应对
控制活动	7	控制措施
	8	控制制度
信息与沟通	9	信息与沟通
	10	反舞弊与举报机制
	11	报告
内部监督	12	内部控制评价

⇨

调整后

序号	构成要素	
1	内部控制目标	
2	组织体系	
3	制度体系	
4	内部控制风险管理	运行机制
5	控制活动（含内部控制审查）	
6	反舞弊与举报机制	
7	监督检查（内部审计和内部控制评价）	保障机制
8	人力资源政策	
9	培训教育	
10	信息与沟通（内部控制信息系统）	
11	报告	
12	企业文化	

（三）企业内部控制体系架构的具体内容（按照比较列表顺序）

1. 内部控制目标

按照我国财政部等五部门《企业内部控制基本规范》第3条第2款的规定，内部控制的目标包括经营目标、报告目标与合规目标，即为合理保证企业经营管理合法合规、资产安全、财务报告及相关信息真实完整，提高经营效率和效果，促进企业实现发展战略。

2. **组织体系**

内部控制的组织体系如表4－2－8所示。

表4－2－8 内部控制的组织体系

内部控制组织及部门	内部控制职责	
治理机构	第一责任人	中央企业主要领导人员是内控体系监管工作第一责任人，负责组织领导建立健全覆盖各业务领域、部门、岗位，涵盖各级子企业全面有效的内控体系（国务院国资委发布的《关于加强中央企业内部控制体系建设与监督工作的实施意见》）
	董事会	负责内部控制的建立健全和有效实施
	监事会	对董事会建立与实施内部控制进行监督
	经理层	负责组织领导企业内部控制的日常运行
专门委员会	在董事会下设审计委员会，负责审查企业内部控制，监督内部控制的有效实施和内部控制自我评价情况，协调内部控制审计及其他相关事宜等	
内部控制管理机构	具体负责组织协调内部控制的建立实施及日常工作，并向董事会下属的审计委员会或类似部门报告工作	
业务及职能部门	内部控制应当贯穿决策、执行和监督全过程，覆盖企业及其所属单位的各种业务和事项	
子公司	中央企业主要领导人员是内控体系监管工作第一责任人，负责组织领导建立健全覆盖各业务领域、部门、岗位，涵盖各级子企业全面有效的内控体系（国务院国资委发布的《关于加强中央企业内部控制体系建设与监督工作的实施意见》）	

3. **制度体系**

按照我国财政部等五部门《企业内部控制基本规范》第6条的规定，企业应当根据有关法律法规、本规范及其配套办法，制定本企业的内部控制制度并组织实施。

4. **内部控制风险管理**

识别内外部风险，开展风险评估，确定风险应对策略。综合运用风险规避、风险降低、风险分担和风险承受等风险应对策略，实现对风险的有效控制。

5. **控制活动**

根据风险评估结果，通过手工控制与自动控制、预防性控制与发现性控制相结合的方法，运用相应的控制措施，将风险控制在可承受度之内。

控制措施一般包括不相容职务分离控制、授权审批控制、会计系统控制、财产保护控制、预算控制、运营分析控制和绩效考评控制等。

我国财政部等五部门颁布的《企业内部控制应用指引》，对企业组织框架、发展战略、人力资源、社会责任、企业文化、资金活动、采购业务、资产管理、销售业务、研究与开发、工程项目、担保业务、业务外包、财务报告、全面预算、合同管理、信息传递、信息系统 18 个方面提出了内部控制指引。内部控制活动具有很强的专业性。

6. 反舞弊与举报机制

建立反舞弊机制，规范舞弊案件的举报、调查、处理、报告和补救程序。建立举报投诉制度和举报人保护制度，设置举报专线，明确举报投诉处理程序、办理时限和办结要求，确保举报、投诉成为企业有效掌握信息的重要途径。

7. 监督检查

加强内部审计工作，对内部控制的有效性进行监督检查。保证内部审计机构设置、人员配备和工作的独立性。建立健全内部监督评价机制，定期对内部控制的有效性进行自我评价。对于发现的内部控制缺陷及时加以改进。

8. 人力资源政策

制定和实施有利于企业可持续发展的人力资源政策。建立有效的激励约束机制，将内部控制情况纳入绩效考评体系，并制定适当的奖惩办法，激励员工积极参与内部控制各项活动。

9. 培训教育

加强员工培训和继续教育，不断提升员工素质。

10. 信息与沟通

建立信息与沟通制度，明确内部控制相关信息的收集、处理和传递程序，确保信息及时沟通，促进内部控制有效运行。建立与经营管理相适应的信息系统，促进内部控制流程与信息系统的有机结合，实现对业务和事项的自动控制，减少或消除人为操纵因素。

11. 报告

对于信息沟通过程中发现的问题，应当及时报告并加以解决。重要信息应当及时传递给董事会、监事会和经理层。

12. 企业文化

加强文化建设，培育积极向上的价值观和社会责任感，倡导诚实守信、爱岗敬业、开拓创新和团队协作精神，树立现代管理理念，强化风险意识。

六、企业内部控制规范及其适用

我国有关企业内部控制的规范、适用对象和强制执行的效力如表4-2-9所示。

表4-2-9 我国有关企业内部控制的规范、适用对象和强制执行的效力

序号	名称	发布部门	发布日期	适用对象	强制效力
1	《中央企业全面风险管理指引》	国务院国资委	2006年6月6日	中央企业	有
2	《上海证券交易所上市公司内部控制指引》	上海证券交易所	2006年6月5日	上海证券交易所上市公司	有
3	《深圳证券交易所上市公司内部控制指引》	深圳证券交易所	2006年9月28日	深圳证券交易所上市公司	有
4	《企业内部控制基本规范》	财政部、证监会、审计署、银监会、保监会	2008年5月22日	上市公司 国有企业	有
5	《企业内部控制应用指引》	—	2010年4月15日	其他大中型企业	鼓励
6	关于地方国企开展内控控制的规定	各地方财政部门、国资委	—	地方国企	有
7	《关于加快构建中央企业内部控制体系有关事项的通知》	国务院国资委、财政部	2012年5月7日	中央企业	有
8	《关于建立国有企业违规经营投资责任追究制度的意见》	国务院办公厅	2016年8月2日	国有企业	有
9	《小企业内部控制规范（试行）》	财政部	2017年6月29日	小企业	无（指导性）
10	《中央企业违规经营投资责任追究实施办法（试行）》	国务院国资委	2018年7月13日	中央企业	有
11	《关于加强中央企业内部控制体系建设与监督工作的实施意见》	国务院国资委	2019年10月19日	中央企业	有

七、我国企业开展内部控制的情况

根据上述有关内部控制规范的规定，梳理、总结企业开展内部控制、建立内部控制体系的情况如下。

（一）中央企业

中央企业须按照《中央企业全面风险管理指引》《企业内部控制基本规范》等建立内部控制体系，开展内部控制。作为上市公司的中央企业，还须按照深圳证券交易所、上海证券交易所内部控制指引的规定开展内部控制。

（二）地方国有企业

1. 一般地方国有企业

有些省、自治区、直辖市国资委已经发布地方国有企业建立内部控制体系、开展内部控制的规定、通知。按照国务院办公厅发布的《关于建立国有企业违规经营投资责任追究制度的意见》的规定，国有企业内控及风险管理制度缺失，内控流程存在重大缺陷或内部控制执行不力，造成国有资产损失以及其他严重不良后果的，应当追究责任。因此，地方国有企业须按照《企业内部控制基本规范》《企业内部控制应用指引》以及地方政府有关内部控制的规定建立内部控制体系、开展内部控制。

2. 上市公司地方国有企业

作为上市公司的地方国有企业，须按照深圳证券交易所、上海证券交易所内部控制指引的规定开展内部控制。

（三）民营企业

就建立内部控制体系、开展内部控制而言，民营企业分三类情况。

1. 上市公司民营企业

作为上市公司的民营企业，须按照深圳证券交易所、上海证券交易所内部控制指引的规定开展内部控制。

2. 强监管行业民营企业

属于金融机构、证券公司和证券投资基金管理公司的民营企业，须遵守所在行业有关部委局关于合规管理的规定建立内部控制体系、开展内部控制。

3. 其他民营企业

对于我国其他民营企业，并无强制要求建立内部控制体系、开展内部控制的强制性法律、法规规定。其他民营企业参与国内外市场竞争，遵法守法、合规经营以及加强内部控制和管理已成为必选项。建议大中型民营企业应按照《企业内部控制基本规范》与《企业内部控制应用指引》的规定建立内部控制体系、开展内部控制，小型民营企业可以按照财政部《小企业内部控制规范（试行）》开展内部控制。

八、我国企业内部控制存在的问题

根据笔者协助企业建立合规管理体系的实践，以下几方面是企业开展内部控制过程中存在的突出问题。

1. 重风控、轻内控，对内控的重要性认识不足。有些企业对内部控制与全面风险管理的关系认识不足，只看结果，不管过程，重风控，轻内控。内部控制部门职能被削弱、边缘化或者被其他部门替代，内部控制人员严重不足。

2. 内部控制流于形式。有些企业聘请专业机构建立了完善的内控体系，内部控制制度流程可谓汗牛充栋。但过于标准化，与企业实际情况融合度不够。宣传培训不够，管理人员和员工理解甚少，知者不多。自我评价和内部审计流于形式。

3. 内部控制裹足不前，不能满足企业发展需要。企业经营模式、业务领域、市场区域等在不断发展变化，但控制、制度和流程没有纳入内部控制体系，游离于内部控制之外。内部控制的风险管理不到位，制度流程不作修改和增补，仍然保持在建立内部控制体系的初始状态，不能满足企业发展需要。

4. 内控制度流程体系化程度较低，人为干预因素多。内部控制要求管理制度化、制度流程化、流程表单化、表单信息化。但有些企业拘泥于传统管理模式，内部控制信息化程度低，内部控制大多维持在手工操作状态，人为干预因素和操作风险甚多。

5. 审计监督缺乏独立性。审计与内部控制、风险控制等部门合署，没有独立性。监督机制不健全，监督效果没有正常发挥。

6. 普通民营企业大多没有内部控制意识，尚未开展内部控制。

第四节 企业风险管理

一、产生和发展

1. 1955 年，美国宾夕法尼亚大学施耐德教授第一次提出了企业风险管理的概念。1983 年在美国召开的风险和保险管理协会年会讨论并通过了“101 条风险管理准则”，标志着风险管理从理论走向实践。

20 世纪 80 年代末至 90 年代初，随着国际金融和工商业的不断发展，企业面临的风险更加多样化和复杂化。墨西哥金融危机、亚洲金融危机、大林银行、爱尔兰联合银行等多个风险事件发生，昭示着企业面临的不再是单一的风险。信用风险、市场风险、操作风险等相互交织并导致企业巨大损失。企业集团面临的风险日益显现出宏观性、整体性、组合性和潜在性特点，企业战略风险、市场风险、财务投融资风险、国内外法律风险等受到越来越多的关注。2004 年 9 月，美国 COSO 发布《企业风险管理——整合框架》(Enterprise Risk Management — Integrated Framework)，在内部控制的基础上，发展和拓展了内部控制的范围和内容，更加关注企业全面风险管理，进而将内部控制体系融入全面风险管理体系，作为全面风险管理体系的一个子体系。之后，美国 COSO 对《企业风险管理——整合框架》不断进行修订完善，形成了最新版本，即 2017 年 9 月 6 日的《企业风险管理框架》。

2. 国务院国资委于 2006 年 6 月 6 日发布《中央企业全面风险管理指引》，直接引入企业全面风险管理。有关部委、协会陆续发布了相关规范、标准，包括 2007 年 4 月 6 日保监会《保险公司风险管理指引（试行）》、2009 年 5 月 5 日国家税务总局《大企业税务风险管理指引（试行）》、2009 年 5 月 6 日国家标准化管理委员会《风险管理 术语》(等同采用国际标准 ISO Guide73 : 2009)、2009 年 9 月 30 日《风险管理 原则与实施指南》[参考国际标准《风险管理 原则与实施指南》(ISO/DIS 31000)]、2011 年 1 月 4 日《公司治理风险管理指南》、2023 年 8 月 6 日《风险管理 法律风险管理指南》《风险管理　风险评估技术》(参考国际标准 IEC－31010）以及2016年9月27日银监会《银行业金融机构全面风险管理指引》等。

二、企业风险管理的分类

（一）根据我国有关规范、标准进行分类

根据我国有关内部控制、风险管理的规范、标准，风险管理包括内部控制风险管理、全面风险管理与专项风险管理。

1. 内部控制风险管理

企业内部控制的风险管理是企业通过对其经营活动中与实现内部控制目标相关的风险进行评估，合理确定风险应对策略，采取相应控制措施，有效控制和处置风险的过程。

按照我国财政部等五部门《企业内部控制基本规范》第3条第2款的规定，内部控制的目标包括经营目标、报告目标与合规目标，即为合理保证企业经营管理合法合规、资产安全、财务报告及相关信息真实完整，提高经营效率和效果，促进企业实现发展战略。

企业经营活动中与实现内部控制目标相关的常见风险主要有政策风险、市场风险、财务风险、法律合规风险、团队风险等，并存在与企业经营管理相关的各个领域。

我国财政部等五部门《企业内部控制基本规范》第22条、第23条将企业经营活动中与实现内部控制目标相关的风险划分为内部风险和外部风险。

内部控制风险管理的构成要素包括：（1）明确环境信息；（2）风险评估；（3）风险应对；（4）监督和检查；（5）沟通和记录。

2. 全面风险管理

《美国COSO企业风险管理——整合框架》将企业风险管理定义为：企业风险管理是一个过程，受企业董事会、管理层和其他员工的影响，包括内部控制及其在战略和整个企业的应用，旨在为实现经营的效率和效果、财务报告的可靠性以及法规的遵循提供合理保证。

国务院国资委发布的《中央企业全面风险管理指引》第4条规定，全面风险管理是指企业围绕总体经营目标，通过在企业管理的各个环节和经营过程中执行风险管理的基本流程，培育良好的风险管理文化，建立健全

全面风险管理体系，包括风险管理策略、风险理财措施、风险管理的组织职能体系、风险管理信息系统和内部控制系统，从而为实现风险管理的总体目标提供合理保证的过程和方法。

企业全面风险管理体系在企业内部控制的基础上增加了一个新观念、一个新目标、两个新概念和三个新要素：

（1）一个新观念：增加了风险组合观，认为企业各类风险贯穿于企业经营管理的各个层面和各个领域，要求以风险组合观看待和管理风险。

（2）一个新目标：在内部控制三大目标（经营目标、报告目标、合规目标）的基础上增加了战略目标，处于比其他三大目标更高的层次，并与企业愿景和使命紧密相关。

（3）两个新概念：在企业内外部环境方面，引入风险偏好和风险宽容度两个新概念。风险偏好即企业在追求愿景的过程中所愿意承受的风险数量，以及企业决策者对待风险的态度。风险宽容度即企业在实现目标过程中所能接受的偏离程度。企业在制定目标时，需要考虑风险偏好和风险宽容度，将风险控制在可以接受的最大范围内。

（4）三个新要素：增加了目标设定、事项识别和风险应对（风险解决方案）三个构成要素（但有些学者认为，企业内部控制的风险评估要素中已经包含风险应对，因此只增加了两个构成要素）。按照《企业风险管理——整合框架》，建立和加强内部控制本身是风险应对的一部分。

此外，在组织职责描述中，《企业风险管理——整合框架》强调企业董事会的风险管理意识，扩充了董事会在风险管理方面的职能，并要求企业设立专门负责风险管理的职能部门以及风险管理负责人。

全面风险管理除了关注防范与控制纯粹风险外，更加关注对机会风险的管理。国务院国资委发布的《中央企业全面风险管理指引》第 8 条明确规定，企业开展全面风险管理工作，应注重防范和控制风险可能给企业造成损失和危害，也应把机会风险视为企业的特殊资源，通过对其管理，为企业创造价值，促进经营目标的实现。

按照国务院国资委发布的《中央企业全面风险管理指引》规定，企业全面风险包括战略风险、财务风险、市场风险、运营风险、法律风险等。按照我国银监会《银行业金融机构全面风险管理指引》规定，金融机构的全面风险包括信用风险、市场风险、流动性风险、操作风险、国别风险、银行账户利率风险、声誉风险、战略风险、信息科技风险以及其他风险等。

3. 专项风险管理

专项风险管理是指对某一业务或专业领域开展的风险管理。按照国务院国资委发布的《中央企业全面风险管理指引》第 9 条规定，具备条件的企业应全面推进，尽快建立全面风险管理体系；其他企业应制定开展全面风险管理的总体规划，分步实施，可先选择发展战略、投资收购、财务报告、内部审计、衍生产品交易、法律事务、安全生产、应收账款管理等一项或多项业务开展风险管理工作，建立单项或多项内部控制子系统。

按照我国有关部门发布的规范、标准，专项风险管理还包括法律风险管理、合规风险管理、公司治理风险管理、税务风险管理、银行信用风险管理、供应链风险管理等。

（二）内部风险与外部风险

按照风险源自企业内部或者外部，可以将企业风险划分为内部风险与外部风险。企业内部风险一般包括管理风险、财务风险、技术风险、团队风险等。企业外部风险一般包括自然风险、政治风险、经济风险、社会风险等。

根据我国财政部等五部门《企业内部控制基本规范》第 22 条规定，企业在识别内部风险时应当关注下列因素：（1）董事、监事、经理及其他高级管理人员的职业操守、员工专业胜任能力等人力资源因素。（2）组织机构、经营方式、资产管理、业务流程等管理因素。（3）研究开发、技术投入、信息技术运用等自主创新因素。（4）财务状况、经营成果、现金流量等财务因素。（5）营运安全、员工健康、环境保护等安全环保因素。（6）其他有关内部风险因素。

根据我国财政部等五部门《企业内部控制基本规范》第 23 条规定，企业在识别外部风险时应当关注下列因素：（1）经济形势、产业政策、融资环境、市场竞争、资源供给等经济因素。（2）法律法规、监管要求等法律因素。（3）安全稳定、文化传统、社会信用、教育水平、消费者行为等社会因素。（4）技术进步、工艺改进等科学技术因素。（5）自然灾害、环境状况等自然环境因素。（6）其他有关外部风险因素。

（三）纯粹风险与机会风险

根据风险所致结果的不同，可以将企业风险划分为纯粹风险与机会风险。纯粹风险是指只带来损失一种可能性的风险，如运输风险、财产风险、职工安全风险、违法风险、违规风险、自然灾害风险等。机会风险是指可能导致损失，也可能带来盈利的风险，如投资风险、外汇交易风险等。

（四）固有风险与剩余风险

按照风险发生和存在的时间，可以将风险划分为固有风险与剩余风险。固有风险是指企业在采取风险管控措施之前就存在的潜在风险。剩余风险是指在开展风险管理、采取风险管控措施后未能被控制或消除的潜在风险。

（五）动态风险与静态风险

按照风险形成的环境，可以将风险划分为动态风险与静态风险。动态风险是指因社会经济、政治、技术等企业外部环境变化带来风险的可能性，如通货膨胀、汇率风险、宏观调控、投资环境变化等。动态风险没有规律可言，有很大的不确定性。动态风险影响的范围广，大多属于机会风险。静态风险是指在企业环境正常且没有发生变化时发生损失的可能性，如自然灾害风险、交通事故等。静态风险影响的范围较小，多属于纯粹风险，一般可以预测、预防和有效控制。

三、企业风险管理的目标

按照国际标准及我国国家标准《风险管理　原则与实施指南》规定，风险管理旨在保证组织恰当地应对风险，提高风险应对的效率和效果，增强行动的合理性，有效地配置资源。

《美国COSO企业风险管理——整合框架》规定了风险管理的四个目标，即战略目标、报告目标、经营目标与合规目标。

按照国务院国资委发布的《中央企业全面风险管理指引》，企业风险管理的总体目标是：（1）确保将风险控制在与总体目标相适应并可承受的范围内（战略目标）；（2）确保内外部，尤其是企业与股东之间实现真实、可靠的信息沟通，包括编制和提供真实、可靠的财务报告（报告目标）；（3）确保遵守有关法律法规（合规目标）；（4）确保企业有关规章制度和为实现经营目标而采取的重大措施的贯彻执行，保障经营管理的有效性，提高经营活动的效率和效果，降低实现经营目标的不确定性（经营目标）；（5）确保企业建立针对各项重大风险发生后的危机处理计划，保护企业不因灾害性风险或人为失误而遭受重大损失。

四、企业风险管理构成要素

1. 内部控制风险管理的构成要素

按照国际标准及我国国家标准《风险管理　原则与实施指南》规定，风险管理过程包括：(1) 明确环境信息；(2) 风险评估（包括风险识别、风险分析和风险评价）；(3) 风险应对；(4) 监督和检查；(5) 沟通和记录。

2. 全面风险管理的构成要素

按照《美国 COSO 企业风险管理——整合框架》，企业全面风险管理过程包括：(1) 目标设定；(2) 内部环境；(3) 事项识别；(4) 风险评估；(5) 风险应对；(6) 控制活动；(7) 监督；(8) 信息与沟通。

企业全面风险管理在企业内部控制体系的基础上增加了三个要素，即目标设定、事项识别和风险应对。但是，在企业内部控制要素中，第二大要素（风险评估）中已经包含风险应对。因此，有些学者认为全面风险管理只增加了两个构成要素。

我国国际标准及国家标准《风险管理　原则与实施指南》与国务院国资委发布的《中央企业全面风险管理指引》仍然使用全面风险管理五要素架构，即 (1) 收集风险管理初始信息；(2) 进行风险评估；(3) 制定风险管理策略；(4) 提出和实施风险管理解决方案；(5) 风险管理的监督与改进。

五、企业风险管理体系

(一) 企业风险管理原则

按照国际标准及我国国家标准《风险管理　原则与实施指南》的规定，企业实施风险管理的原则包括：(1) 控制损失，创造价值；(2) 融入企业管理过程，成为管理过程的重要组成部分；(3) 支持决策过程，企业的所有决策都应考虑风险和风险管理；(4) 以信息为基础；(5) 环境依赖，与企业内外部环境及风险状况相匹配；(6) 广泛参与、充分沟通；(7) 持续改进。

（二）企业全面风险管理体系架构

按照国际标准及我国国家标准《风险管理　原则与实施指南》《风险管理　法律风险管理指南》的规定，风险管理体系包括风险管理方针、组织结构、制度流程、资源配置、信息沟通机制以及相关技术手段。风险管理体系由各子体系构成，如内部控制体系。

按照国务院国资委发布的《中央企业全面风险管理指引》的规定，全面风险管理体系包括风险管理策略、风险理财措施、风险管理的组织职能体系、风险管理信息系统和内部控制系统。

结合国际标准及我国国家标准《风险管理　原则与实施指南》《风险管理　法律风险管理指南》、国务院国资委发布的《中央企业全面风险管理指引》，全面风险管理体系架构如表 4－2－10 所示。

表 4－2－10　全面风险管理体系架构

<table>
<tr><th>序号</th><th colspan="2">构成要素</th></tr>
<tr><td>1</td><td colspan="2">方针和目标</td></tr>
<tr><td>2</td><td colspan="2">组织体系</td></tr>
<tr><td>3</td><td colspan="2">制度流程</td></tr>
<tr><td>4</td><td colspan="2">资源配置</td></tr>
<tr><td>5</td><td colspan="2">风险评估</td></tr>
<tr><td rowspan="3">6</td><td rowspan="3">风险应对</td><td>风险管理策略</td></tr>
<tr><td>外包方案</td></tr>
<tr><td>内控措施</td></tr>
<tr><td>7</td><td colspan="2">沟通与报告</td></tr>
<tr><td rowspan="3">8</td><td rowspan="3">监督与改进</td><td>自我评估和检查</td></tr>
<tr><td>风险管理评价</td></tr>
<tr><td>风险管理审计</td></tr>
<tr><td>9</td><td colspan="2">风险管理信息系统</td></tr>
<tr><td rowspan="2">10</td><td rowspan="2">风险管理文化</td><td>风险管理文化培育</td></tr>
<tr><td>风险管理教育和培训</td></tr>
</table>

为了方便比较，按照合规管理体系的架构，将风险管理体系构成要素的顺序进行适当调整，编制以下风险管理体系的比较列表。此外，在风险管理实践中，重大事项、改革方案以及公司重要规章制度往往需要作风险

管理审查。因此，在比较列表中增加了风险管理审查要素（见表4－2－11）。

表4－2－11　风险管理体系架构的比较

调整前

<table>
<tr><th>序号</th><th colspan="2">构成要素</th></tr>
<tr><td>1</td><td colspan="2">方针和目标</td></tr>
<tr><td>2</td><td colspan="2">组织体系</td></tr>
<tr><td>3</td><td colspan="2">制度流程</td></tr>
<tr><td>4</td><td colspan="2">资源配置</td></tr>
<tr><td>5</td><td colspan="2">风险评估</td></tr>
<tr><td rowspan="3">6</td><td rowspan="3">风险应对</td><td>风险管理策略</td></tr>
<tr><td>外包方案</td></tr>
<tr><td>内控措施</td></tr>
<tr><td>7</td><td colspan="2">沟通与报告</td></tr>
<tr><td rowspan="3">8</td><td rowspan="3">监督与改进</td><td>自我评估和检查</td></tr>
<tr><td>风险管理评价</td></tr>
<tr><td>风险管理审计</td></tr>
<tr><td>9</td><td colspan="2">风险管理信息系统</td></tr>
<tr><td rowspan="2">10</td><td rowspan="2">风险管理文化</td><td>风险管理文化培育</td></tr>
<tr><td>风险管理教育和培训</td></tr>
</table>

调整后

<table>
<tr><th>序号</th><th colspan="2">构成要素</th></tr>
<tr><td>1</td><td colspan="2">方针和目标</td></tr>
<tr><td>2</td><td colspan="2">组织体系</td></tr>
<tr><td>3</td><td colspan="2">制度流程</td></tr>
<tr><td>4</td><td>风险评估</td><td rowspan="3">运行机制</td></tr>
<tr><td>5</td><td>风险应对</td></tr>
<tr><td>6</td><td>风险管理审查</td></tr>
<tr><td>7</td><td>监督改进</td><td rowspan="6">保障机制</td></tr>
<tr><td>8</td><td>资源配置</td></tr>
<tr><td>9</td><td>培训教育</td></tr>
<tr><td>10</td><td>信息与沟通
（风险管理信息系统）</td></tr>
<tr><td>11</td><td>报告</td></tr>
<tr><td>12</td><td>风险管理文化</td></tr>
</table>

（三）企业全面风险管理体系架构的具体内容（按照比较列表顺序）

1. 方针和目标

（1）全面风险管理方针。企业全面风险管理方针须明确企业的风险管理理念、领导的风险管理承诺、风险管理的目标、企业的风险偏好等。

（2）全面风险管理的目标。全面风险管理的目标包括战略目标、报告目标、经营目标与合规目标。

2. 组织体系

全面风险管理的组织体系主要包括公司法人治理机构、风险管理职能部门、内部审计部门、法律事务部门及其他有关职能部门、业务单位等（见表4－2－12）。

表 4－2－12　全面风险管理的组织体系

组织		职责
法人治理机构	董事会	领导企业全面风险管理工作，就其有效性向股东（大）会负责： （1）审议并向股东（大）会提交企业全面风险管理年度工作报告； （2）确定企业全面风险管理总体目标、风险偏好、风险承受度，批准风险管理策略和重大风险管理解决方案； （3）了解和掌握企业面临的各项重大风险及其风险管理现状，作出有效控制风险的决策； （4）批准重大决策、重大风险、重大事件和重要业务流程的判断标准或判断机制； （5）批准重大决策的风险评估报告； （6）批准内部审计部门提交的风险管理监督评价审计报告； （7）批准全面风险管理组织机构设置及其职责方案； （8）批准全面风险管理措施，纠正和处理任何组织或个人超越风险管理制度作出的风险性决定的行为； （9）督导企业风险管理文化的培育； （10）全面风险管理的其他重大事项
	风险管理委员会	对董事会负责，履行下列职责： （1）提交全面风险管理年度报告； （2）审议风险管理策略和重大风险管理解决方案； （3）审议重大决策、重大风险、重大事件和重要业务流程的判断标准或判断机制，以及重大决策的风险评估报告； （4）审议内部审计部门提交的风险管理监督评价审计综合报告； （5）审议风险管理组织机构设置及其职责方案； （6）办理董事会授权的有关全面风险管理的其他事项
	审计委员会	领导企业内部审计部门，负责研究提出全面风险管理监督评价体系，制定监督评价相关制度，开展监督与评价，出具监督评价审计报告
	总经理	负责主持全面风险管理的日常工作，负责组织拟订企业风险管理组织机构设置及其职责方案；对董事会负责
风险管理职能部门		负责企业日常风险管理，对总经理负责。主要履行下列职责： （1）研究提出全面风险管理工作报告； （2）研究提出跨职能部门的重大决策、重大风险、重大事件和重要业务流程的判断标准或判断机制； （3）研究提出跨职能部门的重大决策风险评估报告； （4）研究提出风险管理策略和跨职能部门的重大风险管理解决方案，并负责该方案的组织实施和对该风险的日常监控； （5）负责对全面风险管理有效性评估，研究提出全面风险管理的改进方案； （6）负责组织建立风险管理信息系统； （7）负责组织协调全面风险管理日常工作； （8）负责指导、监督有关职能部门、各业务单位以及全资、控股子企业开展全面风险管理工作； （9）办理风险管理其他有关工作

续表

组织	职责
业务及职能部门	接受风险管理职能部门和内部审计部门的组织、协调、指导和监督，主要履行以下职责： （1）执行全面风险管理基本流程； （2）研究提出本职能部门或业务单位重大决策、重大风险、重大事件和重要业务流程的判断标准或判断机制； （3）研究提出本职能部门或业务单位的重大决策风险评估报告； （4）做好本职能部门或业务单位建立风险管理信息系统的工作； （5）做好培育风险管理文化的有关工作； （6）建立健全本职能部门或业务单位的风险管理内部控制子系统； （7）办理风险管理其他有关工作
子企业	全资、控股子企业建立与企业相适应或符合全资、控股子企业自身特点，能有效发挥作用的全面风险管理组织体系

建立全面风险管理“三道防线”，即各有关职能部门和业务单位为“第一道防线”；风险管理职能部门和董事会下设的风险管理委员会为“第二道防线”；内部审计部门和董事会下设的审计委员会为“第三道防线”。

3. **制度流程**

（1）建立全面风险管理基本制度流程，并与其他管理工作紧密结合，将风险管理的各项要求融入企业管理和业务流程中。

（2）制定内部控制措施及制度。

4. **风险评估**

风险评估包括风险识别、风险分析和风险评价。

5. **风险应对**

制定风险管理策略和风险管理解决方案（包括风险解决的外包方案、内控措施等）。

6. **风险管理审查**

对企业重大事项、改革方案及重要规章制度进行风险管理审查。

7. **监督改进**

（1）全面风险管理有效性检验；（2）各有关部门和业务单位自查和检验；（3）风险管理审计（内部审计监督与外部中介机构审计评价）。

8. **资源配置**

根据风险管理计划，为风险管理配置适当的资源，包括风险管理人力资源、财力资源及其他资源。

9. **培训教育**

建立重要管理及业务流程、风险控制点的管理人员和业务操作人员岗前风险管理培训制度。采取多种途径和形式，加强对风险管理理念、知识、流程、管控核心内容的培训，培养风险管理人才，培育风险管理文化。

10. **信息与沟通**

建立贯穿于整个风险管理的基本流程，连接各上下级、各部门和业务单位的风险管理信息沟通渠道，确保信息沟通的及时、准确、完整，为风险管理监督与改进奠定基础。

风险管理信息系统为全面风险管理的子系统之一，由风险管理部门负责组织建立和维护。业务及职能部门负责做好本部门、本单位建立风险管理信息系统的工作。

11. **报告**

全面风险管理报告包括：（1）全面风险管理年度报告：由风险管理部门研究提出，风险管理委员会审议并在批准后提交董事会，董事会审议批准后提交股东（大）会。（2）重大决策风险评估报告：由风险管理部门研究提出，风险管理委员会审议并在批准后提交董事会审议批准。（3）风险管理监督评价审计报告：由内审部门提出，风险管理委员会审议并在批准后提交董事会审议批准。（4）风险管理部门定期对各部门和业务单位风险管理工作实施情况和有效性进行检查和检验，出具评价和建议报告，及时报送企业总经理或其委托分管风险管理工作的高级管理人员。（5）企业各有关部门和业务单位自查和检验报告，及时报送风险管理部门。

12. **风险管理文化**

企业应注重建立具有风险意识的企业文化，促进企业风险管理水平、员工风险管理素质的提升，保障企业风险管理目标的实现。

风险管理文化建设应融入企业文化建设全过程。大力培育和塑造良好的风险管理文化，树立正确的风险管理理念，增强员工风险管理意识，将风险管理意识转化为员工的共同认识和自觉行动，促进企业建立系统、规范、高效的风险管理机制。

六、我国企业风险管理规范及其适用

我国有关企业风险管理的规范、适用对象和强制执行的效力如

表 4－2－13 所示。

表 4－2－13　我国有关企业风险管理的规范、适用对象和强制执行的效力

<table>
<tr><th>序号</th><th>名称</th><th>发布部门</th><th>发布日期</th><th>适用对象</th><th>强制效力</th></tr>
<tr><td>1</td><td>《中央企业全面风险管理指引》</td><td>国务院国资委</td><td>2006 年 6 月 6 日</td><td>中央企业</td><td>有</td></tr>
<tr><td>2</td><td>地方国企全面风险管理规定</td><td>各地方国资委</td><td>—</td><td>各地方国有企业</td><td>有</td></tr>
<tr><td>3</td><td>《保险公司风险管理指引（试行）》</td><td>保监会</td><td>2007 年 4 月 6 日</td><td>保险公司</td><td>有</td></tr>
<tr><td>4</td><td>《证券公司全面风险管理规范》</td><td>中国证券业协会</td><td>2016 年 12 月 30 日</td><td>证券公司</td><td>无</td></tr>
<tr><td>5</td><td>《银行业金融机构全面风险管理指引》</td><td>银监会</td><td>2016 年 9 月 27 日</td><td>银行</td><td>有</td></tr>
<tr><td>6</td><td>《风险管理　原则与实施指南》［参考国际标准《风险管理　原则与实施指南》(ISO/DIS 31000)］</td><td>国家标准化管理委员会</td><td>2009 年 9 月 30 日</td><td>所有企业</td><td>推荐适用</td></tr>
<tr><td>7</td><td>《风险管理　术语》(等同采用国际标准 ISO Guide73：2009)</td><td>国家标准化管理委员会</td><td>2009 年 5 月 6 日发布，2013 年 12 月 31 日修改</td><td rowspan="2">所有企业</td><td rowspan="2">推荐适用</td></tr>
<tr><td>8</td><td>《公司治理风险管理指南》</td><td>国家标准化管理委员会</td><td>2011 年 1 月 14 日</td></tr>
<tr><td>9</td><td>《风险管理　法律风险管理指南》</td><td>国际标准化组织、国家标准化管理委员会</td><td>2023 年 8 月 6 日</td><td></td><td></td></tr>
<tr><td>10</td><td>《风险管理　风险评估技术》(参考国际标准 IEC－31010)</td><td>国家标准化管理委员会</td><td>2011 年 12 月 30 日</td><td></td><td></td></tr>
<tr><td>11</td><td>《关于建立国有企业违规经营投资责任追究制度的意见》</td><td>国务院办公厅</td><td>2016 年 8 月 2 日</td><td>国有企业</td><td>有</td></tr>
<tr><td>12</td><td>《中央企业违规经营投资责任追究实施办法（试行)》</td><td>国务院国资委</td><td>2018 年 7 月 13 日</td><td>中央企业</td><td>有</td></tr>
</table>

七、我国企业开展风险管理的情况

根据上述有关风险管理规范的规定，梳理、总结企业开展风险管理、建立风险管理体系的情况如下。

（一）中央企业

1. 中央企业须按照《中央企业全面风险管理指引》的规定建立全面风险管理体系，开展全面风险管理。

2. 属于中央企业的金融机构、证券公司开展风险管理，须遵守相关部门有关全面风险管理指引的规定。

（二）地方国有企业

1. 一般地方国有企业

有些地方政府已经发布地方国有企业建立全面风险管理体系、开展全面风险管理的规定、通知。按照《国务院办公厅关于建立国有企业违规经营投资责任追究制度的意见》的规定，国有企业内控及风险管理制度缺失，内控流程存在重大缺陷或内部控制执行不力，造成国有资产损失以及其他严重不良后果的，应当追究责任。

因此，地方国有企业须按照地方政府有关全面风险管理的规定建立全面风险管理体系、开展全面风险管理。

当然，建立全面风险管理体系、开展全面风险管理在组织、人员、制度等方面涉及较高的管理成本，中央企业集团的子企业、地方国有企业集团的子企业，如果是规模小、产品单一、市场竞争欠激烈、风险较少、缺乏战略决策权的单一结构企业，是否需要建立全面风险管理体系，是一项值得探讨的课题。笔者认为，这些企业建立内部控制体系并开展内部控制风险管理就已足够。

2. 强监管行业国有企业

属于地方国有企业的金融机构、证券公司开展风险管理，须遵守相关部门有关全面风险管理指引的规定。

（三）民营企业

就建立风险管理体系、开展风险管理而言，民营企业分三类情况。

1. 上市公司民营企业

作为上市公司的民营企业，须按照深圳证券交易所、上海证券交易所风险管理指引的规定开展内部控制风险管理。

2. 强监管行业民营企业

属于金融机构、证券公司的民营企业，须遵守相关部门有关风险管理指引的规定。

3. 其他民营企业

对于我国其他民营企业，并无强制要求建立风险管理体系、开展风险管理的强制性法律、法规规定。

其他民营企业参与国内外市场竞争，遵法守法、合规经营以及加强风险管控已成为必选项：（1）建议大中型民营企业选择适用国家标准《风险管理　原则与实施指南》建立风险管理体系，开展风险管理；（2）建议小型民营企业在建立内部控制体系、开展内部控制时开展内部控制风险管理即可。

八、我国企业风险管理存在的问题

根据笔者协助企业建立合规管理体系的实践，以下几方面是企业开展风险管理过程中存在的突出问题：（1）重风控、轻内控，对内控的重要性认识不足。（2）全面风险管理日渐流于形式。虽然聘请专业机构建立了完善的全面风险管理体系，但过于标准化，与企业实际情况融合度不够。宣传培训不够，管理人员和员工理解甚少，知之者不足。（3）风险管理审查被忽视。重大事项、改革方案等的风险评估和审查是必需环节，但风险评估和审查环节经常被忽视或者跨越。（4）中央企业的一些子公司、大多地方国企、大多数民企尚未开展风险管理。

第三章　企业法务管理、合规管理、内部控制与风险管理之间的关系

Chapter Ⅲ　Relationship among Corporate Legal, Compliance, Internal Control and Risk Management

要点

企业法务、合规、内控、风险管理四个体系之间，在体系架构、管理目标、组织体系、制度体系、运行机制、文化建设、信息化建设等方面存在较强的趋同性。

企业法务管理、合规管理、内部控制与全面风险管理同属并共同构成我国国有企业法治体系的运行机制，相互之间存在较大的趋同性，也存在一定的差异性。本章对企业法务管理与合规管理，法务管理、合规管理与内部控制，内部控制与全面风险管理等进行详细比较分析。

第一节　企业法务管理与合规管理的关系

本节根据国务院国资委发布的《关于全面推进法治央企建设的意见》《关于进一步深化法治央企建设的意见》《中央企业合规管理指引（试行）》《中央企业合规管理办法》、国际标准及我国国家标准《风险管理　法律风险管理指南》以及国家有关部门发布实施的其他合规管理指引等，对法务管理与合规管理进行比较分析，甄别其异同，厘清其关系。

一、企业法务管理与合规管理存在较强的趋同性

法务管理与合规管理在管理体系的架构及其各个构成要素上都存在趋同性。正因如此，国务院国资委发布的《中央企业合规管理指引（试行）》

《中央企业合规管理办法》规定，在组织建设上，合规委员会可以与法治建设领导小组或者风险管理委员会合署，首席合规官由总法律顾问兼任，法律事务机构可以同时作为合规管理部门。

在法务管理与合规管理实践中，欧美跨国企业集团以及我国大型央企、国企的合规管理负责人多由总法律顾问兼任。政府强监管行业（如医药、证券、金融等）的企业一般分别设立法务部与合规部，而其他企业，法务部则往往与合规部合署为法务合规部，兼管法律与合规事务。

由于法务管理与合规管理的趋同性，国务院国资委发布的《关于全面推进法治央企建设的意见》以及各省、自治区、直辖市政府全面推进地方国企法治建设的规定，要求我国中央企业、地方国有企业将依法合规经营作为法治建设的重要目标、主要内容和重要手段：(1) 依法合规经营是法治建设的总体目标。国务院国资委发布的《关于全面推进法治央企建设的意见》规定，中央企业法治建设的总体目标为中央企业依法治理能力进一步增强，依法合规经营水平显著提升，依法规范管理能力不断强化，全员法治素质明显提高，企业法治文化更加浓厚，依法治企能力达到国际同行业先进水平，努力成为治理完善、经营合规、管理规范、守法诚信的法治央企。(2) 依法治理、依法合规经营、依法规范管理是法治建设的主要指导思想、主要内容和重点领域。(3) 大力提升法律管理水平和加快提升合规管理能力，是法治建设的两个主要抓手。

(一) 企业法务管理体系与合规管理体系的架构趋同

企业法务管理体系的架构基于合规管理体系架构模式进行编排，体系架构是一致的，详见表4－3－1。

表4－3－1　企业法务管理体系架构与企业合规管理体系构架

<table>
<tr><th colspan="3">企业法务管理体系架构</th></tr>
<tr><th>序号</th><th colspan="2">构成要素</th></tr>
<tr><td>1</td><td colspan="2">总体目标</td></tr>
<tr><td>2</td><td colspan="2">组织体系</td></tr>
<tr><td>3</td><td colspan="2">制度体系</td></tr>
<tr><td>4</td><td>法律风险管理</td><td rowspan="3">运行机制</td></tr>
<tr><td>5</td><td>专业性法律事务（含法律审查）</td></tr>
<tr><td>6</td><td>违规问责</td></tr>
</table>

<table>
<tr><th colspan="3">企业合规管理体系构架</th></tr>
<tr><th>序号</th><th colspan="2">构成要素</th></tr>
<tr><td>1</td><td colspan="2">合规方针目标</td></tr>
<tr><td>2</td><td colspan="2">组织体系</td></tr>
<tr><td>3</td><td colspan="2">制度体系</td></tr>
<tr><td>4</td><td>合规风险管理</td><td rowspan="3">运行机制</td></tr>
<tr><td>5</td><td>合规审查</td></tr>
<tr><td>6</td><td>违规管理</td></tr>
</table>

续表

企业法务管理体系架构			企业合规管理体系构架		
序号	构成要素		序号	构成要素	
7	监督检查	保障机制	7	监督检查	保障机制
8	人力资源保障		8	人力资源保障	
9	法治宣传培训		9	合规宣传培训	
10	计划报告		10	计划报告	
11	法务管理信息系统		11	合规管理信息系统	
12	法治文化		12	合规文化	

（二）两个体系的主要构成要素存在趋同性

1. 管理目标方面，合规管理目标（保障企业依法合规）包括法务管理目标（保障企业依法经营）。

2. 组织体系方面，我国中央企业和地方国有企业的法务管理与合规管理，都包括党委会（党组）、公司治理机构、专门委员会、总法律顾问与首席合规官、法律事务机构与合规管理部门、业务及职责部门日常管理职责、全员参与等。

3. 制度体系方面，法务管理与合规管理在组织体系制度，法律、合规风险管理流程，重大事项法律、合规审查制度，内部监督制度，考核评价制度，法律、合规培训机制，嵌入业务制度流程的要求等都存在趋同性。

4. 风险管理方面，法律风险管理与合规风险管理存在交叉重叠的领域（如法律环境风险管理、违法违规风险管理等）。

5. 事项审查方面，规章制度、经济合同、重大决策等都是法律审核与合规审查的重点领域。

6. 保障机制方面，二者在宣传培训、计划报告、信息系统建设、文化建设等方面都存在趋同性。

二、企业法务管理与合规管理的差异

企业法务管理与合规管理存在诸多差异，包括：

（一）所适用的“规”存在差异

二者都负责合规义务渊源在企业的适用，但法务管理仅负责外法（国际条约、法律、法规、司法解释等）在企业的适用，而合规管理还包括内规（企业章程和规章制度等）以及道德规范在企业的适用。合规管理所负责适用的“规”的范围大于法务管理，法律法规是所有合规义务渊源中最核心、最重要的组成部分。

（二）管理目标存在差异

法务管理的目标是保障企业依法经营，防范法律风险，维护企业合法权益。合规管理的目标是保障企业依法合规经营，防范合规风险。合规管理的目标包括法务管理的目标。

（三）制度体系存在差异

法务管理有自己专属的专业性规章制度，如合同管理办法、案件管理制度、知识产权管理制度、外聘律师管理制度等。合规管理也有自己专属的规章制度，如合规管理办法、运行机制具体操作指引、重点领域专项合规指南等。

（四）运行机制方面存在差异

1. 运行机制的主要内容和重点存在差异

企业法务管理与合规管理最大的差别在于运行机制的内容和重点存在差异。

法务管理虽然也有行政管理性事务，但其主要工作内容和重点是专业性的、实务性的法律事务，如公司治理、重大项目（如公司设立、投资、并购、解散等）、合同、知识产权、劳动人事、争议解决等领域的法律事务，都具有很强的专业性、实务性和独立性。法务管理需要具备专业法律知识的人员来负责，企业其他部门（包括合规管理部门）无法替代。

合规管理运行机制的主要内容为合规风险管理、合规审查与违规管理，且更关注管理性、程序性的事务。合规管理制度制定，合规管理的组织、指导、监督、评估、考核、评价，合规管理计划与合规报告，合规管理队伍建设，合规管理信息系统建设，合规文化建设等，都属于管理性工作，需要具备法律知识、管理知识和工作经验的人员来负责。合规管理的专业性和实务性不强而更加关注管理性、程序性事务的特点，导致合规管理的独立性受到挑战并具有可替代性，合规管理也因此可以由其他相关部门（如法律部门、内部控制部门、风控部门等）兼管。

2. 风险管理存在差异

合规风险管理是合规管理的核心与主要工作。但法律风险管理只是诸多专业性法律事务之一，而且非法务管理的核心与主要工作。

法律风险与合规风险的范畴存在差异。法律风险包括法律环境风险、违法法律风险、违约法律风险、侵权法律风险、怠于行使权利法律风险、不当行为法律风险等。而合规风险主要是违法法律风险和违规法律风险（违反内部规章制度风险），除此之外还包括法律环境风险、违反道德规范风险等，但不包括违约法律风险、侵权法律风险、怠于行使权利法律风险、不当行为法律风险等。

3. 事项审查存在差异

法务部门的法律审核包括对规章制度、经济合同、重大决策的法律审核，还包括其他法律事务审查。合规管理部门的合规审查则主要包括规章制度、经济合同、重大决策的合规审查，不包括其他法律事务审查。

4. 违规管理方面存在差异

在欧美跨国企业，合规管理部门直接负责违规管理。在我国中央企业与地方国有企业，合规管理部门负责职责范围内的违规管理，主要表现为日常经营活动中企业的违规经营（如违反《反垄断法》的垄断行为等）。但法务管理部门主要是对违规管理提供法律专业支持。

（五）人员要求存在差异

法务人员需要具有专业的法律知识和法务处理能力。而合规管理人员则需要基本的法律知识以及管理能力和工作经验。

综上所述，法务管理和合规管理的相同点及不同点详见表4－3－2。

表4－3－2　法务管理和合规管理的相同点及不同点

比较领域	相同点	不同点	
		法务管理	合规管理
适用规范	外法（国际条约、规则、法律、法规、司法解释）	外法（国际条约、规则、法律、法规、司法解释）	外法（国际条约、规则、法律、法规、司法解释）＋内规（企业章程、规章制度）＋道德规范
管理目标	保障企业依法经营	保障企业依法经营，维护企业合法权益	保障企业依法合规经营

续表

<table>
<tr><th colspan="2" rowspan="2">比较领域</th><th rowspan="2">相同点</th><th colspan="2">不同点</th></tr>
<tr><th>法务管理</th><th>合规管理</th></tr>
<tr><td colspan="2">管理原则</td><td>普遍原则、强化责任原则、协同联动原则、客观独立原则</td><td colspan="2">—</td></tr>
<tr><td colspan="2">组织体系</td><td>公司治理机构职责，专门委员会，总法律顾问与合规管理负责人，法律事务机构与合规管理部门，业务及职责部门日常管理职责，全员参与</td><td colspan="2">—</td></tr>
<tr><td colspan="2">制度体系</td><td>组织体系制度，法律、合规风险管理流程，重大事项法律、合规审查制度，内部监督制度，考核评价制度，法律、合规培训机制，嵌入业务制度流程</td><td>合同管理办法、争议解决管理制度、知识产权管理制度</td><td>合规管理办法、专项合规管理制度（如反贿赂手册等）、合规管理流程</td></tr>
<tr><td rowspan="3">运行机制</td><td>风险管理</td><td>违法风险管理</td><td>法律环境风险、违约法律风险、侵权法律风险、怠于行使权利法律风险、不当行为法律风险等</td><td>违反内部规章制度风险、违反道德规范风险等</td></tr>
<tr><td>事项审查与其他专业性事务</td><td>经济合同、规章制度、重大决策法律、合规审查，业务及职能部门日常法律、合规审查</td><td>专业性法律事务（含法律审核：一般合同与法律文件审查、争议解决文件审查等）</td><td>政府监管合规审查、商业伙伴合规审查</td></tr>
<tr><td>违规管理</td><td>提供专业支持</td><td>提供专业支持</td><td>职责范围内的违规管理</td></tr>
<tr><td rowspan="6">保障机制</td><td>监督检查</td><td>审计、管理评估</td><td colspan="2">—</td></tr>
<tr><td>人力资源保障</td><td>考核机制、法律合规队伍建设</td><td colspan="2">—</td></tr>
<tr><td>宣传培训</td><td>法治宣传培训</td><td colspan="2">—</td></tr>
<tr><td>计划报告</td><td>年度计划、年度报告，重大法律风险、合规风险报告</td><td colspan="2">（中央企业、国有企业年度合规报告与重大合规风险报国资委备案）</td></tr>
<tr><td>信息系统</td><td>法律、合规管理信息系统</td><td colspan="2">—</td></tr>
<tr><td>文化建设</td><td>法治文化、合规文化，同属企业文化</td><td colspan="2">—</td></tr>
</table>

第二节　企业法务管理、合规管理与内部控制的关系

本节根据国务院国资委发布的《关于全面推进法治央企建设的意见》《关于进一步深化法治央企建设的意见》《中央企业合规管理指引（试行）》《中央企业合规管理办法》、国际标准及我国国家标准《风险管理　法律风险管理指南》、财政部等五部门《企业内部控制基本规范》《企业内部控制应用指引》以及国家有关部门发布实施的其他合规管理指引等，对法务管理、合规管理与内部控制进行比较分析，甄别其异同，厘清其关系。

一、企业法务管理、合规管理与内部控制存在趋同性

企业法务管理、合规管理与内部控制在管理体系的架构及各个构成要素和管理环节方面存在趋同性。

（一）体系架构

企业法务管理体系的架构基于合规管理体系架构模式进行编排，体系架构是一致的。企业内部控制体系的架构与构成要素，根据合规管理体系的架构和构成要素进行适当调整后，形成内部控制体系比较列表。仔细比较，法务管理、合规管理、内部控制的主要构成要素趋同，包括管理目标、组织体系、风险管理、宣传培训、内部监督、管理信息系统、文化建设等。从管理目标和内容来看，内部控制包括法务管理与合规管理（见表4－3－3）。

表4－3－3　内部控制体系比较

企业法务管理体系架构		企业合规管理体系架构		企业内部控制体系架构	
序号	构成要素	序号	构成要素	序号	构成要素
1	总体目标	1	合规方针目标	1	内部控制目标
2	组织体系	2	组织体系	2	组织体系
3	制度体系	3	制度体系	3	制度体系

续表

企业法务管理体系架构		
序号	构成要素	
4	法律风险管理	运行机制
5	专业性法律事务（含法律审查）	
6	违规问责	
7	监督检查	保障机制
8	人力资源保障	
9	法治宣传培训	
10	计划报告	
11	法务管理信息系统	
12	法治文化	

企业合规管理体系架构		
序号	构成要素	
4	合规风险管理	运行机制
5	合规审查	
6	违规管理	
7	监督检查	保障机制
8	人力资源保障	
9	合规宣传培训	
10	计划报告	
11	合规管理信息系统	
12	合规文化	

企业内部控制体系架构		
序号	构成要素	
4	内部控制风险管理	运行机制
5	控制活动（含内部控制审查）	
6	反舞弊与举报机制	
7	监督检查（内部审计和内部控制评价）	保障机制
8	人力资源政策	
9	培训教育	
10	信息与沟通（内部控制信息系统）	
11	报告	
12	企业文化	

（二）具体构成要素趋同性分析

1. 管理目标

内部控制的目标包括经营目标、报告目标与合规目标，即为合理保证企业经营管理合法合规、资产安全、财务报告及相关信息真实完整，提高经营效率和效果，促进企业实现发展战略。保障企业依法合规经营，是内部控制的三大目标之一。法务管理、合规管理助力企业实现依法合规经营的目标，是内部控制实现依法合规经营的保障。

2. 组织体系

法务管理、合规管理，与内部控制的最高层组织是共同的，包括企业依法治企与内部控制第一责任人、公司治理机构及专门委员会等。

3. 制度体系

内部控制需要将外部合规义务渊源内化为企业内部规章制度，法务管理、合规管理为内部控制收集和提供外法依据（法律、法规、监管规定、标准等）和专业支持。内部控制的所有规章制度的制定和修改，需要经过合规审查。内部控制的重要制度及流程的制定和修改，需要经过法律审核。法律事务管理制度、合规管理制度属于内部控制制度的一部分。内部控制参与、支持法律事务管理制度、合规管理制度的制定，进行内控审查和评价，协助修改和持续改进。内部控制向合规管理提供内规（内部规章制度和流程）依据。

4. 风险管理

法律风险管理、合规风险管理是内部控制的一项重要基础性工作，也是内部控制风险管理的重要组成部分。法律风险管理、合规风险管理贯穿于内部控制的每一领域。内部控制对每一业务和运营领域开展风险评估，其中法律风险评估、合规风险评估是重要的、基本的内容。在法律风险管理、合规风险管理中，内部控制措施和手段是法律风险应对、合规风险应对的重要措施和手段。对法律风险点、合规风险点的管控，需要融入内部控制制度和流程才能有效落地执行。

5. 事项审查

内控部门对所有规章制度（包括法务管理制度与合规管理制度）进行内控审查。法务部门对内部控制重大规章制度进行法律审核。合规管理对所有内部控制规章制度进行合规审查。

6. 审计监督

法务管理、合规管理与内部控制都接受企业内部审计监督。

7. 违规管理

合规管理负责职责范围内的违规管理，包括违规举报、调查和处置。内部控制也关注建立反舞弊机制和违规举报机制。

8. 计划报告

法务管理、合规管理与内部控制都需要制定和提交年度计划、年度报告及重大风险报告。

9. 管理信息系统

法务管理需要建立法务管理信息系统，合规管理需要建立合规管理信息系统，内部控制需要建立内部控制信息系统。

10. 文化建设

法务管理关注法治文化建设，合规管理关注合规文化建设，内部控制关注企业文化建设（其中包括法治文化与合规文化建设）。

（三）企业合规管理与内部控制的趋同性更强

相对于法务管理，合规管理与内部控制的趋同性更强。（1）合规管理与内部控制同属于关注管理性职能的部门，而法务管理的主要工作是专业性、实务性法务事务，行政管理性事务处于辅助性地位。（2）合规管理的目标是保障企业依法合规经营。相较于法务管理的“依法”目标而言，合规管理与内部控制的趋同性更强一些。（3）合规风险管理是合规管理的核心要素和主要工作之一，是内部控制风险管理的一部分。虽然法律风险管理在法务管理中也十分重要，但不是法务管理的主要工作。（4）相较于法务管理而言，合规管理更加强调对合规管理体系的管理评估、合规考核与评价、合规审计、违规管理等运行和保障机制，与内部控制更趋一致。

由于合规管理与内部控制之间更强的趋同性，国务院国资委于2019年10月19日颁布《关于加强中央企业内部控制体系建设与监督工作的实施意见》，强调各中央企业应充分发挥内部控制体系对企业强基固本作用，建立健全以风险管理为导向、合规管理监督为重点，严格、规范、全面、有效的内控体系。要进一步树立和强化管理制度化、制度流程化、流程信息化的内控理念，将风险管理和合规管理要求嵌入业务流程，促使企业依法合规开展各项经营活动，实现“强内控、防风险、促合规”的管控目标。

二、企业法务管理、合规管理与内部控制的差异

（一）管理目标存在差异

法务管理的目标是保障企业依法经营，防范法律风险，维护企业合法权益。

合规管理的目标是保障企业依法合规经营，防范合规风险。

内部控制的目标除合规目标外，还包括经营目标与报告目标。

（二）制度体系存在差异

法务管理有自己专属的规章制度，如合同管理办法，案件管理制度、知识产权管理制度等。

合规管理也有自己专属的规章制度，如合规管理办法、专项合规管理制度（如反贿赂手册等）、合规管理流程等。

内部控制制度和流程贯穿企业经营管理的各个层级，覆盖企业经营管

理和业务的各个领域（包括法务领域与合规领域）。

（三）运行机制方面存在差异

1. 运行机制的主要内容和重点存在差异

如前所述，法务管理虽然也有行政管理性事务，但其更关注于专业性的、实务性的法务事务，具有很强的专业性、实务性和独立性。合规管理运行侧重于合规风险管理、合规审查与违规管理。内部控制的主要内容是内部控制的风险管理和控制活动，是企业管理的主要和基础内容，贯穿于企业经营管理活动的决策、执行和监督的各个阶段、各个层级。内部控制活动具有很强的专业性。

2. 风险管理存在差异

合规风险管理是合规管理的核心与主要工作。内部控制应以风险为导向，风险管理是内部控制的基础性工作和主要工作之一。但法律风险管理只是诸多专业性法律事务之一，而非法务管理的核心与主要工作。

法律风险、合规风险、内部控制风险的范畴存在差异。法律风险包括法律环境风险、违法法律风险、违约法律风险、侵权法律风险、怠于行使权利法律风险、行为不当法律风险等。而合规风险主要是违法法律风险和违规法律风险（违反内部规章制度风险），除此之外还包括法律环境风险、违反道德规范风险等，但不包括违约法律风险、侵权法律风险、怠于行使权利法律风险、不当行为法律风险等。内部控制风险包括政策风险、市场风险、财务风险、法律合规风险、团队风险等，并存在于企业经营管理的各个领域（包括法务领域与合规领域）。

3. 事项审查存在差异

法律审核包括对重大事项、重要内部规章制度、改革方案的法律审核，还包括合同、知识产权及其他法律事务审查。合规审查则主要包括重大事项、内部规章制度和改革方案的合规审查。内部控制审查是对企业内部规章制度和流程的内控审查。

4. 违规管理方面存在差异

在欧美跨国企业，合规管理部门直接负责违规管理。在我国中央企业与地方国有企业，合规管理部门负责职责范围内的违规管理。法务管理部门主要是对违规管理提供法律专业支持。内部控制关注建立反舞弊机制和违规举报机制（包括举报投诉制度和举报人保护制度）。

（四）人员要求存在差异

法务管理人员需要具有专业的法律知识和法务处理能力。合规管理人员需要基本的法律知识以及管理能力和工作经验。内部控制人员需要更丰富的企业管理知识和经验，并熟谙企业业务。

三、企业法务管理、合规管理、内部控制比较

企业法务管理、合规管理、内部控制比较见表4－3－4。

表4－3－4 企业法务管理、合规管理、内部控制比较

比较领域	法务管理	合规管理	内部控制
管理目标	合法目标	合规目标	经营目标、报告目标、合规目标
管理原则	全面性原则，强化责任、权责分明原则，协同联动原则，客观独立原则		普遍性原则、重要性原则、制衡原则、适应性原则、成本效益原则
组织体系	第一责任人、公司治理机构、法治专门机构、总法律顾问、法务部、业务及职能部门日常法律审核、子公司法务管理	第一责任人、公司治理机构、合规委员会、合规管理负责人、合规管理部门、业务及职能部门日常合规管理、子公司合规管理	第一责任人、公司治理机构、审计委员会、内部控制部门、业务及职能部门日常内部控制、子公司内部控制
制度体系	法律事务管理制度	合规管理制度	内控制度、流程
风险管理	法律风险管理	合规风险管理	内部控制风险管理
事项审查与其他专业性事务	专业性法律事务（含法律审核）	合规审查	控制活动（含内部控制审查）
违规管理	法律专业支持	职责范围内的违规管理	反舞弊机制、举报机制
内部监督	审计、考核	审计、考核、管理评估	审计、考核、内部控制评价
计划报告	年度计划、年度报告、重大风险报告		
宣传培训	法治宣传培训	合规宣传培训	内控培训
信息系统	法务管理信息系统	合规管理信息系统	内部控制信息系统
文化建设	法治文化	合规文化	企业文化

第三节　企业法务管理、合规管理与全面风险管理的关系

本节根据国务院国资委发布的《关于全面推进法治央企建设的意见》《关于进一步深化法治央企建设的意见》《中央企业合规管理指引（试行）》《中央企业合规管理办法》、国际标准及我国国家标准《风险管理　法律风险管理指南》、国务院国资委发布的《中央企业全面风险管理指引》以及国家有关部门发布实施的其他规定、标准等，对法务管理、合规管理与全面风险管理进行比较分析，甄别其异同，厘清其关系。

一、企业法务管理、合规管理与全面风险管理存在趋同性

法务管理、合规管理的与全面风险管理在管理体系的架构及各个构成要素和管理环节方面存在趋同性。

（一）体系架构

企业全面风险管理体系的架构与构成要素，根据合规管理体系的架构和构成要素进行适当调整后，形成全面风险管理体系比较列表（见表4－3－5）。仔细比较，其主要构成要素趋同，包括管理目标、组织体系、风险管理、计划报告、宣传培训、监督检查、管理信息系统、文化建设等。从风险管理角度来看，全面风险管理包括法律风险管理与合规风险管理。

表4－3－5　全面风险管理体系比较

企业法务管理体系架构		企业合规管理体系架构		企业全面风险管理体系架构	
序号	构成要素	序号	构成要素	序号	构成要素
1	总体目标	1	合规方针目标	1	方针和目标
2	组织体系	2	组织体系	2	组织体系
3	制度体系	3	制度体系	3	制度流程

续表

企业法务管理体系架构		
序号	构成要素	
4	法律风险管理	运行机制
5	专业性法律事务（含法律审查）	
6	违规问责	
7	监督检查	保障机制
8	人力资源保障	
9	法治宣传培训	
10	计划报告	
11	法务管理信息系统	
12	法治文化	

企业合规管理体系架构		
序号	构成要素	
4	合规风险管理	运行机制
5	合规审查	
6	违规管理	
7	监督检查	保障机制
8	人力资源保障	
9	合规宣传培训	
10	计划报告	
11	合规管理信息系统	
12	合规文化	

企业全面风险管理体系架构		
序号	构成要素	
4	风险评估	运行机制
5	风险应对	
6	风险管理审查	
7	监督改进	保障机制
8	资源配置	
9	培训教育	
10	信息与沟通（风险管理信息系统）	
11	报告	
12	风险管理文化	

（二）具体构成要素趋同性分析

1. 管理目标

保障企业依法合规经营，是全面风险管理的四大目标（战略目标、合规目标、经营目标、报告目标）之一。法务管理、合规管理助力企业实现依法合规经营的目标，是全面风险管理实现依法合规经营的保障。法务管理、合规管理为全面风险管理收集和提供外部合规义务渊源、内部合规义务渊源依据并提供法律、合规领域的专业支持。

2. 组织体系

法务管理、合规管理与全面风险管理的最高层组织是共同的，包括公司治理机构及专门委员会等。

3. 制度流程

法律事务管理制度、合规管理制度、全面风险管理制度都属于内部控制制度。法务管理、合规管理对全面风险管理制度进行法律、合规审查。

4. 风险管理

法律风险管理、合规风险管理是全面风险管理的一部分，属于专项风险管理。

5. 事项审查

法务部门对规章制度、经济合同、重大决策及其他法律事务进行法律审核。合规管理对规章制度、经济合同、重大决策进行合规审查。全面风险管理对重大项目、改革方案、重大经济合同、重要规章制度进行风险评估和风险管理审查。

6. 审计监督

法务管理、合规管理与全面风险管理都接受企业内部审计监督。

7. 计划报告

法务管理、合规管理与全面风险管理都需要制定和提交年度计划、年度报告及重大风险报告。

8. 信息与沟通

法务管理需要建立法务管理信息系统，合规管理需要建立合规管理信息系统，全面风险管理需要建立全面风险管理信息系统。

9. 文化建设

法务管理关注法治文化建设，合规管理关注合规文化建设，全面风险管理关注风险管理文化建设，都属于企业文化范畴。

（三）企业合规管理与全面风险管理的趋同性更高

相对于法务管理，合规管理与全面风险管理的趋同性更强。（1）合规管理与全面风险管理同属于关注管理性职能的部门，二者也有实务性业务，即重大事项的审查（合规审查、风险管理审查）。而法务管理的主要工作是专业性、实务性法律事务，行政管理性事务处于辅助性地位。（2）合规管理的目标是保障企业依法合规经营。相较于法务管理的“依法”目标而言，合规管理与全面风险管理的趋同性更强一些。（3）合规风险管理是合规管理的主要工作与核心要素。全面风险管理的全部工作和内容就是风险管理。虽然法律风险管理在法务管理中也十分重要，但不是法务管理的主要工作。（4）相较于法务管理而言，合规管理强调对合规管理体系的管理评估、合规考核与评价、合规审计等保障机制，与全面风险管理更趋一致。

由于合规管理与全面风险管理之间更强的趋同性，国务院国资委发布的《关于加强中央企业内部控制体系建设与监督工作的实施意见》强调，各中央企业应充分发挥内部控制体系对企业强基固本作用，建立健全以风险管理为导向、合规管理监督为重点，严格、规范、全面、有效的内控体系。要进一步树立和强化管理制度化、制度流程化、流程信息化的内控理念，将风险管理和合规管理要求嵌入业务流程，促使企业依法合规开展各项经营活动，实现“强内控、防风险、促合规”的管控目标。

二、企业法务管理、合规管理与全面风险管理的差异

（一）管理目标存在差异

法务管理的目标是保障企业依法经营，防范法律风险，维护企业合法权益。合规管理的目标是保障企业依法合规经营，防范合规风险。全面风险管理的目标除合规目标外，还包括战略目标、经营目标与报告目标。

（二）制度体系存在差异

法务管理有自己专属的规章制度，如合同管理办法、案件管理制度、知识产权管理制度等。合规管理有自己专属的规章制度，如合规管理办法、专项合规管理制度（如反贿赂手册等）、合规管理流程等。全面风险管理也有自己专属的风险管理制度，即风险管理制度和流程。

（三）运行机制方面存在差异

1. 运行机制的主要内容和重点存在差异

如前所述，法务管理虽然也有行政管理性事务，但其更关注于专业性的、实务性的法律事务，具有很强的专业性、实务性和独立性。

合规管理运行侧重于合规风险管理、合规审查与违规管理。全面风险管理运行的主要内容则是风险评估、风险应对与风险管理审查。

全面风险管理，尤其是全面风险管理涉及风险偏好、风险承受度、风险评估技术和模型等专业领域，也具有很强的专业性。

2. 风险管理存在差异

合规风险管理是合规管理的核心与主要工作。法律风险管理只是诸多专业性法律事务之一，而非法务管理的核心与主要工作。而全面风险管理的全部内容就是风险管理。

法律风险包括法律环境风险、违法法律风险、违约法律风险、侵权法律风险和怠于行使权利法律风险、行为不当法律风险等。而合规风险主要是违法法律风险和违规法律风险（违反内部规章制度风险），除此之外还包括法律环境风险、违反道德规范风险等，但不包括违约法律风险、侵权法

律风险、怠于行使权利法律风险、不当行为法律风险等。全面风险管理覆盖企业各方面、各领域的风险，包括战略风险、市场风险、财务风险、运营风险、法律风险、合规风险等。

3. 事项审查存在差异

法律审核包括对重大事项、重要内部规章制度、改革方案的法律审核，还包括合同及其他法律事务审查。

合规审查则主要包括重大事项、内部规章制度和改革方案的合规审查。

全面风险管理审查侧重于对重大事项、重要内部规章制度、改革方案的风险审查。

4. 违规管理方面存在差异

在欧美跨国企业，合规管理部门直接负责违规管理。在我国中央企业与地方国有企业，合规管理部门负责职责范围内的违规管理。法务管理部门主要是对违规管理提供法律专业支持。全面风险管理不包括违规管理要素。

（四）人员要求存在差异

法务管理人员需要具有专业的法律知识和法务处理能力。合规管理人员需要基本的法律知识以及管理能力和工作经验。全面风险管理人员需要专业的风险管理技术知识、管理知识和管理经验，熟谙企业业务。

三、企业法务管理、合规管理、全面风险管理比较

表4－3－6为企业法务管理、合规管理、全面风险管理比较。

表4－3－6　企业法务管理、合规管理、全面风险管理比较

比较领域	法务管理	合规管理	全面风险管理
管理目标	合法目标	合规目标	战略目标、经营目标、报告目标、合规目标
管理原则	全面性原则，强化责任、权责分明原则，协同联动原则，客观独立原则		控制损失，创造价值；融入企业管理过程，成为管理过程的重要组成部分；支持决策过程，企业的所有决策都应考虑风险和风险管理；以信息为基础；环境依赖，与企业内外部环境及风险状况相匹配；广泛参与、充分沟通；持续改进

续表

比较领域	法务管理	合规管理	全面风险管理
组织体系	公司治理机构、法治建设第一责任人、法治专门机构、总法律顾问、法务部、业务及职能部门日常法律审核、子公司法务管理	公司治理机构、法治建设第一责任人、合规委员会、合规管理负责人、合规管理部门、业务及职能部门日常合规管理、子公司合规管理	公司治理机构、风险管理委员会、风险管理部门、业务及职能部门日常风险管理、子公司风险管理
制度体系	法律事务管理制度	合规管理制度	全面风险管理制度
风险管理	法律风险管理	合规风险管理	全面风险管理
事项审查与其他专业性事务	专业性法律事务（含法律审核）	合规审查	风险评估与风险管理审查
违规管理	法律专业支持	职责范围内的违规管理	无
内部监督	审计、考核	审计、考核、管理评估	审计、考核、风险管理评价
计划报告	年度计划、年度报告、重大风险报告		
宣传培训	法制教育培训	合规宣传培训	风险管理培训
信息系统	法务管理信息系统	合规管理信息系统	风险管理信息系统
文化建设	法治文化	合规文化	风险管理文化

第四节　企业内部控制与全面风险管理的关系

关于内部控制与全面风险管理的关系，理论界主要存在三种观点。第一种观点认为全面风险管理包括内部控制，内部控制是全面风险管理中的风险应对措施和手段，内部控制体系是全面风险管理的一个子体系。第二种观点认为内部控制包括全面风险管理，全面风险管理只是内部控制风险管理的适度扩展，包括风险管理的概念、管理目标和管理要素的扩展。第三种观点认为内部控制与全面风险管理相互独立，互不隶属。

一、我国有关文件的规定

1. 国务院国资委发布的《中央企业全面风险管理指引》将内部控制作

为风险管理解决方案之一，将内部控制体系作为全面风险管理体系的子体系之一，并在第五章第 33 条、第 34 条对风险解决的内控措施作了详细规定。

2. 国务院国资委、财政部发布的《关于加快构建中央企业内部控制体系有关事项的通知》规定，完善的企业内部控制体系，是企业提升资源配置效率和防范经营风险的重要保障。内部控制是风险管理的有效措施，各企业要以风险管理为导向加强内控体系建设，做好内部控制与风险管理工作的有机结合，加强工作协同，形成工作合力，共同推动企业管理的持续改进。

3. 国务院国资委发布的《关于加强中央企业内部控制体系建设与监督工作的实施意见》规定，各中央企业应充分发挥内部控制体系对企业强基固本作用，建立健全以风险管理为导向、合规管理监督为重点，严格、规范、全面、有效的内控体系。要进一步树立和强化管理制度化、制度流程化、流程信息化的内控理念，将风险管理和合规管理要求嵌入业务流程，促使企业依法合规开展各项经营活动，实现“强内控、防风险、促合规”的管控目标，形成全面、全员、全过程、全体系的风险防控机制，切实全面提升内控体系有效性，加快实现高质量发展。

4. 国际标准及我国国家标准《风险管理　原则与实施指南》在引言中提及，“许多组织在现有的管理实践和过程中已经实施了风险管理，或者已经对某些特定风险或具体领域采用了正式的风险管理过程，如内部控制。管理层可对照本标准对现有的风险管理实践和过程进行检查”。该标准第 6.1 条规定，组织的风险管理体系可能由在各层次和特定环境内实施风险管理过程的子体系构成，如内部控制体系等。

很显然，我国上述规范、意见和标准采纳了以下观点，即（1）内部控制也包括风险管理，但聚焦于特定风险或具体领域的风险管理；（2）内部控制是全面风险管理的基础和有效措施；（3）内部控制应当以风险管理为导向；（4）内部控制体系是企业全面风险管理体系的子体系之一。

按照国务院国资委发布的《中央企业全面风险管理指引》、我国财政部等五部门发布的《企业内部控制基本规范》以及国际标准及我国国家标准《风险管理　原则与实施指南》《风险管理　法律风险管理指南》，经调整后的我国企业内部控制体系架构、企业全面风险管理体系架构比较如表 4－3－7 所示。

表4-3-7 经调整后的我国企业内部控制体系架构、企业全面风险管理体系架构比较

企业内部控制体系架构		
序号	构成要素	
1	内部控制目标	
2	组织体系	
3	制度体系	
4	内部控制风险管理	运行机制
5	控制活动（含内部控制审查）	
6	反舞弊与举报机制	
7	监督检查（内部审计和内部控制评价）	保障机制
8	人力资源政策	
9	培训教育	
10	信息与沟通（内部控制信息系统）	
11	报告	
12	企业文化	

企业全面风险管理体系架构		
序号	构成要素	
1	方针和目标	
2	组织体系	
3	制度流程	
4	风险评估	运行机制
5	风险应对	
6	风险管理审查	
7	监督改进	保障机制
8	资源配置	
9	培训教育	
10	信息与沟通（风险管理信息系统）	
11	报告	
12	风险管理文化	

二、关注上海证券交易所、深圳证券交易所原上市公司内部控制指引

2006年6月5日，上海证券交易所制定并实施《上海证券交易所上市公司内部控制指引》。2006年9月28日，深圳证券交易所制定并实施《深圳证券交易所上市公司内部控制指引》。这两部内部控制指引虽然已经失效，但仍具有参考意义。

这两部内部控制指引在传统的内部控制五要素基础上增加了三个构成要素，即目标设定、事项识别和风险对策，将上市公司内部控制扩展到八大要素，使之与全面风险管理的八大要素完全一致。具体如下：（1）内部环境；（2）目标设定：公司董事会和管理层根据公司的风险偏好设定公司战略目标，并在公司内层层分解和落实；（3）事项识别：公司董事会和管理层对影响公司目标实现的内外事件进行识别，分清风险和机会；（4）风险评估；（5）风险对策：公司管理层按照公司的风险偏好和风险承受能力，

采取规避、降低、分担或接受的风险应对方式，制定相应的风险控制措施；（6）控制活动；（7）信息与沟通；（8）检查监督。

三、总结梳理

根据国务院国资委发布的《中央企业全面风险管理指引》、国际标准及我国国家标准《风险管理　原则与实施指南》，就内控与全面风险管理的关系而言，可以总结梳理出以下四点：

1. 内部控制体系是一个独立的管理系统。在全面风险管理产生之前，内部控制就已经独立地存在。

2. 内部控制贯穿于企业经营管理的各个领域和环节，内部控制体系构成企业经营管理的基本框架、制度和流程。

风险管理是内部控制的实质与核心，也是内部控制的目标。内部控制以风险为导向。传统的内部控制主要聚焦在运营和对于相关法律法规的遵从性上（经营目标、合规目标与报告目标），聚焦于企业各职能部门和业务领域的内部控制风险管理以及应对风险的具体制度流程上。

3. 全面风险管理是在内部控制的基础上发展起来的。全面风险管理是在内部控制基础上的扩展。

（1）理论扩展。全面风险管理引入了一些全新的风险管理概念，如组合风险、风险偏好、风险承受度、战略和目标设定等。

（2）目标扩展。内部控制三大管理目标是经营目标、报告目标与合规目标。全面风险管理在此基础上增加了战略目标，扩展为四大管理目标。

（3）要素扩展。内部控制的五大要素包括环境识别、风险评估和应对、控制活动、信息沟通、监督检查。全面风险管理在此基础上增加了目标设定、事项识别和风险管理解决方案三个要素，扩展为八大要素。

全面风险管理基于企业的愿景和使命，关注企业的战略和目标设定，更侧重于企业战略性、组合性、全局性、宏观性、前瞻性、机会性、动态性风险管理，为企业战略决策提供依据。

按照传统的内部控制与全面风险管理理论，如果一家企业开展全面风险管理、建立全面风险管理体系，内部控制体系即成为全面风险管理体系的组成部分，构成全面风险管理体系的子体系之一。也就是说，内部控制是全面风险管理的基础和组成部分、有效措施和保障，全面风险管理不能离开内部控制而独立存在。企业要开展全面风险管理、建立全面风险管理体系，应首先夯实内部控制，建立健全有效的内部控制体系。

正因如此，内部控制与全面风险管理趋同性更强。二者管理目标趋同、基本要素趋同。内部控制是全面风险管理中风险应对的措施和手段。

4. 在我国，内部控制与全面风险管理呈现出明显的、日趋融合的趋势。

（1）《上海证券交易所上市公司内部控制指引》和《深圳证券交易所上市公司内部控制指引》就在传统的内部控制五要素基础上增加了三个构成要素，即目标设定、事项识别和风险对策，将传统内部控制构成五要素扩展到八大要素，使之与全面风险管理的八大要素完全一致。

（2）财政部等五部门发布的《企业内部控制基本规范》中包含风险偏好、风险承受度、机会风险等概念，并已经将风险应对策略确定为内部控制的构成要素之一。其第 25 条规定："企业应当根据风险分析的结果，结合风险承受度，权衡风险与收益，确定风险应对策略。企业应当合理分析、准确掌握董事、经理及其他高级管理人员、关键岗位员工的风险偏好，采取适当的控制措施，避免因个人风险偏好给企业经营带来重大损失。"

（3）财政部等五部门《企业内部控制应用指引》第 2 号（发展战略），要求企业在制定和实施发展战略时，关注战略风险的防控。

（4）《企业内部控制应用指引》第 6 号（资金活动）第 12 条第 1 款规定，要求企业对外投资应重点关注投资项目的收益和风险。

四、强基固本，正本清源

从历史发展轨迹来看，欧美企业内部控制的产生和发展先于全面风险管理。在开展全面风险管理以前，欧美企业已经建立健全有效的内部控制体系。欧美企业全面风险管理是对内部控制的扩展，是在内部控制的基础上发展起来的。因此，欧美企业开展全面风险管理已经有了良好的内部控制基础。

我国中央企业较早地于 2006 年就按照国务院国资委发布的《中央企业全面风险管理指引》引进了全面风险管理的理念和体系。财政部等五部门于 2008 年 5 月 22 日发布《企业内部控制基本规范》、于 2010 年 4 月 15 日发布《企业内部控制应用指引》以后，国务院国资委和财政部才于 2012 年 5 月 7 日联合发布《关于加快构建中央企业内部控制体系有关事项的通知》，要求中央企业扎实开展管理提升活动，确保2013年全面完成集团内部控制体系的建设与实施工作，夯实基础管理工作。

因此，我国企业先引入全面风险管理体系建设，5年后才引入内部控制体系建设。产生的现象和导致的后果是：重风控，轻内控，对内控作为风险管理基础的重要性认识不足，只看结果，不管过程；风控部门与内控部门责权不清；内部控制部门职能被忽视、被削弱、被边缘化，或者仅在财务部门或者风控部门设置一两个内控人员，内控人员不足。

2019年10月19日，国务院国资委发布实施《关于加强中央企业内部控制体系建设与监督工作的实施意见》，要求各中央企业应充分发挥内部控制体系对企业强基固本作用，建立健全以风险管理为导向、合规管理监督为重点，严格、规范、全面、有效的内控体系。要进一步树立和强化管理制度化、制度流程化、流程信息化的内控理念，将风险管理和合规管理要求嵌入业务流程，促使企业依法合规开展各项经营活动，实现“强内控、防风险、促合规”的管控目标，形成全面、全员、全过程、全体系的风险防控机制，切实全面提升内控体系有效性，加快实现高质量发展。

《关于加强中央企业内部控制体系建设与监督工作的实施意见》强调内部控制体系对中央企业的强基固本作用，实则是强调内部控制要强基固本，正本清源。

2019年12月26日，国务院国资委印发《关于做好2020年中央企业内部控制体系建设与监督工作有关事项的通知》，直接要求各中央企业整合工作报告全面反映内控体系年度工作情况，而不再分别报送《中央企业内部控制评价报告》和《中央企业年度风险管理报告》，进一步彰显内部控制的强基固本作用。

五、如何选择：内部控制还是全面风险管理

企业考量开展内部控制还是全面风险管理，需要基于务实的态度，避开理论上的争论，更多地关注适用于企业的有关法律、法规的规定以及企业经营管理的实际需要。

探其究竟，全面风险管理是在内部控制的基础上发展起来的，是内部控制的适度扩展。在理论上，两个体系侧重点各不相同，相互补充，但不能相互代替。在企业经营管理的实务上，可以将内部控制的五要素适度扩

展到全面风险管理的八要素，将内部控制部门的职责范围适度扩展到包括全面风险管理。因此，企业已经开展内部控制、建立内部控制体系尚未开展全面风险管理的，可以将内部控制部门的职责范围扩展到包括全面风险管理。企业已经开展全面风险管理、建立了全面风险管理体系尚未开展内部控制的，则须尽快建立内部控制体系，开展内部控制，夯实内部控制基础。

考察欧美企业，建立并执行有效的内部控制体系、夯实内部控制基础，是每个企业的必选项。但只有一些超大型的跨国企业集团建立了全面风险管理体系并开展全面风险管理。

对于中央企业和地方国有企业而言，开展全面风险管理与内部控制，是国务院国资委和有些地方国资委的刚性要求。如果中央企业、地方国有企业内控及风险管理制度缺失，内控流程存在重大缺陷或内部控制执行不力，造成国有资产损失以及其他严重不良后果的，将被追究违规投资经营的责任。但是，是否每个企业需要建立全面风险管理体系，需要对企业的具体情况进行分析研究。

笔者认为，下列中央企业、地方国有企业需要建立全面风险管理体系、开展全面风险管理：（1）企业集团总部及其子集团；（2）强监管行业的企业，包括金融机构、证券公司等；（3）上市公司；（4）跨行业经营、从事境外投资经营、市场竞争激烈、战略发展重要性凸显或者中大型的子公司。

而业务单一、产品单一、不涉及境外投资经营、规模较小的企业，可以考虑不开展全面风险管理，而只建立内部控制体系，并在开展内部控制时以风险管理为导向强化企业运营各领域、各环节的风险管理。

民营企业可以参照上述方法进行选择。

第四章　建立法务、合规、内控、风险管理协同运作机制

Chapter Ⅳ　Collaboration of Legal Affairs Management, Compliance Management, Internal Control and Risk Management

要点

1. 建立法务、合规、内控、风险管理协同运作机制，是国务院国资委及地方国资委的要求，也被国际标准 ISO 37301:2021 与国家标准 GB/T 35770:2022《合规管理体系　要求及使用指南》鼓励和提倡。

2. 进行法务、合规、内控、风险管理协同运作机制的顶层设计：LCR 整合框架。

3. 贯彻“以内控为基础、风险为导向、法务合规为重点”原则。

国务院国资委发布的《关于进一步深化法治央企建设的意见》《中央企业合规管理办法》要求建立法务、合规、内控、风险管理协同运作机制。如何建立这四大领域的协同运作机制是一个大课题，也一直是企业在建立合规管理体系实务中普遍遇到和思索的问题。

本章对这一课题作初步探讨。

第一节　协同运作机制

一、企业管理体系

管理是通过计划、组织、领导、控制等手段，结合人力、物力、财力、信息、环境、时间等要素，以达到组织目标的过程。管理的基本要素包括计划、组织、领导和控制。

企业管理体系是企业建立方针和目标并实现这些目标的体系，是企业组织制度与管理制度的总称。企业管理的核心要素包括目标设定、组织机构、制度流程、监督检查、绩效考核与激励、培训、文化建设等。

企业不同管理功能与业务领域之间存在各自不同的目标、计划、领导、组织和控制机制，并因此建立企业管理的若干分体系，包括财务管理体系、生产管理体系、QHSE（质量、健康、安全、环境）管理体系、采购管理体系、销售管理体系、人力资源管理体系、内部控制体系、全面风险管理体系、法务管理体系、合规管理体系等。

二、协同运作

企业不同管理功能之间在管理的各构成要素之间存在交叉、相互包含甚至趋同之处。传统的企业管理采取分散化管理模式，各部门体系之间相互独立，管理脱节，各自为政。在这种模式下，如果不处理好各部门之间的协调关系，可能会增加管理层级和环节，导致工作的重叠甚至矛盾，部门之间争抢或浪费资源，政令不一，信息闭塞，影响企业经营管理效率。因此，将构成要素趋同的管理体系进行有机整合，建立协同运作机制，成为现代企业集团和大型企业必须研究和实施的课题。

建立协同运作机制，有助于减少相关分体系之间管理上的不协调，精简管理机构，优化管理流程，减少管理环节，实现优势互补，提供问题的整体解决方案，共享与节约资源，提高管理效率。

三、建立法务、合规、内控、风险管理协同运作机制的依据

（一）我国中央企业、地方国有企业建立协同运作机制的依据

1. 国务院国资委发布的《关于进一步深化法治央企建设的意见》

该意见第 7 款规定："……探索构建法律、合规、内控、风险管理协同运作机制，加强统筹协调，提高管理效能……"

2. 国务院国资委发布的《中央企业合规管理办法》

该办法第 26 条规定："中央企业应当结合实际建立健全合规管理与法务管理、内部控制、风险管理等协同运作机制，加强统筹协调，避免交叉重复，提高管理效能。"

（二）上述有关合规管理的标准、办法和指引对企业合规管理的对象、程序、内容等不尽相同

国家标准 GB/T 35770—2022《合规管理体系　要求及使用指南》在等同采用国际标准时，增加了附录 NA（资料性）《补充使用指南》。第 NA. 4 条对管理体系一体化融合提出了具体指导意见。

1. 概述

《补充使用指南》第 NA. 4. 1 条（概述）对融合的体系范围、关键和目标提出了指导意见。

（1）组织建立合规管理体系往往涉及与既有体系的融合，可涉及合规管理基础工具的融合，即法律、内控、风险管理等，也可涉及管理体系间的一体化融合，即质量管理体系、环境管理体系、职业健康安全管理体系、能源管理体系、信息安全管理体系、资产管理体系、反贿赂管理体系等。

（2）合规管理体系与相关体系的一体化融合，并非简单的体系、规则等要求叠加，宜将合规管理与相关管理体系的核心要求、方法与标准相结合。

2. 融合的范围、方法与路径

《补充使用指南》第 NA. 4. 2 条对体系一体化融合的范围、方法与路径提出了指导。

（1）融合的范围

一体化融合的范围可涉及治理原则、组织结构与职责、风险识别方法、制度与过程、运行与保障、评价、监督、持续改善和信息化等。

（2）融合的方法

一体化融合的方法宜采取制度对标，即识别所需融合的各个管理体系标准与规则，以融合后的要求为基准对组织开展评价、对标梳理，形成统一的治理要求和体系文件并确保其嵌入组织管理职责、制度及内部业务过程。

（3）融合的路径

一体化融合的路径一般包括以下方面：

①构建一体化管理体系要求。组织宜结合自身管理实践，针对融合需求，收集、整理、汇总各项标准与规则，制定一体化管理体系的原则、目标，以便实施、评价一体化融合工作时有据可依。

②实施制度对标。组织宜依据一体化管理体系要求开展制度对标，对内部职责、过程及制度进行对标梳理，确保融合的管理体系能够全面、准确落实到组织的治理体系与日常经营管理中。

③形成一体化管理体系文件。体系文件一般包括三个层次，第一层为

纲领性文件，第二层为规章制度，第三层为操作规范。组织宜根据以下原则形成一体化管理体系文件，即不同标准中相同的要求进行合并；相近的要求进行融合；差异化要求保持独立；并重点关注融合后的体系文件内容是否满足一体化管理体系要求。

④运行一体化管理体系。组织宜关注体系运行的有效性，以及各过程、职能的衔接。组织宜借助合规数字化运行、监督一体化管理体系并实时反馈体系运行情况，确保满足组织预期的目标。

（三）团体标准《法务、合规、内控、风险一体化管理原则与实施指南》

2024年3月20日，中华文化促进会发布团体标准T/CCPS 0005—2024《法务、合规、内控、风险一体化管理原则与实施指南》。该标准完全采用国际标准化组织国际标准的10条款体系架构，包括前言；引言；范围；规范性引用文件；术语和定义；组织环境；领导作用；策划；支持；运行；绩效评价；改进。

按照该标准规定，法务、合规、内控、风险一体化管理体系取得成效，关键在于组织最高领导者的承诺与实践。组织间各职能的分工与配合，有效的风险管控意识和文化，对各类风险的充分识别，对管控措施的整合运用等，构成一体化管理体系成功的必要因素。

该标准第1条规定，该标准适用于具有一定规模，需要提高风险管控效率，集中行使同类职能，加强风险管控赋能的各类集团公司、上市公司、中大型企业等组织。

该标准第3.1.6条规定，一体化是指将两个或两个以上的不相同或不协调的事项，采取适当的方式，将其融合为一个整体，形成协同效应，以实现企业目标的一项措施。

该标准第8.1条规定，法务、合规、内控、风险一体化管理是在界定四者关系的基础上，以业务事项为对象，以对各类风险的预防、控制与应对为主线，进行多层级多方面的协同管理，包括：确定一体化组织职责（第8.1.2条）、制定一体化管理制度（第8.1.3条）、制定一体化管控措施（第8.1.4条）及建立一体化评价机制（第8.1.5条）等多方面的一体化。

该标准第8.4条规定，法务、合规、内控、风险一体化管理运行包括职能协同、制度协同、机制协同和评价协同。

该标准第8.6条规定，法务、合规、内控、风险一体化管理体系文件内容包括：a）一体化管理基本原则；b）一体化管理组织架构；c）风险评估形成的全面风险数据库；d）法务管理策略；e）合规管理制度；f）内控管理流程与权限；g）风险管理策略；h）一体化管理成熟度评价；i）一体化管理培训；j）一体化管理文化。

（四）《整合管理体系指南》(征求意见稿，计划编号 20110839 - T - 469)

2014 年 7 月 7 日，国家标准化管理委员会发布由中国认证认可协会、中国质量认证中心等单位起草的《整合管理体系指南》(征求意见稿，计划编号 20110839 - T - 469)，目前尚在审查阶段。虽然该标准历经多年尚未发布实施，但仍然为企业管理体系的整合提出了可借鉴的操作指南，具有重要的参考意义。

1. 整合管理体系的原因

按照该指南“前言”，不同管理体系标准（或规范）有不同的管理意图、要求和对象。当一个组织应用多个管理体系标准（或规范）时，它们既有独立的部分，也有通用的部分，还有相互制约的部分，可能引发相互交叉或重复，从而导致管理成本上升、过程效率滞缓、有效性下降等问题。因此，很多组织希望能够将不同管理体系共性的部分进行整合，避免管理的复杂化、重复化和资源浪费。该指南旨在帮助各类组织建立和实施整合管理体系。

2. 整合管理体系的基本框架

该指南“前言”进一步期望基于管理体系的基本运行模式（策划—实施—检查—改进，即 PDCA），见图 4 - 4 - 1，便于组织将任何特定的管理体系要求融入管理体系框架中。

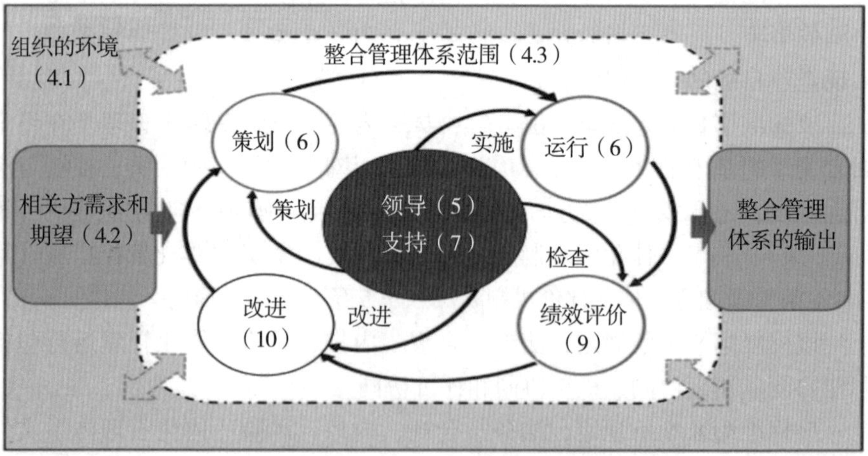

图 4 - 4 - 1 整合管理体系结构框架

《整合管理体系指南》(征求意见稿) 采用了 ISO 对管理体系标准的"高阶结构"(High Level Structure), 基于风险思维和 PDCA 管理逻辑, 采用"过程方法", 采用共同的术语、定义以及一致的框架结构 (具有相同的 10 个主条款):(1) 范围, 提供整合管理体系的结构框架及相关要素的基本指南, 以增强组织的管理体系整合能力, 提高管理绩效。(2) 规范性引用文件。(3) 术语和定义, 采用了 ISO 管理体系标准共同的术语和定义。(4) 组织的环境, 基于理解组织所处的环境及相关方的需求和期望, 确定整合管理体系的范围, 整合管理体系。(5) 领导。(6) 策划。(7) 支持活动。(8) 运行。(9) 绩效评价。(10) 改进。

《整合管理体系指南》(征求意见稿) 就主要条款的整合提出了实践指导。

第二节　我国企业建立四大体系的基本情况

从笔者开展合规管理体系建设的实践来看, 可以基于所有制性质, 将企业分为中央企业、地方国有企业、民营企业和外商投资企业四个类别, 分别总结。

一、中央企业

我国中央企业一直是四大体系的率先践行者, 并且从集团总部到各子公司都建立了法务管理体系、内部控制体系和全面风险管理体系, 并正在积极推动合规管理体系建设。

从 2004 年 5 月 11 日国务院国资委发布《国有企业法律顾问管理办法》开始, 我国中央企业就开始推行总法律顾问制度, 设立法律事务机构, 开展法务管理工作。之后, 各省、直辖市、自治区国资委都颁布了省属国有企业法律顾问管理办法。2015 年 12 月 8 日国务院国资委发布《关于全面推进法治央企建设的意见》, 2016 年 6 月 12 日中共中央办公厅、国务院办公厅发布《关于推行法务顾问制度和公职律师公司律师制度的意见》, 2018 年 12 月 13 日司法部发布《公司律师管理办法》以后, 中央企业积极推动公司律师制度的试点和发展。

从2006年起，中央企业中的商业银行、保险公司就启动了合规管理体系的建设。2016年5月，国务院国资委启动合规管理体系建设并在中石油、中国移动、中国中铁、招商局集团、东方电气集团5家央企开展建设合规管理体系试点。2018年11月2日，国务院国资委发布《中央企业合规管理指引（试行）》，合规管理体系建设已经在各大央企集团全面推动。2022年8月23日，国务院国资委发布《中央企业合规管理办法》，以具有刚性约束力的规范性文件形式，对中央企业合规管理进行规定。从2022年第四季度起，国务院国资委全面推动各中央企业建立“三张清单”，即业务流程管控清单、岗位合规职责清单及合规风险识别清单。2023年3月，国务院国资委办公厅发布《关于开展2023年中央企业合规管理体系有效性评价工作的通知》，正式启动对我国中央企业合规管理体系进行有效性评价的工作。

2008年5月22日，我国财政部、证监会、审计署、银监会、保监会五部门联合发布了《企业内部控制基本规范》(财会〔2008〕7号)，于2010年4月15日发布《企业内部控制应用指引》(财会〔2010〕11号)，在上市公司范围内施行，并鼓励非上市的大中型企业执行。2012年5月7日，国务院国资委、财政部发布《关于加快构建中央企业内部控制体系有关事项的通知》，中央企业全面启动内部控制体系建设。

2006年6月6日，国务院国资委发布《中央企业全面风险管理指引》，直接引入企业全面风险管理。从2007年起，中央企业全面启动全面风险管理体系建设。

二、地方国有企业

作为商业银行、保险公司、证券公司、基金管理公司、上市公司的地方国企以及一些走在改革前沿的地方国企已经开展了法务管理、合规管理和内部控制。北京、上海、江浙、广东一带发达地区的地方国企已经开展法务管理，建立法务管理体系，但覆盖到子公司的并不多。

我国各省、自治区、直辖市国资委已经发布实施地方国企合规管理指引/办法，在地方国企全面开展合规管理体系建设工作。

不少地方国企开展了内部控制，但执行情况不容乐观。建立健全有效内控体系的地方国企不多，更多的是将内部控制聚焦会计控制，并成为财务部下属的一个科室；或者置于风控部下，成为风控管理的一个小组；虽然制定了无数个内部控制制度流程，但有效落地执行的不多，大多流于形式。开展全面风险管理的地方国企很少。

三、民营企业

民营企业建立四大体系的情况与地方国企的情况类似，且情况更差。作为商业银行、保险公司、证券公司、基金管理公司、上市公司的民营企业以及一些走在改革前沿的大型民企，已经开展了法务管理、合规管理和内部控制。江浙一带的个别民营企业还开展了重点领域（如反腐败、出口管制等）的专项合规管理或者法律风险管理。开展全面风险管理的民营企业很少。

四、外商投资企业

我国外商投资企业（包括外资企业以及外资控股的合资企业、合作企业）遵从作为外国投资方的跨国企业集团的体系和经营，都开展了法务管理、合规管理和内部控制。合规管理条款曾经是跨国企业坚持写入合资合同的必备条款之一。同时，“党组织进章程”也成为我国国有企业坚持写入合资企业、合作企业的必备条款。法务部在外商投资企业具有独立性和很高的权威，往往向跨国企业集团总部的法务部垂直汇报。

外商投资企业的合规管理更聚焦于重点领域的专项合规管理，包括反贿赂、反垄断、反洗钱、反舞弊、利益冲突、网络与数据安全等领域。政府强监管行业的大型外商投资企业大多设立独立的合规部，而一般的外商投资企业的合规管理多由法务部监管。

外商投资企业的内部控制体系构成企业强大的管理基础，内部控制制度和流程贯穿到企业经营管理的各个领域和各个层面。《美国反海外腐败法案》的两大基本内容就是反贿赂和内部控制。风险管理一般由内部控制负责，因此开展全面风险管理的外商投资企业并不太多。

第三节　建立协同运作机制的基础条件——国有企业法治体系

国务院国资委于2015年12月8日发布《关于全面推进法治央企建设的意见》(国资发法规〔2015〕166号)，于2021年10月19日发布《关于进一步深化法治央企建设的意见》(国资发法规规〔2021〕80号)，在指导思想中要求各中央企业“坚持法治体系、法治能力、法治文化一体建设”，以文件形式正式提出了中央企业法治体系（又称依法治企体系或者法治工作体系），并要求地方国有资产监督管理机构参照该意见积极推进所出资企业法治建设。各省市国资委根据该意见随后发布了本省市属国有企业推进法治国企建设的意见，提出了各省市地方国有企业法治体系建设要求。

国务院国资委发布的《关于全面推进法治央企建设的意见》在前言中明确指出，在新形势下，全面建设法治央企，是贯彻落实全面依法治国战略的重要内容，是进一步深化国企改革的必然要求，也是提升企业核心竞争力，做强做优做大中央企业的迫切需要。因此，建设法治国企是贯彻落实我国全面依法治国战略的重要内容，国有企业法治体系是我国依法治国战略以及国家法治体系的重要内容和组成部分。

一、法治体系指导思想

我国国有企业建立企业法治体系的指导思想是，坚持以习近平新时代中国特色社会主义思想为指导，认真落实习近平法治思想，深入贯彻党的二十大和党的二十届二中全会、三中全会精神，按照中央全面依法治国工作会议部署，立足新发展阶段，贯彻新发展理念，构建新发展格局，紧紧围绕国企改革三年行动和中央企业“十四五”发展规划，着力健全领导责任体系、依法治理体系、规章制度体系、合规管理体系、工作组织体系，持续提升法治工作引领支撑能力、风险管控能力、涉外保障能力、主动维权能力和数字化管理能力，不断深化治理完善、经营合规、管理规范、守法诚信的法治央企建设，为加快建设世界一流企业筑牢坚实法治基础。

二、法治体系基本原则

我国国有企业法治体系的基本原则包括：

1. 融入中心，服务大局。以服务国企改革3年行动和中央企业“十四五”发展规划为目标，牢固树立全局意识和系统观念，法治工作全面融入完善中国特色现代企业制度、深化混合所有制改革、科技创新、国际化经营等重点任务，充分发挥支撑保障作用。

2. 全面覆盖，突出重点。以落实法治建设第一责任人职责、完善总法律顾问制度、健全法律风险防范机制、强化合规管理为重点，坚持问题导向，在做深做细做实上下更大功夫，真正发挥强管理、促经营、防风险、创价值作用。

3. 完善制度，夯基固本。以强化制度建设为基础，坚持尊法、学法、守法、用法，将行之有效的经验做法，及时转化为企业规章制度，嵌入业务流程，加强制度执行情况监督检查，强化制度刚性约束。

4. 领导带头，全员参与。牢牢抓住领导干部这个“关键少数”，大力提升领导干部的法治思维和依法办事能力，充分发挥领导干部尊法、学法、守法、用法的示范作用，进一步强化普法宣传教育，提高全员法治素养，充分调动职工的积极性和主动性，努力形成全员守法的良好氛围。

5. 勇于创新，拓展升级。以适应市场化、法治化、国际化发展需要为方向，结合实际拓宽法治工作领域，探索优化法务管理职能，创新工作方式，加快提升信息化、数字化、智能化水平。

三、法治体系建设总体目标

我国国有企业推进依法治企的总体目标为，依法治理能力进一步增强，依法合规经营水平显著提升，依法规范管理能力不断强化，全员法治素质明显提高，企业法治文化更加浓厚，依法治企能力达到国际同行业先进水平，努力成为治理完善、经营合规、管理规范、守法诚信的法治企业。

四、企业法治体系基本框架

（一）企业法治体系

2014年10月，党的十八届中央委员会第四次全体会议就依法治国问题进行了专题讨论。会议通过了中共中央《关于全面推进依法治国若干重大问题的决定》，对加强社会主义民主政治制度建设和推进法治中国建设提出明确要求。

国务院国资委2015年12月8日发布实施的《关于全面推进法治央企建设的意见》确立了我国国有企业法治体系的指导思想、基本原则和总体目标，并首次提出了我国国有企业法治体系的基本框架和内容，包括：（1）完善公司治理结构，提升治理主体依法履职能力；（2）依法合规经营；（3）依法规范管理；（4）加强组织领导；（5）完善激励约束机制；（6）落实问责制度；（7）报告制度；（8）加强法治工作队伍建设；（9）打造企业法治文化。

在国务院国资委2015年12月8日发布实施《关于全面推进法治央企建设的意见》后，国务院办公厅、国务院国资委陆续发布实施了与国有企业法治体系建设相关的文件，具体见表4-4-1。

表4-4-1　与国有企业法治体系建设相关的文件

序号	名称	发布部门	发布日期
1	《关于建立国有企业违规经营投资责任追究制度的意见》	国务院办公厅	2016年8月2日
2	《中央企业主要负责人履行推进法治建设第一责任人职责规定》	国务院国资委	2017年7月20日
3	《中央企业违规经营投资责任追究实施办法（试行）》	国务院国资委	2018年7月13日
4	《中央企业合规管理指引（试行）》	国务院国资委	2018年11月2日
5	《企业境外经营合规管理指引》	发改委等七部门	2018年12月26日
6	《关于加强中央企业内部控制体系建设与监督工作的实施意见》	国务院国资委	2019年10月19日
7	《关于进一步深化法治央企建设的意见》	国务院国资委	2021年10月17日

上述文件，连同国务院国资委2006年6月6日《中央企业全面风险管理指引》，财政部等五部门2008年5月22日《企业内部控制基本规范》、

2010年4月15日《企业内部控制应用指引》，中共中央办公厅、国务院办公厅2010年7月15日《关于进一步推进国有企业贯彻落实“三重一大”决策制度的意见》以及各省市发布的相关文件，构成我国有关国有企业法治体系建设所依据的基本法规体系，我国国有企业法治体系的框架和内容逐步丰富和完善。

根据上述基本法规体系，参照党的十八届中央委员会第四次全体会议通过的中共中央《关于全面推进依法治国若干重大问题的决定》，笔者认为，我国国有企业法治体系应当包括五大子体系、四大运行机制及13个构成要素。现总结梳理如下，供探讨和参考。

参照党的十八届中央委员会第四次全体会议通过的中共中央《关于全面推进依法治国若干重大问题的决定》，我国国有企业法治体系亦应当包括五大子体系：（1）完备的依法治企法律规范体系，是企业经营所必需依据和遵守的法律法规的总称；（2）高效的依法治企实施体系，是企业为适用和执行法律法规体系提供的充分、有效的资源配置保障；（3）严密的依法治企监督体系，形成出资人监督、监事会监督以及企业法律、合规、审计、纪检监察、巡视等监督合力；（4）有力的依法治企保障体系，要求国有企业强化领导责任，建立激励约束与考核机制，落实问责制度，强化法治工作队伍建设，培育企业法治文化；（5）完善的党内法规体系，要求国有企业坚持党的领导，严格遵守党内法规。

（二）四大运行机制

国务院国资委2006年6月6日发布实施的《中央企业全面风险管理指引》要求中央企业建立全面风险管理体系。

2015年12月8日国务院国资委《关于全面推进法治央企建设的意见》除强调法务管理体系建设外，还在第11款中要求加快提升合规管理能力，建立合规管理体系。国务院国资委2018年11月2日发布实施的《中央企业合规管理指引（试行）》第1条开宗明义地提出，指引的目的是为推动中央企业全面加强合规管理，加快提升依法合规经营管理水平，着力打造法治央企。

2015年12月8日国务院国资委《关于全面推进法治央企建设的意见》第9款要求完善企业规章制度体系，实际上涵盖了企业内部控制的主要内容和输出成果。2019年10月19日国务院国资委《关于加强中央企业内部控制体系建设与监督工作的实施意见》要求充分发挥内部控制体系对中央企业强基固本作用，建立健全以风险管理为导向、合规管理监督为重点，严格、规范、全面、有效的内控体系。

因此，笔者认为，我国国有企业法治体系应当包括四大运行机制，即法务管理、合规管理、内部控制与全面风险管理，它们之间虽然存在差异、各有侧重，但相互补充、相互支持、相互协同，共同构成我国国有企业法治体系有机整体的组成部分。

（三）13个构成要素

根据上述有关国有企业法治体系建设所依据的基本法规体系，笔者认为，我国国有企业法治体系架构应当包括13个基本构成要素见表4－4－2。

表4－4－2 国有企业法治体系架构

<table>
<tr><th>序号</th><th colspan="2">构成要素</th></tr>
<tr><td>1</td><td colspan="2">组织体系</td></tr>
<tr><td>2</td><td colspan="2">制度体系</td></tr>
<tr><td>3</td><td>法务管理</td><td rowspan="4">依法治企
运行机制</td></tr>
<tr><td>4</td><td>合规管理</td></tr>
<tr><td>5</td><td>内部控制</td></tr>
<tr><td>6</td><td>全面风险管理</td></tr>
<tr><td>7</td><td>监督机制</td><td rowspan="7">依法治企
保障机制</td></tr>
<tr><td>8</td><td>激励约束、考核与问责</td></tr>
<tr><td>9</td><td>法治工作队伍</td></tr>
<tr><td>10</td><td>法治宣传培训</td></tr>
<tr><td>11</td><td>报告机制</td></tr>
<tr><td>12</td><td>信息化</td></tr>
<tr><td>13</td><td>法治文化</td></tr>
</table>

五、法治体系构成要素分解

1. 组织体系（见表4-4-3）

表4-4-3 组织体系及具体规定

组织	具体规定
党委会	明确党组织在公司的领导地位和在治理结构中的法定地位，把加强党的领导和完善公司治理统一起来。 健全党组织参与重大决策机制，强化党组织对企业领导人员依法行权履职的监督，确保企业决策部署及其执行过程符合党和国家方针政策、法律法规
治理机构	充分发挥章程在公司治理中的统领作用，完善各治理主体依法履职保障机制，完善公司法人治理结构，提升治理主体依法履职能力
第一责任人	企业主要负责人充分发挥“关键少数”作用，认真履行推进本企业法治建设第一责任人（企业党委书记、董事长、总经理）职责
专门委员会	法治建设专门委员会（法治建设领导小组）、审计委员会、风险管理委员会、合规委员会
运行机制负责人	总法律顾问、合规管理负责人、内控部门负责人、风控负责人、审计部门负责人
运行机制部门	法务、合规、风险管理、内控部门
监督部门	出资人监管、监事会监督、审计、纪检监察、巡视
其他部门	其他部门在推进法治建设中应有效整合资源，增强工作合力，形成上下联动、部门协同的法治建设大格局。建立各部门共同参与法治建设的工作机制

2. 制度体系

完善企业规章制度体系，包括：（1）完善规章制度制定工作机制，确保各项制度依法合规。（2）健全规章制度实施机制，提高制度执行力，确保各项制度得到有效落实。（3）建立规章制度评估机制，定期开展规章制度梳理工作，对规章制度执行情况进行评价，及时堵塞制度漏洞，形成制度体系完整闭环。（4）强化规章制度落实监督机制，推进依法治企制度建设和执行，强化依法合规经营。

国有企业要全面梳理内控、风险、法律、合规管理相关制度，及时将法律法规等外部监管要求转化为企业内部规章制度，持续完善企业内部管理制度体系。

3. 运行机制

依法治企运行机制包括法务管理、合规管理、全面风险管理与内部控制四个方面，详见前文关于四大运行机制的分别介绍。

国有企业应建立健全以风险管理为导向、合规管理监督为重点，严格、规范、全面、有效的内控体系，促使企业依法合规开展各项经营活动，实现“强内控、防风险、促合规”的管控目标，形成全面、全员、全过程、全体系的风险防控机制。

4. 保障机制

（1）形成出资人监督、监事会监督以及企业法律、合规、审计、纪检监察、巡视等监督合力。

（2）激励约束、考核与问责。将合规经营等依法治企情况纳入对中央企业领导人员的考核体系。建立法治工作激励机制，对在法治建设中作出突出贡献，有效防范重大法律风险、避免或挽回重大损失的集体或个人，予以表彰和奖励。落实问责制度。

（3）加强法治工作队伍建设，提供人力资源保障。

（4）法治宣传培训。全面开展普法宣传教育，加强法治宣传与各业务及职能部门的协同联动，推进法治宣传教育制度化、常态化。完善学法用法制度，将法治学习作为企业党委（党组）中心组学习、管理培训、员工教育的必修课，形成全员尊法、学法、守法、用法的良好氛围。

（5）报告。将企业法治建设情况作为董事会年度工作报告的重要内容。实行重大风险事项报告制度，对可能引发重大法律纠纷案件、造成重大资产损失的法律风险事项，应当及时向国资委报告。

（6）信息化。大力推进法务管理、合规管理、内部控制、风险管理信息化建设。

（7）法治文化。大力推进法治文化建设，弘扬法治精神，增强法治理念，努力使全体员工成为法治的忠实崇尚者、自觉遵守者、坚定捍卫者。积极推进树立法治央企建设中涌现出的优秀企业、集体和个人典型，充分发挥引领带动作用。

六、法治体系与协同运作机制

我国国有企业法治体系与法务管理体系、合规管理体系、全面风险管理体系、内控体系有密切联系，为国有企业建立法律、合规、内控、风险管理协同运作机制提供了理论和法律依据以及体系的构成框架和基础。

1. 国有企业建立企业法治体系的指导思想、基本原则和总体目标，为建立企业法务、合规、内控、风险管理协同运作机制提供了统一的思想基础和总体目标。

国有企业法务、合规、内控、风险管理协同运作机制的建立，应以国有企业依法治企的指导思想和基本原则为指针，并围绕国有企业法治体系建设的总体目标来展开。

2. 国有企业法务管理体系、合规管理体系、全面风险管理体系和内控体系同属于法治体系，构成法治体系的运行机制和重要内容，是国有企业实现依法治企的载体、手段和机制保障，共同为国有企业推动和实现依法治企发挥重要作用。

3. 国有企业法治体系中的组织体系包含法务管理体系、合规管理体系、全面风险管理体系、内控体系中的组织体系，为国有企业整合法务、合规、内控、风险管理体系中的组织体系提供了现实基础和条件。

4. 国有企业法治体系中的制度体系包含法务管理体系、合规管理体系、全面风险管理体系、内控体系中的制度体系，为国有企业整合法务、合规、内控、风险管理体系中的制度体系提供了现实基础和条件。

5. 国有企业法治体系中的保障机制包含法务管理体系、合规管理体系、全面风险管理体系、内控体系中的保障机制，为国有企业整合法务、合规、内控、风险管理体系中的保障机制提供了现实基础和条件。

第四节　建立协同运作机制的基础条件——四大体系之间的趋同性

中央企业建立法务管理体系、合规管理体系、内部控制体系和全面风险管理体系，是国务院国资委的强制性规定。有些省市国资委也对地方国有企业建立法务管理体系、合规管理体系、内部控制体系和全面风险管理体系提出了要求。中央企业和部分地方国有企业建立了较为完善的法务管理体系、合规管理体系、内部控制体系和全面风险管理体系。因此，就中央企业和部分地方国有企业而言，可以就这四大体系的框架结构和流程进行全面比较。

一、四大体系的趋同性

法务管理、合规管理、内部控制、全面风险管理四大领域都是我国国有企业法治体系的重要内容和组成部分，其中，风险管理为导向，法务管理、合规管理是重点，内部控制是重要基础和有效保障。四大领域相互补充，相辅相成，在职能和管理体系方面存在不同程度的趋同性。其中，法务管理与合规管理的趋同性较强，内部控制、全面风险管理的趋同性要弱一些；合规管理、内部控制、全面风险管理之间的趋同性较强。

（一）四大领域之间存在一些共同的趋同性

1. 四大领域都是我国国有企业法治体系的重要内容和组成部分，其中风险管理为导向，法务管理、合规管理是重点，内部控制是重要基础和有效保障。四大领域各有侧重、相互补充、相辅相成，共同推进和保障企业依法治企建设。

2. 它们都属于企业的职能管理部门，为企业业务及职能部门与业务活动提供支持，进行监督，都要求将管理要求和节点融入业务制度流程。

3. 依法合规目标是四大领域共同的、最基本的目标。相比较而言，在管理目标方面，内部控制与全面风险管理趋同性更强。

4. 风险管理是四大领域共同的内容，法律风险管理、合规风险管理、内部控制风险管理是全面风险管理的组成部分，内部控制还为全面风险管理应对提供内部控制措施。

5. 四大领域管理体系构成要素存在一些趋同性，具体表现在：

（1）管理体系的构成要素都包括管理目标、组织体系、制度体系、风险管理、重大事项审查、审计和监督、考核与评价、宣传和培训、管理计划与报告、管理信息系统、文化建设等。

（2）在组织体系上，四大领域在治理机构、专门委员会、审计监督、业务及职能部门日常管理职责、全员参与等方面都具有趋同的要求和规定。

(3) 在制度体系上，四大领域的制度体系都基于各自职责而存在差异，但在风险管理、审计和监督、宣传和培训、计划与报告、管理信息系统、文化建设等方面的制度流程都存在趋同性。

(4) 在管理体系的其他构成要素方面（包括风险管理、审计和监督、宣传和培训、计划与报告、管理信息系统、文化建设等），四大领域都存在趋同性。

(二) 四大领域趋同性程度不一

如前文所述，在四大领域的每两个领域之间，趋同性程度存在差异。具体如下：

1. 法务管理与其他三大领域。相比较而言，法务管理的独立性较强。法务管理与合规管理的趋同性较强，与内部控制、全面风险管理的趋同性相对弱一些。

2. 合规管理与其他三大领域。合规管理与内部控制、全面风险管理都属于管理性职能部门，虽然侧重点不同且相互独立，但趋同性较强。因此，合规管理与其他三大领域的趋同性都较强。

3. 内部控制与全面风险管理。内部控制与全面风险管理的趋同性较强。内部控制是全面风险管理的重要基础、有效措施和保障。内部控制本身也包括企业经营管理各部门领域的风险管理。如果企业开展全面风险管理、建立全面风险管理体系，内部控制体系则构成全面风险管理体系的子体系，为风险应对提供内部控制措施。

二、框架结构比较

从第一章关于四大体系的详细介绍可以看出，四大体系具有基本相同的框架结构，包括管理目标、组织体系、制度体系、运行机制（其中的风险管理、事项审查和违规管理）与保障机制（包括监督检查、人力资源管理、宣传培训、计划报告、信息系统与文化建设）。经调整，四大体系的框架结构趋于一致，见表4-4-4。

表 4－4－4　四大体系框架结构对比

<table>
<tr><th colspan="3">企业法务管理体系架构</th></tr>
<tr><th>序号</th><th colspan="2">构成要素</th></tr>
<tr><td>1</td><td colspan="2">总体目标</td></tr>
<tr><td>2</td><td colspan="2">组织体系</td></tr>
<tr><td>3</td><td colspan="2">制度体系</td></tr>
<tr><td>4</td><td>法律风险管理</td><td rowspan="3">运行机制</td></tr>
<tr><td>5</td><td>专业性法律事务
（含法律审查）</td></tr>
<tr><td>6</td><td>违规问责</td></tr>
<tr><td>7</td><td>监督检查</td><td rowspan="6">保障机制</td></tr>
<tr><td>8</td><td>人力资源保障</td></tr>
<tr><td>9</td><td>法治宣传培训</td></tr>
<tr><td>10</td><td>计划报告</td></tr>
<tr><td>11</td><td>法务管理信息系统</td></tr>
<tr><td>12</td><td>法治文化</td></tr>
</table>

<table>
<tr><th colspan="3">企业合规管理体系架构</th></tr>
<tr><th>序号</th><th colspan="2">构成要素</th></tr>
<tr><td>1</td><td colspan="2">合规方针目标</td></tr>
<tr><td>2</td><td colspan="2">组织体系</td></tr>
<tr><td>3</td><td colspan="2">制度体系</td></tr>
<tr><td>4</td><td>合规风险管理</td><td rowspan="3">运行机制</td></tr>
<tr><td>5</td><td>合规审查</td></tr>
<tr><td>6</td><td>违规管理</td></tr>
<tr><td>7</td><td>监督检查</td><td rowspan="6">保障机制</td></tr>
<tr><td>8</td><td>人力资源保障</td></tr>
<tr><td>9</td><td>合规宣传培训</td></tr>
<tr><td>10</td><td>计划报告</td></tr>
<tr><td>11</td><td>合规管理信息系统</td></tr>
<tr><td>12</td><td>合规文化</td></tr>
</table>

<table>
<tr><th colspan="3">企业内部控制体系架构</th></tr>
<tr><th>序号</th><th colspan="2">构成要素</th></tr>
<tr><td>1</td><td colspan="2">内部控制目标</td></tr>
<tr><td>2</td><td colspan="2">组织体系</td></tr>
<tr><td>3</td><td colspan="2">制度体系</td></tr>
<tr><td>4</td><td>内部控制风险管理</td><td rowspan="3">运行机制</td></tr>
<tr><td>5</td><td>控制活动（含内部控制审查）</td></tr>
<tr><td>6</td><td>反舞弊与举报机制</td></tr>
<tr><td>7</td><td>监督检查
（内部审计和内部控制评价）</td><td rowspan="6">保障机制</td></tr>
<tr><td>8</td><td>人力资源政策</td></tr>
<tr><td>9</td><td>培训教育</td></tr>
<tr><td>10</td><td>信息与沟通
（内部控制信息系统）</td></tr>
<tr><td>11</td><td>报告</td></tr>
<tr><td>12</td><td>企业文化</td></tr>
</table>

<table>
<tr><th colspan="3">企业全面风险管理体系架构</th></tr>
<tr><th>序号</th><th colspan="2">构成要素</th></tr>
<tr><td>1</td><td colspan="2">方针和目标</td></tr>
<tr><td>2</td><td colspan="2">组织体系</td></tr>
<tr><td>3</td><td colspan="2">制度流程</td></tr>
<tr><td>4</td><td>风险评估</td><td rowspan="3">运行机制</td></tr>
<tr><td>5</td><td>风险应对</td></tr>
<tr><td>6</td><td>风险管理审查</td></tr>
<tr><td>7</td><td>监督改进</td><td rowspan="6">保障机制</td></tr>
<tr><td>8</td><td>资源配置</td></tr>
<tr><td>9</td><td>培训教育</td></tr>
<tr><td>10</td><td>信息与沟通
（风险管理信息系统）</td></tr>
<tr><td>11</td><td>报告</td></tr>
<tr><td>12</td><td>风险管理文化</td></tr>
</table>

三、具体构成要素趋同性分析

以下对企业法务管理体系、合规管理体系、内部控制体系、全面风险管理体系构成要素的趋同性进行比较分析。从以下各列表可以看出，四大体系虽然具体内容存在差别，各有侧重，但构成要素基本一致。

1. 管理目标

四大体系的管理目标都包括合法目标，其次是合规目标，见表4-4-5。

表4-4-5 四大体系管理目标趋同性对比

体系	管理目标			
法务管理	—	—	—	合法目标
合规管理	—	—	—	合规目标（含合法目标）
内部控制	—	经营目标	报告目标	合规目标（含合法目标）
全面风险管理	战略目标	经营目标	报告目标	合规目标（含合法目标）

2. 组织体系

四大体系关于组织体系的规定，都包括公司治理机构、专门委员会、专门管理机构、业务及职能部门、子公司组织体系等。

国务院国资委2015年12月8日《关于全面推进法治央企建设的意见》(国资发法规〔2015〕166号) 明确要求加强党的领导和完善公司治理统一起来，明确党组织在公司治理结构中的法定地位，将党建工作总体要求纳入公司章程。因此，中央企业党委在四大体系建设中应处于领导地位。

按照国务院国资委发布的《中央企业合规管理指引（试行)》《中央企业合规管理办法》的规定，在四大体系的组织体系中，合规委员会可以与其他相关专门委员会合署，包括法治建设领导小组、审计委员会或者风险管理委员会等；首席合规官由总法律顾问兼任；合规管理部门与法律事务机构合署等。

四大体系在组织体系方面也存在一些差别：(1）法务管理体系、合规管理体系、内部控制体系，都有关于第一责任人方面的规定，但全面风险管理无此规定；(2）法务管理与合规管理都有明确的管理负责人规定，但内部控制与全面风险管理无此规定。具体详见表4-4-6。

表 4-4-6　四大体系在组织体系方面的差别

模块	法务管理	合规管理	内部控制	全面风险管理
组织体系	党委会（党组）			
	公司治理机构			
	法治建设第一责任人	法治建设第一责任人	内控体系监管工作第一责任人	—
	法治建设领导小组	合规委员会	审计委员会	风险管理委员会
	总法律顾问	合规管理负责人	—	—
	法律事务机构（法务部）	合规管理部门（合规部）	内部控制管理部门（内控部）	风险管理部门（风控部）
	业务及职能部门日常法律审核	业务及职能部门日常合规管理	覆盖各业务及职能部门	业务及职能部门开展本单位风险管理
	子公司法务部/法律顾问	子公司合规管理部门/人员	覆盖所属单位	子公司开展风险管理、建立风险管理体系

3. **制度体系**

关于管理制度流程，法务管理体系、合规管理体系、全面风险管理体系都有各自领域内专门的、互不相同的管理制度流程，但内部控制体系包括企业经营管理各个领域的管理制度流程，也包括其他三大领域的管理制度流程，见表 4-4-7。

表 4-4-7　制度体系的管理制度流程

模块	法务管理	合规管理	内部控制	全面风险管理
制度体系	法律事务（合同、知识产权、争议解决等）管理制度与企业管理和业务紧密结合	合规管理制度（合规管理基本制度、专项合规管理制度、合规管理流程）融入企业管理和业务流程	企业经营管理各职能部门、业务单位的内部控制制度，包括其他三大领域的制度流程	风险管理制度流程融入企业管理和业务流程

4. **运行机制**

四大体系的运行机制都包括风险管理、事项审查。法务管理、合规管理与内部控制还包括违规管理。

（1）风险管理方面，法律风险管理与合规风险管理存在交叉重叠，法律风险管理、合规风险管理同属于内控风险管理，而内控风险管理是全面风险管理的主要内容。法律风险管理、合规风险管理与内控风险管理包括企业环境、风险评估、风险应对、信息与沟通以及监督五大要素和流程，全面风险管理除包括前述五大流程外，还包括战略目标与事项识别。

(2) 事项审查方面，法务管理、合规管理、全面风险管理的审查对象和内容更加接近，内部控制的审查主要是对企业内部规章制度的审查。

(3) 违规管理方面，违规管理是合规管理中的一项独特的、专业的内容，包括违规举报管理、违规调查、违规处置和追责、举报人保护机制等。但法务管理体系、内部控制体系中都涉及违规管理的一些内容。法务管理体系中包括对违法行为造成企业重大损失的考核与追责机制，《企业内部控制应用指引》强调企业应建立反舞弊的举报机制，并对合规管理中出现的违法违规行为追究责任。而全面风险管理则不包括违规管理要素，见表4-4-8。

表4-4-8　违规管理运行机制

管理要素	法务管理	合规管理	内部控制	全面风险管理
风险管理	法律风险管理（部分与合规风险管理交叉重叠，隶属内控风险管理）	合规风险管理（隶属内控风险管理）	内控风险管理（隶属全面风险管理）	全面风险管理
事项审查	1. 法务部法律审核：重大事项、改革方案、重要内部规章制度、合同、其他法律文件； 2. 业务及职能部门日常法律审核	1. 合规管理部门合规审查：重大事项、改革方案、所有内部规章制度； 2. 业务及职能部门日常合规审查	1. 内控部门审查：所有内部规章制度流程； 2. 业务及职能部门日常内控审查	1. 风控部重大事项、改革方案风险审查； 2. 业务及职能部门日常风险审查
违规管理	向违规管理工作提供专业法律支持	违规管理	向违规管理工作提供内控专业支持	无

5. 保障机制

四大体系的保障机制包括监督检查、人力资源保障、宣传培训、计划报告、信息系统和文化建设，虽构成要素完全一致，但每个体系的具体内容有别，各有侧重，见表4-4-9。

表4－4－9　四大体系的保障机制内容差异

管理要素	法务管理	合规管理	内部控制	全面风险管理
监督检查	法律与审计、纪检监察、巡视、财务等部门形成监督合力	自我管理评估、合规审计监督	自我评价、审计监督	自我评价、审计监督
人力资源保障	考核机制、法务队伍建设	考核机制、合规队伍建设	考核机制、内控队伍建设	考核机制、风控队伍建设
宣传培训	法治宣传培训	合规宣传培训	内控宣传培训	风险管理培训
计划报告	年度法治建设与报告、重大法律风险报告	年度合规管理计划与报告、重大合规风险报告	年度内部控制计划与报告、重大风险报告	年度风险管理计划与报告、重大风险报告
信息系统	法务管理信息系统	合规管理信息系统	内部控制信息系统	风险管理信息系统
文化建设	法治文化	合规文化	内控文化	风险管理文化

四、四大体系之间的差异

法务管理、合规管理、内部控制、全面风险管理四大体系各有侧重。法务管理因其法律事务的专业性与实务性而具有更强的独立性，与其他三大领域的差异性也更大。合规管理、内部控制、全面风险管理都属于管理性部门，在职能和管理体系方面存在更多的交叉和重叠，相互之间的差异性相对小一些。

四大体系之间的差异性主要表现在以下几方面。

（一）管理目标存在差异（见表4－4－10）

表4－4－10　四大体系管理目标差异

体系	管理目标			
法务管理	—	—	—	合法目标
合规管理	—	—	—	合规目标（含合法目标）
内部控制	—	经营目标	报告目标	合规目标（含合法目标）
全面风险管理	战略目标	经营目标	报告目标	合规目标（含合法目标）

（二）管理制度存在差异（见表4－4－11）

表4－4－11 四大体系管理制度差异

体系	管理制度
法务管理	法律事务管理制度
合规管理	合规管理基本制度、专项合规管理制度、合规管理流程
内部控制	覆盖企业经营管理的内部控制管理制度
全面风险管理	全面风险管理制度

（三）运行机制存在差异（见表4－4－12）

表4－4－12 四大体系运行机制差异

体系	运行机制
法务管理	法律风险管理、法律专业事务（含法律审核）、违规管理专业支持
合规管理	合规风险管理、合规审查、违规管理
内部控制	内部控制风险管理、控制活动
全面风险管理	全面风险管理、风险管理审查

第五节 协同运作机制顶层设计：LCR整合框架

LCR整合框架是协同运作机制的顶层设计，是对四大管理领域，即法务管理（Legal Matters）、合规管理（Compliance）、内部控制（Control）和风险管理（Risk Management）和相应的四大体系（法务管理体系、合规管理体系、内部控制体系和风险管理体系）的框架和构成要素等进行整合，可以称为协同运作顶层设计的LCR整合框架。

建立LCR整合框架，首先要对四大体系的框架及其构成要素进行考察，对四大体系的框架进行整合，建立LCR整合框架，然后根据四大体系各构成要素之间的趋同性，梳理、研究各要素之间的整合。

一、四大体系现有框架

法务管理、合规管理、内部控制、全面风险管理四大体系的现有框架如表4－4－13所示。

表4－4－13　四大体系现有框架

企业法务管理体系架构		
序号	构成要素	
1	总体目标	
2	组织体系	
3	制度体系	
4	法律风险管理	运行机制
5	专业性法律事务（含法律审查）	
6	违规问责	
7	监督检查	保障机制
8	人力资源保障	
9	法治宣传培训	
10	计划报告	
11	法务管理信息系统	
12	法治文化	

企业合规管理体系架构		
序号	构成要素	
1	合规方针目标	
2	组织体系	
3	制度体系	
4	合规风险管理	运行机制
5	合规审查	
6	违规管理	
7	监督检查	保障机制
8	人力资源保障	
9	合规宣传培训	
10	计划报告	
11	合规管理信息系统	
12	合规文化	

企业内部控制体系架构		
序号	构成要素	
1	内部控制目标	
2	组织体系	
3	制度体系	
4	内部控制风险管理	运行机制
5	控制活动（含内部控制审查）	
6	反舞弊与举报机制	
7	监督检查（内部审计和内部控制评价）	保障机制
8	人力资源政策	
9	培训教育	
10	信息与沟通（内部控制信息系统）	
11	报告	
12	企业文化	

企业全面风险管理体系架构		
序号	构成要素	
1	方针和目标	
2	组织体系	
3	制度流程	
4	风险评估	运行机制
5	风险应对	
6	风险管理审查	
7	监督改进	保障机制
8	资源配置	
9	培训教育	
10	信息与沟通（风险管理信息系统）	
11	报告	
12	风险管理文化	

法务管理体系的架构基于合规管理体系架构模式进行编排，体系架构是一致的。内部控制体系基于内部控制的基本要素（内部环境、风险识别与应对、控制活动、信息与沟通、内部监督），全面风险管理体系基于国际标准及我国国家标准《风险管理 原则与实施指南》，按照合规管理体系的架构进行顺序调整后，形成上述企业内部控制体系与风险管理体系的比较列表。仔细比对，四大体系的主要构成要素趋同，包括管理目标、组织体系、制度体系、风险管理、计划报告、宣传培训、监督检查、管理信息系统、文化建设等。

二、协同运作机制顶层设计：LCR 整合框架

对法务、合规、内控、风险管理协同运作机制进行顶层设计、建立 LCR 整合框架，将四大体系中趋同的构成要素予以整合，同时兼顾每一领域的侧重点和特殊性（例如，法务事务的专业性和实务性，内部控制的控制活动等），并在统一的管理体系中继续保留作为运行机制的主要内容。

兼顾四大体系构成要素相互之间的趋同性以及差异性，考虑整合后体系构成要素的完整性，将协同运作 LCR 整合框架扩大到 14 个构成要素，即管理目标、组织体系、制度体系、运行机制（包括专业性法律事务、风险管理、控制活动、事项审查与违规管理）和保障机制（包括监督检查、人力资源保障、宣传培训、计划报告、管理信息系统与文化建设）。协同运作 LCR 整合框架列表见表 4－4－14。

表 4－4－14 协同运作 LCR 整合框架

序号	构成要素	
1	管理目标	
2	组织体系	
3	制度体系	
4	专业性法律事务	运行机制
5	风险管理	
6	控制活动	
7	事项审查	
8	违规管理	

续表

序号	构成要素		
9	监督检查	管理评估	保障机制
		自行检查	
		审计监督	
10	人力资源保障	激励机制	
		考核评价	
		队伍建设	
11	宣传培训		
12	计划报告		
13	管理信息系统		
14	文化建设		

以已开展法务管理、合规管理、内部控制和全面风险管理四大领域的管理以及已建立企业法务管理体系、合规管理体系、内部控制体系、全面风险管理体系四大体系的企业（主要是中央企业和大型地方国企集团）为例，可以根据一体化整合的强弱程度，探索两种协同运作机制顶层设计模型。一是高级模型，即高度一体化管理平台；二是中级模型，即相对一体化管理平台。

三、协同运作机制顶层设计高级模型：高度一体化管理平台

协同运作机制顶层设计高级模型，是建立四大领域和四大体系的高级一体化管理平台，也是终极的、真正的一体化管理平台。建立高度一体化管理平台，实现 LCR 整合框架各构成要素之间整合的最大化，只保留原来各体系各自专业性的、独立的管理事务。

（一）基本理念

建立高度一体化管理平台基于以下基本理念：

1. 国有企业法务、合规、内控、风险管理一体化管理平台的建立，应以国有企业依法治企的指导思想和基本原则为指针，并围绕国有企业法治体系建设的总体目标来展开。

2. 建立一体化管理平台，以实现一体化管理平台的实用性、有效性、融合性以及精简机构和人员、提高经营管理效率的目的。

3. 合规管理与法务管理、内部控制的趋同性都比较强，因为外法（外部法律、法规）的合规管理与法务管理重叠，内规（企业章程和内部规章制度）的合规管理与内部控制重叠，二者都接受内审部门的审计监督。因此，建立高度一体化管理平台，合规管理的独立性将受到挑战。外法（外部法律、法规）的合规管理可由法务管理兼管，内规（企业章程和内部规章制度）的合规管理则可以由内部控制兼管。

4. 内部控制与全面风险管理的趋同性很强，因为全面风险管理是在内部控制的基础上发展起来的，是对企业内部控制基本要素的扩展。深交所和上交所原《上市公司内部控制指引》已经在传统的内部控制五大基本要素（内部环境、风险评估、控制活动、信息与沟通、内部监督）基础上增加了三个要素（目标设定、事项识别和风险对策），将内部控制的五大要素扩展为八大要素，使内部控制的基本要素与全面风险管理的基本要素完全一致。因此，建立高度一体化管理平台，全面风险管理的独立性将受到挑战，可以将内部控制的风险管理扩展为全面风险管理并由内部控制兼管。

5. 建立一体化管理平台，不是简单地相加或者去留，而需要兼顾每一领域的侧重点和特殊性（例如，法务事务的专业性和实务性，内部控制的控制活动与控制措施等），并在统一的管理体系中继续保留作为运行机制的主要内容。

（二）要素之间的高度整合

在高度一体化管理平台中，四大体系的以下构成要素实现高度整合：

1. 组织体系方面，实现党委会（党组）、治理机构、第一责任人、专门委员会、管理负责人一体化，并设立统一管理四大领域的法务内控部。业务及职能部门日常法务、合规、内控、风险管理职责一体化，并向本部门、单位负责人与法务内控部双线汇报。各子公司法务、合规、内控、风险管理一体化管理平台，接受集团法务内控部垂直管理，或者向本公司负责人与集团法务内控部双线汇报。

2. 实现风险管理、事项审查、审计监督、激励机制、考核评价、计划报告、管理信息系统、文化建设一体化。

（三）协同运作机制顶层设计高级模型：高度一体化管理平台框架（见表4－4－15）

表4－4－15　高度一体化管理平台框架

<table>
<tr><th>管理模块</th><th colspan="3">构成要素</th></tr>
<tr><td>管理目标</td><td colspan="3">1. 合理保证企业经营管理合法合规（合规目标）；
2. 合理保证企业财务报告及相关信息真实完整（报告目标）；
3. 提高经营效率和效果（经营目标）；
4. 促进企业实现发展战略（战略目标）</td></tr>
<tr><td rowspan="9">组织体系</td><td colspan="3">党委会（党组）</td></tr>
<tr><td colspan="3">公司治理机构</td></tr>
<tr><td colspan="3">法治建设第一责任人</td></tr>
<tr><td colspan="3">法治建设与审计委员会</td></tr>
<tr><td colspan="3">总法律顾问（首席合规官）</td></tr>
<tr><td rowspan="2">法务内控部</td><td colspan="2">法务分部</td></tr>
<tr><td colspan="2">内控分部</td></tr>
<tr><td colspan="3">业务及职能部门日常法务、合规、内控、风险管理职责一体化，并向本部门、单位负责人与法务合规部双线汇报</td></tr>
<tr><td colspan="3">各子公司法务、合规、内控、风险管理一体化管理平台，接受集团法务内控部垂直管理，或者向本公司负责人与集团法务内控部双线汇报</td></tr>
<tr><td>制度体系</td><td colspan="3">归集到内部控制制度流程，包括法律事务管理制度、合规管理制度以及统一风险管理流程（内容包括法律风险管理、合规风险管理、内部控制风险管理以及全面风险管理）</td></tr>
<tr><td rowspan="8">运行机制</td><td>专业性法律事务</td><td colspan="2">（保留其专业性、独立性）</td></tr>
<tr><td>风险管理</td><td colspan="2">归集到内部控制风险管理（法律合规风险管理、内部控制风险管理和全面风险管理）</td></tr>
<tr><td>控制活动与控制措施</td><td colspan="2">（保留其专业性、独立性）</td></tr>
<tr><td rowspan="5">事项审查</td><td>审查部门</td><td>审查事项</td></tr>
<tr><td>法务分部、内部控制分部统一的、“一站式”法律、合规、内控、风控审查</td><td>重大事项、改革方案、重要内部规章制度</td></tr>
<tr><td>业务及职能部门统一的、“一站式”的审查</td><td>日常法务、合规、内控、风控事项</td></tr>
<tr><td>法务分部独立审查</td><td>合同、其他法律文件</td></tr>
<tr><td>内控分部独立审查</td><td>所有规章制度流程</td></tr>
</table>

续表

管理模块	构成要素			
运行机制	违规管理模式	纪检委	法务部门	内控部门
	违规管理（模式1）	所有违法、违规、违纪行为管理	提供法律专业支持	提供内控专业支持
	违规管理（模式2）	纪检委	法务部门	内控部门
		党员违纪与管理人员职务违法行为	业务违规管理	提供内控专业支持
保障机制	监督检查	管理评估	纳入内控体系监督评价	
		自行检查	法务合规自行检查	内控风控自行检查
		审计监督	审计监督	
	人力资源保障	激励机制	一体化激励机制	
		考核评价	一体化考核机制	
		队伍建设	法律合规队伍建设	内控风控团队建设
	宣传培训	法治合规宣传培训		内控风控培训
	计划报告	一体化年度计划、年度报告、重大风险报告		
	信息系统	一体化管理信息系统		
	文化建设	一体化文化建设		

四、协同运作机制顶层设计中级模型：相对一体化管理平台

协同运作机制顶层设计中级模型强调尽可能多地整合四大体系的构成要素，辅之以协同联动机制。建立高度一体化管理平台尚存在困难的企业，可以按照中级模型建立相对一体化的管理平台。

（一）基本理念

1. 我国国有企业法务、合规、内控、风险管理一体化管理平台的建立，应以国有企业依法治企的指导思想和基本原则为指针，并围绕国有企业法治体系建设的总体目标来展开。

2. 法务管理体系与合规管理体系趋同性很强，二者整合为法律合规部，但仍保留法务管理与合规管理职能。

3. 内部控制与全面风险管理的趋同性很强，二者整合为内控风控部，但仍保留内部控制与全面风险管理职能。

（二）要素整合

中级模型中，四大体系的下列要素能够整合：

1. 组织体系。(1) 实现领导机构（党委会、治理机构、第一责任人、专门委员会、管理负责人）一体化。(2) 整合法务与合规管理，设立法律合规部，下设法务分部与合规分部。整合内控与风控，设立内控风控部，下设内控分部与风控分部。(3) 业务及职能管理部门设置一名或两名人员，统一与法务、合规、内控、风控对口衔接。(4) 子集团、子公司按照相同原则设立组织体系。子集团、子公司法律合规部、内控风控部分别向本公司负责人与集团法律合规部、内控风控部双线汇报。

2. 制度体系。制定四大领域统一的风险管理制度、事项审查制度和违规管理制度（与纪检监察协调衔接）。

3. 风险管理。实现风险管理一体化。(1) 制定一体化的合规风险管理制度；(2) 由风控部统一组织法务、合规、内控人员，联合开展全面风险管理，其中包括法律合规风险管理和企业内部控制的风险管理；(3) 实现重大风险一体化的报告及应对整改监督。

4. 事项审查。实现对重大事项（“三重一大”事项、重要规章制度、改革方案等）的法务、合规、内控、风险管理的联合“一站式”审查。

5. 违规管理。违规管理由法律合规部统管，并与纪检监察协调衔接。

6. 对四大领域的审计监督一体化。

7. 法律、合规两大体系的其他要素进行整合；内控、风控两大体系的其他要素进行整合。

（三）建立协同联动机制

中级模型在上述要素整合的基础上，辅之以四大体系之间的协同联动机制，包括联合办公、联席会议、项目开展协同、事项审查协同、管理评估协同、信息共享、专业支持等。

（四）中级模型框架（见表 4－4－16）

表 4－4－16　中级模型框架

管理模块			法务管理	合规管理	内部控制管理	全面风险管理
管理目标			合规目标		战略目标、经营目标、合规目标、报告目标	
组织体系			党委会（党组）、治理机构、法务、合规、内控、风险管理以及一体化的专门委员会、管理负责人			
			法律合规部		内控风控部	
			法务分部	合规分部	内控分部	风控分部
			业务及职能部门设立专人负责本部门单位四大领域日常管理，以及与法律合规部、内控风控部对接			
			子公司四大领域相应的组织机构，子集团、子公司法律合规部、内控风控部分别向本公司负责人与集团法律合规部、内控风控部双线汇报			
制度体系			风险管理制度、事项审查制度、违规管理制度			
			专项法律事务管理制度	专项合规管理制度	内部控制制度、流程	专项风险管理制度
运行机制	专业性法律事务		●			
	合规事务			●		
	风险管理					统一风险管理
	控制活动				●	
	事项审查		“一站式”联合审查			
	违规管理			●		
保障机制	监督检查	管理评估	●		●	
		自行检查	●		●	
		审计监督	审计监督			
	人力资源保障	激励机制	●		●	
		考核评价	●		●	
		队伍建设	●		●	
保障机制	宣传培训		法律合规宣传培训		内控风控培训	
	计划报告		●		●	
	信息系统		●		●	
	文化建设		●		●	

五、协同运作机制顶层设计：模型选择

建立协同运作机制一体化管理平台，需要企业最高领导层的决策果断、坚定支持，需要各相关部门统一认识、以大局为重、团结合作。因此，企业具体采取哪一模型建立一体化管理平台，取决于企业四大领域管理的基本情况和相关部门之间的理念认同及协调合作，更取决于最高领导层的决心和支持。

中央企业、地方国有企业以及属于民营企业的商业银行、保险公司、证券公司、上市公司等，法务管理、合规管理、内部控制、全面风险管理四大体系中任何体系尚未建立或者四大领域内任何领域工作尚未开展的企业，可以参照上述模型逐步建立法务、合规、内控、风险管理一体化管理平台。

六、协同运作顶层设计：建立一体化管理平台的步骤

四大体系协同运作一体化管理平台的建设包括以下步骤。

（一）基础培训

对企业领导、管理人员以及参与一体化管理平台建设的人员进行培训，统一思想，并使之懂得、理解并支持一体化管理平台建设目的、意义、具体步骤和工作内容，取得企业领导的支持，确保相关人员积极参与。

（二）立项及项目启动

1. 编写项目计划书

项目计划书内容包括：

（1）项目目标和内容。法务管理体系、合规管理体系、内部控制体系、全面风险管理体系一体化管理平台建设。

（2）项目进度计划（见表4－4－17）。

表4-4-17 项目进度计划

序号	事项	进度计划
1	环境评审（尽职调查）	项目启动后3个月内
2	体系策划与报批	+3个月
3	体系文件汇总、梳理、编写	+5个月
4	体系评审、验收	+1个月
5	宣传、培训	+1个月
6	组织机构与职责调整	+2个月
总计		15个月

（3）项目小组。项目小组包括领导小组和工作小组。领导小组应当由企业董事长、总经理、总法律顾问以及主管内控、风控的负责人组成，负责项目事项决策与总体协调。成立由法务部、内控部、风控部门派人员组成的跨体系工作小组，并邀请审计部、人力资源部、财务部、纪检监察部门委派人员参与。可以由总法律顾问担任小组组长。必要时，聘请第三方咨询机构提供咨询和支持。

（4）编制项目预算。需要聘请第三方咨询机构提供咨询和支持的，应提前做好项目预算，按企业内部程序批准后执行。在实务中，我国中央企业和地方国有企业实行全面预算管理制度。合规管理部门需要在制定本部门合规管理年度预算时，将建立协同运作机制所需费用纳入年度合规管理费用预算，为协同运作机制建设提供充分的资金保障。

（5）项目成果输出。项目输出成果应当包括环境评审报告、体系策划报告、一体化管理平台的体系文件、一体化管理平台验收报告等。

（6）项目验收。

2. 报企业总办会、董事会批准

协同运作机制项目计划书的内容涉及法务、合规、内控、风险管理组织机构、制度、运行机制、人员等的整合或者融合，系企业经营管理中的重大事务。企业应根据章程及相关规章制度规定，将协同运作机制项目计划书呈报经理层、董事会审议批准。

3. 召开项目启动大会

协同运作机制建设是一项跨体系、跨部门的系统工程，涉及企业组织架构以及职责的调整融合，需要各层级管理人员以及法务、合规、内控、风险管理部门的参与和支持。有必要召集项目启动大会，以领会目标、统一思想、理解项目计划和内容、掌握相关技术和方法论，以及明确参与部门的职责和要求，为推动协同运作机制的建设打下坚实基础。

（三）环境评审

1. 项目工作小组对公司四大体系的现有架构（组织体系、制度体系、运行机制、保障机制）、有效落地执行情况、存在的问题等进行详细的调查，提出一体化管理平台建设的意见和建议。

2. 形成环境评审报告。

3. 向领导小组呈报环境评审报告。

（四）体系策划

体系策划是确定四大体系一体化管理平台建设的原则、方法、架构、步骤等。体系策划应当形成体系策划报告，报领导小组批准后实施。

（五）体系文件编制

按照内部控制体系文件编写要求，以内部控制体系文件为基础，对四大体系的制度流程进行汇总、梳理、修改、补充、整合，形成一体化管理平台体系文件。

（六）体系评审

体系策划与体系文件完成后，项目领导小组应组织对一体化管理平台进行评审。评审小组应由审计部门与外聘专家组成。

（七）宣传培训

体系评审通过后，项目小组应组织一体化管理平台的宣传培训，确保企业领导、管理人员及相关员工的理解、支持。

（八）调整组织机构与职责

根据体系策划与体系文件，对四大体系的组织机构及职责进行调整、整合，形成一体化的组织体系。

（九）监督与持续改进

1. 管理评估。一体化管理平台开始运营后，一体化管理平台的管理部门应定期（第一年每季度、以后每年）对平台运行的有效性进行管理评估，发掘不足与缺陷，进行整改与完善，实现持续改进。

2. 激励约束与考核评价。建立平台运行的激励约束机制和考核评价机制。

3. 平台运营的有效性纳入企业内部审计监督。

第六节 协同运作机制顶层设计：高度一体化管理平台分解

法务管理、合规管理、内部控制管理和全面风险管理四大领域以及建立企业法务管理体系、合规管理体系、内部控制管理体系、全面风险管理体系四大体系协同运作的高级一体化管理平台，是终极的、真正的一体化管理平台。建立高度一体化管理平台，实现 LCR 整合框架各构成要素之间整合的最大化，只保留原来各体系各自专业性的、独立的管理事务。

一、整合管理目标

四大体系中，全面风险管理体系有四大管理目标，即战略目标、经营目标、报告目标与合规目标，包含其他三大体系的管理目标。具体见表 4 –4 –18。

表 4 –4 –18 四大体系管理目标

体系	管理目标			
法务管理	—	—	—	合法目标
合规管理	—	—	—	合规目标（含合法目标）
内部控制	—	经营目标	报告目标	合规目标（含合法目标）
全面风险管理	战略目标	经营目标	报告目标	合规目标（含合法目标）

四大体系高度一体化管理平台的管理目标，应包括四大体系原有的所有管理目标，即全面风险管理体系的管理目标，但是宜采用《企业内部控制基本规范》第 3 条更为简略的表述方式，见表 4 –4 –19。

表 4－4－19　管理目标的定义

管理目标	具体内容
合规目标	合理保证企业经营管理合法合规
报告目标	合理保证企业财务报告及相关信息真实完整
经营目标	提高经营效率和效果
战略目标	促进企业实现发展战略

二、整合组织体系

四大体系原处于相互独立的地位，企业也都成立了相应的专业委员会和职能部门。四大体系原来各自的组织体系列表见表 4－4－20。

表 4－4－20　四大体系原来各自的组织体系

模块	法务管理	合规管理	内部控制	全面风险管理
组织体系	党委会（党组）			
	公司治理机构			
	法治建设第一责任人	法治建设第一责任人	内控体系监管工作第一责任人	—
	法治建设领导小组	合规委员会	审计委员会	风险管理委员会
	总法律顾问	合规管理负责人	—	—
	法律事务机构（法务部）	合规管理部门（合规部）	内部控制管理部门（内控部）	风险管理部门（风控部）
	业务及职能部门日常法律审核	业务及职能部门日常合规管理	覆盖各业务及职能部门	业务及职能部门开展本部门风险管理
	子公司法务部/法律顾问	子公司合规管理部门/人员	覆盖所属单位	子公司开展风险管理、建立风险管理体系

对四大体系的组织体系进行整合，宜采取以下措施：

1. **整合领导机构**

四大体系的领导机构中都有党委会（党组）、公司治理机构，完全可以整合。四大体系中，全面风险管理体系中没有提及第一责任人。整合以后，可以将“企业法治建设第一责任人”覆盖原四大体系。四大体系要求在公司治理机构中设立专门委员会，分别为法治建设领导小组、合规委员会、审计委员会和风险管理委员会。整合后可以合称为“法治建设与审计委员会”。四大体系中只有法务管理体系与合规管理体系要建立副总级别的管理负责人，即总法律顾问与合规管理负责人，且可以由总法律顾问兼任合规管理负责人。四大体系整合后，可以由总法律顾问兼管法务管理、合规管理、内部控制与全面风险管理。

2. 整合专门管理部门

四大体系设置了各自的专门管理部门，即法务部、合规管理部门、内控部与风控部。如前所述，我国中央企业和地方国企存在“强风控、弱内控”的情况。有些中央企业和地方国企成立大风控部或者审计风控部，下辖全面风险管理、内控、合规管理、法务管理，有些甚至还包括审计和纪检监察。按照风险管理“三道防线”理论以及我国有关法律法规的规定，审计和纪检监察应当独立于其他部门，将它们与全面风险管理、内控、合规管理、法务管理归于同一部门，违反了风险管理理论，也违反了内部控制对权力制衡的基本要求，不足为取。

建立一体化管理平台的目标之一是精简机构和人员。由于法律事务具有很强的独立性，且合规管理与法务管理的趋同性很高，因此，可以将法务部与合规部合署，有些企业称为“法律合规部”；或者不增加部门，由法务部兼管合规管理工作。内部控制与全面风险管理具有很高的趋同性，可以考虑扩展内部控制风险管理的范围、内容、方法等，使之包含全面风险管理，从而替代风控部门。基于此，四大体系整合后的专门管理部门可以称为“法务内控部”，组织结构见表4－4－21。

表4－4－21 四大体系专门管理部门整合

组织	部门
法务内控部	法务分部
	内控分部

3. 整合业务及职能部门的相关日常管理职责

业务及职能部门是风险的“第一道防线”。四大体系都强调业务及职能部门应当负责本部门领域四大体系所涉工作的日常管理。因此，四大体系整合为一体化管理平台后，业务及职能部门的职责应包括本部门领域的日常法务管理、合规管理、内部控制与全面风险管理，其他每个职能部门和业务单位，应各自确定一名或多名人员负责，并向本部门、单位负责人与法务内控部双线汇报，同时接受本部门负责人与法务内控部的指导、监督与考核。

4. 整合子公司的四大体系

集团总部四大体系整合为一体化管理平台后，应推动子公司的一体化管理平台建设。各子公司法务、合规、内控、风险管理一体化管理平台，接受集团总部法务内控部的指导、监督与考核，接受集团法务内控部垂直管理，或者向本公司负责人与集团法务内控部双线汇报。整合后的组织体系列表见表4－4－22。

表4－4－22　整合后的组织体系

<table>
<tr><th>序号</th><th colspan="2">具体部门</th></tr>
<tr><td>1</td><td colspan="2">党委会（党组）</td></tr>
<tr><td>2</td><td colspan="2">公司治理机构</td></tr>
<tr><td>3</td><td colspan="2">法治建设第一责任人</td></tr>
<tr><td>4</td><td colspan="2">法治建设与审计委员会</td></tr>
<tr><td>5</td><td colspan="2">总法律顾问</td></tr>
<tr><td rowspan="2">6</td><td rowspan="2">法务内控部</td><td>法务分部</td></tr>
<tr><td>内控分部</td></tr>
<tr><td>7</td><td colspan="2">业务及职能部门日常法律、合规、风险、风控管理职责一体化</td></tr>
<tr><td>8</td><td colspan="2">子公司法务、合规、风险、内控一体化管理平台</td></tr>
</table>

三、整合制度体系

1. 四大体系都包括各自的制度体系，具体见表4－4－23。

表4－4－23　四大体系各自的制度体系

模块	法务管理	合规管理	内部控制	全面风险管理
制度体系	法律事务（合同、知识产权、争议解决等）管理制度与企业管理和业务紧密结合	合规管理制度（合规管理基本制度、运行机制操作指引、重点领域专项合规指南）融入企业管理和业务流程	企业经营管理各职能部门、业务单位的内部控制制度，包括其他三大领域的制度流程	风险管理制度流程融入企业管理和业务流程

2. 内部控制制度是企业所有制度流程的集大成者，包括其他三大体系的管理制度：(1) 三大体系的管理制度流程属于内部控制制度流程的一部分；(2) 内部控制部门在梳理、制定企业内部控制制度时，包括对其他三大体系管理制度的梳理与制定；(3) 其他三大体系梳理、制定本体系制度流程时，需要报内控部门统筹、参与和审查；(4) 其他三大体系的制度流程需要融入内部控制制度流程。整合后的制度体系见表4－4－24。

表4－4－24　整合后的制度体系

模块	具体内容
整合后的制度体系	归集到内部控制制度流程，包括法律事务管理制度、合规管理制度以及统一风险管理流程（内容包括法律风险管理、合规风险管理、内部控制风险管理以及全面风险管理）

四、整合运行机制

整合运行机制中的风险管理、事项审查和违规管理。保留法律专业事务、控制活动的专业性和独立性。

1. 风险管理

四大体系各自都有风险管理，具体见表4－4－25。

表4－4－25　四大体系各自的风险管理

构成要素	法务管理	合规管理	内部控制	风险管理
风险管理	法律风险管理（部分与合规风险管理交叉重叠，隶属内控风险管理）	合规风险管理（隶属内控风险管理）	内控风险管理（隶属全面风险管理）	全面风险管理

四大体系整合的整体策略是保留法务管理与内部控制职能，并扩展涵盖全面风险管理。因此，可以将内部控制的风险管理扩展到全面风险管理。整合后的风险管理框架见表4－4－26。

表4－4－26　整合后的风险管理框架

内部控制风险管理			
法律风险管理	合规风险管理	运营风险管理	全面风险管理

在整合后的风险管理中，内部控制的风险管理应兼顾上述四大领域的

风险管理。有必要组成风险管理项目小组，其中包括法务分部的参与和提供法律专业支持。

2. **事项审查**

四大体系各自都有事项审查，具体见表4－4－27。

表4－4－27　四大体系各自的事项审查

构成要素	法务管理	合规管理	内部控制	风险管理
事项审查	1. 法务部法律审核：重大事项、改革方案、重要内部规章制度、合同、其他法律文件 2. 业务及职能部门日常法律审核	1. 合规管理部门合规审查：规章制度、经济合同、重大决策 2. 业务及职能部门日常合规审查	1. 内控部门审查：所有内部规章制度流程 2. 业务及职能部门日常内控审查	1. 风控部重大事项、改革方案风险审查 2. 业务及职能部门日常风险审查

四大体系整合后的事项审查见表4－4－28。

表4－4－28　四大体系整合后各审查部门和审查事项

审查部门	审查事项
法务分部、内部控制分部统一的、“一站式”法律、合规、风控审查	重大事项、改革方案、重要内部规章制度
业务及职能部门统一的、“一站式”的审查	法律、合规、内控、风控审查
法务分部独立审查	合同、其他法律文件
内控分部独立审查	所有规章制度流程

3. **违规管理**

四大体系中，合规管理体系与内部控制体系包含明确的违规管理程序。

按照我国《企业内部控制基本规范》，内部控制体系的违规管理包括：（1）举报制度和举报人保护制度；（2）举报渠道（设置举报专线）；（3）举报调查；（4）处理与整改。该规范特别规定了反舞弊的违规管理程序。合规管理体系中的违规管理与内部控制的违规管理程序相同。

国务院国资委2015年12月8日发布的《关于全面推进法治央企建设的意见》要求对因违法违规发生重大法律纠纷案件造成企业重大损失的，或者违反规定、未履行或未正确履行职责造成企业资产损失的，在业绩考核中扣减分值，并按照有关规定追究相关人员责任。全面风险管理中没有违规管理要素。四大体系现有违规管理机制，具体见表4－4－29。

表 4 –4 –29　四大体系现有违规管理机制

构成要素	法务管理	合规管理	内部控制	风险管理
违规管理	向违规管理工作提供法律专业支持	违规管理（举报、调查、处置）	违规管理（举报、调查、处置）	—

中央企业的违规管理与跨国企业、民营企业的违规管理不同。在中央企业，党员员工违反党纪的违规行为由纪委负责，管理人员的职务违法行为由监察委负责。纪委与监察委合署办公。在有些中央企业，所有违法、违规、违纪行为都由纪监委负责，法务、合规、内控、风险管理提供专业支持（模式 1）。也有些企业，党员违纪与管理人员职务违法行为由纪监委负责，其他员工的违规行为由合规部门负责（模式 2）。因此，中央企业四大体系整合后，违规管理就存在两种模式，具体见表 4 –4 –30。

表 4 –4 –30　四大体系整合后，违规管理的两种模式

模式	纪检委	法务部门	内控部门
模式 1：违规管理	所有违法、违规、违纪行为管理	提供法律专业支持	提供内控专业支持
模式 2：违规管理	党员违纪与管理人员职务违法行为	其他员工的违规管理	提供内控专业支持

五、整合保障机制

四大体系的保障机制包括监督检查、人力资源保障、宣传培训、计划报告、信息系统和文化建设。具体见表 4 –4 –31。

表 4 –4 –31　四大体系的保障机制内容

模块	构成要素	法务管理	合规管理	内部控制	全面风险管理
保障机制	监督检查	审计监督	合规管理体系有效性评价、合规审计监督	内部控制有效性自我评价、审计监督	风险管理评估、审计监督
	人力资源保障	考核机制、法务队伍建设	考核机制、合规管理队伍建设	激励约束与绩效考评、员工培训和教育	考核机制、风控队伍建设

续表

模块	构成要素	法务管理	合规管理	内部控制	全面风险管理
保障机制	宣传培训	法治宣传培训	合规宣传培训	内控宣传培训	风险管理培训
	计划报告	年度法治建设计划与报告、重大法律风险报告	年度合规管理计划与报告、重大合规风险报告	年度内部控制计划与报告、重大风险报告	年度风险管理计划与报告、重大风险报告
	信息系统	法务管理信息系统	合规管理信息系统	内部控制信息系统	风险管理信息系统
	文化建设	法治文化	合规文化	内控文化	风险管理文化

四大体系的保障机制基本一致，除管理评估、自行检查、队伍建设、宣传培训外，更容易整合。整合后的保障机制见表4－4－32。

表4－4－32　四大体系整合后的保障机制

<table>
<tr><th>模块</th><th>构成要素</th><th colspan="2">构成要素分解</th></tr>
<tr><td rowspan="14">保障机制</td><td rowspan="4">监督检查</td><td colspan="2">管理评估（纳入内部控制评价）</td></tr>
<tr><td rowspan="2">自行检查</td><td>法务合规自行检查</td></tr>
<tr><td>内控风控自行检查</td></tr>
<tr><td>审计监督</td><td>审计监督</td></tr>
<tr><td rowspan="4">人力资源保障</td><td>激励机制</td><td>一体化激励机制</td></tr>
<tr><td>考核评价</td><td>一体化考核机制</td></tr>
<tr><td rowspan="2">队伍建设</td><td>法律合规队伍建设</td></tr>
<tr><td>内控风控团队建设</td></tr>
<tr><td rowspan="2">宣传培训</td><td colspan="2">法治合规宣传培训</td></tr>
<tr><td colspan="2">内控风控培训</td></tr>
<tr><td>计划报告</td><td colspan="2">一体化年度计划、年度报告、重大风险报告</td></tr>
<tr><td>信息系统</td><td colspan="2">一体化管理信息系统</td></tr>
<tr><td>文化建设</td><td colspan="2">一体化文化建设</td></tr>
</table>

六、总结

四大体系整合后高度一体化管理平台的架构、环节和流程综合分解表见表4－4－33和表4－4－34。

（一）总表

表4－4－33　四大体系整合后高度一体化管理平台架构

<table>
<tr><th colspan="4">LCR 一体化管理平台</th></tr>
<tr><th>序号</th><th colspan="3">构成要素（环节与流程）</th></tr>
<tr><td>1</td><td colspan="3">管理目标</td></tr>
<tr><td>2</td><td colspan="3">组织体系</td></tr>
<tr><td>3</td><td colspan="3">制度体系</td></tr>
<tr><td>4</td><td colspan="2">专业性法律事务</td><td rowspan="5">运行机制</td></tr>
<tr><td>5</td><td colspan="2">风险管理</td></tr>
<tr><td>6</td><td colspan="2">控制活动</td></tr>
<tr><td>7</td><td colspan="2">事项审查</td></tr>
<tr><td>8</td><td colspan="2">违规管理</td></tr>
<tr><td rowspan="3">9</td><td rowspan="3">监督检查</td><td>管理评估</td><td rowspan="10">保障机制</td></tr>
<tr><td>自行检查</td></tr>
<tr><td>审计监督</td></tr>
<tr><td rowspan="3">10</td><td rowspan="3">人力资源保障</td><td>激励机制</td></tr>
<tr><td>考核评价</td></tr>
<tr><td>队伍建设</td></tr>
<tr><td>11</td><td colspan="2">宣传培训</td></tr>
<tr><td>12</td><td colspan="2">计划报告</td></tr>
<tr><td>13</td><td colspan="2">信息系统</td></tr>
<tr><td>14</td><td colspan="2">文化建设</td></tr>
</table>

（二）分解表

表4-4-34　四大体系整合后环节和流程综合分解表

<table>
<tr><th>模块</th><th colspan="3">分解</th></tr>
<tr><td rowspan="4">管理目标</td><td>合规目标</td><td colspan="2">合理保证企业经营管理合法合规</td></tr>
<tr><td>报告目标</td><td colspan="2">合理保证企业财务报告及相关信息真实完整</td></tr>
<tr><td>经营目标</td><td colspan="2">提高经营效率和效果</td></tr>
<tr><td>战略目标</td><td colspan="2">促进企业实现发展战略</td></tr>
<tr><td rowspan="9">组织体系</td><td colspan="3">党委会（党组）</td></tr>
<tr><td colspan="3">公司治理机构</td></tr>
<tr><td colspan="3">法治建设内控、风控管理第一责任人</td></tr>
<tr><td colspan="3">法治建设与审计委员会</td></tr>
<tr><td colspan="3">总法律顾问（首席合规官）</td></tr>
<tr><td rowspan="2">法务内控部</td><td colspan="2">法务分部</td></tr>
<tr><td colspan="2">内控分部</td></tr>
<tr><td colspan="3">业务及职能部门日常法律、合规、风险、风控管理职责一体化</td></tr>
<tr><td colspan="3">子公司法务、合规、内控、风险一体化管理平台</td></tr>
<tr><td>制度体系</td><td colspan="3">归集到内部控制制度流程，包括法律事务管理制度、合规管理制度以及统一风险管理流程（内容包括法律风险管理、合规风险管理、内部控制风险管理以及全面风险管理）</td></tr>
<tr><td rowspan="8">运行机制</td><td colspan="3">专业性法律事务（保留其专业性、独立性）</td></tr>
<tr><td colspan="3">风险管理（归集到内部控制风险管理，统一开展法律合规风险管理、内部控制的风险管理和全面风险管理）</td></tr>
<tr><td colspan="3">控制活动（保留其专业性、独立性）</td></tr>
<tr><td rowspan="5">事项审查</td><td>审查部门</td><td>审查事项</td></tr>
<tr><td>法务分部、内部控制分部统一的、“一站式”法律、合规、内控、风控审查</td><td>重大事项、改革方案、重要内部规章制度</td></tr>
<tr><td>业务及职能部门统一的、“一站式”的审查</td><td>日常法务、合规、内控、风控事项</td></tr>
<tr><td>法务分部独立审查</td><td>合同、其他法律文件</td></tr>
<tr><td>内控分部独立审查</td><td>所有规章制度流程</td></tr>
</table>

续表

模块	分解		
运行机制	违规管理	模式 1	纪监委：所有违法、违规、违纪行为管理
			法务部门：提供法律专业支持
			内控部门：提供内控专业支持
		模式 2	纪监委：党员违纪与管理人员职务违法行为
			法务部门：其他员工的违规管理
			内控部门：提供内控专业支持
保障机制	监督检查	管理评估	内部控制评价
		自行检查	法务合规自行检查/内控风控自行检查
		审计监督	审计监督
	人力资源保障	激励机制	一体化激励机制
		考核评价	一体化考核机制
		队伍建设	法务合规队伍建设/内控风控团队建设
	宣传培训		法治合规宣传培训/内控风控培训
	计划报告		一体化年度计划、年度报告、重大风险报告
	信息系统		一体化管理信息系统
	文化建设		一体化文化建设

第七节　协同运作机制：从顶层设计到有效落地运行——实务案例分享

一、综述

如何进行法务、合规、内控、风险管理协同运作机制顶层设计并有效融入业务和落地运行，是合规管理的重要理论和实务研究课题。

法务、合规、内控、风险管理协同运作机制顶层设计，前文作了详细分析和阐述，对协同运作机制顶层设计进行了研究探索，为整合法务、合规、内控、风险管理的组织体系、制度体系、运行机制和保障机制提出了协同运作 LCR 整合框架。诸多中央企业、地方国有企业集团也进行了积极有益的探索，但在实务中也存在一些实际困难：

1. 企业集团已经分别设立法务、内控、风险管理部门，部门和岗位整合势必造成人员冗余和重新安排，推进存在困难。

2. 拥有一定经验的专业合规管理人员缺乏，招聘存在困难。

3. 大多中央企业的三级及以下层级企业和地方国有企业集团的子公司，没有专职的法务人员，尚未建立健全的法务管理体系。

4. 大多中央企业的子企业、地方国有企业尚未建立健全的内部控制体系和/或风险管理体系，合规管理体系建设也刚刚起步。

5. 大多中央企业的子企业、地方国有企业没有专门的法务、合规、内控、风险管理人员，缺乏法务、合规、内控、风险管理的专业知识和实务经验，在检查中经常发生以一种体系文件来冲抵其他体系文件的情况，尤其常使用内部控制或者风险管理体系文件来冲抵合规管理文件。

6. 大多中央企业集团和有些地方国有企业集团已经启动或者建立法务、合规、内控、风险管理协同运作的顶层框架设计，包括整合组织体系、制度体系、运行机制和保障机制等，但仅止步于此，没有将协同运作机制有效运用和融入业务领域。

7. 法务管理具有较强的专业性，有些以内部控制和风险管理见长的企业以及外部专业服务机构，倾向于建立合规、内控与风险管理三合一的协同运作机制，而将法务管理排除在外。

8. 合规管理中，合规风险管理是核心内容，需要识别具体合规义务，并根据专业知识和实务经验（尤其是专业法律知识和法务经验）进行合规风险评估，以内部控制和风险管理见长的企业忽视具体合规义务的识别及根据专业知识和实务经验进行合规风险评估，使合规管理体系建设及协同运作机制失去了最核心的内容，也失去了合规的“魂”。

9. 内部控制以及全面风险管理中的风险识别和评估，更注重战略风险、市场风险、财务投融资风险、运营风险的评估，这些风险评估更具前瞻性、宏观性、概括性和预测性，机会和风险并存。而合规风险是违反具体合规义务给企业造成法律责任、经济损失或声誉损失的可能性，是直接的、纯粹的、具体的合规风险，需要基于直接的、具体的合规义务进行合规风险评估。有些以内部控制和风险管理见长的企业，习惯于识别概括性合规义务而非具体的、直接的合规义务，习惯于基于概括性合规义务，用全面风险中其他风险（战略风险、市场风险、财务投融资风险、运营风险）

的识别和评估方法来识别和评估合规风险，导致识别评估出来的合规风险也是概括性的，不具备实操性和实务指导性。

10. 由于战略风险、市场风险、财务投融资风险、运营风险的前瞻性、宏观性、概括性和预测性，以及合规风险的直接性和具体性，导致合规风险与全面风险的协同运作在实务上出现衔接性问题。

二、协同运作“三合一”模式

开展建立协同运作机制的大多数企业，选择采用合规、内控、风险管理的“三合一”模式来编制合规、内控、风险管理协同运作矩阵表单。常见的“三合一”矩阵表单见表4-4-35。

表4-4-35 常见的“三合一”矩阵表单

风险编号	一级风险	二级风险	三级风险	合规义务	合规风险	风险成因	主责部门	业务流程管控环节	已制定的规章制度	改进建议

上述表单将风险管理、合规管理与内部控制融合到一张表单中，有助于基于业务流程明确全面风险、合规风险与内部控制措施。但存在以下不足：

1. 就贯彻“以内控为基础、风险为导向、法律合规为重点”要求而言，没有以业务流程中的管理环节和控制节点为出发点来明确相应的风险点。

2. 在合规义务栏中，缺乏合规义务渊源信息。而且，实务中，不少企业的“三合一”表单嵌入的合规义务，多为概括性合规义务，而非具体的、直接的合规义务。例如，如果企业违反《劳动合同法》的规定签署劳动合同，可能导致劳动纠纷并给企业带来损失。此类合规义务即为概括性合规义务，对企业防范合规风险难以发挥直接有效的作用。

3. 主要不足在于，以全面风险为出发点来识别合规义务和评估相应的合规风险，将合规义务及相应的合规风险不合理地局限于存在全面风险的领域，不能全面、系统地梳理某部门或业务领域的所有合规义务及相关合规风险。例如，在劳动人事领域，全面风险点通常不超过20项。但如果从劳动人事的业务流程（劳动人事制度制定，招聘，劳动合同签署、履行、变更、解除和终止，薪资，社会保险，人事管理，非标准用工，劳动纠纷等）出发，全面、系统地梳理劳动人事领域的合规义务及相关合规风险，按照笔者的实务经验，合规义务数量在200项以上，高、中合规风险通常也在30项以上。

笔者建议按照"以内控为基础、风险为导向、法律合规为重点"对"三合一"协同运作矩阵表单进行优化，列示见表4－4－36。

表4－4－36　优化后的"三合一"协同运作矩阵表单

序号	管理环节	主责部门	主责岗位	合规义务	合规义务渊源	合规风险	其他风险	已制定的规章制度	管理不足	改进建议

三、实务案例分享：从顶层设计到有效运用和落地运行

2023年，上海市汇业律师事务所协助一家在香港和上海两地上市的国有控股企业探索研究建议法务、合规、内控风险管理机制，取得了较好的效果。现作简要介绍分享。

（一）协同运作基础条件

经过多年的努力和建设，公司已经建立起相对完善的公司治理机制和现代企业管理组织架构，初步建立了法务管理体系、合规管理体系、内部控制体系和风险管理体系，初步建成依法治企体系（法治体系），具备了建立法律、合规、内控、风险管理协同运作机制的基础条件。

1. 组织融合。公司已经将法务管理、合规管理、内部控制、风险管理部门的职能，调整到了公司企法部，完成了协同运作机制建设中牵头管理部门的组织融合，为协同运作机制的组织体系整合打下了坚实基础。

2. 法务管理方面。公司由企法部牵头负责法务管理，牵头制定并实施

《法律事务管理办法》《合同管理办法》《法律审核管理办法》等规章制度。

3. 合规管理方面。公司由企法部牵头负责合规管理，于2020年制定了《合规管理办法》，建立了合规管理体系框架。

4. 风险管理方面。公司于2020年制定了《风险管理办法》，建立了风险管理体系框架，聘请第三方专业机构进行了风险评估，编制了公司全面风险清单。

5. 内部控制方面。公司作为在港交所和上交所上市的企业，按照上交所原《上市公司内部控制指引》和港交所《主板上市规则》建立和运行内部控制体系。企法部汇编了公司管理手册，发布和实施了《规章制度管理办法》《内部控制评价管理办法》《内部审计管理办法》《管理评审控制程序》《内部审核控制程序》《纠正和预防措施控制程序、不合格（不符合）控制程序》等有关内部控制管理方面的制度。

6. 管理监督方面。公司监察室牵头开展“大监督”巡查、纪法联动等管理创新，取得了良好的效果。公司已经初步建立起包括法律、合规、风险、内控四大管理体系在内的企业法治体系，具备了建立法律、合规、内控、风险管理协同运作大风控体系的基础条件。

（二）协同运作顶层设计

贯彻执行国务院国资委关于建立法务、合规、内控、风险管理要求，公司认真分析四大体系在本公司的实际情况，深入研究法务、合规、内控、风险管理的趋同性，探索建立法务、合规、内控、风险管理协同运作大风控体系。协同运作大风控体系是以全面防控各类风险（包括战略风险、财务风险、市场风险、运营风险、法律合规风险等）为目标，以协同运作机制为主要载体，风险管理的“三道防线”各司其职又协同联动融合的大体系。

公司的协同运作机制、大风控体系与公司法治体系是被包含的、递进的、逐步提升的关系。企业法治体系是最高的体系形式，大风控体系是其子体系，是建设企业法治体系的重要内容。协同运作机制是大风控体系重要的组成部分和运行机制，是实现全面风险防控的途径和手段。

2023年，公司发布实施《法务、合规、内控、风险管理系统运作大风控准则》，将协同运作大风控体系建设制度化，作为公司协同运作大风控体系建设的纲领性文件。同时，公司发布实施建设协同运作大风控体系5年实施方案，对协同运作大风控体系建设作出总体部署和具体安排，确保协同运作大风控体系建设工作有序开展，稳步推进和落实。

按照该制度，公司建立了法务、合规、内控、风险管理系统运作大风控体系的总体框架，融合建立法务、合规、内控、风险管理四体系的主要构成要素，整合管理资源，优化管理环节，提高综合管理效能，见表4－4－37。

表4－4－37　协同运作大风控体系

<table>
<tr><th>管理模块</th><th colspan="2">构成要素</th></tr>
<tr><td rowspan="11">组织体系</td><td colspan="2">党委会</td></tr>
<tr><td colspan="2">董事会</td></tr>
<tr><td colspan="2">监事会</td></tr>
<tr><td colspan="2">经理层</td></tr>
<tr><td colspan="2">大风控委员会</td></tr>
<tr><td colspan="2">总法律顾问（大风控负责人）</td></tr>
<tr><td colspan="2">企法部（大风控管理牵头部门）</td></tr>
<tr><td colspan="2">各部门（大风控日常管理工作）</td></tr>
<tr><td colspan="2">各子公司（建立本公司大风控体系）</td></tr>
<tr><td colspan="2">审计部门</td></tr>
<tr><td colspan="2">纪检监察部门</td></tr>
<tr><td>制度体系</td><td colspan="2">“1＋N”的制度体系，包括基本制度、运行机制操作指引、重点领域专项指南等</td></tr>
<tr><td rowspan="9">运行机制</td><td colspan="2">运行计划和控制</td></tr>
<tr><td colspan="2">专业性法律事务</td></tr>
<tr><td colspan="2">风险管理（融合法律风险、合规风险、内部控制风险以及全面风险管理）</td></tr>
<tr><td colspan="2">内部控制</td></tr>
<tr><td rowspan="2">管理审核</td><td>企法部统一的法律、合规、内控、风控审查</td></tr>
<tr><td>业务及职能部门统一的日常法律、合规、内控、风控审查</td></tr>
<tr><td colspan="2">强制咨询</td></tr>
<tr><td colspan="2">管理评估</td></tr>
<tr><td colspan="2">违规追责（纪检监察室统一管理）</td></tr>
</table>

续表

管理模块		构成要素
保障机制	落实领导责任	
	监督	检查监督（执行公司纪法联动与大监督机制）
		审计
	人力资源保障	激励约束机制
		考核评价
		队伍建设
	管理记录与档案	
	宣传培训	
	报告	年度报告、重大风险报告
	管理信息系统	
	文化建设	

（1）整合四个体系的组织体系，包括四个体系的领导机构（党委会和治理机构）、大风控委员会、大风控负责人、大风控牵头部门（企法部）、业务及职能部门、业务及职能部门大风控管理员、大监督等。（2）整合四个体系的管理制度，以《法务、合规、内控、风险管理协同运作大风控准则》为纲领，整合大风控委员会运行机制、风险管理办法、管理评价办法（以内部控制评价办法为基础）、计划与报告办法、法律合规审查办法、协同运作考核办法等。（3）整合四个体系的运行机制，包括法律合规审查、风险管理、计划与报告、管理缺陷整改、管理评价等。（4）整合四个体系的保障机制，包括管理考核、资源保障、宣传培训、管理队伍、文化建设等，建立大监督机制。

（三）协同运作机制有效融入业务和落地运行

公司通过重点领域专项合规管理，以业务流程和重点岗位两个基本管理单元为抓手，进一步积极探索将协同运作大风控机制建设融入业务，为在各部门领域开展专项合规管理建立模型和格式、积累经验、培养队伍。公司贯彻“以内控为基础，以风险为导向，以法律合规为重点”以及“强内控、防风险、促合规”要求，探索首先在重点领域专项合规管理中推动法务、合规、内控协同运作，在协同运作顶层设计的基础上，将协同运作机制有效融入重点领域合规管理。

自 2022 年第四季度以来，国务院国资委及各地方政府国资委推动中央企业建立合规管理“三张清单”（业务流程合规管控清单、重点岗位合规职责清单及合规风险识别清单），将合规要求嵌入业务流程、岗位职责，落实合规风险评估与应对。

公司积极探索和进行管理创新，提出重点领域专项合规管理“四模块、十步法”，同步推动重点领域法务、合规、内控、风险管理协同运作机制的建立、合规管理工具编制以及“三张清单”制定。

模块一　内部控制基础

第一步：梳理业务管理条线。

第二步：梳理业务流程，建立业务流程清单。

第三步：梳理部门岗位职责，建立岗位职责清单。

模块二　法务合规管理

第四步：收集外部合规义务渊源、内部合规义务渊源，建立合规义务渊源库。

第五步：识别合规义务，建立合规义务清单。

第六步：开展合规风险评估，建立合规风险识别清单。

模块三　全面风险管理

第七步：将高、中合规风险清单嵌入全面风险矩阵。

模块四　内部控制措施

第八步：对现有规章制度进行合规审查、修改、补充。

第九步：将合规要求与合规风险管控嵌入业务流程，建立业务流程合规管控清单。

第十步：对重点岗位职责进行合规审查，增补合规职责，建立岗位合规职责清单。

附　录
有关合规管理的合规义务渊源

Appendix
A collection of Related Compliance Norms

一

合规与银行内部合规部门

巴塞尔银行监管委员会

2005 年 4 月 29 日

1. 巴塞尔银行监管委员会（以下简称委员会）一直关注银行监管问题和促进银行业机构的稳健经营的做法。作为其持续努力的一部分，委员会就合规风险与银行内部合规部门发布本文件。为满足监管机构的监管要求，银行必须遵循有效的合规政策和程序，在发现违规情况时，银行管理层能够采取适当措施予以纠正。

2. 合规应从高层做起。当企业文化强调诚信与正直，并且董事会和高级管理层作出表率，合规才最为有效。合规与银行内部的每一位员工都相关，应被视为银行经营活动的组成部分。银行在开展业务时应坚持高标准，并始终力求遵循法律的规定与精神。如果银行疏于考虑经营行为对股东、客户、雇员和市场的影响，即使没有违反任何法律，也可能会导致严重的负面影响和声誉损失。

3. 本文件所称“合规风险”是指，银行因未能遵循法律、监管规定、规则、自律性组织制定的有关准则，以及适用于银行自身业务活动的行为准则（以下统称“合规法律、规则和准则”）而可能遭受法律制裁或监管处罚、重大财务损失或声誉损失的风险。

4. 合规法律、规则和准则通常涉及如下内容：遵守适当的市场行为准则，管理利益冲突，公平对待消费者，确保客户咨询的适宜性等。同时，还特别包括一些特定领域，如反洗钱和反恐怖融资，也可能扩展至与银行产品结构或客户咨询相关的税收方面的法律。如果一家银行故意参与客户用以规避监管或财务报告要求、逃避纳税义务等的交易或为其违法行为提供便利，该银行将面临严重的合规风险。

5. 合规法律、规则和准则有多种渊源，包括立法机构和监管机构发布的基本的法律、规则和准则；市场惯例；行业协会制定的行业规则以及适用于银行职员的内部行为准则等。基于上述理由，合规法律、规则和准则不仅包括那些具有法律约束力的文件，还包括更广义的诚实守信和道德行为的准则。

6. 合规应成为银行文化的一部分。合规并不只是专业合规人员的责任。尽管如此，如果一家银行设有符合下述“合规部门原则”的合规部门，该银行将能更有效地管理合规风险。本文件所称“合规部门”是指履行合规职责的职员，并不特指某一特定的组织架构。

7. 关于银行合规部门的组织方式，各银行之间存在着重大差异。在规模较大的银行，合规人员可能位于各营运业务线，有些国际活跃银行可能还设有集团合规官和当地合规官。在规模较小的银行，合规部门的职员可能被放在一个部门。有些银行还为数据保护、反洗钱及反恐怖融资等专业领域设立了单独的部门。

8. 一家银行应该以与自身风险管理战略和组织结构相吻合的方式组织合规部门，并为合规风险管理设定优先考虑的事项。例如，考虑到合规风险与操作风险的某些方面有着密切的关系，一些银行希望在操作风险部门内组建合规部门，其他银行则更愿意分设合规部门和操作风险部门，但银行要建立两个部门之间在合规事务方面密切合作的机制。

9. 不论一家银行如何组织其合规部门，该合规部门都应该是独立的，并有足够的资源支持。合规部门的职责应有明确的规定，内部审计部门应定期、独立地审查合规部门的工作。以下的原则 5 至原则 8 进一步阐明了这些高级原则，并在各原则之下阐释了与这些原则有关的稳健做法。各家银行可自行决定实施这些原则的最佳方式，但这些原则应适用于所有银行。银行也可采用有别于本文件的做法，只要这些做法是稳健的，并能从总体上表明该银行的合规部门的有效性。以何种方式实施这些原则将取决于多种因素，如银行的规模、业务的性质、经营的复杂程度和业务的区域分布，以及银行营业所在地的法律框架和监管框架。例如，一些规模较小的银行要完全实施本文件所建议的一些特定措施，也许并不可行，但该银行可能会采取能达到同样效果的其他措施。

10. 在提出有关原则时，本文件假定公司治理结构是由董事会和高级管理层组成。至于董事会和高级管理层的职能，不同的国家、不同类型的经济实体有不同的法律框架与监管框架。因此，银行在适用本文件所阐述的原则时，应依据其所在的国家和具体经济实体的公司治理结构。

11. 本文件所称“银行”通常是指银行、银行集团和附属机构主要是银行的控股公司等。

12. 在理解本文件时，应参阅委员会制订的其他相关文件。这些文件包括：

——《银行机构的内部控制体系框架》(1998 年 9 月)；

——《健全银行的公司治理》(1999 年 9 月)；

——《银行内部审计和监管当局与审计人员的关系》(2001 年 8 月)；

——《银行客户尽职调查》(2001 年 10 月)；

——《操作风险管理与监管的稳健做法》(2003 年 2 月)；

——《统一资本计量与资本标准的国际协议——修订框架》(2004 年 6 月)；

——《KYC 风险统一管理》(2004 年 10 月)。

13. 本文件在阐述支撑银行合规部门的原则之前，首先阐明了银行董事会和高级管理层在合规方面的特定职责。

原则 1：银行董事会负责监督银行的合规风险管理。董事会应该审批银行的合规政策，包括一份组建常设的、有效的合规部门的正式文件。董事会或董事会下设的委员会应该对银行有效管理合规风险的情况每年至少进行一次评估。

14. 如引言所述，银行董事会应在全行推行诚信与正直的价值观念，只有这样，银行的合规政策才能得以有效实施。遵循适用法律、规则和准则应视为实现上述目标的一条基本途径。与其他类别的风险一样，董事会有责任确保银行制定适当政策以有效管理银行的合规风险。董事会还应监督合规政策的实施，包括确保合规问题都由高级管理层在合规部门的协助下得到迅速有效的解决。当然，董事会也可能将这些任务委托给适当的董事会下设的委员会（如审计委员会）。

原则 2：银行高级管理层负责银行合规风险的有效管理。

15. 以下两项原则阐明了该一般性原则里最为重要的各项因素。

原则 3：银行高级管理层负责制定和传达合规政策，确保该合规政策得以遵守，并向董事会报告银行合规风险管理。

16. 银行高级管理层负责制定一份书面的合规政策。该合规政策应包含管理层和员工应遵守的基本原则，并要说明全行上下用以识别和管理合规风险的主要程序。区分全体员工都要遵守的一般性准则与只适用于特定员工群体的规则，将有助于增加政策的清晰度和透明度。

17. 高级管理层有职责确保合规政策得以遵守，包括发现违规问题时采取适当的补救方法或惩戒措施。

18. 在合规部门的协助下，高级管理层应该：

——每年至少一次识别和评估银行所面临的主要合规风险问题以及管理这些合规风险问题的计划。这些计划涉及对现行合规风险管理中政策上的、程序上的、实施或执行中的任何缺陷进行处理，并针对年度合规风险评估中发现的新的合规风险，对政策或程序进行补充。

——每年至少一次就银行的合规风险管理向董事会或董事会下设的委员会报告，此报告应能够有助于董事会成员就银行是否有效管理合规风险问题作出有充分依据的判断。

——及时向董事会或董事会下设的委员会报告重大违规情况（例如，可能会导致法律制裁或监管处罚、重大财务损失或声誉损失等重大风险的违规情况）。

原则4：银行合规政策要求高级管理层负责组建一个常设和有效的银行内部合规部门。

19. 高级管理层应采取必要的措施，确保银行可以依赖一个常设的、有效的并符合以下原则的合规部门。

原则5：独立性

银行的合规部门应该是独立的。

20. 独立性的概念包含四个相关要素。第一，合规部门应在银行内部享有正式地位。第二，应由一名集团合规官或合规负责人全面负责协调银行的合规风险管理。第三，在合规部门职员特别是合规负责人的职位安排上，应避免他们的合规职责与其所承担的任何其他职责之间产生可能的利益冲突。第四，合规部门职员为履行职责，应能够获取必需的信息并能接触到相关人员。

21. 独立性并不意味着合规部门不能与其他业务单元的管理层和职员共同工作。实际上，合规部门与其他事业部之间相互合作的工作关系将有助于早期识别和管理合规风险。然而，不论合规部门与其他事业部之间的工作关系如何紧密，下述各要素都应被视为有助于确保合规部门有效性的保障措施。实施这些保障措施的方式在一定程度上取决于各个合规部门职员的具体职责。

22. 合规部门应该在银行内部享有正式的地位，以使其具有适当的定位、授权及独立性。这可能在银行的合规政策或其他正式文件中予以规定。该文件应该传达给银行所有职员。

23. 以下与合规部门有关的事项应在该文件中予以规定：

——合规部门的功能和职责；

——确保合规部门独立性的各项措施；

——合规部门与银行其他风险管理部门和内部审计部门的关系；

——在合规职责由不同部门职员履行的情况下，这些职责如何在部门间进行分配；

——合规部门为履行其职责而获取必要信息的权利，以及在提供这些信息方面银行职员有给予合作的相应责任；

——合规部门对可能违反合规政策的事件进行调查，以及在适当情况下委托外部专家进行调查的权利；

——合规部门向高级管理层，必要时，向董事会或董事会下设的委员会自由陈述和披露其调查结果的权利；

——合规部门向高级管理层正式报告的义务；

——合规部门直接与董事会或董事会下设的委员会沟通的权利。

24. 每家银行应该有一位执行官或高级职员全面负责协调银行合规风险的识别和管理，以及监督其他合规部门职员的工作。本文件使用“合规负责人”这一称谓来描述该职位。

25. 履行合规职责的职员与合规负责人之间报告路线的性质或其他职能关系，将取决于该银行合规部门的组织方式。各营运事业部或各地附属机构的合规部门职员可能有一条向营运事业部管理层或当地管理层报告的路线，只要该职员还有一条就其合规职责向合规负责人报告的路线，这种做法就不应被排斥。如果合规部门职员位于各个独立的支持部门（如法律部、财务控制部和风险管理部等），则没有必要为其另设一条向合规负责人报告的路线。但是，这些部门应该与合规负责人密切合作，以确保合规负责人能够有效地履行其职责。

26. 合规负责人未必一定是高级管理层成员。如果合规负责人为高级管理层成员，他不应直接负责银行业务线。如果合规负责人不是高级管理层成员，他应有一条向不直接负责业务线的高级管理层成员直接报告的路线。

27. 合规负责人就职或离任，以及离任理由，应告知银行监管机构和董事会。对于设有当地合规官的国际性活跃银行，该合规负责人在到任或离任时，同样应告知东道国的监管机构。

28. 如果合规负责人和承担合规职责的其他职员的职位安排会使他们的合规职责与其他职责之间产生现实或是潜在的冲突，他们的独立性就有可能被削弱。委员会倾向于合规部门职员仅履行合规职责。但是，委员会认识到，在规模较小的银行、规模较小的事业部或当地附属机构中，这也许并不可行。因此，在此情况下，合规部门职员可能从事合规以外的工作，前提是能够避免潜在的利益冲突。

29. 如果合规部门职员的薪酬与其履行合规职责的业务线的盈亏状况相挂钩，他们的独立性也有可能被削弱。但是，将合规部门职员的薪酬与整个银行的盈亏状况相挂钩通常是可以接受的。

30. 合规部门应该享有与银行任何员工进行沟通，并获取便于其履行职责所需的任何记录或档案材料的自主权。

31. 合规部门应该能够自主地对银行内部所有可能存在合规风险的部门履行风险管理的职责。合规部门应该有权对可能违反合规政策的事件进行调查，并在适当情况下请求银行内部专业人员（如法律或内部审计人员）的协助，或外聘专业人士履行该职责。

32. 对于调查所发现的任何异常情况或可能的违规行为，合规部门应随时向高级管理层报告，而不用担心来自管理层或其他员工的报复或冷遇。虽然合规部门通常的报告路线应该是向高级管理层报告，但在必要情况下，还应有权绕开通常的报告路线，直接向董事会或董事会下设的委员会报告。此外，董事会或董事会下设的委员会每年至少一次与合规负责人进行面谈也是有益的，这将有助于董事会或董事会下设的委员会评估银行有效管理合规风险的程度。

原则 6：资源

银行合规部门应该配备能有效履行职责的资源。

33. 为合规部门提供的资源应该是充分和适当的，以确保银行内部合规风险的有效管理。特别是，合规部门职员应该具备必要的资质、经验、专业水准和个人素质，以使他们能够履行特定职责。合规部门职员应该能正确理解合规法律、规则和准则及其对银行经营的实际影响。合规部门职员的专业技能，尤其是在把握合规法律、规则和准则的最新发展方面的技能，应通过定期和系统的教育和培训得到维持。

原则 7：合规部门职责

银行合规部门的职责应该是协助高级管理层有效管理银行面临的合规风险。银行合规部门的具体职责如下所述。如果其中的某些职责是由不同部门的职员履行，那么每个部门的职责应该界定清楚。

34. 合规职责未必都由“合规部”或“合规”承担。合规职责可能由不同部门的职员履行。例如，有些银行分设法律部门和合规部门。法律部门负责就合规法律、规则和准则向管理层提出建议，并为员工制订指引；而合规部门则负责监测合规政策和程序的遵守情况，并向管理层报告。有些银行，合规部门的部分职责可能由操作风险小组承担，或是由更为综合的风险管理小组承担。如果这些部门之间存在职责分工，那么每个部门的职责都应该界定清楚。在各部门之间以及各部门与合规负责人之间应存在一种适当的合作机制（例如，相关意见和信息的提供和交流等）。这些机制应该是充分的，以确保合规负责人能够有效地履行职责。

35. 合规部门应该就合规法律、规则和准则向高级管理层提出建议，包括随时向高级管理层报告该领域的发展情况。

36. 合规部门应该协助高级管理层：

——就合规问题对员工进行教育，并成为银行员工咨询有关合规问题的内部联络部门；

——就合规法律、规则和准则的恰当执行，通过政策、程序以及诸如合规手册、内部行为准则和各项操作指引等其他文件，为员工制订书面指引。

37. 合规部门应该积极主动地识别、书面说明和评估与银行经营活动相关的合规风险，包括新产品和新业务的开发，新业务方式的拓展，新客户关系的建立，或者这种客户关系的性质发生重大变化所产生的合规风险等。如果该银行设有新产品委员会，该委员会内应有合规部门职员代表。

38. 合规部门还应考虑各种量化合规风险的方法（例如，应用评价指标等），并运用这些计量方法加强合规风险的评估。运行指标可借助技术工具，通过收集或筛选可能预示潜在合规问题的数据（例如，消费者投诉的增长数、异常的交易或支付活动等）的方式来设计。

39. 合规部门应该评估银行各项合规程序和指引的适当性，立即深入调查任何已识别的缺陷，如有必要，系统地提出修改建议。

40. 合规部门应该通过实施充分和有代表性的合规测试对合规进行监测和测试。合规测试的结果应依照银行内部风险管理程序，通过合规部门报告路线向上级报告。

41. 合规负责人应定期就合规事项向高级管理层报告。这些报告应涉及：报告期内所进行的合规风险评估，包括基于运用诸如运行指标的相关计量方法所反映的合规风险状况的任何变化；概述所有已识别的违规问题和（或）缺陷，以及所建议的纠正措施；已经采取的各项纠正措施。该报告的格式应与银行的合规风险状况和各项合规活动相匹配。

42. 合规部门可能承担特定的法定职责（例如，承担反洗钱人员的职责等）。合规部门也可能与银行外部相关人员保持联络，包括监管者、准则制定者以及外部专家等。

43. 合规部门应根据合规方案履行其职责，该方案确定了合规部门的行动计划，如具体政策和程序的实施与评审，合规风险评估，合规测试，以及就合规事项对银行职员进行教育等。合规方案应以风险为本，并受到合规负责人的监督，以确保对不同事业部的适当覆盖以及各风险管理部门之间的协调。

原则 8：与内部审计的关系

合规部门的工作范围和广度应受到内部审计部门的定期复查。

44. 内部审计部门的风险评估方法应包括对合规风险的评估，并应制定一份包含合规部门适当性和有效性的审计方案，包括与认定的风险水平相匹配的控制测试。

45. 本原则表明，合规部门应与审计部门分离，以确保合规部门的各项工作受到独立的复查。因此，重要的是，在银行内部对于两个部门之间如何划分风险评估和测试活动应有清晰的认识，并用文件形式（如银行的合规政策或诸如备忘录等相关文件）予以规定。当然，审计部门应该将与合规有关的任何审计调查结果随时告知合规负责人。

原则 9：跨境问题

银行应该遵守所有开展业务所在国家或地区的适用法律和监管规定，合规部门的组织方式和结构以及合规部门的职责应符合当地的法律和监管要求。

46. 银行可能通过当地的附属机构、分行或在银行没有实体机构的国家或地区开展国际业务。法律和监管要求在不同国家或地区可能有所不同，也可能因银行开展的业务种类或所在地实体机构的形式不同而有所差异。

47. 选择在特定国家和地区开展业务的银行应该遵守当地的法律和监管规定。例如，以附属机构形式营业的银行必须符合东道国的法律和监管要求。有些国家或地区可能对外国银行的分行有特定要求。当地事业部有责任确保每一国家或地区所要求的特定合规职责，由具有适当的当地知识和专门技能的人员来履行，并由合规负责人与银行的其他风险管理部门共同监督。

48. 委员会认识到，一家银行可能出于各种合理的理由在不同的国家或地区开展业务。尽管如此，如果该银行在特定国家或地区提供的产品或从事的活动，在该银行的母国没有得到许可，那么识别和评估该银行可能增加的声誉风险的程序就应该到位。

原则 10：外包

合规应被视为银行内部的一项核心风险管理活动。合规部门的具体工作可能被外包，但外包仍必须受到合规负责人的适当监督。

49. 联合论坛（即巴塞尔银行监管委员会、国际证券委员会组织和国际保险监督官协会）最近提出了被监管机构业务外包的高级原则，委员会鼓励各银行参照实施。

银行应该确保任何外包安排都不会妨碍监管机构的有效监管。无论合规部门具体工作的外包程度如何，董事会和高级管理层仍然要对银行遵循所有适用法律、规则和准则负责。

Ⅰ. 关于董事会和高级管理层的职能，委员会认识到不同国家的法律框架和监管框架间存在着重大差别。在某些国家，董事会主要（如果不是全部）具有监督执行机构（高级管理层、一般管理层）的职能，以确保后者完成任务。鉴此，在某些情况下，它被理解为监事会，这意味着董事会没有执行职能。在其他国家，董事会权限较大，负责为银行管理层制定总体框架。由于这些差异，本文中使用的术语“董事会”和“高级管理层”，并不是去界定它们的法律上的概念，而是把它们当作一家银行的两个决策职能机构。

Ⅱ. 在有些银行，合规负责人被称为“合规员”，而其他一些银行所称的“合规员”则是指履行具体合规职责的合规工作人员。

二

内控、道德与合规，最佳实践指南[①]

经济合作与发展组织（OECD）

Good Practice Guidance on Internal Controls, Ethics, and Compliance

OECD, Recommendation of the Council for Further Combating Bribery of Foreign Public Officials in International Business Transactions, OECD/LEGAL/0378

Annex Ⅱ: Good Practice Guidance on Internal Controls, Ethics and Compliance Introduction

This Good Practice Guidance (hereinafter "Guidance") is addressed to companies, including state-owned enterprises, for establishing and ensuring the effectiveness of internal controls, ethics, and compliance programmes or measures for preventing and detecting the bribery of foreign public officials in their international business transactions (hereinafter "foreign bribery"), and to business organisations and professional associations, which play an essential role in assisting companies in these efforts. It recognises that to be effective, such internal controls, ethics, and compliance programmes or measures should be interconnected with a company's overall compliance framework. It is intended to

① 经济合作与发展组织官网，https://legalinstruments.oecd.org/en/instruments/OECD-LEGAL-0378。

serve as non-legally binding guidance to companies in establishing effective internal controls, ethics, and compliance programmes or measures for preventing and detecting foreign bribery. This Guidance is flexible, and intended to be adapted by companies, in particular small and medium sized enterprises (hereinafter "SMEs"), according to their individual circumstances, including their size, type, legal structure, and geographical and industrial sector of operation, as well as the jurisdictional and other basic legal principles under which they operate.

A. Good Practice Guidance for Companies

Effective internal controls, ethics, and compliance programmes or measures for preventing and detecting foreign bribery should be developed on the basis of a risk assessment addressing the individual circumstances of a company, in particular the foreign bribery risks facing the company (such as its geographical and industrial sector of operation, and regulatory environment, potential clients and business partners, transactions with foreign governments, and use of third parties). Such circumstances and risks should be regularly monitored, re-assessed, and taken into account as necessary, to determine the allocation of compliance resources and ensure the continued effectiveness of the company's internal controls, ethics, and compliance programme or measures. Companies should consider, inter alia, the following good practices for ensuring effective internal controls, ethics, and compliance programmes or measures for the purpose of preventing and detecting foreign bribery:

1. strong, explicit and visible support and commitment from the board of directors or equivalent governing body and senior management to the company's internal controls, ethics and compliance programmes or measures for preventing and detecting foreign bribery with a view to implementing a culture of ethics and compliance;

2. a clearly articulated and visible corporate policy prohibiting foreign bribery, easily accessible to all employees and relevant third parties, including foreign subsidiaries, where applicable and translated as necessary;

3. compliance with this prohibition and the related internal controls, ethics, and compliance programmes or measures is the duty of individuals at all levels of

the company;

4. oversight of ethics and compliance programmes or measures regarding foreign bribery, including the authority to report matters directly to independent monitoring bodies, senior management, the board of directors or equivalent governing body, the supervisory board or their relevant committees, are the duty of one or more senior corporate officers, such as a senior compliance officer, with an adequate level of autonomy from management and other operational functions, resources, access to relevant sources of data, experience, qualification, and authority;

5. ethics and compliance programmes or measures designed to prevent and detect foreign bribery, applicable to all directors, officers, and employees, and applicable to all entities over which a company has effective control, including subsidiaries, on, inter alia, the following areas:

i. gifts;

ii. hospitality, entertainment and expenses;

iii. travel, including customer travel;

iv. political contributions;

v. charitable donations and sponsorships;

vi. facilitation payments;

vii. solicitation and extortion;

viii. conflicts of interest;

ix. hiring processes;

x. risks associated with the use of intermediaries, especially those interacting with foreign public officials; and

xi. processes to respond to public calls for tender, where relevant.

6. ethics and compliance programmes or measures designed to prevent and detect foreign bribery applicable, where appropriate and subject to contractual arrangements, to third parties such as agents and other intermediaries, consultants, representatives, distributors, contractors and suppliers, consortia, and joint venture partners (hereinafter "business partners"), including, inter alia, the following essential elements:

i. properly documented risk-based due diligence pertaining to the hiring, as well as the appropriate and regular continued oversight of business partners throughout the business relationship;

ii. informing business partners of the company's commitment to abiding by laws on the prohibitions against foreign bribery, and of the company's ethics and compliance programme or measures for preventing and detecting such bribery;

iii. seeking a reciprocal commitment from business partners;

iv. implementing mechanisms to ensure that the contract terms, where appropriate, specifically describe the services to be performed, that the payment terms are appropriate, that the described contractual work is performed, and that compensation is commensurate with the services rendered;

v. where appropriate, ensuring the company's audit rights to analyse the books and records of business partners and exercising those rights as appropriate;

vi. providing for adequate mechanisms to address incidents of foreign bribery by business partners, including for example contractual termination rights.

7. a system of financial and accounting procedures, including a system of internal controls, reasonably designed to ensure the maintenance of fair and accurate books, records, and accounts, to ensure that they cannot be used for the purpose of foreign bribery or hiding such bribery;

8. the use of internal control systems to identify patterns indicative of foreign bribery, including as appropriate by applying innovative technologies;

9. measures designed to ensure effective periodic communication and documented training for all levels of the company, on the company's ethics and compliance programme or measures regarding foreign bribery, as well as, where appropriate, for business partners;

10. appropriate measures to encourage and provide positive support and incentives for the observance of ethics and compliance programmes or measures against foreign bribery at all levels of the company including by integrating ethics and compliance in human resources processes, with a view to implementing a culture of compliance;

11. measures to address cases of suspected foreign bribery, which may include:

i. processes for identifying, investigating, and reporting the misconduct and genuinely and proactively engaging with law enforcement authorities;

ii. remediation, including, inter alia, analysing the root causes of the misconduct and addressing identified weaknesses in the company's compliance programme or measures;

iii. appropriate and consistent disciplinary measures and procedures to address, among other things, violations, at all levels of the company, of laws against foreign bribery, and the company's ethics and compliance programme or measures regarding foreign bribery; and

iv. appropriate communication to ensure awareness of these measures and consistent application of disciplinary procedures across the company.

12. effective measures for providing guidance and advice to directors, officers, employees, and, where appropriate, business partners, on complying with the company's ethics and compliance programme or measures, including when they need urgent advice on difficult situations in foreign jurisdictions, as well as measures to ensure there is no retaliation against any person within the company who is instructed or pressured, including from hierarchical superiors, to engage in foreign bribery and chooses not to do so;

13. a strong and effective protected reporting framework, including:

i. internal, confidential, and where appropriate, anonymous, reporting by, and protection against any form of retaliation for, directors, officers, employees, and, where appropriate, business partners, not willing to violate professional standards or ethics under instructions or pressure from hierarchical superiors, as well as for reporting persons willing to report breaches of the law or professional standards or ethics occurring within the company on reasonable grounds; and

ii. clearly defined procedures and visible, accessible, and diversified channels for all reporting persons to report breaches of the law or professional standards or ethics occurring within the company.

14. periodic reviews and testing of the internal controls, ethics and compliance programmes or measures, including training, designed to evaluate and improve their effectiveness in preventing and detecting foreign bribery, both on a regular basis and upon specific developments, taking into account the company's

evolving risk profile, such as:

i. changes in the company's activity, structure and operating model,

ii. results of monitoring and auditing,

iii. relevant developments in the field,

iv. evolving international and industry standards, and

v. lessons learned from a company's possible misconduct and that of other companies facing similar risks based on relevant documentation and data.

15. in cases of mergers and acquisitions, comprehensive risk-based due diligence of acquisition targets; prompt incorporation of the acquired business into its internal controls and ethics and compliance programme; and training of new employees and post-acquisition audits;

16. external communication of the company's commitment to effective internal controls and ethics and compliance programmes.

B. Actions by Business Organisations and Professional Associations

Business organisations and professional associations may play an essential role in assisting companies, in particular SMEs, in the development of effective internal control, ethics, and compliance programmes or measures for the purpose of preventing and detecting foreign bribery. Such support may include, inter alia:

1. dissemination of information on foreign bribery issues, including regarding relevant developments in international and regional forums, and access to relevant databases;

2. making training, prevention, due diligence, and other compliance tools available;

3. general advice on carrying out due diligence; and

4. general advice and support on resisting extortion and solicitation, including, where appropriate, by promoting collective action.

Professional associations that exercise regulatory powers over certain professions may also play a significant role in adopting and implementing robust ethics standards for their members, including by setting out frameworks on actions to be taken by their members to prevent bribery or when confronted with suspected acts of foreign bribery and related offences committed by clients or employers.

三

世界银行集团　廉政合规指南概要*

Summary of World Bank Group Integrity Compliance Guidelines

As part of the World Bank Group's (WBG) continuing effort to improve its sanctions regime, the existing sanction of debarment with conditional release has become the default or "baseline" WBG sanction for cases initiated under the WBG's revised Sanctions Procedures effective September 2010.

作为世行集团（WBG）为完善其制裁制度而进行的持续努力的一部分，根据 2010 年 9 月生效的世行集团修订后的"制裁程序"，现行的可以有条件解除的制裁成为了世行集团的默认或者说"基线"制裁。

Going forward the establishment (or improvement) and implementation of an integrity compliance program satisfactory to the WBG will be a principal condition to ending a debarment (or conditional non-debarment); or in the case of some existing debarments, early termination of the debarment.

今后，确立（或完善）和实施让世行集团满意的廉政合规计划将是终止制裁（或有条件地免于制裁）或者在某些现有制裁的情况下提前终止制裁的主要条件。

In September 2010, the World Bank Integrity Vice Presidency appointed an Integrity Compliance Officer (ICO). In addition to monitoring integrity compliance by sanctioned companies (or codes of conduct for individuals), the

* 世界银行集团官网，https://thedocs.worldbank.org/en/doc/06476894a15cd4d6115605e0a8903f4c-0090012011/summary-of-wbg-integrity-compliance-guidelines。

ICO also will decide whether the compliance condition, and/or others established by the Sanctions Board or a WBG Evaluation and Suspension Officer as part of a debarment, have been satisfied.

2010 年 9 月，世行廉政局（Integrity Vice Presidency）任命了一位廉政合规主管（ICO），除了监督受制裁公司的廉政合规情况（或者个人遵守行为准则的情况）外，廉政合规主管还负责断定合规条件和/或由制裁委员会（Sanctions Board）或者世行集团评估与资格暂停主管（Evaluation and Suspension Officer）确定的作为制裁一部分的其他条件是否得到了满足。

For more on Sanctions Procedures, visit www. worldbank. org/ sanctions and for more on World Bank Group anti-corruption efforts, visit www. worldbank. org/integrity.

要进一步了解制裁程序，请访问 www. worldbank. org/sanctions，要进一步了解世行集团的反腐败工作，请访问 www. worldbank. org/integrity。

1. Prohibition of Misconduct: A clearly articulated and visible prohibition of Misconduct (fraud, corruption, collusion and coercive practices), to be articulated in a code of conduct or similar document or communication.

1. 禁止不当行为：对不当行为（欺诈、腐败、串通舞弊和胁迫行为）明显而清楚的禁止，需要在行为准则或类似的文件或交流中得到明确的说明。

2. Responsibility: Create and maintain a trust-based, inclusive organizational culture that encourages ethical conduct, a commitment to compliance with the law and a culture in which Misconduct is not tolerated.

2. 责任：建立和维持一种基于信任、有包容性的机构文化，对符合道德的行为、遵守法律的承诺和不容忍不当行为的文化进行鼓励。

2.1. Leadership: Strong, explicit, visible, and active support and commitment from senior management, and the party's Board of Directors or similar bodies, for the party's Integrity Compliance Program (Program) and its implementation, in letter and spirit.

2.1. 领导层：高层领导、受制裁方董事会或类似组织对受制裁方的廉政合规计划（简称：计划）及其实施，在形式上和实质上都给予强有力的、明确的、显而易见的和积极的支持与承诺。

2.2. Individual Responsibility: Compliance with the Program is mandatory and is the duty of all individuals at all levels of the party.

2.2. 个人责任：遵守计划是强制性要求，并且是受制裁方处于各个级别上的每个个人的责任。

2.3. Compliance Function: Oversight and management of the Program is the duty of one or more senior corporate officers, with an adequate level of autonomy and with sufficient resources and the authority to effectively implement.

2.3. 合规职责：计划的监督和管理是公司某个或多个高层领导的责任，这些领导需要有充分的自主权和足够的资源与权威，以有效地实施计划。

3. Program Initiation, Risk Assessment and Reviews: When establishing a suitable Program, carry out an initial (or updated) comprehensive risk assessment relating to the potential for the occurrence of fraud, corruption or other Misconduct in the party's business and operations, taking into account its size, business sector, location (s) of operations and other circumstances particular to the party; and review and update this risk assessment periodically and whenever necessary to meet changed circumstances. Senior management should implement a systemic approach to monitoring the Program, periodically reviewing the Program's suitability, adequacy and effectiveness in preventing, detecting, investigating and responding to all types of Misconduct. It also should take into account relevant developments in the field of compliance and evolving international and industry standards. When shortcomings are identified, the party should take reasonable steps to prevent further similar shortcomings, including making any necessary modifications to the Program.

3. 计划的启动、风险评估和审查：要确定合适的计划，受制裁方首先需要对其业务和经营活动发生欺诈、腐败或其他不当行为的可能性进行最初的（或最新的）全面风险评估，要将其规模、业务领域、经营地点及其他特有的环境考虑进去，并定期或者在因为环境变化而有必要的情况下重新审查和更新风险评估。高层管理者应该采取系统性的方式来监督计划，定期审查计划在防止、发现、调查和应对各种不当行为方面的合适性、充分性和有效性；还应该将合规领域的相关发展以及国际和行业标准的变化考虑进去。找出不足之处后，受制裁方应该采取合理的措施来防止进一步出现类似的不足，包括对计划进行任何必要的修改。

4. Internal Policies: Develop a practical and effective Program that clearly articulates values, policies and procedures to be used to prevent, detect, investigate and remediate all forms of Misconduct in all activities under a party's/person's effective control.

4. 内部政策：制定能清楚地说明价值、政策和程序的实用且有效的计划，用来防止、发现、调查受到受制裁方/个人有效控制的所有活动中的各种不当行为并进行补救。

4.1. Due Diligence of Employees: Vet current and future employees with any decision-making authority or in a position to influence business results, including management and Board members, to determine if they have engaged in Misconduct or other conduct inconsistent with an effective Integrity Compliance Program.

4.1. 对员工的尽职调查：对任何现在或者将来有权做决定或处在能影响业务成果的地位上的员工，包括管理层和董事会成员进行审查，以确定他们是否参与了不当行为或其他与有效的廉政合规计划不相符的行为。

4.2. Restricting Arrangements with former Public Officials: Impose restrictions on the employment of, or other remunerative arrangements with, public officials, and with entities and persons associated or related to them, after their resignation or retirement, where such activities or employment relate directly to the functions held or supervised by those public officials during their tenure or those functions over which they were or continue to be able to exercise material influence.

4.2. 对前公职官员的限制性安排：公职官员辞职或退休后，对他们以及与他们相关的实体和个人的雇用或其他有偿安排应实施限制，前提是这种有偿安排或雇用要么与他们在位期间掌握或监督的部门，要么与他们曾经能或者继续能施加实际影响的部门直接相关。

4.3. Gifts, Hospitality, Entertainment, Travel and Expenses: Establish controls and procedures covering gifts, hospitality, entertainment, travel or other expenses to ensure that they are reasonable, do not improperly affect the outcome of a business transaction, or otherwise result in an improper advantage.

4.3. 礼品、招待、宴请、旅行和支出：制定对礼品、招待、宴请、旅行或其他支出的控制手段和程序，以确保它们是合理的，没有对业务交易的结果产生不当影响，或者带来不当的优势。

4.4. Political Contributions: Only make contributions to political parties, party officials and candidates in accordance with applicable laws, and take appropriate steps to publicly disclose all political contributions (unless secrecy or confidentiality is legally required).

4.4. 政治献金：只能根据适用法律向政党、政党官员和候选人捐款，并采取适当的措施公开所有政治献金（除非法律要求保密）。

4.5. Charitable Donations & Sponsorships: Take measures within the party's power to ensure that their charitable contributions are not used as a subterfuge for Misconduct. Unless secrecy or confidentiality is legally required, all charitable contributions and sponsorships should be publicly disclosed.

4.5. 慈善捐赠和赞助：在受制裁方力所能及的范围内采取措施，确保其慈善捐赠不被用作不当行为规避监督的手段。除非法律要求保密，否则所有的慈善捐赠和赞助都应该公开。

4.6. Facilitation Payments: The party should not make facilitation payments.

4.6. 好处费：受制裁方不应支付好处费。

4.7. Recordkeeping：Appropriate records must be maintained regarding all aspects covered by the Program, including when any payment is made for the matters or items listed in 4.3 through 4.6 above.

4.7. 记账：对计划涵盖的所有方面都必须保存适当的记录，包括因上述第4.3条至第4.6条中列出的所有事项而进行的支付。

4.8. Fraudulent, Collusive and Coercive Practices：Particular safeguards, practices and procedures should be adopted to detect and prevent not only corruption, but also fraudulent, collusive and coercive practices.

4.8. 欺诈、串通舞弊和胁迫行为：应该采取特别的防护措施、做法和程序来发现和防止腐败，还有欺诈、串通舞弊和胁迫行为。

5. Policies re：Business Partners：Use party's best efforts to encourage all business partners with which the party has a significant business relationship or over which it has influence to adopt an equivalent commitment to prevent, detect, investigate and remediate Misconduct (and, in the case of business partners which are controlled affiliates, joint ventures, unincorporated associations or similar entities, to the extent possible obligate them to so adopt). This includes agents, advisers, consultants, representatives, distributors, contractors, subcontractors, suppliers, joint venture partners, and other third parties.

5. 关于业务伙伴的政策：受制裁方应尽最大努力，鼓励所有与自己有重要业务关系或自己能施加影响的业务伙伴做出同样的承诺，防止、发现、调查不当行为并进行补救（在业务伙伴为受控的子公司、合资公司、非法人企业协会或类似实体的情况下甚至可以迫使它们采取这样的做法）。其中包括代理、顾问、咨询师、代表、经销商、承包商、分包商、供应商、合资公司和其他第三方。

5.1. Due Diligence on Business Partners：Conduct properly documented, risk-based due diligence (including to identify any beneficial owners or other beneficiaries not on record) before entering into a relationship with a business partner, and on an ongoing basis. Avoid dealing with contractors, suppliers and other business partners known or (except in extraordinary circumstances and where appropriate mitigating actions are put in place) reasonably suspected to be engaging in Misconduct.

5.1. 对业务伙伴的尽职调查：在与业务伙伴建立关系前，进行有适当记录的、基于风险的尽职调查（包括找出没有记录在案的任何受益所有人或其他受益人），并且要不断进行尽职调查。避免与已知和被合理怀疑参与了不当行为的承包商、供应商或其他业务伙伴打交道（特殊情况和已采取了适当措施减轻影响的情况除外）。

5.2. Inform Partner of Integrity Compliance Program: Make party's Program known to all business partners and make it clear that the party expects all activities carried out on its behalf to be compliant with its Program.

5.2. 将廉政合规计划告知伙伴：让所有业务伙伴都知道受制裁方的计划，并要清楚地表明受制裁方希望代表其进行的所有活动都符合其计划。

5.3. Reciprocal Commitment: Seek reciprocal commitment to compliance from party's business partners. If business partners do not have an integrity compliance program, the party should encourage them to adopt a robust and effective program by reference to the activities and circumstances of those partners.

5.3. 对等承诺：寻求让受制裁方的业务伙伴做出对等的合规承诺。如果业务伙伴没有廉政合规计划，受制裁方应该鼓励它们根据自己的活动和环境采取有力且有效的计划。

5.4. Proper Documentation: Document fully the relationship with the party's business partners.

5.4. 适当的记录：对受制裁方与业务伙伴的关系进行全面的记录。

5.5. Appropriate Remuneration: Ensure that any payment made to any business partner represents an appropriate and justifiable remuneration for legitimate services performed or goods provided by such business partner and that it is paid through bona fide channels.

5. 5. 适当的报酬：确保给业务伙伴的任何支付都是对其提供的合法服务或商品的适当且合理的报酬，而且报酬是通过有诚信的渠道支付的。

5. 6. Monitoring/Oversight：Monitor the execution of all contracts to which the party is a party in order to ensure，as far as is reasonable，that there is no Misconduct in their execution. The party should also monitor the programs and performance of business partners as part of its regular review of its relationships with them.

5. 6. 监督/监管：对于受制裁方为其中一方的所有合同的执行进行监督，以确保（只要是合理的）它们的执行中没有不当行为。作为对与业务伙伴的关系进行定期评估的一部分，受制裁方还应该监督业务伙伴的计划和表现。

6. I nternal Controls：

6. 内部控制：

6. 1. Financial：Establish and maintain an effective system of internal controls comprising financial and organizational checks and balances over the party's financial，accounting and recordkeeping practices，and other business processes. The party should subject the internal controls systems，in particular the accounting and recordkeeping practices，to regular，independent，internal and external audits to provide an objective assurance on their design，implementation and effectiveness and to bring to light any transactions which contravene the Program.

6. 1. 财务：就受制裁方的财务、会计和记账行为以及其他的业务程序，建立和维护一套包含财务和机构制衡的有效的内部控制体系。受制裁方应使这个内部控制体系，特别是涉及会计和记账行为方面的内部控制体系接受定期的、独立的内部和外部审计，以便就该体系的设计、实施和有效性提供一个客观的保证，并使任何违反计划的交易遭到曝光。

6.2. Contractual Obligations: Employment and business partner contracts should include express contractual obligations, remedies and/or penalties in relation to Misconduct (including in the case of business partners, a plan to exit from the arrangement, such as a contractual right of termination, in the event that the business partner engages in Misconduct).

6.2. 合同义务：雇佣合同和业务伙伴合同应该包括与不当行为有关的明确的合同义务、补救措施和/或处罚方式（如果是业务伙伴合同，则应包括退出这种安排的计划，比如在业务伙伴参与不当行为的情况下终止关系的合同权利）。

6.3. Decision-Making Process: Establish a decision-making process whereby the decision process and the seniority of the decision-maker is appropriate for the value of the transaction and the perceived risk of each type of Misconduct.

6.3. 决策过程：建立一种决策过程，使决策过程和决策者的地位与交易价值和可以察觉的每种不当行为的风险相匹配。

7. Training & Communication: Take reasonable, practical steps to periodically communicate its Program, and provide and document effective training in the Program tailored to relevant needs, circumstances, roles and responsibilities, to all levels of the party (especially those involved in "high risk" activities) and, where appropriate, to business partners. Party management also should make statements in its annual reports or otherwise publicly disclose or disseminate knowledge about its Program.

7. 培训和传播：受制裁方应采取合理的、实用的措施定期传播其计划，针对相关的需求、环境、作用和责任，向内部各个级别的人员（特别是那些从事"高风险"活动的人员），在适当的情况下还应向业务伙伴提供关于计划的有效培训，并对培训加以记录。受制裁方的管理层在年度报告中也应就计划做出表述，否则就应该公布或者传播关于计划的知识。

8. I ncentives:

8. 激励措施：

8.1. Positive: Promote the Program throughout the party by adopting appropriate incentives to encourage and provide positive support for the observance of the Program at all levels of the party.

8.1. 正面措施: 采取适当的激励措施，鼓励受制裁方内部各个级别的人员遵守计划，并为他们提供积极的支持，通过这种做法在受制裁方整个内部推广计划。

8.2. Disciplinary Measures: Take appropriate disciplinary measures (including termination) with all persons involved in Misconduct or other Program violations, at all levels of the party including officers and directors.

8.2. 惩戒措施: 对于受制裁方内部各个级别的人员，包括管理人员和董事，凡参与了不当行为或其他违反计划的行为的，都采取适当的惩戒措施（包括终止合同）。

9. Reporting:

9. 报告:

9.1. Duty to report: Communicate to all personnel that they have a duty to report promptly any concerns they may have concerning the Program, whether relating to their own actions or the acts of others.

9.1. 报告的义务: 向所有人员传播这样的信息，即：他们有义务就有关计划的担心及时进行报告，不论这种担心与他们自己的行为有关还是与他人的行为有关。

9.2. Advice: Adopt effective measures and mechanisms for providing guidance and advice to management, staff and (where appropriate) business partners on complying with the party's Program, including when they need urgent advice on difficult situations in foreign jurisdictions.

9.2. 建议: 受制裁方应采取有效措施和机制，为管理人员、员工和（在适当情况下）业务伙伴就如何遵守其计划提供指导和建议，包括他们何时需要就领土外管辖权内的困难情况得到紧急建议。

9. 3. Whistleblowing/Hotlines: Provide channels for communication (including confidential channels) by, and protection of, persons not willing to violate the Program under instruction or pressure from hierarchical superiors, as well as for persons willing to report breaches of the Program occurring within the party. The party should take appropriate remedial action based on such reporting.

9. 3. 举报/热线：为不愿意在上级指使或压迫下违反计划的人，还有愿意报告内部发生的违反计划行为的人提供沟通渠道（包括秘密渠道）和保护。受制裁方应该根据这类报告采取适当的补救行动。

9. 4. Periodic Certification: All relevant personnel with decision-making authority or in a position to influence business results should periodically (at least annually) certify, in writing, that they have reviewed the party's code of conduct, have complied with the Program, and have communicated to the designated corporate officer responsible for integrity compliance matters any information they may have relating to a possible violation of the Program by other corporate personnel or business partners.

9. 4. 定期证明：受制裁方的所有有决策权或者处在能影响业务成果地位的相关人员应定期（至少一年一次）以书面形式证明自己重温了行为准则，遵守了计划，并且与指定的负责廉政合规事宜的公司主管就他们所了解的公司其他人员或业务伙伴违反计划的情况进行过沟通。

10. Remediate Misconduct:

10. 对不当行为的补救：

10. 1. Investigating Procedures: Implement procedures for investigating Misconduct and other violations of its Program which are encountered, reported or discovered by the party.

10. 1. 调查程序：对受制裁方遭遇的、报告的或发现的不当行为和其他违反计划的行为展开调查程序。

10. 2 Respond: When Misconduct is identified, the party should take reasonable steps to respond with appropriate corrective action and to prevent further or similar Misconduct and other violations of its Program.

10.2. 应对：确认存在不当行为时，受制裁方应该采取合理措施用适当的矫正行动作出应对，并要防止进一步的或者类似的不当行为及其他违反计划的行为。

11. Collective Action: Where appropriate—especially for SMEs and other entities without well-established Programs, and for those larger corporate entities with established Programs, trade associations and similar organizations acting on a voluntary basis—endeavor to engage with business organizations, industry groups, professional associations and civil society organizations to encourage and assist other entities to develop programs aimed at preventing Misconduct.

11. 共同行动：在适当情况下，中小型企业和其他没有成熟的廉政合规计划的实体（对于有成熟计划的较大型公司实体、行业协会和类似组织来说则是在自愿的基础上）应努力尝试与商业组织、行业团体、职业协会及民间组织携起手来，鼓励和帮助其他实体制定旨在防止不当行为的计划。

The Summary of World Bank Group Integrity Compliance Guidelines incorporates standards, principles and components commonly recognized by many institutions and entities as good governance and anti-fraud and corruption practices. They are directed principally at sanctioned "parties," although others are encouraged to consider their appropriateness for adoption. They are not intended to be all-inclusive, exclusive or prescriptive; rather a party's adoption of these Guidelines, or variants thereof, should be determined based on that party's own circumstances.

世行集团廉政合规指南概要中包括被许多机构和实体认为是良好治理和反欺诈与腐败的良好实践的标准、原则和组成部分。这些标准、原则和组成部分主要针对的是受制裁方，不过，也鼓励其他机构或实体考虑是否适合采用它们，它们既不是包容一切的，又不是专门针对单一对象的，也不是指令性的，相反，受制裁方采用这些指南还是采用其变体应该是基于其自身情况做出的决定。

四

高效率公司合规项目基本要素①

APEC General Elements of Effective Voluntary Corporate Compliance Programs

APEC Member Economies have contributed positively to the fight against corruption throughleadership in adopting the APEC Anti-corruption Code of Conduct for Business, BusinessIntegrity and Transparency Principles for the Private Sector.

APEC Foreign, Trade and SME Ministers have endorsed three sets of APEC principles for voluntary codes of ethics in sectors where SMEs are the major stakeholders with a view towards their adoption across APEC economies. Corruption imposes a significant market access barrier and high costs for SMEs, which can be disproportionately impacted by bribery and solicitation, resulting in a net drain on economic growth for APEC Member Economies.

Recognizing their crucial role as strong partners in fighting corruption, including bribery in international business, APEC Member Economies encourage enterprises to adopt and enforce effective and comprehensive corporate compliance programs (hereafter, compliance programs). With a view to providing more guidance on such programs in addition to the resources mentioned above, APEC Member Economies recommend that enterprises consider the following general elements of effective voluntary compliance programs in developing or complementing their own compliance programs.

---

① 亚太经济合作组织官网，https://mddb.apec.org/Pages/searchmeeting.aspx。

The measures listed in this document are suggested general elements for developing or enhancing an effective compliance program. Emphasis on specific elements will vary from one enterprise to another depending on the particular risks engendered by the enterprise's business. An enterprise should consider seeking the advice of legal counsel or other qualified compliance professionals to learn more about what kind of corporate compliance program is most appropriate for its business.

Introduction. An effective compliance program is one that is developed and implemented in good faith and that ultimately yields intended results: detection, deterrence, and education. A program that is well-designed and implemented effectively will likely ensure that an enterprise maintains its value, assets, integrity and good reputation. However, it is important to note that there is no one program that will work for every enterprise. The extent of an enterprise's compliance program will depend on it size, legal structure, geographical and industrial sector of operation, and most importantly the nature of the risks that it faces. The program should be consistent with all laws relevant to countering corruption, including bribery, in the jurisdictions in which the enterprise operates. As the enterprise's liability extends to the acts of foreign and domestic subsidiaries it controls, so should the compliance program. Finally, no matter how well-designed a program is on paper, if it is not applied in practice on a consistent basis with the strong support of all levels of management, it will not be effective.

The following elements reflect the APEC Anti-corruption Code of Conduct for Business, Business Integrity and Transparency Principles for the Private Sector, referenced above, and expand upon them with a practical discussion of elements of a compliance program that supports those principles.

Conduct a risk assessment. An effective compliance program for detecting and deterring corruption should be crafted upon the basis of a risk assessment taking into account the enterprise's individual circumstances, including bribery and other corruption risks.

● An enterprise should conduct ongoing monitoring of its risks to assess whether changes are needed to adapt the compliance program so that it remains effective and efficient.

Examples of risk factors to consider include:

○ the place of operation,

○ the industry sector,

○ the business opportunity,

○ potential business partners,

○ the extent of government regulation and oversight, including the exposure to customs and immigration in conducting international business, and other points of interaction with government officials.

● Enterprises need to allocate their resources to adequately address their highest risk areas. Ultimately, more resources should be allocated to the riskiest aspects of the business.

○ For example, experience has shown that when analyzing risks, it is prudent for enterprises to focus on large government bids and suspicious payments or discounts to third party agents.

○ However, not all third parties pose the same risks, so doing the same amount of due diligence on them all does not make sense.

○ Similarly, while still important to undertake due diligence, relatively routine and low level expenses on entertainment and gift giving may pose less risk and require the allocation of fewer resources.

Full support and participation of management. It is crucial that all of the elements of the compliance program receive the full support and participation of senior management and all layers of management throughout a company. Full management adherence and support of the program illustrates a commitment to a culture of compliance throughout the enterprise.

● The corporate compliance program must apply and be enforced at all levels within the company, with continual efforts to ensure awareness among all employees.

● Senior management must take efforts to combat corruption seriously, setting the tone at the top for employees to follow. If an enterprise's senior management does not comply with the program, neither will its employees.

Establish and adhere to a written corporate code of conduct. Corporate directors, officers, employees, and agents put themselves and the enterprise at risk of incurring criminal, civil, oradministrative liability when they do not adhere to domestic and foreign anticorruption and bribery laws.

● A corporate code of conduct generally consists of a clearly written set of legal and ethical guidelines accessible to and understandable by all employees and those conducting business on the enterprise's behalf.

● A comprehensive and clearly articulated code of conduct and a clearly articulated policy against corruption — as well as clear policies and procedures relative to seeking guidance and making disclosures — may reduce the likelihood of actionable misconduct by employees and third parties.

● Among the areas of concern that a code of conduct should address are the nature and extent of transactions with foreign governments, including payments and facilitating payments to foreign officials and related third parties; use of third party agents; gifts, travel, and entertainment expenses; and charitable and political donations.

● Bearing in mind that an enterprise can be held responsible for the acts of its employees, it is important that it distribute its code of conduct to everyone in the enterprise and, if appropriate, translate it into local languages where it operates abroad.

● An enterprise should also consider whether it should distribute its code of conduct to its business partners and agents, including intermediaries, consultants, representatives, distributors, contractors and suppliers, consortia, and joint venture partners. An enterprise may also wish to include in its code of conduct specific compliance measures and expectations for such business partners and agents.

● Finally, developing a code of conduct should be just an initial step in the compliance process, and not the final act. The code must be effectively and continuously implemented and enforced at all times. The enterprise should make clear that compliance is mandatory and that no employee will suffer demotion, penalty, or other adverse consequences for refusing to pay bribes even if it may result in the enterprise losing business.

Establish an organizational compliance structure. A compliance program may be run by one person or a team of compliance or ethics officers, depending on the size of the enterprise.

● Implementation of and responsibility for a corporate compliance program by senior management in the enterprise can be vital for ensuring accountability. One or more senior corporate officers (depending on the size of the company), with an adequate level of autonomy from management, resources, and authority, should oversee the compliance program.

● Oversight of compliance programs must include the authority to report matters directly to independent monitoring bodies, such as internal Audit Committees of Boards of Directors or supervisory boards (or their equivalent, depending on the size of the company).

● It is important that an enterprise devote adequate staffing and resources to the compliance program given the size, structure, and risks that the enterprise may be facing.

● Corporate compliance officers and committees can play key roles in drafting codes of conduct and educating and training employees, and, where appropriate, other business partners, on compliance procedures. Compliance committee members may include senior vice presidents for marketing and sales, auditing, operations, human resources, and other key offices.

● Past experience has shown that empowering compliance officers with access to senior members of management and with the capacity to influence overall company policy on integrity issues can be of utmost importance.

Provide anticorruption training, education seminars, and continued guidance. The overall success of a compliance program depends on promoting legal and ethics training and certification at every level of the company and, where appropriate, to business partners.

● Regular ethics and compliance training programs should be held for all employees, including Board members, senior management officials, and agents. More specific legal and ethical training may be necessary for employees in high-risk areas. Where appropriate, an enterprise should also consider providing such training to its contractors and suppliers.

● Compliance programs should educate employees at all levels of the enterprise about applicable anticorruption and bribery laws, both domestic and foreign.

● Training and related materials need to be tailored to the recipient audience, including in the local language. Enterprises should consider focusing training programs so that they reflect the types of risks faced by the business and incorporate situations that employees may come across depending on their jobs.

● Training materials which are interactive, easily accessible, and cost effective can help build employee support for a compliance program. This can include web-based as well as in-person training.

● Training activities must be assessed periodically for effectiveness and revised to address evolving risks employees may encounter.

● Most importantly, the discussion of and concern for compliance issues should not be limited to training classes and the compliance team: Compliance should be stressed as an integral part of the enterprise's culture and way of doing business.

Undertake documented, risk-based, due diligence. Conducting prompt and thorough due diligence reviews that are documented and risk-based is vital for ensuring that a compliance program is efficient and effective. Due diligence reviews are also important for preventing potential harm to the enterprise's reputation.

● Self-monitoring, periodic internal audits, and reports to the Board of Directors (or equivalent, depending on the size of the enterprise) are all good tools for ensuring adherence to the compliance program.

● A compliance program's due diligence should also extend to third parties, such as agents and other business partners including intermediaries, consultants, representatives, distributors, contractors and suppliers, consortia, and joint venture partners, depending on their risk factors. As noted above, not all agents and business partners will pose the same risks and merit the same levels of scrutiny. From vetting new hires, agents, or business partners to assessing risks in international business dealings (e. g. , mergers and acquisitions, including both pre- and post-acquisition due diligence, or joint ventures), and providing regular monitoring and oversight, due diligence reviews can uncover questionable conduct and limit liability.

● Enterprises should take into account the qualifications of and relationships with third parties, particularly in their business and personal relationships with government officials.

○ An enterprise should consider the need and the role of the third party and set forth contractually the services the third party will perform. Assessments of this nature not only reduce compliance risks, but also help to ensure that there truly is a business need to engage a third party.

○ Enterprises should ensure that the work the third party is doing is well documented and that the third party's compensation is commensurate with the services provided, taking into account what is typical compensation for third parties in the industry and the place where services are rendered.

○ In addition, enterprises should consistently monitor their relationships with third parties, including by updating due diligence, exercising audit rights, and providing training and requiring certifications by the third party.

○ An enterprise should ensure that its third party business partners receive information about its compliance program, and also seek reciprocal commitments from third parties through certifications or other means.

Auditing and internal accounting controls. Auditing and monitoring of systems of internal accounting controls contribute toward building an effective compliance program by the early detection of inaccuracies and misconduct (e. g. , bribery, fraud, or other corporate malfeasance).

● Enterprises should have a system of financial and accounting procedures, including a system of internal controls, designed to ensure the maintenance of fair and accurate books, records, and accounts, to make certain that they cannot be used for the purpose of bribery or hiding such bribery or other corruption.

● Enterprises should have a clear and concise accounting policy that prohibits off-thebooks accounts or inadequately identified transactions.

● Enterprises should monitor their accounts for inaccuracies and for ambiguous or deceptive bookkeeping entries that may disguise illegal bribery or other corrupt payments made by, or on behalf of, an enterprise.

Compliance mechanisms and Reporting. Enforcement of an enterprise's code of conduct is critical. Compliance officers should be accessible so that employees will feel comfortable discussing any of their compliance questions or concerns.

● Creating secure and accessible reporting mechanisms with adequate policies on confidentiality and non-retaliation as well as other safeguards related to reporting is extremely important. Whistleblowing protections, including independent management of reporting programs and ensuring the possibility of anonymous reporting, suggestion boxes, or "Helplines" facilitate detection and reporting of questionable conduct.

● Enterprises should take whistleblower reporting seriously and take action, including where appropriate reporting to competent authorities, in response to reports from internal or external whistleblowers.

● An enterprise should also ensure that it has open channels of communication for suggestions to improve its compliance program and conduct appropriate follow up. The enterprise should consider publishing its program so that all stakeholders are aware of it.

● Enterprises should also ensure that they provide mechanisms for timely and appropriate guidance and feedback to employees and agents on how to cope with and resolve difficult and sometimes urgent situations. Such counseling not only protects the employee or agent, it also protects the enterprise.

Incentives. An enterprise should ensure that it provides incentives for compliance to encourage and provide positive support for employees who adhere to and uphold the program against corruption, including bribery, at all levels of the company.

● Incentives can be provided at many levels and in varying ways: recruitment of employees who share the values of the enterprise, promotions and pay increases for employees who uphold the program, recognition for fulfilling training requirements and certifications, including in performance evaluations, and other forms of positive recognition and awards for those who are dedicated to compliance

Discipline. An enterprise should ensure that all employees at every level understand that failure to comply with its compliance policy and procedures and anticorruption laws will result in disciplinary action, ranging from minor sanctions to more severe punishment, for example, where consistent with applicable law, publicizing disciplinary actions internally, to termination of employment where appropriate.

● An enterprise must have appropriate and clear disciplinary procedures; it must apply them fairly, consistently and promptly across the enterprise; and discipline must be proportionate with the violation.

● In instances of non-compliance, an enterprise should take the necessary preventive steps to ensure that the questionable conduct does not recur in the future.

Periodic Review and Testing. As the enterprise's business develops and changes, so must the compliance program. An enterprise's compliance program must be consistently reviewed, updated and improved, to ensure that it is effective and continuously addresses the evolving risks the enterprise may encounter.

● Senior management of the enterprise should monitor the program and periodically review the program's suitability, adequacy, and effectiveness and implement improvements as appropriate. An enterprise should review and test its controls and identify best practices and new risk areas. The results of the review should be periodically reported to the Audit Committee or the Board (or equivalent, depending on the size of the enterprise).

● The Audit Committee or the Board (or equivalent, depending on the size of the enterprise) should make an independent assessment of the continued adequacy of the program and disclose its findings in the Annual Report to shareholders.

五

中共中央　国务院
关于营造更好发展环境
支持民营企业改革发展的意见

（2019 年 12 月 4 日）

改革开放 40 多年来，民营企业在推动发展、促进创新、增加就业、改善民生和扩大开放等方面发挥了不可替代的作用。民营经济已经成为我国公有制为主体多种所有制经济共同发展的重要组成部分。为进一步激发民营企业活力和创造力，充分发挥民营经济在推进供给侧结构性改革、推动高质量发展、建设现代化经济体系中的重要作用，现就营造更好发展环境支持民营企业改革发展提出如下意见。

一、总体要求

（一）指导思想。以习近平新时代中国特色社会主义思想为指导，全面贯彻党的十九大和十九届二中、三中、四中全会精神，深入落实习近平总书记在民营企业座谈会上的重要讲话精神，坚持和完善社会主义基本经济制度，坚持“两个毫不动摇”，坚持新发展理念，坚持以供给侧结构性改革为主线，营造市场化、法治化、国际化营商环境，保障民营企业依法平等使用资源要素、公开公平公正参与竞争、同等受到法律保护，推动民营企业改革创新、转型升级、健康发展，让民营经济创新源泉充分涌流，让民营企业创造活力充分迸发，为实现“两个一百年”奋斗目标和中华民族伟大复兴的中国梦作出更大贡献。

（二）基本原则。坚持公平竞争，对各类市场主体一视同仁，营造公平竞争的市场环境、政策环境、法治环境，确保权利平等、机会平等、规则平等；遵循市场规律，处理好政府与市场的关系，强化竞争政策的基础性地位，注重采用市场化手段，通过市场竞争实现企业优胜劣汰和资源优化配置，促进市场秩序规范；支持改革创新，鼓励和引导民营企业加快转型升级，深化供给侧结构性改革，不断提升技术创新能力和核心竞争力；加强法治保障，依法保护民营企业和企业家的合法权益，推动民营企业筑牢守法合规经营底线。

二、优化公平竞争的市场环境

（三）进一步放开民营企业市场准入。深化“放管服”改革，进一步精简市场准入行政审批事项，不得额外对民营企业设置准入条件。全面落实放宽民营企业市场准入的政策措施，持续跟踪、定期评估市场准入有关政策落实情况，全面排查、系统清理各类显性和隐性壁垒。在电力、电信、铁路、石油、天然气等重点行业和领域，放开竞争性业务，进一步引入市场竞争机制。支持民营企业以参股形式开展基础电信运营业务，以控股或参股形式开展发电配电售电业务。支持民营企业进入油气勘探开发、炼化和销售领域，建设原油、天然气、成品油储运和管道输送等基础设施。支持符合条件的企业参与原油进口、成品油出口。在基础设施、社会事业、金融服务业等领域大幅放宽市场准入。上述行业、领域相关职能部门要研究制定民营企业分行业、分领域、分业务市场准入具体路径和办法，明确路线图和时间表。

（四）实施公平统一的市场监管制度。进一步规范失信联合惩戒对象纳入标准和程序，建立完善信用修复机制和异议制度，规范信用核查和联合惩戒。加强优化营商环境涉及的法规规章备案审查。深入推进部门联合“双随机、一公开”监管，推行信用监管和“互联网+监管”改革。细化明确行政执法程序，规范执法自由裁量权，严格规范公正文明执法。完善垄断性中介管理制度，清理强制性重复鉴定评估。深化要素市场化配置体制机制改革，健全市场化要素价格形成和传导机制，保障民营企业平等获得资源要素。

（五）强化公平竞争审查制度刚性约束。坚持存量清理和增量审查并重，持续清理和废除妨碍统一市场和公平竞争的各种规定和做法，加快清理与企业性质挂钩的行业准入、资质标准、产业补贴等规定和做法。推进产业政策由差异化、选择性向普惠化、功能性转变。严格审查新出台的政策措施，建立规范流程，引入第三方开展评估审查。建立面向各类市场主体的有违公平竞争问题的投诉举报和处理回应机制并及时向社会公布处理情况。

（六）破除招投标隐性壁垒。对具备相应资质条件的企业，不得设置与业务能力无关的企业规模门槛和明显超过招标项目要求的业绩门槛等。完善招投标程序监督与信息公示制度，对依法依规完成的招标，不得以中标企业性质为由对招标责任人进行追责。

三、完善精准有效的政策环境

（七）进一步减轻企业税费负担。切实落实更大规模减税降费，实施好降低增值税税率、扩大享受税收优惠小微企业范围、加大研发费用加计扣除力度、降低社保费率等政策，实质性降低企业负担。建立完善监督检查清单制度，落实涉企收费清单制度，清理违规涉企收费、摊派事项和各类评比达标活动，加大力度清理整治第三方截留减税降费红利等行为，进一步畅通减税降费政策传导机制，切实降低民营企业成本费用。既要以最严格的标准防范逃避税，又要避免因为不当征税影响企业正常运行。

（八）健全银行业金融机构服务民营企业体系。进一步提高金融结构与经济结构匹配度，支持发展以中小微民营企业为主要服务对象的中小金融机构。深化联合授信试点，鼓励银行与民营企业构建中长期银企关系。健全授信尽职免责机制，在内部绩效考核制度中落实对小微企业贷款不良容忍的监管政策。强化考核激励，合理增加信用贷款，鼓励银行提前主动对接企业续贷需求，进一步降低民营和小微企业综合融资成本。

（九）完善民营企业直接融资支持制度。完善股票发行和再融资制度，提高民营企业首发上市和再融资审核效率。积极鼓励符合条件的民营企业在科创板上市。深化创业板、新三板改革，服务民营企业持续发展。支持服务民营企业的区域性股权市场建设。支持民营企业发行债券，降低可转债发行门槛。在依法合规的前提下，支持资管产品和保险资金通过投资私募股权基金等方式积极参与民营企业纾困。鼓励通过债务重组等方式合力化解股票质押风险。积极吸引社会力量参与民营企业债转股。

（十）健全民营企业融资增信支持体系。推进依托供应链的票据、订单等动产质押融资，鼓励第三方建立供应链综合服务平台。民营企业、中小企业以应收账款申请担保融资的，国家机关、事业单位和大型企业等应付款方应当及时确认债权债务关系。推动抵质押登记流程简便化、标准化、规范化，建立统一的动产和权利担保登记公示系统。积极探索建立为优质民营企业增信的新机制，鼓励有条件的地方设立中小民营企业风险补偿基金，研究推出民营企业增信示范项目。发展民营企业债券融资支持工具，以市场化方式增信支持民营企业融资。

（十一）建立清理和防止拖欠账款长效机制。各级政府、大型国有企业要依法履行与民营企业、中小企业签订的协议和合同，不得违背民营企业、中小企业真实意愿或在约定的付款方式之外以承兑汇票等形式延长付款期限。加快及时支付款项有关立法，建立拖欠账款问题约束惩戒机制，通过审计监察和信用体系建设，提高政府部门和国有企业的拖欠失信成本，对拖欠民营企业、中小企业款项的责任人严肃问责。

四、健全平等保护的法治环境

（十二）健全执法司法对民营企业的平等保护机制。加大对民营企业的刑事保护力度，依法惩治侵犯民营企业投资者、管理者和从业人员合法权益的违法犯罪行为。提高司法审判和执行效率，防止因诉讼拖延影响企业生产经营。保障民营企业家在协助纪检监察机关审查调查时的人身和财产合法权益。健全知识产权侵权惩罚性赔偿制度，完善诉讼证据规则、证据披露以及证据妨碍排除规则。

（十三）保护民营企业和企业家合法财产。严格按照法定程序采取查封、扣押、冻结等措施，依法严格区分违法所得、其他涉案财产与合法财产，严格区分企业法人财产与股东个人财产，严格区分涉案人员个人财产与家庭成员财产。持续甄别纠正侵犯民营企业和企业家人身财产权的冤错案件。建立涉政府产权纠纷治理长效机制。

五、鼓励引导民营企业改革创新

（十四）引导民营企业深化改革。鼓励有条件的民营企业加快建立治理结构合理、股东行为规范、内部约束有效、运行高效灵活的现代企业制度，重视发挥公司律师和法律顾问作用。鼓励民营企业制定规范的公司章程，完善公司股东会、董事会、监事会等制度，明确各自职权及议事规则。鼓励民营企业完善内部激励约束机制，规范优化业务流程和组织结构，建立科学规范的劳动用工、收入分配制度，推动质量、品牌、财务、营销等精细化管理。

（十五）支持民营企业加强创新。鼓励民营企业独立或与有关方面联合承担国家各类科研项目，参与国家重大科学技术项目攻关，通过实施技术改造转化创新成果。各级政府组织实施科技创新、技术转化等项目时，要平等对待不同所有制企业。加快向民营企业开放国家重大科研基础设施和大型科研仪器。在标准制定、复审过程中保障民营企业平等参与。系统清理与企业性质挂钩的职称评定、奖项申报、福利保障等规定，畅通科技创新人才向民营企业流动渠道。在人才引进支持政策方面对民营企业一视同仁，支持民营企业引进海外高层次人才。

（十六）鼓励民营企业转型升级优化重组。鼓励民营企业因地制宜聚焦主业加快转型升级。优化企业兼并重组市场环境，支持民营企业做优做强，培育更多具有全球竞争力的世界一流企业。支持民营企业参与国有企业改革。引导中小民营企业走“专精特新”发展之路。畅通市场化退出渠道，完善企业破产清算和重整等法律制度，提高注销登记便利度，进一步做好“僵尸企业”处置工作。

（十七）完善民营企业参与国家重大战略实施机制。鼓励民营企业积极参与共建“一带一路”、京津冀协同发展、长江经济带发展、长江三角洲区域一体化发展、粤港澳大湾区建设、黄河流域生态保护和高质量发展、推进海南全面深化改革开放等重大国家战略，积极参与乡村振兴战略。在重大规划、重大项目、重大工程、重大活动中积极吸引民营企业参与。

六、促进民营企业规范健康发展

（十八）引导民营企业聚精会神办实业。营造实干兴邦、实业报国的良好社会氛围，鼓励支持民营企业心无旁骛做实业。引导民营企业提高战略规划和执行能力，弘扬工匠精神，通过聚焦实业、做精主业不断提升企业发展质量。大力弘扬爱国敬业、遵纪守法、艰苦奋斗、创新发展、专注品质、追求卓越、诚信守约、履行责任、勇于担当、服务社会的优秀企业家精神，认真总结梳理宣传一批典型案例，发挥示范带动作用。

（十九）推动民营企业守法合规经营。民营企业要筑牢守法合规经营底线，依法经营、依法治企、依法维权，认真履行环境保护、安全生产、职工权益保障等责任。民营企业走出去要遵法守法、合规经营，塑造良好形象。

（二十）推动民营企业积极履行社会责任。引导民营企业重信誉、守信用、讲信义，自觉强化信用管理，及时进行信息披露。支持民营企业赴革命老区、民族地区、边疆地区、贫困地区和中西部、东北地区投资兴业，引导民营企业参与对口支援和帮扶工作。鼓励民营企业积极参与社会公益、慈善事业。

（二十一）引导民营企业家健康成长。民营企业家要加强自我学习、自我教育、自我提升，珍视自身社会形象，热爱祖国、热爱人民、热爱中国共产党，把守法诚信作为安身立命之本，积极践行社会主义核心价值观。要加强对民营企业家特别是年轻一代民营企业家的理想信念教育，实施年轻一代民营企业家健康成长促进计划，支持帮助民营企业家实现事业新老交接和有序传承。

七、构建亲清政商关系

（二十二）建立规范化机制化政企沟通渠道。地方各级党政主要负责同志要采取多种方式经常听取民营企业意见和诉求，畅通企业家提出意见诉求通道。鼓励行业协会商会、人民团体在畅通民营企业与政府沟通等方面发挥建设性作用，支持优秀民营企业家在群团组织中兼职。

（二十三）完善涉企政策制定和执行机制。制定实施涉企政策时，要充分听取相关企业意见建议。保持政策连续性稳定性，健全涉企政策全流程评估制度，完善涉企政策调整程序，根据实际设置合理过渡期，给企业留出必要的适应调整时间。政策执行要坚持实事求是，不搞“一刀切”。

（二十四）创新民营企业服务模式。进一步提升政府服务意识和能力，鼓励各级政府编制政务服务事项清单并向社会公布。维护市场公平竞争秩序，完善陷入困境优质企业的救助机制。建立政务服务“好差评”制度。完善对民营企业全生命周期的服务模式和服务链条。

（二十五）建立政府诚信履约机制。各级政府要认真履行在招商引资、政府与社会资本合作等活动中与民营企业依法签订的各类合同。建立政府失信责任追溯和承担机制，对民营企业因国家利益、公共利益或其他法定事由需要改变政府承诺和合同约定而受到的损失，要依法予以补偿。

八、组织保障

（二十六）建立健全民营企业党建工作机制。坚持党对支持民营企业改革发展工作的领导，增强“四个意识”，坚定“四个自信”，做到“两个维护”，教育引导民营企业和企业家拥护党的领导，支持企业党建工作。指导民营企业设立党组织，积极探索创新党建工作方式，围绕宣传贯彻党的路线方针政策、团结凝聚职工群众、维护各方合法权益、建设先进企业文化、促进企业健康发展等开展工作，充分发挥党组织的战斗堡垒作用和党员的先锋模范作用，努力提升民营企业党的组织和工作覆盖质量。

（二十七）完善支持民营企业改革发展工作机制。建立支持民营企业改革发展的领导协调机制。将支持民营企业发展相关指标纳入高质量发展绩效评价体系。加强民营经济统计监测和分析工作。开展面向民营企业家的政策培训。

（二十八）健全舆论引导和示范引领工作机制。加强舆论引导，主动讲好民营企业和企业家故事，坚决抵制、及时批驳澄清质疑社会主义基本经济制度、否定民营经济的错误言论。在各类评选表彰活动中，平等对待优秀民营企业和企业家。研究支持改革发展标杆民营企业和民营经济示范城市，充分发挥示范带动作用。

各地区各部门要充分认识营造更好发展环境支持民营企业改革发展的重要性，切实把思想和行动统一到党中央、国务院的决策部署上来，加强组织领导，完善工作机制，制定具体措施，认真抓好本意见的贯彻落实。国家发展改革委要会同有关部门适时对支持民营企业改革发展的政策落实情况进行评估，重大情况及时向党中央、国务院报告。

六

国家发展和改革委员会、外交部、商务部、中国人民银行、国务院国有资产管理委员会、国家外汇管理局、中华全国工商联合会关于印发《企业境外经营合规管理指引》的通知

（发改外资〔2018〕1916号）

各省、自治区、直辖市及计划单列市、新疆生产建设兵团发展改革委、外事办公室、商务主管部门、人民银行分行、国资委、外汇局分局（外汇管理部）、工商联，有关企业：

合规是企业“走出去”行稳致远的前提，合规管理能力是企业国际竞争力的重要方面。为更好服务企业开展境外经营，推动企业持续提升合规管理水平，发展改革委、外交部、商务部、人民银行、国资委、外汇局、全国工商联共同制定了《企业境外经营合规管理指引》，现予以发布，供企业参考。有关方面可以结合实际，在此基础上制定更具体的合规管理指引。

国家发展和改革委员会
外交部
商务部
中国人民银行
国务院国有资产管理委员会
国家外汇管理局
中华全国工商联合会
2018年12月26日

企业境外经营合规管理指引

第一章　总　　则

第一条　目的及依据

为更好服务企业开展境外经营业务，推动企业持续加强合规管理，根据国家有关法律法规和政策规定，参考 GB/T 35770—2017《合规管理体系指南》及有关国际合规规则，制定本指引。

第二条　适用范围

本指引适用于开展对外贸易、境外投资、对外承包工程等“走出去”相关业务的中国境内企业及其境外子公司、分公司、代表机构等境外分支机构（以下简称“企业”）。

法律法规对企业合规管理另有专门规定的，从其规定。行业监管部门对企业境外经营合规管理另有专门规定的，有关行业企业应当遵守其规定。

第三条　基本概念

本指引所称合规，是指企业及其员工的经营管理行为符合有关法律法规、国际条约、监管规定、行业准则、商业惯例、道德规范和企业依法制定的章程及规章制度等要求。

第四条　合规管理框架

企业应以倡导合规经营价值观为导向，明确合规管理工作内容，健全合规管理架构，制定合规管理制度，完善合规运行机制，加强合规风险识别、评估与处置，开展合规评审与改进，培育合规文化，形成重视合规经营的企业氛围。

第五条　合规管理原则

（一）独立性原则。企业合规管理应从制度设计、机构设置、岗位安排以及汇报路径等方面保证独立性。合规管理机构及人员承担的其他职责不应与合规职责产生利益冲突。

（二）适用性原则。企业合规管理应从经营范围、组织结构和业务规模等实际出发，兼顾成本与效率，强化合规管理制度的可操作性，提高合规管理的有效性。同时，企业应随着内外部环境的变化持续调整和改进合规管理体系。

（三）全面性原则。企业合规管理应覆盖所有境外业务领域、部门和员工，贯穿决策、执行、监督、反馈等各个环节，体现于决策机制、内部控制、业务流程等各个方面。

第二章　合规管理要求

第六条　对外贸易中的合规要求

企业开展对外货物和服务贸易，应确保经营活动全流程、全方位合规，全面掌握关于贸易管制、质量安全与技术标准、知识产权保护等方面的具体要求，关注业务所涉国家（地区）开展的贸易救济调查，包括反倾销、反补贴、保障措施调查等。

第七条　境外投资中的合规要求

企业开展境外投资，应确保经营活动全流程、全方位合规，全面掌握关于市场准入、贸易管制、国家安全审查、行业监管、外汇管理、反垄断、反洗钱、反恐怖融资等方面的具体要求。

第八条　对外承包工程中的合规要求

企业开展对外承包工程，应确保经营活动全流程、全方位合规，全面掌握关于投标管理、合同管理、项目履约、劳工权利保护、环境保护、连带风险管理、债务管理、捐赠与赞助、反腐败、反贿赂等方面的具体要求。

第九条　境外日常经营中的合规要求

企业开展境外日常经营，应确保经营活动全流程、全方位合规，全面掌握关于劳工权利保护、环境保护、数据和隐私保护、知识产权保护、反腐败、反贿赂、反垄断、反洗钱、反恐怖融资、贸易管制、财务税收等方面的具体要求。

第三章　合规管理架构

第十条　合规治理结构

企业可结合发展需要建立权责清晰的合规治理结构，在决策、管理、执行三个层级上划分相应的合规管理责任。

（一）企业的决策层应以保证企业合规经营为目的，通过原则性顶层设计，解决合规管理工作中的权力配置问题。

（二）企业的高级管理层应分配充足的资源建立、制定、实施、评价、维护和改进合规管理体系。

（三）企业的各执行部门及境外分支机构应及时识别归口管理领域的合

规要求，改进合规管理措施，执行合规管理制度和程序，收集合规风险信息，落实相关工作要求。

第十一条　合规管理机构

企业可根据业务性质、地域范围、监管要求等设置相应的合规管理机构。合规管理机构一般由合规委员会、合规负责人和合规管理部门组成。尚不具备条件设立专门合规管理机构的企业，可由相关部门（如法律事务部门、风险防控部门等）履行合规管理职责，同时明确合规负责人。

（一）合规委员会

企业可结合实际设立合规委员会，作为企业合规管理体系的最高负责机构。合规委员会一般应履行以下合规职责：

1. 确认合规管理战略，明确合规管理目标。

2. 建立和完善企业合规管理体系，审批合规管理制度、程序和重大合规风险管理方案。

3. 听取合规管理工作汇报，指导、监督、评价合规管理工作。

（二）合规负责人

企业可结合实际任命专职的首席合规官，也可由法律事务负责人或风险防控负责人等担任合规负责人。首席合规官或合规负责人是企业合规管理工作具体实施的负责人和日常监督者，不应分管与合规管理相冲突的部门。首席合规官或合规负责人一般应履行以下合规职责：

1. 贯彻执行企业决策层对合规管理工作的各项要求，全面负责企业的合规管理工作。

2. 协调合规管理与企业各项业务之间的关系，监督合规管理执行情况，及时解决合规管理中出现的重大问题。

3. 领导合规管理部门，加强合规管理队伍建设，做好人员选聘培养，监督合规管理部门认真有效地开展工作。

（三）合规管理部门

企业可结合实际设置专职的合规管理部门，或者由具有合规管理职能的相关部门承担合规管理职责。合规管理部门一般应履行以下合规职责：

1. 持续关注我国及业务所涉国家（地区）法律法规、监管要求和国际规则的最新发展，及时提供合规建议。

2. 制定企业的合规管理制度和年度合规管理计划，并推动其贯彻落实。

3. 审查评价企业规章制度和业务流程的合规性，组织、协调和监督各业务部门对规章制度和业务流程进行梳理和修订。

4. 组织或协助业务部门、人事部门开展合规培训，并向员工提供合规咨询。

5. 积极主动识别和评估与企业境外经营相关的合规风险，并监管与供应商、代理商、分销商、咨询顾问和承包商等第三方（以下简称“第三方”）相关的合规风险。为新产品和新业务的开发提供必要的合规性审查和测试，识别和评估新业务的拓展、新客户关系的建立以及客户关系发生重大变化等所产生的合规风险，并制定应对措施。

6. 实施充分且具有代表性的合规风险评估和测试，查找规章制度和业务流程存在的缺陷，并进行相应的调查。对已发生的合规风险或合规测试发现的合规缺陷，应提出整改意见并监督有关部门进行整改。

7. 针对合规举报信息制定调查方案并开展调查。

8. 推动将合规责任纳入岗位职责和员工绩效管理流程。建立合规绩效指标，监控和衡量合规绩效，识别改进需求。

9. 建立合规报告和记录的台账，制定合规资料管理流程。

10. 建立并保持与境内外监管机构日常的工作联系，跟踪和评估监管意见和监管要求的落实情况。

第十二条　合规管理协调

（一）合规管理部门与业务部门分工协作

合规管理需要合规管理部门和业务部门密切配合。境外经营相关业务部门应主动进行日常合规管理工作，识别业务范围内的合规要求，制定并落实业务管理制度和风险防范措施，组织或配合合规管理部门进行合规审查和风险评估，组织或监督违规调查及整改工作。

（二）合规管理部门与其他监督部门分工协作

合规管理部门与其他具有合规管理职能的监督部门（如审计部门、监察部门等）应建立明确的合作和信息交流机制，加强协调配合，形成管理合力。企业应根据风险防控需要以及各监督部门的职责分工划分合规管理职责，确保各业务系统合规运营。

（三）企业与外部监管机构沟通协调

企业应积极与境内外监管机构建立沟通渠道，了解监管机构期望的合规流程，制定符合监管机构要求的合规制度，降低在报告义务和行政处罚等方面的风险。

（四）企业与第三方沟通协调

企业与第三方合作时，应做好相关的国别风险研究和项目尽职调查，深入了解第三方合规管理情况。企业应当向重要的第三方传达自身的合规要求和对对方的合规要求，并在商务合同中明确约定。

第四章　合规管理制度

第十三条　合规行为准则

合规行为准则是最重要、最基本的合规制度，是其他合规制度的基础和依据，适用于所有境外经营相关部门和员工，以及代表企业从事境外经营活动的第三方。合规行为准则应规定境外经营活动中必须遵守的基本原则和标准，包括但不限于企业核心价值观、合规目标、合规的内涵、行为准则的适用范围和地位、企业及员工适用的合规行事标准、违规的应对方式和后果等。

第十四条　合规管理办法

企业应在合规行为准则的基础上，针对特定主题或特定风险领域制定具体的合规管理办法，包括但不限于礼品及招待、赞助及捐赠、利益冲突管理、举报管理和内部调查、人力资源管理、税务管理、商业伙伴合规管理等内容。

企业还应针对特定行业或地区的合规要求，结合企业自身的特点和发展需要，制定相应的合规风险管理办法。例如金融业及有关行业的反洗钱及反恐怖融资政策，银行、通信、医疗等行业的数据和隐私保护政策等。

第十五条　合规操作流程

企业可结合境外经营实际，就合规行为准则和管理办法制定相应的合规操作流程，进一步细化标准和要求。也可将具体的标准和要求融入到现有的业务流程当中，便于员工理解和落实，确保各项经营行为合规。

第五章　合规管理运行机制

第十六条　合规培训

企业应将合规培训纳入员工培训计划，培训内容需随企业内外部环境变化进行动态调整。境外经营相关部门和境外分支机构的所有员工，均应接受合规培训，了解并掌握企业的合规管理制度和风险防控要求。决策层和高级管理层应带头接受合规培训，高风险领域、关键岗位员工应接受有针对性的专题合规培训。合规培训应做好记录留存。

第十七条　合规汇报

合规负责人和合规管理部门应享有通畅的合规汇报渠道。

合规管理部门应当定期向决策层和高级管理层汇报合规管理情况。汇报内容一般包括但不限于合规风险评估情况，合规培训的组织情况和效果评估，发现的违规行为以及处理情况，违规行为可能给组织带来的合规风险，已识别的合规漏洞或缺陷，建议采取的纠正措施，合规管理工作的整体评价和分析等。

如发生性质严重或可能给企业带来重大合规风险的违规行为，合规负责人或合规管理部门应当及时向决策层和高级管理层汇报，提出风险警示，并采取纠正措施。

第十八条　合规考核

合规考核应全面覆盖企业的各项管理工作。合规考核结果应作为企业绩效考核的重要依据，与评优评先、职务任免、职务晋升以及薪酬待遇等挂钩。

境外经营相关部门和境外分支机构可以制定单独的合规绩效考核机制，也可将合规考核标准融入到总体的绩效管理体系中。考核内容包括但不限于按时参加合规培训，严格执行合规管理制度，积极支持和配合合规管理机构工作，及时汇报合规风险等。

第十九条　合规咨询与审核

境外经营相关部门和境外分支机构及其员工在履职过程中遇到合规风险事项，应及时主动寻求合规咨询或审核支持。

企业应针对高合规风险领域规定强制合规咨询范围。在涉及重点领域或重要业务环节时，业务部门应主动咨询合规管理部门意见。合规管理部门应在合理时间内答复或启动合规审核流程。

对于复杂或专业性强且存在重大合规风险的事项，合规管理部门应按照制度规定听取法律顾问、公司律师意见，或委托专业机构召开论证会后再形成审核意见。

第二十条　合规信息举报与调查

企业应根据自身特点和实际情况建立和完善合规信息举报体系。员工、客户和第三方均有权进行举报和投诉，企业应充分保护举报人。

合规管理部门或其他受理举报的监督部门应针对举报信息制定调查方

案并开展调查。形成调查结论以后，企业应按照相关管理制度对违规行为进行处理。

第二十一条　合规问责

企业应建立全面有效的合规问责制度，明晰合规责任范围，细化违规惩处标准，严格认定和追究违规行为责任。

第六章　合规风险识别、评估与处置

第二十二条　合规风险

合规风险，是指企业或其员工因违规行为遭受法律制裁、监管处罚、重大财产损失或声誉损失以及其他负面影响的可能性。

第二十三条　合规风险识别

企业应当建立必要的制度和流程，识别新的和变更的合规要求。企业可围绕关键岗位或者核心业务流程，通过合规咨询、审核、考核和违规查处等内部途径识别合规风险，也可通过外部法律顾问咨询、持续跟踪监管机构有关信息、参加行业组织研讨等方式获悉外部监管要求的变化，识别合规风险。

企业境外分支机构可通过聘请法律顾问、梳理行业合规案例等方式动态了解掌握业务所涉国家（地区）政治经济和法律环境的变化，及时采取应对措施，有效识别各类合规风险。

第二十四条　合规风险评估

企业可通过分析违规或可能造成违规的原因、来源、发生的可能性、后果的严重性等进行合规风险评估。

企业可根据企业的规模、目标、市场环境及风险状况确定合规风险评估的标准和合规风险管理的优先级。

企业进行合规风险评估后应形成评估报告，供决策层、高级管理层和业务部门等使用。评估报告内容包括风险评估实施概况、合规风险基本评价、原因机制、可能的损失、处置建议、应对措施等。

第二十五条　合规风险处置

企业应建立健全合规风险应对机制，对识别评估的各类合规风险采取恰当的控制和处置措施。发生重大合规风险时，企业合规管理机构和其他相关部门应协同配合，依法及时采取补救措施，最大程度降低损失。必要时，应及时报告有关监管机构。

第七章　合规评审与改进

第二十六条　合规审计

企业合规管理职能应与内部审计职能分离。企业审计部门应对企业合规管理的执行情况、合规管理体系的适当性和有效性等进行独立审计。审计部门应将合规审计结果告知合规管理部门，合规管理部门也可根据合规风险的识别和评估情况向审计部门提出开展审计工作的建议。

第二十七条　合规管理体系评价

企业应定期对合规管理体系进行系统全面的评价，发现和纠正合规管理贯彻执行中存在的问题，促进合规体系的不断完善。合规管理体系评价可由企业合规管理相关部门组织开展或委托外部专业机构开展。

企业在开展效果评价时，应考虑企业面临的合规要求变化情况，不断调整合规管理目标，更新合规风险管理措施，以满足内外部合规管理要求。

第二十八条　持续改进

企业应根据合规审计和体系评价情况，进入合规风险再识别和合规制度再制定的持续改进阶段，保障合规管理体系全环节的稳健运行。

企业应积极配合监管机构的监督检查，并根据监管要求及时改进合规管理体系，提高合规管理水平。

第八章　合规文化建设

第二十九条　合规文化培育

企业应将合规文化作为企业文化建设的重要内容。企业决策层和高级管理层应确立企业合规理念，注重身体力行。企业应践行依法合规、诚信经营的价值观，不断增强员工的合规意识和行为自觉，营造依规办事、按章操作的文化氛围。

第三十条　合规文化推广

企业应将合规作为企业经营理念和社会责任的重要内容，并将合规文化传递至利益相关方。企业应树立积极正面的合规形象，促进行业合规文化发展，营造和谐健康的境外经营环境。

七

财政部、证监会、审计署、银监会、保监会关于印发《企业内部控制基本规范》的通知

（财会〔2008〕7号）

中直管理局，铁道部、国管局，总后勤部、武警总部，各省、自治区、直辖市、计划单列市财政厅（局）、审计厅（局），新疆生产建设兵团财务局、审计局，中国证监会各省、自治区、直辖市、计划单列市监管局，中国证监会上海、深圳专员办，各保监局、保险公司，各银监局、政策性银行、国有商业银行、股份制商业银行、邮政储蓄银行、资产管理公司，各省级农村信用联社，银监会直接管理的信托公司、财务公司、租赁公司，有关中央管理企业：

为了加强和规范企业内部控制，提高企业经营管理水平和风险防范能力，促进企业可持续发展，维护社会主义市场经济秩序和社会公众利益，根据国家有关法律法规，财政部会同证监会、审计署、银监会、保监会制定了《企业内部控制基本规范》，现予印发，自2009年7月1日起在上市公司范围内施行，鼓励非上市的大中型企业执行。执行本规范的上市公司，应当对本公司内部控制的有效性进行自我评价，披露年度自我评价报告，并可聘请具有证券、期货业务资格的会计师事务所对内部控制的有效性进行审计。

执行中有何问题，请及时反馈我们。

附件：企业内部控制基本规范

财政部

证监会

审计署

银监会

保监会

二〇〇八年五月二十二日

企业内部控制基本规范

第一章 总 则

第一条 为了加强和规范企业内部控制，提高企业经营管理水平和风险防范能力，促进企业可持续发展，维护社会主义市场经济秩序和社会公众利益，根据《中华人民共和国公司法》、《中华人民共和国证券法》、《中华人民共和国会计法》和其他有关法律法规，制定本规范。

第二条 本规范适用于中华人民共和国境内设立的大中型企业。

小企业和其他单位可以参照本规范建立与实施内部控制。

大中型企业和小企业的划分标准根据国家有关规定执行。

第三条 本规范所称内部控制，是由企业董事会、监事会、经理层和全体员工实施的、旨在实现控制目标的过程。

内部控制的目标是合理保证企业经营管理合法合规、资产安全、财务报告及相关信息真实完整，提高经营效率和效果，促进企业实现发展战略。

第四条 企业建立与实施内部控制，应当遵循下列原则：

（一）全面性原则。内部控制应当贯穿决策、执行和监督全过程，覆盖企业及其所属单位的各种业务和事项。

（二）重要性原则。内部控制应当在全面控制的基础上，关注重要业务事项和高风险领域。

（三）制衡性原则。内部控制应当在治理结构、机构设置及权责分配、业务流程等方面形成相互制约、相互监督，同时兼顾运营效率。

（四）适应性原则。内部控制应当与企业经营规模、业务范围、竞争状况和风险水平等相适应，并随着情况的变化及时加以调整。

（五）成本效益原则。内部控制应当权衡实施成本与预期效益，以适当的成本实现有效控制。

第五条 企业建立与实施有效的内部控制，应当包括下列要素：

（一）内部环境。内部环境是企业实施内部控制的基础，一般包括治理结构、机构设置及权责分配、内部审计、人力资源政策、企业文化等。

（二）风险评估。风险评估是企业及时识别、系统分析经营活动中与实现内部控制目标相关的风险，合理确定风险应对策略。

（三）控制活动。控制活动是企业根据风险评估结果，采用相应的控制措施，将风险控制在可承受度之内。

（四）信息与沟通。信息与沟通是企业及时、准确地收集、传递与内部控制相关的信息，确保信息在企业内部、企业与外部之间进行有效沟通。

（五）内部监督。内部监督是企业对内部控制建立与实施情况进行监督检查，评价内部控制的有效性，发现内部控制缺陷，应当及时加以改进。

第六条　企业应当根据有关法律法规、本规范及其配套办法，制定本企业的内部控制制度并组织实施。

第七条　企业应当运用信息技术加强内部控制，建立与经营管理相适应的信息系统，促进内部控制流程与信息系统的有机结合，实现对业务和事项的自动控制，减少或消除人为操纵因素。

第八条　企业应当建立内部控制实施的激励约束机制，将各责任单位和全体员工实施内部控制的情况纳入绩效考评体系，促进内部控制的有效实施。

第九条　国务院有关部门可以根据法律法规、本规范及其配套办法，明确贯彻实施本规范的具体要求，对企业建立与实施内部控制的情况进行监督检查。

第十条　接受企业委托从事内部控制审计的会计师事务所，应当根据本规范及其配套办法和相关执业准则，对企业内部控制的有效性进行审计，出具审计报告。会计师事务所及其签字的从业人员应当对发表的内部控制审计意见负责。

为企业内部控制提供咨询的会计师事务所，不得同时为同一企业提供内部控制审计服务。

第二章　内部环境

第十一条　企业应当根据国家有关法律法规和企业章程，建立规范的公司治理结构和议事规则，明确决策、执行、监督等方面的职责权限，形成科学有效的职责分工和制衡机制。

股东（大）会享有法律法规和企业章程规定的合法权利，依法行使企业经营方针、筹资、投资、利润分配等重大事项的表决权。

董事会对股东（大）会负责，依法行使企业的经营决策权。

监事会对股东（大）会负责，监督企业董事、经理和其他高级管理人员依法履行职责。

经理层负责组织实施股东（大）会、董事会决议事项，主持企业的生产经营管理工作。

第十二条 董事会负责内部控制的建立健全和有效实施。监事会对董事会建立与实施内部控制进行监督。经理层负责组织领导企业内部控制的日常运行。

企业应当成立专门机构或者指定适当的机构具体负责组织协调内部控制的建立实施及日常工作。

第十三条 企业应当在董事会下设立审计委员会。审计委员会负责审查企业内部控制，监督内部控制的有效实施和内部控制自我评价情况，协调内部控制审计及其他相关事宜等。

审计委员会负责人应当具备相应的独立性、良好的职业操守和专业胜任能力。

第十四条 企业应当结合业务特点和内部控制要求设置内部机构，明确职责权限，将权利与责任落实到各责任单位。

企业应当通过编制内部管理手册，使全体员工掌握内部机构设置、岗位职责、业务流程等情况，明确权责分配，正确行使职权。

第十五条 企业应当加强内部审计工作，保证内部审计机构设置、人员配备和工作的独立性。

内部审计机构应当结合内部审计监督，对内部控制的有效性进行监督检查。内部审计机构对监督检查中发现的内部控制缺陷，应当按照企业内部审计工作程序进行报告；对监督检查中发现的内部控制重大缺陷，有权直接向董事会及其审计委员会、监事会报告。

第十六条 企业应当制定和实施有利于企业可持续发展的人力资源政策。人力资源政策应当包括下列内容：

（一）员工的聘用、培训、辞退与辞职。

（二）员工的薪酬、考核、晋升与奖惩。

（三）关键岗位员工的强制休假制度和定期岗位轮换制度。

（四）掌握国家秘密或重要商业秘密的员工离岗的限制性规定。

（五）有关人力资源管理的其他政策。

第十七条 企业应当将职业道德修养和专业胜任能力作为选拔和聘用员工的重要标准，切实加强员工培训和继续教育，不断提升员工素质。

第十八条 企业应当加强文化建设，培育积极向上的价值观和社会责任感，倡导诚实守信、爱岗敬业、开拓创新和团队协作精神，树立现代管理理念，强化风险意识。

董事、监事、经理及其他高级管理人员应当在企业文化建设中发挥主导作用。

企业员工应当遵守员工行为守则，认真履行岗位职责。

第十九条 企业应当加强法制教育，增强董事、监事、经理及其他高级管理人员和员工的法制观念，严格依法决策、依法办事、依法监督，建立健全法律顾问制度和重大法律纠纷案件备案制度。

第三章 风险评估

第二十条 企业应当根据设定的控制目标，全面系统持续地收集相关信息，结合实际情况，及时进行风险评估。

第二十一条 企业开展风险评估，应当准确识别与实现控制目标相关的内部风险和外部风险，确定相应的风险承受度。

风险承受度是企业能够承担的风险限度，包括整体风险承受能力和业务层面的可接受风险水平。

第二十二条 企业识别内部风险，应当关注下列因素：

（一）董事、监事、经理及其他高级管理人员的职业操守、员工专业胜任能力等人力资源因素。

（二）组织机构、经营方式、资产管理、业务流程等管理因素。

（三）研究开发、技术投入、信息技术适用等自主创新因素。

（四）财务状况、经营成果、现金流量等财务因素。

（五）营运安全、员工健康、环境保护等安全环保因素。

（六）其他有关内部风险因素。

第二十三条 企业识别外部风险，应当关注下列因素：

（一）经济形势、产业政策、融资环境、市场竞争、资源供给等经济因素。

（二）法律法规、监管要求等法律因素。

（三）安全稳定、文化传统、社会信用、教育水平、消费者行为等社会因素。

（四）技术进步、工艺改进等科学技术因素。

（五）自然灾害、环境状况等自然环境因素。

（六）其他有关外部风险因素。

第二十四条 企业应当采用定性与定量相结合的方法，按照风险发生的可能性及其影响程度等，对识别的风险进行分析和排序，确定关注重点和优先控制的风险。

企业进行风险分析，应当充分吸收专业人员，组成风险分析团队，按照严格规范的程序开展工作，确保风险分析结果的准确性。

第二十五条 企业应当根据风险分析的结果，结合风险承受度，权衡风险与收益，确定风险应对策略。

企业应当合理分析、准确掌握董事、经理及其他高级管理人员、关键岗位员工的风险偏好，采取适当的控制措施，避免因个人风险偏好给企业经营带来重大损失。

第二十六条 企业应当综合运用风险规避、风险降低，风险分担和风险承受等风险应对策略，实现对风险的有效控制。

风险规避是企业对超出风险承受度的风险，通过放弃或者停止与该风险相关的业务活动以避免和减轻损失的策略。

风险降低是企业在权衡成本效益之后，准备采取适当的控制措施降低风险或者减轻损失，将风险控制在风险承受度之内的策略。

风险分担是企业准备借助他人力量，采取业务分包，购买保险等方式和适当的控制措施，将风险控制在风险承受度之内的策略。

风险承受是企业对风险承受度之内的风险，在权衡成本效益之后，不准备采取控制措施降低风险或者减轻损失的策略。

第二十七条 企业应当结合不同发展阶段和业务拓展情况，持续收集与风险变化相关的信息，进行风险识别和风险分析，及时调整风险应对策略。

第四章 控制活动

第二十八条 企业应当结合风险评估结果，通过手工控制与自动控制、预防性控制与发现性控制相结合的方法，运用相应的控制措施，将风险控制在可承受度之内。

控制措施一般包括：不相容职务分离控制、授权审批控制、会计系统控制、财产保护控制、预算控制、运营分析控制和绩效考评控制等。

第二十九条 不相容职务分离控制要求企业全面系统地分析、梳理业务流程中所涉及的不相容职务，实施相应的分离措施，形成各司其职、各负其责、相互制约的工作机制。

第三十条 授权审批控制要求企业根据常规授权和特别授权的规定，明确各岗位办理业务和事项的权限范围、审批程序和相应责任。

企业应当编制常规授权的权限指引，规范特别授权的范围、权限、程序和责任，严格控制特别授权。常规授权是指企业在日常经营管理活动中按照既定的职责和程序进行的授权。特别授权是指企业在特殊情况、特定条件下进行的授权。

企业各级管理人员应当在授权范围内行使职权和承担责任。

企业对于重大的业务和事项，应当实行集体决策审批或者联签制度，任何个人不得单独进行决策或者擅自改变集体决策。

第三十一条 会计系统控制要求企业严格执行国家统一的会计准则制度，加强会计基础工作，明确会计凭证、会计账簿和财务会计报告的处理程序，保证会计资料真实完整。

企业应当依法设置会计机构，配备会计从业人员。从事会计工作的人员，必须取得会计从业资格证书。会计机构负责人应当具备会计师以上专业技术职务资格。

大中型企业应当设置总会计师。设置总会计师的企业，不得设置与其职权重叠的副职。

第三十二条 财产保护控制要求企业建立财产日常管理制度和定期清查制度，采取财产记录、实物保管、定期盘点、账实核对等措施，确保财产安全。

企业应当严格限制未经授权的人员接触和处置财产。

第三十三条 预算控制要求企业实施全面预算管理制度，明确各责任单位在预算管理中的职责权限，规范预算的编制、审定、下达和执行程序，强化预算约束。

第三十四条 运营分析控制要求企业建立运营情况分析制度，经理层应当综合运用生产、购销、投资、筹资、财务等方面的信息，通过因素分析、对比分析，趋势分析等方法，定期开展运营情况分析，发现存在的问题，及时查明原因并加以改进。

第三十五条 绩效考评控制要求企业建立和实施绩效考评制度，科学设置考核指标体系，对企业内部各责任单位和全体员工的业绩进行定期考核和客观评价，将考评结果作为确定员工薪酬以及职务晋升、评优、降级、调岗、辞退等的依据。

第三十六条　企业应当根据内部控制目标，结合风险应对策略，综合运用控制措施，对各种业务和事项实施有效控制。

第三十七条　企业应当建立重大风险预警机制和突发事件应急处理机制，明确风险预警标准，对可能发生的重大风险或突发事件，制定应急预案、明确责任人员、规范处置程序，确保突发事件得到及时妥善处理。

第五章　信息与沟通

第三十八条　企业应当建立信息与沟通制度，明确内部控制相关信息的收集、处理和传递程序，确保信息及时沟通，促进内部控制有效运行。

第三十九条　企业应当对收集的各种内部信息和外部信息进行合理筛选、核对、整合，提高信息的有用性。

企业可以通过财务会计资料、经营管理资料、调研报告、专项信息、内部刊物、办公网络等渠道，获取内部信息。

企业可以通过行业协会组织、社会中介机构、业务往来单位、市场调查、来信来访、网络媒体以及有关监管部门等渠道，获取外部信息。

第四十条　企业应当将内部控制相关信息在企业内部各管理级次、责任单位、业务环节之间，以及企业与外部投资者、债权人、客户、供应商、中介机构和监管部门等有关方面之间进行沟通和反馈。信息沟通过程中发现的问题，应当及时报告并加以解决。

重要信息应当及时传递给董事会、监事会和经理层。

第四十一条　企业应当利用信息技术促进信息的集成与共享，充分发挥信息技术在信息与沟通中的作用。

企业应当加强对信息系统开发与维护、访问与变更、数据输入与输出、文件储存与保管、网络安全等方面的控制，保证信息系统安全稳定运行。

第四十二条　企业应当建立反舞弊机制，坚持惩防并举、重在预防的原则，明确反舞弊工作的重点领域、关键环节和有关机构在反舞弊工作中的职责权限，规范舞弊案件的举报、调查、处理、报告和补救程序。

企业至少应当将下列情形作为反舞弊工作的重点：

（一）未经授权或者采取其他不法方式侵占、挪用企业资产，牟取不当利益。

（二）在财务会计报告和信息披露等方面存在的虚假记载、误导性陈述或者重大遗漏等。

（三）董事、监事、经理及其他高级管理人员滥用职权。

（四）相关机构或人员串通舞弊。

第四十三条 企业应当建立举报投诉制度和举报人保护制度，设置举报专线，明确举报投诉处理程序，办理时限和办结要求，确保举报、投诉成为企业有效掌握信息的重要途径。

举报投诉制度和举报人保护制度应当及时传达至全体员工。

第六章 内部监督

第四十四条 企业应当根据本规范及其配套办法，制定内部控制监督制度，明确内部审计机构（或经授权的其他监督机构）和其他内部机构在内部监督中的职责权限，规范内部监督的程序、方法和要求。

内部监督分为日常监督和专项监督。日常监督是指企业对建立与实施内部控制的情况进行常规、持续的监督检查；专项监督是指在企业发展战略、组织结构、经营活动、业务流程、关键岗位员工等发生较大调整或变化的情况下，对内部控制的某一或者某些方面进行有针对性的监督检查。

专项监督的范围和频率应当根据风险评估结果以及日常监督的有效性等予以确定。

第四十五条 企业应当制定内部控制缺陷认定标准，对监督过程中发现的内部控制缺陷，应当分析缺陷的性质和产生的原因，提出整改方案，采取适当的形式及时向董事会、监事会或者经理层报告。

内部控制缺陷包括设计缺陷和运行缺陷。企业应当跟踪内部控制缺陷整改情况，并就内部监督中发现的重大缺陷，追究相关责任单位或者责任人的责任。

第四十六条 企业应当结合内部监督情况，定期对内部控制的有效性进行自我评价，出具内部控制自我评价报告。

内部控制自我评价的方式、范围、程序和频率，由企业根据经营业务调整、经营环境变化、业务发展状况、实际风险水平等自行确定。

国家有关法律法规另有规定的，从其规定。

第四十七条 企业应当以书面或者其他适当的形式，妥善保存内部控制建立与实施过程中的相关记录或者资料，确保内部控制建立与实施过程的可验证性。

第七章 附 则

第四十八条 本规范由财政部会同国务院其他有关部门解释。

第四十九条 本规范的配套办法由财政部会同国务院其他有关部门另行制定。

第五十条 本规范自 2009 年 7 月 1 日起实施。

八

证券公司和证券投资基金管理公司合规管理办法

（2017 年 4 月 27 日中国证券监督管理委员会 2017 年第 3 次主席办公会议审议通过，根据 2020 年 3 月 20 日中国证券监督管理委员会《关于修改部分证券期货规章的决定》修正）

第一章　总　　则

第一条　为了促进证券公司和证券投资基金管理公司加强内部合规管理，实现持续规范发展，根据《中华人民共和国公司法》《中华人民共和国证券法》《中华人民共和国证券投资基金法》和《证券公司监督管理条例》，制定本办法。

第二条　在中华人民共和国境内设立的证券公司和证券投资基金管理公司（以下统称证券基金经营机构）应当按照本办法实施合规管理。

本办法所称合规，是指证券基金经营机构及其工作人员的经营管理和执业行为符合法律、法规、规章及规范性文件、行业规范和自律规则、公司内部规章制度，以及行业普遍遵守的职业道德和行为准则（以下统称法律法规和准则）。

本办法所称合规管理，是指证券基金经营机构制定和执行合规管理制度，建立合规管理机制，防范合规风险的行为。

本办法所称合规风险，是指因证券基金经营机构或其工作人员的经营管理或执业行为违反法律法规和准则而使证券基金经营机构被依法追究法律责任、采取监管措施、给予纪律处分、出现财产损失或商业信誉损失的风险。

第三条　证券基金经营机构的合规管理应当覆盖所有业务，各部门、各分支机构、各层级子公司和全体工作人员，贯穿决策、执行、监督、反馈等各个环节。

第四条 证券基金经营机构应当树立全员合规、合规从管理层做起、合规创造价值、合规是公司生存基础的理念，倡导和推进合规文化建设，培育全体工作人员合规意识，提升合规管理人员职业荣誉感和专业化、职业化水平。

第五条 中国证券监督管理委员会（以下简称中国证监会）依法对证券基金经营机构合规管理工作实施监督管理。中国证监会派出机构按照授权履行监督管理职责。

中国证券业协会、中国证券投资基金业协会等自律组织（以下简称协会）依照本办法制定实施细则，对证券基金经营机构合规管理工作实施自律管理。

第二章 合规管理职责

第六条 证券基金经营机构开展各项业务，应当合规经营、勤勉尽责，坚持客户利益至上原则，并遵守下列基本要求：

（一）充分了解客户的基本信息、财务状况、投资经验、投资目标、风险偏好、诚信记录等信息并及时更新。

（二）合理划分客户类别和产品、服务风险等级，确保将适当的产品、服务提供给适合的客户，不得欺诈客户。

（三）持续督促客户规范证券发行行为，动态监控客户交易活动，及时报告、依法处置重大异常行为，不得为客户违规从事证券发行、交易活动提供便利。

（四）严格规范工作人员执业行为，督促工作人员勤勉尽责，防范其利用职务便利从事违法违规、超越权限或者其他损害客户合法权益的行为。

（五）有效管理内幕信息和未公开信息，防范公司及其工作人员利用该信息买卖证券、建议他人买卖证券，或者泄露该信息。

（六）及时识别、妥善处理公司与客户之间、不同客户之间、公司不同业务之间的利益冲突，切实维护客户利益，公平对待客户。

（七）依法履行关联交易审议程序和信息披露义务，保证关联交易的公允性，防止不正当关联交易和利益输送。

（八）审慎评估公司经营管理行为对证券市场的影响，采取有效措施，防止扰乱市场秩序。

第七条 证券基金经营机构董事会决定本公司的合规管理目标，对合规管理的有效性承担责任，履行下列合规管理职责：

（一）审议批准合规管理的基本制度；

（二）审议批准年度合规报告；

（三）决定解聘对发生重大合规风险负有主要责任或者领导责任的高级管理人员；

（四）决定聘任、解聘、考核合规负责人，决定其薪酬待遇；

（五）建立与合规负责人的直接沟通机制；

（六）评估合规管理有效性，督促解决合规管理中存在的问题；

（七）公司章程规定的其他合规管理职责。

第八条 证券基金经营机构的监事会或者监事履行下列合规管理职责：

（一）对董事、高级管理人员履行合规管理职责的情况进行监督；

（二）对发生重大合规风险负有主要责任或者领导责任的董事、高级管理人员提出罢免的建议；

（三）公司章程规定的其他合规管理职责。

第九条 证券基金经营机构的高级管理人员负责落实合规管理目标，对合规运营承担责任，履行下列合规管理职责：

（一）建立健全合规管理组织架构，遵守合规管理程序，配备充足、适当的合规管理人员，并为其履行职责提供充分的人力、物力、财力、技术支持和保障；

（二）发现违法违规行为及时报告、整改，落实责任追究；

（三）公司章程规定或者董事会确定的其他合规管理职责。

第十条 证券基金经营机构各部门、各分支机构和各层级子公司（以下统称下属各单位）负责人负责落实本单位的合规管理目标，对本单位合规运营承担责任。

证券基金经营机构全体工作人员应当遵守与其执业行为有关的法律、法规和准则，主动识别、控制其执业行为的合规风险，并对其执业行为的合规性承担责任。

下属各单位及工作人员发现违法违规行为或者合规风险隐患时，应当主动及时向合规负责人报告。

第十一条 证券基金经营机构设合规负责人。合规负责人是高级管理人员，直接向董事会负责，对本公司及其工作人员的经营管理和执业行为的合规性进行审查、监督和检查。

合规负责人不得兼任与合规管理职责相冲突的职务，不得负责管理与合规管理职责相冲突的部门。

证券基金经营机构的章程应当对合规负责人的职责、任免条件和程序等作出规定。

第十二条　证券基金经营机构合规负责人应当组织拟定合规管理的基本制度和其他合规管理制度，督导下属各单位实施。

合规管理的基本制度应当明确合规管理的目标、基本原则、机构设置及其职责，违法违规行为及合规风险隐患的报告、处理和责任追究等内容。

法律法规和准则发生变动的，合规负责人应当及时建议董事会或高级管理人员并督导有关部门，评估其对合规管理的影响，修改、完善有关制度和业务流程。

第十三条　合规负责人应当对证券基金经营机构内部规章制度、重大决策、新产品和新业务方案等进行合规审查，并出具书面合规审查意见。

中国证监会及其派出机构、自律组织要求对证券基金经营机构报送的申请材料或报告进行合规审查的，合规负责人应当审查，并在该申请材料或报告上签署合规审查意见。其他相关高级管理人员等人员应当对申请材料或报告中基本事实和业务数据的真实性、准确性及完整性负责。

证券基金经营机构不采纳合规负责人的合规审查意见的，应当将有关事项提交董事会决定。

第十四条　合规负责人应当按照中国证监会及其派出机构的要求和公司规定，对证券基金经营机构及其工作人员经营管理和执业行为的合规性进行监督检查。

合规负责人应当协助董事会和高级管理人员建立和执行信息隔离墙、利益冲突管理和反洗钱制度，按照公司规定为高级管理人员、下属各单位提供合规咨询、组织合规培训，指导和督促公司有关部门处理涉及公司和工作人员违法违规行为的投诉和举报。

第十五条　合规负责人应当按照公司规定，向董事会、经营管理主要负责人报告证券基金经营机构经营管理合法合规情况和合规管理工作开展情况。

合规负责人发现证券基金经营机构存在违法违规行为或合规风险隐患的，应当依照公司章程规定及时向董事会、经营管理主要负责人报告，提出处理意见，并督促整改。合规负责人应当同时督促公司及时向中国证监会相关派出机构报告；公司未及时报告的，应当直接向中国证监会相关派出机构报告；有关行为违反行业规范和自律规则的，还应当向有关自律组织报告。

第十六条 合规负责人应当及时处理中国证监会及其派出机构和自律组织要求调查的事项，配合中国证监会及其派出机构和自律组织对证券基金经营机构的检查和调查，跟踪和评估监管意见和监管要求的落实情况。

第十七条 合规负责人应当将出具的合规审查意见、提供的合规咨询意见、签署的公司文件、合规检查工作底稿等与履行职责有关的文件、资料存档备查，并对履行职责的情况作出记录。

第三章 合规管理保障

第十八条 合规负责人应当通晓相关法律法规和准则，诚实守信，熟悉证券、基金业务，具有胜任合规管理工作需要的专业知识和技能，并具备下列任职条件：

（一）从事证券、基金工作 10 年以上，并且通过中国证券业协会或中国证券投资基金业协会组织的合规管理人员胜任能力考试；或者从事证券、基金工作 5 年以上，并且通过法律职业资格考试；或者在证券监管机构、证券基金业自律组织任职 5 年以上；

（二）最近 3 年未被金融监管机构实施行政处罚或采取重大行政监管措施；

（三）中国证监会规定的其他条件。

第十九条 证券基金经营机构聘任合规负责人，应当向中国证监会相关派出机构报送人员简历及有关证明材料。证券公司合规负责人应当经中国证监会相关派出机构认可后方可任职。

合规负责人任期届满前，证券基金经营机构解聘的，应当有正当理由，并在有关董事会会议召开 10 个工作日前将解聘理由书面报告中国证监会相关派出机构。

前款所称正当理由，包括合规负责人本人申请，或被中国证监会及其派出机构责令更换，或确有证据证明其无法正常履职、未能勤勉尽责等情形。

第二十条 合规负责人不能履行职务或缺位时，应当由证券基金经营机构董事长或经营管理主要负责人代行其职务，并自决定之日起3个工作日内向中国证监会相关派出机构书面报告，代行职务的时间不得超过6个月。

合规负责人提出辞职的，应当提前1个月向公司董事会提出申请，并向中国证监会相关派出机构报告。在辞职申请获得批准之前，合规负责人不得自行停止履行职责。

合规负责人缺位的，公司应当在6个月内聘请符合本办法第十八条规定的人员担任合规负责人。

第二十一条 证券基金经营机构应当设立合规部门。合规部门对合规负责人负责，按照公司规定和合规负责人的安排履行合规管理职责。合规部门不得承担与合规管理相冲突的其他职责。

证券基金经营机构应当明确合规部门与其他内部控制部门之间的职责分工，建立内部控制部门协调互动的工作机制。

第二十二条 证券基金经营机构应当为合规部门配备足够的、具备与履行合规管理职责相适应的专业知识和技能的合规管理人员。合规部门中具备3年以上证券、金融、法律、会计、信息技术等有关领域工作经历的合规管理人员数量不得低于公司总部人数的一定比例，具体比例由协会规定。

第二十三条 证券基金经营机构各业务部门、各分支机构应当配备符合本办法第二十二条规定的合规管理人员。

合规管理人员可以兼任与合规管理职责不相冲突的职务。合规风险管控难度较大的部门和分支机构应当配备专职合规管理人员。

第二十四条 证券基金经营机构应当将各层级子公司的合规管理纳入统一体系，明确子公司向母公司报告的合规管理事项，对子公司的合规管理制度进行审查，对子公司经营管理行为的合规性进行监督和检查，确保子公司合规管理工作符合母公司的要求。

从事另类投资、私募基金管理、基金销售等活动的子公司，应当由证券基金经营机构选派人员作为子公司高级管理人员负责合规管理工作，并由合规负责人考核和管理。

第二十五条 证券基金经营机构应当保障合规负责人和合规管理人员充分履行职责所需的知情权和调查权。

证券基金经营机构召开董事会会议、经营决策会议等重要会议以及合规负责人要求参加或者列席的会议的，应当提前通知合规负责人。合规负责人有权根据履职需要参加或列席有关会议，查阅、复制有关文件、资料。

合规负责人根据履行职责需要，有权要求证券基金经营机构有关人员对相关事项作出说明，向为公司提供审计、法律等中介服务的机构了解情况。

合规负责人认为必要时，可以证券基金经营机构名义直接聘请外部专业机构或人员协助其工作，费用由公司承担。

第二十六条 证券基金经营机构应当保障合规负责人和合规管理人员的独立性。

证券基金经营机构的股东、董事和高级管理人员不得违反规定的职责和程序，直接向合规负责人下达指令或者干涉其工作。

证券基金经营机构的董事、监事、高级管理人员和下属各单位应当支持和配合合规负责人、合规部门及本单位合规管理人员的工作，不得以任何理由限制、阻挠合规负责人、合规部门和合规管理人员履行职责。

第二十七条 合规部门及专职合规管理人员由合规负责人考核。对兼职合规管理人员进行考核时，合规负责人所占权重应当超过50%。证券基金经营机构应当制定合规负责人、合规部门及专职合规管理人员的考核管理制度，不得采取其他部门评价、以业务部门的经营业绩为依据等不利于合规独立性的考核方式。

证券基金经营机构董事会对合规负责人进行年度考核时，应当就其履行职责情况及考核意见书面征求中国证监会相关派出机构的意见，中国证监会相关派出机构可以根据掌握的情况建议董事会调整考核结果。

证券基金经营机构对高级管理人员和下属各单位的考核应当包括合规负责人对其合规管理有效性、经营管理和执业行为合规性的专项考核内容。合规性专项考核占总考核结果的比例不得低于协会的规定。

第二十八条 证券基金经营机构应当制定合规负责人与合规管理人员的薪酬管理制度。合规负责人工作称职的，其年度薪酬收入总额在公司高级管理人员年度薪酬收入总额中的排名不得低于中位数；合规管理人员工作称职的，其年度薪酬收入总额不得低于公司同级别人员的平均水平。

第二十九条 中国证监会及其派出机构和自律组织支持证券基金经营机构合规负责人依法开展工作，组织行业合规培训和交流，并督促证券基金经营机构为合规负责人提供充足的履职保障。

第四章　监督管理与法律责任

第三十条　证券基金经营机构应当在报送年度报告的同时向中国证监会相关派出机构报送年度合规报告。年度合规报告包括下列内容：

（一）证券基金经营机构和各层级子公司合规管理的基本情况；

（二）合规负责人履行职责情况；

（三）违法违规行为、合规风险隐患的发现及整改情况；

（四）合规管理有效性的评估及整改情况；

（五）中国证监会及其派出机构要求或证券基金经营机构认为需要报告的其他内容。

证券基金经营机构的董事、高级管理人员应当对年度合规报告签署确认意见，保证报告的内容真实、准确、完整；对报告内容有异议的，应当注明意见和理由。

第三十一条　证券基金经营机构应当组织内部有关机构和部门或者委托具有专业资质的外部专业机构对公司合规管理的有效性进行评估，及时解决合规管理中存在的问题。对合规管理有效性的全面评估，每年不得少于1次。委托具有专业资质的外部专业机构进行的全面评估，每3年至少进行1次。

中国证监会及其派出机构发现证券基金经营机构存在违法违规行为或重大合规风险隐患的，可以要求证券基金经营机构委托指定的具有专业资质的外部专业机构对公司合规管理的有效性进行评估，并督促其整改。

第三十二条　证券基金经营机构违反本办法规定的，中国证监会可以采取出具警示函、责令定期报告、责令改正、监管谈话等行政监管措施；对直接负责的董事、监事、高级管理人员和其他责任人员，可以采取出具警示函、责令参加培训、责令改正、监管谈话、认定为不适当人选等行政监管措施。

证券基金经营机构违反本办法规定导致公司出现治理结构不健全、内部控制不完善等情形的，对证券基金经营机构及其直接负责的董事、监事、高级管理人员和其他直接责任人员，依照《中华人民共和国证券投资基金法》第二十四条、《证券公司监督管理条例》第七十条采取行政监管措施。

第三十三条　合规负责人违反本办法规定的，中国证监会可以采取出具警示函、责令参加培训、责令改正、监管谈话、认定为不适当人选等行政监管措施。

第三十四条 证券基金经营机构的董事、监事、高级管理人员未能勤勉尽责，致使公司存在重大违法违规行为或者重大合规风险的，依照《中华人民共和国证券法》第一百四十条、第一百四十二条、《中华人民共和国证券投资基金法》第二十五条采取行政监管措施。

第三十五条 证券基金经营机构违反本办法第十八条、第十九条、第二十条、第二十一条、第二十二条、第二十三条、第二十四条、第二十五条、第二十六条、第二十七条、第二十八条规定，情节严重的，对证券基金经营机构及其直接负责的董事、监事、高级管理人员和其他直接责任人员，处以警告、3 万元以下罚款。

合规负责人未按照本办法第十五条第二款的规定及时向中国证监会相关派出机构报告重大违法违规行为的，处以警告、3 万元以下罚款。

第三十六条 证券基金经营机构通过有效的合规管理，主动发现违法违规行为或合规风险隐患，积极妥善处理，落实责任追究，完善内部控制制度和业务流程并及时向中国证监会或其派出机构报告的，依法从轻、减轻处理；情节轻微并及时纠正违法违规行为或避免合规风险，没有造成危害后果的，不予追究责任。

对于证券基金经营机构的违法违规行为，合规负责人已经按照本办法的规定尽职履行审查、监督、检查和报告职责的，不予追究责任。

第五章 附 则

第三十七条 本办法下列用语的含义：

（一）合规负责人，包括证券公司的合规总监和证券投资基金管理公司的督察长。

（二）中国证监会相关派出机构，包括证券公司住所地的中国证监会派出机构，和证券投资基金管理公司住所地或者经营所在地的中国证监会派出机构。

第三十八条 中国证监会根据审慎监管的原则，可以提高对行业重要性证券基金经营机构的合规管理要求，并可以采取增加现场检查频率、强化合规负责人任职监管、委托外部专业机构协助开展工作等方式加强合规监管。

前款所称行业重要性证券基金经营机构，是指中国证监会认定的，公司内部经营活动可能导致证券基金行业、证券市场产生重大风险的证券基金经营机构。

第三十九条 开展公开募集证券投资基金管理业务的保险资产管理机构、私募资产管理机构等，参照本办法执行。

第四十条 本办法自 2017 年 10 月 1 日起施行。《证券投资基金管理公司督察长管理规定》（证监基金字〔2006〕85 号）、《证券公司合规管理试行规定》（证监会公告〔2008〕30 号）同时废止。

九

国家金融监督管理总局《金融机构合规管理办法》

（2024 年 12 月 25 日国家金融监督管理总局令 2024 年第 7 号公布
自 2025 年 3 月 1 日起施行）

第一章　总　　则

第一条　为提高金融机构依法合规经营能力，根据《中华人民共和国银行业监督管理法》《中华人民共和国商业银行法》《中华人民共和国保险法》《中华人民共和国信托法》等法律法规，制定本办法。

第二条　依法由国家金融监督管理总局及其派出机构监管的政策性银行、商业银行、金融资产管理公司、企业集团财务公司、金融租赁公司、汽车金融公司、消费金融公司、货币经纪公司、信托公司、理财公司、金融资产投资公司、保险公司（包括再保险公司）、保险资产管理公司、保险集团（控股）公司、相互保险组织等机构（以下统称金融机构）适用本办法。

第三条　本办法所称合规，是指金融机构经营管理行为及其员工履职行为应当符合法律、行政法规、部门规章和规范性文件，以及金融机构落实监管要求制定的内部规范（以下统称合规规范）。

本办法所称合规管理，是指金融机构以确保遵循合规规范、有效防控合规风险为目的，以提升依法合规经营管理水平为导向，以经营管理行为和员工履职行为为对象，开展的包括建立合规制度、完善运行机制、培育合规文化、强化监督问责等管理活动。

本办法所称合规风险，是指因金融机构经营管理行为或者员工履职行为违反合规规范，造成金融机构或者其员工承担刑事、行政、民事法律责任，财产损失、声誉损失以及其他负面影响的可能性。

本办法所称合规管理部门，是指金融机构设立的、牵头承担合规管理职责的内设部门。金融机构设置多个职责不相冲突的部门共同承担合规管理职责的，应当明确合规管理职责的牵头部门。

第四条　国有金融机构中的党组织，应当充分发挥领导作用，将党的领导与公司治理有机结合，支持金融机构依法行使职权。非公有制金融机构中的党组织，应当引导和监督金融机构贯彻党的方针政策，遵守国家法律法规，维护各方合法权益，促进金融机构健康发展。

第五条　金融机构合规管理应当遵循以下原则：

（一）依法合规。严格执行法律法规和各项监管规定，将依法合规经营作为金融机构一切活动必须坚守的底线和红线。

（二）全面覆盖。将合规要求贯穿决策、执行、监督、反馈等全流程，覆盖各领域、各环节，落实到各部门、各机构、各岗位以及全体员工。

（三）权责清晰。明确合规管理框架，落实业务及职能部门的主体责任、合规管理部门的管理责任和内部审计部门的监督责任，做到有机统筹、有效衔接。

（四）务实高效。持续完善与本机构金融业务和人员规模相匹配的合规管理体系，加强对重点领域、关键人员和重要业务的管理，充分运用数字化、智能化等手段，不断提升合规管理效能。

第六条　国家金融监督管理总局及其派出机构依法对金融机构合规管理工作实施监督管理。

银行业自律组织、保险业自律组织依照本办法制定实施细则，对会员单位的合规管理工作实施自律管理。

第二章　合规管理架构和职责

第七条　金融机构应当制定合规管理制度，按照“分级管理、逐级负责”的要求，完善合规管理组织架构，明确合规管理责任，深化合规文化建设，建立健全合规管理体系。

第八条　金融机构的董事会（含行使董事会职权的董事，下同）负责确定合规管理目标，对合规管理的有效性承担最终责任。金融机构的高级管理人员负责落实合规管理目标，对主管或者分管领域业务合规性承担领导责任。

第九条　金融机构各部门主要负责人，各分支机构和纳入并表管理的各层级金融子公司（以下统称下属各机构）主要负责人负责落实本部门、本级机构的合规管理目标，对本部门、本级机构合规管理承担首要责任。

第十条 金融机构应当深化合规文化建设，确立合规从高层做起、全员主动合规、合规创造价值等理念，营造不敢违规、不能违规、不想违规的合规文化氛围，促进金融机构自身合规与外部监管有效互动。

第十一条 金融机构的董事会履行下列合规管理职责：

（一）审议批准合规管理基本制度；

（二）决定合规管理部门的设置；

（三）决定聘任、解聘首席合规官，建立与首席合规官的直接沟通机制；

（四）决定解聘对发生重大违法违规行为、重大合规风险负有主要责任或者领导责任的高级管理人员；

（五）评估合规管理有效性和合规文化建设水平，督促解决合规管理和合规文化建设中存在的重大问题；

（六）其他合规管理职责。

董事会可以下设合规委员会或者由董事会下设的其他专门委员会履行合规管理相关职责。

第十二条 金融机构的高级管理人员履行下列合规管理职责：

（一）落实合规管理部门设置和职能要求，配备充足、适当的合规管理人员，并为其履行职责提供充分的人力、物力、财力、技术支持和保障；

（二）组织推动主管或者分管领域的合规管理制度建设、合规审查、合规自查与检查、合规风险监测与管控、合规事件处理等工作；

（三）发现重大违法违规行为或者重大合规风险及时报告、整改，督促落实责任追究；

（四）其他合规管理职责。

第十三条 金融机构应当在机构总部设立首席合规官，首席合规官是高级管理人员，接受机构董事长和行长（总经理）直接领导，向董事会负责。

金融机构原则上应当在省级分支机构或者一级分支机构设立合规官，合规官是本级机构高级管理人员，接受本级机构行长（总经理）直接领导。

金融机构的首席合规官及合规官应当取得国家金融监督管理总局或者其派出机构的任职资格许可，本办法另有规定的除外。

第十四条　金融机构可以根据自身经营情况单独设立首席合规官、合规官，也可以由金融机构的高级管理人员、省级分支机构或者一级分支机构的高级管理人员兼任。

由金融机构行长（总经理）兼任首席合规官，以及由金融机构省级分支机构或者一级分支机构行长（总经理）兼任合规官的，不受本办法规定的首席合规官或者合规官的任职条件限制，不需要另行取得任职资格许可。

第十五条　首席合规官及合规官不得负责管理金融机构的前台业务、财务、资金运用、内部审计等可能与合规管理存在职责冲突的部门。金融机构行长（总经理）兼任首席合规官、省级分支机构或者一级分支机构行长（总经理）兼任合规官的除外。

第十六条　首席合规官在符合国家金融监督管理总局关于相应机构高级管理人员任职资格基本条件的前提下，还应当具备下列条件：

（一）本科以上学历；

（二）从事金融工作八年以上且从事法律合规工作三年以上，或者从事法律合规工作八年以上且从事金融工作三年以上，或者从事金融工作八年以上且取得法律职业资格证书；

（三）国家金融监督管理总局规定的其他条件。

第十七条　合规官在符合国家金融监督管理总局关于相应机构高级管理人员任职资格基本条件的前提下，还应当具备下列条件：

（一）本科以上学历；

（二）从事金融工作六年以上且从事法律合规工作三年以上，或者从事法律合规工作六年以上且从事金融工作三年以上，或者从事金融工作六年以上且取得法律职业资格证书；

（三）国家金融监督管理总局规定的其他条件。

第十八条　首席合规官对本机构及其员工的合规管理负专门领导责任，履行下列合规管理职责：

（一）负责本机构的合规管理工作，组织推动合规管理体系建设，监督合规管理部门和合规岗位的履职情况，组织推动合规规范在机构内严格执行与有效落实；

（二）组织推动合规管理的制度建设、合规审查、合规检查与评价、重大合规事件处理、合规考核、问题整改及队伍建设等，确保合规管理工作有序运转；

（三）按照要求定期向监管机构汇报；

（四）其他合规管理职责。

第十九条 法律、行政法规、部门规章及规范性文件发生重大变动的，首席合规官应当及时组织督导有关部门、下属各机构评估变动对合规管理的影响，修改完善机构内部规范，并监督落实。

第二十条 首席合规官应当组织合规管理部门对金融机构发展战略、重要内部规范、重要新产品和新业务方案、重大决策事项进行合规审查，并出具书面合规审查意见。

国家金融监督管理总局及其派出机构要求首席合规官对金融机构报送的申请材料或者报告进行合规审查的，首席合规官应当组织审查，并在该申请材料或者报告上签署合规审查意见。其他相关高级管理人员等，应当对申请材料或者报告的基本事实和业务数据的真实性、准确性及完整性负责。

首席合规官的合规审查意见未被采纳的，金融机构应当将有关事项提交董事会审定，重大事项应当及时向监管机构报告。

第二十一条 首席合规官应当按照国家金融监督管理总局及其派出机构的要求和金融机构内部规范，组织或者要求相关内设部门对机构经营管理和员工履职行为的合规性进行监督检查。金融机构内设部门及其员工应当积极配合首席合规官开展工作。

第二十二条 首席合规官发现金融机构及其员工存在重大违法违规行为或者重大合规风险隐患的，应当及时向董事会、董事长、行长（总经理）报告，提出处理意见，并督促整改。首席合规官发现金融机构及其员工存在其他违法违规行为或者合规风险隐患的，应当按照机构内部合规管理程序，组织督促机构及时报告、处理和整改。首席合规官有权向董事会、高级管理人员、相关部门及下属各机构提出对相关责任人员采取薪酬扣减、岗位调整、降职等措施的建议，并督促责任机构及责任人员及时整改。

重大违法违规行为或者重大合规风险隐患主要包括：较大数额的罚款或者没收较大数额的违法所得；造成或者可能造成机构重大财产损失、重大声誉损失的合规风险事件、法律纠纷案件、涉刑案件等。

第二十三条 金融机构存在重大违法违规行为或者重大合规风险隐患的，应当及时向国家金融监督管理总局或者其派出机构报告。首席合规官发现机构未按要求报告的，应当督促机构及时报告，并可以直接向国家金融监督管理总局或者其派出机构报告。

第二十四条　金融机构省级分支机构或者一级分支机构的合规官对本级机构及其员工的合规管理负责，其具体职责由金融机构参照首席合规官职责确定。

第二十五条　首席合规官及合规官应当及时组织处理国家金融监督管理总局及其派出机构要求调查的合规管理事项，跟踪、督促、评估监管意见和监管要求的落实情况。

第二十六条　金融机构各部门、下属各机构及其员工发现本机构重大违法违规行为或者重大合规风险隐患时，应当及时主动向本级机构合规管理部门报告。设置合规官的分支机构，由合规管理部门及时向本级机构合规官报告。

首席合规官或者合规官发现各部门、下属各机构对重大违法违规行为或者重大合规风险隐患存在瞒报、漏报情形的，应当在机构内部的合规考核中，对责任机构和相关负责人实施“一票否决”，不得评优评先等，并及时推动内部问责。

第二十七条　金融机构总部、省级分支机构或者一级分支机构、纳入并表管理的各层级金融子公司原则上应当设立独立的合规管理部门。

金融机构应当根据业务规模、组织架构和合规管理工作的需要，在其他分支机构设置合规管理部门。不具备设立合规管理部门条件的其他分支机构，原则上应当设立符合履职需要的合规岗位。确不具备设立合规管理部门或者合规岗位条件的，应当由上级机构合规管理部门或者岗位代为履行该分支机构的合规管理职责。

第二十八条　金融机构的合规管理部门牵头负责合规管理工作，履行下列职责：

（一）拟订机构的合规管理基本制度和年度合规管理计划，组织协调机构各部门和下属各机构拟订合规管理相关制度，并推动贯彻落实；

（二）为机构经营管理活动、新产品和新业务的开发等事项提供法律合规支持。审查机构重要内部规范，及时提出制订或者修订建议；

（三）牵头组织实施合规审查、合规检查、评估评价、合规风险监测与合规事件处理，推进合规规范得到严格执行；

（四）组织或者参与实施合规考核，组织或者参与对违反合规规范主体的问责，保持与监管机构的日常合规工作联系；

（五）组织培育合规文化，开展合规培训，组织刑事犯罪预防教育，向员工提供合规咨询，推动全体员工遵守行为合规准则；

（六）董事会确定的其他职责。

合规岗位的具体职责，由金融机构参照前款规定确定。

第二十九条 金融机构的境外金融分支机构及境外金融子公司，应当遵循东道国（地区）法律法规和监管要求，并且设立独立的合规管理部门或者符合履职需要的合规岗位，负责根据境外业务、市场情况、相关司法辖区法律法规以及执法环境等因素，识别和防范合规风险，培养专业合规人才。

第三十条 金融机构总部合规管理部门向首席合规官负责，按照机构规定和首席合规官的安排履行合规管理职责；省级分支机构或者一级分支机构合规管理部门向本级机构合规官负责，按照本级机构规定和合规官安排履行合规管理职责；下属各机构合规管理部门接受上级合规管理部门的指导和监督。

第三十一条 金融机构的合规管理部门和合规岗位应当独立于前台业务、财务、资金运用、内部审计部门等可能与合规管理存在职责冲突的部门或者岗位。合规管理部门和合规岗位不得承担与合规管理相冲突的其他职责。

第三十二条 金融机构应当为合规管理部门以外的其他部门配备专职或者兼职从事合规工作的人员。鼓励并支持金融机构建立上述人员向同级合规管理部门负责的机制。

第三十三条 金融机构应当将各部门、下属各机构的合规管理纳入统一体系，强化对各部门合规岗位、下属各机构合规管理部门的指导与监督，明确各部门、下属各机构向机构总部报告的合规管理事项，对下属各机构经营管理和员工履职行为的合规性进行检查，督导各部门、下属各机构合规管理工作符合合规规范。

第三十四条 鼓励金融机构对合规管理部门实行垂直管理。对合规管理部门实行垂直管理的金融机构，其下属各机构合规管理部门向上一级合规管理部门负责，接受上一级合规管理部门管理。

鼓励首席合规官统筹合规管理人员选聘、业务指导、工作汇报、考核管理、合规官提名等事项。

第三十五条 金融机构的各业务及职能部门、下属各机构承担合规的主体责任，负责本条线本领域合规规范的严格执行与有效落实，积极配合合规管理部门的工作。

金融机构的合规管理部门承担合规的管理责任，组织、协调、推动各部门和下属各机构开展合规管理工作。

金融机构内部审计部门承担合规的监督责任，对机构经营管理的合规性进行审计，并与合规管理部门建立有效的信息交流机制。

第三十六条　金融机构全体员工应当遵守与其履职行为有关的合规规范，积极识别、控制其履职行为的合规风险，主动配合金融机构和监管机构开展合规管理，并对其履职行为的合规性承担责任。

第三章　合规管理保障

第三十七条　金融机构应当为首席合规官及合规官、合规管理部门履职提供充分保障，赋予相关人员和部门提出否定意见的权利。

金融机构的股东、董事和高级管理人员不得违反规定的职责和程序，干涉首席合规官或者合规官依法合规开展工作。

金融机构的董事、高级管理人员、各部门和下属各机构及其员工应当支持和配合首席合规官及合规官、合规管理部门及合规管理人员的工作，不得以任何理由限制、阻挠首席合规官及合规官、合规管理部门及合规管理人员履行职责。

第三十八条　金融机构应当为合规管理部门配备充足的、具备与履行合规管理职责相适应专业知识和技能的合规管理人员。

合规管理部门应当主要由具有法律或者经济金融专业学历背景的人员组成。初次从事对机构合同进行法律合规审核的人员，以及为机构改制重组、并购上市、产权转让、破产重整、和解及清算等重大事项提出法律合规意见的人员原则上应当具有法律专业背景或者通过法律职业资格考试。

第三十九条　金融机构各部门、下属各机构应当配备与业务规模、风险管控难度相匹配的专职或者兼职合规管理人员。

境外金融分支机构及境外金融子公司，应当配备熟悉所在司法辖区法律法规和相关银行保险业务的合规管理人员。合规风险较高的重点国家和地区，应当增加专职合规管理人员，有效防范应对合规风险。

第四十条　金融机构应当保证合规官报告的独立性，实行双线汇报，以向首席合规官汇报为主，并向本级机构行长（总经理）汇报。

第四十一条 金融机构应当保障首席合规官及合规官、合规管理部门及人员履行职责所需的知情权和调查权。

首席合规官及合规官有权根据履行职责需要，参加或者列席有关会议，查阅、复制有关文件、资料。金融机构召开董事会会议、经营决策会议等重要会议的，应当提前通知首席合规官。

首席合规官、合规官根据履行职责需要，有权向有关部门或者下属各机构进行质询和取证，要求金融机构有关人员对相关事项作出说明，向外部审计、法律服务等中介机构了解情况。

第四十二条 金融机构应当保障首席合规官、合规官的独立性，决定解聘首席合规官、合规官的，应当有正当理由。

正当理由包括首席合规官、合规官本人申请，或者被国家金融监督管理总局及其派出机构责令更换，或者有证据证明其无法正常履职、未能勤勉尽责等情形。

第四十三条 金融机构应当建立首席合规官、合规官、合规管理人员薪酬管理机制。首席合规官工作称职的，其年度薪酬收入总额原则上不低于同等条件（同职级、同考核结果）高级管理人员的平均水平。合规官及合规管理人员工作称职的，其年度薪酬收入总额原则上不低于所在机构同等条件（同岗位类型、同职级、同考核结果）人员的平均水平。国家对国有金融企业薪酬标准另有规定的，从其规定。

金融机构应当制定首席合规官、合规官、合规管理部门及专职合规管理人员的考核管理制度，除机构主要负责人外，不得采取非分管合规管理部门的高级管理人员评价、其他部门评价、以业务部门的经营业绩为依据等不利于合规独立性的考核方式；不得将需要各部门合力完成的合规工作单独作为合规管理部门的考核指标。

第四十四条 金融机构应当建立合规工作考核制度，将内设部门、下属各机构合规管理质效纳入考核，并将合规管理情况纳入对下属各机构负责人的年度综合考核。

金融机构应当强化考核结果运用，将合规职责履行情况作为员工考核、人员任用、评优评先等工作的重要依据。

第四十五条 金融机构应当加强合规管理信息化建设，可以运用信息化手段将合规要求和业务管控措施嵌入流程，针对关键节点加强合规审查，强化过程管控。

第四十六条　金融机构应当建立合规培训机制，制定年度合规培训计划，加大对机构员工的培训力度，将合规管理作为董事、高级管理人员初任、重点合规风险岗位人员业务培训、新员工入职必修内容，持续提升员工合规意识。

第四章　监督管理与法律责任

第四十七条　国家金融监督管理总局及其派出机构应当对金融机构合规管理工作进行监督检查，并将金融机构合规管理工作开展情况作为综合评级的重要依据。

第四十八条　国家金融监督管理总局及其派出机构根据履行职责的需要，可以与金融机构董事、高级管理人员进行监管谈话，要求金融机构董事、高级管理人员就金融机构合规管理的重大事项作出说明。

第四十九条　金融机构未及时报告重大违法违规行为或者重大合规风险隐患，未按照要求提供合规管理资料的，由国家金融监督管理总局或者其派出机构依照《中华人民共和国银行业监督管理法》《中华人民共和国商业银行法》《中华人民共和国保险法》等相关规定处理。

第五十条　金融机构存在违法违规行为的，国家金融监督管理总局或者其派出机构责令限期整改，并可以明确要求金融机构设立专职的首席合规官或合规官，加强合规管理人员配备，上收金融机构下属责任机构的合规管理职责。金融机构逾期未完成整改的，国家金融监督管理总局或者其派出机构根据情节严重程度，采取行政处罚或者其他监管措施。

第五十一条　董事、高级管理人员未能勤勉尽责，致使金融机构发生重大违法违规行为或者重大合规风险的，由国家金融监督管理总局或者其派出机构依照相关法律规定采取行政处罚或者其他监管措施；涉嫌犯罪的，依法移送监察机关或者公安机关。

第五十二条　金融机构及其工作人员违反本办法规定，法律、行政法规对法律责任有规定的，适用法律、行政法规的规定；法律、行政法规没有规定的，国家金融监督管理总局及其派出机构根据情节严重程度，对金融机构及其直接负责的董事、高级管理人员和其他直接责任人员，处以警告、通报批评、十万元以下罚款；危害金融安全且有危害后果的，处以警告、通报批评、二十万元以下罚款。

第五十三条　首席合规官或者合规官违反本办法规定，情节严重，致使金融机构发生重大违法违规行为或者重大合规风险的，国家金融监督管理总局及其派出机构除依法采取行政处罚或者其他监管措施外，还可以依法责令金融机构调整首席合规官或者合规官；涉嫌犯罪的，依法移送监察机关或者公安机关。

第五十四条 金融机构通过有效的合规管理，主动发现违法违规行为或者合规风险隐患，积极妥善处理，落实责任追究，完善内部控制制度和业务流程，符合法定情形的，国家金融监督管理总局及其派出机构依法可以从轻、减轻处理；情节轻微并及时纠正违法违规行为，没有造成危害后果的，或者仅违反金融机构内部规定的，不予追究责任。

对于金融机构的违法违规行为，首席合规官或者合规官、合规管理部门、合规管理人员已经按照本办法的规定尽职履责的，不予追究责任。

第五章 附 则

第五十五条 金融控股公司、农村合作银行、农村信用合作社、外国银行分行、外国再保险公司分公司以及其他由国家金融监督管理总局及其派出机构监管的金融机构根据行业特点和监管要求参照执行。

第五十六条 本办法施行前，金融机构和其省级分支机构或者一级分支机构已设置的首席合规官、合规总监、合规负责人、作为高级管理人员的总法律顾问，可以履行本办法规定的首席合规官、合规官各项职责。上述人员工作调动前，不受本办法规定的任职条件限制，不需要重新取得国家金融监督管理总局或者其派出机构核准的任职资格。

第五十七条 本办法所称“以上”“以下”均包含本数。

第五十八条 本办法由国家金融监督管理总局负责解释，自2025年3月1日起施行，过渡期为本办法施行之日起一年。不符合本办法规定的，应当在过渡期内完成整改。《商业银行合规风险管理指引》（银监发〔2006〕76号）、《保险公司合规管理办法》（保监发〔2016〕116号）、《中国保监会关于进一步加强保险公司合规管理工作有关问题的通知》（保监发〔2016〕38号）同时废止。其他部门规章、规范性文件与本办法不一致的，以本办法为准。

十

国务院国有资产监督管理委员会
关于印发《中央企业全面风险管理指引》的通知

（国资发改革〔2006〕108号）

各中央企业：

企业全面风险管理是一项十分重要的工作，关系到国有资产保值增值和企业持续、健康、稳定发展。为了指导企业开展全面风险管理工作，进一步提高企业管理水平，增强企业竞争力，促进企业稳步发展，我们制定了《中央企业全面风险管理指引》，现印发你们，请结合本企业实际执行。企业在实施过程中的经验、做法及遇到的问题，请及时反馈我委。

国务院国有资产监督管理委员会

二〇〇六年六月六日

中央企业全面风险管理指引

第一章　总　　则

第一条　为指导国务院国有资产监督管理委员会（以下简称国资委）履行出资人职责的企业（以下简称中央企业）开展全面风险管理工作，增强企业竞争力，提高投资回报，促进企业持续、健康、稳定发展，根据《中华人民共和国公司法》、《企业国有资产监督管理暂行条例》等法律法规，制定本指引。

第二条　中央企业根据自身实际情况贯彻执行本指引。中央企业中的国有独资公司董事会负责督导本指引的实施；国有控股企业由国资委和国资委提名的董事通过股东（大）会和董事会按照法定程序负责督导本指引的实施。

第三条 本指引所称企业风险，指未来的不确定性对企业实现其经营目标的影响。企业风险一般可分为战略风险、财务风险、市场风险、运营风险、法律风险等；也可以能否为企业带来盈利等机会为标志，将风险分为纯粹风险（只有带来损失一种可能性）和机会风险（带来损失和盈利的可能性并存）。

第四条 本指引所称全面风险管理，指企业围绕总体经营目标，通过在企业管理的各个环节和经营过程中执行风险管理的基本流程，培育良好的风险管理文化，建立健全全面风险管理体系，包括风险管理策略、风险理财措施、风险管理的组织职能体系、风险管理信息系统和内部控制系统，从而为实现风险管理的总体目标提供合理保证的过程和方法。

第五条 本指引所称风险管理基本流程包括以下主要工作：

（一）收集风险管理初始信息；

（二）进行风险评估；

（三）制定风险管理策略；

（四）提出和实施风险管理解决方案；

（五）风险管理的监督与改进。

第六条 本指引所称内部控制系统，指围绕风险管理策略目标，针对企业战略、规划、产品研发、投融资、市场运营、财务、内部审计、法律事务、人力资源、采购、加工制造、销售、物流、质量、安全生产、环境保护等各项业务管理及其重要业务流程，通过执行风险管理基本流程，制定并执行的规章制度、程序和措施。

第七条 企业开展全面风险管理要努力实现以下风险管理总体目标：

（一）确保将风险控制在与总体目标相适应并可承受的范围内；

（二）确保内外部，尤其是企业与股东之间实现真实、可靠的信息沟通，包括编制和提供真实、可靠的财务报告；

（三）确保遵守有关法律法规；

（四）确保企业有关规章制度和为实现经营目标而采取重大措施的贯彻执行，保障经营管理的有效性，提高经营活动的效率和效果，降低实现经营目标的不确定性；

（五）确保企业建立针对各项重大风险发生后的危机处理计划，保护企业不因灾害性风险或人为失误而遭受重大损失。

第八条　企业开展全面风险管理工作，应注重防范和控制风险可能给企业造成损失和危害，也应把机会风险视为企业的特殊资源，通过对其管理，为企业创造价值，促进经营目标的实现。

第九条　企业应本着从实际出发，务求实效的原则，以对重大风险、重大事件（指重大风险发生后的事实）的管理和重要流程的内部控制为重点，积极开展全面风险管理工作。具备条件的企业应全面推进，尽快建立全面风险管理体系；其他企业应制定开展全面风险管理的总体规划，分步实施，可先选择发展战略、投资收购、财务报告、内部审计、衍生产品交易、法律事务、安全生产、应收账款管理等一项或多项业务开展风险管理工作，建立单项或多项内部控制子系统。通过积累经验，培养人才，逐步建立健全全面风险管理体系。

第十条　企业开展全面风险管理工作应与其他管理工作紧密结合，把风险管理的各项要求融入企业管理和业务流程中。具备条件的企业可建立风险管理三道防线，即各有关职能部门和业务单位为第一道防线；风险管理职能部门和董事会下设的风险管理委员会为第二道防线；内部审计部门和董事会下设的审计委员会为第三道防线。

第二章　风险管理初始信息

第十一条　实施全面风险管理，企业应广泛、持续不断地收集与本企业风险和风险管理相关的内部、外部初始信息，包括历史数据和未来预测。应把收集初始信息的职责分工落实到各有关职能部门和业务单位。

第十二条　在战略风险方面，企业应广泛收集国内外企业战略风险失控导致企业蒙受损失的案例，并至少收集与本企业相关的以下重要信息：

（一）国内外宏观经济政策以及经济运行情况、本行业状况、国家产业政策；

（二）科技进步、技术创新的有关内容；

（三）市场对本企业产品或服务的需求；

（四）与企业战略合作伙伴的关系，未来寻求战略合作伙伴的可能性；

（五）本企业主要客户、供应商及竞争对手的有关情况；

（六）与主要竞争对手相比，本企业实力与差距；

（七）本企业发展战略和规划、投融资计划、年度经营目标、经营战略，以及编制这些战略、规划、计划、目标的有关依据；

（八）本企业对外投融资流程中曾发生或易发生错误的业务流程或环节。

第十三条 在财务风险方面，企业应广泛收集国内外企业财务风险失控导致危机的案例，并至少收集本企业的以下重要信息（其中有行业平均指标或先进指标的，也应尽可能收集）：

（一）负债、或有负债、负债率、偿债能力；

（二）现金流、应收账款及其占销售收入的比重、资金周转率；

（三）产品存货及其占销售成本的比重、应付账款及其占购货额的比重；

（四）制造成本和管理费用、财务费用、营业费用；

（五）盈利能力；

（六）成本核算、资金结算和现金管理业务中曾发生或易发生错误的业务流程或环节；

（七）与本企业相关的行业会计政策、会计估算、与国际会计制度的差异与调节（如退休金、递延税项等）等信息。

第十四条 在市场风险方面，企业应广泛收集国内外企业忽视市场风险、缺乏应对措施导致企业蒙受损失的案例，并至少收集与本企业相关的以下重要信息：

（一）产品或服务的价格及供需变化；

（二）能源、原材料、配件等物资供应的充足性、稳定性和价格变化；

（三）主要客户、主要供应商的信用情况；

（四）税收政策和利率、汇率、股票价格指数的变化；

（五）潜在竞争者、竞争者及其主要产品、替代品情况。

第十五条 在运营风险方面，企业应至少收集与本企业、本行业相关的以下信息：

（一）产品结构、新产品研发；

（二）新市场开发，市场营销策略，包括产品或服务定价与销售渠道，市场营销环境状况等；

（三）企业组织效能、管理现状、企业文化，高、中层管理人员和重要业务流程中专业人员的知识结构、专业经验；

（四）期货等衍生产品业务中曾发生或易发生失误的流程和环节；

（五）质量、安全、环保、信息安全等管理中曾发生或易发生失误的业务流程或环节；

（六）因企业内、外部人员的道德风险致使企业遭受损失或业务控制系统失灵；

（七）给企业造成损失的自然灾害以及除上述有关情形之外的其他纯粹风险；

（八）对现有业务流程和信息系统操作运行情况的监管、运行评价及持续改进能力；

（九）企业风险管理的现状和能力。

第十六条 在法律风险方面，企业应广泛收集国内外企业忽视法律法规风险、缺乏应对措施导致企业蒙受损失的案例，并至少收集与本企业相关的以下信息：

（一）国内外与本企业相关的政治、法律环境；

（二）影响企业的新法律法规和政策；

（三）员工道德操守的遵从性；

（四）本企业签订的重大协议和有关贸易合同；

（五）本企业发生重大法律纠纷案件的情况；

（六）企业和竞争对手的知识产权情况。

第十七条 企业对收集的初始信息应进行必要的筛选、提炼、对比、分类、组合，以便进行风险评估。

第三章 风险评估

第十八条 企业应对收集的风险管理初始信息和企业各项业务管理及其重要业务流程进行风险评估。风险评估包括风险辨识、风险分析、风险评价三个步骤。

第十九条 风险评估应由企业组织有关职能部门和业务单位实施，也可聘请有资质、信誉好、风险管理专业能力强的中介机构协助实施。

第二十条 风险辨识是指查找企业各业务单元、各项重要经营活动及其重要业务流程中有无风险，有哪些风险。风险分析是对辨识出的风险及其特征进行明确的定义描述，分析和描述风险发生可能性的高低、风险发生的条件。风险评价是评估风险对企业实现目标的影响程度、风险的价值等。

第二十一条 进行风险辨识、分析、评价，应将定性与定量方法相结合。定性方法可采用问卷调查、集体讨论、专家咨询、情景分析、政策分析、行业标杆比较、管理层访谈、由专人主持的工作访谈和调查研究等。定量方法可采用统计推论（如集中趋势法）、计算机模拟（如蒙特卡罗分析法）、失效模式与影响分析、事件树分析等。

第二十二条 进行风险定量评估时，应统一制定各风险的度量单位和风险度量模型，并通过测试等方法，确保评估系统的假设前提、参数、数据来源和定量评估程序的合理性和准确性。要根据环境的变化，定期对假设前提和参数进行复核和修改，并将定量评估系统的估算结果与实际效果对比，据此对有关参数进行调整和改进。

第二十三条 风险分析应包括风险之间的关系分析，以便发现各风险之间的自然对冲、风险事件发生的正负相关性等组合效应，从风险策略上对风险进行统一集中管理。

第二十四条 企业在评估多项风险时，应根据对风险发生可能性的高低和对目标的影响程度的评估，绘制风险坐标图，对各项风险进行比较，初步确定对各项风险的管理优先顺序和策略。

第二十五条 企业应对风险管理信息实行动态管理，定期或不定期实施风险辨识、分析、评价，以便对新的风险和原有风险的变化重新评估。

第四章 风险管理策略

第二十六条 本指引所称风险管理策略，指企业根据自身条件和外部环境，围绕企业发展战略，确定风险偏好、风险承受度、风险管理有效性标准，选择风险承担、风险规避、风险转移、风险转换、风险对冲、风险补偿、风险控制等适合的风险管理工具的总体策略，并确定风险管理所需人力和财力资源的配置原则。

第二十七条 一般情况下，对战略、财务、运营和法律风险，可采取风险承担、风险规避、风险转换、风险控制等方法。对能够通过保险、期货、对冲等金融手段进行理财的风险，可以采用风险转移、风险对冲、风险补偿等方法。

第二十八条 企业应根据不同业务特点统一确定风险偏好和风险承受度，即企业愿意承担哪些风险，明确风险的最低限度和不能超过的最高限度，并据此确定风险的预警线及相应采取的对策。确定风险偏好和风险承受度，要正确认识和把握风险与收益的平衡，防止和纠正忽视风险，片面追求收益而不讲条件、范围，认为风险越大、收益越高的观念和做法；同时，也要防止单纯为规避风险而放弃发展机遇。

第二十九条　企业应根据风险与收益相平衡的原则以及各风险在风险坐标图上的位置，进一步确定风险管理的优选顺序，明确风险管理成本的资金预算和控制风险的组织体系、人力资源、应对措施等总体安排。

第三十条　企业应定期总结和分析已制定的风险管理策略的有效性和合理性，结合实际不断修订和完善。其中，应重点检查依据风险偏好、风险承受度和风险控制预警线实施的结果是否有效，并提出定性或定量的有效性标准。

第五章　风险管理解决方案

第三十一条　企业应根据风险管理策略，针对各类风险或每一项重大风险制定风险管理解决方案。方案一般应包括风险解决的具体目标，所需的组织领导，所涉及的管理及业务流程，所需的条件、手段等资源，风险事件发生前、中、后所采取的具体应对措施以及风险管理工具（如：关键风险指标管理、损失事件管理等）。

第三十二条　企业制定风险管理解决的外包方案，应注重成本与收益的平衡、外包工作的质量、自身商业秘密的保护以及防止自身对风险解决外包产生依赖性风险等，并制定相应的预防和控制措施。

第三十三条　企业制定风险解决的内控方案，应满足合规的要求，坚持经营战略与风险策略一致、风险控制与运营效率及效果相平衡的原则，针对重大风险所涉及的各管理及业务流程，制定涵盖各个环节的全流程控制措施；对其他风险所涉及的业务流程，要把关键环节作为控制点，采取相应的控制措施。

第三十四条　企业制定内控措施，一般至少包括以下内容：

（一）建立内控岗位授权制度。对内控所涉及的各岗位明确规定授权的对象、条件、范围和额度等，任何组织和个人不得超越授权做出风险性决定；

（二）建立内控报告制度。明确规定报告人与接受报告人，报告的时间、内容、频率、传递路线、负责处理报告的部门和人员等；

（三）建立内控批准制度。对内控所涉及的重要事项，明确规定批准的程序、条件、范围和额度、必备文件以及有权批准的部门和人员及其相应责任；

（四）建立内控责任制度。按照权利、义务和责任相统一的原则，明确规定各有关部门和业务单位、岗位、人员应负的责任和奖惩制度；

（五）建立内控审计检查制度。结合内控的有关要求、方法、标准与流程，明确规定审计检查的对象、内容、方式和负责审计检查的部门等；

（六）建立内控考核评价制度。具备条件的企业应把各业务单位风险管理执行情况与绩效薪酬挂钩；

（七）建立重大风险预警制度。对重大风险进行持续不断的监测，及时发布预警信息，制定应急预案，并根据情况变化调整控制措施；

（八）建立健全以总法律顾问制度为核心的企业法律顾问制度。大力加强企业法律风险防范机制建设，形成由企业决策层主导、企业总法律顾问牵头、企业法律顾问提供业务保障、全体员工共同参与的法律风险责任体系。完善企业重大法律纠纷案件的备案管理制度；

（九）建立重要岗位权力制衡制度，明确规定不相容职责的分离。主要包括：授权批准、业务经办、会计记录、财产保管和稽核检查等职责。对内控所涉及的重要岗位可设置一岗双人、双职、双责，相互制约；明确该岗位的上级部门或人员对其应采取的监督措施和应负的监督责任；将该岗位作为内部审计的重点等。

第三十五条　企业应当按照各有关部门和业务单位的职责分工，认真组织实施风险管理解决方案，确保各项措施落实到位。

第六章　风险管理的监督与改进

第三十六条　企业应以重大风险、重大事件和重大决策、重要管理及业务流程为重点，对风险管理初始信息、风险评估、风险管理策略、关键控制活动及风险管理解决方案的实施情况进行监督，采用压力测试、返回测试、穿行测试以及风险控制自我评估等方法对风险管理的有效性进行检验，根据变化情况和存在的缺陷及时加以改进。

第三十七条　企业应建立贯穿于整个风险管理基本流程，连接各上下级、各部门和业务单位的风险管理信息沟通渠道，确保信息沟通的及时、准确、完整，为风险管理监督与改进奠定基础。

第三十八条　企业各有关部门和业务单位应定期对风险管理工作进行自查和检验，及时发现缺陷并改进，其检查、检验报告应及时报送企业风险管理职能部门。

第三十九条　企业风险管理职能部门应定期对各部门和业务单位风险管理工作实施情况和有效性进行检查和检验，要根据本指引第三十条要求对风险管理策略进行评估，对跨部门和业务单位的风险管理解决方案进行评价，提出调整或改进建议，出具评价和建议报告，及时报送企业总经理或其委托分管风险管理工作的高级管理人员。

第四十条　企业内部审计部门应至少每年一次对包括风险管理职能部门在内的各有关部门和业务单位能否按照有关规定开展风险管理工作及其工作效果进行监督评价，监督评价报告应直接报送董事会或董事会下设的风险管理委员会和审计委员会。此项工作也可结合年度审计、任期审计或专项审计工作一并开展。

第四十一条　企业可聘请有资质、信誉好、风险管理专业能力强的中介机构对企业全面风险管理工作进行评价，出具风险管理评估和建议专项报告。报告一般应包括以下几方面的实施情况、存在缺陷和改进建议：

（一）风险管理基本流程与风险管理策略；

（二）企业重大风险、重大事件和重要管理及业务流程的风险管理及内部控制系统的建设；

（三）风险管理组织体系与信息系统；

（四）全面风险管理总体目标。

第七章　风险管理组织体系

第四十二条　企业应建立健全风险管理组织体系，主要包括规范的公司法人治理结构，风险管理职能部门、内部审计部门和法律事务部门以及其他有关职能部门、业务单位的组织领导机构及其职责。

第四十三条　企业应建立健全规范的公司法人治理结构，股东（大）会（对于国有独资公司或国有独资企业，即指国资委，下同）、董事会、监事会、经理层依法履行职责，形成高效运转、有效制衡的监督约束机制。

第四十四条　国有独资公司和国有控股公司应建立外部董事、独立董事制度，外部董事、独立董事人数应超过董事会全部成员的半数，以保证董事会能够在重大决策、重大风险管理等方面作出独立于经理层的判断和选择。

第四十五条　董事会就全面风险管理工作的有效性对股东（大）会负

责。董事会在全面风险管理方面主要履行以下职责：

（一）审议并向股东（大）会提交企业全面风险管理年度工作报告；

（二）确定企业风险管理总体目标、风险偏好、风险承受度，批准风险管理策略和重大风险管理解决方案；

（三）了解和掌握企业面临的各项重大风险及其风险管理现状，做出有效控制风险的决策；

（四）批准重大决策、重大风险、重大事件和重要业务流程的判断标准或判断机制；

（五）批准重大决策的风险评估报告；

（六）批准内部审计部门提交的风险管理监督评价审计报告；

（七）批准风险管理组织机构设置及其职责方案；

（八）批准风险管理措施，纠正和处理任何组织或个人超越风险管理制度做出的风险性决定的行为；

（九）督导企业风险管理文化的培育；

（十）全面风险管理其他重大事项。

第四十六条　具备条件的企业，董事会可下设风险管理委员会。该委员会的召集人应由不兼任总经理的董事长担任；董事长兼任总经理的，召集人应由外部董事或独立董事担任。该委员会成员中需有熟悉企业重要管理及业务流程的董事，以及具备风险管理监管知识或经验、具有一定法律知识的董事。

第四十七条　风险管理委员会对董事会负责，主要履行以下职责：

（一）提交全面风险管理年度报告；

（二）审议风险管理策略和重大风险管理解决方案；

（三）审议重大决策、重大风险、重大事件和重要业务流程的判断标准或判断机制，以及重大决策的风险评估报告；

（四）审议内部审计部门提交的风险管理监督评价审计综合报告；

（五）审议风险管理组织机构设置及其职责方案；

（六）办理董事会授权的有关全面风险管理的其他事项。

第四十八条　企业总经理对全面风险管理工作的有效性向董事会负责。总经理或总经理委托的高级管理人员，负责主持全面风险管理的日常工作，负责组织拟订企业风险管理组织机构设置及其职责方案。

第四十九条　企业应设立专职部门或确定相关职能部门履行全面风险

管理的职责。该部门对总经理或其委托的高级管理人员负责，主要履行以下职责：

（一）研究提出全面风险管理工作报告；

（二）研究提出跨职能部门的重大决策、重大风险、重大事件和重要业务流程的判断标准或判断机制；

（三）研究提出跨职能部门的重大决策风险评估报告；

（四）研究提出风险管理策略和跨职能部门的重大风险管理解决方案，并负责该方案的组织实施和对该风险的日常监控；

（五）负责对全面风险管理有效性评估，研究提出全面风险管理的改进方案；

（六）负责组织建立风险管理信息系统；

（七）负责组织协调全面风险管理日常工作；

（八）负责指导、监督有关职能部门、各业务单位以及全资、控股子企业开展全面风险管理工作；

（九）办理风险管理其他有关工作。

第五十条 企业应在董事会下设立审计委员会，企业内部审计部门对审计委员会负责。审计委员会和内部审计部门的职责应符合《中央企业内部审计管理暂行办法》（国资委令第8号）的有关规定。内部审计部门在风险管理方面，主要负责研究提出全面风险管理监督评价体系，制定监督评价相关制度，开展监督与评价，出具监督评价审计报告。

第五十一条 企业其他职能部门及各业务单位在全面风险管理工作中，应接受风险管理职能部门和内部审计部门的组织、协调、指导和监督，主要履行以下职责：

（一）执行风险管理基本流程；

（二）研究提出本职能部门或业务单位重大决策、重大风险、重大事件和重要业务流程的判断标准或判断机制；

（三）研究提出本职能部门或业务单位的重大决策风险评估报告；

（四）做好本职能部门或业务单位建立风险管理信息系统的工作；

（五）做好培育风险管理文化的有关工作；

（六）建立健全本职能部门或业务单位的风险管理内部控制子系统；

（七）办理风险管理其他有关工作。

第五十二条 企业应通过法定程序，指导和监督其全资、控股子企业建立与企业相适应或符合全资、控股子企业自身特点、能有效发挥作用的风险管理组织体系。

第八章　风险管理信息系统

第五十三条　企业应将信息技术应用于风险管理的各项工作，建立涵盖风险管理基本流程和内部控制系统各环节的风险管理信息系统，包括信息的采集、存储、加工、分析、测试、传递、报告、披露等。

第五十四条　企业应采取措施确保向风险管理信息系统输入的业务数据和风险量化值的一致性、准确性、及时性、可用性和完整性。对输入信息系统的数据，未经批准，不得更改。

第五十五条　风险管理信息系统应能够进行对各种风险的计量和定量分析、定量测试；能够实时反映风险矩阵和排序频谱、重大风险和重要业务流程的监控状态；能够对超过风险预警上限的重大风险实施信息报警；能够满足风险管理内部信息报告制度和企业对外信息披露管理制度的要求。

第五十六条　风险管理信息系统应实现信息在各职能部门、业务单位之间的集成与共享，既能满足单项业务风险管理的要求，也能满足企业整体和跨职能部门、业务单位的风险管理综合要求。

第五十七条　企业应确保风险管理信息系统的稳定运行和安全，并根据实际需要不断进行改进、完善或更新。

第五十八条　已建立或基本建立企业管理信息系统的企业，应补充、调整、更新已有的管理流程和管理程序，建立完善的风险管理信息系统；尚未建立企业管理信息系统的，应将风险管理与企业各项管理业务流程、管理软件统一规划、统一设计、统一实施、同步运行。

第九章　风险管理文化

第五十九条　企业应注重建立具有风险意识的企业文化，促进企业风险管理水平、员工风险管理素质的提升，保障企业风险管理目标的实现。

第六十条　风险管理文化建设应融入企业文化建设全过程。大力培育和塑造良好的风险管理文化，树立正确的风险管理理念，增强员工风险管理意识，将风险管理意识转化为员工的共同认识和自觉行动，促进企业建立系统、规范、高效的风险管理机制。

第六十一条　企业应在内部各个层面营造风险管理文化氛围。董事会应高度重视风险管理文化的培育，总经理负责培育风险管理文化的日常工作。董事和高级管理人员应在培育风险管理文化中起表率作用。重要管理及业务流程和风险控制点的管理人员和业务操作人员应成为培育风险管理文化的骨干。

第六十二条　企业应大力加强员工法律素质教育，制定员工道德诚信准则，形成人人讲道德诚信、合法合规经营的风险管理文化。对于不遵守国家法律法规和企业规章制度、弄虚作假、徇私舞弊等违法及违反道德诚信准则的行为，企业应严肃查处。

第六十三条　企业全体员工尤其是各级管理人员和业务操作人员应通过多种形式，努力传播企业风险管理文化，牢固树立风险无处不在、风险无时不在、严格防控纯粹风险、审慎处置机会风险、岗位风险管理责任重大等意识和理念。

第六十四条　风险管理文化建设应与薪酬制度和人事制度相结合，有利于增强各级管理人员特别是高级管理人员风险意识，防止盲目扩张、片面追求业绩、忽视风险等行为的发生。

第六十五条　企业应建立重要管理及业务流程、风险控制点的管理人员和业务操作人员岗前风险管理培训制度。采取多种途径和形式，加强对风险管理理念、知识、流程、管控核心内容的培训，培养风险管理人才，培育风险管理文化。

第十章　附　　则

第六十六条　中央企业中未设立董事会的国有独资企业，由经理办公会议代行本指引中有关董事会的职责，总经理对本指引的贯彻执行负责。

第六十七条　本指引在中央企业投资、财务报告、衍生产品交易等方面的风险管理配套文件另行下发。

第六十八条　本指引的《附录》对本指引所涉及的有关技术方法和专业术语进行了说明。

第六十九条　本指引由国务院国有资产监督管理委员会负责解释。

第七十条　本指引自印发之日起施行。

附录：

风险管理常用技术方法简介

一、风险坐标图

风险坐标图是把风险发生可能性的高低、风险发生后对目标的影响程度，作为两个维度绘制在同一个平面上（即绘制成直角坐标系）。对风险发生可能性的高低、风险对目标影响程度的评估有定性、定量等方法。定性方法是直接用文字描述风险发生可能性的高低、风险对目标的影响程度，如“极低”、“低”、“中等”、“高”、“极高”等。定量方法是对风险发生可能性的高低、风险对目标影响程度用具有实际意义的数量描述，如对风险发生可能性的高低用概率来表示，对目标影响程度用损失金额来表示。

下表列出某公司对风险发生可能性的定性、定量评估标准及其相互对应关系，供实际操作中参考。

定量方法一	评分	1	2	3	4	5
定量方法二	一定时期发生的概率	10%以下	10% -30%	30% -70%	70% -90%	90%以上
定性方法	文字描述一	极低	低	中等	高	极高
	文字描述二	一般情况下不会发生	极少情况下才发生	某些情况下发生	较多情况下发生	常常会发生
	文字描述三	今后10年内发生的可能少于1次	今后5-10年内可能发生1次	今后2-5年内可能发生1次	今后1年内可能发生1次	今后1年内至少发生1次

下表列出某公司关于风险发生后对目标影响程度的定性、定量评估标准及其相互对应关系，供实际操作中参考。

适用范围	方法	项目	子项	1	2	3	4	5
适用于所有行业	定量方法一	评分		1	2	3	4	5
适用于所有行业	定量方法二	企业财务损失占税前利润的百分比（%）		1%以下	1% –5%	6% –10%	11% –20%	20%以上
适用于所有行业	定性方法	文字描述一		极轻微的	轻微的	中等的	重大的	灾难性的
适用于所有行业	定性方法	文字描述二		极低	低	中等	高	极高
适用于所有行业	定性方法	文字描述三	企业日常运行	不受影响	轻度影响（造成轻微的人身伤害，情况立刻受到控制）	中度影响（造成一定人身伤害，需要医疗救援，情况需要外部支持才能得到控制）	严重影响（企业失去一些业务能力，造成严重人身伤害，情况失控，但无致命影响）	重大影响（重大业务失误，造成重大人身伤亡，情况失控，给企业致命影响）
适用于所有行业	定性方法	文字描述三	财务损失	较低的财务损失	轻微的财务损失	中等的财务损失	重大的财务损失	极大的财务损失
适用于所有行业	定性方法	文字描述三	企业声誉	负面消息在企业内部流传，企业声誉没有受损	负面消息在当地局部流传，对企业声誉造成轻微损害	负面消息在某区域流传，对企业声誉造成中等损害	负面消息在全国各地流传，对企业声誉造成重大损害	负面消息流传世界各地，政府或监管机构进行调查，引起公众关注，对企业声誉造成无法弥补的损害
适用于开采业、制造业	定性与定量结合	安全		短暂影响职工或公民的健康	严重影响一位职工或公民健康	严重影响多位职工或公民健康	导致一位职工或公民死亡	引致多位职工或公民死亡
适用于开采业、制造业	定性与定量结合	营运		–对营运影响微弱 –在时间、人力或成本方面不超出预算1%	–对营运影响轻微 –受到监管者责难 –在时间、人力或成本方面超出预算1% –5%	–减慢营业运作 –受到法规惩罚或被罚款等 –在时间、人力或成本方面超出预算6% –10%	–无法达到部分营运目标或关键业绩指标 –受到监管者的限制 –在时间、人力或成本方面超出预算11% –20%	–无法达到所有的营运目标或关键业绩指标 –违规操作使业务受到中止 –时间、人力或成本方面超出预算20%
适用于开采业、制造业	定性与定量结合	环境		–对环境或社会造成短暂的影响 –可不采取行动	–对环境或社会造成一定的影响 –应通知政府有关部门	–对环境造成中等影响 –需一定时间才能恢复 –出现个别投诉事件 –应执行一定程度的补救措施	–造成主要环境损害 –需要相当长的时间来恢复 –大规模的公众投诉 –应执行重大的补救措施	–无法弥补的灾难性环境损害 –激起公众的愤怒 –潜在的大规模的公众法律投诉

对风险发生可能性的高低和风险对目标影响程度进行定性或定量评估后，依据评估结果绘制风险坐标图。如：某公司对 9 项风险进行了定性评估，风险①发生的可能性为“低”，风险发生后对目标的影响程度为“极低”；……；风险⑨发生的可能性为“极低”，对目标的影响程度为“高”，则绘制风险坐标图如下：(图略)

如某公司对 7 项风险进行定量评估，其中：风险①发生的可能性为 83%，发生后对企业造成的损失为 2100 万元；风险②发生的可能性为 40%，发生后对企业造成的损失为 3800 万元；……；而风险⑦发生的可能性在 55% 到 62% 之间，发生后对企业造成的损失在 7500 万元到 9100 万元之间，在风险坐标图上用一个区域来表示，则绘制风险坐标图如下：(图略)

绘制风险坐标图的目的在于对多项风险进行直观的比较，从而确定各风险管理的优先顺序和策略。如：某公司绘制了如下风险坐标图，并将该图划分为 A、B、C 三个区域，公司决定承担 A 区域中的各项风险且不再增加控制措施；严格控制 B 区域中的各项风险且专门补充制定各项控制措施；确保规避和转移 C 区域中的各项风险且优先安排实施各项防范措施。(图略)

二、蒙特卡罗方法

蒙特卡罗方法是一种随机模拟数学方法。该方法用来分析评估风险发生可能性、风险的成因、风险造成的损失或带来的机会等变量在未来变化的概率分布。具体操作步骤如下：

1. 量化风险。将需要分析评估的风险进行量化，明确其度量单位，得到风险变量，并收集历史相关数据。

2. 根据对历史数据的分析，借鉴常用建模方法，建立能描述该风险变量在未来变化的概率模型。建立概率模型的方法很多，例如：差分和微分方程方法，插值和拟合方法等。这些方法大致分为两类：一类是对风险变量之间的关系及其未来的情况作出假设，直接描述该风险变量在未来的分布类型（如正态分布），并确定其分布参数；另一类是对风险变量的变化过程作出假设，描述该风险变量在未来的分布类型。

3. 计算概率分布初步结果。利用随机数字发生器，将生成的随机数字代入上述概率模型，生成风险变量的概率分布初步结果。

4. 修正完善概率模型。通过对生成的概率分布初步结果进行分析，用实验数据验证模型的正确性，并在实践中不断修正和完善模型。

5. 利用该模型分析评估风险情况。

正态分布是蒙特卡罗风险方法中使用最广泛的一类模型。通常情况下，如果一个变量受很多相互独立的随机因素的影响，而其中每一个因素的影响都很小，则该变量服从正态分布。在自然界和社会中大量的变量都满足正态分布。描述正态分布需要两个特征值：均值和标准差。其密度函数和分布函数的一般形式：（公式略）

由于蒙特卡罗方法依赖于模型的选择，因此，模型本身的选择对于蒙特卡罗方法计算结果的精度影响甚大。蒙特卡罗方法计算量很大，通常借助计算机完成。

三、关键风险指标管理

一项风险事件发生可能有多种成因，但关键成因往往只有几种。关键风险指标管理是对引起风险事件发生的关键成因指标进行管理的方法。具体操作步骤如下：

1. 分析风险成因，从中找出关键成因。

2. 将关键成因量化，确定其度量，分析确定导致风险事件发生（或极有可能发生）时该成因的具体数值。

3. 以该具体数值为基础，以发出风险预警信息为目的，加上或减去一定数值后形成新的数值，该数值即为关键风险指标。

4. 建立风险预警系统，即当关键成因数值达到关键风险指标时，发出风险预警信息。

5. 制定出现风险预警信息时应采取的风险控制措施。

6. 跟踪监测关键成因数值的变化，一旦出现预警，即实施风险控制措施。

以易燃易爆危险品储存容器泄漏引发爆炸的风险管理为例。容器泄漏的成因有：使用时间过长、日常维护不够、人为破坏、气候变化等因素，但容器使用时间过长是关键成因。如容器使用最高期限为50年，人们发现当使用时间超过45年后，则易发生泄漏。该“45年”即为关键风险指标。为此，制定使用时间超过“45年”后需采取的风险控制措施，一旦使用时间接近或达到“45年”时，发出预警信息，即采取相应措施。

该方法既可以管理单项风险的多个关键成因指标，也可以管理影响企业主要目标的多个主要风险。使用该方法，要求风险关键成因分析准确，且易量化、易统计、易跟踪监测。

四、压力测试

压力测试是指在极端情景下，分析评估风险管理模型或内控流程的有效性，发现问题，制定改进措施的方法，目的是防止出现重大损失事件。具体操作步骤如下：

1. 针对某一风险管理模型或内控流程，假设可能会发生哪些极端情景。极端情景是指在非正常情况下，发生概率很小，而一旦发生，后果十分严重的事情。假设极端情景时，不仅要考虑本企业或与本企业类似的其他企业出现过的历史教训，还要考虑历史上不曾出现，但将来可能会出现的事情。

2. 评估极端情景发生时，该风险管理模型或内控流程是否有效，并分析对目标可能造成的损失。

3. 制定相应措施，进一步修改和完善风险管理模型或内控流程。

以信用风险管理为例。如：一个企业已有一个信用很好的交易伙伴，该交易伙伴除发生极端情景，一般不会违约。因此，在日常交易中，该企业只需“常规的风险管理策略和内控流程”即可。采用压力测试方法，是假设该交易伙伴将来发生极端情景（如其财产毁于地震、火灾、被盗），被迫违约对该企业造成了重大损失。而该企业“常规的风险管理策略和内控流程”在极端情景下不能有效防止重大损失事件，为此，该企业采取了购买保险或相应衍生产品、开发多个交易伙伴等措施。

风险管理专业术语解释

1. 风险理财：利用金融手段管理风险的方法，包括：预提风险准备金、购买保险或使用专业自保公司、衍生产品交易以及风险融资等。

2. 情景分析：通过假设、预测、模拟等手段生成未来情景，并分析其对目标产生影响的方法，包括：历史情景重演法、预期法、因素分解法、随机模拟法等方法。

3. 集中趋势法：指根据随机变量的分布情况，计算出该变量分布的集中特性值（均值、中数、众数等），从而预测未来情况的方法。它是数据推论方法的一种。

4. 失效模式与影响分析：通过辨识系统失去效用后的各种状况，分析其影响，并采取相应措施的方法。

5. 事件树分析：以树状图形方式分析风险事件间因果关系的方法。

6. 风险偏好：为了实现目标，企业在承担风险的种类、大小等方面的基本态度。

7. 风险承受度：企业愿意承担的风险限度，也是企业风险偏好的边界。

8. 风险对冲：通过承担多个风险，使相关风险能够互相抵消的方法。使用该方法，必须进行风险组合，而不是对单一风险进行规避、控制。如：资产组合、多种外币结算、战略上的分散经营、套期保值等。

9. 损失事件管理：对可能给企业造成重大损失的风险事件的事前、事中、事后管理的方法。损失包括企业的资金、声誉、技术、品牌、人才等。

10. 返回测试：将历史数据输入到风险管理模型或内控流程中，把结果与预测值对比，以检验其有效性的方法。

11. 穿行测试：在正常运行条件下，将初始数据输入内控流程，穿越全流程和所有关键环节，把运行结果与设计要求对比，以发现内控流程缺陷的方法。

十一

国务院国有资产监督管理委员会关于印发《关于全面推进法治央企建设的意见》的通知

国资发法规〔2015〕166号

各中央企业：

为贯彻落实党的十八届三中、四中、五中全会精神和党中央、国务院关于深化国有企业改革的部署要求，进一步推进中央企业法制建设，提升依法治企能力水平，我们制定了《关于全面推进法治央企建设的意见》，现印发给你们，请认真贯彻落实。

国务院国有资产监督管理委员会

2015年12月8日

关于全面推进法治央企建设的意见

党的十八届三中、四中全会作出全面深化改革和全面推进依法治国的重大战略部署。习近平总书记强调，要把全面依法治国放在“四个全面”战略布局中来把握。中央企业是我国国民经济的重要支柱，是落实全面依法治国战略的重要主体，应当在建设社会主义法治国家中发挥重要作用。近年来，中央企业深入推进法治建设，依法经营管理水平不断提升，依法治企能力明显增强，为改革发展提供了重要的支撑保障。但与此同时，中央企业法治工作与全面依法治国的要求相比还有不小差距。新形势下，全面建设法治央企，是贯彻落实全面依法治国战略的重要内容，是进一步深化国企改革的必然要求，也是提升企业核心竞争力，做强做优做大中央企业的迫切需要。为此，现就全面推进法治央企建设提出以下意见：

一、总体要求

（一）指导思想。认真贯彻落实党的十八届三中、四中、五中全会精神和习近平总书记系列重要讲话精神，按照全面依法治国战略部署，围绕中央企业改革发展总体目标，适应市场化、现代化、国际化发展需要，坚持依法治理、依法经营、依法管理共同推进，坚持法治体系、法治能力、法治文化一体建设，加强制度创新，以健全公司法人治理结构为基础，以促进依法经营管理为重点，以提升企业法律管理能力为手段，切实加强对企业法治建设的组织领导，大力推动企业治理体系和治理能力现代化，促进中央企业健康可持续发展。

（二）基本原则。

——坚持围绕中心，服务发展大局。紧紧围绕中央企业改革发展中心任务，充分发挥法治在推进分类改革、完善现代企业制度、发展混合所有制经济、强化监督防止国有资产流失等重点改革任务中的重要作用，支撑企业实施自主创新、转型升级等重大发展战略，为中央企业改革发展提供坚实的法治保障。

——坚持全面覆盖，突出工作重点。把依法治企要求全面融入企业决策运营各个环节，贯穿各业务领域、各管理层级、各工作岗位，努力实现法治工作全流程、全覆盖，同时突出依法治理、依法合规经营、依法规范管理等重点领域法治建设。

——坚持权责明确，强化协同配合。切实加强对法治央企建设的组织领导，明确企业主要负责人、总法律顾问、法律事务机构、其他部门在推进法治建设中的责任，有效整合资源，增强工作合力，形成上下联动、部门协同的法治建设大格局。

——坚持领导带头，确保全员参与。牢牢抓住领导干部这个“关键少数”，大力提升领导干部的法治思维和依法办事能力，充分发挥领导干部尊法学法守法用法的示范作用，进一步强化普法宣传教育，提高全员法治素养，充分调动职工的积极性和主动性，努力形成全员守法的良好氛围。

（三）总体目标。到2020年，中央企业依法治理能力进一步增强，依法合规经营水平显著提升，依法规范管理能力不断强化，全员法治素质明显提高，企业法治文化更加浓厚，依法治企能力达到国际同行业先进水平，努力成为治理完善、经营合规、管理规范、守法诚信的法治央企。

二、切实增强依法治理能力

（四）充分发挥章程在公司治理中的统领作用。根据企业行业特点、管理架构等实际，依法完善公司章程，合理配置股东权利义务，明确议事规则和决策机制。突出章程在规范各治理主体权责关系中的基础性作用，依法厘清股东（大）会、董事会、监事会、经理层的职责边界，明确履职程序。依据章程建立健全企业各项基本制度、管理机制和工作体系，细化董事会、经理层工作规则等配套办法。把加强党的领导和完善公司治理统一起来，明确党组织在公司治理结构中的法定地位，将党建工作总体要求纳入公司章程。加强对章程落实情况的监督，坚决纠正与章程不符的规定和行为。高度重视子企业章程制定工作，依法依章程对子企业规范行使股东权，处理好维护出资人权益与尊重子企业经营自主权的关系。充分发挥总法律顾问和法律事务机构在章程制定、执行和监督中的重要作用，确保章程依法制定、依法实施。

（五）完善各治理主体依法履职保障机制。按照《公司法》、《企业国有资产法》等法律法规，进一步完善公司法人治理结构，提升治理主体依法履职能力。优化董事会知识结构，通过加强法律培训、选拔法律专业人员担任董事等方式，提升董事会依法决策水平。明确负责推进企业法治建设的专门委员会，对经理层依法治企情况进行监督，并将企业法治建设情况作为董事会年度工作报告的重要内容。董事会审议事项涉及法律问题的，总法律顾问应列席会议并提出法律意见。加大监事会对依法治企情况和董事、高级管理人员依法履职情况的监督力度，配备具有法律专业背景的专职监事，将企业合规经营、依法管理作为当期监督的重要内容。总法律顾问应当全面参与经理层的经营管理活动，充分发挥法律审核把关作用。健全党组织参与重大决策机制，强化党组织对企业领导人员依法行权履职的监督，确保企业决策部署及其执行过程符合党和国家方针政策、法律法规。

三、着力强化依法合规经营

（六）健全依法决策机制。进一步完善“三重一大”等决策制度，细化各层级决策范围、事项和权限。健全依法决策程序，严格落实职工参与、专家论证、风险评估、法律审核、集体决策等程序要求。完善重大决策合法性审查机制，未经合法性审查或者经审查不合法的，不得提交决策会议讨论。高度重视对重大改革事项的法律论证，切实防范法律风险，确保各项改革措施于法有据。中央企业报请国资委审批事项涉及法律问题的，应当出具总法律顾问签字的法律意见书。依法健全以职工代表大会为基本形式的企业民主管理制度，规范职工董事、职工监事产生的程序，切实发挥其在参与决策和公司治理中的作用。

（七）依法参与市场竞争。严格执行有关反垄断、安全生产、环境保护、节能减排、产品质量、知识产权、劳动用工等国家法律法规和市场规则，坚决杜绝违法违规行为。崇尚契约精神，重合同、守信用，公平参与市场竞争，自觉维护市场秩序。认真履行社会责任，切实维护消费者和其他利益相关方的合法权益。明确法律事务机构的合同管理职责，严格落实合同法律审核制度，充分发挥法律审核在规范市场竞争、防止违法违规行为中的重要作用。提升依法维权能力，加大对侵权行为的追责力度，妥善解决法律纠纷案件，切实维护自身合法权益。

（八）依法开展国际化经营。在实施走出去战略、参与"一带一路"建设、推进国际产能和装备制造合作过程中，严格按照国际规则、所在国法律和我国相关法律法规开展境外业务，有效防范法律风险。建立境外重大项目法律顾问提前介入工作机制，将法律论证与市场论证、技术论证、财务论证有机结合，实现从可行性论证到立项决策、从谈判签约到项目实施全程参与，确保法律风险防范全覆盖。突出境外法律风险防范重点，高度重视国家安全审查、反垄断审查、反倾销反补贴调查和知识产权等领域的法律风险，深入做好尽职调查，组织拟定防范预案。建立健全涉外重大法律纠纷案件预警和应对机制。完善境外法治工作组织体系，推动境外重要子企业或业务相对集中的区域设立法律事务机构或配备专职法律顾问。

四、进一步加强依法规范管理

（九）完善企业规章制度体系。根据国家法律法规和国有资产监管制度，结合企业实际，进一步完善财务管理、劳动用工、物资采购等各项规章制度。完善规章制度制定工作机制，广泛吸纳业务骨干、专家学者等共同参与规章制度的研究制定，加强对规章制度的法律审核，确保各项制度依法合规。健全规章制度实施机制，提高制度执行力，通过加强宣贯培训、纳入业务流程、明确岗位守则等方式，确保各项制度得到有效落实。探索建立规章制度评估机制，定期开展规章制度梳理工作，对规章制度执行情况进行评价，及时堵塞制度漏洞，形成制度体系完整闭环。强化规章制度落实监督机制，法律、审计、纪检和相关业务部门定期对制度落实情况进行监督检查，对违规行为严格督促整改、开展责任追究。

（十）依法规范重点领域和关键环节管理。加强对企业投资融资、改制重组、对外担保、产权流转、物资采购、招标投标等重点领域的管理，通过信息化手段，确保流程规范、公开透明，坚决杜绝暗箱操作。在推进混合所有制、员工持股、股权激励等改革过程中，坚持依法规范操作，确保法律事务机构全程参与，严控法律风险，防止国有资产流失。高度重视对企业内部审批、执行等关键环节的管理，强化对权力集中、资金密集、资源富集、资产聚集的部门和岗位的监督，实行分事行权、分岗设权、分级授权，定期轮岗，强化内部流程控制，防止权力滥用。严格执行信息披露制度，依法加大信息公开力度，积极打造阳光央企。完善企业内部监督体系，形成法律与审计、纪检监察、巡视、财务等部门的监督合力。

（十一）大力提升法律管理水平。进一步深化法律风险防范机制，加快促进法律管理与经营管理的深度融合，将法律审核嵌入管理流程，使法律审核成为经营管理的必经环节，在确保规章制度、经济合同、重要决策法律审核率100%的同时，通过开展后评估等方式，不断提高审核质量。加快提升合规管理能力，建立由总法律顾问领导，法律事务机构作为牵头部门，相关部门共同参与、齐抓共管的合规管理工作体系，研究制定统一有效、全面覆盖、内容明确的合规制度准则，加强合规教育培训，努力形成全员合规的良性机制。探索建立法律、合规、风险、内控一体化管理平台。加强知识产权管理，强化知识产权保护，为企业自主创新、转型升级、品牌建设提供有力支撑。健全完善法律风险防范、纠纷案件处理等各项法律管理制度，探索创新法律管理方式方法，大力推进信息化建设，提高管理效能。

五、加强组织领导

（十二）强化领导责任。企业主要负责人充分发挥“关键少数”作用，认真履行推进本企业法治建设第一责任人职责，把法治建设作为谋划部署全局工作的重要内容，对工作中的重点难点问题，亲自研究、亲自部署、亲自协调、亲自督办。明确法治建设领导机构，加快形成企业主要负责人负总责、总法律顾问牵头推进、法律事务机构具体实施、各部门共同参与的工作机制。研究制定本企业法治央企建设实施方案，将中央企业法制工作新五年规划各项要求作为重要内容，与企业“十三五”规划相衔接，同步实施、同步推进。积极为企业法治建设提供必要的制度、人员、机构和经费等保障。

（十三）完善激励约束机制。将合规经营等依法治企情况纳入对中央企业领导人员的考核体系。完善企业领导班子知识结构，在相同条件下，优先提拔使用法治素养好、依法办事能力强的干部。建立法治工作激励机制，对于在法治建设中作出突出贡献，有效防范重大法律风险、避免或挽回重大损失的集体或个人，应当予以表彰和奖励。落实问责制度，企业重大经营活动因未经法律审核，或者虽经审核但未采纳正确法律意见而造成重大损失的，追究企业相关领导人员责任；经过法律审核，但因重大失职未发现严重法律风险造成重大损失的，追究相关法律工作人员责任。对因违法违规发生重大法律纠纷案件造成企业重大损失的，或者违反规定、未履行或未正确履行职责造成企业资产损失的，在业绩考核中扣减分值，并按照有关规定追究相关人员责任。实行重大法律风险事项报告制度，中央企业对可能引发重大法律纠纷案件、造成重大资产损失的法律风险事项，应当及时向国资委报告。

（十四）加强法治工作队伍建设。在中央企业及其重要子企业全面推行总法律顾问制度，并在公司章程中予以明确。总法律顾问应当具有法学专业背景或者法律相关职业资格。设立董事会的中央企业，总法律顾问可以由董事会聘任。总法律顾问作为企业高级管理人员，全面领导企业法律管理工作，统一协调处理经营管理中的法律事务，全面参与重大经营决策，领导企业法律事务机构开展相关工作。建立健全总法律顾问述职制度。对标同行业世界一流企业，加快健全企业法治工作体系，中央企业及其重要子企业设立独立的法律事务机构，配备与经营管理需求相适应的企业法律顾问。建立健全企业法律顾问职业发展规划，将企业法律顾问纳入人才培养体系，提升企业法律顾问队伍专职化、专业化水平。建立健全企业法律顾问专业人员评价体系，完善职业岗位等级评审制度，实行与职级和专业技术等级相匹配的差异化薪酬分配办法。

（十五）打造企业法治文化。大力推进法治文化建设，弘扬法治精神，增强法治理念，努力使全体员工成为法治的忠实崇尚者、自觉践行者、坚定捍卫者。全面开展普法宣传教育，加强法律、宣传与各业务部门的协同联动，推进法治宣传教育制度化、常态化。完善学法用法制度，将法治学习作为企业党委（党组）中心组学习、管理培训、员工教育的必修课，形成全员尊法学法守法用法的良好氛围。积极树立推进法治央企建设中涌现出的优秀企业、集体和个人典型，充分发挥引领带动作用。

地方国有资产监督管理机构参照本意见，积极推进所出资企业法治建设。

十二

国务院国有资产管理委员会关于印发《中央企业合规管理指引（试行）》的通知

国资发法规〔2018〕106号

各中央企业：

为推动中央企业全面加强合规管理，加快提升依法合规经营管理水平，着力打造法治央企，保障企业持续健康发展，我委制定了《中央企业合规管理指引（试行）》，现印发给你们。请遵照执行。工作中的情况和问题请及时反馈。

国资委

2018年11月2日

中央企业合规管理指引（试行）

第一章 总 则

第一条 为推动中央企业全面加强合规管理，加快提升依法合规经营管理水平，着力打造法治央企，保障企业持续健康发展，根据《中华人民共和国公司法》、《中华人民共和国企业国有资产法》等有关法律法规规定，制定本指引。

第二条 本指引所称中央企业，是指国务院国有资产监督管理委员会（以下简称国资委）履行出资人职责的国家出资企业。

本指引所称合规，是指中央企业及其员工的经营管理行为符合法律法规、监管规定、行业准则和企业章程、规章制度以及国际条约、规则等要求。

本指引所称合规风险，是指中央企业及其员工因不合规行为，引发法律责任、受到相关处罚、造成经济或声誉损失以及其他负面影响的可能性。

本指引所称合规管理，是指以有效防控合规风险为目的，以企业和员工经营管理行为为对象，开展包括制度制定、风险识别、合规审查、风险应对、责任追究、考核评价、合规培训等有组织、有计划的管理活动。

第三条 国资委负责指导监督中央企业合规管理工作。

第四条 中央企业应当按照以下原则加快建立健全合规管理体系：

（一）全面覆盖。坚持将合规要求覆盖各业务领域、各部门、各级子企业和分支机构、全体员工，贯穿决策、执行、监督全流程。

（二）强化责任。把加强合规管理作为企业主要负责人履行推进法治建设第一责任人职责的重要内容。建立全员合规责任制，明确管理人员和各岗位员工的合规责任并督促有效落实。

（三）协同联动。推动合规管理与法律风险防范、监察、审计、内控、风险管理等工作相统筹、相衔接，确保合规管理体系有效运行。

（四）客观独立。严格依照法律法规等规定对企业和员工行为进行客观评价和处理。合规管理牵头部门独立履行职责，不受其他部门和人员的干涉。

第二章 合规管理职责

第五条 董事会的合规管理职责主要包括：

（一）批准企业合规管理战略规划、基本制度和年度报告；

（二）推动完善合规管理体系；

（三）决定合规管理负责人的任免；

（四）决定合规管理牵头部门的设置和职能；

（五）研究决定合规管理有关重大事项；

（六）按照权限决定有关违规人员的处理事项。

第六条 监事会的合规管理职责主要包括：

（一）监督董事会的决策与流程是否合规；

（二）监督董事和高级管理人员合规管理职责履行情况；

（三）对引发重大合规风险负有主要责任的董事、高级管理人员提出罢免建议；

（四）向董事会提出撤换公司合规管理负责人的建议。

第七条　经理层的合规管理职责主要包括：

（一）根据董事会决定，建立健全合规管理组织架构；

（二）批准合规管理具体制度规定；

（三）批准合规管理计划，采取措施确保合规制度得到有效执行；

（四）明确合规管理流程，确保合规要求融入业务领域；

（五）及时制止并纠正不合规的经营行为，按照权限对违规人员进行责任追究或提出处理建议；

（六）经董事会授权的其他事项。

第八条　中央企业设立合规委员会，与企业法治建设领导小组或风险控制委员会等合署，承担合规管理的组织领导和统筹协调工作，定期召开会议，研究决定合规管理重大事项或提出意见建议，指导、监督和评价合规管理工作。

第九条　中央企业相关负责人或总法律顾问担任合规管理负责人，主要职责包括：

（一）组织制订合规管理战略规划；

（二）参与企业重大决策并提出合规意见；

（三）领导合规管理牵头部门开展工作；

（四）向董事会和总经理汇报合规管理重大事项；

（五）组织起草合规管理年度报告。

第十条　法律事务机构或其他相关机构为合规管理牵头部门，组织、协调和监督合规管理工作，为其他部门提供合规支持，主要职责包括：

（一）研究起草合规管理计划、基本制度和具体制度规定；

（二）持续关注法律法规等规则变化，组织开展合规风险识别和预警，参与企业重大事项合规审查和风险应对；

（三）组织开展合规检查与考核，对制度和流程进行合规性评价，督促违规整改和持续改进；

（四）指导所属单位合规管理工作；

（五）受理职责范围内的违规举报，组织或参与对违规事件的调查，并提出处理建议；

（六）组织或协助业务部门、人事部门开展合规培训。

第十一条 业务部门负责本领域的日常合规管理工作，按照合规要求完善业务管理制度和流程，主动开展合规风险识别和隐患排查，发布合规预警，组织合规审查，及时向合规管理牵头部门通报风险事项，妥善应对合规风险事件，做好本领域合规培训和商业伙伴合规调查等工作，组织或配合进行违规问题调查并及时整改。

监察、审计、法律、内控、风险管理、安全生产、质量环保等相关部门，在职权范围内履行合规管理职责。

第三章 合规管理重点

第十二条 中央企业应当根据外部环境变化，结合自身实际，在全面推进合规管理的基础上，突出重点领域、重点环节和重点人员，切实防范合规风险。

第十三条 加强对以下重点领域的合规管理：

（一）市场交易。完善交易管理制度，严格履行决策批准程序，建立健全自律诚信体系，突出反商业贿赂、反垄断、反不正当竞争，规范资产交易、招投标等活动；

（二）安全环保。严格执行国家安全生产、环境保护法律法规，完善企业生产规范和安全环保制度，加强监督检查，及时发现并整改违规问题；

（三）产品质量。完善质量体系，加强过程控制，严把各环节质量关，提供优质产品和服务；

（四）劳动用工。严格遵守劳动法律法规，健全完善劳动合同管理制度，规范劳动合同签订、履行、变更和解除，切实维护劳动者合法权益；

（五）财务税收。健全完善财务内部控制体系，严格执行财务事项操作和审批流程，严守财经纪律，强化依法纳税意识，严格遵守税收法律政策；

（六）知识产权。及时申请注册知识产权成果，规范实施许可和转让，加强对商业秘密和商标的保护，依法规范使用他人知识产权，防止侵权行为；

（七）商业伙伴。对重要商业伙伴开展合规调查，通过签订合规协议、要求作出合规承诺等方式促进商业伙伴行为合规；

（八）其他需要重点关注的领域。

第十四条 加强对以下重点环节的合规管理：

（一）制度制定环节。强化对规章制度、改革方案等重要文件的合规审查，确保符合法律法规、监管规定等要求；

（二）经营决策环节。严格落实“三重一大”决策制度，细化各层级决策事项和权限，加强对决策事项的合规论证把关，保障决策依法合规；

（三）生产运营环节。严格执行合规制度，加强对重点流程的监督检查，确保生产经营过程中照章办事、按章操作；

（四）其他需要重点关注的环节。

第十五条 加强对以下重点人员的合规管理：

（一）管理人员。促进管理人员切实提高合规意识，带头依法依规开展经营管理活动，认真履行承担的合规管理职责，强化考核与监督问责；

（二）重要风险岗位人员。根据合规风险评估情况明确界定重要风险岗位，有针对性加大培训力度，使重要风险岗位人员熟悉并严格遵守业务涉及的各项规定，加强监督检查和违规行为追责；

（三）海外人员。将合规培训作为海外人员任职、上岗的必备条件，确保遵守我国和所在国法律法规等相关规定；

（四）其他需要重点关注的人员。

第十六条 强化海外投资经营行为的合规管理：

（一）深入研究投资所在国法律法规及相关国际规则，全面掌握禁止性规定，明确海外投资经营行为的红线、底线；

（二）健全海外合规经营的制度、体系、流程，重视开展项目的合规论证和尽职调查，依法加强对境外机构的管控，规范经营管理行为。

（三）定期排查梳理海外投资经营业务的风险状况，重点关注重大决策、重大合同、大额资金管控和境外子企业公司治理等方面存在的合规风险，妥善处理、及时报告，防止扩大蔓延。

第四章 合规管理运行

第十七条 建立健全合规管理制度，制定全员普遍遵守的合规行为规范，针对重点领域制定专项合规管理制度，并根据法律法规变化和监管动态，及时将外部有关合规要求转化为内部规章制度。

第十八条 建立合规风险识别预警机制，全面系统梳理经营管理活动中存在的合规风险，对风险发生的可能性、影响程度、潜在后果等进行系统分析，对于典型性、普遍性和可能产生较严重后果的风险及时发布预警。

第十九条 加强合规风险应对，针对发现的风险制定预案，采取有效措施，及时应对处置。对于重大合规风险事件，合规委员会统筹领导，合规管理负责人牵头，相关部门协同配合，最大限度化解风险、降低损失。

第二十条 建立健全合规审查机制，将合规审查作为规章制度制定、重大事项决策、重要合同签订、重大项目运营等经营管理行为的必经程序，及时对不合规的内容提出修改建议，未经合规审查不得实施。

第二十一条 强化违规问责，完善违规行为处罚机制，明晰违规责任范围，细化惩处标准。畅通举报渠道，针对反映的问题和线索，及时开展调查，严肃追究违规人员责任。

第二十二条 开展合规管理评估，定期对合规管理体系的有效性进行分析，对重大或反复出现的合规风险和违规问题，深入查找根源，完善相关制度，堵塞管理漏洞，强化过程管控，持续改进提升。

第五章 合规管理保障

第二十三条 加强合规考核评价，把合规经营管理情况纳入对各部门和所属企业负责人的年度综合考核，细化评价指标。对所属单位和员工合规职责履行情况进行评价，并将结果作为员工考核、干部任用、评先选优等工作的重要依据。

第二十四条 强化合规管理信息化建设，通过信息化手段优化管理流程，记录和保存相关信息。运用大数据等工具，加强对经营管理行为依法合规情况的实时在线监控和风险分析，实现信息集成与共享。

第二十五条 建立专业化、高素质的合规管理队伍，根据业务规模、合规风险水平等因素配备合规管理人员，持续加强业务培训，提升队伍能力水平。

海外经营重要地区、重点项目应当明确合规管理机构或配备专职人员，切实防范合规风险。

第二十六条 重视合规培训，结合法治宣传教育，建立制度化、常态化培训机制，确保员工理解、遵循企业合规目标和要求。

第二十七条 积极培育合规文化，通过制定发放合规手册、签订合规承诺书等方式，强化全员安全、质量、诚信和廉洁等意识，树立依法合规、守法诚信的价值观，筑牢合规经营的思想基础。

第二十八条 建立合规报告制度，发生较大合规风险事件，合规管理牵头部门和相关部门应当及时向合规管理负责人、分管领导报告。重大合规风险事件应当向国资委和有关部门报告。

合规管理牵头部门于每年年底全面总结合规管理工作情况，起草年度报告，经董事会审议通过后及时报送国资委。

第六章　附　　则

第二十九条　中央企业根据本指引，结合实际制定合规管理实施细则。

地方国有资产监督管理机构可以参照本指引，积极推进所出资企业合规管理工作。

第三十条　本指引由国资委负责解释。

第三十一条　本指引自公布之日起施行。

十三

国务院国有资产监督管理委员会
关于印发《关于加强中央企业内部控制体系建设与监督工作的实施意见》的通知

国资发监督规〔2019〕101 号

各中央企业：

《关于加强中央企业内部控制体系建设与监督工作的实施意见》已经国资委第 14 次委务会议审议通过，现印发给你们，请遵照执行。

国资委

2019 年 10 月 19 日

关于加强中央企业内部控制体系建设与监督工作的实施意见

为深入贯彻习近平新时代中国特色社会主义思想和党的十九大精神，认真落实党中央、国务院关于防范化解重大风险和推动高质量发展的决策部署，充分发挥内部控制（以下简称内控）体系对中央企业强基固本作用，进一步提升中央企业防范化解重大风险能力，加快培育具有全球竞争力的世界一流企业，根据《中共中央国务院关于深化国有企业改革的指导意见》、《国务院关于印发改革国有资本授权经营体制方案的通知》、《国务院办公厅关于加强和改进企业国有资产监督防止国有资产流失的意见》，制定本实施意见。

一、建立健全内控体系，进一步提升管控效能

（一）优化内控体系。建立健全以风险管理为导向、合规管理监督为重

点，严格、规范、全面、有效的内控体系。进一步树立和强化管理制度化、制度流程化、流程信息化的内控理念，通过“强监管、严问责”和加强信息化管理，严格落实各项规章制度，将风险管理和合规管理要求嵌入业务流程，促使企业依法合规开展各项经营活动，实现“强内控、防风险、促合规”的管控目标，形成全面、全员、全过程、全体系的风险防控机制，切实全面提升内控体系有效性，加快实现高质量发展。

（二）强化集团管控。进一步完善企业内部管控体制机制，中央企业主要领导人员是内控体系监管工作第一责任人，负责组织领导建立健全覆盖各业务领域、部门、岗位，涵盖各级子企业全面有效的内控体系。中央企业应明确专门职能部门或机构统筹内控体系工作职责；落实各业务部门内控体系有效运行责任；企业审计部门要加强内控体系监督检查工作，准确揭示风险隐患和内控缺陷，进一步发挥查错纠弊作用，促进企业不断优化内控体系。

（三）完善管理制度。全面梳理内控、风险和合规管理相关制度，及时将法律法规等外部监管要求转化为企业内部规章制度，持续完善企业内部管理制度体系。在具体业务制度的制定、审核和修订中嵌入统一的内控体系管控要求，明确重要业务领域和关键环节的控制要求和风险应对措施。将违规经营投资责任追究内容纳入企业内部管理制度中，强化制度执行刚性约束。

（四）健全监督评价体系。统筹推进内控、风险和合规管理的监督评价工作，将风险、合规管理制度建设及实施情况纳入内控体系监督评价范畴，制定定性与定量相结合的内控缺陷认定标准、风险评估标准和合规评价标准，不断规范监督评价工作程序、标准和方式方法。

二、强化内控体系执行，提高重大风险防控能力

（五）加强重点领域日常管控。聚焦关键业务、改革重点领域、国有资本运营重要环节以及境外国有资产监管，定期梳理分析相关内控体系执行情况，认真查找制度缺失或流程缺陷，及时研究制定改进措施，确保体系完整、全面控制、执行有效。要在投资并购、改革改制重组等重大经营事项决策前开展专项风险评估，并将风险评估报告（含风险应对措施和处置预案）作为重大经营事项决策的必备支撑材料，对超出企业风险承受能力或风险应对措施不到位的决策事项不得组织实施。

（六）加强重要岗位授权管理和权力制衡。不断深化内控体系管控与各项业务工作的有机结合，以保障各项经营业务规范有序开展。按照不相容职务分离控制、授权审批控制等内控体系管控要求，严格规范重要岗位和关键人员在授权、审批、执行、报告等方面的权责，实现可行性研究与决策审批、决策审批与执行、执行与监督检查等岗位职责的分离。不断优化完善管理要求，重点强化采购、销售、投资管理、资金管理和工程项目、产权（资产）交易流转等业务领域各岗位的职责权限和审批程序，形成相互衔接、相互制衡、相互监督的内控体系工作机制。

（七）健全重大风险防控机制。积极采取措施强化企业防范化解重大风险全过程管控，加强经济运行动态、大宗商品价格以及资本市场指标变化监测，提高对经营环境变化、发展趋势的预判能力，同时结合内控体系监督评价工作中发现的经营管理缺陷和问题，综合评估企业内外部风险水平，有针对性地制定风险应对方案，并根据原有风险的变化情况及应对方案的执行效果，有效做好企业间风险隔离，防止风险由“点”扩“面”，避免发生系统性、颠覆性重大经营风险。

三、加强信息化管控，强化内控体系刚性约束

（八）提升内控体系信息化水平。各中央企业要结合国资监管信息化建设要求，加强内控信息化建设力度，进一步提升集团管控能力。内控体系建设部门要与业务部门、审计部门、信息化建设部门协同配合，推动企业“三重一大”、投资和项目管理、财务和资产、物资采购、全面风险管理、人力资源等集团管控信息系统的集成应用，逐步实现内控体系与业务信息系统互联互通、有机融合。要进一步梳理和规范业务系统的审批流程及各层级管理人员权限设置，将内控体系管控措施嵌入各类业务信息系统，确保自动识别并终止超越权限、逾越程序和审核材料不健全等行为，促使各项经营管理决策和执行活动可控制、可追溯、可检查，有效减少人为违规操纵因素。集团管控能力和信息化基础较好的企业要逐步探索利用大数据、云计算、人工智能等技术，实现内控体系实时监测、自动预警、监督评价等在线监管功能，进一步提升信息化和智能化水平。

四、加大企业监督评价力度，促进内控体系持续优化

（九）全面实施企业自评。督促所属企业每年以规范流程、消除盲区、

有效运行为重点，对内控体系的有效性进行全面自评，客观、真实、准确揭示经营管理中存在的内控缺陷、风险和合规问题，形成自评报告，并经董事会或类似决策机构批准后按规定报送上级单位。

（十）加强集团监督评价。要在子企业全面自评的基础上，制定年度监督评价方案，围绕重点业务、关键环节和重要岗位，组织对所属企业内控体系有效性进行监督评价，确保每 3 年覆盖全部子企业。要将海外资产纳入监督评价范围，重点对海外项目的重大决策、重大项目安排、大额资金运作以及境外子企业公司治理等进行监督评价。

（十一）强化外部审计监督。要根据监督评价工作结果，结合自身实际情况，充分发挥外部审计的专业性和独立性，委托外部审计机构对部分子企业内控体系有效性开展专项审计，并出具内控体系审计报告。内控体系监管不到位、风险事件和合规问题频发的中央企业，必须聘请具有相应资质的社会中介机构进行审计评价，切实提升内控体系管控水平。

（十二）充分运用监督评价结果。要加大督促整改工作力度，指导所属企业明确整改责任部门、责任人和完成时限，对整改效果进行检查评价，按照内控体系一体化工作要求编制内控体系年度工作报告并及时报国资委，同时抄送企业纪委（纪检监察组）、组织人事部门等。指导所属企业建立健全与内控体系监督评价结果挂钩的考核机制，对内控制度不健全、内控体系执行不力、瞒报漏报谎报自评结果、整改落实不到位的单位或个人，应给予考核扣分、薪酬扣减或岗位调整等处理。

五、加强出资人监督，全面提升内控体系有效性

（十三）建立出资人监督检查工作机制。加强对中央企业国有资产监管政策制度执行情况的综合检查工作，建立内控体系定期抽查评价工作制度，每年组织专门力量对中央企业经营管理重要领域和关键环节开展内控体系有效性抽查评价，发现和堵塞管理漏洞，完善相关政策制度，并加大监督检查工作结果在各项国有资产监管及干部管理工作中的运用力度。

（十四）充分发挥企业内部监督力量。通过完善公司治理，健全相关制度，整合企业内部监督力量，发挥企业董事会或委派董事决策、审核和监督职责，有效利用企业监事会、内部审计、企业内部巡视巡察等监督检查工作成果，以及出资人监管和外部审计、纪检监察、巡视反馈问题情况，不断完善企业内控体系建设。

（十五）强化整改落实工作。进一步强化对企业重大风险隐患和内控缺陷整改工作跟踪检查力度，将企业整改落实情况纳入每年内控体系抽查评价范围，完善对中央企业提示函和通报工作制度，对整改不力的印发提示函和通报，进一步落实整改责任，避免出现重复整改、形式整改等问题。

（十六）加大责任追究力度。严格按照《中央企业违规经营投资责任追究实施办法（试行）》（国资委令第 37 号）等有关规定，及时发现并移交违规违纪违法经营投资问题线索，强化监督警示震慑作用。对中央企业存在重大风险隐患、内控缺陷和合规管理等问题失察，或虽发现但没有及时报告、处理，造成重大资产损失或其他严重不良后果的，要严肃追究企业集团的管控责任；对各级子企业未按规定履行内控体系建设职责、未执行或执行不力，以及瞒报、漏报、谎报或迟报重大风险及内控缺陷事件的，坚决追责问责，层层落实内控体系监督责任，有效防止国有资产流失。

十四

国务院国有资产监督管理委员会
关于印发《关于进一步深化法治央企建设的意见》
的通知

国资发法规规〔2021〕80号

各中央企业：

为深入学习贯彻习近平法治思想，落实中央全面依法治国工作会议部署，进一步推进中央企业法治建设，提升依法治企能力水平，助力“十四五”时期深化改革、高质量发展，我们制定了《关于进一步深化法治央企建设的意见》，现印发给你们，请认真贯彻落实。

国资委

2021年10月17日

关于进一步深化法治央企建设的意见

为深入学习贯彻习近平法治思想，认真落实全面依法治国战略部署，持续深化法治央企建设，更好发挥法治工作对“十四五”时期中央企业改革发展的支撑保障作用，根据《法治中国建设规划（2020－2025年）》《法治社会建设实施纲要（2020－2025年）》等文件精神，现就进一步做好中央企业法治工作提出如下意见：

一、总体要求

（一）指导思想。坚持以习近平新时代中国特色社会主义思想为指导，认真落实习近平法治思想，深入贯彻党的十九大和十九届二中、三中、四中、五中全会精神，按照中央全面依法治国工作会议部署，立足新发展阶段，贯彻新发展理念，构建新发展格局，紧紧围绕国企改革三年行动和中央企业“十四五”发展规划，着力健全领导责任体系、依法治理体系、规章制度体系、合规管理体系、工作组织体系，持续提升法治工作引领支撑能力、风险管控能力、涉外保障能力、主动维权能力和数字化管理能力，不断深化治理完善、经营合规、管理规范、守法诚信的法治央企建设，为加快建设世界一流企业筑牢坚实法治基础。

（二）基本原则。

——坚持融入中心、服务大局。以服务国企改革三年行动和中央企业“十四五”发展规划为目标，牢固树立全局意识和系统观念，法治工作全面融入完善中国特色现代企业制度、深化混合所有制改革、科技创新、国际化经营等重点任务，充分发挥支撑保障作用。

——坚持完善制度、夯基固本。以强化制度建设为基础，坚持尊法、学法、守法、用法，将行之有效的经验做法，及时转化为企业规章制度，嵌入业务流程，加强制度执行情况监督检查，强化制度刚性约束。

——坚持突出重点、全面深化。以落实法治建设第一责任人职责、完善总法律顾问制度、健全法律风险防范机制、强化合规管理为重点，坚持问题导向，在做深做细做实上下更大功夫，真正发挥强管理、促经营、防风险、创价值作用。

——坚持勇于创新、拓展升级。以适应市场化、法治化、国际化发展需要为方向，结合实际拓宽法治工作领域，探索优化法务管理职能，创新工作方式，加快提升信息化、数字化、智能化水平。

（三）总体目标。“十四五”时期，中央企业法治理念更加强化、治理机制更加完善、制度体系更加优化、组织机构更加健全、管理方式更加科学、作用发挥更加有效，法治建设取得更大进展，部分企业率先达到世界一流水平，为企业深化改革、高质量发展提供更加有力的支撑保障。

二、着力健全法治工作体系

（四）着力健全领导责任体系。坚持企业党委（党组）对依法治企工作的全面领导，不断完善党委（党组）定期专题学法、定期听取工作汇报、干部任前法治谈话、述职必述法等制度，切实发挥党委（党组）把方向、管大局、促落实作用。强化董事会定战略、作决策、防风险职能，明确专门委员会推进法治建设职责，把法治建设纳入整体工作统筹谋划，将进展情况作为年度工作报告的重要内容。健全中央企业主要负责人履行推进法治建设第一责任人职责工作机制，党委（党组）书记、董事长、总经理各司其职，对重点问题亲自研究、部署协调、推动解决。将第一责任人职责要求向子企业延伸，把落实情况纳入领导人员综合考核评价体系，将法治素养和依法履职情况作为考察使用干部的重要内容。

（五）着力健全依法治理体系。高度重视章程在公司治理中的统领地位，切实发挥总法律顾问和法务管理机构专业审核把关作用，科学配置各治理主体权利、义务和责任，明晰履职程序和要求，保障章程依法制定、依法实施。多元投资主体企业严格依据法律法规、国有资产监管规定和公司章程，明确股东权利义务、股东会定位与职权，规范议事决策方式和程序，完善运作制度机制，强化决议执行和监督，切实维护股东合法权益。优化董事会知识结构，通过选聘法律专业背景人员担任董事、加强法律培训等方式，提升董事会依法决策水平。落实总法律顾问列席党委（党组）会、董事会参与研究讨论或审议涉及法律合规相关议题，参加总经理办公会等重要决策会议制度，将合法合规性审查和重大风险评估作为重大决策事项必经前置程序。依法对子企业规范行使股东权，认真研究制定子企业章程，严格按照公司治理结构，通过股东（大）会决议、派出董事监事、推荐高级管理人员等方式行权履职，切实防范公司人格混同等风险。

（六）着力健全规章制度体系。明确法务管理机构归口管理职责，健全规章制度制定、执行、评估、改进等工作机制，加强法律审核把关，强化对制度的全生命周期管理。根据适用范围、重要程度、管理幅度等，构建分层分类的制度体系框架，确保结构清晰、内容完整，相互衔接、有效协同，切实提高科学性和系统性。定期开展制度梳理，编制立改废计划，完善重点改革任务配套制度，及时修订重要领域管理规范，不断增强针对性和实效性。加强对规章制度的宣贯培训，定期对执行情况开展监督检查和综合评价，增强制度刚性约束，推动制度有效落实。

（七）着力健全合规管理体系。持续完善合规管理工作机制，健全企业主要负责人领导、总法律顾问牵头、法务管理机构归口、相关部门协同联动的合规管理体系。发挥法务管理机构统筹协调、组织推动、督促落实作用，加强合规制度建设，开展合规审查与考核，保障体系有效运行。强化业务部门、经营单位和项目一线主体责任，通过设置兼职合规管理员、将合规要求嵌入岗位职责和业务流程、抓好重点领域合规管理等措施，有效防范、及时处置合规风险。探索构建法律、合规、内控、风险管理协同运作机制，加强统筹协调，提高管理效能。推动合规要求向各级子企业延伸，加大基层单位特别是涉外机构合规管理力度，到2025年中央企业基本建立全面覆盖、有效运行的合规管理体系。

（八）着力健全工作组织体系。加大企业法律专业领导干部培养选拔力度，在市场化国际化程度较高、法律服务需求大的国有大型骨干企业，推进符合条件的具有法律教育背景或法律职业资格的专业人才进入领导班子。持续完善总法律顾问制度，2022年中央企业及其重要子企业全面写入章程，明确高级管理人员定位，由董事会聘任，领导法务管理机构开展工作。坚持总法律顾问专职化、专业化方向，直接向企业主要负责人负责，2025年中央企业及其重要子企业全面配备到位，具有法律教育背景或法律职业资格的比例达到80%。加强法务管理机构建设，中央企业及其重要子企业原则上独立设置，充实专业力量，配备与企业规模和需求相适应的法治工作队伍。健全法务管理职能，持续完善合同管理、案件管理、普法宣传等职能，积极拓展制度管理、合规管理等业务领域。加强队伍建设，拓宽法务人员职业发展通道，完善高素质法治人才市场化选聘、管理和薪酬制度，采取有效激励方式充分调动积极性、主动性。

三、全面提升依法治企能力

（九）着力提升引领支撑能力。坚持运用法治思维和法治方式深化改革、推动发展，紧盯国企改革三年行动、中央企业“十四五”发展规划重点工作，深入分析对企业提出的新任务新要求，提前研究可能出现的法律合规问题，及时制定应对方案和防范措施。法务人员全程参与混合所有制改革、投资并购等重大项目，加强法律审核把关，坚持依法依规操作，严控法律合规风险。加强对民法典等法律法规的学习研究，深入分析对企业生产经营、业务模式可能产生的影响，推动从健全制度、强化管理等方面及时作出调整。结合企业、行业实际，对相关立法研究提出完善建议，为改革发展创造良好政策环境。

（十）着力提升风险管控能力。持续巩固规章制度、经济合同、重要决策法律审核制度，在确保100%审核率的同时，通过跟进采纳情况、完善后评估机制，反向查找工作不足，持续提升审核质量。常态化开展风险隐患排查处置，针对共性风险通过提示函、案件通报、法律建议书等形式及时开展预警，有效防范化解。加强知识产权管理，完善专利、商标、商号、商业秘密等保护制度，坚决打击侵权行为，切实维护企业无形资产安全和合法权益。严格落实重大法律合规风险事件报告制度，中央企业发生重大法律合规风险事件，应当及时向国资委报告。

（十一）着力提升涉外保障能力。加强涉外法律合规风险防范，健全工作机制，推动在境外投资经营规模较大、风险较高的重点企业、区域或项目设置专门机构，配备专职法务人员，具备条件的设立总法律顾问。完善涉外重大项目和重要业务法务人员全程参与制度，形成事前审核把关、事中跟踪控制、事后监督评估的管理闭环。深入研究、掌握运用所在国法律，加强国际规则学习研究，密切关注高风险国家和地区法律法规与政策变化，提前做好预案，切实防范风险。重视涉外法治人才培养，强化顶层设计，健全市场化选聘和激励制度，形成重视人才、吸引人才、留住人才的良好机制。

（十二）着力提升主动维权能力。加大法律纠纷案件处置力度，综合运用诉讼、仲裁、调解等多种手段妥善解决，探索建立集团内部纠纷调解机制。加强积案清理，健全激励机制，力争 2025 年中央企业历史遗留重大法律纠纷案件得到妥善解决。深化案件管理“压存控增、提质创效”专项工作，加强典型案件分析，及时发现管理问题，堵塞管理漏洞，推动“以案促管、以管创效”。严格落实案件报告制度，中央企业发生重大法律纠纷案件应当及时报告，按时报送年度法律纠纷案件综合分析报告。

（十三）着力提升数字化管理能力。运用区块链、大数据、云计算、人工智能等新一代信息技术，推动法务管理从信息化向数字化升级，探索智能化应用场景，有效提高管理效能。深化合同管理、案件管理、合规管理等重点领域信息化、数字化建设，将法律审核嵌入重大决策、重要业务管理流程，通过大数据等手段，实现法律合规风险在线识别、分析、评估、防控。推动法务管理系统向各级子企业和重要项目延伸，2025 年实现上下贯通、全面覆盖。推动法务管理系统与财务、产权、投资等系统的互联互通，做好与国资国企在线监管系统的对接，促进业务数据相互融合、风险防范共同响应。

四、保障任务顺利完成

（十四）加强组织领导。充分发挥法治建设领导机构作用，将法治工作纳入中央企业“十四五”发展规划和年度计划统筹谋划、同步推进，加强部门协同，强化人员、资金等保障，形成工作合力。制定本企业未来五年法治建设实施方案，与“十四五”规划相衔接，提出目标任务，明确责任分工，细化工作措施。建立法治工作专项考评制度，将法治建设成效纳入对子企业考核体系。统筹推进法治工作与违规经营投资责任追究等监督工作，完善内部协同机制，提高责任追究体系效能。加大问责力度，对未经法律审核或未采纳正确法律意见、违法违规经营投资决策造成损失或其他严重不良后果的，严肃追究责任。

（十五）持续深化对标。综合分析国际大企业优秀实践，研究归纳世界一流企业法务管理基本要素和具体指标。立足行业特点、发展阶段、管理基础等实际，有针对性地制定对标举措，确保目标量化、任务明确、措施有力。将法务管理对标工作纳入本企业对标世界一流管理提升行动。国资委创建世界一流示范企业和国有资本投资、运营公司要充分发挥引领作用，率先在法治工作上达到世界一流水平。其他中央企业要全面开展对标，努力补齐短板，加快提升依法合规经营管理水平。

（十六）强化指导交流。国资委将根据企业法治建设实施方案，定期组织调研督导，深入了解落实情况，推动解决难点问题。完善法治讲堂、协作组等学习交流机制，聚焦重点难点，创新方式方法，增强交流实效。中央企业要进一步加强对子企业法治建设的督促指导，通过加大考核力度、细化工作要求、定期开展调研等方式，层层传导压力，确保目标任务在子企业真正落实到位。

（十七）厚植法治文化。深入学习宣传习近平法治思想，将培育法治文化作为法治建设的基础工程，使依法合规、守法诚信成为全体员工的自觉行为和基本准则。落实“八五”普法要求，进一步推进法治宣传教育制度化、常态化、多样化，将法治学习作为干部职工入职学习、职业培训、继续教育的必修课，广泛宣传与企业经营管理和职工切身利益密切相关的法律法规。总结法治建设典型做法、成功经验和进展成果，通过开展选树典型、评比表彰、集中宣传等形式，营造学习先进、争当先进、赶超先进的良好氛围。

地方国有资产监督管理机构参照本意见，积极推进所出资企业法治建设。

十五

中央企业合规管理办法

（国务院国有资产监督管理委员会令第42号）

《中央企业合规管理办法》已于2022年7月28日经国务院国有资产监督管理委员会第97次委务会审议通过，现予公布，自2022年10月1日起施行。

国务院国有资产监督管理委员会主任　郝鹏

2022年8月23日

目　　录

第一章　总　　则
第二章　组织和职责
第三章　制度建设
第四章　运行机制
第五章　合规文化
第六章　信息化建设
第七章　监督问责
第八章　附　　则

第一章　总　　则

第一条　为深入贯彻习近平法治思想，落实全面依法治国战略部署，深化法治央企建设，推动中央企业加强合规管理，切实防控风险，有力保障深化改革与高质量发展，根据《中华人民共和国公司法》《中华人民共和国企业国有资产法》等有关法律法规，制定本办法。

第二条　本办法适用于国务院国有资产监督管理委员会（以下简称国

资委）根据国务院授权履行出资人职责的中央企业。

第三条 本办法所称合规，是指企业经营管理行为和员工履职行为符合国家法律法规、监管规定、行业准则和国际条约、规则，以及公司章程、相关规章制度等要求。

本办法所称合规风险，是指企业及其员工在经营管理过程中因违规行为引发法律责任、造成经济或者声誉损失以及其他负面影响的可能性。

本办法所称合规管理，是指企业以有效防控合规风险为目的，以提升依法合规经营管理水平为导向，以企业经营管理行为和员工履职行为为对象，开展的包括建立合规制度、完善运行机制、培育合规文化、强化监督问责等有组织、有计划的管理活动。

第四条 国资委负责指导、监督中央企业合规管理工作，对合规管理体系建设情况及其有效性进行考核评价，依据相关规定对违规行为开展责任追究。

第五条 中央企业合规管理工作应当遵循以下原则：

（一）坚持党的领导。充分发挥企业党委（党组）领导作用，落实全面依法治国战略部署有关要求，把党的领导贯穿合规管理全过程。

（二）坚持全面覆盖。将合规要求嵌入经营管理各领域各环节，贯穿决策、执行、监督全过程，落实到各部门、各单位和全体员工，实现多方联动、上下贯通。

（三）坚持权责清晰。按照“管业务必须管合规”要求，明确业务及职能部门、合规管理部门和监督部门职责，严格落实员工合规责任，对违规行为严肃问责。

（四）坚持务实高效。建立健全符合企业实际的合规管理体系，突出对重点领域、关键环节和重要人员的管理，充分利用大数据等信息化手段，切实提高管理效能。

第六条 中央企业应当在机构、人员、经费、技术等方面为合规管理工作提供必要条件，保障相关工作有序开展。

第二章 组织和职责

第七条 中央企业党委（党组）发挥把方向、管大局、促落实的领导作用，推动合规要求在本企业得到严格遵循和落实，不断提升依法合规经营管理水平。

中央企业应当严格遵守党内法规制度，企业党建工作机构在党委（党组）领导下，按照有关规定履行相应职责，推动相关党内法规制度有效贯彻落实。

第八条 中央企业董事会发挥定战略、作决策、防风险作用，主要履行以下职责：

（一）审议批准合规管理基本制度、体系建设方案和年度报告等。

（二）研究决定合规管理重大事项。

（三）推动完善合规管理体系并对其有效性进行评价。

（四）决定合规管理部门设置及职责。

第九条 中央企业经理层发挥谋经营、抓落实、强管理作用，主要履行以下职责：

（一）拟订合规管理体系建设方案，经董事会批准后组织实施。

（二）拟订合规管理基本制度，批准年度计划等，组织制定合规管理具体制度。

（三）组织应对重大合规风险事件。

（四）指导监督各部门和所属单位合规管理工作。

第十条 中央企业主要负责人作为推进法治建设第一责任人，应当切实履行依法合规经营管理重要组织者、推动者和实践者的职责，积极推进合规管理各项工作。

第十一条 中央企业设立合规委员会，可以与法治建设领导机构等合署办公，统筹协调合规管理工作，定期召开会议，研究解决重点难点问题。

第十二条 中央企业应当结合实际设立首席合规官，不新增领导岗位和职数，由总法律顾问兼任，对企业主要负责人负责，领导合规管理部门组织开展相关工作，指导所属单位加强合规管理。

第十三条 中央企业业务及职能部门承担合规管理主体责任，主要履行以下职责：

（一）建立健全本部门业务合规管理制度和流程，开展合规风险识别评估，编制风险清单和应对预案。

（二）定期梳理重点岗位合规风险，将合规要求纳入岗位职责。

（三）负责本部门经营管理行为的合规审查。

（四）及时报告合规风险，组织或者配合开展应对处置。

（五）组织或者配合开展违规问题调查和整改。

中央企业应当在业务及职能部门设置合规管理员，由业务骨干担任，接受合规管理部门业务指导和培训。

第十四条 中央企业合规管理部门牵头负责本企业合规管理工作，主要履行以下职责：

（一）组织起草合规管理基本制度、具体制度、年度计划和工作报告等。

（二）负责规章制度、经济合同、重大决策合规审查。

（三）组织开展合规风险识别、预警和应对处置，根据董事会授权开展合规管理体系有效性评价。

（四）受理职责范围内的违规举报，提出分类处置意见，组织或者参与对违规行为的调查。

（五）组织或者协助业务及职能部门开展合规培训，受理合规咨询，推进合规管理信息化建设。

中央企业应当配备与经营规模、业务范围、风险水平相适应的专职合规管理人员，加强业务培训，提升专业化水平。

第十五条 中央企业纪检监察机构和审计、巡视巡察、监督追责等部门依据有关规定，在职权范围内对合规要求落实情况进行监督，对违规行为进行调查，按照规定开展责任追究。

第三章 制度建设

第十六条 中央企业应当建立健全合规管理制度，根据适用范围、效力层级等，构建分级分类的合规管理制度体系。

第十七条 中央企业应当制定合规管理基本制度，明确总体目标、机构职责、运行机制、考核评价、监督问责等内容。

第十八条 中央企业应当针对反垄断、反商业贿赂、生态环保、安全生产、劳动用工、税务管理、数据保护等重点领域，以及合规风险较高的业务，制定合规管理具体制度或者专项指南。

中央企业应当针对涉外业务重要领域，根据所在国家（地区）法律法规等，结合实际制定专项合规管理制度。

第十九条 中央企业应当根据法律法规、监管政策等变化情况，及时对规章制度进行修订完善，对执行落实情况进行检查。

第四章 运行机制

第二十条 中央企业应当建立合规风险识别评估预警机制，全面梳理经营管理活动中的合规风险，建立并定期更新合规风险数据库，对风险发生的可能性、影响程度、潜在后果等进行分析，对典型性、普遍性或者可能产生严重后果的风险及时预警。

第二十一条 中央企业应当将合规审查作为必经程序嵌入经营管理流程，重大决策事项的合规审查意见应当由首席合规官签字，对决策事项的合规性提出明确意见。业务及职能部门、合规管理部门依据职责权限完善审查标准、流程、重点等，定期对审查情况开展后评估。

第二十二条 中央企业发生合规风险，相关业务及职能部门应当及时采取应对措施，并按照规定向合规管理部门报告。

中央企业因违规行为引发重大法律纠纷案件、重大行政处罚、刑事案件，或者被国际组织制裁等重大合规风险事件，造成或者可能造成企业重大资产损失或者严重不良影响的，应当由首席合规官牵头，合规管理部门统筹协调，相关部门协同配合，及时采取措施妥善应对。

中央企业发生重大合规风险事件，应当按照相关规定及时向国资委报告。

第二十三条 中央企业应当建立违规问题整改机制，通过健全规章制度、优化业务流程等，堵塞管理漏洞，提升依法合规经营管理水平。

第二十四条 中央企业应当设立违规举报平台，公布举报电话、邮箱或者信箱，相关部门按照职责权限受理违规举报，并就举报问题进行调查和处理，对造成资产损失或者严重不良后果的，移交责任追究部门；对涉嫌违纪违法的，按照规定移交纪检监察等相关部门或者机构。

中央企业应当对举报人的身份和举报事项严格保密，对举报属实的举报人可以给予适当奖励。任何单位和个人不得以任何形式对举报人进行打击报复。

第二十五条 中央企业应当完善违规行为追责问责机制，明确责任范围，细化问责标准，针对问题和线索及时开展调查，按照有关规定严肃追究违规人员责任。

中央企业应当建立所属单位经营管理和员工履职违规行为记录制度，将违规行为性质、发生次数、危害程度等作为考核评价、职级评定等工作的重要依据。

第二十六条 中央企业应当结合实际建立健全合规管理与法务管理、内部控制、风险管理等协同运作机制，加强统筹协调，避免交叉重复，提高管理效能。

第二十七条 中央企业应当定期开展合规管理体系有效性评价，针对重点业务合规管理情况适时开展专项评价，强化评价结果运用。

第二十八条 中央企业应当将合规管理作为法治建设重要内容，纳入对所属单位的考核评价。

第五章 合规文化

第二十九条 中央企业应当将合规管理纳入党委（党组）法治专题学习，推动企业领导人员强化合规意识，带头依法依规开展经营管理活动。

第三十条 中央企业应当建立常态化合规培训机制，制定年度培训计划，将合规管理作为管理人员、重点岗位人员和新入职人员培训必修内容。

第三十一条 中央企业应当加强合规宣传教育，及时发布合规手册，组织签订合规承诺，强化全员守法诚信、合规经营意识。

第三十二条 中央企业应当引导全体员工自觉践行合规理念，遵守合规要求，接受合规培训，对自身行为合规性负责，培育具有企业特色的合规文化。

第六章 信息化建设

第三十三条 中央企业应当加强合规管理信息化建设，结合实际将合规制度、典型案例、合规培训、违规行为记录等纳入信息系统。

第三十四条 中央企业应当定期梳理业务流程，查找合规风险点，运用信息化手段将合规要求和防控措施嵌入流程，针对关键节点加强合规审查，强化过程管控。

第三十五条 中央企业应当加强合规管理信息系统与财务、投资、采购等其他信息系统的互联互通，实现数据共用共享。

第三十六条 中央企业应当利用大数据等技术，加强对重点领域、关键节点的实时动态监测，实现合规风险即时预警、快速处置。

第七章 监督问责

第三十七条 中央企业违反本办法规定，因合规管理不到位引发违规行为的，国资委可以约谈相关企业并责成整改；造成损失或者不良影响的，国资委根据相关规定开展责任追究。

第三十八条 中央企业应当对在履职过程中因故意或者重大过失应当发现而未发现违规问题，或者发现违规问题存在失职渎职行为，给企业造成损失或者不良影响的单位和人员开展责任追究。

第八章 附 则

第三十九条 中央企业应当根据本办法，结合实际制定完善合规管理制度，推动所属单位建立健全合规管理体系。

第四十条 地方国有资产监督管理机构参照本办法，指导所出资企业加强合规管理工作。

第四十一条 本办法由国资委负责解释。

第四十二条 本办法自 2022 年 10 月 1 日起施行。

十六

工业和信息化部办公厅　中央宣传部办公厅　中央网信办秘书局　财政部办公厅　人力资源社会保障部办公厅　生态环境部办公厅　商务部办公厅　应急管理部办公厅　中国人民银行办公厅　市场监管总局办公厅　国家知识产权局办公室　国家外汇局综合司　全国总工会办公厅　全国工商联办公厅　中国贸促会办公室　关于促进中小企业提升合规意识加强合规管理的指导意见

工信厅联企业〔2025〕14 号

各省、自治区、直辖市及计划单列市、新疆生产建设兵团中小企业主管部门、党委宣传部、网信办、财政厅（局）、人力资源社会保障厅（局）、生态环境厅（局）、商务主管部门、应急管理厅（局）、市场监管局（厅、委）、知识产权局、总工会、工商联、贸促会；中国人民银行上海总部，各省、自治区、直辖市及计划单列市分行；国家外汇管理局各省、自治区、直辖市、计划单列市分局：

促进中小企业加强合规管理，是坚持全面依法治国基本方略的内在要求，也是推动中小企业持续健康发展的重要基础。为贯彻落实党中央、国务院关于促进中小企业发展的决策部署，引导中小企业增强合规意识，提升合规管理水平，防范生产经营风险，促进高质量发展，现就推动中小企业加强合规管理有关工作提出如下意见。

一、总体要求

以习近平新时代中国特色社会主义思想为指导，深入贯彻习近平总书记关于促进中小企业发展的系列重要指示批示精神，落实党的二十大和二十届二中、三中全会精神，以促进中小企业高质量发展为主线，坚持问题导向、需求牵引，系统观念、法治思维，部门协同、上下联动，引导中小企业增强合规意识、加强合规建设、提升合规管理水平，防范生产经营风险。到2030年，中小企业合规发展环境进一步优化，中小企业合规服务工作体系基本形成，企业基本具备适应高质量发展要求的合规管理意识和能力，依法合规经营水平显著提升，合规成为中小企业核心竞争力的重要组成部分。

二、明确合规管理重点领域

（一）劳动用工合规。引导中小企业遵守劳动法等法律法规，建立和完善劳动用工管理制度，明确人力资源引进、开发、使用、培养、考核、激励、退出等管理要求；落实劳动合同制度，遵守相关就业和用工监管要求，保障员工取得劳动报酬、享受休息休假、参加社会保障、接受职业培训等各项合法权益；为员工提供符合职业健康与安全标准的必要保障，降低健康和安全的风险；按规定提取职工教育经费，60%以上用于一线职工。

（二）财税合规。引导中小企业遵守相关法律法规和国家统一的会计制度，真实、完整记录会计信息，建立会计档案，编制财务会计报告，反对财务造假和舞弊行为；依法履行纳税申报、税款缴纳和代扣代缴等义务，按规定报告纳税信息，避免产生欠税，杜绝偷税、骗税、抗税、虚开发票等违法行为，建立完善清晰、可操作的财务内部控制和审计制度；妥善保管财税资料和公司印章，定期开展内部财务审计。

（三）产品和服务质量合规。引导中小企业建立完善质量管理体系，建立科学的质量管理方法与检查检验制度，严格实施岗位质量规范、质量责任及考核制度，保障产品质量控制和质量改进；设立独立的质量管理部门（岗位）监督推进质量管理制度；执行企业标准自我声明公开和监督制度，落实企业产品质量承诺；建立并严格执行各项生产工艺要求和规范；根据实际需求建立覆盖产品全生命周期的计量保障体系，提升质量控制水平；严禁制售假冒伪劣产品，严禁对产品和服务质量进行虚假宣传。

（四）安全生产合规。引导中小企业建立健全全员安全生产责任制，明确、细化不同岗位、级别人员的安全生产责任；制定实施安全生产规章制度和操作规程；保证安全生产投入，及时对老旧及磨损设备进行安全评估、检修和更换；建立并落实事故隐患内部报告奖励机制；建立企业安全生产标准化管理体系；制定并落实生产安全事故应急救援预案；组织从业人员进行安全生产教育和培训，不得安排未经安全生产教育或培训不合格的从业人员上岗作业；维护从业人员安全健康权益；加强对承包、承租单位的安全生产工作管理。

（五）节能环保合规。引导中小企业依法依规落实生态环境分区管控、环境影响评价、排污许可、消耗臭氧层物质管理和生态环境损害赔偿制度等要求，提升生态环境保护主体责任意识，采取严格的生态保护和污染防治措施；推进清洁能源替代，禁止使用已淘汰的消耗臭氧层物质；按照节能降碳、循环经济等标准及规定要求改进生产工艺；把污染防治纳入规划选址、生产管理、控制过程，加强源头防控；坚持生态保护和防治污染的设施与主体工程同时设计、施工和投产使用；加强污染防治设施建设、运行和维护，严格控制污染物排放，落实重点管控新污染物清单中的禁止、限制等环境风险管控措施；依法建立环境管理台账记录制度，加强对废气、废水、固体废物、噪声、碳排放、生态破坏的监测管控；完善环境污染事件与突发环境事件风险防控和应急处置措施。

（六）知识产权合规。引导中小企业遵守有关法律法规，强化对商标、专利、著作权、商业秘密等知识产权的创造、运用、保护和管理，参照相关标准、规范制定相关管理制度并有效执行；及时完成权利登记或注册；规范运用知识产权成果，合规实施许可和转让，加强在研发、设计、采购、生产、销售、参展等环节的知识产权风险评估，依法合规使用他人知识产权，合理确定知识产权价值，有效保障创新者、使用者权益，促进知识产权保护运用。鼓励中小企业开展数据知识产权登记。

（七）网络和数据安全合规。引导中小企业遵守网络安全、数据安全等方面法律法规，加强信息系统、网络、数据的安全防护和安全意识教育；制定实施数据安全合规管理制度，加强对数据的分类分级和权限管理，加强人员管理和技术控制，履行重要数据识别备案、分级防护、风险评估等责任义务，防范并及时应对和处理数据泄露、篡改、丢失事件；重点梳理向第三方输出、共享、委托、提供数据，从第三方接受数据，处理个人信息及跨境传输数据等活动中的合规要求和风险，落实特定类型信息收集与使用合规义务，保护企业数据及个人信息安全。

（八）公司治理合规。引导中小企业依法注册登记，确保登记信息真实、准确、完整，依法完成出资；建立规范、透明的治理结构，制定和执行公司章程，明确股东、董事、董事会、监事、监事会、高级管理人员的权利和义务，加强廉洁风险防控；合法合规对外担保，有效控制担保风险；合理开展融资活动，确保资金使用合规；真实、准确、完整、及时开展信息披露；企业解散的，依法完成解散程序，及时履行清算义务。

（九）国际化经营合规。引导中小企业提高对外贸易投资合作经营活动中的合规风险防范意识，严格遵守国家出口管制法律法规，熟悉了解境外相关的市场准入、环境保护、土地、税收、劳工、外汇、知识产权等法律法规，遵守国际规则和国际惯例，重视合规风险的评估和预警，建立健全内控合规管理体系，健全合规审查内部机制，有效识别分析和管控合规风险；有效应对涉及贸易保护、出口管制以及多边银行制裁等外部风险，妥善选择风险应对策略，减少负面影响。

（十）供应链合规。引导中小企业加强对供应链重点环节，包括研发、采购、生产、物流、销售等环节的合规义务识别和风险管理；协同供应链上下游合作伙伴进行尽职调查，确保其满足反贿赂与反舞弊、产品安全、环境保护等合规要求，加强合规风险防控。

鼓励引导中小企业结合自身特点、业务范围、发展需要等，加强其他相关领域合规管理。

三、统筹推进中小企业合规管理体系建设

（一）坚持理念引领，提升企业合规意识。各地要组织开展形式多样的宣传活动，加强涉企法律法规、监管规定、政策要求的宣传解读，积极总结和宣传推广地区、行业内中小企业合规经营典型，开展“以案说规”等案件分析，帮助广大中小企业了解合规内涵、认识违规危害、树立合规意识。将合规管理纳入中小企业经营管理领军人才和专精特新“小巨人”、专精特新中小企业培训内容，面向中小企业经营管理人员普及合规知识，帮助中小企业了解合规、重视合规、精通合规，推动合规管理成为企业自觉行为。

（二）坚持因企制宜，引导企业完善合规制度。工业和信息化部将会同

有关部门研究梳理中小企业合规相关标准和合规要点，为企业提供指引和参考。全国工商联将加强法治民企建设，制定实施工商联执委企业建立和完善中国特色现代企业制度指引。各地要结合实际，引导中小企业从自身实际情况出发，以风险防控为目标，建立完善覆盖重点领域、关键环节和重要人员的合规管理体系，在兼顾成本与效率的前提下加强合规管理。在选择合规管理模式、建立合规治理结构、培育合规文化理念、数字化转型推进合规等方面充分发挥企业自主性，以适合企业所需为宜。

（三）坚持服务先行，加大合规服务供给。各地要结合“一起益企”中小企业服务行动、中小企业服务月活动，全国工商联“助微计划”专项行动、创新型成长型民营企业赋能行动等，组织服务机构为中小企业开展合规风险排查、合规培训、合规诊断、咨询辅导、合规体系建设、维权服务等多层次合规服务。用好全国中小企业服务“一张网”、全国工商联“网上工商联”及其他相关部门服务平台，把合规管理纳入服务内容，线上线下为中小企业提供查询检索、案例剖析、自检工具和咨询辅导等多种形式的服务。加强中小企业合规人才培养，发挥企业合规师培训基地作用，支持开展中小企业合规师培训。引导中小企业通过国际商事纠纷多元化解决机制，维护自身合法权益。有条件的地方要通过政府采购服务、发放服务券等方式支持中小企业合规管理服务。

（四）坚持问题导向，解决企业痛点难点。工业和信息化部会同有关部门，针对中小企业合规问题多发的关键领域和管理提升诉求，组织研究开发中小企业合规自检工具，汇集中小企业合规管理典型案例，为中小企业提供参考。鼓励各地深入调研了解本地中小企业合规管理情况，立足产业发展实际，研究开发具有地方和行业特色的中小企业合规实务操作指南、合规诊断工具，培育遴选专业合规服务机构，建设有关政策库、专家库、案例库、服务机构库。鼓励集群、园区、基地等结合实际组织开展企业合规指导和合规诊断公益服务。

（五）坚持开拓创新，鼓励开展先行先试。各地要积极引导中小企业探索合规管理组织模式和工作机制创新，提升企业合规专业化能力和水平。鼓励有条件的地方依法依规在劳动用工、职场环境、知识产权、国际化经营、出口管制等合规风险高发领域探索开展促进中小企业合规管理相关创新措施试点。鼓励具备较好企业基础、工作条件比较成熟的地区，研究出台促进中小企业合规管理的相关政策措施，研究构建合规风险预警机制、重大风险快速响应机制，依法依规探索在相关评比、认定、考核工作中引入合规方面指标，引导、帮助优质中小企业提升合规管理水平。积极组织开展有关合规管理和服务的国际交流合作，推动中小企业合规管理与国际通行规则接轨。

（六）坚持协调联动，建立多方协同工作机制。工业和信息化部研究将合规管理纳入专精特新中小企业评价指标体系和中小企业发展环境评估内容。各地要充分发挥中小企业主管部门统筹协调作用，联合有关部门、机构，建立部门间协调联动工作机制，推动形成政府部门、工商联组织、行业商协会、专业服务机构和中小企业多方参与、专业高效的中小企业合规工作体系，充分发挥部门职责和机构专业服务优势，形成工作合力，推动中小企业不断提升合规管理水平。

2025 年 3 月 7 日